U0128626

社 科 学 术 文 库

LIBRARY OF
ACADEMIC WORKS OF
SOCIAL SCIENCES

# 外国历史大事集

## 古代部分·第一分册

朱庭光 ◉ 主 编

张椿年 ◉ 副主编

施治生 廖学盛 ◉ 分册主编

中国社会科学出版社

图书在版编目（CIP）数据

外国历史大事集. 古代部分. 第一分册/朱庭光主编. —北京：
中国社会科学出版社，2017.3
（社科学术文库）
ISBN 978 – 7 – 5161 – 9651 – 9

Ⅰ.①外… Ⅱ.①朱… Ⅲ.①世界史—古代史
Ⅳ.①K1

中国版本图书馆 CIP 数据核字（2017）第 005360 号

出 版 人　赵剑英
责任编辑　刘志兵
特约编辑　张翠萍等
责任校对　王　斐
责任印制　李寡寡

出　　　版　中国社会科学出版社
社　　　址　北京鼓楼西大街甲 158 号
邮　　　编　100720
网　　　址　http://www.csspw.cn
发 行 部　010 – 84083685
门 市 部　010 – 84029450
经　　　销　新华书店及其他书店

印刷装订　北京君升印刷有限公司
版　　　次　2017 年 3 月第 1 版
印　　　次　2017 年 3 月第 1 次印刷

开　　　本　710×1000　1/16
印　　　张　32.5
插　　　页　2
字　　　数　550 千字
定　　　价　136.00 元

# 再版说明

  《外国历史大事集》出版于 20 世纪 80 年代，是当时我国世界史学界知名学者们多年辛苦劳动的集体成果，体现出了扎实的学术功底和应用价值，是重要的学术参考书。二三十年过去了，此书仍然受到我国世界史学界的重视和广大读者的欢迎。

  《外国历史大事集》此次再版，受到中国社会科学院创新工程的大力支持，将其列入社科学术文库。根据中国社会科学出版社的建议，此次再版时，将版式改为小 16 开；消除了原著中的一些错别字，对表述不够准确的地方也进行了推敲审定；删除了不清晰的插图，增加了古代部分的大事记内容。再版工作受到世界历史研究所专家们，包括一些退休专家的大力支持，他们对原著进行了细心审读，付出了辛苦劳动。参加审读的专家有如下同志：古代部分：第一分册，刘健；第二分册，郭方。近代部分：第一分册，于沛；第二分册，汤重南；第三分册，于沛；第四分册，部彦秀。现代部分：第一分册，沈永兴；第二分册，王章辉；第三分册，于沛；第四分册，姜芃。世界历史研究所科研处的同志也为再版修订做了大量工作。

  衷心感谢中国社会科学院创新工程的支持！感谢参加修订工作的各位同志的辛勤劳动！对中国社会科学出版社决定再版《外国历史大事集》和出版社有关人员的辛苦劳动表示衷心感谢！

中国社会科学院世界历史研究所

2016 年 11 月

# 初版说明

　　《外国历史大事集·古代部分·第一分册》共辑入世界古代史上有一定历史地位和国际影响的重大历史事件记述 55 篇,起自公元前 4000 年纪后期古埃及统一王国的形成,迄于公元 1000 年中期日耳曼人大迁徙。大体按照事件发生的年代先后,以古代埃及、西亚、印度、希腊和罗马的顺序依次编排。

　　本册编辑小组由施治生和廖学盛组成,并任主编。易建平和张小禾参加了部分稿件的编辑工作。刘欣如和郭方对个别稿件的修改提出了有益的意见。朱庭光委托张椿年审阅了全部稿件,最后定稿。封面设计姜樑。

1986 年 3 月

# 目　录

# 古埃及统一王国的形成

刘文鹏

埃及是历史悠久、文明古老的伟大国家。当蒙昧人、野蛮人游荡于世界广阔土地上的时候，非洲大陆东北角的尼罗河流域已放射出人类文明的曙光，孕育了世界历史上第一个奴隶制国家。

尼罗河文明是怎样形成的？埃及奴隶制国家发展的最初阶段是怎样一种形式？埃及早期国家发展的基本规律是什么？这些问题不仅涉及人类社会最初的国家起源问题，也关系到古代世界早期的奴隶制国家的产生、发展的规律性问题。

国家问题，当然也包括国家的起源和发展问题，"是一个最复杂最困难的问题"[1]。特别是由于埃及历史早期的文献极其贫乏与简略，加之保存下来的又往往残缺不全，愈益加深了研究古埃及国家起源、发展问题的困难。但是，19世纪埃及古城古墓遗址的考古发掘的成果，尤其是近年来对于某些文化遗址、遗物的深入考察与研究，虽然还存在着不少的分歧，却也给我们解决埃及国家的起源及其统一王国的形成问题，提供了某些必要的依据。

## 尼罗河文明与埃及国家的发生

埃及国家是在什么时候出现的？这个问题在一些著作中通常可以找到几种不同的答案。

苏联科学院主编的《世界通史》断言：在我们今天的知识条件下，还不能确切断定尼罗河流域国家发生的日期。现在看来，这种论述未免过于武断。事实上，就在这一卷的稍后部分，另一作者则表示：早在第一王朝时，

---

[1] 列宁：《论国家》，《列宁选集》第4卷，人民出版社1972年版，第41页。

如果不是更早的话，便已形成了国家。还有的苏联学者认为，埃及国家形成的过程开始于第一王朝的中叶。按通行的说法，埃及史上的第一王朝的年代，大约在公元前3100—前2890年。因此，依上述的意见，埃及大约在公元前3100年，或者在公元前3100年以后，才开始出现国家。

与此相反，另一种意见认为，早在公元前3100年前，埃及就已经出现了国家。英国的《剑桥古代史》写道，在第一王朝建立前的时期，埃及就出现了南、北两个王国。还有的著作明确地表明，大约在公元前4000年代的中叶，甚至在公元前4000年前就已经形成了国家。

对于古埃及国家产生的时间问题存在着分歧意见，关键是如何认识尼罗河文明与埃及国家形成的标志。因此，我们必须把这两者结合起来加以论述。

考古学提出的"史前埃及文化"或"前王朝文明"，包括三个连续的发展阶段：巴达里文化（约公元前4500—前4000年），涅伽达文化Ⅰ（阿姆拉文化，约公元前4000—前3500年）、涅伽达文化Ⅱ（格尔塞文化，约公元前3500—前3100年）。"文明"与"文化"虽然在概念上有联系，但决不能混同。严格说来，埃及的文明是从涅伽达文化Ⅰ的末期开始，到涅伽达文化Ⅱ时代最后形成的。

涅伽达文化Ⅰ与巴达里文化一样，仍处于铜石并用时代。但是铜器、石器与陶器的生产有了进一步的发展。手工业生产也愈益专门化，并且与亚细亚部族早已有了商业关系。

涅伽达文化Ⅰ的遗址已发现居住地和墓地。居住地筑有雉堞墙，并有防御工事，所以，涅伽达Ⅰ的人民被称为"城市居民"。涅伽达附近的一个被称为"南城"的居住地是一个重要的遗址，其堡垒和近似长方形的房屋用小砖筑成，这是一个设防的城市。恩格斯曾经指出："用石墙、城楼、雉堞围绕着石造或砖造房屋的城市……这是建筑艺术上的巨大进步，同时也是危险增加和防卫需要增加的标志"；"在新的设防城市的周围屹立着高峻的墙壁并非无故：它们的壕沟深陷为氏族制度的墓穴，而它们的城楼已经耸入文明时代了"[①]。

涅伽达文化Ⅰ时代，墓穴已有大小、充裕简陋之别。在阿巴底亚，最大

---

① 恩格斯：《家庭、私有制和国家的起源》，《马克思恩格斯选集》第4卷，人民出版社1972年版，第159、160页。

和最富裕的墓是妇女的墓。这种现象反映了母系氏族的特点。在其他地方的一些大墓中，还发现了作为陪葬的巫术用品。西方埃及学者认为，这种迹象表明墓主是"巫师或女巫医，是公社的重要成员，或许甚至是他们的领袖"。还有的学者讲道，在前王朝时代早期，每个乡村是自治的，并且有一个首领，他的权力依赖于他作为一种"呼风唤雨王"的名声，他大概是能治理尼罗河洪水。这些推论，与恩格斯所说的个别成员"在非常原始的状态下执行宗教职能"的论述相一致，而且"这些职位被赋予了某种全权，这是国家权力的萌芽"[①]。

研究埃及文明与国家形成的标志，更重要的是考古文物保留下来的有关王衔与王冠起源的记录。

其一是涅伽达1546号墓出土的一块陶罐残片，罐标上是一间带有圆屋顶的房子，屋顶上栖息着一只小鸟。这种圆屋顶的建筑物可以看成后来的"王宫的门面"，也可以称为"御座"。屋顶上的一只鸟则是隼鹰神荷鲁斯的粗略形象。荷鲁斯是法老时代的埃及国王的保护神，并且是国王的第一个头衔。第一王朝的国王后来都被称为"荷鲁斯的追随者"。

其二是涅伽达1610号墓中发现的一块带有红冠浮雕的黑顶陶片。红冠是埃及国王的两种基本冠式之一，也是最受尊敬的王徽之一。王徽王衔形象的出现，意味着王权的萌芽与产生，关系国家形成的问题。这两块重要的历史文物，根据英国F. 皮特里的"顺序年代法"（S. D. ）的划分，王衔陶片定年在S. D. 37，即涅伽达文化Ⅰ之末期；红冠王徽的陶片定年在S. D. 35—39，约为涅伽达文化Ⅰ之末期或涅伽达文化Ⅱ之初。

涅伽达文化Ⅱ时代，墓穴发现得很多，仅在涅伽达就发掘出2149座"史前墓"。涅伽达文化Ⅱ的居民精心制作的墓呈长方形，并且有了砖墙结构，但是穷人仍然葬于圆形墓穴中。涅伽达的T墓地是富裕的，在那里分布有几十座大小形状不同的墓，其中除了个别的圆形或半圆形与正方形外，绝大部分都是长方形的，并且有几座规模较大。研究者认为，T墓地是统治阶级或集团的墓地。在希拉康坡里发现的著名的第100号墓，因其墙壁装饰以壁画，故又称为"画墓"或"装饰墓"。"画墓"的尺寸大约4.5米×2.0米×1.5米，与T墓地20号墓的5米×2米大小差不多，而且同样是用长方形的砖砌的，并带有间壁墙的结构。画墓与T15、T23墓也有某些类似之处。

---

① 恩格斯：《反杜林论》，《马克思恩格斯选集》第3卷，人民出版社1972年版，第218页。

希拉康坡里画墓虽曾被盗，遗物多有丢损，但保留下来的仍有 32 件之多，与仅有数件陪葬品的一般墓穴形成了鲜明的对比。近几十年来的研究已证明：画墓是"首领墓地的一部分"，属于"王家墓地"；"埋葬在装饰墓中的人物应看成上埃及传说中的王"。还有的学者论证，希拉康坡里的画墓和涅伽达的 T 墓地两者是"前王朝国王的埋葬地"。

除了国王的墓地外，希拉康坡里画墓的壁画给我们保留了土著与外来入侵者之间战斗的形象的描述。尤其重要的是画面上出现了手举权标头的国王打杀跪在他面前的俘虏的场面。类似的场景还出现在前王朝末期的一些调色板和权标头上（详见后页）。

涅伽达文化 II 时代最重要的成就之一是文字的发明。最早的文字见于圆筒印上，而最早的圆筒印，迄今所知，出自涅伽达 1863 号墓（S. D. 46），大约相当于涅伽达文化 II 的中叶。在这个时代的晚期，文字多见于权标头、调色板等文物上。恩格斯高度评价了文字在历史上的地位，指出："……由于文字的发明及其应用于文献记录而过渡到文明时代。"[①]

根据上述生产力发展的水平，居住地遗址的设防，墓葬的分化，王冠、王衔的起源以及文字的发明与应用等现象，可以确认，早在涅伽达文化 I 末期，即公元前 3500 年左右，埃及的氏族制度已经解体，国家萌芽，开始向阶级社会过渡。到了涅伽达文化 II 时代，国家最终确立，形成了历史上最古老的尼罗河文明。

## 州的分立、联盟与争霸

公元前 3500 年左右，埃及氏族制度解体，向阶级社会过渡，出现了奴隶制国家。但是，埃及国家最初是什么形式的？其随后的发展及演变的规律是怎样的？这些问题由于考古资料的残缺不全，特别是文献资料的贫乏，常常引起不同的推测，以致引起意见的分歧。

在 20 世纪初，美国埃及学者 J. H. 布列斯特在论述埃及国家产生时，提到希腊人称为"州"（诺姆）的"史前小国家"，并认为它的人民"已处在被看成像巴比伦那样的城市和城市国家出现的文明阶段"。近年西方出版的

---

①　恩格斯：《家庭、私有制和国家的起源》，《马克思恩格斯选集》第 4 卷，人民出版社 1972 年版，第 21 页。

著作中，有的直接把州说成"城市国家"。苏联新出版的《世界古代史》把州说成"初期国家"。但是，也有人反对州的城市国家性质。E. J. 鲍姆伽特虽然承认城市的存在，但却认为"州的确不是一个城市国家"。苏联科学院主编的《世界通史》虽然也讲到了州的出现，但是同样否认它作为一个国家的性质，仅仅承认它是一个"独立的地区"。还有的人认为，州是"地域的区划，它形成了历史时代埃及政治结构的基础"。

埃及文明时代早期出现的州是一个单纯的"地域"的公社，还是具有城市国家性质的初期国家？需要我们结合历史的实际加以论述。

我们通常所用的"州"这一术语，正像大家所知道的那样，是根据古希腊人所说的"诺姆"一词翻译过来的。希腊文的"诺姆"，相当于埃及象形文字的"斯帕特"。"斯帕特"一词的意符表示灌溉河渠区划的土地，所以，"斯帕特"一词意味着"区"或"地域"。上面提到的希腊文的"州"，埃及象形文字的"斯帕特"，具有"地域"的含义，是就其语言学上的意义而言的。但是，更重要的是，我们要从考古学上对州的性质作进一步的考察。

前王朝时代的居住地遗址发现甚少。希拉康坡里遗址是涅伽达文化Ⅱ时代的少数重要遗址之一。根据发掘的情况来看，凯赛尔相信，希拉康坡里的前王朝居住地遗址可能是一个中心城市和许多附属的乡村，占据了 100 万平方米的总面积。但是，巴塞尔怀疑居住地遗址有那样大片的面积，认为那是一种误解。在他看来，瓦砾堆的分布常常是非常稀疏的。按照他在 1958 年勘察遗址的最后结果，表面陶器碎片分布的范围很难超过 50800 平方米；人口或许 4700 人左右，至多不超过 1 万人。在前王朝时代，整个埃及人口在10 万至 20 万之间。根据希拉康坡里的人口及其在整个埃及人口中所占的比例，它一定是一个较大的城市。

埃及的州除了具有地域的性质外，还有更重要的政治意义。尽管人们常常认为，"史前时代"埃及政治史的考古证据甚少，但是有些学者相信，在涅伽达文化时代，上埃及已发展了城市文明。希腊人命名的埃及的州就是"起源于自治城市的地方"。

每个州除了一定的领域外，通常还有其独特的标志或徽章。在涅伽达文化Ⅱ时代的一些彩陶和希拉康坡里画墓壁画上描绘的舟，通常有两个称为"船舱"的建筑物，其中的一个船舱前插入固定的或可以移动的杆子，上面往往挂有一个徽章。徽章的形式不同，有的是各种不同的动物，也有的是三角形、圆圈形或 Z 形的几何图案。那些特殊的 Z 形符号，有人把它看成神圣物或神的标志。但是，如果仅仅把它看成神的标志而否认它是州徽，那么，我们不能不提出州的保护神的问题。

每个州事实上都有其固有的保护神，如隼鹰（荷鲁斯）、母牛（哈托尔）、蛇（涅特）等，它们显然都是由氏族图腾演变来的。希拉康坡里崇拜隼鹰神荷鲁斯，而涅伽达则崇拜暴风雨神塞特，它们在后来王权神话中都非常突出。鹰、蛇等神圣动物在法老时代还成为国王的保护神。

州作为一个独立的国家，更重要的表现是王权的出现。在涅伽达发现王徽与王衔的符号，就是一个很好的说明。在希拉康坡里出土的属于前王朝末期的各种权标头是王权产生的一种标志。此外，正像前面已提到的那样，在涅伽达墓地和希拉康坡里墓地，都发现了最大和最重要的墓，而且它们已被确认为"国王埋葬地"。这些现象足以说明，在前王朝时代后期，涅伽达和希拉康坡里等都应该是各自分立的城市国家，或者"州国"。

关于前王朝时代的州或州国的数目，至今没有确切的资料可以说明。通常认为，古王国时代上下埃及共计42个或40个州，也有的说38个或39个。不过，这时的州已失掉了其独立的城市国家的性质，而成为统一国家政权的地方行政机构。但是，前王朝时代州的数目绝不会多于上述数字，只能少于或大大少于它。因为前王朝时代埃及的疆域是有限的，仅仅在涅伽达文化Ⅱ末期才开始由上埃及向三角洲移民。

如果说涅伽达文化Ⅱ时代埃及出现了独立的州，那么，到涅伽达文化Ⅱ的末期，便形成了州国的联盟与争霸的局面。考古学家发现的前王朝末期的一些历史文物给我们研究这些问题提供了十分可贵的证据。这些历史文物，除了部分象形文字符号外，都是刻有各种场面的图刻。尽管对其内容的理解还存在着某种程度的推测的性质，但是要知道，在前王朝时代末期，或者早王朝时代的初期，成文的历史文献几乎是没有的。

不列颠博物馆收藏的"狩猎调色板"（"猎狮调色板"）共计刻画了19名猎人打扮的人物。他们手执权标头（梨头棒）并装饰以动物尾。前者是权力的标志，后者是国王之装饰物。这种现象又见于那尔迈调色板。猎人中有两人分别举着不同标志的两面旗帜，其象形文字符号意为"西方"和"东方"。图刻中的长方形宫室图样表示三角洲的神殿建筑。板面上共有大小三只狮子，其中两只已中矢。整个图刻表现了三角洲东部和西部各州联盟打败了以狮为标志的敌对的州。

"战场调色板"（残片）所描绘的内容也许与上述事件有关。正面的图刻是一些具有象征意义的狮、鹰、朱鹭联合噬食被打倒的敌人和追赶正在逃跑的敌人的场面。中间部分的大狮子非常突出。调色板的左面上端有以鹰和朱鹭为标志的两面旗帜，旗杆上各伸出一只手紧紧抓住被绑的俘虏。右上端一个被绑者的面前有一束纸草的象形文字符号，可能表示被击败的三角洲居民。战场调色板描述了鹰州与鹭州在狮州（也许就是上述事件中的失败者）的领导下，联合攻击并俘虏三角洲居民的事件。

　　研究州的联盟与争霸的最重要的资料是希拉康坡里出土的"蝎王权标头"。关于蝎王权标头的时代及其与那尔迈的关系问题，近年来有些争论。但是，通常把蝎王看成前王朝时代的最后一个国王，是那尔迈的直系先辈。蝎王权标头描绘了希拉康坡里的蝎王在战胜敌人后举行庆典活动。其重要价值就在于它揭示了前王朝时代的阶级关系。权标头上表现的不同标志的旗帜下悬吊的"田凫"是象形文字符号，读为 rhyt。埃及学家 A. 伽丁内尔认为，rhyt 一词意为"平民""人类"。它从开始就表示"下层阶级"，且"总有叛乱倾向的"。他们是指"敌视希拉康坡里王国的任何埃及人"。后来有些文献也涉及了 rhyt 被平定、镇压，和作为国王的臣民以及与贵族相对立的普通人。在蝎王权标头图刻上，除了田凫外，有一个旗杆上吊了一只弓。"弓"的符号还出现在较晚近的纪念物上，数量是九个。有的学者认为九弓象征着"埃及的敌人"，或"埃及的外国敌人"，或者"一切被镇压的人民"。

　　蝎王对外军事的胜利也涉及他与其他各州统治者之间的关系。在权标头图刻上，蝎王虽然戴着白冠，而且处于极显著的中心地位，但是，图刻上同样也刻画了他的同盟者的军旗。这些场面表示希拉康坡里的王不是后来的有无限权力的君主，确切地说，他是作为诸州同盟的领导者与共同的敌人战斗。

## 统一王国的形成

　　古代埃及究竟在什么时候和怎样地形成了统一的国家？在埃及学中也是众说纷纭。《剑桥古代史》的作者写道："传统和事实上的一些证据强有力地表明，就在第一王朝建立前的时期，埃及划分为两个独立的王国：北部的王国，它包括尼罗河三角洲并且向南延伸到现在爱特斐附近（下埃及）；而南部王国包括爱特斐和赛勒赛拉（上埃及）。国王的官邸被认为坐落于西北三角洲的拍，和位于河西岸、埃德弗附近的涅亨（希拉康坡里），两者在历史时代至少是重要的、统治者保护神隼鹰荷鲁斯的圣所。在拍附近设置德普，是眼镜蛇瓦吉特（埃胶）女神的所在地；两个地方在新王国和以后合称拍尔·瓦吉特（埃胶的荷鲁斯），被希腊人称为布陀"，"完全征服和统一两个王国的荣誉很可能属于那尔迈，他被认为是蝎王的直接继承者"。

上述引文涉及两个重大问题：一是前王朝时代是否存在上下埃及两个王国的问题，一是那尔迈究竟在多大程度上统一了埃及。

前王朝时代上下埃及王国尽管常常出现在一些著作中，但是，当时并没有留下什么文字的记载。帕勒摩石碑上的王名表残缺破损，不能给我们提供上下埃及王国的什么证据。况且，它还是在所谓两个王国统一后将近700年之后才铭刻出来的。所以，上下埃及王国的出现似乎没有什么直接的根据。正像有些人所说的那样，"这个事件是从后代国王头衔中的涅布提名（二夫人名或二女神名）和尼苏特·毕特名（上下埃及王名）、官职双重构造、上埃及之白冠和下埃及之红冠的存在等推断出来的"。既然上下埃及王国之名不见于当时的文献记录，而是根据王衔、王冠等推断出来的，那么，我们就不能不论述王冠、王衔的起源及其有关的问题。

在王朝时代或法老时代，埃及国王完整的头衔是由五个所谓"伟大的名字"组成的。其中对应的头衔有涅布提名（nbty，"二夫人"）和尼苏特·毕特名（n－sw－bit，意为"他属于菅和蜂"）。涅布提或二夫人衔名是由兀鹰女神和眼镜蛇女神组成的。兀鹰女神为上埃及的保护神，眼镜蛇女神为下埃及的保护神。伽丁内尔认为，那是在埃及还被分成两个王国时，国王与第一王朝以前时期的两个主要女神存在一种特殊的关系。大概，第一王朝的建立者美尼斯是第一个采取涅布提头衔的，因此认定他统一了两个王国。但是，E. J. 鲍姆伽特新的研究证实，涅布提作为王衔，"不包含在登王以前的国王衔名中"。

尼苏特·毕特头衔由一种称为"苏特"的植物（菅茅）和称为"毕特"的动物（蜂）符号组成，又称为"树蜂衔"。"苏特"植物是上埃及的标记。"毕特"是蜜蜂，通常代表下埃及。树与蜂的结合意味着"上下埃及之王"。但是新的研究证明，"毕特'养蜂者'仅能与旻神联在一起。他是野蜂的主宰，而蜜蜂是献祭给他的"。旻神是涅伽达文化 II 的民族神，他的形象是公牛，他的俗界的形式是国王。国王由旻接受"强壮的公牛"的名称，因此，"毕特"衔应该是代表上埃及王衔。至于"尼苏特"衔，由于它的地位，在衔名制度上必定是较老的头衔。所以，两种头衔最初都代表上埃及。

传统上，白冠代表上埃及，红冠代表下埃及，但是新的研究证明那是晚后的事情，在前王朝时代红冠并非与下埃及有关。红冠最早见于涅伽达，白冠最早出现于希拉康坡里，两者都出于上埃及，而且两地相距不远。在年代上，红冠先于白冠，说明红冠是古老的，代表了土著民族。白冠是晚后出现的，是新来的涅伽达文化Ⅱ民族的王冠。E. J. 鲍姆伽特的结论是："……土著的埃及传统是那样的强有力，以致合法的王必须采用古代的头衔和徽章，而且所有的头衔和徽章都有它们的上埃及的起源，而这在早期，从下埃及来的东西是无法与之相比的。"对于王衔和王徽问题的新的考证，使我们对所谓的上下埃及王国的存在不能不表示怀疑。

关于统一王国的形成问题，可以从两个方面来讨论。首先要说明的是，古埃及的统一究竟在什么时间？一种意见，"埃及在前王朝时代晚期或许政治上已统一，即使这种统一还没有使其在纪念性艺术或建筑上，或在任何文字的形式上表现出来"。另一种意见，把皮特里收藏品中的两个黄色大石灰石权标头残片（UC14898 和 14898A）上的戴红冠者看成是蝎王，并把它与通常所说的蝎王权标头上的戴白冠的蝎王联系在一起，证明早在蝎王时，而不是他的假定继承者那尔迈时代上下埃及就得到了统一。更有甚者，估计埃及的统一可能先于那尔迈王 100—150 年发生。上述的几种解释并没有得到人们的承认，大多数埃及学家通常假定埃及的统一在第一王朝的开始时。具有代表性的观点认为："完全征服和统一两个王国的荣誉，很可能属于那尔迈……这个胜利的象征的记载保存在希拉康坡里出土的著名的调色板上。"除了考古的文物资料外，比较晚后的文献资料提到了第一王朝的创立者美尼斯。人们常常把美尼斯与那尔迈视为同一，传说美尼斯统一了埃及。

美尼斯究竟是历史人物，还是神话或半神话人物？这个问题已引起了人们愈来愈多的议论。近年出版的一部著作写道："成文的美尼斯统一埃及的故事来自于不是几千年就是几百年后，由于那个时代美尼斯（假如他一直真正存在）已变成了精神文明的英雄，他的生活和才能被半神话的轶事所润饰。根据这些故事之一，他被假定在长期统治后，在河中狩猎时被鳄鱼夺去并吞没而死。"关于美尼斯作为历史人物的真实性问题，几十年前已讨论过。有人认为，美尼斯不一定是一个人的名字，或者可以看成几个征服者，或者把其他王的事迹归于美尼斯一人。

古典作家希罗多德讲到了"米恩是埃及的第一位国王"，传统上，把米恩说成是美尼斯。但是，米恩同样也是值得怀疑的。有人认为，米恩或许是一个官吏或王子的名字。也有的学者根据希罗多德关于米恩记载的前后矛盾考证米恩不是人王，而是神王，即米恩（旻）神。由于上述的意见分歧，特别是美尼斯之名没有出现在任何其同时代的文献中，而晚后的古典作家希罗多德和埃及僧侣马涅托的著作仅仅讲到了美尼斯（米恩）是埃及的第一位国王，所以目前还不能对美尼斯及其个人的历史作出确切的论述。

关于那尔迈或与那尔迈有关的历史文物已经发现了几件，而最著名的是那尔迈调色板。那尔迈调色板的正面中心刻画了头戴白冠的那尔迈手执权标头，打击以鱼叉作为徽章的，可能属于西北三角洲的敌人的形象。右上边的隼鹰踏在六根纸草之上并牵引着一根绑在人鼻子上的绳子。这组符号意味着荷鲁斯（给国王）带来了下埃及的俘虏。在这一面的底部有两个败倒或逃跑的敌人。左边敌人身边的符号表示设防的城市。右边敌人身边的符号则是一个半圆形的圈地，由那里伸出两道长墙，有人认为，可能是西巴勒斯坦的城市。调色板的另一面的上一部分，描绘了头戴红冠的那尔迈王在侍从的陪同下，与举着同盟军旗的四个州的首领一起视察被杀死的北方人。

那尔迈权标头刻画了那尔迈王戴着红冠坐在一个高立在九阶梯上的殿堂中。在他的对面一乘轿子中，坐着一个女人。这个场面表明被俘获的北方公主，或许将许配给胜利的王。这强有力的证据表明，征服者企图以北方的公主作为他的配偶使他的地位合法化。在图刻中下部的一组象形文字符号表示俘获的12万人、40万头公牛和1422000只山羊。在那尔迈人物对面的上一部分，刻画了与那尔迈调色板上同样的四个同盟的州旗。

还有一个上半部残缺的所谓利比亚调色板，由于其上面没有任何王名的记录，其年代或者被断定在前王朝晚期，或者定在第一王朝初。调色板上有一组象形文字读为铁赫努（Tjehenu），即利比亚，位于三角洲西北边界。虽然调色板上表现了蝎子，但是没有证据表明，蝎王在某些时候曾经到达西北三角洲。反之，希拉康坡里出土的象牙印章却证实了那尔迈对这个地区的远征。所以，这个调色板被看成是与那尔迈有关的一次远征的继续。在调色板的另一面，表现了带有锯齿状边城墙的七座方形的城市，每一座城市内部都有一个动物或植物的形象，作为城市的标志或名字。在每一座城墙上面，站立着一只动物，并举起一把鹤嘴锄向城内开辟道路。但是，攻城的动物形象仅仅残留四个：隼鹰、狮子、蝎子和双隼鹰。利比亚调色板可能象征着希拉康坡里的隼鹰王，是一个假定的那尔迈及其六个同盟的州攻击另外七个州的同盟者。

　　上述的几个与那尔迈有关的历史文物描绘了那尔迈的军事活动。那尔迈头戴红冠与白冠，通常被看成是统一南北上下埃及的证据。但是，正像前面已指出的那样，红冠与白冠最初都起源于上埃及，只不过是表现了土著与外来者之分。如果按传统的说法，那尔迈已是统一上下埃及的"两地之王"，那么，在其调色板和权标头上出现的同盟诸州的现象就无法解释。同为同盟的"各州在描述的主要事件中起了重要的作用"，而那尔迈只不过是"诸州同盟的领导者"，并不是后来的全权的君主。但是，另一方面，我们也不能否认那尔迈对下埃及的军事活动的成功。

　　有些研究者对所谓美尼斯（那尔迈）完全统一埃及的"突然"成就表示了怀疑，认为它"与文明中的突然变化不符合"，"更可能的是渐进的过程"。也有人提出，埃及的统一过程延续了二至三代。

　　我们认为，那尔迈或美尼斯统一埃及的问题，既不能无条件地承认，也不能完全地否定。埃及统一王国的形成这样一个伟大的历史事件，不是那尔迈一人所能完成的。但是，那尔迈对下埃及的成功的军事活动的确奠定了埃及统一的基础。也许可以把他看成是埃及统一王国的开创者。但是，在他以后的整个早王朝时代，仍然是不断的斗争、和解与完成统一的过程。

　　按照马涅托的记载，第一王朝从美尼斯开始，共八王，凡二百五六十年；第二王朝（约公元前2890—前2686年）共九王，凡二三百年。但是，由于记载上的简略或不确切，埃及学家宁愿按照考古文物的资料重新整理王朝世系表。

　　美尼斯或那尔迈的继承者，通常认为是阿哈。"阿哈"一名意为"斗士"，这或许与他的对外扩张有关。阿卑多斯发现的一块木标牌可能意味着他指挥了这次战争，或者他把埃及的边界由美尼斯时代的赛勒赛拉扩大到努比亚地区北界的埃勒芬汀（第一瀑布），从而奠定了后来埃及南部边界的基础。还有其他一些刻有埃及人俘虏的雕像的饰板，其中有一处写着"得到了上下埃及"，似乎表明他继续进行他的先王开创的统一国家的事业。

　　继承阿哈王位的第一王朝第三王是哲尔。哲尔远征努比亚到达第二瀑布，可能，他也领导了对利比亚的远征。在他统治的中期，有一年被称为"打败塞捷特之年"。"塞捷特"可能在早王朝时代限定在西奈，后来扩大到整个西亚。

　　关于哲尔的继承人捷特的历史我们知道得很少。可能一个远征队的领导者把捷特的名字潦草地写在瓦吉·米阿赫岩石上，这是位于古代埃及从尼罗河到红海沿岸别列尼斯港的商队行进之路，这个材料可能暗示捷特派遣远征队到尼罗河之外的地方。

第一王朝第五位国王是著名的登。帕勒摩石碑第三栏上记载的"击杀洞穴之民"，已被证实为登王对可能居住于尼罗河与红海之间和西奈半岛上的部落之攻击。阿卑多斯发现的一个象牙图刻上，记有一段"第一次打击东方（人）"的铭文。有人把"东方人"解释为西奈居民或东部沙漠游牧民。但是，进一步查看图刻的内容，可以见到，东方人的背面是一个陡峭的山丘，可能，他们来自东部山地，或许是红海山丘。整个场面较之法老侵入东方之说，更像是控制尼罗河出入权的战斗。这些记录说明了登王仍在继续进行他的先辈已经开创的统一埃及的国内战争，而不是向东方的对外扩张。

登王统治时期一个重要的事件是在埃及史上他第一次采用了双冠的王徽和"树蜂"的王衔。传统上，双冠意为"两个权力的合一"；树蜂衔则表示"上下埃及之王"。但是，实际上，登王统治时，并不一定达到完全的统一。如前所述，鲍姆伽特对王徽和王衔的传统的解释已提出了异议。登王统治55—60年之久，是早王朝时期统治时间最长的一位国王。他被看成是有力的和有雄心的统治者，在埃及的统一过程中无疑是取得巨大成就的人。登王以后的几个统治者的情况知道得很少，而且统治的时间也是短暂的。

导致王朝更替的原因还不清楚。但是，零散的证据表明第一王朝的最后统治被国内的冲突所扰乱。

第二王朝的第一王海特普塞海姆威的名字意为"两个权力在和平状态中"，可能表明先前发生的国家两部分之间的斗争结束。第二王朝前半部分国王的名字和世系知道得较少。仅仅发现了后期国王伯里布森、哈谢海姆和哈谢海姆威的陵墓或遗物。第二王朝的第四王伯里布森一反传统，不再采用先前国王惯用的荷鲁斯头衔，而自称为塞特王。可能，他是一个篡权者，代表了一个反对派。哈谢海姆通常被看成是伯里布森的继承人。但是，也有人认为，或许在某种程度上他是伯里布森的同时代人，并成为他的对手。哈谢海姆与伯里布森相反，采用了荷鲁斯头衔。所以，有人认为，上述现象表明伯里布森与哈谢海姆实施共治，前者统治格伯林以北的领土，而后者统治格伯林至第一瀑布之间的地带。这种形势再一次说明，埃及仍然处于分裂状态。

哈谢海姆的纪念物记载了他在军事上的成就。他对努比亚和利比亚发动过进攻。在希拉康坡里出土的哈谢海姆的两个雕像的底座上，描绘了被杀死的下埃及人的尸体，并有死亡者的数字：一个是"北方敌人47209人"，另一处是"48205人"。尽管数字有些夸大，但是哈谢海姆的大屠杀反映了上埃及对下埃及大规模的军事征服，以及下埃及人民对上埃及统治者的激烈反抗。

在埃及学上常常纠缠不清的一个问题是，早王朝最后的两个王名——哈谢海姆与哈谢海姆威是同一个人，还是先后不同的人？一种说法，这两个名字代表同一个国王，"当哈谢海姆战胜伯里布森时，他改变了他的名字，并特意作为和解的行动"。另一种说法，根据两者不同的头衔，认为他们是两个不同的王。哈谢海姆的一个铭文记载："荷鲁斯和塞特·哈谢海姆威，两王（即荷鲁斯和塞特）在他统治时和睦共处。"哈谢海姆威采用了荷鲁斯和塞特的双重头衔，这是埃及王衔中前所未有的。对立的两大神荷鲁斯和塞特在哈谢海姆威统治时和睦共处，似乎表明"在两个神的追随者之间实现了和解"。既然哈谢海姆威和解了哈谢海姆和伯里布森两股对立势力，而且后来的埃及史也不再出现类似的现象，那么可以说，在他统治时，结束了由分散的州向统一王国的过渡阶段，实现了埃及真正和完全的统一，开创了埃及历史发展的新阶段。正像有些评论所说的那样："有很好的理由把这个王（哈谢海姆威）看成是古王国的创建者和为他的继承者准备了胜利基础的人。""随着哈谢海姆威死亡，埃及早王朝时代结束，而统一的两地确立于金字塔建筑者的光辉新纪元的开端。"

# 埃赫那吞宗教改革

吴柔曼

距今 3000 多年前，在古代埃及奴隶制国家里，发生了一场大规模的宗教改革运动。这场改革实际上超出宗教范围，波及政治和文化领域。改革运动的领导者是埃及国王阿蒙霍特普四世（约公元前 1379—前 1362 年在位），他的另一个名字叫埃赫那吞。因此，这次改革在历史上称为埃赫那吞宗教改革。

## 改革的时代背景

阿蒙霍特普四世生活的时代是埃及新王国第十八王朝时期（约公元前 1570—前 1320 年），这是古埃及史上的强盛时期。第十八王朝的国王们推行了广泛的侵略政策，多次远征地中海东岸地区和努比亚。其中图特摩斯三世（约公元前 1504—前 1450 年在位）是最大的征服者，在他亲政的 30 余年间，先后出征叙利亚和巴勒斯坦 17 次，在那里建立起统治，又西侵利比亚，南侵努比亚。他扩大埃及版图，其北界至叙利亚的卡赫米什，南界一直延伸到尼罗河第四瀑布，使埃及成为一个庞大的奴隶制军事帝国。

埃及军队每次出征，都要掳掠大批牲畜、财物和奴隶。图特摩斯三世一次从叙利亚带回 2503 名俘虏。他以后的法老也多次进行这种掠夺。据埃及古代铭文记载，有一个法老从叙利亚带回的奴隶达 10 万人。奴隶数量不断扩大，战利品源源流入，越来越多的财富集中到奴隶主手中。奴隶制在新王国时期空前发展起来。从发掘出来的墓壁浮雕上看，奴隶普遍应用于许多生产部门，特别是农业。开采和运输以及织布业也广泛使用外来奴隶劳动。奴隶制经济的繁荣，以及与此相联的阶级对立的加深和军事征服的扩大，要求埃及国家加强奴隶主阶级专政。

新王国统治集团主要由两部分人组成：一部分是显贵（世袭的宫廷贵族和地方贵族）和僧侣集团；另一部分是新兴的军事贵族。新王国的国王实行中央集权的专制统治。法老（本义为"大宫"，新王国时正式称国王为法老）成为国家的最高统治者。第十八王朝的法老往往进一步借助于宗教来加强专制统治，特别和首都底比斯阿蒙神庙发生密切关系。他们把对阿蒙神的崇拜作为国王政权在思想方面的主要支柱，国王自称为阿蒙神之"子"。阿蒙是底比斯的庇护神，被奉为众神之王，成为新王国时期的国家最高神。埃及的第一个女王哈特舍普苏特曾虚构阿蒙神使其母亲怀孕而生她的神话，从而证明她的王位具有合法性。图特摩斯三世早年曾在阿蒙神庙做过僧侣，复位时受到僧侣的支持，宣传说他是由于"阿蒙神的显灵"才被选为王。因此他对阿蒙神庙的赐赠特优。上下埃及最好的土地和果园，大量的乳牛及从亚洲和南方获得的俘虏，还有几十个被征服的亚洲城市都交给阿蒙神庙支配。据《哈里斯大纸草》的数字，底比斯阿蒙神庙拥有劳动力 86486 人，牛和其他牲畜 421362 只，园圃和树丛 433 处，耕地 864168 $\frac{1}{4}$ 阿鲁尔，海船和战舰 83 艘，造船厂 46 个，埃及城市 56 个，叙利亚城市 9 个。阿蒙神庙的僧侣成为新王国最富有的大奴隶主。

僧侣们凭借着自己的地位和财富，常常参与政事，掌握官僚机构的某些行政大权。他们可以假借神谕干预王位继承和国家政务，有时阿蒙祭司长直接担任宰相或其他高级官职。阿蒙僧侣集团在经济和政治上的地位不断上升，逐渐成为王权的威胁。事实上，阿蒙僧侣集团在女王哈特舍普苏特时代已经开始争夺国家的领导权。以法老为代表的中央权力与以阿蒙僧侣集团为代表的世袭贵族之间的矛盾构成了新王国时期奴隶主阶级内部斗争的一个重要内容。在王权与神庙贵族奴隶主的矛盾发展中，法老日益依靠中小奴隶主阶层，即新兴的军事贵族。军事贵族是随着侵略战争而成长起来的显贵集团。双方的斗争十分激烈，公元前 14 世纪中叶阿蒙霍特普四世领导的宗教改革运动便是这场斗争的反映。这次宗教改革事件是由于 19 世纪末发掘出土的埃尔·阿玛尔那文书才为世人所知的。

阿蒙霍特普四世是十八王朝第十个法老阿蒙霍特普三世（公元前1417—前1379 年在位）的幼子。他的母亲名叫提伊，系普通家庭出身，但具有一定的见解和魄力，协助法老统治国家。在阿蒙霍特普三世当政时期，埃及国内外矛盾已经显露，由于长期对外战争消耗削弱了国家力量，阿蒙霍特普三世不再进行军事扩张而推行和平的外交政策。他沉醉于宫廷的荣华富贵，喜爱打猎行乐。他的宝库里藏着无数的财富，在底比斯修建了饰以金银和巨大石柱的华丽神庙。为了巩固统治，他把自己说成是阿蒙神的儿子，这样，他就更多地赏赐给阿蒙神庙，而阿蒙僧侣集团势力也越来越大。这时，埃及在亚洲的统治大大地动摇了，只有用黄金来收买各小国的臣服和维持同各大国的友好关系。

阿蒙霍特普三世的长子是图特摩斯亲王。他在父亲在位时就夭折了，太子的位置于是传给他的弟弟阿蒙霍特普。当阿蒙霍特普三世年老体衰时，他只好把政府交给儿子阿蒙霍特普四世管理。

# 改革的内容和过程

在阿蒙霍特普四世统治时期，埃及国内不稳定的因素更为增长，奴隶主统治阶级内部矛盾也日趋尖锐，法老和阿蒙神庙僧侣之间发生了公开冲突。这种冲突爆发为新旧教之争，实质上是争夺权力的政治斗争。

阿蒙霍特普四世为了摆脱王权对阿蒙僧侣集团的依赖，削弱和打击日益与王权抗衡的僧侣集团的势力，坚决实行宗教改革，用新的、单一的太阳神崇拜来代替古老的多神教传统。开始时他采用比较温和的办法，利用黑利欧波里斯的太阳神拉与底比斯阿蒙神相对抗。他在底比斯为拉神建筑神庙，并自称是拉神的最高僧侣。但是，这种措施立即遭到底比斯阿蒙神庙僧侣的强烈反对。于是，阿蒙霍特普不得不采取果断的革新措施与阿蒙僧侣集团决裂。

首先，阿蒙霍特普四世向多神教发出挑战，宣布太阳神阿吞为全国唯一崇拜的神，禁止对阿蒙神和其他地方神的信仰。这是历史上第一次创立的一神教。阿吞神被画成光芒普照的活生生的太阳圆盘，它的光芒的末端是手，这些手给埃及大地和国王带来生命、健康和幸福。它不仅是全埃及应当崇拜的神，而且也是当时的埃及人所知的世界各国人民（指叙利亚、努比亚）共同的神。

改革进行得相当彻底而系统。阿蒙霍特普四世封闭了阿蒙及其他神庙，驱逐其僧侣，并在全国各地，包括底比斯以及叙利亚、努比亚，大建阿吞神庙，并对阿吞神奉献田园、牲畜和作坊等，大力推行阿吞的崇拜。阿蒙霍特普四世宣布他是阿吞的儿子，并得到了阿吞的力量。为了把阿蒙从人们意识中彻底清除，他下令把一切出现于公共场所或私人坟墓中的"阿蒙"名字都磨掉。由于对阿蒙的痛恨，阿蒙霍特普不再用自己的旧名字，他的名字中的"阿蒙"一词（阿蒙霍特普意为"阿蒙满意者"）也用"阿吞"来代替，改名为埃赫那吞，意即"阿吞之光辉"。

埃赫那吞为了加强王权，彻底消除阿蒙及其僧侣的影响，离开底比斯，于其北300公里的希尔摩城附近（即现今的泰尔·埃尔·阿玛尔那）另建新都，命名为埃赫塔吞。在新的首都开展大规模的建筑工程，其中包括王宫、贵族大臣的府邸、阿吞神庙、国家机关等。首都周围的区域被宣布为阿吞的财产。这个区域面积大约有180平方公里。新都取名为"埃赫塔吞"（意为"阿吞的视界"）。阿吞神的赞美歌里记述着埃及这个豪华首都的美丽和富足。

随同法老迁居新都的是宫廷的官吏和新太阳神的僧侣们，还有一大批艺术家。可是老国王阿蒙霍特普三世和太后提伊仍留在底比斯的宫殿里。据此，有的史学家推测老国王在这场改革中和儿子存在意见分歧。但由于缺乏史料，出现这种情况的具体原因我们尚不清楚。

埃赫那吞实行改革时曾力图依靠中等自由民阶层，这一阶层的代表者（"新人"）在法老周围形成了一个新的宫廷官吏集团。在新都，埃赫那吞提拔"新人"作为他的宠臣，以对抗旧贵族官吏，因而有些"新人"常常获得高位。例如大臣马伊便是由一个普通的"涅木虎"（意为"孤儿""贫民"，是平民阶层的代表）而高升起来的典型。他拥有"国家的书吏""两地之主宰的军队长官"等重要头衔。马伊在铭文中写道："他（指法老）加到我身上的恩惠像沙子那样数不清。……我的统治者提拔我，因为我遵循他的教训。"这一新的并完全效忠法老的官吏集团是埃赫那吞依靠的一支重要力量。埃赫那吞的另一支柱是军队，遗留在阿玛尔那墓中的一幅浮雕告诉我们，法老的军队正在浩浩荡荡地开往新都。

埃赫那吞提倡崇拜阿吞神，使阿吞神成为埃及最高的精神主宰、埃及唯一的神。为了颂扬阿吞神的威力和功德，这一时期编写了许多颂歌，有的刻在墓里，有的刻在遗物上，一直保存至今。在这些颂歌中，阿吞被歌颂为整个世界的创造者。《阿吞颂诗》这样写道：

在天涯出现了您美丽的形象，
您这活的阿吞神，生命的开始呀！
当您从东方的天边升起时，

您将您的美丽普施与大地。

……

黎明时，您从天边升起，

您，阿吞神，在白天照耀着，

您赶跑了黑暗，放出光芒，

上下埃及每天都在欢乐，

人们苏醒了，站起来了，

这是您，使他们站起来的。

他们洗了身子，穿了衣服，

高举双臂来欢迎您。

在世界各地，人们劳动了。

野兽吃饱了，

树木花草盛开了，

鸟从巢里飞了出来，

展开了翅翼来赞仰您。

……

您在地下造了一条尼罗河，

您按照自己的意愿把它给了人民，

来养育人民，

就像您创造他们那样。

您是一切人的主人，您为他们劳累，

您是大地之主，为它而升。

白天的阿吞神，伟大的主啊！

一切远方的外国，您也给它们以生命，

在天国，您放下了一条尼罗河，

它为人们而下降，在山峰间造成波涛，

像巨大的碧海那样，

灌溉着他们城镇里的田地。

……

当您在西方下落时，一切工作停止了，

但当您再一次升起时，

万物为国王而繁荣了……

　　埃赫那吞在同旧僧侣集团斗争的同时，还着眼于文学、艺术方面的改革。他提倡真实地描写世界及在它周围的事物，反对传统的模式，鼓励文学艺术家大力创作赞美阿吞神和表现埃赫那吞光辉形象的作品。他的宫廷艺术家的创作给埃及艺术增添了新的光彩，如保存至今的《阿吞颂诗》、埃赫那吞和王后尼弗尔提提的石雕像及其他绘画等。1912 年，德国考古学家在埃赫那吞王宫废墟中曾发掘出一所房屋的遗址，就是艺术家图特米斯的工作室，发现大多数雕刻作品的现实主义风格已达到非常高的水平。埃赫那吞的妻子——美丽的尼弗尔提提的彩色半身石像被誉为"世界艺术的杰作"（现存德国柏林博物馆）。雕像高 48 厘米，用天然石灰石雕成，外表涂一层油彩，虽淹没几千年，但仍鲜艳如新。雕像面目俊秀，安详端庄，头戴王冠，脖子上挂着五彩缤纷的项圈。在阿玛尔那官吏们的墓壁上，描绘着埃赫那吞家庭生活的情景：他和王后与幼女们坐马车去祭祀太阳神，他的两个女儿正在天真地嬉戏着。艺术家们甚至在画埃赫那吞的形象时也是无拘无束的。墓壁上画着埃赫那吞吻着坐在他膝上的女孩，还逗着婴孩玩，或者他大口地吃着东西，手里拿着一大片肉。这些绘画都十分真实和生动，富有浓厚的生活气息。在卡尔那克发现了埃赫那吞石雕像的头部，它表现了法老的严肃和果敢的神情。这些新的文学艺术创作往往被称为"阿玛尔那文学"和"阿玛尔那艺术"。它们不仅在埃赫那吞改革过程中起了积极的宣传作用，而且破除了传统的陈规戒律，对后来埃及文学艺术的发展产生了很大的影响，在埃及文学艺术发展史上具有划时代的意义。

　　在埃赫那吞在位的第 12 年，阿蒙霍特普三世逝世，提伊太后决定采取措施来缓和国内的这场斗争。她到埃赫塔吞去看她的儿子，经常同儿子一起到庙里去祭祀阿吞神，大概暗地里做了许多工作。她想使儿子逐步地认识到如果继续斗争下去，将没有任何好的结果。不久，王族内部发生了争吵，争吵的原因不明。提伊太后与尼弗尔提提王后决裂了，埃赫那吞与他妻子的感情也有了裂痕。我们从考古发掘的材料中知道，法老把尼弗尔提提的名字从宫殿的装饰上全部涂掉。后来尼弗尔提提和法老分居，孤零零地住在城北的宫殿里。

　　埃赫那吞一味提倡崇拜阿吞神，几乎荒废了国政，放松了对亚洲统辖地区的治理，以至于埃及帝国东部出现不安定的局面。他在新都的生活也很不平静。他的生命曾受到威胁，有人要谋杀他，但凶手在行凶前就被抓获了。这些情况是我们在阿玛尔那的警察长玛浒的坟墓壁画上看到的。他以破获这次阴谋而自豪，所以把这幕景象画在自己的墓壁上。

埃赫那吞统治到公元前 1362 年，最后三年与斯门卡勒共治。埃赫那吞把大女儿美利大吞嫁给斯门卡勒，并任命他为共同摄政王。据说斯门卡勒夫妇曾在底比斯住了三年，后来两人都死在那里。他们的死因不详，可能与改革有关，说明这时统治集团内部的斗争十分复杂和尖锐。

埃赫那吞在他统治的第 18 年死去，他的改革也就从此完结了。年轻的图坦哈吞继承了王位。当时他和埃赫那吞的女儿安开孙巴阿吞结了婚。由于旧僧侣贵族的反攻，图坦哈吞没有把改革继续下去，而是胆怯地向底比斯阿蒙僧侣集团妥协了。我们从图坦哈吞的石碑上看到，他恢复了对阿蒙神的崇拜。法老和王后带领大臣和官吏们离开了新都回到底比斯。法老重建了阿蒙神庙，归还了阿蒙神庙的土地和财富，并又慷慨地补赏了神庙大量的田地和金银珍宝。为了表示对阿蒙神的敬奉，图坦哈吞改名为图坦卡蒙（意为"阿蒙的化身"）。至此，阿蒙僧侣集团的势力重新复活。曾挺身与旧宗教势力斗争的埃赫那吞竟被咒骂为"埃赫塔吞的罪人"。繁华一时的埃赫塔吞荒废了，整个城市被宣布为不洁之地。一场掩盖在宗教外衣下的统治阶级夺权斗争最后以底比斯僧侣集团的完全胜利而告终。

# 改革的历史评价

埃赫那吞改革不仅是古代埃及史上的重大事件，也是古代世界史上一次著名的改革事件。

埃赫那吞的改革以试图创立一神教而著称于世。这次改革沉重地打击了称霸一方的阿蒙僧侣集团及地方世袭显贵的势力，提高了自由民中等阶级的地位。同时在文学艺术领域冲破了传统的旧框框，发展了朴素的现实主义的文艺创作。但是，这些成就只是暂时的，埃赫那吞改革最后归于失败。

改革失败的原因一方面在于阿蒙僧侣集团及其支持者的势力根深蒂固；另一方面，埃赫那吞改革是以加强中央集权统治为目的，而不是也不可能以根本改善广大人民的社会地位为目的。相反地，由于建筑新首都、新神庙以及对新显贵、新祭司的赏赐，人民的负担加重了，法老的政府官员甚至动用军队强迫缴纳租税。因此，埃赫那吞的改革得不到下层广大人民群众的拥护和支持。特别是农民仍然崇奉旧神，不能突然改变一切古老的宗教习惯和信仰。同时，他们也没有从新的一神教得到任何好处。因此，埃赫那吞的改革并没有利用强大的社会力量打击僧侣贵族势力，只是获得暂时的成功。

对于埃赫那吞的评价，历史学家历来持不同的看法。埃及开罗大学 A. 费克里教授说："不论我们同情埃赫那吞或者批评他，他总是一个历史上的不朽人物。"埃及学者侯赛因说："他是一个理想家和哲学家而不是一个军事家。"美国密歇根大学古代史教授切斯特·史塔尔指出："他是现在我们能够了解比较清楚的历史上第一个改革家。"另外，西方学者中也有人把埃赫那吞看作"神秘主义者"或"宗教狂"。事实上，埃赫那吞的改革并不限于宗教的范围。埃赫那吞剥夺了旧僧侣集团的领地、财富，提拔"新人"为高官，鼓励现实主义的文艺创作，这一系列的措施已经远远超过单纯的宗教改革。在宗教改革方面，他"可能是有记录的历史以来第一个一神论者"。埃赫那吞用新的一神教代替传统的多神信仰，目的是树立君主专制的绝对权威，从而削弱僧侣集团日益增长的势力。所以，埃赫那吞的改革实质上是以王权为代表的中央集权势力与以阿蒙神庙僧侣集团为代表的世袭地方贵族之间的政治斗争。埃赫那吞和埃及所有的法老一样，是专制君主，在当时，"阿吞神应由法老和他的家庭崇拜，而所有其他的人都必须崇拜埃赫那吞"。埃赫那吞否定阿蒙神为国家的最高神，是要从阿蒙僧侣集团那里夺回权力，使其集中于法老手中，加强和巩固专制君主制。他对阿蒙神庙的打击，其影响完全超出宗教范围。所以，埃赫那吞的宗教改革不能看作单纯的宗教问题，而是具有政治斗争的性质。

埃赫那吞的改革虽然失败了，但埃及新王国时期的政治斗争仍在继续。到第十九王朝（公元前 1320—前 1200 年）时期，又发生了反底比斯传统宗教势力的斗争，这说明了王权与底比斯僧侣集团的夺权斗争没有停息。

# 古埃及同赫梯的争霸战争

周启迪

公元前 14 世纪至公元前 13 世纪初,以叙利亚和巴勒斯坦地区为舞台,当时近东的两个强国埃及和赫梯进行了激烈的争夺,发生过多次战争。其间互有胜负,最后以缔结和约告终。

## 埃及和赫梯的争霸

奴隶主阶级当权的古代埃及,从古王国(约公元前 2800—前 2250 年)时代起就多次发动过对叙利亚和巴勒斯坦的侵略战争,从那里掠走大批居民,使他们充当奴隶,抢劫居民的财物,并且向臣属地区索取贡赋。进入新王国时期(约公元前 1580—前 1070 年),埃及国家的对外扩张达到了空前的规模。特别是图特摩斯三世(公元前 1525—前 1473 年)进行的一系列战争,重新确立了埃及对叙利亚和巴勒斯坦的统治。当时,西亚一些国家纷纷与埃及交好,特别是米坦尼,由于受到新兴的赫梯王国的威胁,不得不与先前的对手埃及修好,并成为埃及在西亚的盟友。慑于埃及的声威,赫梯有时也向它纳贡结好。但是,进入公元前 14 世纪,埃及和赫梯的关系发生了急剧的变化。

首先,由于埃赫那吞及其后继者们围绕宗教改革问题进行的一系列斗争,使埃及国力一度大为削弱,不仅无力向外扩张,甚至也难以保持原来占有和控制的地区。

赫梯趁虚而入,侵占了埃及在叙利亚的许多领地。赫梯人对巴勒斯坦和叙利亚的蚕食,曾经引起有关方面的不安。埃及驻西亚的一些官吏,曾写信给埃赫那吞,希望他关心一下埃及在亚洲的领地,并派兵支援。亚洲的一些仍然忠于埃及的王公贵族,也多次写信,请求埃及国王派兵保护自己的领地，使它们免受赫梯及其支持者的进攻。可是，这些建议和信件都毫无结果。在这种情况下，埃及在叙利亚和巴勒斯坦的领地陷于一片混乱。一些王公归附了赫梯，并且参与赫梯的进攻。埃及的官吏往往弄不清，谁还忠于埃及。甚至发生过埃及军队进攻埃及的支持者的情况。

埃赫那吞的继承者图坦卡蒙统治时期，埃及曾经出兵企图恢复在亚洲业已丧失的部分领地，但没有多大效果。

另一方面，赫梯的新王国时期（约公元前 15 世纪—前 12 世纪初）的著名国王苏庇鲁利乌马却乘埃及衰弱之机大力扩张。他在大败米坦尼之后，将叙利亚北部的许多小国置于自己的控制之下。

图坦卡蒙死后，他的寡后，埃赫那吞的三公主安开孙巴阿吞，由于反对全面放弃其父改革政策，私自写信给赫梯国王苏庇鲁利乌马，要他派一位王子到埃及来同她结婚，并让这位赫梯王子充当埃及法老。苏庇鲁利乌马斯几经犹豫之后，同意了安开孙巴阿吞的请求。但是，派出的赫梯王子在赴埃及的中途便被反对这门亲事的埃及贵族杀死了。这引起了赫梯同埃及的一场战争。结果埃及大败，大批士兵被俘。只是埃及俘虏带给赫梯人的传染病大肆流行，迫使赫梯停止了战争。

随着埃及第十九王朝的建立，埃及与赫梯在巴勒斯坦和叙利亚的战争重新开始。对于埃及来说，恢复对赫梯的战争，是国内一部分企图靠战争掠夺发财的贵族的要求。而当时赫梯的国王穆尔西里二世却面临着巩固其前辈夺得的地盘的艰巨任务。他面对着许多敌人：正在复兴中的埃及；被征服地区人民的反抗；东方日益强盛起来的亚述；还有东北方的卡司凯部落给它越来越大的压力。埃及人在战争中虽然取得一些胜利，但是未能完全控制过去图特摩斯三世占领过的所有地方。

从保存下来的有关资料看，埃及国王谢提一世可能进行过四次亚细亚远征[①]。

他的第一次亚细亚远征的主要目标是巴勒斯坦北部的伯善和伯拉等地。第二次的目标是夺取卡叠什（今特尔—涅比—门德）和阿穆路地区。第三次是同今黎巴嫩地区的居民作战。这三次战争，都不是直接同赫梯人交锋，而是征服处于中间地带支持赫梯的一些小国。这几次战争都很顺利，占领了卡

① 关于谢提一世的记载，除了刻在卡尔那克神庙内的铭文外，还有在西亚的伯善发现的一个石碑。

叠什等要塞。

谢提一世的第四次亚细亚远征才是直接与赫梯人作战。争夺的主要地区是卡叠什北部。这次战争，谢提一世取得了胜利，不仅带回了赫梯战俘，而且占领了卡特纳和图尼普等地。卡尔那克神庙中的铭文说道，谢提一世"打败了赫塔人（即赫梯人——笔者）……使怯懦的叛乱者停止了活动。每个国家都得到了和平，因为他们对陛下已存恐惧之心，他的声威已震撼了他们的心灵……当他从赫塔国家回国时，蹂躏了〔叛乱的〕国家，并杀死了亚洲人，〔带走了〕他们的白银、黄金、天青石、孔雀石，以及〔各种〕美好的东西……"

拉美西斯二世（公元前1317—前1251年）继承父亲谢提一世，继续对赫梯用兵。为了便于对赫梯作战，他把首都迁到尼罗河三角洲的东北部，建立了新城"佩尔—拉美西斯"（意为"拉美西斯的房屋"，此地后来称为塔尼斯）。

这时在赫梯执政的是穆瓦塔里（大约公元前1315年继位为国王），为了与埃及人长期争夺叙利亚和巴勒斯坦，他也迁了都，即从哈图沙迁到了离叙利亚较近的达塔萨。

# 卡叠什之战

埃及与赫梯之间的最著名的一次战役是公元前1312年的卡叠什之战。为了准备这次决战，双方都做了长期准备。

拉美西斯二世组建了4个军团，均以神命名，即阿蒙、拉、普塔赫和塞特。每个军团约5000人。其核心是职业的战车兵、弓箭手和投枪手。此外，还有名为沙尔丹的雇佣兵。

他的战争计划是像图特摩斯三世那样先占领叙利亚、巴勒斯坦的沿海地带，取得立足点，建立海上交通线，使自己从海陆两路都便于与埃及本土取得联系。为此，他在执政的第四年占领了叙利亚、巴勒斯坦的沿海地带。次年4月末，当叙利亚的雨季结束时，拉美西斯二世从自己设在尼罗河三角洲东部的军事要塞萨鲁出发远征。

当时，赫梯人也做好了同埃及作战的准备。穆瓦塔里从臣属各国征集了约1.6万到2万人的队伍，其中至少一半是战车兵。每辆战车配有一名驭手，两名兵士。穆瓦塔里的计划是在卡叠什附近将自己的军队隐蔽起来，引诱埃及军队至设伏地点，对它进行突然袭击。他不仅派出了探子到处打听埃及的进军情况，而且还派遣了细作给埃及人提供假情报。

当时尚缺乏战争经验的拉美西斯二世果然中了穆瓦塔里的计，他听信了装扮成贝都因人的赫梯细作的谎言，误以为赫梯的大军真的远在北方，贸然孤军突进，而将大部分军队抛在后面，且相互间拉开很大距离。

拉美西斯二世亲自率领阿蒙军团从东南方渡过奥伦特河后，沿该河西岸北上，孤军深入到卡叠什城西北扎营。这时，拉军团尚在前往卡叠什的途中，其他两个军团则仍在萨布吐纳以南未动。直到此时，拉美西斯二世对隐蔽在卡叠什城东的赫梯军队仍然毫无察觉，更不了解赫梯人的计划和实力。他还不知道自己已陷入危险之中。

当拉美西斯再审被捉住的贝都因人，并得知严阵以待的赫梯军队就在附近时，简直吓坏了。于是，他命令维西尔去催促后面的军队赶快前来会合。但为时已晚。赫梯人见埃及军队已经中计，并且是孤军深入，便迅速调动了几倍于阿蒙军团的战车兵，将拉美西斯二世和阿蒙军团包围起来，进行攻击。他们的战车兵将正在行军途中毫无准备的拉军团打得七零八落。被围困的拉美西斯二世及阿蒙军团左冲右突，试图突围，没有成功。

这时，有两个情况救了拉美西斯二世的命。一是赫梯军队没有集中精力攻击拉美西斯二世（可能他们还不知道拉美西斯二世就在那里），而是忙于抢劫埃及军队的财物；二是埃及的援军——普塔赫军团和被打散后又集合起来的拉军团的一部分士兵赶到了。埃及军队重整旗鼓，打败了赫梯的战车兵，使拉美西斯二世化险为夷。

穆瓦塔里又对埃及军队进行了几次进攻，但都没有什么效果。鉴于埃及军队已经齐集，而且塞特军团还未参加战斗，穆瓦塔里于次日同意双方暂时休战，虽然他还有 8000 名步兵根本没有投入战斗。这之后，拉美西斯二世立即向南撤退，把直到大马士革之间的广大地区留给了赫梯人。

在卡叠什之战中，对于究竟胜利属于谁的问题，说法不一。埃及的铭文中说胜利属于拉美西斯二世，卡叠什平原上满是赫梯人的尸体。赫梯的铭文中则说，这个战役是埃及的巨大失败。近代学者中也有人认为这个战役的结局并非某方获得决定性的胜利。尽管在卡尔那克、阿比多斯和阿布·辛拜尔神庙的墙上，宫廷诗人和画家吹嘘这是拉美西斯二世的巨大胜利，但实际上，穆瓦塔里巩固了自己在叙利亚的地位。他把亲埃及的本特西纳从阿穆路的王位上拉下来，还和哈尔帕的里米萨尔马签订了条约。不过，不管谁应称为胜利者，双方的损失都是巨大的，这次战役并没有最终解决叙利亚和巴勒斯坦的归属问题。

在卡叠什战役之后，埃及和赫梯又进行了 16 年战争。不过，赫梯人一般不在开阔地带和埃及人作战，而是凭借散布在叙利亚境内的城堡固守。埃及人由于多次的暴行，在这一地区不得人心，多次激起反埃及的起义。这一因素对于赫梯人来说则是有利的。拉美西斯二世的多次远征，虽然也取得了一些胜利，但只是使埃及在叙利亚占领的地区比谢提一世时稍微向北推进了一点，基本上还是在叙利亚南部，并没有达到图特摩斯三世曾经确立的疆界。

# 和约的签订

公元前 1296 年，埃及和赫梯订立了和约。赫梯国王哈图西里三世向埃及提出缔结和约的要求，并派出使者向拉美西斯二世递交了一份铸在银板上的和约草案。拉美西斯二世同意缔和，并在赫梯的和约草案的基础上拟定了自己的和约草案，送给赫梯国王。和约的缔结结束了两个奴隶占有制国家的长期争霸战争。

在埃及的卡尔那克神庙以及其他地方神庙的墙上刻有该条约的条文，也发现了用巴比伦的楔形文字书写在泥板上的条约文本。这是历史上流传至今的最早一份和平条约。

该条约最主要的条款是：相互保证按条约确定的疆界不可侵犯；在遭到第三国的侵犯或发生人民起义的时候，相互提供军事援助；将来自对方的逃亡者交还原主。按照这个和约，包括阿穆路国在内的叙利亚的大部归赫梯所有，只是在地中海沿岸，埃及占领的地区向北推进了一点。为了巩固埃及和赫梯的同盟，拉美西斯二世娶了哈图西里三世的女儿为妻。

从埃及与赫梯缔结和约的内容，我们可以清楚地看到这两个奴隶占有制国家又争夺又勾结的本质。条文中说，要使两国永远不再相互敌视，永远和睦相处。实际上，无论是埃及法老，还是赫梯国王，都是为内外形势所迫而不得不如此。

和约签订了，拉美西斯二世将其看作自己的胜利，这不无理由。因为是赫梯人首先建议签订和约。赫梯国家内部矛盾重重，王位继承的争夺十分激烈，人民起义时有发生，因此赫梯国王迫切需要同埃及保持和平，结成盟友。

对于埃及来说，同样需要和平，需要结束与赫梯的战争。年年征战，奴隶制经济的发展所引起的阶级矛盾加剧，农民破产者日多，兵源减少造成使用雇佣兵越来越多等情况，使得再长期继续进行战争困难重重。拉美西斯二世不可能不了解这种形势。因此，当赫梯国王提议缔结和约后，他便同意了。

埃及和赫梯在巴勒斯坦和叙利亚地区的长期战争使当地人民蒙受了深重的灾难。两国争夺的目的，都是要掠夺被征服地区。无论哪一方获胜，当地居民都要遭殃。

在古埃及文献中，关于劫掠、毁坏被征服地区行径的记载，俯拾即是。

例如，一块石碑上的铭文讲到谢提一世在第一次远征亚细亚回国时的情景："……陛下怀着兴奋的心情从其第一次远征中回来了。他攻击了每个国家，并借助其父阿蒙神（……）的威力而俘虏了叛乱的国家。侵袭他的边界的那些人被集合到一起并交到了他的手中。没有什么能挡住他的手，（他）将他们的首领当作活的俘虏带走，在他们背上驮着赠礼，将他们呈献给他的威严的父亲阿蒙和他的诸神同伴，以便用男女奴隶、各国的俘虏充实他们的库房……"

在埃及同赫梯争霸时期，叙利亚和巴勒斯坦人民曾多次起来反对战争和掠夺给他们带来的苦难，因而在埃及文献中曾多次提到镇压这种反抗。刚才引用的关于谢提一世的铭文就提到镇压叛乱的国家。在拉美西斯二世统治时期，叙利亚和巴勒斯坦人民也曾一再起义反抗。拉美西斯二世曾不得不出兵镇压在巴勒斯坦南部和叙利亚南部的一些地方（如图尼普）的起义。在他统治的第8—9年，巴勒斯坦地区的阿斯卡隆爆发起义，参加者可能不止一个城市。腾出手来巩固已经占领的地区可能也是拉美西斯二世同意停止与赫梯战争的重要原因之一。

公元前1296年和约签订之后，埃及和赫梯确实再也没有交战。不过，在和约签订之后不久，这两个一度称雄的国家都是国力日衰，再也不能到处显示武力。

# 西亚农业的起源

杨建华

农业的出现是人类历史上生产力的一次大飞跃。农业的起源一直是历史和考古学科的重大研究课题。现代考古资料说明，世界各地农业的发生、发展是多源的，是不同地区生产力发展的结果。迄今为止，西亚地区提供的有关农业以及畜牧业起源的材料最为丰富。

西亚的两河流域——幼发拉底河和底格里斯河流域是人类文明的最早发源地之一。这里的考古工作开展得很早，特别是近年来发掘了一大批公元前10千纪到公元前5千纪的遗址，从旧石器晚期到中石器时代和新石器时代，对于农业的产生、发展和传播有极为丰富的发现。放射性碳（$^{14}$C）定年方法的广泛应用有助于我们建立各地区的年代序列。同时，自然科学工作者如农学家、植物学家、动物学家和地质学家参加到考古研究的队伍中来，使农耕和畜牧起源的研究有了空前巨大的进展。

西亚是指高加索山脉和里海以南，内夫得沙漠和波斯湾以北，西起安纳托利亚高原，东至兴都库什山麓这一广大地区。按其地理环境自西向东可分为：（1）土耳其的安纳托利亚高原；（2）西濒地中海的利凡特地区，包括黎巴嫩、巴勒斯坦、约旦和叙利亚这一狭长地带，它又可细分成南、北两个地区：南部的约旦、巴勒斯坦和黎巴嫩以及北部的叙利亚；（3）两河流域；（4）伊朗西南部的德赫洛兰平原；（5）扎格罗斯山脉地区；（6）里海附近地区。

最后一次冰河期结束后，全新世时代开始。气候发生了变化，开始转暖转湿。气温上升使冰河融化，海平面升高，海岸线内移，尤其是在地中海东岸和波斯湾沿岸。冰河期在地中海沿岸保留下来的小片草地和栎树林开始向四周扩散。植被的变化决定了人工栽培作物的种类。在地中海东岸广阔的栎树林中，植被的主要成分是一年一熟的大籽草，这正是大麦和小麦的野生祖本。这种植物成片地生长在一起，春季成熟。由于果实储藏在种子里，所以这种植物有抵抗夏季干旱的能力。种子成熟了，脆弱的头部就散落下来，纤细的小穗掉到干旱的地缝里，防止了啮齿类动物和鸟类的祸害。大籽草的这种习性吸引着采集者。随着这种作物数量的增加，它的经济价值逐步提高。当时猎取的动物仍是赤鹿、瞪羚。正是在这种环境下，人类才开始了从狩猎、采集向畜牧、农耕的过渡。

## 史前畜牧、农耕遗存的发现

（一）公元前10千纪——驯养动物的第一步

在这一地区人类最先驯化的是动物，而不是植物。这时期开始了狩猎向畜牧过渡的第一步——有选择地狩猎。扎格罗斯山脉地区中石器时代的萨斯遗址中大量的动物骨骼，说明当时主要以狩猎为生，猎取的动物有野牛、野山羊、野绵羊、野驴、赤鹿、獐、野猪、狐狸、山猫、狼、刺猬以及鱼、鸟等小动物。里海地区这一时期的遗址有里海南岸的阿里洞穴，共有五层堆积，猎取的动物种类主要是瞪羚、山羊、绵羊、猪、牛等几种。安纳托利亚地区在这一时期有贝尔狄比遗址，也是狩猎经济，猎取鹿、野牛和野山羊。这时期最发达的是利凡特地区南部的纳吐夫文化。这是1928年由美国考古学家桃乐西·加罗得在巴勒斯坦犹太山西坡的苏克巴洞发现的，纳吐夫是苏克巴洞的所在地。这一文化分布于土耳其南部到埃及北部的地中海东岸的条形地带。1956年，狄安娜·基克布叶得开始发掘贝哈遗址。贝哈遗址中的纳吐夫文化层中野山羊骨占动物骨骼的76%，瞪羚占30%。某一种动物的大量出现说明当时的狩猎已是有选择地进行了。山羊和瞪羚都是比较容易驯服的动物，这说明人类已经迈出了驯养动物的第一步。纳吐夫遗址中出土的工具既有制皮用的刮削器，屠宰用的砍砸器，又有收割野生谷物的镰和加工用的磨石、杵和臼，反映了当时的狩猎和采集经济特征。房址有的在洞前台地，有的在开阔平原，都是不坚固的园棚住址，中部有一个灶。估计这时人们刚从山洞走下来，定居在平原，除了从事以前的狩猎经济以外，还较多地采集野生植物。

（二）公元前9千纪——家畜的出现

公元前9千纪，人们开始驯养野生动物，并出现了人工喂养的动物。1933年德国人发掘了位于巴勒斯坦伯利恒东南的甲穆遗址。1951年珍·伯乐发表了发掘成果。遗址上层的山羊骨占 83%，瞪羚骨占 14%，而且山羊多是幼畜（一岁半以下的）。这些动物应该是人工喂养的，因为如果是猎物，应多是容易猎取的老、弱、幼小的动物和母畜，而健壮的公畜则不易猎取。只有在人工畜养阶段，才把每年出生的幼畜的 50% 左右杀作肉食，并且多是公畜，母畜和老畜数量较少。这个阶段，在扎格罗斯山脉地区，出现了最早的家畜——绵羊。1960 年动物学家兼考古学家索列斯基在扎格罗斯山脉北麓发现了萨威·克米遗址，动物学家帕金斯在遗址的最上层发现了家养绵羊的证据。在距这个遗址 4 公里处发现了沙尼达洞穴文化，洞穴中共分 A、B、C、D 四层（从上到下），其中 C 层和 D 层属于旧石器时代，A 层属于新石器时代开始阶段，B 层又细分成 $B_1$ 和 $B_2$，$B_2$ 属于中石器时代，$B_1$ 属于原始新石器时代，$B_1$ 的年代与萨威·克米村落遗址同时，且都是季节性居址。沙尼达的洞穴是当时居民冬猎的住所，在夏季他们则来到萨威·克米营地，从事一些采集经济。这时期的其他地区仍是猎取野生动物，就是在萨威·克米，家养的绵羊也很少，并与野山羊共存。尽管数量少，但是已经发生了质的变化，完成了狩猎向畜牧的过渡。

（三）公元前 8 千纪前期——人工栽培作物的出现

公元前 8 千纪前半期，人类开始了栽培植物的尝试，完成了采集向农耕的过渡。1965 年凡龙发掘了叙利亚沙漠地区幼发拉底河左岸的穆勒贝特遗址。该遗址西距阿勒颇 86 公里，面积 5 英亩，是无陶新石器村落，$^{14}$C 定年在公元前 8265±115—前 7780±140。遗址共分四层，最底层属纳吐夫文化。在遗址的第二、三层发现了一粒碳化的小麦和大麦种子。有些专家认为，这里不是这种野生植物的原生地带，而是人们有意识地把它们带到这里种植的。但是从种子形态看，是成熟后从穗上散落下来的一种野生品种。这说明人类刚刚开始尝试种植。

利凡特地区南部的贝哈遗址第 VI 层中，在一处被焚房屋的灰泥中发现了碳化谷物，其中有二粒小麦处于由野生向栽培的过渡形态。大麦种子仍是野生形态。由于发现的面积很大，所以确定这是人工种植的。这说明当时人们已经注意选择优良的野生品种栽培了。

这时期西亚最著名的新石器时代遗址是耶利哥，发现于 19 世纪末，但主要在 1952 年至 1958 年由卡提林·肯尼恩发掘。它位于死海北岸，是迄今发现最早的有城堡建筑的公社。无陶新石器 A 阶段（$^{14}$C 定年为公元前 8350—前 7350）发现了碳化的二粒小麦和双棱有稃大麦的种子，并已具有人工栽培的形态。还有小扁豆、无花果等其他作物。但这时没有发现人工驯养的动物。猎取的瞪羚占36%，还有野牛、野山羊和野猪。正因为这个遗址的居民已经掌握了人工种植谷物的技术，所以这一阶段才能延续一千年之久。居民筑有坚固的防御工事，整个村落围绕着厚3米、高4米的墙，墙内还有直径10米、高8米的塔。与此同时的其他遗址还未发现人工种植的证据。

（四）公元前8千纪后期——真正的农业经济的开始

公元前8千纪后半期，在利凡特和扎格罗斯地区普遍建立了农业村落，开始了真正的农业经济。利凡特南部的耶利哥遗址已进入无陶新石器B阶段，除了种植A阶段的作物外，还种植一粒小麦，蓄养山羊，猎取的瞪羚只占17.86%。贝哈遗址前陶新石器B阶段驯养的山羊占86%，同时种植二粒小麦和野生大麦。

在利凡特北部，这时期最重要的是沙约吕遗址，位于叙利亚北部，$^{14}$C定年为公元前7570±110年。这个遗址经1964年、1968年和1970年三次发掘，面积为250米×150米，属于无陶新石器文化。这里发现了最早的锻打的铜制工具。遗址共分五层，年代大约为公元前7500—前6800年，反映了驯养动物和栽培植物出现和发展的过程。下面两层（Ⅰ、Ⅱ层）的实物表明，人工驯养的动物只有狗，有野生的二粒小麦、野生和家植的一粒小麦、采集来的阿月浑子、巢菜。上面两层（Ⅳ、Ⅴ）的实物则证明，已经蓄养山羊、绵羊、狗、猪，种植一粒小麦和二粒小麦。

在扎格罗斯山区有甘尼·达勒遗址。这是1965年由加拿大蒙特利尔大学史密斯开始发掘的，属于克尔曼沙赫文化群①。遗址分A、B、C、D、E五层（自上而下）。$^{14}$C定年E层为公元前8450年，D层为公元前7018年，B层为公元前6938年。D层的遗物表明这里已成为永久性村落。在泥砖上发现了山羊的蹄印。这应当是村落中饲养的山羊在泥砖还未干时踩踏所致。这个遗址发现的90%的动物骨骼是山羊的，这说明D层已经蓄养山羊，另外还猎取野绵羊，种植二粒小麦和大麦。

（五）公元前7千纪——农业经济大发展时期和西亚农业向周围地区传播的开始

进入公元前7千纪，农业起源最早的利凡特和扎格罗斯山区的农业村落有很大的发展和进步。最典型的是扎格罗斯山区的贾奠遗址。它是由著名考

---

①　克尔曼沙赫文化群是一组伊朗西部的克尔曼沙赫平原的新石器时代遗址。

古学家布雷伍德等人于 1948 年、1950—1951 年、1954—1955 年发掘的。这个遗址当时被视为"世界上第一个农村公社"。它的面积为 3—4 英亩，$^{14}$C 定年为公元前 6050 年。它共分十六个文化层，延续时间大约 400 年，最上面五层出现陶器。蓄养山羊、狗和猪（这是无争议的最早的家猪）。猎取野绵羊和牛等，但野生动物不到 5%。已经种植一粒小麦、二粒小麦和两棱大麦，但品种形态还接近野生的，同时还采集扁豆、豌豆、香豌豆、杏和阿月浑子。

利凡特地区南部有拉马得遗址，位于大马士革的西南。面积为 150 米 × 175 米。1963 年至 1968 年发掘。遗址分三层，有石基和泥砖建筑的方形房屋。种植一粒小麦、二粒小麦，采集小扁豆、豌豆、杏仁、阿月浑子，蓄养山羊、绵羊、牛和猪，猎取瞪羚、鹿和猫等野生动物。

在这个时期，农业开始从发源地向四周传播。西部的安纳托利亚高原首次出现了由泥砖房屋组成的村落，说明已经有了定居的生活，开始了食物采集者向食物生产者的过渡。遗址主要有哈西拉尔、阿西克里和坎·哈孙等。哈西拉尔遗址位于安纳托利亚的西南部、托罗斯山以北的布吐尔湖附近。最底层的无陶新石器阶段共分七层，$^{14}$C 定年为公元前 7000 年。在最下层，驯养的动物只有狗，牛的骨骼很像家养的，但材料少，还不能确定。猎取赤鹿、山羊、绵羊和野猪，种植大麦、一粒小麦和二粒小麦。阿西克里和科尼亚平原的坎·哈孙遗址是原始农耕和狩猎相结合的经济，种植一粒小麦、二粒小麦、两棱有稃大麦，采集小扁豆、巢菜、胡桃、葡萄、梅子、山楂，猎取赤鹿、野牛和野山羊。与利凡特和扎格罗斯地区相比，这里的农耕比畜牧早而且发达，动物的驯养从狗开始，这与当地的自然环境有关。

这时期伊朗西南部出现了第一个居住遗址阿里科什。遗址位于两河低地东部的德赫洛兰平原，这是动植物的非原生地带，没有发现野生动植物的遗存。这里是天然冬季牧场，人们在这里集约式采集野生豆类，并开始种植谷物。在遗址中发现少量二粒小麦和两棱大麦。这里年降雨量为 120 毫米左右，适合旱地农业。畜养的无角山羊占动物总数的 73%，狩猎在经济中仍占有重要地位，猎取瞪羚、野驴、牛和野猪。从遗址中出土的石器和石器质料看，在文化上与扎格罗斯地区联系密切。很可能，这些动物的原生地带在东部的扎格罗斯山地。这是人类通过改变野生动物的自然生长区来驯化动物的一个实例。人们把动物带到这个适于人类居住的水量充沛的低地来驯养。

（六）公元前 6 千纪以后——灌溉农业的出现及农业的继续传播

公元前 6 千纪以后，整个西亚地区的农业发生了很大的变化。部分发达的旱地农业衰落了，有的转变成单一的畜牧业。而雨水线（年降雨量 200mm）以外的河流低地由于灌溉技术的发明，出现了农业，并得到了迅速的发展。同时，农业继续向四邻传播。

利凡特地区是农业最早的发源地，这时的耶利哥遗址变成了牧场。这是气候干旱、当地农业衰落、来自西、北部地中海沿岸游牧民族侵入的结果。

在德赫洛兰平原，阿里科什遗址的摩哈马得·加发尔阶段只发现畜养的山羊、绵羊和牛，不见农业的迹象。

扎格罗斯地区有代表性的是萨拉布遗址。这里饲养绵羊、山羊，种植二粒小麦、两棱大麦和野大麦。从这以后扎格罗斯山地不再有人居住。

安纳托利亚高原在这个时期农业发达。最典型的是沙塔尔土丘遗址和哈西拉尔遗址的有陶新石器阶段。这两个遗址由著名的考古学家麦拉尔特主持发掘和编写专辑发掘报告。沙塔尔遗址是西亚地区迄今发现的最大一个新石器时代遗址，面积为 32 英亩，人口可达 8000 到 1 万人。[14]C 定年在公元前 6300 年至公元前 5500 年之间。居民从事简单的灌溉农业。第 Ⅵ 层的牛骨有明显的形态变化，末梢肱骨的测量值与现在的安纳托利亚家牛一样。畜养品种有牛和少量的狗，作物以小麦为主，有一粒小麦、二粒小麦和普通小麦，还有六棱裸大麦并有少量狩猎和采集遗存。安纳托利亚地区山羊和绵羊的饲养出现较晚，直到公元前 5 千纪前半期的坎·哈孙遗址的 2B 层才出现家养山羊和绵羊。

公元前 6 千纪两河流域低地出现了农业村落，乌姆·达巴吉亚遗址即是其中的一个。这里种植一粒小麦、二粒小麦和大麦，没发现畜养的遗迹。

继乌姆·达巴吉亚遗址之后，在两河流域平原北部有哈桑纳、萨马拉和哈拉夫文化。哈拉夫文化在北部。当时居民从事旱地农业，种植小麦和大麦，饲养绵羊、山羊和牛。萨马拉遗址在南部，居民从事灌溉农业，畜养少量绵羊和山羊，猎取瞪羚和捕鱼。哈桑纳文化介于前两者之间，是旱地农业与狩猎相结合的经济。

公元前 6 千纪后期，两河流域平原南部出现了农业村落埃利都，它大概是来自北方的农人建立的。当时只有掌握了初步灌溉技术的人才能在大河下游的冲积平原定居、生产。除了灌溉农业，畜养牛和羊，捕鱼也占重要地位。后来的苏美尔文明正是在这一文化基础上发展起来的。

这时的里海地区也出现了农业村落。最早的泽通遗址位于伊朗高原和北部卡拉库姆沙漠之间。居民种植大麦、小麦，饲养山羊、绵羊，间或狩猎。晚期开始饲养牛，狩猎经济衰落。

# 关于农业起源的几个问题

（一）野生动植物的分布及农业起源的地区

根据考古遗存可以确定：西亚农业最初起源于利凡特到扎格罗斯山脉这一新月形地带，在两河流域平原的北部形成一个弧形圈。为什么农业起源于此呢？从地理条件看，这一弧形地带都是海拔稍高的山地，远离河流，可以免于河水泛滥之灾。同时这一地区都在雨水线之内，雨量充沛，适合旱地农业。正因为具备这些有利条件，野生的大麦、小麦和瞪羚、山羊、绵羊非常丰富。许多从事西亚地区考古的考古学家和动植物学家都对这一地区的自然环境和野生动植物的分布做过比较细致的研究。从一粒小麦、二粒小麦和大麦的分布看，这些野生植物分布的密集区恰好是发现种植作物最早的新月形地带。同时，他们认为最初居民是定居在有丰富野生植物资源的地区，而不是零星地分布。因此，具有丰富野生资源的原始文化遗址分布区应被视为最初产生农业的地方。

（二）农耕的起源

西亚地区新石器时代种植的作物主要有小麦和大麦。小麦分一粒小麦、二粒小麦和普通小麦；大麦分有稃大麦和裸大麦，各自又分为二棱和六棱，而六棱大麦是人工对二棱大麦选择后的品种，出现的年代比较晚。从野生品种的分布看，大麦生长在海拔 500—1500 米的地区，不超过 1500 米，不耐寒。一粒小麦分两种：安纳托利亚西部是小粒的；安纳托利亚中部到伊拉克、伊朗和外高加索是大粒的。一粒小麦可在海拔 2000 米的地区生长，比较耐寒，因此这种小麦的分布比较广。

从采集到农耕，种子形态经历了三个阶段。第一阶段是自然生长的草籽，粒很小，成熟后从穗轴上散落下来，纳吐夫遗址发现的是这一阶段的典型。第二阶段是人工种植野生植物的阶段，在种植过程中人们开始有意选择良种。种子形态仍旧是野生的。穆勒贝得第二、三层发现的碳化种子即属这一阶段，贝哈遗址发现的种植的野生大麦种子是比较进步的硬穗品种。许多考古学家把这一阶段叫作"种植阶段"，与真正的农业相区别。第三阶段是完全的栽培种，是真正的农业经济阶段。最早的人工品种见于耶利哥无陶新石器 A 阶段。

（三）畜牧的起源

西亚新石器时代畜养的动物主要有山羊、绵羊、狗、猪和牛。这一地区发现了这些动物的野生形态，说明畜牧同农耕一样，都起源于本地。

旧石器晚期的猎人已经开始了专门化狩猎，只猎取某几种动物，如瞪羚、赤鹿、野山羊、野绵羊和野猪等。这在遗址中的反映是某几种野生动物骨骼比较多，有的所占比例相当高。如在纳吐夫文化的贝哈遗址中，野山羊占 76%。

然后人们开始驯养野生动物的尝试。野山羊和野绵羊都是食草动物，易于驯服，而且每年循环活动范围比驯鹿等要小，容易放牧。更重要的一个原因是这几种动物的经济价值比较高，可以为人类提供较多的肉、乳和皮毛。驯服野生动物的一种方法是把野生动物圈在它的自然生长区的一个小地区里，使之不再与外界的野生品种接触，防止猛兽侵害。甲穆遗址中发现的大量幼畜骨骼应是人工畜养的野生品种。另一种方法是通过改变动物的自然生长区来驯养动物，如阿里科什遗址的布斯莫得阶段的居民就是把野生动物从扎格罗斯山地带到水量充沛的德赫洛兰低地平原。经过长期的畜养，野生动物的形态按着人类的意志发生了改变，变成了家生动物，肉和毛多的动物繁衍下来。现代科学有多种办法判明野生动物与畜养动物的区别，例如，利用偏振光在显微镜下观察骨质中晶体的排列。由于畜养的动物肉多，因此骨质的负重量加大，引起骨质发生变化。野生动物骨质的晶体杂乱排列，而家畜则是直向排列。骨质的变化早于整个动物形态的变化。另一种方法是分析脱氧核糖核酸的变化。

根据现有的材料看，在西亚地区驯养狗比在北美晚一些，最早见于沙约吕遗址下层，年代为公元前 7500 年。家养绵羊最早出现于萨威·克米遗址，年代为公元前 8920±300 年。家养山羊最早见于甘尼·达勒遗址 D 层，年代为公元前 7289±196 年。野猪和野牛比山羊、绵羊分布广，从欧洲到亚洲都有分布。确切的证据家猪在贾莫遗址发现，除了比现在近东的野猪小以外，牙的形态也说明已是人工畜养，年代为公元前 7 千纪后半叶。沙塔尔遗址第 Ⅵ 层（公元前 5800 年）的牛骨已属家畜形态，因此在第 Ⅻ—Ⅹ 层（公元前 6400 年）就已经养牛。

从地理分布上看，绵羊的驯养发生在扎格罗斯山地北部，山羊的驯养发生在扎格罗斯山地南部，牛的驯养最早发生在安纳托利亚，而猪的驯养则是在农业的基础上发生的。从这一分布中我们可以看出，最早的动物驯养是在野生动物的分布区内分别出现的。

通过近30年来畜牧、农耕遗存的发现和对西亚自然环境、野生资源的研究，我们了解西亚农业的起源是一个漫长的历史过程，从公元前9千纪家畜的产生到公元前7千纪农业村落的普遍建立，大约经历了两三千年的时间。狩猎、采集向畜牧、农耕的过渡是在西亚各个地区不同时间以不同方式完成的。有关西亚农业起源的材料年代最早，内容最丰富，通过对这一地区农业起源的研究，可以了解这一变革的普遍规律，对其他地区这一问题的探索也具有一定的参考价值。

正是在西亚发达的农业基础之上，这里产生了苏美尔、阿卡德、巴比伦和亚述文明。因此，可以说，农业是文明的基础。

# 苏美尔城市国家的起源

李铁匠

苏美尔位于古代两河流域（今伊拉克）南部。其地处底格里斯河与幼发拉底河流域冲积平原，土地肥沃松软，气候炎热干燥，虽然当地降雨量少而且集中于冬季农闲之时，但两条大河定期泛滥为农业生产提供了有利条件。自公元前5千纪起，随着肥沃新月形地带人口压力的增加，就不断有农业居民自两河流域平原北部丘陵地区及埃兰迁入当地谋生。① 这是一群具有长期农业传统、掌握了一定的水利灌溉技术的农民。他们最初在幼发拉底河及其支流的沿河台地与沼泽地带建立许多小型村社，利用定期泛滥的河水和沼泽地带丰盛的水草、芦苇及黏土，从事农业、畜牧业和手工业。以后随着生产力的发展，逐渐开发了整个南部地区，建成了世界上最初的城市，在农业、手工业、建筑业、文化艺术等方面都取得了惊人的成就，创造了灿烂的苏美尔文化。据现今所知，苏美尔是人类社会最早进入文明、世界上最早产生城市国家的地区之一。

## 氏族制度的解体和城市国家的产生

根据古代传说，苏美尔城市国家的起源可以追溯到非常遥远的年代。例如，据著名古代文献《苏美尔王表》（以下简称《王表》）所载，早在27万多年前，王权自天下降至埃利都（今阿布沙赫连）城之后，苏美尔国家就形成了。《王表》所述王权起源和国家形成的时间虽然充满了神话色彩，但也包含了某些真实的历史成分在内。考古发掘证明埃利都确实是两河流域南部最古老的居民点之一，早在公元前5千纪，当地就已经出现了神庙建筑和居

---

① 这些居民以其文化遗址欧贝德而命名为欧贝德人。

民住宅，其文化遗存属欧贝德文化①，甚至更早。其后，由于幼发拉底河及波斯湾的影响，土地盐碱化，当地人口减少，逐渐衰落，仅为淡水和地下水之神恩基祭祀中心。《王表》称埃利都后来为洪水所灭。

有关洪水的传说和对恩基的崇拜说明洪水前，即欧贝德文化早期，生产水平是很低下的。当时人们不但无力兴修水利工程抵御洪泛灾害，常常还须提防灭顶之灾。克莱默根据乌尔等地洪水沉积层前后陶器形制的变化，推测当地原始居民欧贝德人在这场洪水之后极少幸存。从考古发掘所见石器、手制陶器、苇制民棚和砖坯建成的简陋神庙来看，这时尚无财产分化、阶级分化的痕迹，当然更不可能有国家存在。

大概就是在《王表》所说大洪水之后，即欧贝德文化中期，苏美尔文化的创造者苏美尔人才由中亚地区经伊朗迁入两河流域南部。闪族部落大概也在同时移居苏美尔以北地区。关于苏美尔人的种族和语系，一直未能确定。至欧贝德文化晚期，各地出现规模较大的神庙建筑，如埃利都神庙Ⅵ的面积达 26.5 米 × 16 米，它可能已经成为经济合作与管理的中心，承担了兴建与维护正在形成的灌溉系统的任务。神庙又是畜牧业、手工业与商业的中心。当时的手工业已经具有较高的技术水平，出现了轮制陶器、铜器，说明生产水平较前已有所提高，分工有所扩大。有人推测苏美尔这时约有 5% 的劳力从事与食物生产无关的经济活动，而到原始文字时代末期，从事此类活动的人口上升至 20%。根据埃利都时期墓葬出土的象征部落首长的男俑判断，社会大概已经由母权制过渡到父权制。

至乌鲁克文化时期②，社会变化更为明显。以乌鲁克为例，该时期在埃安那周围有 100 个以上的村庄。这些村庄沿着小河散落，每村约有居民几十人，这大概就是一个父系氏族公社的规模。当时居民已经掌握了犁耕、陶轮制陶、冶铜等技术。农业技术的进步使农业劳动所能提供的剩余产品数量大为增加，不但扩大了分工的基础，也为对外贸易提供了不少物资。早期铜器虽然多由纯铜做成，质地柔软，用途不广，但它为下阶段青铜制造奠定了基础。由于铜的冶炼、制造技术远比其他手工业复杂，苏美尔本地又不产铜矿石，因而冶铜业的发展不但扩大了手工业与农业的分工，也促进了苏美尔与

---

① 欧贝德文化时间确定在公元前 4300—前 3500 年。

② 乌鲁克文化，以其发现地乌鲁克古城（今瓦尔卡）而名。该遗址共有 18 个文化层次，其中第 12—5 层称为乌鲁克文化，时间在公元前 3500—前 3100 年。

周围地区早已存在的商品交换，加速了社会内部财产分化与阶级分化的过程。该时期居民开始由分散的小村迁往较大的居民中心，几个较大的居民中心又合并为一个城市。以血缘关系为基础的父权制家庭公社开始让位于以地域关系为基础的农村公社。至乌鲁克文化晚期，由于居民迁并的结果，埃安那周围村庄数目明显地减少，这些村庄沿着新开辟的人工运河散落。但这时尚无真正的人工灌溉系统。大型灌溉网的形成，显然是在国家形成之后的事情。埃安那（Ⅵ）时期修起了围墙。伊南娜神庙（Ⅴ和Ⅳb）面积达75米×29米。苏美尔进入了建筑史上的黄金时代，各地普遍出现了城市和宏伟的神庙建筑，同时出现了作为财产标志的圆柱形印章以及象形文字。这既是社会生产与分工长期发展的结果，又是财产分化与阶级分化剧烈的象征。整个苏美尔地区，已经处于文明的前夜了。

在氏族制度解体到国家形成的过程中，苏美尔历史上也出现过军事民主制，或所谓"原始民主制"，这已经为许多神话所证实，其中"所说的人物虽然是神话中的人物，但这一点并不重要，因为传说确实反映了氏族的制度"[1]。根据这些神话传说，苏美尔军事民主制同样也有"三个协调权力的机关"[2]，这就是"人民大会、氏族首长议事会和企图获得真正王权的军事首长"[3]。

古巴比伦创世史诗《恩努玛·艾里施》为我们形象地再现了苏美尔军事民主制的情况。当混沌未开之际，原水之神提阿马特为报杀夫之仇，带领一群恶魔前来与众神相斗。众神无法抵御，因此决定召开一次神界的人民大会——众神大会，以挑选一名勇敢善战者领导大家作战。他们选中了苏美尔主神之一恩基之子、年轻的马都克。但是，后者在作战之前，就要求在胜利后必须承认他为众神之长。经过"众神之父"、天神安和"全体决定命运的大神"，以及其他一些只有表决权而无发言权的小神（因为史诗中没有明确提及他们）组成的众神大会决定，为了击败敌人，同意马都克的要求，授予他言出令行的最高权力。他们宣布马都克为"王"，授予他王权的标志：节杖、宝座和PALÛ（王的任期）[4]，令其出战。最后，马都克率领众神血战沙

---

①　马克思：《摩尔根〈古代社会〉一书摘要》，人民出版社1978年版，第231页。

②　同上书，第176页。

③　恩格斯：《家庭、私有制和国家的起源》，《马克思恩格斯选集》第4卷，人民出版社1972年版，第142页。

④　也有人认为这不是王的任期，而是王冠。

场，灭尽群魔，并以提阿马特之躯造成了天地，以其情夫金古之血和泥土造成了人类。马都克遂永为众神之王。

这个神话反映出苏美尔军事民主制时期，氏族管理机构还是建立在民主原则的基础上，氏族首长与人民大会在解决有关本部落的一切重大问题，特别是像决定战争与和平以及挑选部落军事首领这样一些重大问题时，还起到很大的作用。但是我们从史诗中也可以看到，部落军事首领的人选，已经习惯地由特定的家族中选出，其权力也越来越大。随着部落间战争的日益频繁，到军事民主制后期，军事首领开始排斥人民大会和酋长会议的作用，僭取公共权力。他们使自己的职位由选举产生逐渐变为世袭，奠定为“世袭王权和世袭贵族的基础”[1]。至原始文字时期[2]，由于生产力的进一步发展，氏族内部财产分化、阶级分化进一步加剧，氏族部落中出现了奴隶主和奴隶、富人和穷人、贵族与平民的斗争，各部落间的战争也越来越激烈。作为阶级矛盾不可调和的产物，国家也就取代氏族制度而产生了。

公元前 3000 年左右，苏美尔开始出现了一系列以城市为中心，结合其周围若干村镇而成的奴隶制小国，数目约有 17 个。国内外史学界一般称之为城市国家。我国史学界有人把它们简称为“城邦”。由于这样的国家一般都占据了一个灌溉系统，包括若干城市，好像是埃及前王朝的州一样，因而也有人认为把它们称为“诺姆国家”可能更为恰当些。但有些学者认为古代苏美尔的拉格什、乌尔等并不是真正的城市，因而主张把这些国家称作“村社国家”。这显然是对城市的定义理解有所不同。众所周知，不同的时代，衡量城市的标准也不同。按照苏联学者的意见，城市就是“剩余产品集中、再分配及销售之地”。它的其他一切职能（工商、文化和政治）都是由上述职能所派生的。而按照美国学者的意见，衡量一个居民点能否称为城市有五条标准：（1）城市与农村相比，是一个有大量人口的居民点；（2）城市居民密度大于农村；（3）城市的基本功能是分配；（4）城市是交通中心；（5）城市是需求等的中心。我们觉得，按照上述标准，苏美尔各城市无疑可以称为真正的城市，因而把苏美尔各国称为“村社国家”未必恰当。

城市国家是奴隶社会早期发展阶段的产物，是原始的国家形态，但是它

---

① 恩格斯：《家庭、私有制和国家的起源》，《马克思恩格斯选集》第 4 卷，人民出版社 1972 年版，第 161 页。

② 原始文字时期（公元前 3100—前 2900 年）得名于该时期所发明的文字，最早见于乌鲁克Ⅳ b。

已经具备了国家的基本特征：（1）地域关系战胜了血缘关系。这个过程是通过居民的迁并途径完成的。这一迁一并，就使旧的氏族组织遭到破坏，建立了以地域为原则的城市国家。这些国家最初规模都不大，一般都只有一个中心城市和若干小村镇，人口也不多。像著名的乌尔城邦在早王朝初期有三个城市和若干村庄，面积不过 90 平方公里，人口才 6000 人。其他国家大概也与此不相上下。（2）公共权力的设立。这有乌鲁克的红宫和捷姆迭特·那色神庙档案为证。红宫是一个封闭式大庭院，面积约 600 平方米，中有一砖坯小平台。有人根据苏美尔文献推测，这个大院子就是人民大会的会场，而小平台则是祭司和长老会议开会的地方。祭司、长老高居于人民之上，由此可见一斑。而从捷姆迭特·那色神庙文书中，我们见到恩（EN）及其他高级官吏，如最高女祭司（EN SAL）、商人首领（GAL ŠAB）、首席法官（TUG DI）、指挥官（PA ŠUL）和预言家（IŠIB）。脱离人民的军队也已经出现了，大概由神庙人员组成，由指挥官直接领导。它已经不同于自备武器的公民兵组织。（3）赋税的设立。早期没有文字可以证明这点，大概主要表现为各种各样的劳役。但我们由乌鲁卡基那（又有人译为"乌鲁依尼木基那"）改革铭文推测，真正的赋税大概早已存在。从乌鲁克雪花石膏瓶献祭场面与圆柱形印章鞭打战俘场面中我们可以看到，苏美尔城市国家自其诞生之日起，内部就充满了阶级对抗，暴露出奴隶主专政的阶级实质。也有人认为，原始文字时期与早王朝之间乌鲁克城被彻底摧毁的原因，大概就是由剧烈的社会分化所引起的冲突所致。如果情况真是如此，那就可以认为这是世界上第一次奴隶和平民反抗奴隶主的伟大斗争了。

## 城市国家的经济制度

城市国家的经济制度，本质上是奴隶制的城邦所有制，或称为古代公社所有制和国家所有制。

其土地自原始文字时期起就分成两部分：一部分是神庙土地（它后来逐渐变成了国王的土地）；另一部分则是地域公社的土地。这已经为当时的文献资料所证明。

关于神庙土地的多少，过去曾有种种不同说法。虽然在传统上苏美尔人认为全部土地都是属于神的，但实际上神庙土地不过是整个城邦土地总额中的一部分。以东、西方学者都比较注意的拉格什而言，过去苏联学者 I. M.

贾可诺夫据巴乌等神庙档案推测，拉格什各神庙土地约占全国土地总数39%—50%，而现在他认为这个比例要少些，只有25%—33%。弗兰克福特通过对拉格什土地的测算，也认为大多数土地不在神庙手中。神庙地产收入充作祭祀、公共庆典、神庙各级工作人员报酬、储备与交换之用。其土地也相应地分成三部分：祭田、口粮田和小块出租地。捷姆迭特·那色出土的一份文书记载了当时上层奴隶主贵族分配土地的情况：这些土地位于水渠边，总数为233布尔（约合1500公顷），至少分给了6个人，其中，城邦统治者恩一人分得1000公顷土地，女祭司122公顷，商人首脑103公顷，指挥官100公顷，首席法官95公顷，预言家64公顷。这说明当时正在形成的国家与神庙上层奴隶主贵族已经开始利用特权攫取大片神庙土地。神庙地产初期是否完全由公社中分出去了？它是依靠本身的劳力还是靠公社全体居民？目前还不清楚。大概它既使用城邦公民也使用各种依附者以及奴隶劳动。据乌鲁克Ⅳ期铭文记载，伊南娜神庙有女奴211人，这在当时是个不小的数字。到早王朝时期，神庙经济由公社中独立出来，并开始采用大地产制，使用丧失公民身份的自由民与奴隶劳动。这种自由民本身又分为两部分：少数人充当神庙下层管理人员和由神庙人员组成的王室军队的指挥官，从神庙获得大量的服役份地（2—18公顷）和优厚的报酬；多数人为勤于田畴的农夫、渔夫、船夫和牧人等。他们平时为神庙劳动，战时服兵役，依靠领取实物供应或小块口粮田（5—10亩）为生，有时尚须租种神庙土地以弥补口粮不足。所有这些人，由于他们丧失了土地与公民身份，而由城邦统治者国王手中获得土地与实物供应，因而和国王有一定的利害关系，特别是他们之中的上层分子，更是王权的可靠支柱。

神庙经济强大，是苏美尔各国的重要特点。以拉格什为例，据国外学者估计，仅巴乌一个神庙便拥有1平方英里的土地和1200名各类劳动者（包括250—300名奴隶）。它战时要向国王提供500—600名由神庙依附人员组成的军队。在乌鲁卡基那改革前，该国十四五个神庙的土地占全国土地总数的25%—33%，劳力约占全国总数的24%。同时，神庙还垄断了国家最重要的手工业（如青铜制造）与商业，成为全国经济生活的中心。

由于神庙经济的重要性，因而从国家产生之后，它就成了以国王为首的世俗奴隶主贵族和以神庙祭司为代表的氏族贵族争夺的对象。最初，氏族贵族在神庙中大概有相当的势力。但是国王利用其作为城邦主神代理人代神理财的权利，逐渐取得对各神庙经济的管理大权，并依靠神庙依附人员组成的军队以及城邦的普通公民，最后击败代表氏族贵族势力的神庙祭司，变神庙经济为王室经济。

农村公社的土地，早在原始文字时期第二阶段就已经划归大家庭（或家族公社）所有了。大家庭的土地是可以转让买卖的，这有当时的土地转让文契为凭。因而，大家庭的土地实际上已经是私有土地。而大家庭析产后形成的个体小家庭，其土地无疑是私有的。这种土地起初可能有某些传统的限制，比如说，"它大部分仍旧保存着共同体的形式"①。这一点从拉格什王恩赫伽尔买地文书、苏路帕克土地买卖文书等都可以看得很清楚。土地一旦投入流通后，公民失地现象就会随之出现。失地者大多成为神庙或王室或官吏的依附民，也有少数人沦为债奴。经过几百年城邦纷争，公民处境每况愈下，以至于到拉格什王恩美铁那时不得不采取轻徭薄赋、释放债奴等措施缓和社会矛盾。如果我们相信某些史家所言，乌鲁卡基那把公民人数增加了近十倍，那么，它从反面证明了这种兼并曾经使得拉格什公民十室九空，达到十分骇人的地步。

# 城市国家的政治制度

古代所有制是城邦民主制的基础，随着这种制度的破坏，神庙经济和小农经济逐渐为王室经济所吞噬，城邦的民主成分逐渐消失，君主制也就摆脱氏族制度残余的羁绊，逐渐巩固起来。

城市国家的国体是奴隶主阶级专政。其政体则各有不同。古代希腊著名学者亚里士多德就曾经把希腊各邦政体划分为三个正宗类型以及相应的三个变态类型，每一个类型中还有不同的种属。由原始文字时期的文物可见，当时的国家权力主要掌握在恩、人民大会和长老会议手中。一般认为城邦制度中的这三个主要的职位或机构，都是从军事民主制时期氏族制度中脱胎而来。至于其政体，则各家看法有所不同。弗兰克福特认为"可能是地方自治……其最后的权力属于长老领导下的全体男性自由民大会"。《世界上古史纲》的作者则认为是"贵族共和国"，并且由此推而广之认为"奴隶制城邦……至少在其初期或较长阶段……基本上是贵族共和国"。不过我们觉得，

---

① 马克思、恩格斯：《德意志意识形态》，《马克思恩格斯选集》第 1 卷，人民出版社 1972 年版，第 73 页。

既然在军事民主制后期世袭王权和世袭贵族的基础已经奠定，因而当最初的城市国家出现后，掌握政权的就有两股力量：一股是世袭王权；一股是世袭贵族。每个城市国家到底采取什么政体，必须由这两股力量的对比而定。在世袭王权占优势时，建立的就是君主政体；而在世袭贵族占优势时，建立的就是贵族寡头政体。就苏美尔各国而言，根据古代苏美尔神话传说和早王朝时期的史料判断，我们认为原始文字时期各邦政体更类似君主政体，同时也不排除个别城邦取其他政体的可能性。例如，直到早王朝中期，苏路帕克城邦还可能实行贵族寡头统治。那里的恩西职权就比较小，算不上一个重要人物，他被称为"派任恩西"，只有23公顷土地。他大概也不是世袭的。又如在苏路帕克土地买卖契约 RTC. 13 中，就有一位"过去的派任恩西"充作证人，说明他的任期是有一定期限的。相形之下，那里长老会议和人民大会职权可能更大。很可能，在其他一些比较落后的小邦中，还有贵族共和国存在。

早王朝时期，苏美尔进入列国争霸时期。这是城邦君主政体形成的时期。

当时苏美尔各邦之王，或称为恩（EN），或称为恩西（ENSI，史学界过去曾据其表意符号 PATESI 误读为"拍达西"），或称为卢伽尔（LUGAL）。三者的称号虽不一样，但其职权本质没有重大的区别。恩和恩西都是城邦主神代理人的称号，负有代神理财及保护本邦公民福利之责任，如领导城邦祭祀；管理神庙经济、公共建筑，特别是修建城池宫室和水利设施；统率军队；主持城邦会议；还有司法、行政等职能。恩西本身可能是霸主，也可能是其他卢伽尔的附庸。卢伽尔本义为大人，一般译作国王。卢伽尔有两种。一种是普通的卢伽尔，它最初是在城邦遇有非常事件时由人民大会和长老会议临时授予该邦统治者以全权时使用的称号。但后来由于战争连绵不断，该称号遂成为某些城邦统治者习惯上固定使用的称号。同时仍有某些城邦恪守旧制，只是在城邦处于非常时期才临时授予统治者这一称号。另一种则是霸主的称号。当时苏美尔地区有两个霸主的称号："基什卢伽尔"和"乌鲁克（或乌尔）卢伽尔"，分别代表着南、北两大军事联盟。这是某城邦统治者击败其他称霸的城邦，并获得尼普尔城恩利尔神庙承认之后才可以取得的霸主称号。一般说来，卢伽尔权力大于恩西，恩西所拥有的职能他都有。此外，如果作为霸主，他还有权调解各邦边界争端（如公元前 2600 年，基什卢伽尔麦西里姆就曾经以霸主身份调解了拉格什与温马两邦的边界纠纷，并为之树碑立界为记），征召盟邦公民为其修建水利设施等。由《王表》和《吐马尔铭文》可见，当时苏美尔各主要城邦的统治者，一般都是一人统治，是终身和世袭的职位。同时，如当时许多资料所示，这种世袭也常常为军事失败与篡位所打断。公民大会和长老会议继续存在，有些学者据史诗《吉尔伽美什与阿加》认为公民大会这时仍然是最高权力机构，但也有人认为它这时已经变成了王权所操纵的工具。他们认为苏美尔城邦统治者虽然不是东方式暴君，但也不应过分夸大自由民大会的重要性，它只是一个没有命令权，大概只起咨询作用的行政机构。

到早王朝晚期，随着列国争霸不断，王权日增而以神庙祭司为代表的贵族势力日衰，君主政体大体形成。由拉格什第一王朝诸王铭文可见，世袭君主制已经确立，并且被抹上了一层淡淡的"王权神授"的油彩。从《安那吐姆鹫碑》及乌鲁卡基那改革铭文可见，由国王领导的国家机构已经基本取代了氏族制度机关的残余。最后，被部分国外学者视为城邦民主制度基石的神庙经济也被拉格什王埃冷塔西所吞并。神庙经济变成了王室经济。以神庙祭司为代表的氏族贵族势力受到了严重的打击。在这场斗争中，支持王权的不仅有各种类型的依附民，也有反对贵族残暴的城邦公民。正是由于他们的支持，君主政体才得以确立。但是，刚刚形成的君主政体还很不稳固。在拉格什，就发生不甘失败的贵族利用人民的不满，趁机推翻拉格什王卢伽尔安达，拥立其代理人乌鲁卡基那并以恢复城邦旧制为名进行"改革"的事情。过去国内学者对此评价甚高，但国外学者却认为这场改革旨在阻止历史前进的步伐，除了祭司和神庙士兵从中捞到一些好处外，什么问题也没解决。乌鲁卡基那改革大概在城邦内部引起了某种内讧。因而，雄踞苏美尔南方近200载之久的拉格什王国，在乌鲁卡基那改革6载之后却被其宿敌温马王卢伽尔扎萨西所败。

## 苏美尔地区的统一

君主制的建立，为整个苏美尔地区的统一奠定了政治基础。与此同时，统一的物质条件和舆论也逐渐成熟了。当时整个苏美尔地区以幼发拉底河为主干，形成了一个完善的水利系统，它不仅对农业，而且对商业也有很大促进。手工业也有长足的进步。而商人则早已将苏美尔的物资远销印度、小亚细亚等地。当时各邦的争霸，表面上是各邦统治者为了争夺土地、劳力和水利工程控制权而进行残酷战争，实际上却反映了各邦人民要求统一以从事正常生产、生活的愿望。而苏美尔自古以来也就存在着许多有利于统一的因素：如各国人民都有共同的称呼——"黔首"；共同的宗教信仰，以尼普尔城恩利尔神为最高主神；共同的文化，经过上千年的民族融合，形成了以楔形文字为代表的苏美尔文化，居民自视一体，没有畛域之分。因此，到早王朝晚期，各邦开始由割据混战走向兼并统一。

苏美尔统一的过程，大概可分为三个阶段。首先是整个地区经过几百年的混战，形成南北两个军事联盟：一个是以乌尔—乌鲁克为霸主的南方同盟；一个是以基什为霸主的北方同盟。它们分别联合了南北各邦（拉格什除外）。第二个阶段是由温马统治者卢伽尔扎萨西所进行的初步统一。他首先获得南方的霸权，随后兴兵北上，征服基什，初步统一了苏美尔地区。卢伽尔扎萨西的胜利，反映了人民困于战争、渴望统一的要求。但是，他在胜利之后所建立的是一种邦联性质的政治结构，和军事同盟相去不远，并没有建立起统一的国家，因而其统治并不稳定。就在他倾尽全力与其宿敌拉格什苦战、无暇他顾时，基什王萨尔贡趁机崛起，逐步统一南北各邦，并将其击败，作为献祭送往尼普尔城恩利尔神庙。萨尔贡后来在苏美尔北部地区兴建阿卡德城作为他所建立的新国家的首都。这个国家、这个地区和建立这个国家的闪族人，后来都以该城之名而名。整个苏美尔地区在萨尔贡的统治下，第一次统一起来了。苏美尔城邦时期过去了。古代西亚第一个中央集权的奴隶制大国——阿卡德王国出现了。

# 结束语

总之，我们认为苏美尔城市国家与世界各地其他国家一样，也是经由氏族制度解体而形成的。"国家是阶级矛盾不可调和的产物"，"国家是剥削被压迫阶级的工具"[①]，国家产生的根本原因、国家的本质就在于此。这是世界各国概莫能外的。当然，最早的国家为什么偏偏产生在苏美尔、埃及、印度和中国的大河流域而不产生在其他地方，这个事实本身就说明地理环境对人类社会发展具有重要的影响。而且，越往古代，生产力越不发达，这种影响也就越大。但是地理环境包含自然环境、自然资料等多种因素。就学术界比

---

① 列宁：《国家与革命》，《列宁选集》第3卷，人民出版社1972年版，第174、180页。

较重视的水利灌溉系统而言，它对世界各文明古国的发展，无疑起过巨大的作用。苏联学者 I. M. 贾可诺夫依据水利灌溉的情况，将早期奴隶社会发展分为三种不同的道路。从探讨问题而言，这也不失为一个新创举。但是，依据西方学者的看法，"大型水利灌溉网的建立，显然是在完全形成的城市出现之后"，也就是说，是在国家形成之后才出现的。而在这以前，"社会是由许多小的，沿着天然河流分布的群落所组成的公社"。I. M. 贾可诺夫也认为，在乌鲁克文化晚期是不存在人工灌溉系统的。最早的灌溉系统是在原始文字时期（乌鲁克 V—1Vb）才出现的。也就是说，他认为灌溉系统的出现大致和国家形成的时间相同。因此，苏美尔国家显然不是起源于水利灌溉系统。况且大型水利灌溉系统本身还是由生产力发展的情况所决定的。

其次，从苏美尔城邦形成的过程看来，我们觉得确实可以认为原始社会的普遍性决定了城邦的普遍性。只要是直接由原始社会解体产生，而又没有受到周围更先进地区影响的国家，就有可能是城邦。城邦既然是直接从氏族社会中产生的，也就不可避免地带有氏族制度的残余。这种残余在人类历史上最早出现的苏美尔各国更为突出，表现在经济上就是有大量公有土地未被分割，继续以神庙地产的形式保存下来；在政治上则保留了一定程度的民主色彩。城邦的经济基础是"古代公社所有制和国家所有制"，或称城邦所有制，其本质是奴隶主所有制，只有身为城邦公民，即奴隶主分子，才有生产资料所有权，首先是土地所有权，这是城邦民主因素的基础。由于奴隶制经济发展的必然结果，神庙经济和公民私人经济逐渐为王室（国家）经济所吞噬，也就开始了城邦民主因素消失、君主政体巩固的过程。

城市国家的国体是奴隶主阶级专政，其政体，即国家政权构成的形式，则因历史条件和阶级力量对比而互异。国家形式极其繁杂。国体相同的国家，可能采取不同的政体。同一国家在不同的历史时期，在国体不变的情况下也可能采取不同的政体。每个国家采取什么政体，完全取决于该国的具体情况，它们不一定是相同的，更不可能是完全相同的。就苏美尔各邦而言，由于其统治者（恩、恩西和卢伽尔）既掌握了神庙经济，又得到了由神庙依附人员所组成的职业军队上层分子以及反对氏族贵族势力的城邦公民的坚决支持，因而他们就拥有比希腊、罗马城邦初期的国王大得多的力量，在王权与氏族贵族势力的斗争中有力量击败后者。这就决定了苏美尔各邦在和早期希腊罗马社会有过一段共同的经历之后，并没有发展为奴隶制贵族共和国或民主共和国，而是继续朝着巩固君主政体的方向发展。但是，"奴隶占有制时代的国家，不论是君主制，还是贵族的或民主的共和制，都是奴隶占有制国家"①。这才是问题的本质。

　　古代苏美尔灿烂的文化在世界文化宝库中占有极为重要的地位。苏美尔城邦制度对古典社会也起过极为重要的影响。研究苏美尔城市国家的起源不但有助于我们了解奴隶社会早期发展阶段的政治、经济特点，也有助于我们认清世界各国历史发展的共性与特性。从这个意义上来说，研究苏美尔城市国家的起源，对于我们掌握马克思主义国家学说，认清世界历史发展的共同规律，具有重要的意义。

---

① 列宁：《论国家》，《列宁选集》第4卷，人民出版社1972年版，第49页。

# 乌鲁卡基那改革

李永采

公元前24世纪苏美尔城市国家拉格什的首脑乌鲁卡基那[①]（约公元前2378—前2371年在位）所实行的改革，是现知世界历史上最早的一次大规模社会改革。由于记载改革的铭文及一些记述有关情况的文献较好地保存了下来，使我们对这个早期奴隶制国家这场改革的情况，能有一个大体明确的了解。在世界各国早期奴隶制时代的历史中，其他国家或全无类似记载，或虽提到改革而记载不详。因此，这场改革所反映的社会历史问题，具有填补空白的特殊重要性，并因此受到国际学术界的广泛重视。

## 改革的社会背景

乌鲁卡基那改革是在拉格什国内阶级斗争剧烈、社会动荡不安、苏美尔各城市国家间不断发生争霸战争的历史背景下出现的。

拉格什城初建于公元前4000年代中叶。公元前28世纪，它已以城市国家的面貌出现于历史舞台。公元前26世纪，乌尔·南希建立起乌尔·南希王朝。这个王朝共经6代恩西（ENSI，国家首脑的称呼，原意为"率领人们从事建筑的祭司"，后来意为"首领"，是国家主神在世间的代理人，其权力受到贵族的限制），即乌尔·南希、阿库尔格尔、安那吐姆、埃安那吐姆一世、恩铁美那、埃安那吐姆二世。以后，不属于乌尔·南希家族的埃冷塔西、卢伽尔安达先后为恩西。安那吐姆、恩铁美那当政时，拉格什与温马发生战争，温马战败，向拉格什缴纳贡赋。拉格什一度在苏美尔部分地区称

---

[①] 乌鲁卡基那，意译为"满是诚实人的城市"。近年有的学者认为它的名字应译作"乌鲁依尼木基那"，但尚未流行，暂不照改。

霸。卢伽尔安达当政时，国内动荡，对外未见有什么大事。

公元前24世纪初拉格什可灌溉土地的面积约2000平方公里，人口总数（包括奴隶）约15万。除两个主要城市外，拉格什郊区有西拉兰、吉尼尼尔、巴尔巴尔、古阿当等小的政治宗教中心。从这时农民耕种份地看，农村公社还存在，土地还以公有制为主。小的政治宗教中心即为公社中心，现可列名的为14个。社会细胞是个体家庭和家族，个体家庭已占优势。

当时拉格什主要有三个阶级：一是奴隶主贵族，包括恩西、其他世俗贵族和上层僧侣；二是平民（公社普通成员）；三是奴隶。恩西、大官占有奴隶和大片土地，有一个官员占地达51甘（一甘合5.31市亩），比普通平民多几十倍。神庙经济在拉格什经济中占有重要地位。国家主神宁吉尔苏的妻子巴乌女神神庙占地约730余甘（合3880余市亩），有大批奴隶和平民为其劳动。奴隶数达400多人，加上从事体力劳动的平民、书手、记账人、经商人员，有1200人左右。寺庙经济由上层僧侣控制，已是一种剥削劳动人民的经济形态，但还有公社共同体公有经济的成分。土地还不属于恩西、上层僧侣个人私有。

改革铭文和其他文献中的"伊格·努·杜"（Iginu－duh）意译为"不抬眼的人"或"盲人"。有的学者认为伊格·努·杜是贵族或半自由人。但从这种人常被买卖、按几头或几只计数、担负繁重劳动等情况来看，他们大多数应是奴隶，只有少数例外。

改革铭文和其他文献中还有一种人音译为"苏不路伽尔"（Sub－Lugal），意译颇不一致。各家不同译法和解释主要有：（1）"兵士"；（2）"农奴"；（3）"依附民"；（4）"屈节和匍匐于主人面前的人"；（5）认为其地位接近于苏路帕克（苏美尔城市国家之一）的"古鲁什"，是农村公社成员、劳动者，同时又是一般战士。现在不同译解还没有一致起来。弄清"苏不路伽尔"的身份是正确认识改革的关键问题之一。改革铭文提到这种人"掘井"，可见是劳动者；又提到改革前他们受到欺压。改革铭文以外的文献对弄清这种人的身份非常重要。当时神庙有这种人，神庙外也有。他们一般都耕种份地，这很能说明他们的身份是公社成员；他们主要从事农业，具体从事耕种、播种、灌溉、运粮等劳动，也从事畜牧、捕鱼、手工、建筑等行业。在买卖人口的契约中，未见有买卖苏不路伽尔的记载。在平时，他们是普通劳动者；在战时，他们应征组成轻装兵，地位低于由贵族子弟组成的重装兵。因以上种种情况，我们认为这种人的身份，上述第五种解释较符合实际。这种人受剥削、欺压，但身份是自由人，不是"农奴"或"依附民"；主要身份是劳动者，故也不宜译为"士兵"。

改革前苏不路伽尔的经济地位已严重分化，其中有的全年为神庙劳动，领取口粮。在神庙内的一般占份地1.4甘，已较贫穷；神庙外有的有份地2至4甘不等，也不富裕。个别的占地18甘，较富有，但不审详情。多数苏不路伽尔在改革前日益贫困，显然是改革面临的主要社会问题。

卢伽尔安达的暴虐统治加剧了拉格什的阶级矛盾。一方面，国家和当权者加紧压榨平民，增加了捐税，并分派官吏到生产现场征收。"从宁吉尔苏边境以至于海①，到处都有收税人。"管理船民、牧人、渔民的官员由被管理者养活，跟到牧场征收驴羊，跟到渔船上渔网中取鱼，甚至夺取驴羊、船只和渔场；手工业者负担捐税过重而致乞讨面包；凡剪得白羊毛必须交给国家或缴纳难得的银子；长官以买为名，侵吞其所管平民的房子、好驴；掌管食品的僧侣进入贫苦妇人的园子强取树木和果子，等等。这加剧了贵族当权集团和平民的矛盾。另一方面，卢伽尔安达把宁吉尔苏神庙及其经济从上层僧侣手中夺归自己直接掌管，把巴乌神庙及其经济夺归其妻巴拉娜姆达姆名下，把拉格什郊区神庙夺归其子名下，使上层僧侣的权益受到严重损害。这又大大加剧了统治阶级内部僧侣贵族和当权贵族的矛盾。与此同时，社会其他矛盾也日益尖锐化。债权人欺压债务人；死者家庭负担的殡葬费异常沉重；孤儿寡妇备受欺凌；盗窃、强夺、杀人案件增多。这一切，使拉格什社会已难以照旧维持下去。

## 乌鲁卡基那取得政权及其身世

经过一场斗争，卢伽尔安达的统治被推翻，乌鲁卡基那取得了政权。现未见正面记载这场斗争的具体经过和形式的文献，但从有关事实看，这次政权改变是通过暴力实现的。在卢伽尔安达统治时，重装兵是恩西和贵族统治的支柱，由国家和巴乌神庙供养。乌鲁卡基那执政后，供给重装兵的口粮只占原有总数的1/3，重装兵的大部分人名从经济报表中消失了。看来，这2/3重装兵是在战斗中被击溃，余下的一小部分站到了新政权的一边。同时，乌

---

① "宁吉尔苏边境"，指拉格什和温马两国边界的界河宁吉尔苏河，在国家的北部；"海"，指波斯湾，在国家南端。此处全句意指全国。

鲁卡基那执政第一年给轻装士兵苏不路伽尔的口粮，从过去每人每月 72 西拉（1 西拉约合 1.75 公升）增加到 144 西拉。还有，以后乌鲁卡基那与温马作战，也以轻装兵为主要力量。

乌鲁卡基那出身于贵族家庭，他的父亲恩格尔沙做过乌尔·南希王朝的高级官员，他的妻子莎克莎克是埃冷塔西的姊妹，卢伽尔安达的姑母。他开始执政时，已有两个儿子、四个女儿。儿子的名字为埃里吉阿克、埃克拉姆特，女儿的名字为基姆巴乌、基姆达尔西尔希、姆·尼娜和莎丽莎卡。经济文献提到姆·尼娜有男奴隶 19 人，女奴隶 17 人，莎丽莎卡有男奴隶 8 人，女奴隶 10 人。他的另一对儿女也有自己的奴隶。从他已有 6 个子女、多数子女已有自己独立的家庭经济，可推知他执政时年龄约在 45 岁以上，并已可能富有政治经验。

# 改革的措施和内容

乌鲁卡基那执政第一年时的头衔仍为恩西，先为吉尔苏的恩西，不久称拉格什的恩西。他执政后，先后为宁吉尔苏和巴乌神建造了几座新庙宇，为巴乌神庙建造了剪羊毛的房舍；开凿了一条新运河（以献给南希神的名义），疏浚了一条运河；为吉尔苏城建造了城墙。在他执政的第 2 年，拉格什与温马之间爆发了较大规模的战争，拉格什获胜。同年，乌鲁卡基那的头衔改为卢伽尔（Lugal，原意为"大人"，引申意为"主人"、"王"，地位和权威高于恩西）。他从执政第一年起即实行社会改革。改革铭文已被发现，记载在三块坨式泥板和由五块石片组成的椭圆形石板上，用苏美尔文字书写。以下分三个方面叙述改革的措施和内容。

（一）关于改革的基本政策和政治制度的改革

1. 对贵族当权集团和一般奴隶主贵族的基本政策

乌鲁卡基那打击旧的贵族当权集团，但有一个明确的限度。这就是只剥夺他们滥用政治特权所获得的利益并禁止继续这种滥用，但没有触动他们作为一般奴隶主贵族的经济和社会地位。这是在改革中贯穿于全局的一项基本政策。首先，对卢伽尔安达及其家族就实行了这一政策。卢伽尔安达被剥夺了恩西的地位，也失去多占神庙收入和捐税的特权。但实行改革后，他和他的妻子还活着，并过着富裕的贵族生活。他妻子的名字从巴乌神庙名录中消失，神庙分给她一份"给养"的记录也消失了。但她还参加巴乌神庙的宗教仪式，分食"神餐"。乌鲁卡基那执政第 3 年她死去，还举行隆重的葬礼，参加葬礼者达 200 余人。其次，改革禁止官员和当权的僧侣侵吞平民的驴、羊、船、房屋、树木和果子（详见下文），但也没有触动他们作为一般奴隶主贵族所占有的奴隶、土地等财产及社会地位。这种政策在当时是比较切实可行的、开明的。

2. 关于政治制度的改革和改革依靠的力量

乌尔·南希王朝的第五代恩西恩铁美那在一件铭文中自称宁吉尔苏神在 3600 人中授予他"王"权；乌鲁卡基那在改革铭文中则自称宁吉尔苏神在 36000 人中授予他"王"权。这里的"人"无疑是指享有政治权利的自由人，这种人较前大大增加（扩大 10 倍，但未必是绝对数），显然包含着提高平民地位、扩大平民权利的内容，因此是政治制度方面的一项重大改革。但其中具体情况还未见资料。能够加以推断并值得注意的是：（1）在 36000 人中，包括平民，也包括贵族；（2）强调"36000 人"的意义，既扩大平民的政治权利，也就必然在一定程度上削弱、分散了贵族的权力。从这一点和依靠轻装兵作战、采取一系列措施减轻平民负担来看，改革的主要依靠力量是平民，同时也依靠一般贵族。由此可认为，乌鲁卡基那所建立的，是一个以"36000 人"为基础来统治、剥削广大奴隶的政权。这个政权的阶级基础，较前显然扩大了。

3. 关于军事制度的改革

乌鲁卡基那以平民兵为其军队的主要力量，基本改变了过去的恩西以贵族子弟兵为主要军事力量的制度。军队成分的改变与多方面存在联系。平民兵经济待遇改善，平民的社会地位也有所提高。而这些，也就又改善了平民的政治地位。军队情况的这些变化，是乌鲁卡基那能够推行改革的主要条件，同时也有利于加强国家的军事力量。

（二）大幅度地调整政策，取消弊政

改革的这类内容又分为两个方面，对平民而言，改革有利于他们；对僧侣集团而言，有一些措施有利于他们，也有一些措施限制了他们。

1. 减轻平民负担、使平民免受侵夺的措施

（1）撤去派往各地的税吏，减免部分捐税、欠税。"从宁吉尔苏边境直至于海，不再有收税人。"这并不是免收一切捐税，而只是撤去跟到生产场地直接收税的收税人。同时，还豁免了原来平民积欠王室的赋税（谷物）及王室另外征收的大麦，减少了手工业者负担的捐税。

（2）免除了平民的弟弟所负担的无酬劳役。改革前除作为一户之主的平民担负人工灌溉等国家劳役外，户主的弟弟也被征服劳役，不给报酬。改革取消了"弟弟"的负担。

（3）禁止当权官员利用职权侵夺平民的财产。"他禁止（……）管理船夫的人（夺去）船只。他禁止管理渔场的人（夺去）渔场。……他禁止监察官（接受）为剪白羊毛和伽巴羔羊（的毛而交）的银子"，等等。

（4）减少殡葬费。改革规定了殡葬手续费和仪式费的标准数额，较前减少了一半左右到一半以上。如将尸体抬入墓内，原负担酒七杯，现定为三杯，原负担面包420块，现定为80块，等等。

2. 关于对待僧侣集团的政策

乌鲁卡基那将卢伽尔安达及其亲属夺得的神庙掌管权归还上层僧侣，使他们重新成为神庙财产的主管者和受益者。同时取消了改革前向部分僧侣征收的捐税。这些措施有利于僧侣集团的多数人，主要有利于上层僧侣。但改革也禁止当权的僧侣滥用特权，禁止掌管食品的僧侣进入贫苦妇女的园子强取树木和果子；并减少殡葬费用，限制上层僧侣过多地剥削平民。改革将几个神庙的财产主管权发还僧侣，是针对卢伽尔安达滥用特权贪婪侵夺而采取的措施，不能认为这是把历史车轮拉向后转。从总体上看，改革对僧侣的政策有利于缓和阶级冲突和促进社会安定，在当时是比较适当、平稳的。

（三）改革社会制度的几项措施

改革的这部分措施特别重要。它反映了早期国家在社会矛盾面前所起的积极作用，是现知世界历史上最早的具体记录。它既有当时拉格什的特殊性，又反映了早期奴隶制国家历史发展的普遍规律性。这方面主要有以下四项。

1. 以国家立法形式确定财产的私有制

当时拉格什的经济关系中的私有制实际已经存在并发展，但还没有达到以国家立法的形式予以承认和保护的程度。同时，还存在氏族贵族和盗窃者利用"氏族制度的共产制传统"① 来为自己侵犯私人财富辩护的现象。在当时，确立并发展私有制有利于生产的正常进行和社会安定。然而，已经解体的氏族制度对此已不能有任何帮助，于是就只有期望形成还不很久的"国

---

① 恩格斯：《家庭、私有制和国家的起源》，《马克思恩格斯选集》第4卷，人民出版社1972年版，第104页。

家"了。改革在一定程度上满足了这一期望。

改革铭文所记当权者侵夺财富的多方面内容，多未写明为这种行为辩护的借口。但在实际中，显然都是利用其担任公职的权力，以公共利益作为借口。在当时，所谓为了公共利益还免不了利用尚存在的氏族共同体的观念和原始共产制的观念。如果说，这只是从理论上作出的推断，那么，从铭文的另一内容却可清楚地看到这种"辩护"的具体观念。

在改革前，"如果氏族公社（？）成员造了养鱼池，任何人都可以窃取他的鱼；这人说：'它是太阳照耀下的'"。按译解，"太阳照耀下的"的意思就是鱼原"不属于任何人所有"。换句话说，就是窃夺者以鱼为公共所有为借口为自己窃夺他人的鱼的行为作辩护。针对这一问题，改革规定"如果氏族公社（？）成员造了养鱼池，任何人不能窃取他的鱼"，如果有人窃夺，"将石头掷向偷儿"（意即用石头将窃夺鱼的人砸死）。窃夺者为自己辩护的观念，在大体处于相同社会发展阶段的其他民族也有具体事例。乌鲁卡基那所采取的措施，正是以国家立法的形式给"私有财产"以及"相继发展起来的获得财产的新形式"，"盖上社会普遍承认的印章"。①改革规定长官如要买平民的房子、好驴必须付出银子，不得侵夺，也是同一性质的措施。这一措施有利于生产发展、社会相对安定和社会进步，是顺应历史发展潮流的重大改革。这是整个改革具有进步性的一个重要方面。

2. 以国家立法形式确定一夫一妻制

改革前，一夫一妻制在拉格什已实际形成，但还存在一些原始婚姻习惯的残余，"昔日的女人曾惯于嫁两个丈夫"，同时限制男子休妻，如男子休妻，恩西收取 5 西克勒（1 西克勒合 8.4 克）银子，有关官员收取 1 西克勒银子。改革禁止一妻多夫，并规定，如女人再有两个丈夫，则"用石头砸死"。同时规定，如丈夫休妻，恩西和有关官员"都不收取任何银子"。这从两方面加强了夫权：一是要妇女对丈夫保持贞节，而破坏夫妻忠诚则是丈夫的权利；二是只有丈夫可以解除婚姻关系，离弃他的妻子。改革的这一立法，又给一夫一妻制盖上了社会普遍承认的印章。这也是顺应历史发展潮流的一项进步措施。

---

① 恩格斯：《家庭、私有制和国家的起源》，《马克思恩格斯选集》第 4 卷，人民出版社 1972 年版，第 104 页。

3. 关于解除债务奴役的措施

改革铭文有关部分的原文较费解，译文歧异，但可肯定的是改革为解除债务奴役采取了措施。有关的一句话，克莱默译作（改革）"赦免了那些（由于他们）所欠的债……（而被监禁的）拉格什公民们"；贾可诺夫译作（改革）"使拉格什公民从债务奴役……中解放出来"；载美尔译作（改革）"使拉格什儿子们从生命借贷……中清洗（解放）出来"。这些译文大意相同，只译词互异。从相同的方面看，改革解放了因欠债而被奴役或被拘禁的人，否定了旧的关系和制度。在古代世界早期奴隶制国家中，债务奴役是造成本族自由民内部纷争不已的共同问题，能否废除债务奴隶制是决定奴隶制能否高度发展（奴役外族人）的主要条件之一。迄今所知，这场改革也是涉及这一问题最早的一次，但是否废除了债务奴隶制，因受原文太简的限制，还说不清楚。

4. 关于建立法制

改革铭文不是一部法典，但记载了建立法制的若干内容，带有立法文献的性质。铭文对改革内容的记述，有些也就是制定法和法律条款。从建立法制所达到的水平来说，有三点值得注意：其一，一切国家的法和法律都是强制实行的，改革建立的法制也是这样。允许什么，禁止什么，什么罪处死，都是强制性的规定。其二，改革的立法具有开创的特色。以国家名义确定私有制、一夫一妻制为合法，确认在商品交换中买卖双方对自己财物的主权地位等，都是改革新创立的东西。改革及其铭文的特别可贵之处，还在于它说明了这些法是在什么样的阶级矛盾和斗争中通过国家立法而产生出来的。这对于研究法的起源，是有重要价值的。其三，改革的立法又具有简单、粗犷等原始性。其中一部分内容，只是把习惯法记载下来。如"用石头砸死"罪犯，在原始社会后期实行习惯法时已经使用，并且还是比较野蛮的表现，等等。

# 拉格什与温马的战争和对改革的评价

在乌鲁卡基那执政的第 4 年，拉格什与温马的战争重新爆发。在战斗中，由苏不路伽尔组成的轻装兵是拉格什军队的主力。其中 8 个队有农人队、牧人队、海上渔人队、河上渔人队等名称。保存下来的供给战士口粮的经济报表列有队长、队员的名字。这些队每队一度是 18、20、22、33 人不等。战争的头一年，拉格什曾取得一些胜利。从此后名单上人员的变化可看出在乌鲁卡基那执政的第5、第6年，拉格什的士兵伤亡很重。如一个河上渔人队在他执政第4年为22人，第6年只剩下8人；一个海上渔人队第5年为20人，第6年只剩下5人。另一情况是，第6年还第一次出现将农人、牧人、渔人混合编队的做法，大概是战士大批伤亡且兵源缺乏的表现。最后，在温马和乌鲁克联军的攻击下，拉格什失败了。温马军队攻占了拉格什城及其郊区，破坏严重，"烧毁了安塔苏鲁神庙，抢走了银子和宝石，提拉什官浴于血泊之中"，但未攻占吉尔苏城。乌鲁卡基那大概在吉尔苏又当了几年首脑。温马统治拉格什城时期形成的铭文认为，温马人冒犯了宁吉尔苏神，但"乌鲁卡基那王在这方面没有犯罪"。此后，在阿卡德王国统治时期，乌鲁卡基那可能担任拉格什的总督。因为在阿卡德王国第二代国王时，一块石碑还提到他的名字。不过，从被温马和乌鲁克联军战败后，未见有文献记载他的活动。

在怎样评价乌鲁卡基那改革的问题上，学术界意见不尽一致。我们认为，改革是进步的，应该基本肯定。其进步性主要表现在三方面：一是改革社会制度的措施和历史前进的方向基本一致，影响深远；二是改革采取的减轻平民负担、兴利除弊的措施，有利于生产发展和社会进步；三是改革加强了王权。乌鲁卡基那自称"卢伽尔"，在短期内采取了强有力的改革措施等，都可说明这一点。这符合当时所提出的使国家强大的要求。当然，改革并没有改变奴隶与平民还受剥削、压迫的地位，这是乌鲁卡基那没有解决也无法解决的历史矛盾。在对外战争中失败，不能作为评论改革应否肯定的标准。基于以上各点，主持改革的乌鲁卡基那，在远古统治者中，完全称得起是一名杰出的社会改革家和政治家。

# 汉谟拉比法典的颁行

王兴运

汉谟拉比法典是现存最详尽的西亚古代法典，它不仅在历史上曾对许多国家的立法产生过重大影响，而且也是研究古代西亚许多国家社会经济和思想文化的极重要的史料。

## 汉谟拉比法典的发现

1901 年 12 月至 1902 年 1 月，J. 摩尔根指导的法国考古队在埃兰古都苏撒遗址发现以阿卡德语镌刻的汉谟拉比法典石碑。石碑由三块黑色玄武岩合成，高 2.25 公尺，上部周长 1.65 公尺，底部周长 1.90 公尺。石碑上部是太阳神、正义神沙马什授予汉谟拉比王权标的浮雕（高 0.65 公尺，宽 0.6 公尺）。浮雕下面是围绕石碑镌刻的法典铭文，共 3500 行，楔形文字是垂直书写的。法典中部分铭文（法典第 66—100 条）在古代就被磨损。据考证，埃兰王苏特鲁克纳惛特约于公元前 1150 年前后入侵巴比伦尼亚，将该法典石碑作为战利品运回苏撒。大概，他为了在石碑上刻记自己的功绩而使人磨损部分原文。但因某种原因（或许因他不久即逝世）而未能重刻。残缺的铭文部分依据苏撒出土的法典复本断片复原，部分依据在亚述古都尼尼微和两河流域其他城市遗址发现的泥板抄本予以补充。法典石碑石质坚硬，书法精工，属于巴比伦第一王朝的典型官方文献。石碑现藏法国巴黎卢浮博物馆。

汉谟拉比法典由序言、条文（282 条）和结语三部分组成，内容包括诉讼程序、盗窃处理、军人份地、租佃、雇佣、商业高利贷、婚姻、继承、伤害、债务、奴隶等。法典的基本特点体现为：首先，它明显地维护奴隶主阶级的利益，保护奴隶制的私有制；其次，法典还保存某些习惯法残余，例如"以牙还牙，以眼还眼"的同态复仇原则（第 196、200 条）和神判习惯

（第 2、132 条）等；最后，从现代意义上说，汉谟拉比法典并未区分公法、私法（民法）和刑法，诸法合一，法律条例既从民法角度也从刑法角度来确定。

汉谟拉比法典一方面使阿摩利人的习惯法成文化，另一方面吸收了两河流域固有的苏美尔、阿卡德立法与伊新·拉尔沙时代城邦立法的成果。不过，它主要还是当时社会经济制度的产物，反映出当时社会各方面的现实。

## 汉谟拉比法典的颁行及其定年

古巴比伦时代以前，两河流域平原即已形成所谓在国内建立正义的立法传统。拉格什城邦乌鲁卡基那改革（约公元前 2378—前 2371 年）铭文提及"他建立先前时代的秩序"。阿卡德王萨尔贡被称为"正义之王，讲正义者"。乌尔王乌尔恩古尔铭文记载，"遵照沙马什正义之法律，他使……正义获得胜利"。乌鲁克王辛伽什德是两河流域迄今所知最早规定日常生活必需品，如粮食、植物油和羊毛的最高限价的统治者。乌尔第三王朝时期，制定了迄今所知历史上第一部法典（乌尔纳木法典，考古学者仅发现其断片），法典序言宣称禁止欺凌孤儿寡母，不许富者虐待贫者。自苏美尔城邦时期以来，两河流域社会分化日益严重，奴隶和平民反抗贵族的斗争日益尖锐，外族（山地部落）不断入侵，苏美尔城邦统治者为使其国家不致毁灭，王朝不致被推翻，实施法治以抑制社会的不安，抵御外族入侵，这些是非常必要的。这是两河流域各城邦的历代统治者统治经验的总结。

至古巴比伦时代（即从伊新·拉尔沙时代至古巴比伦第一王朝灭亡），两河流域进入法典编纂的鼎盛时期。这是这一时期奴隶制经济和商品货币关系的迅速发展，土地和奴隶的私有制以及租佃雇佣关系和高利贷活动空前增长所致。阿摩利人统治下的各城邦在继承苏美尔立法基础上制定了许多旨在维护奴隶主阶级私有制的法典。例如，伊新第五代国王李必特·伊丝达法典和埃什努那国王俾拉拉马法典，而巴比伦第一王朝第六代国王汉谟拉比（约公元前 1792—前 1750 年）集以往法典编纂之大成，制定了著名的汉谟拉比法典。此外，据考证，古巴比伦时代各城邦颁布的减免债务的所谓德政法令多达百次以上。从苏美尔城邦时代至巴比伦第一王朝时期，两河流域的法治传统并未中断其连续性。伊新国王李必特·伊丝达法典序言中说道："我在苏美尔、阿卡德建立了正义。"汉谟拉比法典序言几乎以同样形式申明："安努与恩利尔为人类福祉计，命令我，荣耀而畏神的君主，汉谟拉比，发扬正义于世，灭除不法邪恶之人，使强者不凌弱，使我有如沙马什，照临黔首，光耀大地。"

关于汉谟拉比法典颁行的年代，古代文献并无明确的记载。据汉谟拉比年名表，他在位的第 2 年是"他在国内建立正义之年"。类似的词语在汉谟拉比法典中再现："我在国内建立诚实和正义。"其年名表称他在位的第 32 年是"正义之王汉谟拉比雕像之年"。法典结语中重述："我的金石良言……置于我'正义之王'的雕像之前。"从汉谟拉比法典提及的一些重大事件，可大体确定法典颁行的年代。例如，法典序言所述："我，饶恕拉尔沙之战士"，据其年名表，他征服拉尔沙之年是在其统治的第 31 年。序言中还说到他修建基什的埃·米特乌尔沙格神庙，据其年名表是在其统治的第 36 年。法典序言为汉谟拉比冠以"强大之君主，巴比伦之太阳，光明照耀于苏美尔及阿卡德全境，四方咸服之王，伊丝达之喜爱者"的王衔，诸如上述事实都证明法典颁行的年代是在汉谟拉比统治的后期，至少是在他完成统一两河流域平原之后。当然，这并不排除法典的大部分条例早在汉谟拉比统治的初年即已制定并实施了。某些学者认为，汉谟拉比在位的第 2 年，即"他在国内建立正义之年"便制定并实施了他的法律。至他统治的第 40 年将法典勒石颁布。还有人认为，汉谟拉比法典是在他统治的第 3 年制定并实施的，当时是刻写在泥板文书上，在他统治的第 35 年勒石颁布，并对序言和结语进行过改写，等等。但是，关于法典颁行的具体年代尚未最后确定。

# 汉谟拉比法典所反映的社会状况

汉谟拉比法典至今仍是研究和了解古巴比伦社会的基本文献史料。但基于 20 世纪 30 年代以来大量新的考古材料，例如马里文献和俾拉拉马法典等等的发现，史学界关于古巴比伦社会的研究，无论就广度和深度来说，都有了新的发展。本文仅就以下几个主要方面加以探讨。

（一）古巴比伦社会经济的发展

乌尔第三王朝崩溃以后，两河流域奴隶制经济结构发生了重大变化。乌尔第三王朝王室直接控制的大奴隶制农牧场和手工业作坊瓦解了，沦为近似奴隶地位的依附居民"古鲁什"恢复了自由民身份。伊新国王李必特·伊丝达法典序言明确地记载了此种情况："我（李必特·伊丝达）对于尼普尔的儿女，乌尔的儿女，伊新的儿女，苏美尔阿卡德的儿女，这些曾被束缚和奴役的人，我真正为之……建立他们的自由。"该法典还规定自由民一年的徭役："父家族"和"兄弟家族"减为70天，而"古鲁什家族"减为120天。"古鲁什家族"虽较"父家族"和"兄弟家族"的地位低下，但显然已不同于乌尔第三王朝时期近似奴隶地位的"古鲁什"了。他们是以小生产者家族的面目出现的。奴隶制经济结构的变化促进了生产力的发展并为古巴比伦社会经济的繁荣奠定了基础。

古巴比伦时代，青铜工具已广泛使用，农业工具效力增强。后来加喜特王朝时期流行的附设播种漏斗的耕犁，大概从这一时期开始使用。约公元前1700年左右以苏美尔语书写的农人历书泥板（共109行）是目前所知历史上最早的一部农人历书，就其内容来说，从灌溉、耕耘到收获都是小自耕农的农业手册。农人历书一开始就讲一年耕作的首要工作是管理好灌溉系统。耕者应密切注视堤堰、沟渠和护堤的排水口。农业工具除两种犁（巴狄勒犁和淑金犁）外，还有修整土地的窄斧、镐以及平整土地的耙。农人在平整过的土地上打出垄台和垄沟。大麦已是古巴比伦时代的主要农作物。

汉谟拉比法典序言中特别记载汉谟拉比使某城"有丰足之饮水"、"授予人民以充足的水源"的功绩。法典第53—56条都是关于灌溉网的管理、使用的规定。法典第55条规定："自由民开启其渠，不慎而使水淹其邻人之田，则彼应按照邻区之例，以谷为偿。"第56条说："自由民放水，水淹其邻人业已播种之田，则彼应按一布耳（约合6.35公顷）凡十库鲁（每库鲁约合121公升）之额赔偿谷物。"据一些租佃契约，灌溉网也应用于园艺业。椰枣的种植在园艺业中居首要地位。

据汉谟拉比年名表所载，他在位的第8、9、24、33年都是开凿运河或兴修水利之年。例如，年名表第33年记载："他重凿'安努与恩利尔之所爱，汉谟拉比之人民丰饶'运河，因而他为尼普尔、埃利都、乌尔、拉尔沙、乌鲁克、伊新供应永恒而充足的水，并将分散的苏美尔、阿卡德重新组织起来。"汉谟拉比开凿和严格管理灌溉网的措施促进了古巴比伦农业的发展。

手工业已有了较大的进步。汉谟拉比法典中提及的手工业工匠达十种以上：制砖工、织麻工、刻石工、珠宝匠、冶金工、皮革工、木工、造船工、建筑工以及铭文不详者一两种。实际上，手工业者不下二三十种。汉谟拉比法典第274条专门规定了各种手工业者每天应得的酬金。

据汉谟拉比法典，大商人称塔木卡。塔木卡分为替王室服务的官商和民间商人两类。官商把以贡赋和租税形式缴入王室仓库的大量大麦、芝麻油、枣、皮革、羊毛等物资输往国外，从国外换回木材、石料、金属、宝石、发油、葡萄酒、奴隶等。官商由国王授予特权，在从事国内外贸易中也委托代理人沙马鲁进行商业活动。官商以商业活动增加王室财富，因而领有王室份地。

古巴比伦的商业中心是乌尔、拉尔沙、巴比伦和西巴尔。乌尔从底尔门输出铜，拉尔沙从埃什努那输出银，而巴比伦和西巴尔位于两河流域平原枢纽地带，大部分物资都通过这两个城市进行交换，西巴尔还是奴隶贸易的集散地，私人经营的店肆在这些城市中尤为昌盛。

在尼普尔、拉尔沙发现有几代大商人的商业文书，其中记载不动产、奴隶、粮食、羊毛等买卖、转让、寄存或交换以及高利贷营业等内容。这些大商人与王室、官吏和寺庙都有密切联系，有免服军役的权利，但须承担纳税义务。

（二）等级制度

汉谟拉比法典明显地反映出古巴比伦社会存在三个不同的等级：阿维鲁、穆什钦努、瓦尔都（或阿姆图）。

汉谟拉比法典和许多证书文献证明阿维鲁（原意"人"）的法律地位最高，为全权自由民。契约中大多数证人都是阿维鲁等级。文书中书写阿维鲁等级的人名都注明他系某某人之子。正如等级不等于阶级，而奴隶社会和封建社会的等级又是阶级的表现形式那样，阿维鲁等级并不是一个统一的阶级，其上层是极少数的王族、大官吏、高级祭司、大商人等奴隶主统治阶级，其下层是广大的农民、士兵、牧人、园丁、工匠等。后者须服兵役，缴纳赋税，大多数是受压迫的自由民。

穆什钦努等级是20世纪以来西亚史研究中争论最大的问题之一。从语源学上看，关于"穆什钦努"一词有各种解释，而占优势的一种看法认为穆什钦努与阿卡德动词苏钦努姆（Sukenum，意为"礼拜"）有关。

关于穆什钦努最早的记载见于法拉文献和同时代基什宫殿出土的泥板文书。基什是苏美尔城邦时代塞姆人的城市。基什泥板文献中穆什钦努的苏美尔语为玛苏·恩·卡克（MAŠ EN KAK）。值得注意的是穆什钦努的人名都属于塞姆语系。

古巴比伦时代和穆什钦努阶层意义相同的词汇有苏美尔语的埃林（ER-

IN）和阿卡德语的呼布苏（hupšu）等。埃林在乌尔第三王朝时代是集体军事劳动组织的成员，在古巴比伦时代是较穆什钦努范围更为广泛的居民团体。呼布苏在亚述人中是军队的先遣者、服徭役的人。穆什钦努的苏美尔语是玛苏·恩·卡克，而不是埃林和呼布苏。古巴比伦时代，呼布苏和"穆什钦努"一词同时使用。总之，可以认为古巴比伦时代存在类似穆什钦努的各种阶层。

近年来研究者认为，穆什钦努是隶属于宫廷并受其保护的特殊集团，是无公民权的自由民。他们以向宫廷服徭役、缴纳部分收获物的贡赋为条件领有王室份地。他们的份地和列都、巴依鲁的份地一样，不得买卖、转让，但可由其子世袭（以承担宫廷义务为条件）。他们有一定的私有经济，有的富者还拥有奴隶。但随着城市自治权的扩大，城市豁免的徭役和赋税负担转嫁到穆什钦努身上，他们的经济地位不断恶化。在阿拉伯、乌加里特和新巴比伦文献中，"穆什钦努"一词衍申出"贫贱"、"穷人"之意。后来，这一词语为阿拉伯语、法语、意大利语所沿袭。

关于奴隶阶级，古巴比伦称男奴为瓦尔都，女奴为阿姆图。瓦尔都（或阿姆图）同牲畜一样被视为一种财产。至今已发现许多关于奴隶买卖、转让、交换、赠予或借用的泥板契约文书。汉谟拉比法典在维护奴隶主对于奴隶所有权方面，较以往任何法典都更为严厉。例如，汉谟拉比法典第7、15、19条规定，凡拐骗、藏匿他人或宫廷奴隶者处死刑。这种情形和埃什努那的俾拉拉马法典第49条规定的"以奴还奴"以及伊新的李必特·伊丝达法典第12条规定的"一头还一头"的条文比较已发生了明显变化。这说明奴隶制有了较大的发展，奴隶的价值提高了。

在一些契约中，奴隶和其他财产一样是买卖、转让的对象。奴隶的名字一般都不注明其父名，这是不同于自由民阿维鲁等级的重要之点。据考证，当时男奴的最高价格达90舍客勒，女奴达84舍客勒，最低价格是3舍客勒，差别很大。据汉谟拉比法典第116、216、252条，奴隶的价格一般为20舍客勒，较其他商品仍是昂贵的。在奴隶买卖的过程中，买主和卖主双方缔结的契约十分郑重。契约上须盖上几个在场证人的印章。汉谟拉比法典第278条规定，出售的奴隶，卖主须保证其在一个月内不患癫痫病。契约上还规定有3天的"追寻期"，即出售的奴隶倘在3天内逃亡，卖主必须负责"追寻"回来，否则退还买主的银价。契约上注明这是符合国王法令的，由此推知，古巴比伦曾颁布过这样的法令。

奴隶大多数属于宫廷、神庙、官吏和大商人等，一般自由民占有的奴隶数量不多（三五个至十几个）。从已发现的奴隶买卖契约看，女奴隶的买卖占很大的比重。奴隶的来源除战俘外，从外地买来的居多。债务奴役制随着高利贷的猖獗而广泛流行。

债务奴隶，阿卡德语称为基萨图（Kissatum），与奴隶瓦尔都不同，也不同于债务人质尼普图（Niputum）。尼普图似乎是短时间的人质，基萨图与尼普图都是因债务而受奴役的自由人。汉谟拉比法典第117条规定倘债务人将其妻、其子女出卖或交出为债奴，以服役3年为限，第4年应予以解放。但法典第118条又规定，债务人如以其奴或婢为债奴，债权人则有权将其出卖或转让。此种情况的出现主要是由于平民反抗高利贷盘剥和奴役斗争所获得的积极成果。根据汉谟拉比征服前拉尔沙的一件关于债奴契约泥板文书证明，债务奴隶必须"偿清其债务"才可恢复其自由。

古巴比伦的奴隶在个别情况下可获得解放。例如，汉谟拉比法典第171条规定，为其主人生有子女的女奴，在主人死后应予以解放。在尼普尔，一个女奴以10舍客勒银价向恩都（女祭司）赎取自由。在西巴尔，一个女奴隶主收养一名奴隶为养子，收养的条件是由这个养子照料她的晚年。一般说来，在古巴比伦时代，奴隶的解放是通过收养、婚姻、缴纳赎金等方式个别实现的，而且数量甚少。解放奴隶是在神庙沙马什神像前举行特殊仪式，为奴隶"洗洁眉额"。

（三）古巴比伦社会的土地制度

古巴比伦社会中除王室占有的土地外，还有其他形式的土地占有制。土地私有制已相当发达。汉谟拉比在征服和统一两河流域平原的过程中，不断将被征服的土地划为王室土地。因此，王室所有的土地日益扩大。此外，汉谟拉比还授予某些经济发达的城市以内部自治权和其他特权。寺庙传统的土地也受到承认。由于商品货币关系的发展，土地买卖、土地的私有制发展起来。

王室直接控制的土地主要集中于南部，古巴比伦与乌尔第三王朝不同，按阿摩利人传统，王室土地以份地形式授予士兵、军官、纳贡人、塔木卡、祭司和所谓受封者。

这些领有王室份地的人承担王室的各种义务，其中军人和纳贡人的份地占很大的比例。

士兵列都（Redūm），苏美尔语乌库苏（UKUŠ），直译为"跑路人"，转译为"随从"、"差役"、"驭者"，有的学者译为重装步兵。文献中有时也称为"王之跑路人"，阿卡德语称为里德萨利姆（Rid sarrim）。列都在战时服军役，平时为国王传递命令，执行警察任务，维护社会秩序。巴依鲁（Bāirum）直译为"渔夫"，苏美尔语称苏库（ŠUKU），有的研究者转译为"水手"、"捕吏"、"猎人"、"水上警察"和"轻装步兵"等。巴依鲁和列都一样，战时服军役，平时管理河渠和灌溉网，拥有河流的捕鱼权，经营河流的运输业。

此外，王室土地的相当大部分是以份地形式租佃给"纳贡人"（阿卡德语称为 Našûm biltum）。纳贡人须缴纳其收成的三分之一至二分之一。其份地和列都、巴依鲁的份地一样，不得买卖、转让，也不得由女继承人继承。

王室拥有的土地约占全国可耕地一半以上。王室还向一般农民征收十分之一、甚至四分之一的实物税。王室以地租和赋税形式征收大量的大麦、芝麻、枣和羊毛，一部分作为抚养费（薪金）发给官吏和为王室服务的人，其余大部分由塔木卡输往国外，换回国内所需要的物品。

据考古发现的文献，拉尔沙存在大量王室土地。王室土地以份地形式分配给军人、官吏和以各种技能为王室服务的人（包括书吏、占卜者、歌手、金银细工、碑铭刻工、宝石工、木工、石工、纺织工、轿夫、渔人、牧人、厨师等）。这些人除从王室领有一块份地外，还领取一定数量的粮食、衣物等，作为抚养费（薪金）。领有份地的面积少者 1 布耳，一般为 2 布耳。拉尔沙总督萨木苏·哈西尔掌管拉尔沙的军事、行政和宗教事务，并管理这些为王室服役的人。汉谟拉比直接下达给他各种诏令。

汉谟拉比法典中关于土地买卖、出租、抵押、继承的规定以及考古发现的许多关于土地买卖、出租契约文书都证明私有土地存在。汉谟拉比法典规定，列都、巴依鲁购买的土地可用于抵债或由女继承人继承。法典第165—172 条都是关于财产（包括土地）继承权的规定。第 40 条还规定，神妻（女祭司）、塔木卡或负有其他义务的人都可以出售其田、园和房屋，而购买者须承担王室义务。上述这些允许自由买卖和继承的土地都可以视为私有土地。

村社居民有义务参加河渠的修建。河渠属于村庄和国家支配。汉谟拉比法典第 136 条规定，脱离村社逃亡他乡的自由民，其财产所有权也因其除籍而丧失。李必特·伊丝达法典第 18 条规定，3 年不纳税的房屋则失其房屋所有权。一般说来，古巴比伦时代的土地、房屋的私有权是以对村社和国家承担徭役、赋税义务为条件的。纵然如此,从法律意义上说,土地的私有权是不受侵犯的。

(四)租赁、雇佣关系和高利贷活动

随着商品货币关系和土地私有制的发展,贫富分化造成自由民的贫困和破产,土地租佃和雇佣关系在古巴比伦时代已普遍流行。

汉谟拉比法典中租赁关系有两种形式,一种是租赁房屋、车、船等,阿卡德语称这种租赁关系为伊古尔(igur),须支付租金,按约定时期租赁;另一种是土地的租佃,阿卡德语称为乌塞西(ušêsi),支付实物(或相当于实物的银价)。地租一般是收成的 1/2 或 1/3。果园、菜园的地租高达收成的 2/3,甚至有的契约规定供应灌溉用水的园圃地租高达收成的 3/4。

汉谟拉比法典明显地维护土地出租者的利益。法典第 42 条规定,当租佃的土地无收获时,不问其具体原因,一律以未尽力耕耘论,按邻人之例纳租。第 45 条甚至还规定,当阿达德(雷雨之神)淹其田或洪水毁其收获物时,损失应归于佃户。第 65 条规定,租佃的园圃歉收时也应按邻人标准纳租。一些富有者还承租大量土地进行再次出租,这种双重剥削加深了佃农的负担。一般说来,在不同情况下,剥削程度取决于契约规定的具体条件。

佃户与佃主之间的关系不同于封建关系,是一种契约关系,没有人身依附条件。但这种关系从本质上说具有奴隶制性质。因佃户随时有破产沦为债务奴隶的危险,也就是说,这种租佃关系没有突破奴隶制的限度,没有脱离奴隶制的制约。

汉谟拉比法典中关于房屋、耕畜、车辆、船只的租赁规定都甚详尽。在租赁过程中倘因故造成损失,一般由租赁者赔偿(法典第 245—248、236、237 条等)。

雇佣关系也是根据契约来确定的。汉谟拉比法典第 239、257、258、261、273、274 条都是关于各种雇佣劳动者获取酬金额的规定。在农牧业中,雇佣的报酬按年度以谷物支付。例如,法典第 257 条:"倘自由民雇佣耕者,则彼每年应给以 8 库鲁之谷。"第 258 条:"倘自由民雇佣赶牛者则彼给以 6 库鲁之谷。"但雇佣手工业者则按日计酬。一般手工业者每日的酬金为 5—6 塞(180 塞等于 1 舍客勒)。

自由民的雇佣关系不是由受雇者本人而是由其家族长与雇主之间缔结契约来实现的。而对于奴隶的雇佣是由雇主与奴隶主缔结契约,收益归奴隶主所有。自由民医生所得的酬金是根据患者的社会地位高低而定,例如,汉谟拉比法典第 221 条："倘医生为自由民接合折骨，或医愈肿胀〔?〕，则病人应给医生银 5 舍客勒。"而第 222 条则规定："倘〔病人〕为穆什钦努之子，则彼应给予银 3 舍客勒。"

汉谟拉比法典中关于高利贷利率的规定，反映了当时高利贷活动的盛行。法典第 89 条规定，谷物的利率为 $33\frac{1}{3}\%$，银的利率为 20%。古巴比伦时代的卖酒店和神庙同时经营高利贷活动。在古代奴隶社会中，高利贷和债务奴役制是相互依存的。以人身和土地为抵押的债务是奴隶主贵族奴役和压迫广大平民的一种特殊手段。债务奴隶是奴隶社会重要的奴隶来源之一。高利贷的猖獗造成大批自由民的贫困和破产，导致国家兵源、税收的减少和阶级矛盾的激化。统治者不得不在一定程度上限制高利贷和债务奴役制的发展。这种情况在汉谟拉比法典中有所反映。例如，第 94 条规定，倘塔木卡以不足重量的秤或不足量的量器贷出谷物或银，以逾重的秤或逾量的量器收进者，应失其全部债权。第 48 条规定，倘自由民负有有息债务，阿达德（雷雨之神）淹其田，或洪水毁其收获物或因田不长谷，这一年不得付谷物与债权人。法典第 117 条规定，自由民以其妻或子女抵债，服役期限为 3 年，第 4 年应恢复其自由。从以上规定推测，汉谟拉比时代高利贷活动和债务奴役制的发展已达到十分严重的程度。法典在规定高利贷利率的同时不得不规定某些限制措施，以缓和阶级矛盾。但这些限制措施终究不可能彻底根除肆虐的高利贷和债务奴役制，高利贷紧紧寄生于奴隶制生产方式上，吸尽小生产者的血液，破坏它的再生产条件。因此，在汉谟拉比死后，其继承者萨姆苏伊鲁纳统治时期（约公元前 1749—前 1712 年），巴比伦发生了反债权的斗争。统治者不得不宣布豁免移民者到期应付的实物租。另一文献说到"卖酒妇曾赊出酒或谷者，不得收回其所赊卖的任何东西"。这是迄今所知世界历史上最早的一次有记载的取消债务的斗争。巴比伦第一王朝第 10 代国王阿米沙都卡时代（约公元前 1646—前 1626 年）曾颁布减免债务和自由民不得成为债奴的法令。高利贷的猖獗和债务奴役制的发展，终于导致古巴比伦第一王朝衰落。

（五）婚姻、家庭和继承

古巴比伦社会中明显表现出家长制（宗法制）残余。就婚姻而言，婚姻双方须通过婚约的缔结来实现，无婚约的婚姻在法律上是无效的。但婚约的缔结不是由结婚者本人，而是由双方父亲来完成。婚约按财产买卖契约方式立字盖章，新娘是契约中的对象。汉谟拉比法典规定，婚约缔结后，新郎将彩礼和聘金送到新娘的父亲手中（法典第 159 条）。新娘出嫁时带去的嫁妆归夫妻双方共有。女方死后嫁妆由其子女继承（第 162 条）。缔结婚约后，倘男方违约另娶则失其聘金，反之，女方之父毁约另嫁其女，应加倍退还聘金（第 159、160 条）。

家庭关系中，父权占支配地位。男家族长有权将其妻或子女交债权人抵债（第 117 条）或将其女送作女祭司。父亲在为其子女选择配偶时不必征求其子女的意见。在法律上，男家族长才有法人资格，其子女还必须为其父杀死他人之子女抵命。甚至建筑师为他人建筑房屋因工程不固、房屋倒塌造成房主之子死亡，此建筑师之子应被处死（第 230 条）。

在财产继承方面，基本原则是死者的诸子均获得同等的份额，其女亦应取得与嫁妆相当的份额。但汉谟拉比法典第 165 条还规定，父亲生前可将一份财产赠予其所喜爱的某一子，此子在其父死后分产时仍可获得与其他诸子相同的份额。这说明父权在继承问题上仍起相当大的作用。在两河流域南部（如拉尔沙等）还保持长子获取双份遗产的习俗。父亲可因其子"犯有重大罪过"通过法院剥夺其继承权（法典第 169 条），也可使他与女奴所生之子女或其收养之子女享有同等的继承权（第 190 条）。

一夫一妻制实际上只是对妻子而言的。如果自由民之妻与其他男子发生性关系，则应投于河中。妻子不得任意提出解除婚约，而丈夫可控其妻不忠或因其妻不育而离弃她，或纳妾，甚至可将其妻贬为女奴。夫权实际上是从父权衍生的，并且是父权在家庭生活中的一种表现形式。

汉谟拉比法典的颁行标志两河流域进入司法制度向世俗化发展的新时代。从苏美尔城邦时代以来传统的神庙裁判权在汉谟拉比时代被削弱和缩小了。在司法裁判权方面，神庙至多还保留某些监督宣誓和审理宗教案件的作用，一般司法案件由地方法院和高级法院审理，这是一种历史的进步。

汉谟拉比法典不仅是对于从伊新、拉尔沙时代以来两河流域奴隶制经济结构的新变革在法律上的肯定，从而为巩固奴隶制基础、促进奴隶制经济发展起了积极作用（从汉谟拉比统治的最后 10 年至其继承者萨姆苏伊鲁纳统治的最初 10 年是古巴比伦第一王朝最盛时期），而且对于后来的中亚述法典、赫梯法典、《旧约》中所见的犹太法典，乃至古希腊、罗马的立法都有重要影响。

# 铁列平改革

朱承思　王文英

铁列平改革是赫梯古王国末期在国家制度方面实行的一次重大变革，在赫梯历史发展过程中具有重要意义。

## 历史背景

赫梯位于小亚细亚东部卡帕多细亚地区①，即哈里斯河（今克孜勒河）中上游一带。众所周知，比起埃及以及美索不达米亚一些国家来说，赫梯兴起较晚。但是，它的发展却是极为迅速。几乎还在后代赫梯国王奉为始祖的拉巴尔那时期，它就以一个强大国家的面貌出现。当时，赫梯领土南面扩张至海（地中海），东面到达小亚细亚东部。下一国王哈吐什里一世更进攻哈尔帕城，势力到达叙利亚，北边则在遥远的库麦什马哈什河边筑了防线。此时，阿尔查瓦与畏留萨也被征服。其继承者穆尔西里武功更盛，于公元前1600年攻克喜克索斯人的北方据点哈尔帕城，于公元前1595年洗劫巴比伦城，并在回师途中击败胡里人。可惜，正当需要加强团结，进而巩固扩张成就之时，内部纷争演为暗杀，演为相互仇杀，"在哈图沙，流血成为经常的了"，赫梯国家淹入血泊之中达大半个世纪之久。

其实，赫梯国家的王位继承问题一直没有解决。早在铁列平奉为团结楷模的拉巴尔那时候起，争夺王位的事就已开始。哈吐什里一世在一件铭文中告诉我们，他祖父已经宣布其子拉巴尔那作为王位继承人，但他的仆从与公民首领对此拒不理会，而将一个叫作帕帕克底尔马克的人立为国王。后来大

---

① 卡帕多细亚之名出现于公元前5世纪至公元前4世纪，是指安纳托利亚考古区中的中央安纳托利亚和地中海沿岸两个地区，位于幼发拉底河与哈里斯河、黑海与奇里乞亚之间。

概是通过战争才解决了问题，另立国王者及被立之国王大多受到了惩罚。

铁列平著名的诏令中所列第二位国王哈吐什里一世的情况较好，他即位时没有材料证明发生过斗争。然而，这位国王在选定继承人时却遇到相当大的麻烦。他临死时，在库什萨尔发布的一个著名的通告说：他的两个儿子，一个统治塔帕什扇达，一个统治哈卡尔皮里什，都叛乱了；一个女儿，在哈图沙人的劝诱下也反叛了。他哀叹："家里的人谁也不听我的话了。"似乎再无儿子继承王位，他不得不将一个也叫作拉巴尔那的外甥收为养子。但是养子也不听话。于是，这位年老的国王将他废弃，改立穆尔西里为王储。后者可能是他的孙子。赫梯国家的这一次危机总算平安渡过。

然而，矛盾若不彻底解决，便会越积越深，等待时机进行总的爆发。穆尔西里这位年轻的国王，对外虽是骁勇善战，对内却警觉不够。大概在征服巴比伦一两年后，他成了宫廷阴谋的牺牲品。铁列平告诉我们，穆尔西里一个姐妹哈拉普什里的丈夫汉奇里，在其女婿采坦塔的煽动下，策划了这次阴谋。于是，暗杀、屠杀接踵而来。

汉奇里死后，采坦塔转而反对汉奇里的儿子比谢内，谋杀了比谢内及其"最重要的臣民"，登上了王位（约公元前1556年）。但是后来，用铁列平的话来说，"〔那时诸神〕洗掉了〔比〕谢内的血"，采坦塔又被自己的儿子阿门所杀，阿门篡夺了王位（约公元前1545年）。阿门没有死于宫廷阴谋，但就在他去世的那天，米舍基①的首领楚尔，秘密地派遣"自己的亲属"②持金矛人塔胡尔瓦伊里与其儿子屠杀了奇切一族，派遣报信者塔鲁赫斯及其儿子杀死了汉奇里二世（约公元前1530年）。看来进行滥杀的楚尔是奉一个叫虎奇亚③的人之命行事的，因为最后是这个人登上了王位。并且，后来虎奇亚又准备谋杀铁列平，而行刺者的名单中又有楚尔的亲属与部属塔胡尔瓦伊里与塔鲁赫斯。但是这次没有成功，铁列平却登上了王位（约公元前1520年），虎奇亚及其同谋者被放逐。

国内纷争导致国力急剧衰退。在汉奇里统治时期，胡里人带来的压力越来越大，他们甚至可能俘获了这位国王的妻子哈拉普什里及儿子。当时，北方圣城聂里克也为卡斯凯人所破。赫梯由进攻转入防御，开始在城市设防。

---

① 卫兵。
② 也可译为"自己氏族的儿子"。
③ 有的学者认为，虎奇亚可能是阿门的儿子。

在阿门统治时期，形势更趋恶化，正如铁列平所说："军队不论参加哪一次远征，他们都不幸地转回来。"阿达宁雅、阿尔查维雅、萨拉帕、帕尔都洼陀等地区及城市都失去了。

# 改革内容

显然，诚如上一部分所见，赫梯的形势已到了不改革即有可能为敌国吞没的地步。铁列平登位以后，他从王位继承问题着手，颁布了那份流传至今的著名诏令。

诏令最重要的一项内容是确定了王位继承原则。它规定："仅让王子中的长子成为国王；假如王子中没有长子，则让次子做国王。当王子中没有继承者的时候，则让长女选择丈夫，而让他做国王。"这一规定完全是针对以前造成内讧的具体情况来做的，因而首先排除了国王儿女以外的人插手王位继承问题（女婿继位只是在没有王子的情况下才被允许，并且可以理解为代表其妻——国王的女儿执政）。其次为了防止王子内部纷争，又确定了立长的制度。应当说，这些规定在赫梯史上的意义是巨大的，它从根本上确立了赫梯统治阶级内部的团结，为以后新王国的兴盛，为赫梯以后成为西亚一大霸国，打下了不可或缺的、较为坚实的基础。

诏令第二项重要的内容是禁止王族仇杀。条文规定，"不许杀死氏族中的任何人"，"谁对兄弟或姐妹做恶事，谁就要以国王的头来负责"，"不应暗杀"。这些显然也都是针对以前发生的情况所做的规定。在这一项下特别值得注意的是，确立了一人犯罪一人当的原则。诏令规定，不应使罪犯的家及妻子儿女遭难；若王子犯罪，"则仅以他自己的头来负责"，不应使其家里的其他成员及田产奴隶受到牵连。而且，在诏令中甚至有以"赔偿"原则代替"同态复仇"原则的趋向："流血的事情是这样：谁流了血，谁就像血的主人①所说的那样——假如他说'让他死'，则让他死；假如他说'让他赔偿'，则让他赔偿。至此为止没有国王的事。"这些规定不仅是制止王族仇杀、巩固统治阶级内部团结的有效办法，而且应当说，在法制史上都有巨大意义。

为了保证法令的执行，铁列平诏令中提到了两种会议："图里亚斯"与

---

① 即死者的家长。

"彭库斯"。一般认为，前者是军事民主制时期遗留下来的贵族会议，后者是那时遗留下来的"公民大会"。两者的人员组成很难确定，但从包括铁列平诏令在内的一些文献来看，彭库斯的主要组成者似乎是"战士与国王的仆从"，其中有宫廷子弟、米舍基、持金盾者（?）、持权标者、Salashyas①、战地千夫长等。关于这两种会议的职能的区别，有人认为图里亚斯审判国王，彭库斯审判其他人。从铁列平的诏令来看，这一说法似乎有些问题。关于前者，铁列平说他在哈图沙创立了会议②，"此后（?）在哈图沙谁也不应对王（?）族的儿子做恶事和用剑刺他"，"'谁对兄弟或姐妹做恶事，谁就要以国王的头来负责'。召集会议"；关于后者，他又说，"今后谁要是做了国王，试图使兄弟或姐妹遭难，你们就用'彭库斯'对待他"，"愿塔努夫、塔胡尔瓦伊里和塔鲁赫斯③显示在你们之前：今后当任何人作恶的时候，则不论是家长、或〔宫廷子弟之首、种葡萄者之首〕、米舍基之首、战地的千夫长〔……〕……而你们，'彭库斯'把他们抓住并拿出（处死）"。显然，两者的审判职能无甚区别，恐怕主要都是关于王族的。

此外，有些学者认为，历史上著名的《赫梯法典》就是铁列平编纂的。这一说法若能成立，铁列平就不仅努力在王族内部，而且试图在整个赫梯国家，建立稳定的秩序。

## 改革性质

铁列平改革具有什么样的性质？要想弄清楚这个问题，恐怕首先得弄清楚这以前多次王位继承斗争中，诸位争王者及其拥护者的身份。

第一位争王者帕帕克底尔马克的身份不知，其拥护者一为前国王的"仆从"，一为"公民首领"。

第二位争王者汉奇里为前国王穆尔西里的（姐?）妹夫，其拥护者有女婿采坦塔、儿子比谢内。

第三位争位者即上述采坦塔，拥护者为其儿子。

第四位争位者阿门为前国王采坦塔的儿子，具体拥护者不详。

---

① 意义不明。

② 即"图里亚斯"，下同。

③ 谋刺铁列平以及奇切和汉奇里二世的凶手。

第五位争位者虎奇亚可能是前国王阿门的儿子，拥护者有米舍基的首领楚尔及其亲属与部属、持金矛人塔胡尔瓦伊里与其儿子们、报信者塔鲁赫斯与其儿子们、虎奇亚本人的兄弟们（？）。

第六位争位者铁列平为前国王阿门的儿子或女婿，前国王虎奇亚的姐夫，具体拥护者不详。

在这里，我们可以看出，争位者除一人身份不明外①，其他诸人都是前任国王的亲戚。所有这些人的拥护者，可以分为三个部分：（1）本人之儿子女婿；（2）宫廷某部门的长官及其亲属、部属；（3）仆从、公民首领。第一部分当然也是王族成员。第二部分呢，先须弄清楚赫梯的部分官制。大家知道，宫廷长官有米舍基之首、首席持杯者、官仆总管、仓库总管、首席持王权标者、千夫长等。这些职位通常都兼负一项高级军事指挥之责，它们多由王族成员担任。因此，第二部分人大多也是王族成员。第三部分"公民首领"既已说明为"首领"，即是有着较高地位的、不一般的公民。至于"仆从"，具体来说，拥护帕帕克底尔马克的是"国王的仆从"，列于那些有着特殊地位的"公民"之前，地位看来不会低，如果不是王族，也当为普通贵族；为采坦塔所杀的汉奇里的仆从冠以"最重要的"几个字，地位大概也不会低于拥护帕帕克底尔马克的那些仆从。

因此，结论应当是，赫梯古王国的历次王位继承斗争基本上是一种王族内部的争权斗争，一般贵族虽然有可能扮演了某种角色，并在某个时候有可能扮演了重要角色，但其作用总起来说只有从属的意义；而铁列平的改革，宣告了一种旨在结束这种纷争的新秩序的胜利。

由此引出另一个问题。既然这一斗争基本上属于王族内部纷争的性质，由于赫梯社会里的原始残存，它也就必然打有血族斗争的烙印。从前面我们可以看出，争王者的阵营多是以家族为单位排列的。米舍基的首领楚尔派人杀死奇切一族，更是血族斗争的明证。这从铁列平改革的主要内容之一是禁止血族仇杀这一点上也可看出。

关于赫梯历次王位继承斗争的性质，有人还认为属于母系父系继承制度之争。英国学者古尔内根据早期王位继承的一些材料，以及《赫梯法典》所反映的赫梯社会的性质，作出了比较有力的反驳。但是我们认为，虽然不能

---

① 从其拥护者的身份及赫梯争王斗争的其他例子来看，帕帕克底尔马克也极有可能是王族成员。

将它说成是两种继承制度之争，承认在这一斗争中母系残余还起着部分作用是可以的。争夺王位的既有"（姐？）妹夫"又有"女婿"，而哈吐什里一世也确实曾将一位外甥收为养子，准备让他继承王位（虽然这可能是出于无奈，在他自己的儿女都已反叛之后）。此外，《赫梯法典》所反映的虽然已是父系社会，但在其中妇女确实也比大约同时的其他古代社会（比如《中亚述法典》所反映的中亚述社会）的妇女地位要高，她们不仅有权与丈夫一同决定女儿的婚事，甚至可以将儿子驱出家门。因此，铁列平明确将母系一方排除于王位继承之外，也应当说是更为彻底地肃清了王位继承制度中的母系继承制度残余。

# 亚述帝国的扩张

吴宇虹

曾经被称为地中海地区古代四大帝国之一的亚述帝国，从公元前 8 世纪下半叶起，凭借其优势的军队，在对外征战中节节胜利，一度称霸于西亚和北非。起自提格拉特帕拉沙尔三世的亚述诸王，不仅以其武功和残暴著称，也以其在军事、政治和文化方面的建树在人类历史上留下了痕迹。亚述人兵锋所至，杀戮平民，毁城掠物，或强迫大批被征服居民迁徙他乡，为亚述统治者耕作和服劳役，给广大人民群众造成了深重的灾难。另一方面，庞大的亚述帝国的崛起和迅速崩溃，不仅为波斯帝国的出现作了准备，而且也对包括腓尼基人殖民地在内的地中海西部地区以及欧洲的希腊人诸邦的发展，有所影响。

## 帝国之前的古亚述和中亚述国家

阿淑尔城位于西亚两河流域平原北部，其居民是当地说塞姆语亚述方言的人民。关于它的起源和早期历史，我们知道极少。有几件材料证明它起源于公元前 3000 年代。在阿卡德王朝时期（约公元前 2371—前 2191 年）它曾臣服于阿卡德王。乌尔第三王朝（约公元前 2113—前 2004 年）曾派总督管理它。在伊新—拉尔沙时期，阿淑尔发展成一个工商业发达的奴隶制城邦，史称"古亚述"（约公元前 1940—前 1830 年）。从此，阿淑尔在古代西亚历史舞台上扮演了越来越重要的角色。

阿淑尔和其周围地区位于两河流域南部农业区和小亚细亚半岛原材料产地的通商路线上。因此它的居民大多数从事工商贸易活动：他们把两河流域平原的粮食和羊毛织物运到小亚细亚，再把金属和木材带回两河流域。在远离阿淑尔的小亚细亚中部，考古学者发现了它的商业殖民城市卡尼什，从卡尼什出土的大批泥板书信中，我们知道这时的阿淑尔是一个贵族政治城邦。

从公元前20世纪末开始，西方叙利亚沙漠中的说塞姆语的阿摩利人大批地涌进两河流域，并在各地取代了原来的居民，建立了自己的政权。其中的一支也进入了阿淑尔城，他们的首脑是沙马什阿达德（约公元前1813—前1781年）。这是一个精明强干的政治家和雄心勃勃的军事家。不久，他在西方吞并了幼发拉底河中游的强国马里；在东方击退埃什努那的扩张，蚕食各小邦并对山区部落采取怀柔政策。在他的苦心经营下，两河流域平原北部联合成一个强国。阿淑尔一度成为两河流域争霸诸强国中的佼佼者。沙马什阿达德成为阿淑尔历届伊沙库中的第一个称王者。但他死后，昙花一现的阿淑尔强国便衰弱了，它不得不对统一了两河流域平原的巴比伦君主俯首帖耳。此后四百年中，阿淑尔和北方各邦先臣服巴比伦，后又臣服新兴的胡里人国家米坦尼。

公元前14世纪初，西亚政治风云突变：小亚细亚半岛上的赫梯强国崛起于北方并开始对外征服。横在它南下叙利亚道路上的米坦尼成了它首先要打击的目标。在赫梯王苏庇鲁利乌马麾下的骑兵践踏过米坦尼的首都之后，米坦尼便失去了其强国地位。鹬蚌相争，渔翁得利。阿淑尔城的伊沙库阿淑尔乌巴里特（公元前1365—前1330年）借此良机统一了邻近地区并夺得部分米坦尼领土。他自称"阿淑尔国之王"。从他开始，阿淑尔城统治了两河流域平原北部——后来希腊人称之为亚述（由阿淑尔城而得名）地区。他所创建的亚述强国，史称"中亚述"。此时亚述所面临的形势是：西方占据幼发拉底河中游的新来到的阿拉美人继续向两河流域平原内部挺进；而日薄西山的米坦尼仍占据着亚述地区的大块土地；南方强大的巴比伦王国还想征服它昔日的属国亚述；东方有数以百计的桀骜不驯的山区部落妄图入侵。因此，阿淑尔乌巴里特的后代的发展方向是：首先要征服东方山区的各部落，防止再次发生阿卡德人丧国于入侵的库提人的悲剧；击退阿拉美人的进攻并征服他们；截断巴比伦伸向北方的手；最后也是最重要的，并吞米坦尼。到萨尔玛内萨尔一世（公元前1274—前1245年）时，亚述已成了近东四大强国之一（其他三个是赫梯、埃及、巴比伦）。他打败了赫梯和米坦尼的联军，将14400名战俘刺瞎为奴，灭亡了米坦尼（它的旧地成为亚述最重要的行省纳西宾那、古赞那、拉萨帕）。亚述军队还进入西北的那意里地区进行掠夺性征服。

随后的国王吐库提尼努尔塔一世（公元前1244—前1208年）在位时，

中亚述强国达到极盛。在东方，他讨伐库提地区，招抚了一个首领，稳住了那里的各部落。在西北，他攻入那意里，俘虏了四个国王。最北，亚述军到达了"上方之海"（凡湖）。欲与亚述决一雌雄的巴比伦，遭到了惨败。巴比伦王成了阶下囚。亚述军攻入巴比伦并洗劫了全城。巴比伦所有的属国都臣服于亚述，其中包括波斯湾南端的提尔蒙和麦鲁哈。但亚述当时的实力并不能维持这样大的一个国家。7 年后，在赫梯支持下，巴比伦又恢复了独立，被迫臣服于亚述的国家相继叛离。吐库提尼努尔塔苦战 20 余年，未能恢复局面。他的儿子在贵族支持下，将其杀害。

此时，巴比伦的东邻埃兰兴起，一度攻占了巴比伦城，成为西亚一个举足轻重的国家。

中亚述转为守势后一个世纪，出现了一个中兴国王提格拉特帕拉沙尔一世（公元前 1115—前 1077 年）。他刚登上王座就面临着十分危险的局面：小亚细亚半岛上的游牧部落木什吉人（可能是最后击败赫梯强国的卡什凯人的一部）的五个酋长率领两万骠骑越过托罗斯山，沿底格里斯河南下，直扑亚述北方重镇尼尼微。亚述王率军在卡霞里山前的平原上与敌军展开大战，并重创敌军。木什吉人退走他处。亚述王乘胜前进，一举征服那意里，命此地各部首领每年进贡 1200 匹马，2000 头牛。经过五次出征，提格拉特帕拉沙尔平定了东方、北方和西北。随后他全力对付不断蚕食亚述领土的阿拉美人新的迁移浪潮。在西方 14 年的作战中，他每年都渡过了幼发拉底河。最后一次，他到达了地中海岸边。阿拉美各部、叙利亚和腓尼基各邦的国王纷纷来到亚述王的面前，吻他的脚，然后献上巨额贡品。甚至埃及法老也送来了礼品。亚述军在黎巴嫩山上砍伐了大量的杉木运回亚述，国王命令叙利亚各国每年进贡这种木材。因为亚述王远征的目的之一就是获得这种建筑高大神庙必不可少而亚述不生产的木材。乘亚述军在西方作战，巴比伦人攻下了一座亚述城市。10 年之后，亚述王报复了巴比伦人。他攻陷并抢掠了巴比伦城，然后主动撤离了巴比伦。在击败 42 个国家的敌手之后，提格拉特帕拉沙尔声称，他"使他的人民有了好的生活条件，使他们住在和平安全的环境中了"。

提格拉特帕拉沙尔死后，国内发生争位内战，加上多年的战事，国力渐衰。面对有增无减的阿拉美人的迁移浪潮，亚述无力回击，只能固守本土，以待东山再起。

# 帝国的兴起以及对阿拉美人和叙利亚的征服

亚述在沉默中度过了 150 年，积蓄力量，准备着更大的成功。阿达德尼拉列二世（公元前 911—前 891 年）首先举起了反攻的战旗。在征服东北方小札布河以北五个地区之后，亚述军攻入了乌拉尔图。西征，他征服了那意里西方的库姆赫；南伐，他战败了亚述的老对手巴比伦，收复了东南部三个地区。对于多年来一直压迫亚述的阿拉美各部落，他也取得了胜利，许多部落被迫向他纳贡。最后，他开始恢复亚述的重要地区哈尼加尔巴。经过连续六年的战斗，阿达德尼拉列终于击败了这里的泰马尼部落联盟。

下一个国王吐库提尼努尔塔二世（公元前 890—前 884 年）在位仅 7 年。他对那意里进行了 4 年的战争，迫使当地王公每年向他进贡军事上极需要的战马。第五年，他镇压了东方行省的叛乱。最后，他沿幼发拉底河南下，深入阿拉美人居住的地区，掠取了大批贡品。

阿淑尔那吉尔帕二世（公元前 883—前 859 年）继位后，亚述的对外征服战争达到了一个新阶段。扫荡东方山区后，他进入了西北山区，索取以金属为主的贡品。这时哈布尔河流域的阿拉美人哈鲁皮部反叛了。他残酷地镇压了起义，接受邻近其他部落的贡品。第二年，这位精力充沛的国王首先扑灭了卡霞里山中的反叛，然后北进两河源头地区，建立了苏鲁里亚行省；再北进那意里到达凡湖。第三年和第四年，他回到东方作战，建立了扎母瓦行省，首府为阿淑尔堡。第六、七年，他打击了反叛的苏胡和拉齐人（阿拉美人的两个部落）。至此，他完全征服了亚述周围的各个部落，开始向新的战略目标叙利亚和巴勒斯坦进军。

位于叙利亚门口的阿拉美人最强大的部落毕特阿底尼顽强地抵抗亚述的西进，但后来还是臣服了。亚述大军越过幼发拉底河，旧日赫梯强国在叙利亚的属国卡尔凯美什和哈梯那都向新的世界霸主低下了头。亚述王西进直达地中海，沿路各叙利亚王公望风而降。以推罗和西顿王为首的 8 个国王献上贡品。

为了避开阿淑尔城贵族的牵制建立自己的建筑群，阿淑尔那吉尔帕把首都由古城阿淑尔移到北一点的卡拉赫。作为军人的亚述王的娱乐活动当然是狩猎，据说，阿淑尔那吉尔帕共杀死 450 头狮子、390 头野牛、200 只鸵鸟、30 头象。当卡拉赫城内巍峨的庙宇、堂皇的宫殿和神奇的动植物园全部落成后，国王邀请了各属国王公、各行省的官员以及卡拉赫城的公民共 7 万余人来到他的宫廷参加盛大的庆功宴会。

　　因为叙利亚控制着亚洲通往地中海、红海和非洲的商业要道，阿淑尔那吉尔帕的儿子萨尔玛内萨尔三世（公元前 858—前 824 年）的 31 年的战争主要是为了维持和扩大亚述在西方的霸权。公元前 859 年，亚述与北方强国乌拉尔图进行了较量。亚述军胜利到达凡湖岸边。随后，对西方的一系列战役开始了。叙利亚强国大马士革率领各国的联军与亚述军会战四次。最后一次亚述投入了 12 万人马，仍无进展。直到公元前 841 年，叙利亚各国发生不和，亚述王才击败了大马士革。以色列王耶胡和腓尼基各国都向亚述王纳贡。亚述王把自己的像刻在"狗河"岸边的岩石上，在埃及著名法老拉美西斯二世 400 多年前刻在这儿的浮雕像旁边。除了对大马士革的胜利，萨尔玛内萨尔还灭亡了阿拉美人的强大部落毕特阿底尼；将北叙利亚新赫梯国家卡尔凯美什置为行省；战败了迦勒底人，并对巴比伦的王位继承问题进行干涉。在萨尔玛内萨尔统治的末年，他的一个儿子起兵夺取王位，阿淑尔、尼尼微和许多行省都支持反叛者。国王没有平定叛乱就死去了，萨尔玛内萨尔的法定继承人沙马什阿达得五世（公元前 823—前 811 年）经过苦战，终于平定了延续六年的内乱。他对外的战争主要发生在西北的那意里和东北的乌尔米亚湖东南的米底地区。这反映了乌拉尔图正渐趋强大和伊朗高原上的米底人潜在的威胁。亚述军只进入叙利亚一次，可能是去砍伐木材。公元前818 年，亚述与巴比伦发生了战争，亚述取得胜利但不能征服巴比伦。

　　公元前 811 年，沙马什阿达得死去，其子阿达德尼拉列三世（公元前811—前 783 年）尚幼，由母后沙姆拉玛特掌权。她可能是一位巴比伦的公主，也是亚述历史上唯一的一个女王。她后来成为一个传说中的神奇人物。古代希腊人曾有关于她的传说：这位女王是女神之女，出生后被弃，由鸽子喂养，被牧人收养。后嫁给亚述国王，丈夫死后，她征服了一切敌人，建立了伟大的巴比伦城。母后执政五年后，将权力还给阿达德尼拉列。在传说中这位年轻国王的功绩归于其母亲：他六次出征米底，两次出征曼奈，给米底人以很大的打击。他的一次远征到达了里海岸边。他在西方也取得了辉煌的胜利，不但迫使各属国重新承认亚述的宗主权，还使大马士革第一次向亚述缴纳巨额贡品：20 塔兰特的金，1000 塔兰特的银以及铜、铁、象牙、家具等。

## 与乌拉尔图的斗争和帝国的全面胜利

在阿达德尼拉列死后，乌拉尔图出现了一个有才干的国王阿吉斯提一世。他从各个方向对亚述展开了攻势，把亚述人从那意里赶走；在乌尔米亚湖东南征服波苏瓦和曼奈各部。萨尔玛内萨尔四世（公元前782—前772年）与乌拉尔图苦战六年毫无成效。大马士革再次反叛。阿淑尔丹三世（公元前772—前755年）时，阿淑尔城、阿拉普哈和古赞那三个大城市相继反叛，六年后才平息下去。其间国内还发生了两次瘟疫。阿淑尔尼拉列五世（公元前754—前745年）在位11年，仅出征两次。连续几个国王的无能引起国内各阶层的不满。公元前745年，首都卡拉赫发生了起义，强有力的非王室血统的军事将领提格拉特帕拉沙尔三世（公元前744—前727年）在全国一片拥戴声中登上了王座。从此，帝国进入了一个新的发展阶段。

从提格拉特帕拉沙尔三世开始，亚述帝国达到极盛。这时，总督的辖区（行省）缩小了，总督的权力削减，国王的权力加强；对被征服国家不再采用过去保留本地王公的政策，而是尽量将其变成由亚述总督治理的行省（对巴比伦这样的大国由亚述王兼任国王）；把反抗情绪大的人民迁移到离亚述首都近的地区或其他远隔的地区的做法现在几乎成为常规。这几种措施减少了反叛和起义的机会，从而大大地稳定了帝国统治。在军事上，提格拉特帕拉沙尔三世也进行了改革。他将临时召集公民入伍的办法变成设立常备军。另外铁制武器已在军队中完全取代了青铜武器，军队的战斗力从而大大提高。在与众多的敌人作战中，他采取各个击破的战略。公元前745年，他平定了巴比伦的内乱，扶植亲亚述政权，从而稳定了后方。公元前744年，亚述军向东北进击，征服了米底各部落。公元前743年，亚述王率军西征北叙利亚各国同盟。亚述军围阿尔帕得城不下，转入西北山区并与乌拉尔图和其六个同盟国家的军队遭遇。两军鏖战，敌军不支，乌拉尔图王落荒而逃。亚述乘胜深入敌境追击，大获全胜，此役共俘敌72950人。公元前742—前740年，亚述军再围阿尔帕得，三年始下，置为行省。叙利亚各国皆称臣纳贡。公元前739年，以大马士革、以色列为首的西方（小亚细亚南部、叙利亚、巴勒斯坦、阿拉伯半岛等地区）19国联合反叛亚述。亚述大军在黎巴嫩山区与之会战，再次获胜。此役震动西方，各国纷纷降服。哈马特居民30300人被移往他乡，其地置为亚述行省。公元前736年和前735年，亚述王再次北伐乌拉尔图，将乌拉尔图王萨尔杜里二世围在其首都凡城（在凡湖岸边）。凡城因其地势险要未被攻下。公元前734年，亚述征服了腓力斯丁城邦阿斯卡隆和伽萨。两年后，亚述王终于攻陷大马士革，将它置为行省。公元前731年，巴比伦尼亚南部的迦勒底人强大到已能夺取巴比伦王位。亚述王岂能容他人染指巴比伦，他战败了篡位者。公元前728年新年，他举行了"握拜尔神之手"的仪式，自任"苏美尔和阿卡德王"。第二年，这位战果累累的国王死去。他的儿子萨尔玛内萨尔五世（公元前726—前722年）仅统治五年。

这位国王在国内得罪了阿淑尔城的贵族和祭司。一位贵族趁机杀了他，自己登上了王位，这就是萨尔贡二世（公元前721—前705年）。萨尔贡授予阿淑尔城免税自治权，另外，他把很少在名年官表上出现的阿淑尔总督列为名年官之第二名，这两件事说明了他的登位是与阿淑尔城的支持有关。

## 从迦勒底手中夺取巴比伦和征服埃及

虽然迦勒底人被提格拉特帕拉沙尔三世夺走了巴比伦王位，但在萨尔贡登位的同一年，另一位迦勒底领袖梅罗达克巴拉丹（《圣经·旧约》上记有此王）在埃兰的支持下，又夺回了巴比伦王位。公元前720年，萨尔贡与巴比伦和埃兰联军会战于德尔城附近，但显然没有占上风。11年后，当埃兰军队无法援助迦勒底人时，萨尔贡才降服了梅罗达克巴拉丹，自任"巴比伦总督，苏美尔和阿卡德王"。在东方，他对米底和曼奈采取攻势，扶植对亚述称臣部落的王公，打击与乌拉尔图结盟的王公。在长途远征、纵横乌拉尔图境内之后，他攻下了乌拉尔图的宗教中心穆萨西尔，获得巨额财富。在西北，他镇压了与弗里吉亚王米达斯勾结而反叛的卡尔凯美什、古尔古姆、库姆赫等国，将它们置为行省。弗里吉亚王也被迫进贡。在西方，他战败了埃及与叙利亚反叛国家的联军，将哈马特置为行省。和阿淑尔那吉尔帕二世一样，萨尔贡也树立自己的纪念碑——新建的首都。他在尼尼微北面建立新王都——萨尔贡堡。公元前705年，强大的游牧民族西米连入侵塔巴尔，萨尔贡亲率军队迎战。结果亚述方面以国王阵亡的代价才使强悍的野蛮人离开亚述边境。

萨尔贡的儿子辛那赫里布（公元前704—前681年）的主要敌人还是埃兰支持下的迦勒底人以及埃及。继位后，他打败埃兰军队，把东山再起的梅罗达克巴拉丹从巴比伦王座又一次撵下来。接着他打败了埃及军队，迫使犹太人向他缴纳了大量贡品。随后他与埃兰、迦勒底及它们的许多盟国进行了五次战争，双方互有胜负。他的儿子曾被任命为巴比伦王，但后被埃兰人掳走。公元前 689 年，埃兰发生内乱，不能干涉巴比伦事务，辛那赫里布才有机会攻入巴比伦，俘虏了迦勒底国王，并大肆破坏了这座名城。辛那赫里布把首都迁回古城尼尼微。他在这里大兴土木，为自己树碑立传。雄伟的尼尼微城成为帝国最后的首都。在晚年，辛那赫里布宣布其最小的儿子阿萨尔哈东为王太子，这就引起了其他儿子的不满。公元前 681 年，他被两个儿子杀死在神庙中。

阿萨尔哈东（公元前 680—前 669 年）顺利地平定了内乱。他的一个正确的决策是重建被其父毁坏的巴比伦，其母后巴比伦人那吉娅可能主持了这项工作。由于兼任巴比伦王的阿萨尔哈东深得巴比伦贵族好感，在他治下，迦勒底人竟无机可乘。更重要的是他成功地把一个与亚述友好的王子乌尔塔库推上了埃兰王位，这使迦勒底人失去了靠山。可能认识到米底将成为亚述的主要敌人，亚述王多次率骑兵进入伊朗高原，最远到达德黑兰以东的大沙漠。三个重要的米底王公成为亚述的藩属。由于埃及总是在叙利亚煽动叛乱，亚述王平定西顿的反叛（公元前 677 年）后，就计划征服这个庞然大物。公元前 673 年，当推罗企图与埃及联合反对亚述时，亚述军包围了推罗，但无法攻陷岛国推罗。公元前 671 年，亚述军艰难行军 15 天，穿过西奈沙漠，进入埃及。亚述军队成功地击败了埃及军队，攻下了埃及首都孟斐斯，统治埃及的努比亚法老逃回努比亚。可是庞大的埃及是不会轻易屈服的，两年后，上埃及掀起反亚述的浪潮。阿萨尔哈东急忙前去镇压，在路上染疾，病死在哈兰。由于阿萨尔哈东生前曾要求全体官员和藩国使节宣誓效忠太子亚述巴尼拔，因此他死后没有发生争夺王位的内乱。他生前还任命另一个王子沙马什顺乌金为巴比伦王继承人，规定其位置低于亚述巴尼拔。当父王死讯传来，两个王子同一天登上了各自的王位。

阿萨尔哈东死后，一度逃往努比亚的法老赶走了亚述驻军，收复孟斐斯。亚述巴尼拔（公元前 668—前 626 年）继位后立即率领 22 个属国的队伍赶到埃及，夺回了孟斐斯。努比亚法老向南逃，亚述部队穷追不舍，直到底比斯城下，并攻下该城。公元前 665 年，新继位的努比亚王不甘心失败，又一次杀回了孟斐斯，迫使亚述王再次进军埃及。亚述军这次进入底比斯后，大肆掠抢并毁灭了这个埃及古都。但是亚述确实无法掌握像埃及这样大而又远的国家，10 年后埃及又脱离了亚述统治。亚述始终不能攻破的推罗和另一岛国阿尔瓦德也给亚述巴尼拔带来麻烦。亚述军对推罗的长期封锁使推罗又一次暂时屈服。

## 征服埃兰和帝国的灭亡

亚述帝国的版图在亚述巴尼拔的统治下达到最大，随后就不堪一击地崩溃了。和别的亚述国王一样，这位国王相信神佑的亚述军队是不能战败的，不懂得养息国力，只知一味进行战争。但从个人才干上说，这位年轻的国王可能是所有亚述国王中最杰出者。他不仅是一个胜利的军队统帅，而且还是一个学者。他学会了阅读复杂的楔形文字，甚至包括古老的苏美尔文。他懂得一些当时最复杂的天文和数学知识。在他的命令下，各地把收集到的古代泥板送到尼尼微的图书馆中，从而为后人保留了大批有价值的文献。如果我们相信他宫中的浮雕没有夸大的话，他个人的武艺是十分惊人的：他可以单人用匕首与狮子搏斗。

亚述巴尼拔的军事生涯主要与亚述一直不能彻底击败的埃兰作战。两国交兵数十年，耗尽了各自的精力。亚述虽然取得最后胜利，但实质上是与埃兰同归于尽。因为埃兰灭亡之后不到 30 年，亚述也灭亡了。而在埃兰废墟上成长起来的波斯则征服了西亚所有的国家。

起初，亚述巴尼拔继承其父对埃兰的怀柔政策，两国关系一度不错。有一年埃兰遇到大旱，亚述王不仅给他们送去粮食，而且允许部分饥民进入亚述境内求食。但是埃兰传统认为巴比伦应属于他们，这就使两国之间的战争必不可免。公元前 665 年，乘亚述在埃及作战之际，受阿萨尔哈东父子恩典的埃兰王乌尔塔库在贵族的要求下侵入了阿卡德地区，但被当地的驻军打败。这次失利和乌尔塔库早期亲亚述政策所引起的不满导致乌尔塔库被推翻，其弟托曼谋杀了他，继承了王位（和我国商朝一样，埃兰王位继承是弟继兄位，无弟再传兄子）。乌尔塔库的三个儿子和其兄王的两个儿子等 60 个贵族和随从逃到亚述避难。托曼为了传位于己子，当然要杀绝兄子。因此他派了两个使节去尼尼微要求引渡这些贵族。亚述巴尼拔要扶植自己的人，不但不交人还扣留了使节。埃兰王决定诉诸武力，亚述王也移驻边境城阿尔白拉备战。为求神佑，亚述王在女战神（阿尔白拉的伊丝达）像前痛哭流涕。据说有神附体的女祭司回答说："不要怕，你在祈祷中举起了你的手，你的双眼落了泪，我将保佑你。"第二天，祭司又宣布她梦见"全副武装的女神拥抱了亚述王，而对埃兰王愤怒地背过脸去"。这些吉兆大大鼓舞了国王和士兵们的勇气。大军进入边城德尔。埃兰王本来在这儿布阵，不知为何又撤回首都苏撒。亚述大军攻入埃兰境内并在乌来河边大败敌军。尸体一度堵住了河道，鲜血染红了河水。托曼乘战车逃跑时却翻了车。多处受伤的埃兰王在其子的搀扶下逃入树林后，被亚述士兵捕杀了。亚述王进入苏撒后，安置随军回来的乌尔塔库的长子乌曼尼加什为埃兰国王。在回师路上，亚述军攻陷了与埃兰结盟的干布鲁的首城（在底格里斯河心岛上），活捉其王塔马里图（乌尔库塔的三弟）。亚述王带着缴获的战车、马匹、武器和脖子上挂着托曼首级的干布鲁王浩浩荡荡班师凯旋。在尼尼微，亚述王犒赏三军后，便按老传统对被俘敌酋施以严刑。干布鲁王和其他反叛首要分子被撕舌、活剥皮、砍下四肢传示各地。托曼的头被挂到宫门上示众。两个被扣的埃兰使臣目睹酷刑和其王首级，一个愤而举剑自戕；一个惧怕发疯，自拔其须。不久，新任埃兰王表示了自己的忠顺，他送来了另一亚述叛将的儿子们。亚述王命令他们在城门前压碎自己父亲的尸骨。

公元前652年，亚述巴尼拔的弟弟巴比伦王在迦勒底贵族的怂恿下，决定摆脱亚述的控制。他命令各大城市禁止亚述人入城，哪怕是亚述王派来给神上供的使节。同时，他派人带巨金去埃兰求援。乌曼尼加什一被珠宝所动，二被强硬派所逼，派出以托曼之子为帅的埃兰军队攻打亚述边境。巴比伦王攻打乌尔、乌鲁克等城的亚述驻军未能成功，而埃兰的军队也遭失败。这一失败决定了乌曼尼加什的命运。他的弟弟塔马里图决定推翻他，自己继位。兄弟阋墙的结果是哥哥被杀，塔马里图继位。埃兰内战期间，亚述军占领了西帕尔，逼近巴比伦城，隔断了埃兰的支援。塔马里图和逃到埃兰的迦勒底酋长、梅罗达克巴拉丹之孙那布拜舒马特联合进攻亚述军队，但无法解救被围的巴比伦城。公元前650年，巴比伦的南方盟友阿拉伯人派来骆驼兵以解巴比伦之围。但赤膊上阵的阿拉伯人被身披铁甲、头戴铁盔的亚述骑兵打得落花流水。残部退进巴比伦城，这反而加重了城内的缺粮状况。阿拉伯人被迫突围，外面等待着他们的是死亡和被俘。公元前649年，巴比伦已被围两年，城内易子相食。埃兰方面的形势更让巴比伦陷入绝望：埃兰贵族见塔马里图不能解救巴比伦，岂能容忍这一亚述带回来的傀儡。一位大臣驱逐了他，自立为王。塔马里图不得不逃往尼尼微，甘愿为亚述巴尼拔做马夫，以期得到主人的谅解。新王打算和亚述和解（这也许是明智的），释放了那布拜舒马特带来的亚述人质。当亚述派人索要那个迦勒底酋长时，强硬派贵族杀了国王。王子乌曼那达什登上王位。公元前648年，内乱使埃兰无暇顾及巴比伦，沙马什顺乌金绝望了，放火烧了宫殿，自焚其中。亚述王进入巴比伦，任命一个代理人为巴比伦王。

　　胜利的亚述王派人到埃兰再次索要那布拜舒马特，但强硬的埃兰王并不答应。公元前647年，亚述大军攻入埃兰，首拔一城。城督、埃兰王女婿的嘴上被穿了绳牵回亚述。埃兰王闻讯逃到山中，亚述军二进苏萨，将塔马里图安插到王位上。当亚述军撤离后，塔马里图又想靠反对亚述来树立自己的威望。结果这个反复无常的小人战败被俘，被押到尼尼微。乌曼那达什回到苏萨后，亚述王派去的使者不但索要那布拜舒马特，还要求将许多年前埃兰人从乌鲁克城劫走、现已成为埃兰国宝的那那女神像交给亚述。埃兰王当然不敢答应这一挑衅性的要求。于是亚述军全面出击埃兰，14个重镇、124个地区被攻陷。亚述王行军一个月达到埃兰最远边境，最后进入苏撒，抢走神像、王像等各种财宝。古时被掠到埃兰的那那女神像也回到了乌鲁克。当埃兰王从山中回到苏撒时，亚述的使节又来索要那布拜舒马特，埃兰王只能同意。但那个顽强的迦勒底王公不愿受辱，和其盾牌手互相刺死。遗体被送到尼尼微碎尸万段。埃兰王本人后来也成了亚述王的阶下囚。他和塔马里图一起成了亚述王炫耀胜利的展览品。

　　现在亚述王踌躇满志：埃及和埃兰被征服；阿拉伯人、乌拉尔图，甚至远方的吕底亚都送来贡品；巴比伦成为属国；亚述行省遍布西亚。亚述似乎是世界的主人了。但是在扎格罗斯山后面，米底人正在联合起来；在波斯湾附近的沼泽中，迦勒底人正在聚集力量。当这两支军队南北夹攻已被战争耗尽力量的泥足巨人时，亚述帝国一触即溃。公元前614年，千年古都阿淑尔被攻陷；公元前612年，"狮穴"尼尼微被夷平。亚述帝国土崩瓦解。公元前605年，亚述军队据守的最后一个据点卡尔凯美什被米底和迦勒底联军攻克，横行一时的亚述帝国不复存在。

# 犹太教与《旧约全书》

于 可

犹太教是世界各地犹太人信奉的宗教。它形成于公元前 5 世纪的巴勒斯坦，其历史渊源则可上溯至公元前 2000 年左右，是世界上最古老的一神教。犹太教的经典是《托拉》，基督教称为《旧约全书》①。

《旧约全书》是约于公元前 5 世纪至公元后 1 世纪由犹太教祭司编订的希伯来人的一部历史、宗教、传说、神话、法律、诗文的汇编。但在编订的过程中，祭司们按照犹太教的观点对原始材料作了篡改、拼凑、删节、加工，致使部分史实颠倒、舛错丛生，失实之处甚多。19 世纪中叶以来，西方史学家和圣经学者们对《旧约》的成书时间、性质、各卷章的可信程度进行了深入的研究，特别是根据晚近圣经考古学的成果做了大量的考证、鉴别等去伪存真的工作。他们在许多具体问题上尽管意见有所分歧，但都认为，《旧约》是人类文化的一份珍贵遗产，特别是根据考古发掘，证实其中许多有关历史、宗教、地理方面的记载是真实的，具有相当的史料价值，并提醒我们在使用这些材料时应持慎重态度，注意掌握两点：第一，古代以色列与埃及、两河流域的历史紧密相连，须结合纸草与楔形文字泥板的记载作比较研究，确定旧约记载的年代与史实的真伪；第二，结合考古发掘核定有关情节的真实性。总之，《旧约全书》尚不失为研究以色列—犹太古代历史和宗教的主要史料。

---

① 基督教产生后接受了犹太教的《托拉》为经典，但认为它是上帝与犹太人的圣约，已经陈旧，故称之为《旧约全书》。他们声称上帝与基督教的约定是新的圣约，称为《新约全书》，合称《新旧约全书》。

# 古希伯来人的历史

希伯来人是塞姆人的一支，原居于两河流域平原北部亚述地区的哈兰草原地带①，游牧为生。公元前两千纪初，由部落领袖亚伯拉罕率部南移进入迦南，即后来的巴勒斯坦，他们经常侵扰那里的农业部落和城市。因此，迦南人把这批游牧民族称为"希伯来人"，意为"从河那边来的人"。后因避荒，亚伯拉罕之孙雅各率部（或一部）向南渗入埃及尼罗河三角洲歌珊地区。据《出埃及记》第 12 章第 40 节记载，他们在埃及居住了 430 年，饱受埃及法老的剥削和劳役之苦。约于公元前 1500 年，部落领袖摩西率领所部经西奈返回巴勒斯坦。在此期间，其宗教信仰逐渐从原始的多神教向一神教的方向发展。

回到巴勒斯坦后，他们在战胜迦南人的过程中开始了国家形成的过程。至公元前 1200 年，在反抗腓力斯丁人的入侵中，加速了国家的形成，到扫罗时期（公元前 1040—前 1012 年）已初步形成了统一的以色列—犹太国家。公元前 11 世纪末，在两个著名国王大卫（公元前 1012—前 972）、所罗门（公元前 972—前 932）统治下，建立与巩固了统一的王国，首都为耶路撒冷。此百余年间是以色列民族独立、统一和强盛的黄金时代。这一时期他们在经济上逐渐转化为以农业为主的生活，反映在宗教上则吸收了迦南农业民族的多神信仰，如巴力神（主神或丰收之神）、亚斯他录女神（司生育之神）等。据圣经记载，以色列人崇拜耶和华同时又崇拜迦南的神达几个世纪之久，一直持续到公元前 586 年耶路撒冷陷落。这一点也为考古学所证实，米斯巴考古发掘公元前 9 世纪的两个神庙，一个是巴力的，一个是耶和华的，二者相距不远，且在两个神庙的废墟中均找到许多亚斯他录女神的塑像。甚至在所罗门时代，耶路撒冷大殿里除供奉耶和华外，还供奉巴力和亚斯他录，仅各设祭坛而已。

所罗门死后，王国分裂为两个国家，北部为以色列王国，南部为犹太王

---

①　据《旧约·创世记》第 11 章第 31 节记载，希伯来人原居于乌尔城，后来迁至哈兰。据美国圣经考古学者埃温斯·赖特考证：希腊文《七十士本》中根本未提到"乌尔"之名称。因此有些学者认为《通俗拉丁本》旧约中之"乌尔"非文字上之舛错，而是后加的。故初步可以认定希伯来人的祖居地为哈兰（和合本圣经译为亚兰，现代中文译本译为哈兰）。《旧约·申命记》第 26 章第 5 节亦说明了其祖居地为哈兰。

国。两国相互争夺，削弱了力量，对峙的局面一直维持到公元前 8 世纪。这 200 余年间虽然分立，但仍保持民族的独立。所以如此，与当时西亚、北非的国际形势有关。巴勒斯坦处亚非交接部，是亚非商道的中枢，为兵家必争之地。但在公元前 12 世纪后至公元前 8 世纪亚述兴起前，这一地区无大国，故巴勒斯坦地区新兴起了一些国家，以色列和犹太亦能维持独立局面。

公元前 8 世纪亚述强大后，首先迫以色列称臣，继而于公元前 721 年灭犹太国，俘臣民 27000 人，划为亚述之行省。犹太被迫纳贡称臣，沦为属国。公元前 7 世纪新巴比伦王国兴起后，与埃及争夺巴勒斯坦，围攻耶路撒冷十八个月，于公元前 586 年陷城，犹太教圣殿遭洗劫，贵族、祭司、工匠等被俘往巴比伦，犹太人国破家亡，在巴比伦度囚徒生活约半个世纪，史称"巴比伦之囚"。在此期间，他们思念故国，热切盼望重建家园，恢复故土。在宗教上出现了唯一神思想和弥赛亚观念，一神论犹太教教义萌芽。

公元前 539 年波斯帝国消灭新巴比伦王国。为铺平进攻埃及的前哨阵地，于公元前 537 年开始允许犹太人重返巴勒斯坦，建立附属国。首批回国人员约 4 万人，多为犹太教祭司和穷人，他们诚心诚意地相信这是唯一真神耶和华使之得到拯救，从而坚定与巩固了犹太教的信仰，以致有的学者说"离开犹太的是一个民族，而回到犹太的是一个教族"。回国后，他们兴修圣殿，重建城墙，着手编订《托拉》，制定教规和礼仪，犹太教正式形成。

公元前 333 年巴勒斯坦为马其顿亚历山大大帝所征服。公元前 320—前 301 年该地几经争夺，曾七次易主后为托勒密王朝所统治。在此后的百余年间，被征服地区各民族开始杂居，犹太人流散于地中海沿岸，特别是埃及的亚历山大里亚、小亚细亚和希腊等地。在此期间，犹太教的信仰受到当地希腊人的尊重与承认，得以存在。同时，被征服的各民族，特别是知识界也开始接受希腊文化，希腊语成为通用的语言。

但到公元前 198 年塞琉古王国统治巴勒斯坦后，情况有所变化。他们推行希腊化政策，对犹太教的活动进行镇压，引起了基层犹太教祭司与群众的反抗。公元前 2 世纪中期在下层祭司马提亚领导下，犹太人发动了反对塞琉古的起义。据《次经全书·玛喀比传》记载，他号召说，如今"耶路撒冷之院宇，犹如败落之房屋。婴儿见杀于通衢，青年受死于敌刃，圣城之装饰尽被劫夺，自由之妇女，没为奴婢，异族之蹂躏不堪矣！……凡崇信律法，而愿捍卫圣约者，当从我而出"，遂与其子入山，发动起义。马提亚死后其子犹大继为领袖，他力大无穷，绰号玛喀比，意为锤子。所以此次起义史称

"玛喀比起义"。经过两年激烈的征战，于公元前165年取得胜利，迫使塞琉古王国承认了犹太的独立，恢复了耶路撒冷圣殿，犹太教得以复兴，并且领土有所扩张，几乎相当于所罗门时代的疆域，犹太人在国内建立了政教合一的神权政体，权力集中于大祭司一人之手。

但好景不长。公元前2世纪罗马的势力已达东地中海，并且继续向东扩张，公元前64年占领叙利亚，划为帝国的行省，巴勒斯坦岌岌可危。而此时玛喀比家族统治下的王国内部正在争夺耶路撒冷圣殿大祭司的职位，削弱了力量。公元前63年庞培趁机进入耶路撒冷，屠杀居民12000人，将巴勒斯坦划归叙利亚省管辖。接着克拉苏又于公元前54年占领耶路撒冷，席卷圣殿一空，掠夺财物达12000塔兰特。公元前40年，罗马又扶植亲信以东族军事贵族希律为巴勒斯坦附属国国王。希律死后将国土三分，由其三子分别统治，北部为加利利，中部为撒马利亚，南部为犹地亚。公元6年罗马又将犹地亚和撒马利亚划为直辖行省，派总督统治。在罗马统治时期，犹太人民所受之剥削与压榨更为惨重，尝尽了国破家亡之辛酸，因而反抗罗马的斗争层出不穷，持续了将近200年。其中最大的起义是公元66—70年的大起义和公元132—135年巴尔·科赫巴大起义。但因力量相差悬殊，寡不敌众，均以失败而告终。犹太人遭到了残酷的大屠杀，许多起义领袖被钉死在十字架上，圣殿被烧毁，耶路撒冷城被拆除，劫后余生者被驱赶或逃出巴勒斯坦流散各地，犹太王国彻底灭亡。

纵观以色列人在巴勒斯坦1000余年的历史，统一不过百年，独立亦仅300余年，其余均属被他族统治、奴役、剥削、压榨的苦难史。他们只能在亚非诸强国的缝隙中苟延残喘，图谋生存，并几经沧桑，实属灾难深重的弱小民族。

他们在复国的反复斗争中，深感自己的弱小和力薄，竭力借助于神的力量，以坚定复国的信念和决心，激励斗争的勇气和力量，遂把犹太教作为维护民族生存的护身符与汲取力量的源泉。因此，经过巴比伦之囚后形成的一神论犹太教，具有浓厚的民族主义气息，体现于其教义、礼仪、节日和组织之中。

## 犹太教的教义、组织和礼仪

犹太教的教义主要有以下三点。

第一，崇拜宇宙间唯一的全能全知、创造世界万物的上帝耶和华。"耶和华"（Jehovah）这一名称是基督教会对犹太教的上帝"雅赫维"之误读。犹太人在古希伯来文圣经中将其上帝写为 JHWH，因古希伯来文仅写辅音，不注元音，此字的读音业已失传。同时，希伯来人不敢直呼上帝之名，仅称"吾主"（Adonai，音译阿特乃），在注有元音和标点的手稿中，在 JHWH 之下仅注明阿特乃之元音，致使基督教神学家在确认 JHWH 之读音时，将阿特乃一字的元音放入 JHWH 中，遂读为耶和华。近代语言学者推测 JHWH 之读音为雅赫维（Jahweh），意为"永存者"。

耶和华从众多的神祇之一发展为宇宙的唯一神有一个历史过程。约公元前 2 千纪初之亚伯拉罕时期，希伯来人信奉的是原始多神教，耶和华为诸神之一，是沙漠之神和战神。后来，随父系部落领袖权力的增长和祖先崇拜的发展，耶和华上升为部落的最高神，他保护部落添丁进口，畜群繁茂。到约公元前 1500 年的摩西时期，其宗教向一神教的方向发展，耶和华成为希伯来人唯一的部落神。这是他们在埃及居住的 430 年间私有制和奴隶制的发展、部落领袖的权力日益集中的现实在宗教上的反映，也是受到埃及专制王权、法老的绝对权力影响的必然结果。至公元前 6 世纪巴比伦之囚期间，犹太教祭司在帝国京城中开阔了眼界，受到王权无限和世界主义的熏染，在宗教思想上发生了重大的变化，耶和华发展为宇宙唯一的、排他的真神和宇宙的本源。

第二，坚信以色列人是上帝的"选民"，即相信耶和华从众民族中特选出以色列人为其子民。耶和华与他们订有"圣约"，内容是：以色列人仅崇拜耶和华并遵守其律法；上帝则保护、赐福给以色列人。"选民"具有排他性，上帝的恩惠仅给予以色列人，而不包括其他民族。对以色列人的赐福与降祸则根据其表现，当真诚崇拜耶和华并遵守约法时则赐福，否则即降祸。选民的标志是"割礼"。

第三，崇信弥赛亚将降临。"弥赛亚"（Māshiah）一词希伯来文的原意是"受膏者"，因古代希伯来人封立君主和祭司时在受封者的上额涂以膏油而得名。在巴比伦之囚前夕，弥赛亚的含意萌芽，预言上帝将派弥赛亚复兴犹太王国。《耶利米书》第 23 章第 5—6 节叙述，"耶和华说：日子将到，我要给大卫兴起一个公义的苗裔，他必掌王权，行事有智慧，在地上施行公平与公义，在他的日子，犹太必得救，以色列也安然居住"。这一新的观念在巴比伦之囚期间得到发展，幻想上帝终将派遣弥赛亚重建犹太王国，遂成为

"复国救主"的专称。《以赛亚书》第59章第20节说，届时，"必有一位救世主来到锡安"。第63章第4节说："救赎我民之年已经来到。"至犹太复国后，信仰弥赛亚成为犹太教教义的一个组成部分。此后，一当犹太人处于危难之秋，则祈求弥赛亚的降临。

犹太教的教规、礼仪和节日的内容均体现出"选民"的排他性，具有异于其他民族的独特内容，反映了犹太教仅是以色列人的民族一神教。其目的在于巩固民族的信仰与独立的信念和决心；永不忘记本民族的灾难与耻辱，以防止被异族同化。其教规有六：

（1）除耶和华外不许崇拜他神。

（2）禁止偶像崇拜。

（3）守安息日，每逢安息日（星期六）须按规定参加宗教礼仪，禁止从事任何世俗活动。

（4）禁止与外族通婚，实行严格的民族内婚制，如与外族人通婚，则对方必首先皈依犹太教，行割礼。

（5）食物禁忌。不许吃走兽中仅倒嚼而不分蹄者，如骆驼、兔子；仅分蹄而不倒嚼者，如猪。认为这些走兽不洁净，肉不可吃，死的不许摸。只许吃蹄分为两瓣又倒嚼者，如牛、羊。鱼类中有翅有鳞者可食，无翅无鳞者不可食。其所以不吃猪肉较为实际的解释是因为希伯来人长期过游牧生活，没有畜养猪的习惯所致。

（6）按犹太历法纪年。其历法为阴阳合历，均依此历计算节日。基督教的复活节亦按此历法计算，所以每年日期不定。

犹太教的礼仪和节日较多，仅述其重要者。主要礼仪有四：

（1）割礼，这是犹太教徒一项必不可少的神秘仪式，象征献出自己的血肉以表示对上帝的忠心。这一仪式很可能是在埃及时期吸收的习俗，因为埃及的祭司均实行割礼。犹太教认为，割礼是选民的标志。每个男婴生后第八天行割礼，用石刀（现代用钢刀）割破其包皮，然后命名。女婴在出生后第一个安息日在会堂命名。

（2）祈祷，按传统方式每日晨、午、晚祈祷三次，祈祷时先念《旧约·诗篇》第137首，是关于巴比伦之囚的哀歌。在安息日和节日则要先念《诗篇》第136首，这是一首从巴比伦之囚回到耶路撒冷后对耶和华的赞美诗。

（3）婚礼，其最后一项仪式是新郎将一只酒杯猛摔于地，以纪念耶路撒冷圣殿的毁灭和犹太人的流散，表示永志不忘这一民族灾难。

（4）葬礼，尸体洗净后用白布包裹，始入土埋葬。

主要节日有五：

（1）逾越节，在春初，犹历7月14日开始，持续7—8天，纪念耶和华庇佑以色列人胜利走出埃及。据《出埃及记》第12章第12—14节记载，耶和华为保护以色列人逃出埃及，欲杀死杂居的埃及人，故命以色列人用羊血在房顶上作出标记，耶和华一见血印就逾越过去，以避免误杀，故称逾越节。

（2）五旬节，春五月间，犹历9月6日至7日庆祝，纪念耶和华在西奈山向摩西授"十诫"。

（3）住棚节，又称结茅节。犹历1月15日起连续7—9天，以纪念以色列人在西奈沙漠流浪期间居茅棚之艰苦岁月。

（4）犹历元旦，公历10月初为元旦，元旦至初十，是集中赎罪和祈祷的日子。

（5）奉献节，犹历3月25日始，共8天，纪念玛喀比起义胜利后恢复对耶路撒冷圣殿的奉献。

犹太教是全民族的信仰，活动的中心是耶路撒冷的圣殿。巴比伦之囚后，犹太人流散至各地，逢安息日或节日，由祭司主持在聚居处进行宗教活动。这种露天的聚会处后来发展为犹太教的会堂，成为举行宗教仪式的场所，亦是对本族青少年进行民族文化和宗教教育的中心。公元前6世纪末犹太复国后，耶路撒冷的祭司阶级成为新的统治集团，享有政治和经济特权，直接统治犹太居民，各地的犹太人均需向圣殿缴纳捐税。玛喀比起义胜利后，耶路撒冷建立了以祭司集团为首的神权政体，政权与神权集于大祭司一人之手。公元2世纪耶路撒冷毁灭后，犹太人流散他乡，各地均建有犹太人会堂，作为他们宗教和文化活动的中心，这对于长期维系犹太人的宗教信仰起了很大作用。

# 《旧约全书》的成书和内容

犹太教的主要经典是《托拉》，即基督教的《旧约全书》。

犹太教的祭司们经过巴比伦之囚，重返巴勒斯坦恢复圣殿后，为巩固神权统治，强化一神的犹太教信仰，着手编订其经典《托拉》。他们把自公元前12世纪流传下来的有关法律、历史、宗教、传说、神话等资料，按照一神论的犹太教的观点进行加工、编纂、增删，陆续纳入了《托拉》，编订工作自公元前5世纪始至公元1世纪，历时500余年，始最后定型。它并非仅是宗教的经典，还涉及巴勒斯坦地区1000年的政治、经济、文学艺术、伦理道德和自然科学等方面的内容，是一部百科全书式的作品。它对于我们今天研究犹太史、西亚地区的宗教史、法律史、文学史和基督教的产生都具有相当的价值。《旧约全书》共分39卷，包括四个部分。

（一）五经或律法书，希伯来文称托拉，又称《摩西五经》，因据传作者为以色列部落领袖摩西，故名。它是犹太教祭司以斯拉奉波斯国王亚达薛西之命，自巴比伦回到耶路撒冷主持编订的犹太律法。包括《创世记》《出埃及记》《利未记》《民数记》《申命记》。这五卷纳入《圣经》最早，约为公元前444年。

《创世记》的内容是上帝创造天地万物和人类始祖，以及伊甸乐园、洪水传说、挪亚方舟、上帝与以色列人的祖先亚伯拉罕订立圣约等神话传说。据圣经考古学的发掘与楔形泥板的记载证实，这些内容大多取自苏美尔人的神话和传说，并非以色列人所独有。洪水的传说亦经乌尔城的考古发掘所证实。

《出埃及记》的内容是记载以色列人在埃及的处境和从埃及出走，经历40年回到巴勒斯坦的情况。本卷中最重要的史料是第20—23章，记述了希伯来人最古老的律法，其中提及大田、园艺、休耕等内容，显系回到巴勒斯坦进入农业社会后的产物。这几章除记有摩西十诫外，还包括有民法、刑法、家族法、婚姻法等内容，反映了以色列人私有制和奴隶制的发展和平民反对贵族的斗争。如第21章第2节规定，"你若买希伯来人作奴仆，他必服侍你六年，第七年他可以自由，白白的出去"。其中许多规定与《汉谟拉比法典》雷同，如第46节规定"人若打坏了他奴仆的或婢女的一只眼，就要因他的眼得以自由"。自由人的伤害罪的处理原则是同态复仇，"以眼还眼，以牙还牙"，若伤害了奴隶则赔偿银两。

《利未记》中利未即祭司，故又名祭司法典。此卷大量篇幅是犹太教的教仪、教规、节日的有关规定，对各种祭祀包括燔祭、素祭、平安祭、赎罪祭等以及割礼、食物禁忌、各种节日均作了较详细的说明。与历史研究最密切的是第25章、第27章，记述了以色列人进入农业社会后的奴隶制度、经济生活和社会矛盾，规定对本族奴隶应定期释放，以及缴纳什一税的具体内容。

《民数记》的内容有二。其一，列举以色列人离埃及后的户口、财产调查清单，据记载当时有 12 个部落，20 岁以上男子有 603500 人。这个数字显系夸大，当时的西奈旷野不可能容纳这么多人生存。据圣经学者考证，当时仅有 6000 名男子，连同家属共约 25000 人。发生舛误的原因是希伯来语中表示"千"的名词"埃列夫"同时具有"家庭"或"帐篷"之意，《圣经》编订者误将 600 个家庭理解为 600 个"千"所致。其二，记述以色列人回到巴勒斯坦、进入农业社会后吸收了许多迦南人多神教信仰的情况，如对巴力神和亚斯他录神的崇拜等。

《申命记》为重申法律之意，记述公元前 621 年犹太国王约西亚进行宗教改革、法律改革的情况。公元前 7 世纪的最后 30 年犹太王国处于内外交困的境遇，外有新巴比伦之威胁，内部阶级矛盾尖锐。约西亚欲通过提倡一神论的犹太教的信仰和改革，加强统治。他重申"惟有耶和华是上帝，除他以外再无别的神"和遵从十诫的法令，规定拜多神者处死。"如拜太阳月亮、天象，三人做证，不论男女，在城外用石头打死。"并为了缓和矛盾，规定：每七年施行一次豁免，凡本族人欠的债逢此年全部废除，被卖为奴者恢复自由，并给予一定的生活出路。

（二）史书，包括《约书亚记》《士师记》《撒母耳记（上下）》《列王纪（上下）》《历代志（上下）》《以斯拉记》《尼希米记》共十卷，是以色列和犹太王国兴亡的史记，纳入圣经的年代约为公元前 3 世纪。

史书的内容是以色列人征服巴勒斯坦后，经过部落领袖"士师时期"，建立以色列—犹太王国的始末，以及国家灭亡流散他乡的历史。它虽以宗教的观点和文学的形式记述，但其中许多内容是真实的历史著述，至今仍为犹太史研究的主要依据。

《约书亚记》和《士师记》记述了军事民主制时期征服迦南人和征服后按部落抓阄分配土地的情况，以及从部落联盟向国家过渡的历史材料。《撒母耳记（上下）》叙述了以色列—犹太王国建立的经过，主要是记述扫罗和大卫的事迹。《列王纪（上下）》叙述大卫死后列王的情况，特别是所罗门盛世的政绩。《撒母耳记（上下）》与《列王纪》所述之史实前后衔接，二书的初稿均写于公元前 6 世纪。约公元前 3 世纪，又出现了《历代志》上下卷，从亚当开始叙述，直至亡国被掳和重建耶路撒冷为止，可谓希伯来民族的一部简明通史。此书强调血缘关系和以耶路撒冷为中心的民族主义思想。《以斯拉记》和《尼希米记》记述了犹太人经过巴比伦之囚被释后、重建圣殿、确立一神论犹太教信仰、整顿律法、编订摩西五经的史实，它是研究犹太史和犹太教的重要参考资料之一。

（三）先知书，包括《以赛亚书》《耶利米书》《以西结书》及 12 部小先知书，共 15 卷。这里所说的先知书非指早期的先知，早期先知权力很大，如撒母耳有权立扫罗为王，女先知底波拉本人即为士师。这里的"先知"是指以色列、犹太行将灭亡前开始兴起的一批先知，其年代约为公元前 8 至前 3 世纪。他们被认为是先知先觉，"奉主之名发声，乃是神启"，是神的代言人，实际上是出身社会下层的社会改革家和思想家。他们谴责社会的不平等，大声疾呼，唤醒群众。如出身下层的阿摩斯，在亡国前 30 年写了小先知书之一《阿摩司书》，谴责社会的不平等，"以色列人三番四次犯罪，我必不免去他们的刑罚，因为他们为银子而出卖女人，为一双鞋卖了穷人，他们看见穷人头上蒙的灰也要垂涎……"因此，耶路撒冷的圣殿将毁于火。另一小先知书《哈巴谷书》约于公元前 6 至前 5 世纪写成。作者目睹巴比伦之囚的惨状，描写新巴比伦的骑兵比豹还快，如鹰鸟抓食，谴责其不知正义。

《耶利米书》《以赛亚书》均非一人所作，年代亦不一致。《以赛亚书》的第 40 章以后的内容明显属于巴比伦之囚以后的事。这两部先知书均把耶和华视为宇宙唯一真神，都预示了救主将降临领导犹太人复国。《以西结书》并设计了未来复国后理想中的耶路撒冷城之蓝图。

（四）诗文集，包括《诗篇》《雅歌》《箴言》《传道书》《耶利米哀歌》《约伯记》《路得记》《以斯帖记》《但以理书》，共 9 篇，约在公元前 4 至前 2 世纪中期成书。编入圣经亦较晚，最晚者为公元 1 世纪末年。

《旧约全书》中原始材料写作的年代，上自公元前 12 世纪，下迄公元前 2 世纪，历时千年。各卷编入圣经的时间先后不一，最早是摩西五经，约于公元前 5 世纪，最晚是雅歌，约为公元 1 世纪，历时 500 余年。

犹太教的经典除《旧约全书》外，还有《圣法经传》，即犹太法典，包括两部分：一为《圣法经》，内容为政治、宗教、道德和民事方面的法律和条例；一为《圣法传》，内容是祭司对《圣法经》的解释。《圣法经传》在犹太人中虽视为神圣，列为经典，并作为言行的准则，但其主要依据仍为《旧约全书》。

《旧约全书》随犹太人的流散、基督教的产生与传播，流传于世界各地，版本众多，迄今已译为 1685 种文字。

# 大流士改革

周启迪

存在两个多世纪（公元前 558—前 330 年）的阿黑门尼斯族治理下的波斯帝国，在人类历史的发展中起了巨大的作用。这个一度包括埃及、印度西北部、伊朗、小亚细亚、叙利亚、巴勒斯坦、中亚和欧洲部分地区的庞大帝国，在很长的时间内保证了发展国际贸易和各族人民的文化交流。这个时期形成的社会经济和政治制度以及文化传统，对后来的亚历山大帝国以及希腊化诸国，对伊朗境内后来的国家，都有深远的影响。

当人们谈论古代波斯帝国的历史作用时，必然要提到大流士（约公元前 558—前 486 年）这位显赫一时的国王及其进行的改革。正是这位国王所作的承前启后的改革，奠定了波斯帝国主要政治制度和经济制度的基础。

大流士是在残酷镇压了波斯本部及帝国境内各族人民的起义之后才牢固地掌握波斯国柄的。他汲取了波斯帝国由于没有坚强的国家组织而一度瓦解的历史教训，大概从公元前 518 年开始，着手进行改革。当时他所面临的问题主要有两个方面：一是怎样处理波斯人内部的关系，其中包括国王和氏族贵族的关系；一是怎样处理波斯人和帝国境内其他各族人民之间的关系。

早在冈比斯当政时期反对波斯氏族贵族特权的斗争即已开始，高墨达起义之后，反对氏族贵族特权的斗争更为坚决。高墨达所进行的改革符合广大人民的利益，具有历史进步意义。

消灭氏族贵族的特权有助于波斯人民摆脱氏族部落制度的羁绊。大流士一上台，立即恢复了波斯氏族贵族的特权，因而激起波斯本部及帝国境内各族人民的起义。大流士在把各种起义镇压下去之后对波斯贵族的政策是：恢复遭到冈比斯和高墨达削弱的氏族贵族的特权，并且竭力加以维护。波斯贵族的特权，在阿黑门尼斯王朝存在的整个时期都得到尊重。大流士采取各种措施，务求使氏族贵族忠于国王。波斯贵族始终是阿黑门尼斯王朝的最忠实、最可靠的支柱，并且一直保持自己的统治地位。在波斯人官方的传统说法中，居鲁士由于尊重氏族贵族的特权而得到美化，大流士也同样被美化。但是对于侵犯这些特权的冈比斯则加以斥责，说他残忍和发疯。

由大流士确认的波斯氏族贵族在整个帝国内部的统治地位，是阿黑门尼斯王朝社会基础狭窄的原因。国家的一切最重要的军事和行政职务，都操在波斯贵族手中。他们的专横跋扈和横征暴敛，阻碍了社会的发展。

在处理波斯人和帝国境内其他各族人民的关系方面，大流士的政策是维护全体波斯人的特权地位。在全力维护波斯贵族的特权的同时，他又力图使所有普通的波斯人都忠于国王，成为听命国王、惯于征战的兵士，以便于他镇压反对波斯国王的任何起义。仰仗从帝国境内各族人民那里搜刮来的大量资财，大流士豢养了一支由波斯人组成的有一定战斗力的庞大军队。

大流士改革的首要目的是把一切权力集中到波斯氏族贵族的手中。在居鲁士和冈比斯当政时期，忙于征战的波斯国王，基本上保持被征服地区原有的秩序，让原有的统治者继续统治。而从大流士开始，在各被征服地区的重要军政职务，都派波斯人充任。

脱离原始社会不久的波斯人在建立国家机构的过程中，必然会碰到加强国王权力与保持氏族社会传统的矛盾。希罗多德记述的大流士即位前后波斯人中关于政体问题的争论（希罗多德，Ⅲ，80—83）便是这种矛盾的反映。大流士在尊重氏族贵族特权的同时，也竭力加强自己的权力，建立君主专制统治。他自称是"伟大的王，众王之王"，大权独揽。

在很短时间内形成的波斯帝国，地域辽阔，民族成分复杂，各地政治、经济、文化发展极不平衡。埃及、两河流域、印度河流域、叙利亚、巴勒斯坦等地，奴隶制发展已有千年甚至更长的历史，而中亚的一些地区却还处在原始游牧阶段。这种情况给波斯人建立国家机构的工作带来很多困难。但是大流士面对这一情况，做了一些颇见效果的工作。

大流士把全国分成一些大的行政区，史称这种行政区为"行省"，它的希腊文名称的音译为"萨特拉佩伊亚"。

关于波斯帝国的行省数目，说法不一。据希罗多德的记载，计有20个行省，其中包括印度而没有波斯（希罗多德，Ⅲ，89—97）。贝希斯顿铭文中列举了23个，内中有波斯，但缺印度。其他文献中还有另外的说法。学者们认为，希罗多德的记载来源于波斯国王办公厅的正式报道，只是所列举的行省是属于公元前5世纪中期，不是大流士在位的时候。至于古代波斯文献中的其他说法，很容易用不同文献出现的不同时间来加以解释。

　　每个行省由国王任命的总督治理。大流士派波斯人充任总督。总督只拥有民政权力。他的职责是：受理诉讼，征收赋税，保持境内安宁，监督下级官吏。他有权铸造银币和铜币。总督的任期没有明确规定。行省下面可以划分更小的行政区。例如在埃及，依旧保持了诺姆的划分，只是诺姆的首脑改由波斯人充任。在大的行省内部，可以包括原来的若干个国家，可以使原来的统治者继续管理本国的内部事务。例如，从公元前516年起，就没有向犹太派波斯人去当首脑。

　　至于波斯本部是由总督还是由国王直接治理，现有文献未能提供明确的答案。有的学者认为，严格地说，波斯不是一个行省。由于它不是被征服的，因此它不处于从属地位。

　　大流士使行省总督的权力和军权分开。行省的最高军事方面的官员也由国王任命，直接对国王负责。

　　与在地方设置行省相对应，在中央建立了以国王办公厅为首的庞大管理机构。帝国的行政首府是苏撒。一切政令由苏撒发往各省。帝国境内的各级官员频繁往返于苏撒和自己任职的地方。

　　大流士十分关心并务求帝国境内不发生破坏内部安全的事件，不产生分离主义倾向。在行省内部，他使总督和军事首脑相互监督。此外，他还经常派遣名为"国王耳目"的要员巡视各地，预防任何谋反行动的产生。最高的负责监察的官员是"千夫长"。他是国王卫队的司令，又是国王办公厅的首脑。

　　波斯帝国是靠军事征服建立起来的，它也靠军队来维持其统治。大流士自然关心军事制度的改革。他把全国分为五个大军区，每个军区辖若干行省。波斯的常备军包括步兵、骑兵和海军。军队指挥官有千夫长、百夫长、十夫长等。军队的精锐部分由波斯人组成，尤其是一万名"不死队"。"不死队"的名称来源于它始终保持一万人的员额，缺员时马上补足。在帝国境内，波斯人的主要职业就是当兵。据色诺芬说，波斯"国王颁发奖赏的时候，他首先约请那些在战场上显身扬名的人，因为如果没有人保卫土地，耕种多少亩土地都是没有用的"。

　　除了由波斯人组成的军队，大流士还广泛使用由各被征服民族的成员组成的军队。在一般情况下，不让本省人在当地驻防。从埃及南部埃列丰提纳岛出土的文件便是这方面的明证。这个岛上的驻军主要由犹太人组成，波斯人数量不大。各地驻军的最高指挥官均由波斯人担任。除了波斯人，米底人、巴克特里亚人等东部伊朗人在军队中也占有重要地位。关于波斯军队的人数，没有确切的数字。

为了密切中央与各地的联系，保证军队的迅速调动，大流士继承并发展了亚述人修筑道路、设置驿站的制度。公元前5世纪中叶在波斯帝国境内作过广泛旅行的希罗多德，对波斯人的良好道路作了细致的描写。最长最著名的驿道是从小亚细亚的以弗所至苏撒的一条路，被称为"御道"，全长约2470公里。驿道沿途每隔约25公里设一驿站，其中备有信使和马匹。一旦有事，像接力赛跑一样一站一站地飞快传递。由于不断更换信使和马匹，每天可行约300公里。为了保证驿道畅通和商旅安全，沿途都派有军队把守。各省总督的任务之一就是要保证驿道的安全。在驿道上各个相隔一日路程的驿站中设有国王的仓库，负责向信使和因公务而在路途中的官员发放口粮。一些有关波斯驿站的文物被发现，例如，一个装公文的皮袋中装有埃及总督阿尔沙马的一些信。

大流士在经济方面的重要措施之一就是整顿税收制度，以保证波斯人对各被征服地区进行长期而稳定的剥削。

在居鲁士和冈比斯当政时期，来不及建立根据帝国境内各地的经济情况确定固定的税收制度。据希罗多德说，当时有的地方纳税，有的地方交礼物。大约公元前518年，大流士建立了新的税收制度。他规定，按照丈量土地和土地肥沃程度确定税额，用白银交付，只是印度每年要缴纳金砂360塔兰特。希罗多德列举了各个行省缴纳的税额：巴比伦和亚述作为一个行省，每年交1000塔兰特；埃及和利比亚等每年交700塔兰特，最少的是由萨塔基迪亚人等组成的一个行省，每年交170塔兰特。各个行省合计，每年共交纳白银14560塔兰特（其中包括印度的360塔兰特金砂折算成的4680塔兰特白银，这里所用的计算单位是优卑亚制的塔兰特）。据折算，全部税款约为白银400多吨。各级行政官员，从行省总督直到乡村头人，都要负责收税。处于边远地区未划入行省的阿拉伯人、埃塞俄比亚人、科尔希人等则要交"礼物"（黄金、象牙、香料等）。

据希罗多德说，波斯人不纳税（Ⅲ，97）。有的学者认为，这大概只是指波斯人不交用金钱支付的税。实际上，他们既要供养国王的军队，又要向国王赠送礼物。

大流士所定的税额不算太重，但是收税官员的恣意横行往往使纳税人痛苦不堪。供养国王的军队便是他们一项非常沉重的负担。

大流士在经济方面的另一项重要措施是统一全帝国的货币铸造制度。他规定，只有波斯国王有权铸造金币，各地只能铸造银币和铜币。他所铸造的金币称为"大流克"，重8.42克。这种金币成色足，重量准确，因而广为流行。有的学者认为，"大流克"这个名称，可能是从古波斯文"黄金"一词演化而来，并非源于国王的名字。

关于包括大流士在内的阿黑门尼斯王朝的历代国王的宗教政策，学术界有种种不同意见。我们认为，下面的说法比较正确，即波斯帝国境内不存在某种被奉为国教的宗教，也就谈不到用伊朗的琐罗亚斯德教取代被征服地区各族人民信奉的种种不同的宗教。虽然在高墨达起义过程中有过宗教方面的斗争，但在起义遭到镇压之后，大流士的宗教政策与居鲁士以及冈比斯的宗教政策并无本质区别。他们的共同之处是：既信奉波斯人的神，又信奉其他各族人民的神，对两者都祭祀。同时，他们要适当限制僧侣的势力，不使各个神庙拥有的经济力量过于强大。对于大流士来说，经过琐罗亚斯德改革的拜火教有利于他加强王权，因此他奉祀阿胡拉·马兹达为最高神祇。不过，这决不意味着他排斥其他的神，排斥其他的宗教。有趣的是，苏撒出土的一尊大流士的雕像被塑造成埃及的阿杜姆神的模样，但是身着波斯装。

大流士所制定的各种制度，就其基本点而言，一直实行到波斯帝国灭亡之日。当然，不可避免的是，随着客观情况的改变，有过局部的变化。

# 哈拉巴文化的兴衰

涂厚善

哈拉巴文化是南亚历史上迄今所知的最早的文化，也是世界历史上著名的远古文化之一。哈拉巴是今天巴基斯坦境内的旁遮普省蒙哥马利县的一个小镇。在这里和在其西南约 592 公里信德省拉尔卡纳县的摩亨约·达罗（意为死者之丘）二地，印度考古学家于 1922 年开始发掘出古代的城市文明遗址。这在 20 世纪 20 年代世界考古发掘中是轰动一时的重大发现。此后陆续在俾路支、阿富汗、印度的旁遮普、哈里亚纳、北方邦、比哈尔和古吉拉特等地也发现同一类型的文化遗址，共 250 多处。由于这一文化最先在哈拉巴发现，按考古学家的惯例称为哈拉巴文化。又因为它主要分布在印度河流域，因此又称为印度河流域文化。

根据发现的遗址，我们知道这一文化的范围是：东起北方邦密拉特县的阿拉姆吉尔普尔，西至俾路支的达巴尔科特与苏特卡根·多尔，北自旁遮普的鲁帕尔与古姆拉谷，南达古吉拉特的巴加特拉夫。据估计总面积约为 1920 公里×1120 公里。近年来，随着考古发掘工作的进展，在这范围以北和以南又有新的遗址发现。关于这一文化存在的年代，各家有不同的说法。最初主持发掘这一文化的约翰·马歇尔认为是公元前 3250—前 2750 年，后来，皮戈特定为公元前 2500—前 1500 年，他们主要是根据与已知年代有关的西亚文物进行比较研究而得出的结论；阿格拉瓦尔利用放射性碳素定年，计算年代为公元前 2300—前 1750 年；M. 惠勒综合考古文物研究与放射性碳素年代定为公元前 2500—前 1700 年。这后一说是一般所采用的说法。总的发展阶段大致可分为：形成时期，约公元前 2800—前 2500 年；兴盛时期，约公元前 2500—前 2200 年；衰亡时期，公元前 2200 年或公元前 1700 年以后，有的地区甚至延续至公元前 800 年。但各地兴衰时期并不一律，中心地区的起迄年代较之边缘地区要早。

# 哈拉巴文化的兴起

印度河是南亚次大陆最长的一条河流，全长 3200 公里。它发源于喜马拉雅山，由北向西南，主要流经今巴基斯坦境内，最后注入阿拉伯海。由于北方山上积雪每年夏季融化，西南季风又带来雨水，河水水量充足。冲积的土壤上覆盖着一层含有矿物质的淤泥，十分肥沃，适于农业。附近产有石料与金属矿石，野生动物种类也很多。加之水道四通八达，运输便利。这一切都为哈拉巴文化的产生提供了有利的条件。

在哈拉巴文化兴起以前，印度河流域及其附近的俾路支、阿富汗等地已有向城市过渡的文化，学者们称之为前哈拉巴文化。这一文化的主要遗址有俾路支的基利·古尔·穆罕默德、阿富汗的蒙迪加克、信德的阿姆利与科特·迪吉、拉贾斯坦的卡里班甘和哈拉巴的下层前哈拉巴文化层等。它们大致经历了三个阶段：第一阶段在公元前 3000 年以前，初属前陶器的新石器阶段，后有了陶器并出现铜器，已驯养羊、牛，过游牧生活；第二阶段为公元前 3000—前 2700 年，铜器增多，青铜出现，经营农业畜牧业，定居生活，出现陶工记号，表明书写开始；第三阶段自公元前 2700 年开始，有了城市雏型，出现城堡与外城两部分的布局，出现整齐排列的街道与房屋、烧砖砌的阴沟等。一些前哈拉巴文化的地区似乎有的被哈拉巴人和平地接替，有的则遭到他们的破坏；但不管怎样，哈拉巴文化就是在前哈拉巴文化的基础上兴起的。

前哈拉巴文化与邻近的同时代的伊朗文化有着密切的关系，铜的冶炼术就是由伊朗传到阿富汗与俾路支的。哈拉巴文化与西亚苏美尔文化又有许多相似之处。因此，有的学者就认为哈拉巴文化源出于西亚特别是伊朗（费尔塞维斯、皮戈特等），有的甚至认为哈拉巴文化是由苏美尔移民传入的（沃德尔、普伦·纳特）。但以上发掘的文化遗址已经充分证明这一文化是在本地文化基础上发展起来的，尽管有一些外来的影响。这里又牵涉到谁是这一文化的创造者的问题。根据在摩亨约·达罗发掘到的 11 具人尸遗骸的分析，休厄尔与古哈认为有原始澳语人、地中海人、蒙古人和阿尔卑斯人四种。后来发掘到的尸骨增多（在哈拉巴有 260 具、摩亨约·达罗 41 具、罗塔尔 2 具、卡里班甘 3 具）。据萨卡尔研究，就头部指数来说，摩亨约·达罗人和今天的信德人，哈拉巴人和今天旁遮普人，罗塔尔人和今天古吉拉特人都很相似，说明他们是土生土长的人。但由于尸骨残破，能提供人种资料的雕像又太少，不足以肯定居民的人种。大多数学者认为这一文化的创造者是达罗毗荼人，可能还有原始澳语人、蒙古人等。

## 哈拉巴文化的全盛时期

公元前3千纪中叶，哈拉巴文化已进入青铜时代，全盛时期开始。他们知道熔解矿石，锻冶、铸造和焊接金属器具，冶金术有了一定的发展。他们可能按一定比例制造铜锡合金或铜砷合金，即青铜。用铜或青铜制造生产和生活用具、武器等，如斧、凿、鱼钩、刀、矛头、箭头、碗、盘、镜、指环、小铜车模型等。由于锡缺乏，青铜比较贵重，石器仍在使用。

社会经济有了很大发展。居民主要从事农业，使用青铜的鹤嘴锄与镰刀，可能还用木犁、带齿的耙和石凿耕种田地。又用水牛和犎牛作耕畜。由于印度河经常泛滥成灾，在和洪水进行的斗争中，人们已经学会筑堤坝和引水灌溉，还制作扬水器向高处送水。主要农作物有大麦、小麦、稻、豌豆、甜瓜、椰枣、棉花和胡麻等。畜牧业在经济中也占有重要地位，已驯养的牲畜有水牛、犎牛、黄牛、山羊、绵羊、猪、狗、猫、鸡、象、骆驼等。手工业方面，除冶金、粮食加工外，还有棉毛纺织、刺绣、染色等。制陶业是重要的手工业部门，此外，还有珠宝制造和象牙工艺等。随着物质财富的增多，商业也发展起来。印度河流域本地出产的棉布、香料、木材、珠宝等输出到西亚等地；他们制造的工艺品，原料很多来自邻近地区及印度次大陆以外的地方。陆路使用车辆和牛、骆驼运输，水路有船只。生产和交换的需要推动度量衡制度形成。计量长度用介壳尺和青铜杆尺。单位长度，前者为0.67厘米，后者为0.9厘米，均为十进位制。重量用砝码来衡量，单位重量为0.875克。珍宝珠玉的买卖用小砝码，二进位制；非贵重物品用大砝码，十进位制。

社会交往包括商业交换增多，记载语言的文字随之出现。哈拉巴文化的文字大多刻在石头或陶土制成的印章上（印章文字）。有些印章可能用在商业上，如在两河流域南部的温马城就发现盖上印记的印度棉织物，可能是制造者的标记。全部文字符号据统计有417个（有的学者认为基本符号为62个），一般是由直线条组成，字体清晰。由于有些符号描绘人、鸟、鱼等图形，有的学者认为是象形字。但在罗塔尔发现的后期印章文字已经简化，基本符号只有 22 个，图形消失有的符号加上可能标明重音的短画，有的两个符号连写，一般认为这已是向字母文字过渡的表音文字。印章上的文字、陶器和金属器上的铭文字数都很少，一般为五六个符号，最多的为 26 个，书写是由右到左。这种文字至今尚未解读。争论的问题是这种文字究竟记录的是哪种语言。这和谁是这种文化的创造者有关。有的认为是达罗毗荼语族（马歇尔、赫拉斯等），有的则认为是印欧语族（赫罗兹尼、拉奥等）。近年来有人试图用电子计算机释读这种文字（帕波拉、克诺罗佐夫、马哈代文等）。一些研究者声称已解读成功，但还没有得到公认。

社会经济的发展促进交通中心地区人口增长，形成了城市。城市的规模大小不等。哈拉巴和摩亨约·达罗是这一文化的两个重要中心，也是两座最大的城市。各占 85 万平方公尺的面积，人口各有三四万人。较晚发展的罗塔尔面积为 47500 平方公尺，人口只有 2000—2500 人。

这些城市的建筑都有一定的规划。城市布局一般分为两部：西部是城堡；东部是下城。城堡呈平行四边形，周围有高厚的城墙，建立在泥砖砌的地基上。城墙每隔一段距离就有方形棱堡和塔楼，城外有护城河。下城面积较大，地势较低。城堡区是行政中心，拥有一些公共建筑物，如宫殿、行政大厦、谷仓、浴室，可能还有寺庙。下城则是商业区和居民区，有商店、手工业作坊、饭馆、旅舍及一般住房。居民区附近有墓地。城市交通有成直角相交的大街，有的宽达 10 或 11 公尺，长 0.8 公里。这些街道把城市分为一些方形或长方形街区，其中又交叉有小巷，有的小巷只宽 2.3 公尺。街道两旁是房屋，建筑物不能侵占大街地面。为了便于交通，在十字路转弯处，房屋墙角砌成圆形。又为了避免车辆急转损坏街角房屋，设置了木桩保护。在街道上，每隔一定距离设有路灯杆，可以照明。宽的大街可以并排行走 9 辆大车，可见当时城市来往车辆和行人是很多的，确是一派繁荣兴盛的景象！

城市规划还包括有完善的供水排水系统。供水有水井，几乎每一住屋都有自备水井。每条巷道有一公共水井。排水用阴沟，大街下为深 30.48—60.96 厘米、宽 22.86—45.72 厘米的主沟，每户有支沟与主沟相通，楼上的污水经垂直的水管通向地下沟道。雨水和污水通过沟道最后流进大河。为了防止渣滓淤塞沟道，支沟进入主沟处有污水坑，主沟每隔一定距离也有水坑，人们可以检修沟道，清除污物。

房屋结构与位置选择都以实用为目的。谷仓注意通风，有砖台、过道，保持仓内干燥，以免谷物潮湿腐烂。地址选在河边，便于从水路运输粮食，附近建有加工场地和供劳动者住宿的小屋，便于就近加工和对劳动力的使用与管理。大浴室有专门的供水井和排水沟道。有水闸可以启闭，以便随时排水。池底和四周在砖墙间铺有约两厘米厚的沥青，防止漏水。住屋最小的有两间房，一般的至少有三间。楼房有二层也有三层，它们都有开阔的庭院，配备有厨房、浴室、厕所、储藏室、起居室、卧室等。陶工作坊设在市区外，以免烧窑烟灰污染。

这一时期已出现财富分化和阶级对立的现象。从遗迹中可以看到：有的是庭院宽敞、设备完善的高楼大厦；有的却是矮小简陋、拥挤不堪的茅舍。在妆饰品、殉葬品，甚至儿童玩具中，有金玉珠宝的精巧制品；也有泥土和贝壳制的粗劣物品。贫富差别悬殊。社会阶层已有祭司、战士、商人、工匠和体力劳动者的划分。从人物雕像中，有穿着珍贵长袍、系着嵌有宝石的束发佩戴的祭司像，显得庄严高贵；也有头戴满布刺痕的圆形便帽、颈下戴有前面凸出的项圈的赤陶男像（项圈可能是奴隶标志），表现卑贱屈辱形象。有头戴扇形妆饰、颈耳和臂佩戴珠宝璎珞、腰缠富丽腰带的雍容华贵的母神雕像；也有装束单薄、简朴的裸体舞女青铜雕像，她与母神相比十分寒酸，反映出阶级的分化。印章中有描绘奴隶主拷打奴隶的情景，还有用人牺祭神的图形，墓葬中也有用人陪葬的事例，说明阶级矛盾已经存在。从城堡塔楼、高墙深院的森严防卫以及城市生活的管理控制，还有统一的规划等来看，显然已有了统治机构，产生了国家。但由于印章文字尚未译读成功，考古发掘中缺乏更有说服力的材料，这里只是根据已有的资料并与其他文明古国（如埃及、两河流域的奴隶制国家）文物进行比较而作出的比较切合实际的推断。至于说这些国家的统治制度是祭司执政还是共和政治，国家组织是城邦联盟还是帝国，那就更是一些推论了。

这时期人们的生活内容相当丰富，且具有特色。除生产活动外，在物质生活方面，当时人吃的是肉、鱼、面包、饼、蔬菜、水果、牛奶等，穿的是棉布或毛织品，上衣像围巾，下衣类似今天印度人穿着的腰布。饮食生活用具有碾谷石磨、擦肉具、制饼模子、烘面包的炉子、做菜的锅、过滤的穿孔陶器以及盛放食料和饮料的瓮、罐、碗、盘等，还有照明的灯、烧香的炉。他们非常讲究洁净，十分注意妆饰打扮。发现的珠宝饰物和化妆品很多。各种人物雕像和印章上雕画的人物，不论男女都佩戴着许多饰物，如头饰、佩带、项链、耳环、臂钏、手镯、指环、脚镯、腰带、胸饰等（其中腰带、鼻饰、耳环、脚镯只有妇女佩戴）。已发现的修饰面容的用具有梳妆台、青铜镜、化妆盒、象牙梳、剃刀，还有穿孔器、耳杓子和镊子。化妆盒内盛放红赭色胭脂、白色扑粉、绿色土块、眼膏等各种化妆品。当时人们已经知道涂口红、扑粉、擦眼膏、洗发、修面、梳髻等美容方法。祭司雕像的面部修饰和青铜舞女的优美发式，都可以作为这方面的例证。当时人对游艺玩乐很喜爱。发现的娱乐用品有各种骰子、象牙杖、象牙鱼、象牙柱、棋盘等，印章雕画中画有手鼓、响板、竖琴、七弦琴，还有斗牛、斗鸡等图景。还发现有养虫、养鸟的陶笼。狩猎、钓鱼也可作为娱乐活动。儿童玩具有石弹、泥偶、拨浪鼓、鸟形哨、羊拉小泥车、猴爬绳等。最流行的娱乐活动是掷骰子。

关于医疗卫生，当时人除了注意洁净、防止污染外，可能已知道用药物治疗疾病。发现的药品有用漆黑物质制成的暗棕色溶液，经鉴定为五灵脂，专治消化不良、肝病、风湿病等。还发现有储备的乌贼骨，内服可以开胃，外敷又可治耳、眼、喉和皮肤等疾病。鹿角、羚羊角，可能还有犀牛角也都用来作药物，珊瑚和尼姆树叶也是药。当时已知头盖骨穿孔外科手术技术，他们认为这是治头痛、减轻乳突炎及治疗脑外伤的办法。

印章与雕像可以说是这一时期人们的精神文化的产物。哈拉巴文化遗址中发现的印章总数据最近统计为 2905 个（其中包括在西亚发现的十多个）。印章一般是 2.3 厘米见方。印章的刻画有的有图有文，有的只有铭文。图中刻画最多的是独角兽。兽前立一标杆，杆顶有碗，上有笼状物。它大概是兽槽，也可能是供焚香膜拜的香炉。其次刻画的是当时印度常见的动物，如犎牛、短角公牛、象、犀牛、蛇、水牛、鳄鱼、羚羊等，还有一些多头兽及复合动物（人面、象身、羊角、羊腿、虎尾等合为一体）等，形象都很生动。有些印章刻画着当时的生活情景，如狩猎、航行、娱乐等。另外还有一些含有宗教神话内容的印章，如三面神兽主印章、眼镜蛇神印章和菩提树女神印章等，均绘有朝拜的人和兽。这些印章除作为商业标记外，也作为护符，庇护佩戴者免受邪魔的侵害。但究竟有何用意，还有待文字译读后再作进一步的研究。发现的雕像数目不多，有石像、陶像和青铜铸像等，最多的是赤陶烧制的雕像。石头雕像在摩亨约·达罗出土的有 11 尊，其中两个是动物雕像，其余是人像。在哈拉巴出土的两尊人像形体不大，最高的雪花石膏人像只高 41.91 厘米。当时雕像艺术的代表作冻石祭司雕像，高 17.78 厘米。摩亨约·达罗的雕像神态比较迟钝、呆板，但是技艺相当熟练。他们已知道使用镶嵌手法，雕像的眼珠、耳、角和奶头，甚至衣服上的纹饰都是用其他材料制成，嵌在雕像上，给人以立体感觉。哈拉巴的雕像显得自然、有感情，塑造方法与摩亨约·达罗不同，似乎先分别雕刻头部、躯干和四肢，然后再连接成一整体。由于风格和雕法都有不同，有的学者怀疑哈拉巴的两尊人像不是本时期的作品。摩亨约·达罗出土的青铜舞女铸像是哈拉巴文化的著名作品，它高 11.43 厘米，身段苗条，肢体修长，神态安详自若，造型优美。水牛与公羊的铸像也能刻画出这些动物桀骜不驯的野性。赤陶塑像中动物像约占四分之三。其中的犎牛像最多，也最为生动逼真。小松鼠、小猴的塑像也很出色。人物陶像以妇女为题材的较多，头饰很精致，有些还戴有角状物，有的两边还各有一壳状杯，好像是用来点燃灯油或焚香的。学者们认为这些妇女陶像可能是地母神的塑像，塑像胸部、臀部十分丰满，象征女性的生育能力。当时人们相信，崇拜地母神可以得到庇护，保证丰收安宁。因此，这类陶像较多。印章与雕像是这时期留下的仅有的艺术文物，因为在遗址中见到的当时的房屋、列柱、器具等都以朴素实用为特色，没有什么装饰雕画。

　　关于当时人的宗教生活情况，印章雕画和雕像中已有一些描绘。不过，因为印章文字没有译读，很难有明确的结论。当时的宗教信仰有对地母神的崇拜，对男神三面神兽主的供奉，还有保持下来的原始的对生殖器的崇拜，以石柱石环为象征。此外，还保留了对动物、植物、水、火等的崇拜。印章中如 +、卍、车轮、三叶草等符号也都有着宗教象征的意义。有人认为发现这些石雕神像所在的建筑物就是寺庙，大浴室就是河神的庙。火神的椭圆形或矩形祭坛也有发现。在宗教节庆时可能还举行歌舞活动。从有关的遗物遗迹来看，各地区的宗教信仰也不尽相同，如对地母神的信仰盛行于印度河流域，而在古吉拉特则对地母神几乎一无所知。对火神的崇拜流行于罗塔尔和卡里班甘，却不曾在印度河流域本地发现。从摩亨约·达罗、哈拉巴等地的墓地来看，我们知道当时流行的埋葬习俗有三种：一是全尸墓葬，体仰卧，头朝北。饰物和化妆用具等都是殉葬物，有的用棺和尸衣；二是天葬，先将尸体暴露野外，任鸟兽等啄食，然后将残骸和瓦罐、珠石等小件殉葬物一并置于瓮内掩埋。三是火葬，先将尸体火化，然后将骨灰和殉葬物放在瓮中埋葬。罗塔尔墓地里发现在一个墓内往往有一男一女配对的尸骨。这是在丈夫或主人死后，其妻、仆或侍从的陪葬，近似后来的萨蒂（即寡妇殉夫）习俗。

　　政治活动方面留下的痕迹很少。摩亨约·达罗卫城南部一座约 25 公尺见方的大厅，内有列柱矮凳，可能是会议厅，也许就是政治活动的场所。印章雕画中一些复合动物的图像，可能是不同图腾部落的联合，如长有野牛、老虎、羚羊三头的怪兽就是三个图腾部落的联盟。三面神兽主头戴牛角王冠，身边环绕着象、虎、犀牛、水牛与羊或鹿的印章表明他是牛图腾部落的酋长，由各个图腾部落拥戴为盟主。这一切反映了原始社会末期部落合并统一的过程。进入阶级社会后阶级统治与反抗的情景已在前面提到，这里不再重复。

# 哈拉巴文化的衰落

哈拉巴文化的衰落不是各地区同时出现的。中心地区如哈拉巴、摩亨约·达罗等大约到公元前 18 世纪开始衰落。城市建筑出现了杂乱无章的状况，庭院被分隔成若干小的房间；巷道被一些简陋的小屋所拥塞，几乎不能通行；有些大建筑物已经颓废破落，地板上堆满了大量碎石；新屋是用破旧砖砌盖，质量低劣；排水设备和城市的洁净问题受到忽视和破坏；贸易也停止了，等等。但与此同时，一些边远地方如罗塔尔还在继续发展。这里是贸易港口，城市建设大致类似摩亨约·达罗，不同的只是有一个大船坞，它的面积约 219 公尺×37 公尺，并有一条长两公里半的人造运河，与流入坎贝湾的河流相通，可以随时把船只引进水坞修理（但也有人不认同这是船坞，认为只是储备饮水和作灌溉用的水池）。罗塔尔的古城文化到公元前 1000 年左右衰落。

关于哈拉巴文化衰落的原因，有的学者认为是约公元前 1500 年进入印度的雅利安人的破坏所致（皮戈特），可是哈拉巴文化却是在此以前二百多年就衰落了。有的学者认为是由于洪水的危害（S. R. 拉奥），但哈拉巴人和洪水的斗争却是经常的，摩亨约·达罗就曾被洪水毁坏后又重建达 9 次以上。有的学者认为由于气候变得更加干旱、沙漠扩大、土壤日益盐碱化，迫使人们遗弃城市，造成文化的衰落（惠勒早期的看法），但据专家研究，这一时期的气候变化微不足道。有的学者认为是由于过分耗竭地力，农业发展停滞，无力维持日益增长的人口的需要，因而出现贫困枯竭现象（费尔塞维斯），但缺乏明确的论证。这种种不同的说法都是根据遗迹、遗物进行的推论。比较流行、比较全面的看法是，主要在于内部阶级关系紧张。当时贫富差距极大，奴隶主阶级仅仅为了维持他们的生活水平，就必须对劳动人民进行沉重的剥削。统治阶级加强防卫和拷打奴隶都说明阶级矛盾尖锐。另一方面，由于当时人们还不能认识自然界生态平衡的规律，大量砍伐森林，造成水土流失。印度河淤塞，河床升高，河流改道，经常泛滥成灾，对生产和人民的生活造成很大的破坏。频繁的自然灾害，再加上统治阶级的残酷剥削和压迫，使阶级矛盾更加剧烈，这就为外族的入侵造成了可乘之机。入侵者可能是来自伊朗、俾路支和印度河流域邻近的部落。大约在公元前1750年，印度河流域的很多城市都遭到入侵者不同程度的破坏。摩亨约·达罗损失最大，房屋被烧，居民受到屠杀，连儿童也不能幸免。有的地区如强胡·达罗虽没有发现被害的尸体，却出现了与原来不同的文物和粗糙的陶器。从此，哈拉巴文化衰落。最近，对于衰落的原因又有一种新的解释，认为在离摩亨约·达罗不远的地方是一个地震中心，公元前1700年左右发生地震，并引起了水灾，由此导致摩亨约·达罗毁灭和哈拉巴文化衰落（雷克斯）。总之，这一文化究竟是怎样衰落的，还有待于今后进一步从考古发掘中考察和对印章文字的译读研究，才能得出圆满的解答。

大约从公元前2千纪后期开始，属于印欧语系的雅利安人的部落陆续侵入南亚次大陆，在哈拉巴文化的废墟上开创了雅利安人的文化，从此开始了印度史上的吠陀时代，哈拉巴文化湮没无闻。

## 哈拉巴文化的历史意义

哈拉巴文化在南亚历史上有着划时代的意义。它是青铜时代的文化，是古代城市的文化，可以说是奴隶制社会开始时的文化。它是以后印度文化发展的前驱。从后来的印度文物中可以看到哈拉巴文化的明显影响。例如公元前数世纪旁遮普和西北印度发现的陶器在花纹、图案和外形上都类似哈拉巴文化的陶器，古代印度铸币上的印记和符号也和印章文字相似，重量标准基本符合摩亨约·达罗的度量制，今天印度人所用的货车和所穿的腰布有些和哈拉巴文化的车辆与衣着相像。古代印度的医书《寿命吠陀》记载了哈拉巴文化时期使用过的药物，如五灵脂、乌贼骨、鹿角等。在宗教方面，哈拉巴文化的影响也是相当明显的。如《梨俱吠陀》中提到的普利色毗和阿迪蒂，还有后来的安婆和迦梨都是大地女神，近似哈拉巴文化中的地母神。对萨克蒂（阴性力量）的山羊祭在哈拉巴印章刻画中也可找到痕迹。婆罗门教和印度教的主神之一湿婆的前身就是哈拉巴文化中的三面神即百兽之王。哈拉巴的雕像中似乎也有实行瑜伽的迹象，这种修炼可能从此开始。此外，哈拉巴文化中对树木、动物、水、火等的崇拜对后代也有一定的影响。

哈拉巴文化在当时世界上也是有一定影响的文化。它除了在北方从恒河上流、南方经古吉拉特向印度内地扩展外，还和西亚两河流域等地区也有着经济文化的交流。例如在苏美尔和伊朗西部的埃兰地区就发现了哈拉巴文化的印章和陶片。阿卡德人在埃尔—阿斯马尔的房屋建筑中浴室与阴沟的安排就受到哈拉巴文化的影响。哈拉巴文化还通过苏美尔和埃兰与埃及和克里特岛进行文化交流。这些地区出土的念珠、项圈、发针和脚镯等都有相似之处。可见，哈拉巴文化在世界古代史上有着相当重要的历史地位。

哈拉巴文化在世界史上也有着重要的意义。它是人类文明较早的发祥地之一。它对人类文明作出了独特的贡献。首先，棉花种植和棉的纺织是从这一文化开始的，它对南亚次大陆、西亚的经济发展起了一定的影响，大约过了3000年后又传到西方。其次，作为这一文化特色的统一城市建筑规划，特别是完善的地下排水设备，在古代世界是少有的。他们制造的圆锯、管状钻孔器与用贝壳制作的角度测量圆筒仪等生产用具，以及陶器上釉、用熔蜡法铸造金属器物等技术，还有标准的度量衡制度等在当时可能都有着创新的意义。最后，在印章文字、雕刻艺术和珠宝妆饰等方面的成就也显示了他们的创造才能。哈拉巴文化是值得我们重视的人类文明宝贵的遗产。

# 婆罗门教

黄心川

婆罗门教是印度古代宗教之一，印度教的古老形式。它以吠陀经及其有关文献为基本内容，因崇拜梵天和为婆罗门（祭司）所执持而得名。

## 起源和发展

印度最早的文明是公元前 3000 年至公元前 1500 年之间的印度河流域文明。据摩亨约·达罗和哈拉巴遗址发掘证明：当时定居在印度河河谷的居民已经使用青铜器皿，大多从事农业和畜牧业，已有象形文字，并且能制作各种造型的艺术作品；其流行的宗教信仰是对地母神、动植物（特别是牛）、生殖器和祖灵等的崇拜，浸浴和土葬是重要仪式，有些出土的画品上还绘有修行者的跌坐和冥想等形象，这些宗教信仰和实践与后世印度的民间湿婆崇拜和瑜伽修习等有着一定的联系。

印度河流域文明大概在公元前 2000 年中叶开始衰落，原因尚未弄清。在公元前 2000 年下半叶，雅利安人由兴都库什山和帕米尔高原涌入印度河流域。雅利安人在推进中曾和当地的主要土著民族达罗毗荼人进行长期斗争并最终征服了他们。雅利安人在未入印度以前原是游牧部落，在他们的氏族公社中父权关系占有统治地位，宗教信仰主要是崇拜神格化了的自然神和祖灵，实行火祭和苏摩祭，孩提成年时要举行入门（证明是正式的部落民）仪式，死后用火葬等。雅利安人在和印度土著民族混合以后，形成了吠陀宗教。吠陀宗教崇拜多神，实行烦琐的祭祀，他们的信仰反映在《梨俱吠陀》之中。雅利安人在印度河流域定居以后，逐渐开始过渡到农业社会。公元前1000 年至公元前 1000 年中叶又从印度河上游向东推移至朱木那河、恒河流域广大平原之间，史家称这个时期为后吠陀或梵书、奥义书时期。以《梨俱吠陀》为中心内容的吠陀宗教为了适应上述变化，进行了重大的革新，出现了以吠陀天启、祭祀万能和婆罗门至上为三大纲领的婆罗门教。婆罗门教的信仰与实践系统地反映在这个时期所编纂的"吠陀本集"，特别是"梵书"与"奥义书"之中。

公元前 6 至公元前 5 世纪印度思想界的斗争十分激烈，出现了与婆罗门思潮相对立的沙门思潮。沙门思潮是当时的自由思想家及其派别掀起，他们的主张虽然不一，但是否定吠陀的权威和婆罗门的政治和思想统治则是一致的。但他们还没有摆脱婆罗门教的影响，例如佛教与耆那教也主张业根轮回，吠陀的神祇等被佛教所吸收。另外，在下层人民中亦掀起了一个抵制婆罗门教的新宗教运动。他们不崇拜吠陀中的神祇，不接受婆罗门的管理，反对用大量动物作为祭祀的牺牲，建立自己的庙宇，崇拜当地的神灵和动植物——夜叉（鬼）、树木、龙神（蛇神）、林伽（生殖器）等。沙门思潮和新宗教运动的出现标志着婆罗门教的信仰在一些地区和群众中间已开始动摇。

孔雀王朝时期（公元前 322—前 185 年），婆罗门教因为佛教与耆那教等的广泛传播曾一度呈现衰落的现象，但在孔雀王朝的部将普舍耶密多罗在公元前 180 年篡位建立巽伽王朝以后，又得到复兴。继巽伽王朝之后的伽罗维拉王朝亦奉祀婆罗门教。在印度"南北朝"分立时，南方的刹塔瓦汉王朝及案达罗王朝都奉婆罗门教为国教，他们编纂法典，推行种姓制度，举行大规模的祭祀。公元 4 世纪笈多王朝崛起后，婆罗门教空前繁荣，在笈多诸王统治时，编纂了《摩奴法典》《耶阇纳瓦尔基耶法典》和《那罗达法典》等，是婆罗门教和后来的新婆罗门教或印度教的基本法规。史诗《罗摩衍那》和《摩诃婆罗多》也在这个时期完成。以承认吠陀为权威的正统派哲学制作了大批经论，婆罗门教的哲学开始系统化。这个时期以宗教为题材的艺术创作也极为繁荣。与此同时神学家们编写了印度教的经典《普罗那》《往世书》《古史谭》，吸收了大量的民间信仰，融合了佛教、耆那教甚至希腊罗马宗教的内容，崇拜"三神一体"的梵天、湿婆和毗湿奴，并根据对主神湿婆或毗湿奴的不同崇拜创立了各种教派，建立了寺庙等；这样，婆罗门教完成了向印度教即新婆罗门教的转化。印度教虽然在某些方面与婆罗门教相异，但基本特征和文化传统仍然因袭了婆罗门教。

# 经典与文献

婆罗门教的根本经典是吠陀经（Veda，原意为"知识"），我国古代史籍中音译为昆陀、薜陀、围陀；意译为明论、知论等。它原为宗教的知识，后来转化为对婆罗门教、印度教经典的总称。

吠陀从广义上说是用吠陀梵文写作的一些西北印度文献的汇总，是对神的诵歌和祷文的文集，约公元前2000年到公元前1000年间形成。它包含着"吠陀本集"（吠陀赞歌）"梵书"（"婆罗门书""净行书"）"森林书""奥义书"（"近坐书""秘书"）。吠陀狭义上只是指吠陀本集。吠陀本集共有四部：（1）《梨俱吠陀》（《赞诵明论》）；（2）《夜柔吠陀》（《祭祀明论》）；（3）《娑摩吠陀》（《歌咏明论》）；（4）《阿闼婆吠陀》（《禳灾明论》）。这四部书又可分为两组，前三部是一组，《阿闼婆吠陀》是另一组。《梨俱吠陀》是吠陀经中最古老的本集，它约在公元前2千纪末形成，但其中部分可能出现于公元前2千纪中叶，全书共10卷，它收集了对于自然诸神的赞歌和祭祀祷文共1028首。《娑摩吠陀》是把《梨俱吠陀》中的绝大部分赞歌配上曲调的歌曲集或旋律集，在祭祀时用来歌唱，共1549首。《夜柔吠陀》的内容主要是说明在祭祀时如何应用这些诗歌，其中大多数赞歌亦出现在《梨俱吠陀》本集中。《娑摩吠陀》、《夜柔吠陀》出现的时间较《梨俱吠陀》晚，大约在公元前1000年以后。《阿闼婆吠陀》是巫术、咒语的汇集，共20卷，收集赞歌730首，记录了各种巫术和咒法。《阿闼婆吠陀》与民间信仰有着密切的关系，它虽然主要记录巫术、神话，但亦夹杂着一些科学，特别是天文学、医学思想的萌芽。我们从这部书中可以看到印度科学思想最早的形态。《阿闼婆吠陀》形成的时间，据一些学者的研究，在公元前1000年前后。

"梵书"是说明与"吠陀本集"有关的祭祀起源、目的和方法及赞歌、祭词、咒术的意义的文集。四部吠陀本集都有各自梵书。目前留存下来的约有十四五部。例如《爱达罗氏梵书》是《梨俱吠陀》的梵书，《百道梵书》是《夜柔吠陀》的梵书等。由于对梵书的不同解释或流行地区不同，还形成了众多的派别。"梵书"的内容虽然主要讲宗教仪式、神话、巫术，但也涉及当时的社会生活、历史和自然科学。形成年代约在雅利安人从次大陆西北五河流域渐次向东南迁移，定居在恒河和朱木那流域以后，一般推定为公元前 10 世纪至公元前 8 世纪左右。

"森林书"是"梵书"的附属部分。因在森林中传授而得名。"森林书"不仅包括对祭祀的仪式和方法的说明，同时也涉及祭祀的意义，宇宙和人生的奥秘，人和自然、神的关系等哲学问题。

"奥义书"则是"森林书"的附属部分，也是吠陀的最后部分，它往往和"森林书"相混，不易辨别。"奥义书"的梵文原意是"近坐"、"秘密的相会"，引申而成为师生对坐所传的"秘密教义"。"奥义书"也被称为"吠檀多"（意即"吠陀的末尾"或"吠陀的最高意义"）。流传下来的"奥义书"有 200 多种，最迟的是 16 世纪的作品。"奥义书"的内容极为庞大芜杂，且相互矛盾，其中最古的部分据考证为 13 种，最重要的有《广森林奥义》和《唱徒奥义》等。在很多方面"奥义书"已开始摆脱和破坏宗教神话的内容，以思维的方式探讨人的本质、世界的根源、人和精神世界的关系、死后的命运等哲学问题。

除吠陀本集、梵书、奥义书等所谓"天启"（"神所启示"）圣典外，还有另一种称作"经书"（"契经"）的"传承"（"圣人、学者所传承"）经典。这种经典是婆罗门学者在讲解吠陀时的记述或教科书。"经书"文体简短（经，梵文原有线的意思，如线穿花，喻指抓住要领），法显曾在《雨海寄归传》中谓其"略诠意明"。"经书"的内容大致分类如下：（1）法经，即对四种姓的义务（法）、行为和行事等规定的汇集，后世又有解释"法经"的法论；（2）天启经，祭官所司重要祭事的说明；（3）家庭经，家长所司重要祭事的说明；（4）祭坛经（准绳经），即对祭场、祭坛、祭火等的设置规定。以上四者总称为"祭事经"。"劫波经"，著作年代大概在"奥义书"之后，即公元前 6 世纪至前 2 世纪之间。"劫波经"是"吠陀辅助学"（"吠陀分"或"明论支节录"），即从发音、诗韵、语法、字源、天文学等方面解释吠陀的一些著作，这些著作对于研究婆罗门教和印度古代的社会生活有重要的意义。

# 信仰和教义

《梨俱吠陀》的信仰。雅利安人在次大陆西北地区定居以后，崇拜的大都是自然神。公元前 5 世纪吠陀著名的注释家耶斯迦在其所著的《尼禄多》中把神分为天、空、地三界。在天界的有天神或司法神婆楼那、天神特尤斯、方位不同的太阳神苏里亚、莎维德丽、密多罗、晓神乌莎斯。在空界的有雷神因陀罗（帝释天）、暴风神楼陀罗或摩录多、风神伐由、雨神帕阇尼耶、水神阿帕斯等；《梨俱吠陀》中四分之一的篇幅歌颂雷神因陀罗。在地界的有火神阿耆尼、酒神苏摩、地母神波利蒂昆、河神或智慧神娑罗室伐底。对地界诸神特别歌颂的是火神阿耆尼，他被看作"力量的儿子"和"水的孙子"。此外，还有马神达弟克罗、牛神毗湿奴（遍入天，后在印度教中转化为主神之一）、管理死鬼之王阎罗、摩神罗刹、恶神阿修罗（非天）、语言神伐尸、无限神阿弟蒂等。

婆罗门教的信仰。在较后时期辑成的《梨俱吠陀》特别是"梵书""奥义书"中，我们可以看出多神教已有向一神教发展的明显趋向，出现了很多统一的、抽象的神，例如诸神天、造一切神、生主神、祈祷主神、原人等。

在"梵书""奥义书"时代，吠陀万神殿中的一些神祇开始成为婆罗门教的主神，从而出现了"三神一体"的梵天（创造神）、毗湿奴（护持神）和湿婆神（破坏神）。梵天是根源神，有人认为他渊源于《梨俱吠陀》中的祈祷主神，祈祷主神是地上的祭坛之神，在火祭中起着祭官的作用。《百道梵书》称梵天为"世界之主"，在世界形成之际，他创造诸神，护持天地空三界。"森林书"也宣称"万物从梵天而产生，依梵天而存在，毁灭时又归于梵天"。至《奥义书》时，印度的思想家们对梵天作了系统的哲学论证。例如《他氏奥义》（Ⅲ·3）说："他（最高存在）是梵、因陀罗生主和一切诸神；他是地水风火空五大；他是一切混合的细微者（原素）；他是这或那的种子：卵生、胎生、湿生、种生；他是马、牛、人、象；无论是有气息的东西——能走的或能飞的以及不动的东西（植物）都是他。"

婆罗门教的另一主神湿婆的雏形是吠陀万神殿中的暴风神楼陀罗。他在《梨俱吠陀》中被称为"暴风神之父"，全身褐色，颈青发结，千眼多手，持弓箭，有善恶两重性格，发怒时用霹雳之矢，损伤人畜草木，但在人畜受病害时，又以草医治之，使之化险为夷、吉祥如意，成为家畜之主（兽主）或恶魔之主。后来楼陀罗又演化为山区猎人和居民的"万众之主"（群主），他的吉祥慈爱的特性也为人们所崇拜，在吠陀后期文献中将楼陀罗和湿婆并称。公元前6世纪前后出现的"法经"中称楼陀罗—湿婆为大天神或自在主，公元前350年前编纂的《白骡奥义》赞为掌管天地生灭的"唯一神"（世尊）。贵霜王朝国王阎膏珍曾将湿婆神的形象铸造在金币上。

教义：（1）梵我一如。神学家们从梵天（Branmā，梵文中的阴性名词）

中概括与抽象出了一个形而上学的实体梵（Branman，中性名词），并把梵作为世界的最高实在，一切事物的主宰。他们用否定达到肯定的方法（"遮铨"，即"遮其所非"），论证梵在本体的意义上是既不具有任何属性，也不表现任何形式，既超越于人类感觉经验，又不能用逻辑概念或用语言来表达。他们把这个梵和作为人的主体的阿特曼（灵魂、我）结合并等同起来，建立了"梵我一如"的原理。"梵我一如"的意思是：作为外在的、宇宙的终极原因的梵和作为内在的、人的本质或灵魂的阿特曼在本性上是同一的。阿特曼终究应该从梵得到证悟，但是由于人的无明（无知），人对尘世的眷恋，受到业报规律的束缚，因而把梵和我看作了两种不同的东西；如果人能摒弃社会生活，抑制五情六欲，实行达磨（法）的规定，那么，他就可以直观阿特曼的睿知本领，亲证梵和我同一，从而获得解脱。（2）业报轮回。与"梵我一如"相辅的是业报轮回的思想。轮回业报思想在《梨俱吠陀》中尚未出现，《梵书》间或谈到死后转生的问题，但并不一致，在《奥义书》中则被系统地提出。其主要内容是：每一个人的灵魂在死后可以在另一个躯壳里复活，一个人重新转世的形态，首先是取决于他本人过去的行为——业（羯磨），"依照人的行为决定那个人将来要成什么样，行善的成善，行恶的的成恶"（《广森林奥义》Ⅲ2.13）。如果崇信神明，奉行吠陀的规定，死后可以投入"天道"（神的地位）；次之，可投入"祖道"（人的地位），轮转为婆罗门、刹帝利、吠舍等；至于不信奉神明、违逆种姓义务的人则要永劫沉沦于"兽道"，即地狱之中，来世变为首陀罗和动植物等。"奥义书"根据轮回的教义把有生命的物类（有情）分为胎生、卵生、湿生、种生四种。所谓胎生是从母胎生，如人兽等；卵生是从卵化生，如鸟、鸡等；湿生是从湿气生，如蚊蚋等；种生是从种子生，如草木等。这就是所谓"三道四生"的教义。

"奥义书"也规定了各个种姓断灭轮回的解脱方法。解脱方法主要是证悟梵我一如和从事艰苦卓绝的修行。"奥义书"规定的修行方法是：苦行、布施、正行、不杀生（即非暴力）、实语、禁欲、同情等。

# 祭祀礼仪

祭祀万能是婆罗门教的重要纲领之一。在雅利安人进入印度次大陆以前，其宗教信仰可能与波斯有很多相同之处，崇拜象征光明的火神，但是并没有偶像膜拜。雅利安人在次大陆定居并与土著结合以后发展了祭祀的仪式。在《梨俱吠陀》中，我们可以推知当时火祭已很盛行，牺牲主要是牛乳、谷物、苏摩酒、肉类等。著名的《原人歌》中虽然已提到"诸神以人为牺牲"，但人祭可能还没有成为固定的仪式。《夜柔吠陀》《阿闼婆吠陀》以及各种梵书中对祭祀的意义、赞歌、咒术、仪轨、祭官等都有了较系统的规定与说明。在"经书"中又进一步作了发挥并附以烦琐的注解。

婆罗门教的祭祀大致可分为两类，即家庭祭和天启祭或火祭。家庭祭在家庭中进行，以人事为主。祭仪通常有 12 种：受胎（一般在妇女怀孕后进行）、成男（祈求胎儿为男性）、分发（妇女怀孕三四月后将发分开，祈求母亲和胎儿安泰）、出生（婴儿出生后，祈求涤除胎前的不净，祝将来健康）、命名、出游（婴儿初次出行）、哺养（初次吃食物）、结发（表示已入童年）、剃发（表示已入成年）、入法（从师学习吠陀、接受宗教训练，标志为婆罗门教徒）、归家（学成归家，开始过世俗生活）、结婚。另外，还有定期举行的祭仪，如新月祭、祖先祭等。婆罗门的葬仪是比较重要的一个仪式。在吠陀初期有火葬、土葬两种，但没有强制性的规定，以后又出现水葬、野弃葬等。对妇女的态度有一个变化过程，在《梨俱吠陀》中妇女的地位很高，当时大概实行一妻制，但在"梵书"和"经书"中已开始出现歧视妇女的现象，认为女子是"不可信的""污浊的"。"法经"则宣称妇女要服从男子，"在家从父，出嫁从夫，夫死从子"，在吠陀最末期和史诗时期寡妇殉夫（萨蒂，即丈夫死后，死尸火焚时，投入火中，与夫俱亡），成为定制。

天启祭或火祭奉事方位不同的"三火"（家主火、供养火、祖先祭火），由祭官主持。祭官分为劝请僧、行祭僧、祈祷僧，祭官属下还有宣词者、赞酒者、引导者、点火者、拂秽者等辅助人员。不同的祭祀要有不同的祭官主持或监督。天启祭大致可分两类：供养祭和苏摩祭。供养祭是以动植物供奉诸神或祖先的祭祀，共分 7 种：（1）置火礼，即在家宅置三火作为公开的仪礼，一般是新婚夫妇结婚满月日举行；（2）火祭，此祭的目的和意义较为广泛，在"梵书"中被认为是要祈求"牧畜（牛）的繁殖"，每天早晚两次，把牛酪及其他供物投入祭火；（3）新满月祭；（4）初穗祭，向神供奉各种新产植物，祈求丰收，每年三次，秋季献米，春季或雨季供麦、稗，夏季供竹笋；（5）四月祭，印度古时根据气候将一年分为三季，每四个月满月日举行一次，目的是祈求农作物繁荣；（6）兽祭，其目的是祈求丰年，调伏各种障害，一般在新满月中举行；（7）修陀罗摩尼祭，主要是对因陀罗的奉祀，献祭的目的是婆罗门对名声、刹帝利对胜利、吠舍对财富的各自企求。苏摩祭是以苏摩酒奉献于神或祖先，名目繁多，凡不属于供养祭的都称为苏摩祭。印度文献中有时称为"七会"，但据很多学者的研究，此祭通常有 6 种：（1）火神赞，即对火神阿耆尼的赞颂。为了实现献祭者重大的愿望而举行，对祭官、祭场、祭仪等都有严格的要求；（2）力饮祭，以奉献七杯或更多的苏摩酒而得名。国王刹帝利或婆罗门为了获得更高权力而举行；（3）即位礼，国王即位时所行；（4）马祭（马祀），婆罗门教最重要的祭祀。在行祀时，祭官通过一定的仪式选定一匹健壮的牡马，使之在外游荡一年，在马游荡时伴有国王或由国王代表率领的军队，当马闯入其他国家领土时，就力逼使其降服，否则就用武力征伐，一旦取胜，被打败的国王要作为扈从列入战胜者的行列，否则要受到耻笑。在胜利者率马回国后，还要由祭官举行盛大的仪式，唱吠陀赞歌，将马宰杀，或者用其他动物替代作为牺牲。这种祭祀旷日持久，耗资巨大，印度古代很多著名的帝王都曾举行过；（5）人祭，行祭的目的是祈求在马祭中所没有获得的东西。很多学者都认为马祭是代替人祭的一种形式，在印度吠陀文献中确实屡次提及以人作为牺牲的事实，近年在印度考萨姆比等地考古发掘也证实这种祭祀仪式存在。如《白夜柔吠陀》曾列举作为牺牲的 184 种人，其中对阎摩王用石女，对暴风神摩录多用农民，对天神用秃头翁，对地神用跛者，对死神（米利多）用猎人等。牺牲的方式，有的可自投于水；有的在礼拜太阳神后永远隐遁山中等。但吠陀文献中也规定可用牲畜、谷物等代替人作为牺牲（《百道梵书》Ⅰ 2.3.7—8；Ⅵ 2.1.2）；（6）全祭，婆罗门出家前举行的祭祀，出家者将他的全部财产与眷属都奉献于人和神。

# 社会思想及伦理原则

婆罗门教的宗教活动和社会生活密不可分。在"梵书""奥义书"时期，一切社会意识形态以及政治、法律等无不囊括在婆罗门教的神学体系之内。婆罗门教认为，人生追求的终极目标有四，即解脱、达摩（"法"）、实利和欲爱。

达摩在婆罗门教的文献中有各种解释，它在梵文中的语源是"持"，我国旧译为"任持自性，轨生物解"，就是说，每一种事物都保持着它自身的存在（自性），有它自己的规范，如果确定了规范，也就悟解了事物与存在的意义。婆罗门教的"法"就其一般意义上说是各种姓行为的规范、规律或（真理）存在，它包含宗教信条、伦理道德、生活习惯等，执法是教徒的首要义务。

婆罗门教的社会思想和伦理原则体现在种姓制度、教徒修行和生活历程的四行期方面。

种姓制度。种姓是以血统、职业世袭、内部通婚与不准外人参加等为特征的社会等级集团。印度的种姓思想在《梨俱吠陀》和《原人歌》中已见端倪。吠陀诗人宣称：婆罗门从原人口中生出，刹帝利从臂中生出，吠舍从腿中生出，首陀罗从脚中生出。印度种姓制度的正式确立大约在公元前10世纪以后，即"梵书"制作和奴隶制国家形成的时期。

四行期。为了把世俗生活纳入宗教行事中去，婆罗门教提出了教徒修行和生活历程的四行期：（1）梵行期，即从师学习吠陀，接受宗教训练，敬事师长，过苦行生活，一般为12年；（2）家住期，在家经营世俗生活，娶妻生子，经营与婆罗门身份不相违背的社会职业，进行家祭并施舍；（3）林栖期，家事既毕，本人或携妻隐居丛林，作种种苦行，亲证梵我，严格奉行祭祀的各种规定；（4）遁世期，弃家云游四方，靠施舍为生，把苦乐弃之身外，以期获得最后解脱。在吠陀后期文献中，有的主张把遁世期安排在林栖期之前，也有人认为在梵行期后即可漫游在外，成为行者、头陀或苦行僧。

# 古代印度种姓制度的形成

崔连仲

古代印度种姓制度是印度—雅利安人（以下简称雅利安人）在从原始社会向阶级社会过渡过程中出现的一种等级制度。等级制度是阶级差别的一种形式，它在印度表现得最为森严、复杂和持久。

## 种姓：瓦尔那和迦提

"种姓"这一名称出自中国古代的汉译佛经和旅印高僧的著作中，有时称为"族姓"，或简称为"种"和"姓"。这一概念开始就兼指古代印度所使用的"瓦尔那"和"迦提"这两个名词。例如在《十诵律》中提到十个种，即：刹利种、婆罗门种、贾客种、锻师种、木师种、陶师种、皮师种、竹师种、剃毛发师种、旃陀罗种。在这十个种中，前三个种当为刹帝利、婆罗门和吠舍三个瓦尔那；以下七个种当为从事各类工种的首陀罗瓦尔那和四瓦尔那以外的迦提，但在这里均称为"种"。

"瓦尔那"（Varna）一词，原义为"色"。[①] 这一名词作为人类社会属别的概念，最早见于《梨俱吠陀》，当时用以区别征服者雅利安人和被征服者达萨（意为"敌人"，即指"黑皮肤"的土著居民），故有雅利安瓦尔那与达萨瓦尔那之分。这种以肤色（白与黑）相区分的两种人，存在着征服与被征服的关系，自然不会是平等的。但这时的"瓦尔那"一词大概还不能称为种姓。到了后期吠陀时代，这个词才确定地被应用在种姓的意义上。

---

① Varna 一词，据荻原云来编《梵和大辞典》（1979 年增订本）的释义有：〔汉译〕色，显，诵，音，赞，性，姓，誉……〔日译〕覆，外貌，色，人种，种类，性格，性质，种姓……据莫尼尔·威廉编《梵英字典》（1979 年版）的释义有：覆，被覆，外貌，表面，形式，形状，形象，色，种族，种，种类，品质，性质，本性……

"迦提"（jati）一词，原义为"出生"或"种"。① 这一名词用在种姓的意义上是否出现在后期吠陀时代，还不能确定。但学者们认为，大约从经书时代开始，特别是从家范经和法经时代开始，混合迦提无疑已经存在。

"瓦尔那"和"迦提"这两个概念是有区别的，但彼此又有密切的联系。前者出现早，后者略晚，后来这两个词开始混用。怎样混用？在古代的各种文献中反映得不尽一致。实际上这两个概念的用法，随着时代的发展会有不同的变化；另外，地区不同也会存在差异，因此各文献说法不一，这是很自然的。就反映种姓问题最重要的一部法典——《摩奴法典》来说，这两个词是混用的。但瓦尔那的用法较为严格，一般用于四个瓦尔那，只有在个别的情况下用于四瓦尔那以外的迦提。② 迦提的用法较为灵活，具有瓦尔那含义的表述与迦提含义的次数相比，大约各占一半。③ 这种情况的出现符合种姓制的发展趋势。随着四个瓦尔那的日益分化和迦提数目的日益增多，"迦提"一词的使用越来越广泛。

## 瓦尔那的形成

作为种姓的四个瓦尔那的划分，最早见于《梨俱吠陀》最后一篇的普鲁沙赞歌。在这里写道，当诸神分割一个原始巨人普鲁沙时，由其身体的不同部分转化成四种不同身份的人："他的嘴变成了婆罗门，他的双臂变成了啰惹尼亚，他的双腿变成了吠舍，由其双脚生出首陀罗。"（Ⅹ·90·12）在这首赞歌里没有提出"瓦尔那"这一概念，但它是后来被称为瓦尔那的四个等级的最早记录，这是毋庸置疑的。在这里，作为僧侣等级的婆罗门列为第一

---

① jati 一词，据荻原云来编《梵和大辞典》的释义有：〔汉译〕生，出生，初生，世，类，种，姓，种姓……〔日译〕诞生，产生，起源，再生，存在，生命，等级，种姓（阶级），血统，家族，种族，民族……据莫尼尔·威廉编《梵英字典》的释义有：生，生产，等级，卡斯特，家族，种族，属，种，阶级……

② 在《摩奴法典》中，"瓦尔那"一词在种姓的意义上共出现 69 次，其中有 68 次是指特定的四个瓦尔那或泛指的瓦尔那。假如统计无误，只发现有一条（Ⅹ·27）是例外。在这一条里说：六种逆婚的人与他们同姓的妇女结合，"生相同的瓦尔那"。混合迦提之间所生之子本应称迦提，可是在这里却称为瓦尔那。

③ 在《摩奴法典》中，"迦提"一词在种姓的意义上共出现 30 次，其中指瓦尔那的情况较多，达 15 次，占"迦提"一词使用次数的一半。例如刹帝利瓦尔那被称为刹帝利迦提（Ⅹ·43）。首陀罗如果经常遵循自己所应奉行的义务，"即可成为上等迦提"（Ⅸ·335）。

位。其次是啰惹尼亚（Rājanya）①，这个词是第一次出现的，其意为王族，即后来文献中所列举的刹帝利。这是以王为首的武士等级，列为第二位。第三个等级是吠舍。"吠舍"一词在赞歌中也是第一次出现，它是雅利安人的一般人民大众（维什）。Vaiśyas（吠舍）一词可能即由 Viś（维什）一词发展而来。他们被列为第三等级。第四个等级是首陀罗。按赞歌，前三个等级分别由普鲁沙的口、臂、腿变成，而首陀罗则由其脚生出。在这里不仅有身体部位之差，而且使用了"变成"和"出生"这两个具有不同意义的词。显然首陀罗是社会地位最低的一个等级。他们的主要成分大概是被征服的土著居民，其中也有下层的雅利安人。

　　四瓦尔那形成于何时？考察一下普鲁沙赞歌的编成年代是必要的。假如这首赞歌确为《梨俱吠陀》的末篇，则编成时间不会早于公元前 10 世纪至公元前 9 世纪。但一般认为这首赞歌是后来附加的。这首赞歌在《阿闼婆吠陀》的第 19 卷中再度出现（XIX·6·6）。同卷的其他两节也有四瓦尔那并列的记载。有的学者认为，可能就在这个时候，关于四瓦尔那起源的普鲁沙赞歌被插入到《梨俱吠陀》中。按此说，后来被称为瓦尔那的这四个等级的划分当在公元前 9 世纪以后的后期吠陀时代。无论普鲁沙赞歌是后来的附加，还是《梨俱吠陀》的末篇，在时间上大体相当于公元前 1000 年代的初期。这一时代正是古代印度铁器时代的开端；正是雅利安人的少数先进部落开始从原始社会末期的军事民主制向国家过渡的时代。在这一变革时代里，在古代印度的传说中认为，人类的黄金时代已经消亡；对财富的贪婪，贫富的分化，尔争我夺，已把人类社会引向一个罪恶的"争斗时"，或曰"恶世"。② 王权的产生、法的制定和等级的确立，是这一时代的必然产物。这种情况在《往世书》和《史诗》中③，在早期佛教文献里，都有反映。例如在早期佛典的创世说中写道：人类始初生活在光音天上，不分彼此，互称众生。当他们到地面上生活以后，经过一系列的发展阶段，开始有了个人的田产，盗窃和侵占事件也随之发生。既有偷盗和侵占，便有争讼，于是人们相

---

　　① 在佛教文献中称啰惹为王（"夫言王者，即啰惹义。"——《守护国界主陀罗尼经》第 10 卷）。但这个王最初是军事民主制时代的王，正像罗马王政时代的勒克斯（Rex）一样。梵语的 Rājan 一词相当于拉丁语的 Rex。

　　② 古代印度传说，把整个古往今来的世界分为四个时代，即"圆满时"（Krita，或 Sa-tya，转译为黄金时代），"三分时"（Tréta，转译为白银时代），"二分时"（Dvāpara，转译为黄铜时代），"争斗时"（KaIi，亦译"恶世"，转译为铁器时代）。

　　③ 例如《风神往世书》，i. 57、55－58；《摩诃婆罗多》的《和平篇》，67·14－15。

议，共举一有德之士为王，以理争讼。为酬其"正法治民"之功，"众共减米，以供给之"。这样，在社会上首先出现了刹帝利等级。继之出现了"静默修道"或"诵习为业"的婆罗门、"好营居业，多积财宝"的吠舍和"有多机巧，多所造作"的首陀罗。在这里，早期佛典通过国家契约说，掩盖了刹帝利等级对人民大众的统治和剥削；通过社会分工说，掩盖了不同职业集团的阶级实质。因此，在阶级和等级开始形成的这一变革时代里，我们有理由把当时出现的具有不同身份和地位的四个瓦尔那看作四个等级。许多民族在其向国家过渡过程中，都曾出现过凌驾于一般人民大众之上的僧俗两级贵族，婆罗门和刹帝利正是这样的两个等级。婆罗门是祭司等级，主管祭祀，掌握神权；刹帝利是武士等级，主管政治和军事，掌握军政大权。这是就其主导的、具有代表性的职业来说的，当然在这两个等级中间也有不少人从事其他行业。这两个等级是当时的统治阶级。第三等级的吠舍和第四等级的首陀罗，在地位上也有差别，但总的来说都处于被统治的地位。吠舍是雅利安人的一般人民大众，主要从事农业、畜牧业和商业，也从事被人轻视的手工业。首陀罗是最受压迫、最受歧视的一个等级。关于他们的起源、职业和地位是较为复杂的问题，另设专题介绍。

## 瓦尔那的特征

　　四瓦尔那的职业是世袭的。在《梨俱吠陀》时代，父亲是医生，儿子可以是诗人。[①] 随着瓦尔那制的形成，各瓦尔那的职业逐渐世袭化，父子世代相承。即使职业由于某种原因改变了，但和职业相联系的等级出身也是不变的。事实上有不少婆罗门是农民，也和吠舍等级一样开荒种地，但他们的出身不变，仍为婆罗门，仍以自己种姓的高贵而自豪。相反，即使首陀罗经商致富，也不能改变其受歧视的等级地位。当然这是就一般的情况来说的。这是瓦尔那制的基本特征之一。

　　在职业变动的问题上，婆罗门教的法典有一个原则，即高级瓦尔那由于"穷困"可以从事低级瓦尔那的职业。相反，低级瓦尔那不得从事高级瓦尔那的职业，如果有这类情况发生，则"国王应剥夺其财产，然后立即放逐"。

---

　　① 《梨俱吠陀》（IX. 102. 3）："我是诗人，父亲是医生，母亲忙推磨，一家都像牛一样为幸福而辛勤。苏摩酒啊！快为因陀罗流出来。"

这一原则显然是为了巩固高级瓦尔那的特权地位。但从另一方面来看，这一规定也反映了在现实社会中已存在低级瓦尔那的人从事高级瓦尔那职业的现象。

瓦尔那制的另一个基本特征是内婚制，即同姓通婚。法典规定，再生人之男，首先须与相同瓦尔那之女通婚。佛教文献在形容某一婆罗门血统纯正时，常常使用"七世以来，父母真正"这一惯用语。随着社会的分化，人口的增长，特别是大城市的出现，混婚是不可避免的。在这种情况下，法典为了保证高级种姓的社会地位不致因混血而混乱，遂制定了所谓"顺婚"与"逆婚"的原则。所谓顺婚，即高级瓦尔那之男可以娶低级瓦尔那之女；但相反，低级瓦尔那之男不得娶高级瓦尔那之女，这叫作逆婚。《摩奴法典》规定："向高级之女求婚的低级之男，应受体刑。"（Ⅷ·366）这样，首陀罗只能从首陀罗中间娶妻了。《摩奴法典》也作了具体的规定："首陀罗之女是首陀罗的妻子。"（Ⅲ·13）社会现实基本上也是这样。在《佛本生经》中留传下这样一个故事：有一首陀罗青年爱上了离车族（刹帝利）的少女。由于冷酷的社会现实使他感到绝望，最后忧郁而死。这一故事鲜明地反映了古代印度社会等级差别的森严。

四瓦尔那在宗教、社会生活方面也有种种界限和区分，特别是在作为再生人的前三个瓦尔那和作为一生人（或称非再生人）的首陀罗之间表现得最为严格。首陀罗瓦尔那甚至无权参加再生人的宗教生活。所谓"再生"与"一生"的名词即由是否参加"入门式"（诸净法之一）这一宗教仪式而起的。前三个瓦尔那有权参加"入门式"（或称入教式），这意味着在宗教上又诞生一次，故称为"再生人"。首陀罗无权参加，故称为"一生人"。《高达摩法典》规定："假若首陀罗故意听人（诵读）吠陀，须向他的耳中灌以熔化的锡和蜡。"（ⅩⅡ·4）诸如此类的规定虽然在很大程度上带有婆罗门祭司的意愿，但它也确实反映了一定的现实。在宗教生活上如此，在社会生活方面也同样。例如在婚丧嫁娶、来往做客、起居饮食等方面，四瓦尔那之间都有不同的规定。

四瓦尔那在法律面前是不平等的。这一点不但毫不掩饰，而且极端严峻。就刑事方面来说，诸如侮辱罪、伤害罪、通奸罪、盗窃罪和杀人罪等，在四瓦尔那之间都有不同的规定。这种不平等关系在再生人与一生人之间最为严格。例如婆罗门侮辱了首陀罗只罚款12帕那；反之，一生人粗暴地辱骂了再生人须割掉他的舌头。在民事方面，法典也作了不胜其烦的规定。例如一个婆罗门娶了四个瓦尔那的妻子，则此四妻所生之子的继承份额，应遵照种姓高低的顺序，按四、三、二、一的比例获取。

作为等级制度的种姓制度，并非古代印度社会所独有，但就其形态的森严、关系的复杂、时间的持久等方面来看，确有其特点。

# 首陀罗问题

首陀罗是个非常复杂的社会等级。从种族关系来看，在学者间历来就有不同的看法。有些学者认为，首陀罗是前雅利安人的土著部落。其名称的由来，N. K. 达特认为，起初大概是某一著名达萨部落的名称。另有些学者认为，首陀罗的来源与雅利安人有关。例如 R. S. 夏尔马认为，首陀罗是同雅利安人有姻亲关系的一些部落，但他们逐渐包括前雅利安人的大量集团和堕落的雅利安居民。不管首陀罗的起源如何，至法经法典时代，首陀罗作为一生人已完全被排除于再生人（雅利安人）的宗教生活之外，两者间划有一道鸿沟。《摩奴法典》规定："由雅利安人之女所生的雅利安人之子，始有受一切净洁的价值。"（X·69）因此，可以认为首陀罗的基本群众是非雅利安人的土著居民。但在首陀罗中也确有雅利安人。例如在考底利耶的《政事论》中就曾提到，"如果亲人出卖或抵押一个雅利安人出身的未成年首陀罗，为生计而沦为奴隶者除外，处以十二帕那的罚金"（Ⅲ·13）。

首陀罗的职业，同样是一个复杂的问题。婆罗门教的诸法典几乎异口同声地说："首陀罗应服务于高级（种姓）。"这类笼统的教条难以作出任何确切的结论，必须对他们所做的工作进行具体的分析。早期佛典通常把首陀罗看成"工师种"，即从事各种手工业的匠人。有时也称首陀罗为"居士"，这大概是指从事商业的或较富裕的首陀罗。《政事论》（I·3）在讲到首陀罗的义务时有如下的规定："服务于再生人、瓦尔塔、工匠和宫廷诗人的职业。"在这里值得注意的是，"服务于再生人"的义务是同其他义务并提的。其中之 Vārtā（瓦尔塔）一词，梵英字典释义为"吠舍的职业（即农业、牧畜和商业）"。《政事论》的沙玛沙斯特里英译本译为："首陀罗的（义务）是：服务于再生人，农业、牧畜和商业，工匠和宫廷诗人的职业。"《政事论》的这一段记述表明，首陀罗的某些职业（农、牧、商）已同吠舍接近。《祭言法典》（I·120）对首陀罗义务的规定是："服务于再生人是首陀罗的（义务）；假若他不能靠此以维持自己，他可以成为商人；或者靠各种技工为生。但他应经常为再生人做有益之事。"在这里对首陀罗义务的规定是为再生人服役，但亦可从事商业和各种技艺工作。《摩奴法典》（Ⅳ·253）提到，在首陀罗中有这样一些人，即："对分农、家庭友伴、牧人、达萨和理发师。"法典说这些人的食物是可以吃的。至于哪些人的食物不能吃未提。可见首陀罗的职业是多种多样的。在这里清楚地表明，"达萨"（奴隶）同其他职业身份的人并列。这里所记的 ārdhika（对分农）一词，法典的各种译本翻译不一。按威廉编的《梵英字典》，ārdhika 一词具有"为一半收成而耕种土地的人"之义。法典的伯内尔英译本与上述释义一致，即译为"领有一半产额的（耕者）"。本文简译为"对分农"。对分农的收入较一般雇工为高①，可能境遇要好一些。在考底利耶的《政事论》中（Ⅱ·24）曾提到在王田中所雇佣的这种"对分农"（ardhasitika）和"靠他们自己的体力来生活的人"（Svaviryopajǐvinah），后者只取其收成的四分之一或五分之一，显然不如前者。

　　仅据上述有限资料所列举的首陀罗的职业来看，大体可以认为：第一，所谓"为再生人服务"或达萨的身份，有时是同其他职业和身份并列的。首陀罗假若不能靠"为再生人服务"来维持自己，也可以从事其他行业。第二，首陀罗的职业是多方面的，农、工、商、牧等各种行业都有，只是由于时代的不同和地区的差异，可能在某种职业上表现得更为突出、更为普遍。如果上述情况基本符合实际，那么首陀罗的阶级地位也就明显了，即在他们之中有奴隶，有雇工，也有独立生产者。在首陀罗中间各自的地位也是不同的，但总的来说，都是处于被压迫、被奴役地位的居民等级。其中的不洁首陀罗地位最低，他们的食物和水被认为是不能吃的。但是也有很小一部分地位较高，据法典记载，其中有奴隶主，有教师，有富豪②，甚至有为一区之王者。

　　这样，我们可以得出这样的结论："首陀罗"是一个等级概念，即属于被压迫、被奴役的第四等级。如果从奴隶主和奴隶这两大阶级的关系来划分，有些首陀罗隶属于某一特定的主人，在人身上不是自由的，应属奴隶大众。另有一些首陀罗不隶属于他人，在人身上是自由的，尽管他们处于被压迫、被奴役的地位，但不能视之为奴隶，应属于无权自由人。

--------

　　① 据《布利哈斯跋提法典》（XVI·13），雇佣的农民有两种：一是从主人那里"取得衣食"的"耕者"，他们取其收成的五分之一；一是"只求收益"（即自备衣食）的"耕者"，他们取其收成的三分之一。

　　② 例如首陀罗出身的佩迦瓦那，曾以"十万头牛"作为行祭的报酬给予婆罗门。

# 迦提的形成

迦提的起源，开始主要有二：一是随着社会生产和劳动分工的发展，在四瓦尔那的吠舍和首陀罗中间，繁衍出很多从事不同职业的集团，例如战车制造者、锻工、木工、陶工、制革者等。这些职业集团在其发展过程中，由于生产上的或社会上的原因，逐渐脱离原来的瓦尔那，形成单独的迦提。例如，战车制造者原属吠舍等级，后来逐渐从吠舍等级中分出来形成为单独的职业集团。《鲍达亚那法经》把他们说成是由混婚而产生的混合迦提，其地位显著下降。迦提的主要特征与瓦尔那基本相同，即在职业和身份上是世袭的；在婚姻上各迦提之间互不通婚，即以内婚制为原则。所以，迦提是瓦尔那制的一个发展。二是有些非雅利安人的落后部落，也在瓦尔那制的影响下形成为一些具有迦提特征的单独的集团。例如，尼沙达、旃荼罗和普卡萨。关于这三个部落的最早的记述，见于《夜柔吠陀》。但那时大概还没有形成迦提，在后来的法典中始以混合迦提的名义出现。以后，还有其他一些原因促使迦提的数目日益增多。

在婆罗门教的法经与法典中，力图用种姓之间的混婚和未履行神圣的宗教仪式来解释迦提的起源，这是荒唐的。其目的显然是为了巩固种姓制度，维护高级种姓的特权。但是，在婆罗门教的统治下，可能有些人由于混婚和未遵守圣礼而丧失了原来的种姓地位，从而遭到歧视。

既然迦提最初是从吠舍和首陀罗两个劳动种姓中间分离出来的，或者是由非雅利安人的落后部落形成的，因而最初形成的一些迦提大都是被压迫的迦提。在这里，既有阶级压迫，也存在种族歧视。关于迦提的数目，由于史料纷杂，特别是各书对迦提的名称和由来记载的又不统一，因此，很难作出准确的回答。在《摩奴法典》中共记有 59 种迦提。尽管在这里对迦提由来的说法是错误的，而且有些迦提的名称也是离奇的，但所列名单大部分可以认为是现实存在的。在这些迦提中，以下六种迦提[①]地位最为低下：

苏特　　　　看管马和战车者（X·47）

马哥陀　　　商人（X·47）

---

① 这六种迦提在法典中被列为逆婚所生之子，这是脱离实际的臆造。

维底哈卡　　　服侍妇人者（Ｘ·417）

阿尧哥沃　　　木匠（Ｘ·48）

刹特里　　　　捕杀穴居动物者（Ｘ·49）

旃荼罗　　　　运搬无亲人的尸体和执刑者（Ｘ·55—56）

在这六种迦提中，旃荼罗的地位更为低下，被认为是"人中最卑贱者"，他们是古代印度"不可接触者"的代表。

随着瓦尔那的分化和迦提的发展，包括多行业的广泛的社会等级划分，瓦尔那制越来越脱离社会现实而趋向理论化。这就不难理解为什么身居印度的塞琉古大使麦伽斯提尼会把印度居民按实际行业和职业划分为七个等级，而未提传统的四个瓦尔那。公元 7 世纪的玄奘在其所著《大唐西域记》（第 2 卷）中，虽然仍保留了传统的"四姓"的区分，但在他笔下的吠舍和首陀罗已分别变成为"商贾"和"农人"的单一的职业集团。就"瓦尔那"这一名词来说，自中世纪以后逐渐消失而为迦提的概念所代替。

## "不可接触者"

古代印度社会阶级关系中的一个突出现象，就是所谓的"玷污"观念的露头和"不可接触者"的存在。这种现象的产生，可能与以下三种情况相联系：一是对物质文化极端落后的土著居民的歧视；一是对某些手工劳动的日益增长的鄙视；一是同某些事物相联系的原始的不洁观念或嫌恶思想，例如运搬尸体等。

最初的"不可接触者"，大都同第一种情况有关。例如，旃荼罗、尼沙达和普卡萨都是在物质文化方面落后的土著部落。据《摩奴法典》记载，尼沙达是杀鱼者（Ｘ·48），普卡萨是捕杀穴居动物者（Ｘ·49）。《法显传》中说旃荼罗是"猎师卖肉"的，在《摩奴法典》中规定他们的工作是运搬无亲人的尸体和执行死刑。后来，不可接触的思想又扩及其他领域，例如某些工匠——制革者和裁缝等。在不可接触者中间，占突出地位的是旃荼罗。《高达摩法典》提到，"旃荼罗是最污秽不洁的"（Ⅳ·28），"假若（葬礼的祭品）被狗、旃荼罗或外卡斯特看见，则被玷污"（ⅩⅤ·24）。《摩奴法典》对这种人作了详尽的描写："旃荼罗与修瓦帕加的住所在村外①；不应使用盘

---

①　"不可接触者"住在村落或城市的一头，或住在他们自己的住地（村落）。

子（Apapātra）①；狗和驴是他们的财产。"（X·51）"衣服是死人的衣服；食物盛在破盘里；装饰品是铁；并且他们应经常地游动。"（X·52）"一个奉行正义法规的人，不应该抱有和他们交往的希望；他们彼此之间相互交易，与同等的人通婚。"（X·53）"他们的食物靠他人赐予，应被放在破盘里；他们不应于夜晚在村落和市镇周围游动。"（X·54）"他们应在白天工作，通过国王判定的（标识）使人得以识别；并且他们应搬运无亲人的尸体，这是惯例。"（X·55）"根据国王的命令并按法令经常处决被判处死刑的人；可以取得那些被处决者的衣服、床榻和装饰品"（X·56）。在《佛本生经》中有一段故事给人们留下的印象更为深刻。在该故事中，有两名旃荼罗想进城去卖他们的货物。时有两名贵族家的女儿在赶节日的路上碰见了他们。她们认为这是不祥之兆，立即返回家中用香水洗自己的眼睛。其他同样因眼睛被玷污而不能继续赶路参加集会的人们，都愤怒了。于是他们就把这两名不幸的人痛打一顿。以后，这两名旃荼罗隐瞒了自己的出身，到呾叉始城去学习。可是后来他们的身世被识破，又遭到一顿毒打，并被驱逐。他们走进了森林，过苦行的生活，不久郁郁而死。这一故事反映了古代印度不可接触者遭受迫害的悲剧。中国东晋高僧法显在其巡礼印度的游记中，对这种人作了如下的记述："旃荼罗名为恶人，与人别居，若入城市，则击木以自异，人则识而避之，不相唐突。"如果他们不击木而碰上了高级种姓的人，自然要遭到毒打的。以旃荼罗为代表的古代的被压迫种姓是今日印度"贱民"的最初形态。

---

① Apapātra 为不宜使用容器的人，意即他们只能使用破容器。

# 印度列国时期的百家争鸣

高 杨

公元前 6 世纪至公元前 4 世纪，印度正处于奴隶制社会的发展时期，也是由众多小国并立逐渐走向统一的时期。由于生产力和私有制的进一步发展，社会分化加速，阶级结构有很大变化，这一切促进了新的哲学派别和新的宗教的产生，以及它们对传统的宗教和哲学思想的批判。新旧哲学思潮和新旧教派的对立和斗争，相互渗透和吸收，形成了古代印度历史上的"百家争鸣"局面。由于印度哲学思想发展的特点，这一时期出现的各种哲学体系对后来印度哲学思想的发展有重大影响。

## 列国时期的印度社会

早在公元前 7 世纪的后半叶，印度就已形成了十六大国争霸的局面。兹据巴利文佛典的记载，录十六大国的名称①及其都城（见下表）。

公元前 6 世纪初，各国之间的斗争日益加剧。最初是迦尸和居萨罗的兴起，接着是摩揭陀、居萨罗、跋沙、阿般提四国的对峙，以后是摩揭陀和居萨罗的争霸，最后是摩揭陀霸权的确立。

| 国 | 都 |
| --- | --- |
| 迦尸 | 波罗奈 |
| 居萨罗 | 阿踰陀与舍卫城 |
| 鸯伽 | 瞻波 |

---

① 关于十六大国的名称，在佛教各典籍中的记载皆略有差异，汉译三藏中的译名也很不一致。

| 国 | 都 |
|---|---|
| 摩揭陀 | 王舍城（又称山城，以便与翅迦耶的都城王舍城相区别） |
| 跋耆 | 吠舍离与糜提罗 |
| 末罗 | 拘尸那罗与帕波 |
| 支提 | 苏迦提末提 |
| 跋沙 | 憍赏弥 |
| 拘楼 | 因陀罗普罗室塔 |
| 般阇罗 | 阇多罗拔提与甘庇耶 |
| 末地耶 | 毗罗多那加罗 |
| 戍罗西那 | 摩偷罗 |
| 阿设迦 | 帕胆 |
| 阿般提 | 优禅尼与摩希萨帝 |
| 犍驮罗 | 坦叉始罗 |
| 甘谟惹 | 难帝那加罗 |

频毘沙罗王统治时期（约公元前519—前491年），摩揭陀开始强盛起来。它掌握了比哈尔地区的铁矿。频毘沙罗王征服了鸯伽，从而控制了恒河水道。他死后，由他的儿子阿阇世王（公元前491—前459年）继位，摩揭陀的国势日益强大，它的版图扩展到喜马拉雅山麓。大约于公元前364年，摩诃帕德摩·难陀在摩揭陀建立了难陀王朝。在难陀王朝（约公元前364—前324年）时期，摩揭陀统一了恒河流域以及恒河以南次大陆中部的一些地区。旃陀罗笈多建立的孔雀王朝（公元前324—前187年）取代难陀王朝，使摩揭陀国家进入了一个新的发展阶段。

公元前518年，波斯大流士的军队征服了印度河以西地区，并把那里变成了波斯帝国的一个行省。公元前327年，马其顿的亚历山大领军侵入印度。两次外国军队的入侵，都曾遭到印度人民的反抗。波斯人和希腊人对西北地区的占领，在一定程度上促进了商业的发展和不同文化的交流。

这一时期，由于铁器在印度普遍使用①，大大地促进了经济的发展与繁荣。其中，农业和手工业以及随之而来的商业的发展尤为迅速。在整个恒河

---

① 关于印度最早出现铁器的年代，最近经碳14测定为公元前1100年，这要比以前推定的年代早300年。

流域的中下游地区，农业得到了进一步的发展。人工灌溉网扩大了，水稻已成为最主要的作物，其次是棉花的普及和发展。农业的发展促进了手工业的发展。频繁的战争急需精良的武器，这也推动手工业的发展。许多城市都出现了手工业的行会和商业行会，其首领称为"长者"。他们在社会经济生活中有巨大影响。

随着牧业经济向农业经济的转化，以吠陀文化为代表的氏族组织进一步瓦解。代表部落上层的刹帝利和下层的普通群众的经济地位和政治地位的差别日益扩大。过去那种以畜群来衡量财产的情况，已为土地和金钱作为衡量贫富的标准所取代。

社会的发展、列国的争霸、王朝不断的更迭，使过去那种婆罗门以吠陀规定的各种仪式统御整个社会的情况再也无法维持下去了。婆罗门和婆罗门教的神圣地位开始动摇。种姓秩序不断调整变化，许多新的混合种姓产生了，有些出身卑贱的人在战乱中取得了王位。随着王权的日益强大，阶级结构的不断变化，阶级关系也在剧烈地变化。正是在这种形势下，代表不同阶级和阶层利益和愿望的哲学和宗教纷纷出现，形成了一种空前的"百家争鸣"的局面。

# 各派哲学的产生

各派哲学的斗争集中地表现为唯物主义与唯心主义、无神论与有神论的斗争。各种哲学流派的原典通常是某些经书，不过，尽管我们知道一些经书传说中的作者，但是我们对这些作者的经历以及这些经书的成书过程知之甚少。这时婆罗门教极其严格的种姓制度、顽固的排他性、婆罗门至上主义等，已受到其他各阶级、各阶层的强烈谴责。在这种情况下，婆罗门教为了维护自己的尊严极力为自己辩护，并重新对《吠陀》和《奥义书》作出新的解释和说明；同时，他们还竭力吸取并篡改各种哲学，使其纳入自己的神学体系，这样就逐渐形成了正统婆罗门教的六派哲学。其实，在这些所谓"正统派"的六派哲学中，除了弥曼差派和吠檀多派外，其余如数论派、瑜伽派、胜论派、正理派就其各自的体系来说都和婆罗门教神学的关系相当淡薄。如再进一步分析，则连弥曼差派的学说中也有某种与婆罗门教神学相对立的倾向。这种倾向主要表现在他们的唯物主义自然观、声常住论和关于"无前"的学说等方面。

　　现存的最早的《弥曼差经》注释是一切关于这一体系的讨论的基础，其作者是夏伯拉。

　　虽然弥曼差派十分重视对《吠陀》祭祀的研究，并把祭祀当作人生的根本目的，但他们的自然观却认为世界不依赖任何神力而永恒存在，无始无终，万物生灭不已，皆由于极微（原子）的变化。他们主张声常住论，认为声音是一种常住不变的实在，并把语言提高到凌驾于一切之上的地位。显然，这是对《梵书》时代以来对真言"唵"信仰在理论上的发展。于是，弥曼差派便逐渐由《吠陀》神学出发而最后走向与《吠陀》神学相反的方向。同时，他们一方面极力神化祭祀的作用，而另一方面却又认为祭祀和祈祷能产生一种左右神的力量。这种力量称为"无前"，是人们通过祭祀而获得福报的原因。这种无前论与声常住论相结合，便产生了与《吠陀》神学相对立的无神论倾向。因为所谓"无前"就是说在祭祀之前并无任何神力可以赐福于人，只有通过祭祀才会显现出赐人以福的神奇力量。当然，祭祀是由人来实行的，而且人们又是通过祭仪和祈祷来进行祭祀的，祭祀时使用的语言背后存在着凌驾于一切之上的独立原理，这样就必然否定了最高神的存在。

　　弥曼差派体系中这种明显的矛盾，反映了印度早期自然哲学的唯物主义传统对它的深刻影响。因为在人类文明开始之初，哲学产生之际，人们总是把自然界当作总体来观察的，这就决定了早期自然哲学的基本特点；同时，在原始宗教信仰的基础上，也逐渐形成了成体系的宗教神学。早期弥曼差派的学说，正是在这两种因素的结合点上形成的，从而在它的体系中虽神化了祭祀和《吠陀》圣言，但却又不能完全排除自然哲学的无神论和唯物主义的影响。这种情况同样也在其他许多哲学派别的学说中得到不同程度的反映。

　　数论派的学说非常古老，其至在《摩诃婆罗多》《往世书》和《摩奴法典》中都浸透了数论派的学说。传统将这种哲学的起源归之于迦毗罗。著名的数论大师有阿修利、浮陀等。早期数论派的基本倾向是唯物主义，而且具有朴素的辩证法思想。只是由于婆罗门教力图把它纳入自己的神学体系，从而使它逐渐演变为非驴非马的二元论。

　　数论派否认梵与天帝的存在，主张"因中有果论"或"转变说"，即结果为原因转变的学说。由于世界是物质的，所以其原因也必然是物质的。这种物质称为"自性"或"原质"，即"原始物质"。"原始物质"十分精细，是无形和无差别的，是不能直接被感觉到的，从而又称为"未显"。"未显"

是无限的和普遍存在的。"自性"具有三种性质或成分，即喜、忧、暗，谓之"三德"。在原始物质的"未显"状态中，"三德"保持着稳定的平衡，平衡丧失，原始物质就发展、变化而成为世界万物。对此，商羯罗曾经指出："原始物质是自身运动的，而（冷漠的和被动的）灵魂不具备运动的能力。"这里十分明确地表现出一种物质永恒运动的思想，并且把心理活动的现象也认为是从原始物质发展而来的。他们还否认灵魂可以脱离肉体而独立存在，世界上除物质外别无他物，灵魂与意识并无区别，它只能由物质产生。因此，商羯罗称数论派的学说为"无意识原因说"，即"无意识的第一因说"。但是，在以后的发展过程中，"神我"逐渐成为与"自性"并列的一谛，于是便形成了晚期数论派的二元论体系。

瑜伽派很早就和数论派结成了姊妹学派，被称为"数论瑜伽"。《瑜伽经》的作者传说是波颠阇利。当时，数论是瑜伽的理论根据，而瑜伽则是数论的修行方法。以后瑜伽派在数论派的体系上面增加了一个大神自在天，因而被称为"有神数论"，并开始被各种宗教和唯心主义哲学所利用而成为它们的附庸。

胜论派和正理派的关系十分密切，两派共有的原子学说是古代印度自然哲学发展的高峰。两派的区别在于：胜论派着重于对构成世界的原子学说作哲学上的说明，而正理派则着重于研究逻辑学对认识论的作用。

这两个体系的主要经典是《胜论经》和《正理经》，它们的传说中的作者分别为迦那陀和乔答摩。

胜论派认为，世界上的一切都是由异质的极微（原子）所组成，这些极微是包含在空、时、方中的地、水、火、风的微粒。它们之间彼此相异，而且是永恒的，既不能被创造，也不能被消灭。但由微粒组成的客体是暂时的、变化无常的。显然，这种原子学说不仅否认神的创世主作用，而且包含着相当深刻的辩证法思想。同样，在胜论派的范畴学说中也反映了这些思想。范畴之间内在的联系、全体与部分、共性与个性之间的矛盾与统一，都说明他们已能从一切现象的联系中看到它们之间的差别，又能从一切现象的差别中看到它们之间的联系。尽管如此，他们却又把"我"（即灵魂）当作独立的、永恒的实体，从而使他们唯物主义的自然观和辩证法思想都遭到了严重的破坏。

正理派的学说主要是对十六句义（即范畴）的分析与研究，十六句义是：

（1）量，即探讨认识的起源及其真实性的问题。

（2）所量，即认识的对象。

（3）疑，即量与所量之间在认识上产生的疑问。

（4）动机，即由于在两人间皆有疑问而产生一种企图通过讨论以解决疑问的要求。

（5）见边，即在讨论时把人们共同认为真理的命题作为讨论的大前提。

（6）宗义，即根据见边而决定自己主张的题目。

（7）论式，即由因（媒概念）把见边和宗义连接起来，以论证自己的主张。

（8）思择，即检查自己论式是否正确地认真思考。

（9）决断，即经过思择而下的最后判断。

（10）论议，即运用正当手段，依照论式进行辩论，以探求真理。

（11）诡论议，即采取狡猾的手段进行诡辩，以混淆是非。

（12）坏义，即专门以指责对方意见中的弱点而取得辩论胜利的方法。

（13）似因，即因的谬误。因是论式的重要部分，如因有误，则论式中的其他各项也就无法成立。

（14）曲解，即利用词义的歧义破坏对方的论证。

（15）倒难，即玩弄诡辩以破坏对方的论式。

（16）堕负，即辩论时规定的失败条件。

吠檀多派是最彻底的婆罗门教的宗教哲学。在六派哲学中，吠檀多派是最晚出现的学派。它的基本著作《梵经》，相传是跋达罗衍那所作。通过各种宗教和哲学派别之间的长期斗争，特别是经过强大的唯物主义不断地冲击，婆罗门教为了挽救自己的颓势，才逐渐根据《奥义书》的哲理，进一步整理、研究《奥义书》关于宇宙与人生最终目的的学说，使"自我"与"梵"归一，最后建立起吠檀多的体系。吠檀多派的形成经历了许多世纪，在孔雀王朝建立之初，它尚处于草创阶段，因之我们在这里就不再详述了。

此外，当时尚有许多新兴的各种学派和宗教相继产生。对佛教以外的各种学派，佛典中称之为"外道"。佛典中常见的有所谓"六师"、"六十二见"（见，即见解、学说）、"九十六种外道"等。

佛陀时代虽然哲学学派很多，但除婆罗门教的有神论（即尊佑论）及其所属各派哲学外，最主要的还是"六师"学说。"六师"学说大致可分为：

（1）宿作因论（即宿命论），其中包括尼乾子（即耆那教的始祖大雄）

和婆浮陀伽旃那的学说。他们认为"人所为一切皆因宿命造","一切众生有命之类，皆悉无力，不得自在。无有冤仇，定在数中"。

（2）无因无缘论，包括阿夷多·翅舍钦婆罗（可能是佛陀的同时代人）、不兰迦叶和末加梨瞿舍利的学说。他们构成顺世派。顺世即顺行世间，因为它在人民之间流行，所以叫做顺世论。他们反对一切宗教关于业报轮回和创世主的学说及其祭祀，并否认《吠陀》的权威。顺世派坚持"生命来自物质"的彻底的唯物主义学说，认为物质是世界的基础，世界由"四大"构成，并由"四大"构成一切生命。因此，没有神，也没有灵魂。[①] 阿夷多·翅舍钦婆罗说："傻瓜和聪明人一样，一旦身体死亡，都得气断命绝，而死去之后，也就不复存在。"与他大约同一时期的巴亚希认为，没有来世，也没有因果报应，没有除了生自父母以外的任何再生者。顺世派认为，人的精神不能脱离肉体而存在。他们断定灵魂脱离肉体的说法纯粹是胡说，解脱的概念是欺骗。他们认为，作为真知的来源，感官的知觉是第一位的，只有地、水、火、风四大物质元素才是最终的真实。

以顺世派为代表的唯物主义各派逐渐汇合成一股强大的唯物主义思潮，不顾形形色色的唯心主义派别对它的攻击和毁谤，不断地冲击着婆罗门教、耆那教、佛教及其他一切唯心主义的体系。

在一切宗教中，只有佛教具有最庄严、最完整、最精密、最庞大的体系。这一体系包括了对世界的一个总的理论，这就是关于"缘起"的理论；它的包罗万象的纲领就是"四谛"；它的因明学和白说宣讲就是一切宗教中最通俗的逻辑；它的关于佛陀的神话及其全部奇迹巧妙地维护着它的唯灵论的荣誉。

综上所述，我们对列国时期百家争鸣的情况及其特点有一些粗略的了解。概括起来，略如：铁器的使用，促进了生产力的发展和生产关系的变革，从而也促使早期印度社会的阶级结构发生了变化。社会剧烈地动荡，列国争霸，战争与王朝更迭的频繁，又加剧了社会的动荡。适应这种新的形势，代表各个阶级、阶层利益和愿望的各派哲学和宗教不断产生，它们之间相互对立，斗争十分激烈，特别是自然哲学的唯物主义传统与乘时蜂起的各种反婆罗门教的异端思想相结合，逐渐形成了一种以顺世派为代表的唯物主

---

① 商羯罗在他的《根本思维经注》3.3.53 中说："人只不过是具有意识的肉体而已。因此，顺世派认为，脱离肉体并能升天或解脱的灵魂是不存在的。"

义的强大思潮，不断地冲击着婆罗门教和其他新兴的宗教神学。它们公然否认《吠陀》的权威，否认神和灵魂的存在，否认祭祀和一切关于彼岸世界的说教。与此同时，随着王权的日益强大，王权也不再甘心屈服于婆罗门教神权的统御，而要求自己应有和神权相埒或凌驾于神权之上的地位。摩揭陀之统一北印度，标志着王权对婆罗门教神权斗争的胜利。但斗争并未结束，还将继续深入地进行下去。佛教是代表刹帝利和商人的利益和愿望的宗教，它是印度奴隶制社会发展的产物，也是王权开始与婆罗门教神权公然进行斗争的产物。最初它与婆罗门教直接对立，以后在唯物主义的不断冲击下又和婆罗门教相妥协，共同抗拒唯物主义的挑战。

列国时期的百家争鸣，说到底依然是唯物主义与宗教神学以及各式各样唯心主义之间的斗争。尽管宗教神学始终是印度奴隶制国家的精神支柱，受到国家的保护，然而在这场斗争中，却无法战胜唯物主义，反而在唯物主义的有力批驳下神学的狡辩更显得黯然失色。虽然在浩如烟海的婆罗门教和佛教文献中，都曾千百次地宣称他们早已消灭了唯物主义的学说或把唯物主义者的尸体烧成了灰烬，但却又不得不千百次地在它们的文献中不断地证实了唯物主义的存在。甚至在以后很久，在公元 14 世纪时摩陀婆的《摄一切见集》中，也不得不把顺世派列为当时流行的十六种学派的首位。

唯物主义是无法消灭的。原因非常简单，就是：

"智者的智慧所看不见的，感性的意识可以用双手触知。"①

列国时期的百家争鸣对以后印度文化的发展影响甚大。特别是唯物主义各派哲学早已成为印度优秀文化传统的一个重要组成部分，并在以后与各种宗教唯心主义的斗争过程中，更加发展、壮大，不断地以其强大的生命力闪耀出灿烂的光芒。

---

① 《费尔巴哈哲学著作选集》，中文版，上卷，第 207 页。

# 佛教的起源和传播

方广锠

佛教是世界性三大宗教之一。它起源于古代印度，后传入中亚、东南亚和东亚地区，对人类社会生活和思想文化产生巨大的影响。

## 佛教的起源

公元前 6 世纪到公元前 5 世纪，印度正处于奴隶制经济空前发展的列国时代。据汉译佛经记载，恒河、朱木拿河流域有 16 个大国，彼此为了争夺霸权而征战不休。随着社会的动荡，各阶级的相互关系也在调整与变动。与此相应，思想领域出现了"百家争鸣"的局面。传统的婆罗门教所主张的"吠陀天启""祭祀万能""婆罗门至上"等再也不能维系人心。社会上出现一股不分种姓、人人都可出家、都可追求宗教解脱的"沙门思潮"。沙门不遵循婆罗门教传统的"四行期"，否认吠陀的权威，反对婆罗门至上，认为只要通过正确的修行，任何人都能实现自己的宗教理想。佛教就是在这一历史背景下产生的，它属于反对婆罗门正统派的沙门思潮。

佛教的创始人释迦牟尼原名"悉达多"（Siddhārtha），意为"一切义成"。又名"乔答摩"（Gautama），也译为"瞿昙"，意为"最大牛"。关于后一个名字，有两种不同的解释。有的研究者认为这是释迦牟尼所属氏族的名称；有的研究者认为这是按当时印度贵族的一般习惯，从古代哲人处借用，以示尊敬的。至于"释迦牟尼"这个名字，则是他成佛以后的尊称，意为"释迦族的圣人"。按中国传统的说法，释迦牟尼生于公元前 565 年，死于公元前 485 年，与孔子大体同时。

释迦牟尼的家乡是释迦族聚居的迦毗罗卫国。据考古研究，该国位于今尼泊尔、印度边境地区。但该国的首都迦毗罗卫城的确切地址到底在哪里，目前尚有争议。① 据佛教传说，释迦牟尼的父亲净饭王是该国的国王，其母摩耶是邻国拘利族天臂王的公主，故佛经中常称悉达多为太子。但据人研究，迦毗罗卫当时是一个共和制的部落国家，净饭王只是一个部落酋长。据传，摩耶夫人怀孕期满，便按当地习俗回娘家产育，途中，在一个名叫蓝毗尼的地方，生下这位未来名扬四海的佛祖。

佛经说，释迦牟尼在青少年时代过着优渥的生活，受过良好的教育，并娶妻生有一子。但终于在 29 岁那年弃家出走，削发修行。佛经中对此有许多有趣的故事，诸如"术士授记""四门出游""踰墙出走"等，但这些都不足凭信。

释迦牟尼出家后先到处访师求道，接着修了六年苦行，但俱无所得。便在当时的宗教城市菩提伽耶附近的一棵菩提树下进行禅定，终于成了"佛"，时年 35 岁。"佛"，梵文为 Buddha，意为"觉者"，即"觉悟了真理的人"。此后，释迦牟尼传道 45 年，足涉恒河中下游许多地区，建立了以他为首，由比丘（Bhikṣu，和尚）、比丘尼（Bhikṣuni，尼姑）、优婆塞（Upāsaka，善男）、优婆夷（Upasīkā，信女）等四部人众组织的佛教教团。其中比丘教团与比丘尼教团称"僧伽"。80 岁那年，在从摩揭陀国前往居萨罗国的途中，于拘尸那迦逝世。佛教传说，附近八个国家民众听说释迦牟尼逝世的消息，纷纷来到这里。他们按印度习俗把释迦牟尼的遗体火化后，把舍利（骨灰）分成八份，各自携回建塔供养。1898 年在庇浦拉瓦一个佛塔废墟中发现一个滑石制的舍利壶，下面用婆罗谜字体刻着："这是释迦族的佛世尊的遗骨容器，是有名誉的兄弟及姐妹、妻子们（奉祀）的。"不少学者认为这可能就是当时八个国家分舍利时，释迦族分得的那一份。

释迦牟尼的主要思想是什么？学术界尚有不同的看法。一般认为，释迦牟尼主要宣传缘起论、四谛八正道，而其最终目的，是要跳出轮回，抵达涅槃。

在释迦牟尼时代，不同的宗教哲学派别对世界的成因、人生的遭际有着种种不同的解释。释迦牟尼则提出了"缘起论"。他认为世界上一切事物都依赖一定的条件而存在，他把这种条件称为"缘"。条件具备，事物生起，存在；条件消失，事物崩坏，灭亡。佛教常用"诸法（事物）因缘生，缘尽法还灭"这一偈颂来表述释迦牟尼缘起论的精华。缘起论看到了事物相互

---

① 有的研究者认为它相当于今尼泊尔泰雷地区的提罗拉科特；有的研究者认为它相当于今印度北方邦的庇浦拉瓦。两地均在印、尼边境附近，相距不远。

的作用与依赖关系，有它的合理性。但释迦牟尼又认为，世界万物都在不断的变动中，任何条件都不可能长久存在，因而任何事物都不可能永久保留。既然这样，这些事物就不能依靠，不值得依恋。人若追求这些东西，到头来必然一无所得。释迦牟尼要求人们认识世界万物的这一本质，抛弃世界万物，转而追求永恒的存在——涅槃。

释迦牟尼用缘起论来观察人生，便得出四谛八正道。"谛"，是真理的意思。所谓四谛，就是苦谛、集谛、灭谛、道谛四个真理。苦谛，指人生充满了痛苦。释迦牟尼认为人生有生、老、病、死等八苦，这些苦都是与生俱来的，因此，痛苦的人生实在不值得留恋。集谛探究痛苦的原因。释迦牟尼认为痛苦的根源在于人有贪欲，有激愤，有愚痴。他把这三者称作"三毒"，认为正是这三味毒药害得人不断造孽，从而沉沦在轮回中，不能自拔。灭谛则宣传解脱的幸福。释迦牟尼认为人只要抛弃对主、客观的一切追求，就可以抵达涅槃的彼岸，得到最高的幸福。道谛论述达到涅槃的正确道路，它包括正见、正思、正语、正业、正命、正精进、正念、正定八个方面，故又称"八正道"。八正道要求每个佛教徒的一言一行都必须符合佛教的规范，认为只有这样才能得到解脱。

释迦牟尼接受了印度传统的"因果报应""生死轮回"的观点，认为一切有生命的物类包括人类在内都在不断地轮回着。轮回有六种形态（"六道"）：天（神）、人、阿修罗（魔鬼）、畜生、饿鬼、地狱（生活在地狱中的有生命的物类）。一切有生命的物类按照其各自的行为（业），分别投生为这六种形态。虽然其中某些形态（比如天道）比起其他形态的境遇要优越得多，但从根本上说，仍然不能长久，归根结底，仍是痛苦的。最高的幸福只有一个，就是跳出轮回，达到涅槃。所谓释迦牟尼在菩提树下成佛，也就是释迦牟尼自信，从这一刻起，他已断绝生死轮回，进入涅槃境界，实现了圆满的人生。涅槃是佛教徒修行的最终目标。释迦牟尼认为它是一个无法用语言、概念来表述的最高存在，是无限圆满、无限美妙的境界。因为它无法用概念来表述，故释迦牟尼反对人们徒劳地去讨论它，描述它，要求人们身体力行，去实践它。

总之，释迦牟尼说教的中心思想是蔑视人生，蔑视现实，要求人们抛弃现实的一切，追求虚幻的涅槃及来生。因此，它的社会作用是消极的。它的业报轮回的学说，客观上起到为现存剥削秩序辩护的作用，成为统治阶级毒害人民、维护统治的工具之一。由于佛教标榜"四姓平等"，迎合了当时正迅速扩张势力的刹帝利与上层吠舍与婆罗门进行斗争的需要，因而受到他们的欢迎。据佛经记载，当时摩揭陀国的频毗沙罗王、阿阇世王，居萨罗国的波斯匿王都大力支持佛教。居萨罗富商甚至以金钱铺地为代价买下一个园子，捐献给释迦牟尼。"四姓平等"的说教，也给在种姓制度桎梏下挣扎的下等种姓带来某种虚幻的慰藉，不少下等种姓出家为僧。

　　初期佛教教团虽由比丘等四部人众组成，但组织比较松散，没有一个统率全体信徒的领导机构。各地的僧人分别按地区组成一个个小团体进行活动，亦可相互流动。信徒出家为僧，加入教团，须有十个比丘赞同。在佛教势力较弱、人员分散的边远地区，则有五个比丘赞同即可。比丘必须受具足戒。[①] 加入教团后平日主要是个人托钵修行，定期集会，各自检查反省自己的言行有无违犯戒律之处，若有则当众忏悔。每逢雨季，则全体集合在一处讲论教义，称"安居"。教团内无高低贵贱之分，无论出家之前是什么种姓，加入教团后人人平等。平时依入教时间先后排座次。入教团早的座次在前，称"上座"。比丘尼排位在比丘之下。议事以多数票裁决。僧人不允许从事任何世俗的职业，平日生活全凭乞化及在家信徒供养。普通人只要宣布皈依佛、法、僧及领受五戒[②]便可成为在家信徒。在家信徒有布施及守戒的义务，他们的组织更为松散，甚至全无组织。

　　释迦牟尼逝世后，他的弟子们在大弟子迦叶的领导下，在摩揭陀国首都王舍城郊外的七叶窟举行了一次会诵经典的大会。弟子们各自背诵出自己往日听到的释迦牟尼的说教，当众厘定真伪，作为今后遵奉的准则。这次大会后来被称为"第一结集"，"结集"就是"会诵经典"的意思。

## 佛教的分派及其在印度的盛衰

　　释迦牟尼死后的一二百年间，佛教获得迅速的发展。公元前 3 世纪，印度出现统一的孔雀王朝帝国。孔雀王朝的第三代君主阿育王一方面用武力扩展疆域；另一方面支持佛教，把佛教作为维持统治的工具。他派人四处传教，使佛教从地域性宗教向世界性宗教发展。

　　由于印度疆域辽阔，各地发展不平衡，风土民情各不相同，佛教在向各

---

　　① 比丘及比丘尼必须遵守的戒律、戒条数目说法不一。据《四分律》，比丘戒 250 条，比丘尼戒 348 条。

　　② 优婆塞及优婆夷必须遵守的戒律：（1）不杀生；（2）不偷盗；（3）不邪淫；（4）不妄语；（5）不饮酒。

地传播的过程中，不免因各地条件的不同而发生变化，加之佛教本身又没有一个统一的有权威的领导机构，所以各地教徒在遵守戒律及理解教义方面程度不同地存在着差异，这就导致了佛教的分裂。

佛教的第一次分裂约发生在释迦牟尼死后一二百年间。不同的佛教派别对这次分裂的原因说法不一。据南传佛教《大史》《岛史》记载，当时东印度跋耆族比丘提出了十条有关戒律的新主张（一般称为"十事"），认为在遵守戒律方面可适当放宽尺度。但以耶舍为首的西印度比丘反对。耶舍召集了700名比丘在毗舍离举行了一次结集，审定律藏，宣布跋耆族比丘的"十事"为非法。佛教史上把这一次结集称为"第二结集"。虽然会议决议"十事"为非法，但许多比丘仍然不服，由此引起分裂。同意耶舍观点的大都为上座长老，故称上座部。坚持"十事"的比丘人数较多，故称大众部。但据北传佛教《异部宗轮论》记载，阿育王时代首都华氏城鸡园寺有一个名叫大天的比丘，他提出了五条教义方面的新主张（一般称为"大天五事"），由此导致分裂，形成上座、大众两个部派。佛教史上常把这一次分裂称作根本分派。

根本分派后，随着对教义研究的深入，佛教内部对宇宙万物的实有假有、灵魂与轮回、释迦牟尼的人性与神性以及比丘们的修行与解脱等一系列理论问题产生了广泛的分歧，由此导致进一步的分裂。佛教史一般称之为枝末分派。根据南传佛教的说法，枝末分派后共计出现十八个部派，其分派过程如图1所示。

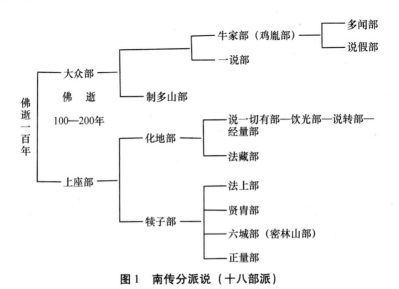

图1　南传分派说（十八部派）

但据北传佛教的说法，枝末分派后共出现二十部派，分派过程如图 2 所示。

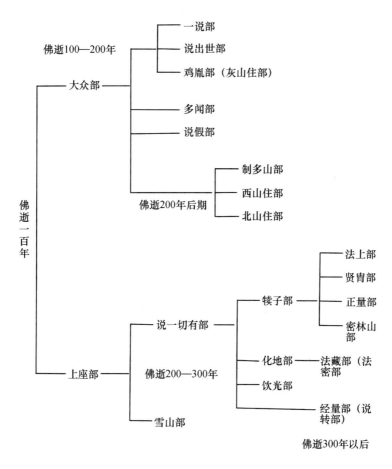

**图 2　北传分派说（二十部派）**

佛教虽然分裂成这么多的部派，但各部派互相间都承认为佛教徒。佛经上有一个比喻说，一丈金手杖，断为十八截，手杖虽然断了，但每截都是纯金的。这些部派在哲学观点上大多主张一切生物都没有一个内在的永恒不变的主体，但客观世界还是存在的（我空法有）。在修炼方法上一般主张用戒律、禅定、智慧三者（三学）来达到涅槃。他们一般注重个人修炼，并认为只有出家才能得到解脱，而在家信徒要解脱是很难的，只能争取来生投入天道。各部派编纂了许多经典，各自都把自己经典的来源追溯到第一结集。现流传较完整的部派经典有南传上座部巴利语经、律、论三藏，一切有部的经、律、论等。学术界常把这些佛教派别总称为部派佛教。

部派佛教时期，佛教得到各地统治者的大力支持，如阿育王曾把大批土地捐赠给佛教寺院。由于佛教不像婆罗门教那样具有浓厚的排外性，因此它还得到入侵印度的异族统治者的欢迎，如大夏国王弥兰陀、贵霜国王迦腻色伽等。由于这些异族统治者的支持，佛教迅速向中亚及中国传播。

公元1、2世纪左右，部派佛教运动方兴未艾之际，大乘佛教开始萌芽。大乘佛教运动最初是由一些以佛塔崇拜为中心的在家信徒团体及部分要求改革的出家僧人掀起的。他们认为传统的佛教只讲自我解脱，不讲普度众生，犹如一艘只能运载少数人的小船，故贬之为"小乘"（乘，运载工具，如车、船等），而自诩为能把一切众生救出苦海的"大乘"。初期大乘认为过去、现在、未来以及十方世界有无数个佛，释迦牟尼只是其中之一。无论是谁，只要发愿普度众生，并通过守戒律、坐禅、智慧、布施、忍辱、精进等六种方法（六度）净化提高自己，便可解脱成佛。他们一般主张一切生物既没有一个常恒不变的主体，世界万物在本质上也是"空"的（我法二空）。

大乘佛教酝酿发展，产生出《般若经》《法华经》《华严经》等一大批经典，理论也逐渐体系化。公元2、3世纪，佛教理论家龙树综合初期大乘的学说，发挥创新，提出了"中道"理论。他主张世界万物从世俗人一般观点（俗谛）来说，是"有"的，但这种"有"只是一种假借的名相（概念），如从佛教真理（真谛）来说，则是"空"。能用这种观点来看待事物，就是中道。他并用初期佛教的缘起论来论证初期大乘的"空"观，提出"缘起性空说"，认为既然一切事物都依据一定的条件才能存在，故事物本身并没有任何质的规定性，故而为"空"。他进而认为这种"空"并非虚无，而是一种不可描述的存在，是一切事物的最高存在形式，把"空"提高到本体论的地位。他的主要著作有《中论》《大智度论》等。龙树的弟子提婆继承与发展了龙树的思想，在推动中观理论的传播方面起了很大的作用。

公元4世纪，印度笈多王朝建立，封建生产关系得以全面扩展。笈多王朝统治者信奉由婆罗门教演变成的印度教。佛教必须力图创新才能发展。唯识学派就在此时发展起来。唯识学派认为，中观理论虽然阐述了世界的本质是空，但没有说明空性的本质如何演化为缤纷的万物，他们则力图解决这一问题。唯识学派的实际奠基人无著、世亲兄弟认为，八识既是主观世界，又是客观世界。识生起后，能一分为二，把自己的一部分转化为自己认识的对象。一般人不明白这一点，把这种幻化的对象当作实在的外境。而实际上世界万物都是心识的变现，本身并非真实的客观存在。唯识学派同时强调超世间的佛性真理——"真如"的真实性和永恒性，为虚无缥缈的涅槃世界制造理论根据。他们依据的主要经典有《瑜伽师地论》《显扬圣教论》《唯识二十论》等。世亲之后，唯识学派曾长期以印度著名佛教寺院那烂陀寺为中心进行活动，形成一股强大的力量。唯识学派的学者陈那、法称等总结与发展了印度传统的逻辑——因明学，为印度逻辑的发展作出了贡献。

从笈多王朝时代曾游历印度的我国僧人法显及 7 世纪曾游历印度的玄奘两人的有关记叙可知，笈多王朝以降，佛教开始趋向衰落。当时佛教教团拥有大量的庄园，僧侣们沉湎于烦琐的经院式研究。佛教内部斗争也很激烈，小乘的其他部派大多衰亡，较有势力的还有上座部、一切有部、经量部、正量部等。不少小乘部派不承认大乘的理论，斥之为"非佛说"。大乘内部也酝酿着新的变动。公元 6 世纪，佛护、清辩两人标榜恢复龙树、提婆的学说，与唯识学者展开"空有之净"。大乘佛教分裂成为主张中观学说的中观派与主张唯识学说的瑜伽行派。由于佛护、清辩两人在宣传中观学说时采用的论辩方式不同，又分为"应成派"与"自续派"。而瑜伽行派也因见解不同而分为"有相唯识派"、"无相唯识派"。公元 8 世纪，中观、瑜伽行两派又趋向合流，形成瑜伽中观派。最终都融合在密宗中。

密宗产生于公元 7 世纪，当时，印度出现许多封建割据的小国。由于对外贸易及商品经济日益衰退，加深了农村经济的孤立与闭锁。在这种情况下，传统的占统治地位的印度教更加活跃。相反，佛教那些深奥烦琐的理论日益衰颓，失去吸引力。据玄奘记载，一些有名的佛教圣地当时都已沦于外道。于是，佛教便逐渐与民间俗信相结合，并吸收了印度教的一些因素，演化为密宗。密宗的理论比较简单，它以高度组织化的咒术、仪礼为其特征，宣扬口诵真言秘咒（语密）、手结契印（身密）、心作观想（意密）等三密相应，便可即身成佛。主要经典有《大日经》《金刚顶经》等。为与大、小乘相区别，常称之为"金刚乘"。公元 11、12 世纪，在孟加拉地区巴拉王朝的支持下，金刚乘演化为"易行乘"，他们认为一般佛教成佛的道路很难，唯有他们指引的方法最容易，故称。他们提倡男女和合之"胜乐"，认为这就是涅槃成佛，由此产生不少流弊，完全丧失了佛教的本来面目。密宗发展到最后，还产生所谓"时轮乘"，崇拜释迦牟尼之上的本初佛。从 11 世纪起，伊斯兰教徒不断地侵入印度，他们对佛教采取高压政策，印度佛教僧侣纷纷逃散到尼泊尔及我国西藏境内。到 13 世纪，印度境内的佛教寺院基本被毁，佛教在印度本土基本消亡。

# 佛教在古代世界的传播

佛教向世界各地的传播路线主要有南传、北传两条。南传佛教最初传入斯里兰卡，然后由斯里兰卡传入缅甸、泰国、老挝、柬埔寨、印度尼西亚及我国的西双版纳等地区。北传佛教又可分为两大系统：一大系统经由中亚传入中国，在中国孕育发展后，传入朝鲜、日本、越南各国；另一系统传入中国西藏，后又传到蒙古和西伯利亚的布里亚特以及不丹、锡金、尼泊尔等国。中国学术界一般把后一系统称为"藏传佛教"。

佛教于公元前 3 世纪阿育王时代，由阿育王的儿子摩哂陀长老率领教团传入斯里兰卡。在斯里兰卡统治者的支持下，不久传遍全岛，取得统治地位。公元前 1 世纪，斯里兰卡佛教出现两个派别：大寺派与无畏山派。大寺派坚持摩哂陀传入的上座部教义与仪规，无畏山派则兼习大乘。这两派各与王室贵族相勾结，教派斗争交错着王室内部的倾轧，斗争十分激烈。4—7 世纪，无畏山派曾一度取得压倒性的胜利，成为势力最大的教派。10—11 世纪，信奉印度教的南印度朱罗国人侵入斯里兰卡，佛教受到沉重的打击，僧团濒于灭绝。后维阇耶巴忽王从缅甸迎请了上座高僧，复兴斯里兰卡的佛教。1165 年，国王波罗迦罗摩巴忽一世取缔无畏山等教派，尊大寺派为国教。至今，大寺派仍被认为是南传佛教的正宗，南传佛教各国都接受这个教派的法统。

缅甸佛教系公元 4、5 世纪由斯里兰卡传入。1044 年，蒲甘王朝的阿奴律陀王统一全缅甸，建立了缅甸最早的封建王朝。他取缔其他各教派，奉大寺派为国教。上座部佛教由斯里兰卡传入泰国的时代较迟，在公元 12 世纪左右。13 世纪，泰国素可泰王朝奉上座部佛教为国教。12 世纪以后，上座部佛教由泰国传入柬埔寨、老挝，并先后被奉为两国国教。早在公元 5 世纪，佛教就已传到印度尼西亚的苏门答腊、爪哇等地。其中大小乘均有，大乘后以密宗为主。殆至 15、16 世纪伊斯兰教传入后受到沉重的打击。应该说明，在所谓东南亚的印度化时代，佛教的许多派别，如大乘、密宗都曾传播到东南亚。上座部佛教传入中国西双版纳地区在 13 世纪左右，分泰国、缅甸两条路线传入。现主要流传在傣、崩龙、佤、布朗等少数民族中。

南传上座部佛教的经典巴利语经、律、论三藏，是公元前 1 世纪由斯里兰卡佛教僧侣把口诵的巴利语三藏记录下来，公元 5 世纪由著名的佛教学者觉音注释、整理而成。内容比较齐备。后来译成缅、泰、柬、傣等各种文字。上座部佛教在教义与戒律方面或多或少还保存着早期佛教的传统，其教徒过着清规戒律的生活，在东南亚各有关国家至今仍保持巨大的影响。

公元前 3 世纪，阿育王派遣使团到与印度邻近的中亚一带传教。此后佛教逐渐流传于阿富汗、伊朗北部、中亚各地。约于公元前 1 世纪中叶，进入中国新疆，于两汉之际传入中国内地。最初，佛教仅流传在上层统治者中间。中国人初以黄老方术视之，信奉的不多，更无汉人出家为僧。其后佛教经典大量翻译出来，影响渐渐扩大。汉末黄巾起义被镇压后，中国陷入三国鼎立，中经西晋短暂的统一，又陷入"五胡十六国"的大动荡中，战乱遍地，民不聊生，为佛教的发展提供了良好的社会条件。当时崛起的魏晋玄学又为佛教的传播提供了适宜的学术背景。佛教便在中国迅速发展起来，逐渐形成俱舍、成实、涅槃、摄论、地论、三论等学派。隋唐时期，由于统治阶级的支持，佛教的寺院经济空前壮大，僧侣们采取世俗地主宗法制度的传统方式，中国佛教随之出现律宗、天台宗、华严宗、法相宗、禅宗、密宗、净土宗等在佛教理论及寺院经济方面都相对独立的宗派，盛极一时。唐末农民战争摧毁了许多地方的寺院经济，故宋以后各宗派逐渐衰落，仅中国化的禅宗、净土宗继续维持持久的影响。

印度佛教大小乘各个宗派几乎都传入中国，但在流传过程中，大乘占据优势。中国佛教依据的经典是汉译大藏经，它搜集了从东汉以来历代译者翻译的印度佛教经、律、论各种典籍及中国僧人自己的撰述。最初为抄本，从北宋初年开始雕版印刷，先后共有 20 多种大藏。

公元 4 世纪，佛教由中国正式传入朝鲜。670 年，新罗统一朝鲜，统治达 260 年左右。此时正值中国唐朝，大批朝鲜僧人来中国求学，并把中国佛教宗派如华严宗、法相宗、律宗、禅宗、密宗等传入朝鲜。931 年，高丽统一朝鲜。历代高丽王都支持佛教，他们修建寺庙，举行法会，制定了七等僧官制，还雕刻了精良的高丽版大藏经。此后，还形成了民族化的禅宗——曹溪宗。

日本佛教是 6 世纪时由朝鲜百济传入的。起初受到排斥。7 世纪初，圣德太子在他颁布的《十七条宪法》中，明文要求全体臣民"皈依三宝"，利用佛教为新兴的封建制国家服务。奈良时代，中国的华严、三论、成实、法相、俱舍、律宗等相继传入日本，号称"南都六宗"。平安时代，天台宗、密宗传入日本，成为日本的国教。11世纪后，在末法思想的影响下，净土宗在新兴的武士阶级中很有影响。镰仓幕府时期，禅宗的临济宗在镰仓幕府的保护下得到很大的发展。总之，中国佛教的各派别几乎都传入日本。12世纪以后，佛教与日本的民间信仰、生活习俗相结合，形成一些民族化的宗派，如净土真宗、日莲宗等。在日本封建统治阶级的直接支持下，佛教建立了严格的"寺檀制度"（寺院与信徒家庭之间的隶属关系），曾对巩固日本的封建制度起过十分重要的作用。

佛教从中国传入越南约在公元2世纪末，在4、5世纪获得广泛传播。越南主要流传禅宗和净土宗，先后产生过灭喜禅派、无言通禅派、草堂禅派、竹林禅派、莲宗派、元绍禅派、了观禅派等派系。其特点是与祖灵崇拜相结合。在李、陈两朝，佛教还被奉为国教。

公元7世纪松赞干布时期，佛教分尼泊尔、内地两路传入西藏。松赞干布建寺译经，利用佛教作为统一西藏的工具。佛教在流传过程中受到西藏原始宗教本教的抵制，双方进行了激烈的斗争。赤松德赞时期，迎请印度密宗大师寂护、莲花生、莲花戒等来藏，经过斗争，密宗取得了对本教及汉地大乘佛教的胜利。9世纪中叶，赞普朗达玛废佛兴本，佛教受到严重打击。10世纪后，西藏佛教开始复兴。当时，西藏出现许多封建的地方割据势力，在这些势力的支持下，陆续出现了许多教派。早期有宁玛派、噶当派、萨迦派、噶举派等。13世纪后，在元王朝的扶持下，上层喇嘛开始执掌西藏地方政权，形成政教合一的统治体制。14世纪末，宗喀巴进行宗教改革，创立了格鲁派。后该派势力逐渐强大，在清王朝的支持下执掌西藏地方大权。藏传佛教与本教长期互相影响，以佛教教义为基础吸收了本教的一些神祇与仪式；教义上大小乘兼容而以大乘为主，大乘中显密俱备而尤重密宗，并以无上瑜伽为最高修行阶段。藏传佛教有严密的寺院组织与学经制度，有从梵汉文译成藏文的完整经典。经典分甘珠尔部（显密经律）、丹珠尔部（论、注释、仪规、杂著），共收书4500余种。其后，藏传佛教从西藏逐步传布到四川、青海、云南、甘肃、新疆、内蒙古等地的藏、蒙、裕固、纳西等少数民族中，并流传到蒙古、西伯利亚的布里亚特以及不丹、锡金、尼泊尔等国。

# 摩揭陀称霸

崔连仲

自公元前6世纪以后，古代印度的历史进入列国时代。据佛教文献，当时有16个国家，实际还要多一些。在列国中，摩揭陀势力较强，逐渐称霸。至公元前4世纪后半期，北印度逐渐统一，列国时代结束，摩揭陀帝国兴起。

## 曷利昂伽王朝的兴起

摩揭陀的名称，最早见于《阿闼婆吠陀》（Ⅴ，22·14），在这里表示一种愿望，即愿热病侵袭乾陀罗、木劫温特和鸯伽等。他们分别处在西北和东部地区，远离吠陀文化的古老中心，被视为落后的人民。

在婆罗多大战时期，摩揭陀由巴利赫德罗陀王朝统治。摩揭陀的第一个帝王为杰拉桑陀①，在大战前被其子萨赫代沃继承。在婆罗多战争发生时期，萨赫代沃被杀，他的继承人索马迪在姞利乌罗阇为王，当政58年。后来摩揭陀的古都王舍城就是在姞利乌罗阇的基础上建立起来的。按这个王朝系谱，王位传至索马迪的第二十一代后裔栗朋杰耶时，为其大臣普里伽所杀，巴利赫德罗陀王朝告终。《往世书》所列巴利赫德罗陀王朝以下的王朝系谱是混乱的。大概在此王朝的最后一个国王栗朋杰耶被杀后，曷利昂伽家族的频毗沙罗登上了摩揭陀的王位。曷利昂伽王朝兴起。

## 频毗沙罗王的治世

关于频毗沙罗的身世和称王经过，传说不一。有的学者认为，频毗沙罗

---

① 杰拉桑陀是此王朝的奠基人巴利赫德罗陀的继承者之一。

是邻国鸯伽王室的后裔。但更多的学者采用锡兰编年史的说法。据《大史》所记："善良的频毗沙罗，当他十五岁的时候，即被他的父亲立为王。"但《大史》没有提到父名。在《岛史》中提到频毗沙罗的父亲保迪萨统治着"五丘的中心，著名的王舍城"，并指出"在他出生的第十五年，在他的父亲死后即位为王"。按 B. C. 劳的注释，频毗沙罗的父名应为巴提耶。

频毗沙罗的统治，据《大史》记载，历 52 年，大约从公元前 544 至公元前 493 年。[①] 频毗沙罗有时被称为 Sreṇika 或 Seṇiya，这两个形容词按注释家的解释，意为"拥有大量军队"。D. D. 高善必认为，频毗沙罗王用 Seṇiya 这个字作为其名字的前缀表明，"他是拥有同任何部落都没有联系的正规常备军的最早的国王"。假如这种看法可以被接受的话，那么这种与部落的人民武装已经脱离而为国家所特有的军队的出现，说明在频毗沙罗或更早一些时期，摩揭陀才由部落过渡到国家。为了说明这一问题，在佛教文献中所反映的关于"治罪人法"的演进过程值得注意。据记载，在频毗沙罗王的先祖时，有做贼者，仅"以手拍头以为严教"；至祖王时，有做贼者，只是"以灰围之须臾放去"；至父王时，有做贼者，则"驱令出城"；可是到了频毗沙罗王时，对做贼的人，不仅"驱令出国"，而且"截其小指"。"治罪人法"的这一发展过程，反映了摩揭陀社会的变化和国家形成的过程。

摩揭陀的统治机构主要有三类：一类是主管行政事务的官吏，称萨巴特克；一类是主管司法的官吏，称沃哈里克；一类是主管军事的官吏，称塞纳纳耶克。除这些官吏外，在中央还有一个大议会，由 8 万个村长组成，这个数字显然是夸张的。地方的基层组织是村落，有自己的会议，由村长领导。在摩揭陀国内还包括有一些半独立的公社，其首领称为啰惹库马拉斯。

频毗沙罗王曾对东邻鸯伽进行过战争，并征服其地，派太子阿阇世为该

---

① 频毗沙罗以下的摩揭陀王朝系谱（至难陀），多采《大史》所提供的名单：

| | |
|---|---|
| 频毗沙罗 | 52 年 |
| 阿阇世 | 32 年 |
| 优陀那拔陀罗 | 16 年 |
| 阿奴鲁陀 | |
| 门陀（文荼） | 8 年 |
| 那迦达萨克 | 24 年 |
| 希苏那伽 | 18 年 |
| 迦腊索伽 | 28 年 |
| 迦腊索伽十子 | 22 年 |
| 九难陀 | 22 年 |

地区总督。除对鸯伽进行过战争外，频毗沙罗王的主要对外政策是睦邻友好，多采用联姻的方式。传说他有 500 名妻子。其第一夫人是居萨罗国王波斯匿的妹妹，名居萨罗迪维。波斯匿曾给她一迦尸村落，作为嫁妆。他的第二夫人是离车族首领切特克的女儿切勒娜。他的第三夫人是维迪黑·瓦萨戍。他的第四夫人是西北印度摩德罗国王的女儿凯玛。频毗沙罗除了通过联姻同上述诸国修好外，还向其西邻强国阿般提派去名医耆婆，为普罗调陀王治病。据说，西北印度呾叉始罗的国王普库萨提曾派使节来摩揭陀修好。频毗沙罗王的积极而活跃的修好外交政策，提高了摩揭陀在列国中的声望。

　　频毗沙罗王的首都王舍城（今名拉杰吉尔），位于群山环抱的谷地，进可攻、退可守，十分险要。王舍城分新、旧两城。这里所说的五山环绕的谷地，实为旧城。玄奘在《大唐西域记》中称之为矩奢揭罗补罗，或曰上茅官城，因这里“多出胜上吉祥香茅”。旧城的卫城分内、外两重。内卫城位于群山脚下谷地的四周，周围近 4.5 英里，现只保留有几段土石相杂的长脊，上覆以稠密的丛林。外卫城是修筑在环绕旧城诸山的山脊上，状似中国的万里长城，长 25—30 英里。卫城是用巨大的石块垒成。位于南面班根伽隘口的外卫城，高达 11—12 英尺。大部分山脊的卫城已被破坏，很少高于 7—8 英尺。沿这条长城，每隔一定距离还附有实心建筑的棱堡。这是王舍城的最古遗址之一，大约建于公元前 6 世纪。这条防御性长城的修建，说明有严重的战争威胁。王舍新城位于五山环绕的旧城以北不远的地方，相当于现在的拉杰吉尔村。新城的修建，据玄奘的记载是为了防御来自吠舍厘（跋祇）的北方边患。“以王（指频毗沙罗王）先舍于此，故称王舍城也。”[①] 但玄奘又说：“或云：至未生怨王（阿阇世）乃筑此城。”在《法显传》中却肯定地说新城者是阿阇世王所造。新城的修建，是摩揭陀国抵御北方跋祇国的积极防御措施。它实际上是旧城的一个前哨卫城。此城周围近 3 英里，围绕城市的石墙现已几乎完全消失；仅有一部分卫城的城墙还保存着。以王舍城为中心结合其周围的村落，组成了最初的摩揭陀城邦。

　　频毗沙罗王是释迦牟尼的同时代人，崇信佛教。他的晚年是不幸的，据佛教传说，被其子阿阇世所弑。

---

①　王舍城，玄奘亦音译为曷罗阇姞利哂城。玄奘所说的王舍城实指新城。

# 阿阇世王的积极扩张

约公元前493年，阿阇世弑父嗣位。在他的统治时期，摩揭陀的首都开始由王舍旧城迁至新城，他还积极推行扩张政策。最初的战事在摩揭陀与居萨罗两国之间发生。阿阇世的弑亲暴行引起了居萨罗国王波斯匿的仇视，遂收回作为其妹妹（频毗沙罗王的第一夫人）嫁妆的迦尸村落。这件事便成为两国兵戎相见的导火线。开始阿阇世王获胜，但不久中伏，不得不率军投降。最后结局是两国缔结和约，波斯匿王恢复阿阇世的自由，交还其军队和迦尸村落，并把自己的女儿维吉拉嫁给阿阇世。

在阿阇世对外扩张过程中，最大的劲敌是北方的跋祇国。它是东印度政治联盟（包括末罗、迦尸和居萨罗）的盟主，首领是离车族的国王切特克。①战争首先是在阿阇世王同离车之间爆发的。战争爆发的原因说法不一。据佛教文献记载，阿阇世王同离车（或曰跋祇）之间曾达成一项协议，即双方对在恒河发现的矿藏的宝石享有同等的份额。但离车族破坏了协议，从而引起战端。从另一方面考虑，恒河是东印度的重要商路，控制恒河本身就是一件非常重要的事。因此，竞相控制恒河很可能是两国战端的直接原因。

阿阇世王深知，征服离车族并非轻而易举之事，因而曾亲往佛所请教。佛陀倾向跋祇的共和制，欣赏其团结知礼的习尚，因而不赞成阿阇世的征伐政策。但阿阇世仍积极备战。阿阇世的一项重要战略措施就是在恒河南岸建一新的城堡，作为战时的前方基地，这就是后来著名的华氏城。佛教文献中也曾提到建造此城的目的，"此是禹舍大臣（阿阇世王的大臣）所造，以防跋祇国"。阿阇世王在政治上的一项重要措施就是破坏跋祇国内部的团结。为此他命令其大臣禹舍在离车族中间散布不和的种子。经过一系列的准备后，阿阇世王开始对跋祇发动战争。这次战争长达16年之久，大约从公元前484年一直延续到公元前468年。战争的情况没有留下详细的记录，仅可看到片断的反映。在佛教文献中记有两军水上大战的一点描述。在这里边说："时阿阇世王闻大目连语，宽闲不怖，徐徐顺恒水而上渡河。时师子将军掩其末阵，逆战大破。时阿阇世王非济而渡危而得免，单马还国。"战争互有胜负，最后的结局阿阇世王取得了完全的胜利。离车族被征服后，东印

---

① 跋祇是由八九个部族联合组成的贵族共和国，离车族是其中最强大的一个部族。

度的强大联盟随即崩溃。这时除鸯伽外，离车和迦尸也都屈服于摩揭陀的脚下。从此阿阇世成为东印度的霸主。摩揭陀的崛起，引起了中印度的强国阿般提的敌视，两国之间的关系开始紧张起来。

阿阇世王和频毗沙罗王一样，在佛教文献中是佛教的崇信者；但在耆那教的文献中也被视为该教的信徒。阿阇世的晚年遭到了同频毗沙罗一样的命运，大概也是被其子所弑，时约公元前462年。

## 希苏那伽王朝称霸列国

阿阇世王的继承者是优陀那拔陀罗。他在弑父即位后的第四年，在恒河南岸的拘苏摩补罗建立新都。此城显然是以阿阇世王所建的城堡为基础而扩建的，是华氏城的最古的名称。摩揭陀国首都的北迁，一是为了监视新征服的跋祇国；二是由于华氏城地处东印度水陆交通的要冲，有利于经济，特别是通商贸易的发展。据佛教文献记载，在优陀那拔陀罗统治的第十六年，他为其子阿奴鲁陀所弑，时约公元前446年。阿奴鲁陀的继承人为门陀（或文荼），门陀的继承人为那迦达萨克。传说他们都是弑父为王的统治者。

那迦达萨克是个残暴的统治者，由于他长期实行恶政，引起了市民的起义。据佛教文献《大史》记载："有些市民值得提一提：'这是一个弑亲者的王朝'，当他们惩办了那迦达萨克王之后，他们集会在一起，因以希苏那伽之名而闻名的大臣被证明是杰出人物，他们便拥立他为国王。"希苏那伽可能是那迦达萨克的军事首领，他是在人民反恶政的斗争中登上王位的，时约公元前414年。从此，曷利昂迦王朝结束，希苏那伽王朝兴起。

希苏那伽即位后，任命其子为波罗奈（迦尸）的总督，又把首都由华氏城迁回王舍城。前一措施主要是为了保卫北方以对抗居萨罗，后一措施主要是为了抵御阿般提强国的威胁。早在优陀那拔陀罗统治时期，摩揭陀与阿般提之间关系就已紧张起来，时而发生小规模的边境冲突。希苏那伽把首都迁回王舍城后，两国关系更加紧张，终于通过战争阿般提被摩揭陀征服。大概跋沙和居萨罗两国也被吞并。这样，摩揭陀几乎征服了所有北印度的重要国家，称雄列国。从此希苏那伽的版图向西扩展到以邬阇衍那为首都的阿般提西境。这时摩揭陀境内有一条从华氏城出发，通过跋沙和阿般提领土，直到婆卢羯车（今布罗奇）的商路，借以获得了同西方世界的贸易联系。

希苏那伽统治有18年，约至公元前396年为其子迦腊索伽继承。在迦腊索伽统治时代，首都又从王舍城迁至华氏城。另一重要事件是，在吠舍厘城举行了佛教的第二次结集。迦腊索伽统治有 28 年。约至公元前 368 年为其十子所继承。十子的名字，各书记载不一，有些混乱。但学者们认为最后二子是曼帝沃尔德纳和摩诃南丁。约至公元前 346 年，希苏那伽王朝灭亡。

# 难陀王朝的统一事业

约公元前 346 年，摩诃波德摩·难陀杀害希苏那伽王朝的末帝摩诃南丁，建难陀王朝。关于摩诃波德摩的身世，各书记载不一。据希腊作家柯蒂阿斯记载："他是一个理发师，成为王后的情夫。由于她的影响，他取得了当朝君主的信任，升至近臣。狡诈地谋害了国王。以后装作王室儿童的监护人，篡夺了最高权力，杀死年轻的诸王子，成为当今的国王。"按此传说，摩诃波德摩是首陀罗出身，被杀的诸王子可能就是迦腊索伽的十子。显然他是靠宫廷政变而取得王位的。另据《往世书》记载："国王，摩诃波德摩（难陀）是由摩诃南丁和首陀罗妇女所生之子，他要毁灭一切刹帝利。以后诸王均为首陀罗出身。"按此传说，摩诃波德摩是首陀罗所生。他是一切刹帝利的毁灭者。《往世书》对摩诃波德摩身世的记载更为可靠。关于摩诃波德摩的身世，还有其他一些说法，几乎都认为他是下层出身。

关于"九难陀"及其统治年代问题，各书记载也不一致。《往世书》取其第一个难陀为父，在位 88 年，其余八人为子，共统治 12 年。佛教文献认为，九难陀皆为兄弟，共统治 22 年，最后的国王名达纳。佛教文献的年代和末帝的名称多被采用。

摩诃波德摩是刹帝利的毁灭者，被他根除的刹帝利王朝有：埃克希瓦库，般阇罗，迦尸，海赫耶，羯陵伽，阿湿波，居楼，麦吉罗，苏罗婆和维提霍特罗。在这里所列举的一些刹帝利王朝，例如羯陵伽和阿湿波等地都可以得到其他材料的证明。希腊作家曾提到，难陀王朝的领土扩展到贝阿斯河。这样，北印度的主要地区，除西北一隅外，基本上被难陀王朝统一起来。此外，难陀王朝的势力还伸展到南部的哥达瓦里河流域以及东海之滨。难陀王朝的统一事业，为后来孔雀帝国的一统天下打下了基础。

难陀王朝在希腊作家的笔下是强大的。据柯蒂阿斯的报道，达纳·难陀有骑兵 2 万，步兵 20 万，四马战车 2000，战象 3000。据狄奥多拉斯记载，战象为 400。普鲁塔克报道的数字更高。据他描写，国王有骑兵 8 万，战车

8000，步兵 20 万，战象 6 万。当时占据印度河流域的亚历山大军队之所以未能继续向东方的恒河流域入侵，这也是重要因素之一。

但达纳·难陀的强大是表面的。由于他贪婪财富，苛敛诛求，引起人民的不满；因而当旃陀罗笈多称王后率军东下时，迅即灭亡。达纳·难陀被杀，难陀王朝告终。继难陀王朝而兴起的是旃陀罗笈多所创建的孔雀王朝，被称为摩揭陀第一帝国或孔雀帝国。从此，古代印度进入帝国时代，原摩揭陀城邦的首府华氏城，变成了帝国的心脏。

# 克里特·迈锡尼文明

张竹明

19世纪70年代以来在巴尔干半岛南部、小亚细亚和爱琴海诸岛以及地中海周围许多地区的考古发现，使长期湮没的爱琴文化重见天日，不断展现出它的丰富多彩的内容。对于爱琴文化的研究已经是古代世界史研究中的极其重要的部分。而在爱琴文化中，以克里特岛和伯罗奔尼撒半岛的迈锡尼城为代表的克里特·迈锡尼文明占有突出的地位。这一文明兴衰的过程、原因、后果以及它的各个组成部分的相互关系，当今仍然吸引着世界各国众多的研究者为之殚精竭虑，并且在很长的时间内将是学者们的重要研究对象。

在学术著作中，"爱琴文化"这一术语有不同的用法。一般用来指爱琴海四周（包括希腊、马其顿、色雷斯、小亚细亚的爱琴海沿岸地区）以及其中各岛（包括克里特等）的青铜时代的文化。有时它也包括这一地区石器时代的文化。有的著作中，"爱琴文化"一词用来指克里特岛、爱琴海其他诸岛以及大陆希腊的青铜时代文化。在这种场合，"爱琴文化"和"克里特·迈锡尼文化"经常混用。我们在这里着重介绍克里特和大陆希腊的早期阶级社会的情况，故称为"克里特·迈锡尼文明"。

德国学者施里曼（1822—1890年）、希腊学者冲塔斯（1857—1934年）、英国学者伊文思（1851—1943年）、韦斯（1879—1957年）、文特里斯在克里特·迈锡尼文明的研究工作中，作过巨大贡献。许多国家的其他学者也都富有成效地做了大量有益的工作。但是，尽管发掘和研究工作取得了伟大成就，由于涉及的问题众多，材料仍然不足，对于与这一文明有关的许多问题，迄今在学者中间依然是众说纷纭。在这里，我们只能根据自己目前的认识，对克里特·迈锡尼文明的某些方面作点介绍。

# 克里特文明

　　克里特岛位于爱琴海南部，是地中海海上交通的要冲。它东西长约260公里，南北间宽的地方约有55公里，最窄处约12公里，总面积为8252平方公里。它土地肥沃，气候温和，适于发展畜牧业和农业。由于邻近埃及和西亚这些古代最早文明的发源地，克里特一度在社会经济发展方面处于欧洲最先进的地位。

　　考古发掘证明，大约公元前6000年，克里特就有人类居住。它的新石器文化，有类似小亚细亚和塞浦路斯新石器文化的特征。公元前3千纪内，更多的移民从小亚细亚来到这里定居，使这里尚属稀少的人口增加了。

　　公元前3千纪中后期是克里特文明的直接孕育时期，是无阶级的社会向阶级社会过渡、野蛮向文明过渡的时期。

　　约从公元前2600年起，克里特人开始使用青铜器。其后，青铜器日益普遍，但石器和骨器仍然流行。由于生产力迅速提高，产品有了些剩余，贫富分化出现，克里特的原始公社制开始瓦解。

　　大约公元前2000年，在克里特出现了宫殿建筑和线形文字。宫殿和文字的出现，透露了最早的奴隶占有制国家的诞生。根据考古资料和传说推测，克里特的早期国家产生的道路，大概和东方没有多大的不同，也是由农村公社结合而成。

　　克里特的铜，后来还有锡，这些主要的工业金属，都经常仰赖从塞浦路斯、安纳托利亚等地输入。为取得这些金属以及随后的冶炼加工，必须组织庞大的人力和物力。这就引起了一种迫切的要求，即把细小的经济细胞联合成较大的集体。作为这个过程的自然结果，产生了第一批城市型的居住区和宫殿型的建筑物。

　　克里特国家和古代东方国家基本上属于同一类型。克里特的古代国家是一种独特的宫廷国家。一个规模宏大的宫殿建筑是它的宗教活动和行政活动中心，同时也是它的经济活动的中心。城市只是宫殿的附属品。它的周围照例还有一个大小不等的农业地区。

　　国王是最高统治者。他既是军事统帅，最高行政首脑，又是最高祭司。国王和他所亲信的贵族、官僚统治剥削农村、城市的劳动者和奴隶。

　　在克里特北部的克诺索斯、马利亚，南部的法伊斯托斯，东部的扎克罗斯，都发现了大型的宫殿建筑。在古尔尼亚（位于克里特北部）、圣特里阿扎（在法伊斯托斯附近）等地还发现了一些规模较小的宫殿式建筑。克诺索斯的宫殿规模最大。克诺索斯离海岸 4 公里。有人推算，在最繁荣的时期，这里的宫殿以及附近的建筑群，可以容纳 8 万居民。如果加上海港的居民，总数可达 10 万。在克诺索斯和法伊斯托斯之间有用石头铺砌的道路相连。有人认为，各地宫殿之间有铺砌的道路相通，是克里特文明的特点之一。青铜短剑的广泛使用则是另一特点。

关于克里特各宫殿的统治者之间的相互关系，现在只能推测。各个宫殿群体可能都是一些独立的小国。在公元前 1900—前 1700 年左右的时期内，这些小国之间可能有过战争。

公元前 1600 年左右，许多宫殿和建筑物遭到破坏。有些学者认为，这可能与阿凯亚人从巴尔干半岛入侵克里特有关。部分入侵者很快与当地居民融为一体。不过，宫殿很快得到重建，而且规模更大。克诺索斯宫殿的建筑面积达两万多平方公尺。

用线形文字 A 书写的泥板在公元前 17 世纪初出现。线文 A 有 137 个不同的符号。其中的三分之一是从原来的象形文字中继承下来，或者是对象形文字略加改变。大部分符号相当于一个元音加一个辅音组成的一个音节，并不是字母。另一些符号则表示整个的单词。计数用十进位制。数目字和绝大多数表示单一事物的符号容易读出。但是，线文 A 的主要部分——大多数的音节符号，甚至元音，都未能确读。绝大多数的单词含义也不清楚。因此，目前它还无助于我们了解当时的社会。

公元前 16 世纪和公元前 15 世纪，是克诺索斯传说中的米诺斯王朝鼎盛时期。它不仅控制了整个克里特岛，并且向周围地区扩张。当时，克里特与爱琴海诸岛、希腊半岛，以及埃及、小亚细亚等地有频繁的贸易往来。手工业和农业都有很大发展。

在经济繁荣的同时，文化也繁荣起来。繁荣时期的克诺索斯王宫集中代表了克里特文化的成就。

王宫依山而筑，支以上粗下细的石柱。墙壁大都是下部用石头砌，上面则是未经焙烧的砖坯，砖坯之间放一些直立的木头。房屋有三层的，有两层的。布局不求对称，中央是一个长方形的庭院，四周围以各种不同用途的厅房。各建筑之间有长廊、阶梯连接。宫内敷设了广泛的不同口径的供水排水管道。政事用房在庭院的西部，而且最重要的厅堂是在楼上，有宽阔的楼梯通向那里。在政事用房的西边是主要的仓库所在地。一排连成一片的房子里安置了大小不等的陶缸、陶罐，其中高者与人身相等。在这些陶器中分别装有油、酒、谷物、羊毛等克里特的重要产品。在另一些库房中，存放一些体积不大但是贵重的物品。王室成员的住房在庭院东边。主要的厅房也是在楼上。宫内设有举行宗教仪式的专门地方。

宫殿的许多厅堂和一些走廊的墙壁上绘有很多奇妙的主题各异的壁画。有的描写庆典游行，有的表现宫中男女的日常生活。画中人物的面目衣着详细而真实。描绘自然景物，尤其是海中动植物的壁画，形象生动而逼真。在克里特宫殿的壁画中，很难见到描绘战争的画面。

法伊斯托斯的宫殿，结构与克诺索斯的大体相同，只是规模略小，装饰壁画不如克诺索斯多。

专门研究克里特的宫殿建筑的一位专家认为，克里特的宫殿建筑艺术是当地人创造的，并非从外地引入。

从宫殿遗址中出土了大量精美的陶器，有的陶器壁薄如蛋壳。各种人物造型陶器，形象生动。不同形式的石雕、铜雕、金银制品，都说明克里特的手工业达到很高的水平。宫廷建筑中的壁画和陶器上的彩画以及雕塑等，构成了独具特色的克里特古代艺术。

公元前 1450 年左右，克诺索斯王宫中出现了另一种线形文字，也是刻在泥板上的。为别于线文 A，这种新的线文被叫做线文 B。1952 年它已被英国学者文特里斯和柴德威克释读成功，证明记写的是希腊人的语言，和迈锡尼、派罗斯出土的线文是同一种。线文 B 的出现表明，其时克诺索斯王宫已被来自希腊半岛的希腊人占领。这一时期留下的克诺索斯泥板文书，绝大部分都是记载财物的账目和收支表，其中有些提到奴隶。

公元前 1400 年左右，克诺索斯宫突然遭到破坏。稍后，克里特其他各地也遭到相同的命运。破坏的原因不明。经过这次破坏之后，克里特文化迅速衰落。公元前 12 世纪后期经济文化落后的希腊多利亚人侵入，克里特文明从此被人遗忘，只在希腊人那里留下了一些美丽的传说。

## 迈锡尼文明

"迈锡尼文明"这一术语，通常用来指希腊大陆晚期青铜时代的文化，有时则指大约公元前 1400 年以后整个爱琴海地区的文化。在这里，我们是在前一个意义上使用这一术语。不过，即使单指希腊大陆晚期青铜时代，不同学者所指的起迄年代也有差别。例如，有的人认为是大约公元前1550—前1100年，有的人认为是大约公元前1600—前1100年，还有人认为是大约公元前1550—前1150年或1580—前1120年，等等。我们认为，迈锡尼文明大体存在于公元前16世纪初至12世纪末，绵延近4个世纪。

在希腊大陆，考古学家已经发现多处旧石器时代的遗址，其中包括至少是距今10万年的古人类遗址。至于新石器时代的遗址，无论是在北部，还是中部、南部，都有大量发现。其中以帖萨利亚的塞斯克洛和迪麦尼遗址最为著名。在青铜时代早期，伯罗奔尼撒半岛阿尔哥斯地区的列尔纳遗址具有代表性。迈锡尼文化便是在希腊大陆原有的青铜文化的基础上发展起来的。

迈锡尼位于阿尔哥斯地区的东北部，处在海拔278公尺的山丘之上。山的南面和北面都是深谷。它控制着从阿尔哥斯湾通向科林斯湾的道路。公元前3千纪中叶，这里即已开始有人居住。公元前1900年以后，阿凯亚人已经占据这个地方。

迈锡尼文化的遗址在希腊大陆的南部、中部和东北部都有发现，其中著名的有梯林斯、派洛斯、雅典、忒拜、奥尔霍麦诺斯等。在这些地方都发现了宫殿式建筑。与克里特的宫殿不同，迈锡尼时期的宫殿都建在山丘的顶端，并且配有由未经雕琢的巨大石块构筑的坚固城墙，这种石块长达2、3公尺，厚达1公尺。现已发现的宫殿建筑中，以梯林斯的最为完好。建于公元前15世纪的梯林斯宫，其名为"麦加隆"的长方形大厅，长12公尺，宽10公尺。在厅的中央有一圆形的圣灶，灶的周围有4根柱子。靠近圣灶设有国王的宝座。"麦加隆"的存在是迈锡尼式宫殿与克里特宫殿的一个重要区别。麦加隆面向南，直通围有柱子的内院。院内设有祭坛。麦加隆内部装饰有富丽堂皇的壁画。

梯林斯位于阿尔哥斯平原的东边，距海约2公里，距迈锡尼约17公里。看来，它在政治上是独立的。

迈锡尼文化的特点表现在，它的中心地点拥有宏伟的宫殿建筑，坚固的城墙，巨大的墓葬，大量的贵金属，有高度艺术水平的手工业品，以及许多外来的主要是从东方输入的奢侈品。在伯罗奔尼撒半岛，迈锡尼文化的体现者是阿凯亚人，而在阿提卡则为伊奥尼亚人。

在公元前 15 世纪初，在迈锡尼产生了希腊半岛上最早的奴隶占有制国家，考古学上的证据便是，这时圆顶墓（又称蜂房墓）代替了竖井墓，同时出现了围以城堡的宫殿。

圆顶墓是一种规模宏大、结构复杂的石墓，墓顶呈圆锥形，用大石块砌成。最著名的是施里曼发掘的被称为"阿特列吕斯宝库"的圆顶墓。它有一条长 36 公尺、宽 6 公尺的墓道。墓门高 5.4 公尺，宽 2.7 公尺。墓室为圆形，直径 14.5 公尺。拱顶用 33 排石块砌成。国王的尸体放在圆形墓室旁边的一个圆形小房间内。墓主是公元前 14 世纪下半叶的迈锡尼国王。

从圆顶墓王朝开始，迈锡尼国家进入了迅速发展的阶段。我们注意到克里特的影响不仅在迈锡尼国家形成过程中起了很大的作用，在迈锡尼国家形成以后的社会经济发展中，继续起很大的作用。迈锡尼的生产力得到迅速的发展，金属冶炼和金银手工业品、陶器制造很快达到、有的甚至超过了克里特的水平。陶器远销到埃及、腓尼基、塞浦路斯和特洛伊等地。

公元前 14 世纪是迈锡尼国家最强盛的时期。在迈锡尼可以看到许多大规模的建筑工程。迈锡尼的城堡扩大并加强了，著名的"狮子门"连同它的巨石城墙一起建造起来了。宫殿扩大了。宫殿附近的小山上建造了许多新的房屋。艺术上也可以看到一种竭力摆脱克里特影响、顽强地创造自己形式的努力。克里特的花卉、海洋主题的东西越来越少，并终于让位于带状和螺旋状的线形装饰。这个时期，在迈锡尼和阿尔哥斯湾、迈锡尼和科林斯湾之间筑起了大道，用碎石堆砌成的桥梁，其残迹至今犹存。迈锡尼的商船和军舰活跃于地中海海域。

前面我们已经谈到，线文 A 和线文 B 都曾在克里特出土过。但是由于主持克里特发掘工作的伊文思长期不愿意公布所得的线文文书，译读工作进展迟缓。而在大陆希腊出土的线文 B 文书，特别是派洛斯出土的 1000 多块泥板的公布，推动了对线文 B 的释读。

线文 B 是一种音节文字，即每个符号表示一个音节，总计有 89 个表示音节的符号。在线文 B 中还有一些表意符号，它们是对客体的一种粗略的描绘，例如男人、女人、马、箭头、车轮等。表意符号通常和数字一起写在右边，音节符号则写在左边。

现已发现的线文 B 文书约有 3500 块，其中许多只是很小的残片，有些仅记了一些专有名称。许多文书每块仅三四个字，最长的约有 150 个字。

线文 B 的释读成功，是世界科学史中的一件大事，对于语言学和历史学的发展都有重大意义。对于了解迈锡尼文明时代的社会经济情况，线文 B 更是有极其巨大的意义。

结合考古材料、线文 B 文书的材料，并参考古代希腊的传说和荷马史诗中的有关材料来看，迈锡尼社会无疑是奴隶占有制社会。在迈锡尼文明诸国，既有公家的奴隶，又有私人奴隶，他们大多从事手工业劳动或做家庭仆役。泥板文书所记的女奴，有的冠有地名以志原籍，说明她们来自外地，也许就是俘虏来的。妇女成群地从事纺织、磨谷或生活侍应。少数男奴从事重体力劳动，如划船、冶炼金属、打造武器或工具等。当然也有从事农业、畜牧业生产的。公家奴隶属于宫廷，由宫廷提供口粮和住所。

迈锡尼文明诸国的土地，一类是公有地，一类是私有地。最大的土地所有者是国王、贵族和祭司。地方上有一个专门的土地所有者等级，叫作"特勒太"，他们可能是公社的上层分子。如果说，最小的份地上生产的谷物数量算作一个单位，那么国王的土地便相当于 1800 个单位。在派洛斯王室经济中工作的女奴及儿童，总数约达千人。

迈锡尼的政体大异于公元前 8 世纪以后的希腊城邦，而像克里特，属于东方式的君主制度。最高统治者是"瓦纳克斯"（王）。后来的"巴西琉斯"（王）在迈锡尼时期可能只是一种次一级的统治者，或者某一集团的首领。国王以下的重要人物是将军。此外，还有一大群的贵族（他们往往和国王有亲属关系）帮助国王统治国家。他们平时是高级行政官员，战时是军队的骨干，或分散开来指挥步兵，或集中起来组成冲击力量。地方上还有一个人数更多的贵族等级，维持国都以外的地方行政机构。学者们推想派洛斯全国划分成若干个由总督治理的行政区。可能还有各种低级吏员和一定数目的书吏。社会的基层组织是公社。公社这时已从属于国王和他的宫廷政府，只拥有最起码的内部自治。公社由长老领导，他们的任务是为国王和政府收税，征集劳役，招募工匠。

在统治阶级和奴隶之间的是平民，包括农民、手工业者、商人以及其他人等。平民上层属于奴隶主阶级，其余为一般自由劳动者，他们对国家都有纳税、服兵役等义务。

公元前 13 世纪后半叶，属于迈锡尼文化的各希腊人国家，由于内部的阶级矛盾而削弱。他们的对外贸易也开始衰落，外来的东西不见了，甚至本地的陶器也大大地减少了。公元前 12 世纪初，他们又对小亚细亚的特洛伊进行了长达 10 年的侵略战争。虽然最后取得了战争的胜利，但是他们自身的实力也遭到了很大的损失。大约 80 年后，多利亚人南下，属于迈锡尼文化的一些希腊人国家纷纷在历史上消失。克里特·迈锡尼文明连同它们的线形文字逐渐被人们遗忘。

# 荷马史诗和特洛伊战争

王敦书

古代希腊的荷马史诗是全世界人民宝贵的精神财富和文化遗产。马克思对荷马史诗曾给予很高的评价，认为希腊的艺术和史诗"仍然能够给我们以艺术享受，而且就某方面说还是一种规范和高不可及的范本"①。对于历史研究来说，荷马史诗又是重要的历史资料。史诗的创作过程及其描述的历史事件和当时的社会风貌，使历代专业史家以至业余的爱好者对远古希腊的历史产生了极大的兴趣，进行了认真的思考，引起了惊人的考古发现，也带来了几乎是不可穷尽的探索、争论、遐想和猜测。

## 荷马史诗和荷马问题

众所周知，荷马史诗指的是荷马创作的《伊利亚特》和《奥德赛》这两部伟大的诗篇，主题是特洛伊战争和希腊方面英雄之一奥德修斯的战后经历。②

古代希腊流传着大量的神话和传说，具有优秀的史诗传统，内容包罗万象，从天地开辟直到英雄们的丰功伟业，绚丽多彩，引人入胜。后来，大概在公元前3世纪，亚历山大里亚的学者们将这些史诗按所述事件的先后顺序组织起来，总称《史诗组诗》。其中有关特洛伊战争的共八部，称《特洛伊组诗》，除《伊利亚特》和《奥德赛》外，其他六部皆失传，只有内容提要和个别诗句残留于世，使我们约略知其梗概。

根据这些传说和史诗，特洛伊战争的根源是由于特洛伊王子帕里斯将

---

① 《马克思恩格斯选集》第2卷，人民出版社1972年版，第114页。

② 本文中的某些译名有不同译法，我们保留了原译者的译名，如《奥德赛》等。

"送给最美丽的女神"的金苹果判给了爱与美的女神阿佛洛狄忒，爱神遂协助帕里斯诱拐了全希腊的美女斯巴达的王后海伦。迈锡尼国王阿伽门农因此组织和统率希腊联军10万人，战船1000余艘，渡过爱琴海远征小亚细亚西北角的特洛伊城，战争长达10年。双方最杰出的英雄是阿喀琉斯和赫克托耳，奥林帕斯山上众神也纷纷卷入，分别支持交战双方。最后，赫克托耳和阿喀琉斯相继战死，希腊联军采用奥德修斯的计策，用木马计攻陷了特洛伊城。

《伊利亚特》分24卷，共15693行，以阿喀琉斯之怒为中心，描述了战争第十年初51天中的故事。大致可分三个部分：（1）第1—9卷，阿喀琉斯由于受到阿伽门农的凌辱，女奴被其强占而勃然大怒，当众宣誓退出战争。希军与特洛伊大战失败，不得不派代表恳求阿喀琉斯参战，但阿喀琉斯不为所动。（2）第10—18卷，希腊方面继续败绩，情势危急，阿喀琉斯的好友帕特洛克罗斯穿上阿喀琉斯的铠甲加入战斗但阵亡。阿喀琉斯因好友被杀，无限悲痛，决心参战报仇。匠神赫淮斯托斯为阿喀琉斯打制新的装备。（3）第19—24卷，阿喀琉斯重上战场，所向披靡，在决斗中杀死赫克托耳。特洛伊国王普里阿姆只身进入敌营，哀求阿喀琉斯，终于将其子赫克托耳的尸体赎回特洛伊安葬。

《奥德赛》也分24卷，共12110行，以奥德修斯战后返回家乡伊大卡岛的经历为中心，历时10年，大致分为六个部分：（1）第1—4卷，奥德修斯之子帖雷马科在雅典娜女神劝说下离家寻父。（2）第5—8卷，奥德修斯告别女神卡吕蒲索，到达腓依基人居住的斯赫里岛，受到国王款待，听到乐师歌唱特洛伊战争和木马计的故事。（3）第9—12卷，奥德修斯在宫廷讲述战后自己在海上的历险和漂流经过。（4）第13—16卷，奥德修斯返回伊大卡岛，在其牧猪奴尤迈奥的茅舍中，与寻父归来的帖雷马科相认。（5）第17—20卷，奥德修斯继续化装回到自家宫廷，与向其妻求婚的人和老奶娘见面。（6）第21—24卷，奥德修斯杀死求婚者和背叛他的奴隶，全家大团圆。

《伊利亚特》和《奥德赛》的基本情节结构就是如此。但是，这两部史诗究竟是怎样创作的？荷马其人其事如何？这一直是学者们争论不休的老大难问题，人称"荷马问题"。

相传荷马原籍小亚细亚附近的希奥斯岛，是一个盲诗人。据说荷马还创作过《阿波罗神颂歌》，该诗最末说道："无论什么时候，有其他旅途中疲乏了的人来到这里，询问你们：'少女们啊，请告诉我……谁的歌声你们最喜欢?'那时候，你们一定要用你们优雅的言辞，众口同声地回答：'住在希奥斯石岛上的盲目歌人'。"这大概就是荷马是希奥斯岛盲诗人之说的来源，希腊著名史家修昔的底德也采用这一说法。大多数人认为荷马生活于离特洛伊战争不太远的时代，但希罗多德主张荷马比自己早大约 400 年，即公元前 9 世纪，除《伊利亚特》和《奥德赛》外，其他的荷马作品未必可信。事实上，关于荷马生平的传说都很零散模糊，真正可靠的不多。但是，荷马史诗在古代希腊具有极大的权威，不仅是家喻户晓、人人传诵的文学作品，而且是希腊精神文化的源泉和统一的象征，并被引来当作许多事实和说法的根据。

近代以来，学者们开始对荷马史诗的创作过程和是否系一人所作提出了怀疑，因而分为两大派。一派为"统一说"，认为史诗乃文学杰作，具有统一的艺术风格和特色，因此是一人所作，作者即荷马。另一派为"分解说"，即"小歌说"，认为如此宏伟完美的史诗不可能一蹴而成，由一人创作，而且史诗中有许多事实前后矛盾，不相一致。每部史诗皆可明显地分解成若干小歌，是一些零篇编集而成，有的为后人追加，并经过篡改。两个世纪来，学者们众说纷纭，莫衷一是，但总的趋向是归于"折衷说"。

美国学者帕里仔细研究了荷马史诗中重复出现的词组、短语、诗句和句组，特别是每个英雄和神的名号组合（即名词和其形容词的结合）与使用，如"捷足的阿喀琉斯""足智多谋的奥德修斯"等。他发现史诗具有一整套极其广泛复杂而又经济节约的程式化语句。所谓程式化用语就是指"在同一韵律条件下被固定地用来表达某一基本概念的词句"，它们是一些根据韵律需要而编好的、被重复地使用的、不同长度的词组和诗句。史诗不是诗人简单地运用一个个字或词创作出来的，它还由大量程式化的词组和诗句结合而成。不同的词组适用于不同的场合和诗句的不同部位与空间。同时，在一定的场合和诗句的一定部分，也只能重复使用某一固定的词组。说它广泛丰富，就是指有大量的、现成的程式化用语，供几乎是任何场合和位置使用；而所谓经济节约，就是指在相似的场合和位置，只能用同一个固定的词组，几乎不能代之以其他的词组，即没有别的与之重合的词组。据统计，荷马史诗有五分之一是由重复使用的诗句构成的，总共 28000 行诗中有 25000 个重复出现的短语。这些程式化用语符合配乐吟唱的古希腊诗歌所特有的韵律要求，也便于在没有文字的条件下口头传诵和即兴创作。如此大量而固定的程式用语显然不能出自一个诗人的创造，而是经多少代民间歌手不断积累选择、口头相传而约定俗成的。帕里的发现被认为是20世纪荷马研究最重要的成就，他被誉为"荷马研究中的达尔文"。

看来，早在公元前12世纪以前，古希腊已有能配乐唱诵的口头诗歌流传，诗人一身兼乐师和歌手。诗歌的题材是多方面的，而特洛伊战争最为重要。在历代相传的过程中，无数个无名诗人对诗歌及其程式化语句进行了积累、加工、剪裁和创作。大概到公元前8世纪时，有一位伟大的诗人即荷马，将其中一些短篇（有的已有相当长度）围绕一个中心结合起来，统一加工提炼，使其具有更高的艺术价值和特色，成为大型史诗。这种加工既是编集，更是创作。《伊利亚特》成诗的时间较早一些，《奥德赛》大概是荷马的晚年作品，也有可能是他人效法荷马所作。《奥德赛》中阿吉诺宫廷的乐师谛摩多科正是这些民间诗人以及荷马本人的写照。公元前8世纪时，希腊开始出现采自腓尼基的字母文字，但荷马很可能还是作为口头诗人来创作史诗的，并未直接使用文字。其后，史诗广泛流传，逐步定型。公元前7世纪时，小亚细亚有号称"荷马族人"的职业诗歌朗诵者。他们背诵荷马史诗，不再以竖琴伴奏，手头已有形成文字的部分史诗抄本。至公元前6世纪，全部史诗开始编成定本，在泛雅典娜祭专门举行朗诵比赛。以后，荷马史诗的抄本流传更广，日益杂乱，经亚历山大里亚的学者考订分卷，留传至今。

## 荷马考古和爱琴文明

荷马史诗是充满神话色彩的文学作品，它所讲述的特洛伊战争是否真有其事？古代希腊人对之深信不疑。希罗多德在其《历史》的一开头就写道，根据波斯方面的材料，普里阿姆之子诱拐了海伦，而"希腊人，为了仅仅一个拉凯第梦女子，竟集合大军，侵入亚细亚，毁灭了普里阿姆的王国"。修昔的底德也相信特洛伊战争的历史真实性，只是认为荷马作为一个诗人，可能叙述有夸张之处。然而，对于一个严肃的近代历史学家来说，荷马描述的一切毕竟显得太离奇了，因此19世纪许多正统的希腊史学者都认为史诗完全是诗人任意想象的结果，没有可靠的基础。例如，英国最著名的希腊史家格罗特就以公元前776年为界限，将古希腊史分为"传统的"和"历史的"两大范畴，宣称荷马史诗中的人物和事件"不应被认为属于历史的领域"。因此，一切有待于考古材料来证明。

　　与荷马史诗一样，荷马考古也具有很浓厚的浪漫色彩。为荷马考古奠定基础和取得惊人成就的，不是专业的考古学家或历史学者，而是一个传奇式的人物——德国商人施里曼。他家境贫寒，十四岁时便辍学在杂货铺当学徒工。但施里曼自幼向往铁马金戈的特洛伊疆场，陶醉于铿锵悦耳的荷马诗篇，决心有朝一日探挖古迹，寻找出化为废墟的特洛伊古城。经过艰难险阻，重重曲折，他经商致富，并通过勤奋自学，掌握了包括古希腊语在内的多种语言文字。1870 年，施里曼由新婚妻子希腊少女索菲娅陪同，出资雇工，在达达尼尔海峡附近土耳其境内的希沙里克山丘开始考古发掘。时光流逝，寒暑三易，他们发现了多层城墙遗址，并终于在一座地下古建筑物的围墙附近掘出了大量珍贵的金银器皿，仅一顶金冕就由16353 个金片和金箔组成。施里曼兴奋地宣布，他发现了特洛伊国王普里阿姆的宝藏。

　　1876 年，施里曼再接再厉，在希腊的伯罗奔尼撒半岛迈锡尼遗址的狮子门内侧展开发掘工作，迅即发现了共计六座竖井墓的墓葬圈，墓内有无数精美的器物。例如，镶嵌黄金、凹刻猎狮图的青铜匕首，有两个手把、把上各有鸽子相对的高脚金杯[①]等。特别是男尸脸罩金面具，胸覆金片；女尸佩戴金冠和其他金制首饰；童尸裹于金叶片内。珠光宝气，遍地黄金。啊，史诗不正是称迈锡尼为"富有黄金的迈锡尼"吗？面对一具在黄金面具下保存完好的男性尸体，施里曼电告希腊国王："我凝视着阿伽门农的脸庞。"

　　施里曼的成就举世瞩目，它证实了荷马史诗所说的特洛伊和迈锡尼古国真实存在，揭开了希腊远古历史的新的重要篇章。然而，这只是一系列激动人心的发现的开始。1884 年，施里曼在史诗所说的"大城墙的梯林斯"遗址，发现了位于坚固雄伟的城堡内的宫殿残迹。它的正厅、门廊、庭院和整个轮廓与荷马诗中描述的奥德修斯等人的王宫非常相似。特洛伊的发掘继续多次进行，一共挖出了九层遗址，所谓"普里阿姆宝藏"存在于从底层往上数的第二层。1894 年后，施里曼的亲密助手多普菲尔德认为第六层才是爆发特洛伊战争的普里阿姆的城市，而施里曼发现宝藏的第二层则要年代久远得多。

---

　　① 荷马史诗数次提到像堡垒一样能遮住全身的大盾，以及涅斯托耳的金杯，"那只大盅有四个把儿……而且上头都有两只黄金的鸽子，面对面地在那里啄食"。（《伊利亚特》中译本，第210页）。然而，在古代希腊找不到这样的大盾和金杯，学者们为之悬念不已。如今，在迈锡尼的竖井墓中却见到了相似的金杯，而且青铜匕首的猎狮图上的猎狮人恰恰手执形同 8 字、遮护全身的大盾。

"有一个地方名叫克里特，在葡萄紫的海水中央……有九十个城镇……在众城中最大的城是克诺索，有一位弥诺王从九岁开始便治理那个地方。"这是荷马在《奥德赛》中所描述的克里特岛的情景。希罗多德和修昔的底德也都报道了弥诺王在爱琴海上的霸权；相传弥诺王在克诺索修建了一座庞大复杂的迷宫。施里曼晚年在一封信中写道："我想以一件伟大的工作来结束我一生的劳动，即找出克里特的克诺索诸王的史前宫殿。"但是，他没有来得及实现这一愿望就去世了。

1900 年，英国学者伊文思在克诺索进行考古发掘，很快就发现了一座围绕中心庭院修筑的、占地约 6 英亩的宫殿，房间众多，走廊萦绕，上下数层，楼梯曲折，墙上壁画精致，四处柱子林立。西宫主要为行政、祭祀和贮藏的所在，东宫则为国王和王后的寝宫，北部尚有剧场。宫内不仅有无数宝贵文物，而且发现出数以千计的书写着不同文字的泥板。文字共有三种：图形文字、线形文字 A 和线形文字 B。除克诺索外，克里特岛在法埃斯特、马里亚和札克罗斯等地先后都有王宫遗址发现。一个迥然不同于古典希腊文化的、自成一体地独立发展达 2000 年之久的文化，在长埋地下约 3000 年之后重见天日了。伊文思用弥诺王的名字称克里特文化为弥诺文明。

史诗还描述希腊方面有位老英雄，名叫涅斯托耳，是派罗斯国王。他德高望重，参加过多次战争，特洛伊战后安返家乡，并在他的宫廷接待了奥德修斯之子帖雷马科。这个远古时代的派罗斯王宫究竟在何处？学者们一直有不同的推测。1939 年，英国学者布勒根在伯罗奔尼撒半岛西南部美塞尼亚地区的阿诺安格利亚诺斯发掘出了一座宫殿遗址，可与迈锡尼、梯林斯的王宫相媲美，同时还发现了 600 多块线形文字 B 的泥板。这表明迈锡尼时代的希腊半岛已有文字，而且与克里特的克诺索所使用的一种文字相通。1952—1963 年，布勒根继续当地的发掘工作，最后发表了《西美塞尼亚派罗斯地方的涅斯托耳王宫》一书。现在，学术界已公认阿诺安格利亚诺斯遗址就是涅斯托耳王宫的所在。

1952 年，英国建筑师文特里斯释读线形文字 B 基本成功，宣布它属于希腊语系统。这是在希腊远古历史和荷马研究方面的一个重大突破。与此同时，在迈锡尼的狮子门外不远，又发现了新的竖井墓葬圈。它在时间上与施里曼发现的基本相同，相当于公元前 17—前 16 世纪。丰富的墓葬品为迈锡尼文明增添了新的内容。

# 荷马史诗与历史真实

　　一百一多年来荷马考古的辉煌成就，确切无疑地说明荷马史诗描述的一切绝非子虚乌有，即使那些荒诞不经的众神故事也从另一个角度反映了古希腊人的宗教思想。现在，我们对远古希腊的情况已比古典时代希腊人有了更准确、更丰富的认识。那么，史诗的历史真实性的程度如何？它所反映的究竟是特洛伊战争时期即公元前 1200 年前后的希腊社会，还是史诗作者荷马本人生活的时代？这些问题不但没有解决，反而随着新材料的发现和研究的深入而更加复杂了。学者们大致持三种不同的看法：（1）史诗主要反映公元前 13 世纪至公元前 12 世纪的后期迈锡尼时代；（2）主要反映荷马生活的时代，但有的认为是公元前 11 世纪至公元前 9 世纪，有的认为是公元前 8 世纪，有的认为时间甚至还要靠后；（3）不存在一个历史上真实的荷马时代和荷马社会。

　　事实上，可以从史诗的创作过程和将史诗内容与考古材料相印证两个方面来考察。

　　首先，从史诗的创作及其语言来看，我们可以得出以下几点认识。

　　第一，史诗是口头创作的最早的文学作品，不是历史记录或严格的史学著作，不可能要求诗人有科学的历史态度和写实精神。因此，史诗所讲的人物、地点、事件、文物、宫廷、战争和社会等一切都有许多想象、夸张和失实之处。但是，诗人所描述的毕竟是历史上或至少是传说中曾经发生过的事件，诗人本人也不可能脱离社会实际生活而遗世独立，所以，史诗又必定有若干反映历史和现实的真实因素。

　　第二，史诗保存和使用大量程式化的词组、短语、诗句、句组和短篇题材。这些程式用语是从公元前 13 世纪以来历代歌手不断积累和创作出来的，它们必然包含不同年代的诗人对他们所处的和以前的时代的一些认识和想法。史诗传统没有中断，有关迈锡尼时代的传说一脉相承地传了下来，不可能不在一定程度上真实地存在于荷马史诗之中。

　　第三，史诗的最后创作者是生活于公元前 8 世纪的荷马，他在将全部史诗的内容和风格前后统一起来时，必然自觉或不自觉地给它打上自己时代的烙印。荷马所直接利用或编集的各篇"小歌"，大多创作或流行于略早于他的时代，势必或多或少地反映公元前 9 世纪的情况。

第四，荷马和略早于他的诗人距离特洛伊战争的时代已经三四百年，中间经过巨大的社会变化，线形文字B已失传，因而对迈锡尼时代的情况不可能有真正全面的了解。但他们既以远古的历史为主题，在主观上就会尽量使自己的描述带有古代的风貌，不仅设法保存和渲染古代留传下来的因素，甚至凭想象将现实生活拟古化。

第五，就词汇和文法来说，荷马史诗的语言是一个混合体，由多种成分和层次构成。其中有少量迈锡尼时代留传下来的阿卡底亚和伊奥利亚的方言因素，占支配地位的是公元前10世纪到公元前8世纪在小亚细亚西岸流行的爱奥尼亚方言，此外还有少数在荷马之后掺杂入史诗的阿提加方言的成分。这也表明史诗所包含和反映的事物会是多方面和多时代的。

其次，再从考古发现的材料来考察。可以与史诗相对比的事物很多，限于篇幅，这里仅分析金属器物和宫廷情况。

迈锡尼文明属于后期青铜时代，使用青铜器。希腊世界从公元前11世纪中期开始向铁器时代过渡，首先运用铁制的刀和匕首，至公元前10世纪中叶进入铁器时代，铁制的生产工具和武器广泛应用。但仍制造某些青铜器物。荷马史诗中所讲的武器，如剑、枪尖、头盔、甲胄、盾牌等，都是青铜制作的，这反映了迈锡尼时代的情景。然而，史诗还多次谈到铁制的生产工具，特别提及淬砺铁的技术，"像一个铁匠把大斧头或铁锛浸在冷水里淬砺，发出巨大的响声，这样铁才会更加坚硬"。这又是铁器时代的状况。所以，就金属器具而言，荷马史诗所描述的既不是某一个时代，也不是某个过渡的时代，而是两个时代和两个世界的混合，是历史、现实和想象三者的结合。这种结合的典型就是《伊利亚特》中天后赫拉战车的车轮，它有铁轮轴、青铜轮胎、黄金外圈和白银轮毂。

奥德修斯之子帖雷马科赞扬斯巴达国王曼涅劳的宫殿说："你看这个有回音的殿堂上，到处是青铜、黄金、白银、琥珀、象牙，闪闪发光。"在古希腊所谓"黑暗时代"（公元前11世纪到公元前9世纪）的遗址中，还从来没有发现过这样的王宫和如此丰富的金银财宝。可是，早在公元前16世纪的迈锡尼，施里曼已发掘出充满金银器皿的墓葬。在阿诺安格利亚诺斯的宫廷遗址，人们发现金、银、象牙的器物，具有炉床和国王宝座的高大殿堂，那里墙上绘着壁画，地面饰以图案，此外还有浴室、贮藏室和立着门柱的前殿。饶有趣味的是，门厅前有一个石护壁，面上覆盖着一块像大理石一样的光滑石板。而荷马恰恰在《奥德赛》中描述涅斯托尔从派罗斯的宫中"走出门，在高大的门前磨得洁白光滑的石凳上坐下"。

但是，线形文字 B 所反映的迈锡尼时代的宫廷经济却是荷马史诗所未曾接触到的。在派罗斯和克诺索的宫廷，有专门的书史，对土地、牲畜、奴隶、手工业者、原料与口粮的分配、产品的上交等各类财产、人员和账目，进行登记与监督管理。这是一种复杂的以宫廷为中心的经济制度和财产关系，线形文字 B 泥板就是这种财产和账目的每年一度的记录与文书。然而，这一切在史诗中根本得不到反映，其原因就在于随着迈锡尼文明的消亡，复杂的宫廷经济和线形文字 B 都不复存在，生活于不同时代和社会的荷马和略早于他的其他诗人已不知道、甚至想象不出这种情况了。

总括上述，可知史诗所要描述的是晚期迈锡尼时代的战争、事件和社会，其内容也确实保留了相当多的古代的因素。但是，荷马时代与特洛伊战争已相隔大约 400 年，整个希腊世界的政治状况和社会面貌经历了根本性的变革。迈锡尼时代的文物、制度和风俗有许多已湮没无闻，或仅存一鳞半爪，而为新的事物所取代。所以，史诗又在很大的程度上反映了公元前 10 世纪到公元前 8 世纪初小亚细亚西部希腊人居住地区的状况。

## 特洛伊战争的真实性

现在，我们来探讨特洛伊战争这一关键问题。

古典作家都相信特洛伊战争的真实性，并且流传着关于特洛伊城陷的各种年代。例如，公元前 1334、前 1270、前 1240、前 1234、前 1212、前 1209、前 1193、前 1184/3、前 1171、前 1135 和前 1129 年，等等。一般采用的传统日期是埃拉托色尼推定的公元前 1184/3 年。施里曼的发现证实了特洛伊和迈锡尼等古国的存在，但迄今学者们对史诗所描述的发生于希腊联军与特洛伊联军之间的这样一场大战仍有不同看法：一家主张有，以布勒根和佩奇为代表；一家主张无，以芬利为代表。为了说明问题，可分以下几点来论述。

第一，特洛伊遗址的第七层大约在公元前 13 世纪后半期毁于战火，在此之前它与希腊半岛有较密切的往来。

1932 到 1938 年，布勒根领导美国辛辛那提大学考古队在特洛伊遗址进行了系统仔细的发掘，后发表四卷本《特洛伊》一书。他明确宣布，"如果特洛伊曾经存在过（这怎么能受到真正的怀疑？），它必定在希沙里克山丘"；"无论如何，我们相信特洛伊 Ⅶa 提供了实际的证据，表明该城镇在希腊传统确定为特洛伊战争的整个阶段的某个时间，受到敌对力量的包围、攻陷和毁灭；可以可靠地将该城镇确认为普里阿姆和荷马的特洛伊"。

与以前各层相比，特洛伊Ⅵ期的城墙和建筑都表明它是一个比较强大和繁荣的据点。当时的文化背景发生了巨大的变化，而与希腊半岛方面有不少相同之处，这明显地表现在马和所谓"密尼亚灰陶"的使用上。特洛伊Ⅵ期大约存在于公元前 1800—前 1300 年，最后受到巨大破坏。由于没有发现大火焚烧的痕迹，辛辛那提考古队认为该城毁于地震，从而否定了已被多数学者接受的多普菲尔德关于特洛伊Ⅵ期乃是荷马所说特洛伊的看法。

特洛伊Ⅶa 是在第六层的城基上再建的。遗址有两个特点：一是居住比较拥挤，在原来的空地或街道上密集地修筑了许多普通的住宅；另一点是几乎家家都有不止一个大坛深埋地下，口露地面，覆以石板，内存各种生活资料。这种情况表明原来住在城外的平民开始迁到城内居住，并且尽量贮存生活必需品，似乎在作长期守城的准备，甚至已被围困。该城最后毁于大火，有骸骨发现，但迅即重建，文化背景未发生根本变化。这说明特洛伊Ⅶa 期很可能遭受战争洗劫，而入侵者不久就撤离了。特洛伊Ⅵ和Ⅶa 期都发现大量属于后期迈锡尼时代的陶器，这表明希腊半岛与特洛伊有相当密切的商业联系，而根据Ⅶa 期城陷前后陶器的风格可推断城陷的时间大概在公元前 13 世纪后半期。[①] 这一切不正与荷马史诗所说的大致在公元前 1270 到公元前 1184 年之间，希腊大军围陷特洛伊而后返回的情况相吻合吗？布勒根断言："不能再怀疑，确实有一场实际历史上的特洛伊战争，在战争中阿卡亚人或迈锡尼人的联盟，在一个其领主权得到公认的国王统率下，与特洛伊人及其盟国作战。"可是，入侵者是希腊人吗？迈锡尼有力量远征特洛伊吗？遗址本身不能提供确实的答案。

第二，公元前 13 世纪是迈锡尼文明的鼎盛时期，以迈锡尼为中心的希腊大陆方面有力量和可能跨海远征小亚细亚西岸的特洛伊，赫梯文献中的阿希亚瓦强国大概指的是迈锡尼和希腊人。

考古材料证明，公元前 1400 年后，迈锡尼文明开始取代克里特文明成

---

① 学者们根据不同时代陶器的不同风格来划分和断定爱琴文明的各个阶段和年代，布勒根主张特洛伊城陷时间大约在公元前 1250 年，米罗纳斯认为在公元前 1200 年，芬利则倾向于公元前 1190 年。

为东地中海上的强大力量，它的陶器分布到小亚细亚西岸、地中海东岸以至北非的埃及。公元前13世纪希腊半岛各地区的遗址、文物都呈现出大致相同的特征和风格，说明彼此之间有比较紧密的联系，甚至在政治上可能有共通的关系，而迈锡尼是它们的中心。雄伟的狮子门，经过加固和扩建的高大城堡，包括人称"阿特留斯的宝藏"在内的庄严宏伟的圆顶墓，象征着迈锡尼的权威和功业。

赫梯是公元前14、13世纪小亚细亚和地中海东岸一带最强大的国家，赫梯文书的发现和释读是20世纪考古学上的一大成就。特洛伊、迈锡尼和特洛伊战争在赫梯文献中有没有反映？这是学者们60年来一直关心和争论的问题。

赫梯文献中经常提到一个称作阿希亚瓦（Ahhiyawa）的国家，而史诗称希腊联军为阿卡亚人，因此不少学者认为阿希亚瓦就是希腊文阿卡亚（Achaia）的赫梯文译音。这里有一个困难，即 ai 不应音译为 iya，但这两个词毕竟是很相似的。更有甚者，文献提到的阿希亚瓦是一个位于小亚细亚以西的国家，相当强大，与赫梯有200多年的来往。它的地点可能在海上，其国王与赫梯君主称兄道弟，平等相待，甚至能与埃及、巴比伦和亚述的国王并列（后被抹去）。从历史和地理的情况看来，只有希腊半岛的迈锡尼才符合这些条件。在1981年12月美国考古研究学会全体大会上，著名赫梯学者居特博克肯定地说："常识告诉我，赫梯人一定知道迈锡尼人，如果阿希亚瓦这个名词指的是迈锡尼人，赫梯人关于阿希亚瓦所说的一切是适合于这一情景的"；"我找不到关于小亚细亚存在一个阿希亚瓦国家的证据；公元前14世纪、公元前13世纪的证据指明在海外，而我宁愿认为阿希亚瓦大王的地点是在希腊大陆而不是任何岛屿。"其他学者也同意并赞扬他的看法。

赫梯文献还提到公元前13世纪中期，小亚细亚西岸各地曾结成阿苏瓦联盟反对赫梯，联盟由22个地方组成，最北方的两个是 Wilusija 和 Truisa。有的学者认为这与希腊语的 Wilios（伊利奥斯）和 Troia（特洛伊）相符合，并根据当时历史形势认为很可能在赫梯打败阿苏瓦联盟后，称为阿希亚瓦的希腊人在公元前1230年左右攻陷了阿苏瓦联盟在北方的强大成员特洛伊。可是，这仍然是一种推测，赫梯文献并没有这样的记载。

第三，荷马史诗所说的特洛伊战争这一基本事实大概可信。《伊利亚特》第2卷有关希腊联盟和特洛伊联盟双方大军组成情况的记述比较可靠，是史诗中一个相对独立的部分，可能形成于特洛伊战争后不久的年代，最后才被编入史诗。

无论如何，唯一明确说明希腊联军攻陷特洛伊的材料是荷马史诗，但史诗毕竟是带有传说性质的文学作品，可能无中生有和张冠李戴，把历史事实弄得面目全非。例如著名的《罗兰之歌》和《尼布隆根之歌》就是如此。芬利以此为据对荷马史诗所说的特洛伊战争提出了否定。

其实，古希腊的史诗传统源远流长，起自迈锡尼时代，关于特洛伊战争的传说和诗歌，并不出自荷马，而是从迈锡尼时代末期起历代相传下来的，它没有中断过，不可能凭空捏造希腊与特洛伊作战这一基本事实。荷马并没有编造或复述整个战争过程，只是集史诗精华之大成，绘声绘色地描述了战争第十年的一大段插曲。他把整个战争看成是流传已久、人所共知、理所当然的事。

《伊利亚特》第2卷后半部列举了希腊和特洛伊双方参战成员的详细清单。这一部分在全书中占有比较独立的地位，与其他部分的叙述有不少不一致之处，显然是在史诗发展到较晚阶段才被基本上变动不大地并入史诗的。与考古材料相验证，可以看出这些名单比较符合迈锡尼时代的情况，大概编成于公元前12世纪。就希腊方面的名单而言，共列出164个地方参加联军，其中有96处现在已能确认为真实的地名，非诗人编造，而考古发掘和其他材料证明这96处中至少有60处为迈锡尼时代的居住点，而没有一处是在多利亚人南下后建立的。名单中有许多地方是公元前8世纪后希腊人所不知道或无法确认的，有些早已荒废和无人居住。这一切说明名单有较大的真实性，有的学者认为它"描述了一种大不相同于历史时期希腊的政治地理"，"差不多可以被形容为一个迈锡尼时代的历史文献"。

第四，公元前1200年左右，希腊半岛的迈锡尼文明突然受到重大破坏，所谓"海上诸族"侵袭东部地中海地区，迈锡尼不可能在此时远征特洛伊。

传统将特洛伊的陷落年代定在公元前1184/3年。但是，考古材料表明，大约在公元前12世纪开始时，派罗斯、迈锡尼、梯林斯等希腊半岛上一系列地区都遭到了袭击，阿诺安格里亚诺斯的涅斯托耳王宫从此化为废墟。显然，迈锡尼和派罗斯等国根本不可能在这自身不保的时刻组织大军进攻小亚细亚的特洛伊。与此同时，赫梯、腓尼基和埃及的文献表明，有来自北方和海上的所谓"海上诸族"侵袭小亚细亚、地中海东岸、塞浦路斯岛和埃及，赫梯首都被其攻陷，国家因之瓦解。

根据上述形势，芬利认为特洛伊Ⅶa城城毁于公元前1190年前后，它是被"海上诸族"摧毁的,而在入侵者当中可能有阿希亚瓦人夹杂在内。看来,关键是特洛伊Ⅶa期的结束日期。如果它发生在公元前13世纪后半期,希腊联军远征特洛伊之说可以成立。如果它属于公元前12世纪初,芬利的论断就有相当的根据。可惜,这样准确的年代目前尚难以断定。必须对特洛伊Ⅶa期地层、派罗斯、迈锡尼等遗址先后发现的大量陶器碎片进行仔细的分类和整理,这才有可能确定这些地方遭受攻击和破坏的年代与先后次序,而这项工作还有待于各方面学者的进一步努力和研究。

总括上述,我们可以初步认为,在公元前13世纪后半期,赫梯在小亚细亚西部的势力开始衰落,以迈锡尼为首的希腊人(在赫梯文献中称为阿希亚瓦人)加强在小亚细亚西部进行经济、政治和军事活动,最后攻陷了阿苏瓦联盟的北方成员特洛伊Ⅶa期城市。但当时迈锡尼文明已经盛极欲衰,特洛伊战争是阿卡亚人最后的壮举,同时也消耗了他们的力量。不久之后,"海上诸族"的侵袭浪潮席卷地中海东部地区,由小亚细亚一直推进到北非。希腊半岛未能幸免,派罗斯、迈锡尼等地先后遭到破坏。多利亚人随后南下,迈锡尼文明彻底崩溃,"黑暗时代"因之开始。在大动荡、大变乱之中,各支希腊人不断向小亚细亚西岸移民。然而,迈锡尼时代的史诗传统没有中断,特洛伊战争作为重要的题材被历代诗人所讴歌传颂。最后,伟大的诗人荷马将流传的各个零篇进行统一艺术加工,形成大型史诗《伊利亚特》和《奥德赛》。此外,还有其他关于特洛伊战争的诗篇,合成《特洛伊组诗》。史诗的内容不可能完全真实,但以迈锡尼为首的希腊联军曾与特洛伊作战这一基本事实,大概还是可靠的。

# 希腊大殖民活动

张树栋　李秀领

公元前 8 世纪至公元前 6 世纪，希腊许多城邦进行了广泛的殖民活动，其中最活跃的当推米利都、哈尔基斯、墨加拉、科林斯、福凯亚。殖民者从希腊半岛、爱琴海诸岛和小亚细亚的母邦出发，在黑海、马尔马拉海、爱琴海北岸和色雷斯，在西北希腊、伊利里亚、南意大利、西西里、高卢和西班牙，在埃及和利比亚沿岸等广大范围内建立了为数众多的殖民地，给希腊乃至地中海地区的发展带来巨大的影响。

## 大殖民活动的原因和特点

公元前 8 世纪至公元前 6 世纪希腊大殖民活动与早期希腊城邦的形成和发展紧密相关，是当时希腊诸邦经济、政治和社会发展的产物。但是细究起来，情况甚为复杂，因此在研究者中间，对于这一时期希腊人殖民活动的原因、过程和历史后果，仍有许多不同的看法。

根据古代作家的记载和考古发掘材料，一般认为希腊大多数城邦进行殖民活动主要是为了安置过剩的人口，寻求耕地。希腊城邦具有小国寡民的特点，都是以数量有限的公民及其土地为基础。按照亚里士多德的说法，城邦是"为了要维持自给生活而具有足够人数的一个公民集团"。他认为，城邦人数太少则不足自给，太多则"难以制定秩序"，所以"凡以政治修明著称于世的城邦无不对人口有所限制"。然而，希腊诸部落经过前次迁徙运动以后，大部分已定居下来，随着生产的发展人口迅速增长，和城邦制度发生矛盾。为城邦的生存计，必须保持一定的人口比例关系，把过剩的人口排斥出去，犹如古老氏族的自然分裂。对此，马克思也作过精辟的分析。他指出："在古代国家，在希腊和罗马，采取周期性地建立殖民地形式的强迫移民是社会制度的一个固定环节。这两个国家的整个制度都是建立在人口的一定限度上的，超过这个限度，古代文明就有毁灭的危险。……由于生产力不够发展，公民权要由一种不可违反的一定的数量对比关系来决定。那时，唯一的出路就是强迫移民。"①

　　结合当时希腊社会情况来看，平民和贵族的矛盾相当严重，公元前8世纪至公元前6世纪，希腊诸邦盛行贵族政治，氏族贵族执掌政权，他们霸占大量土地，垄断政治权利，而平民缺少土地甚至没有土地，在政治上也享受不到完全的权利，受着贵族的压榨和奴役，陷于极其悲惨的境地。平民要求得到土地和政治权利，贵族则利用刚刚形成的国家竭力维护自己的地位和利益，因此在城邦内部产生了长期而复杂的斗争。为了摆脱城邦内部纷争不已的局面，出路往往就是海外殖民，一部分居民只好背井离乡，殖民他方。例如，据亚里士多德记载，公元前8世纪末，斯巴达征服美塞尼亚后，公民分得了份地，但斯巴达妇女和黑劳士所生的所谓"处女之子"既无土地，又无公民权。这些"处女之子"图谋暴动，后在斯巴达人的劝诱下，前往意大利南部塔林敦去殖民。柏拉图也曾指出，无地无食的人，在国家看来，如洪水猛兽，危害极大。当他们啸聚成群，欲跟随其首领抢劫富家财产时，执政者不得不恭恭敬敬，遣之远去，却讳言其事，而美其名曰殖民。

　　同时，在贵族内部也存在矛盾，时而发生争权夺利的斗争。失败的贵族或集团往往带领自己的族人和支持者一起出走，希望在异乡建立殖民地，确立起自己的统治。据说，锡诺普和巴尔卡就是这样建立起来的。城邦内部"骚乱者"即失势贵族和部分平民的出走，增加了贵族政治的稳定性，因而由贵族执政的各邦都积极鼓励殖民，甚至强迫进行殖民。

　　当时，一些工商业较早发展起来的城邦如米利都等，需要奴隶劳动力，寻求原料和商品市场，其殖民活动可能是主要出于发展工商业的考虑，带有商业牟利的性质。另外有些城邦的殖民还出于偶然原因。据希罗多德记载，多利亚人居住的特拉岛连续七年干旱，不得不向北非移民。这次移民完全是强迫性的，按规定凡有一名以上男丁的家庭，必须派出一人加入移民行列，这样集合起来的约莫200名男丁乘船到达利比亚沿岸的普拉特亚岛，在此逗留两年后，迁居阿瑞斯利斯，公元前632年又移居昔勒尼，建立了类似于母邦的独立城邦。后来昔勒尼发展成为希腊最富庶的殖民地城邦之一。又如公元

---

① 马克思：《强迫移民》，《马克思恩格斯全集》第8卷，人民出版社1961年版，第618—619页。

前6世纪后半期，波斯向西扩张，迫使福凯亚等几个小亚细亚城邦进行避难性移民。

希腊人之所以能够进行规模广泛的殖民活动，是由于当时社会发展提供了一系列有利条件。殖民活动实际上是一种海上迁徙，这种活动得以顺利进行是与当时的造船和航海技术的发展密切相关的。当时希腊人不仅能够建造三十桨和五十桨的大船，而且还能建造二列桨和三列桨的战船。乘坐这样的船舰，希腊人能够远涉重洋。在殖民活动中表现活跃的米利都、哈尔基斯、科林斯和墨加拉等邦，都以造船业和航海业发达著称。前殖民时期希腊人进行海上贸易活动，也为殖民活动的开展提供了一些必要的自然地理知识。在希腊人进行殖民活动的时候，地中海区域大部分地区特别是西方和北方的土著部落社会发展水平低于希腊，古老的埃及和西亚文明处于衰落之中，只在西地中海遇到伊达拉里亚人和迦太基人的竞争。有利的主观条件，加上有利的国际环境，促使殖民活动成为可能，并促进它的发展。

希腊人建立的殖民地分布于沿海地区，从选择的地点来看，大多具有下列条件：第一，易于防守；第二，宜于生活，有肥沃的平原和可供人饮用以及灌溉的良好水源；第三，便于对外交通联系，尤其是海上来往。

一般说来，殖民活动大多由城邦主持。殖民者有自愿的，也有被迫的，还有招募而来或从其他城邦邀请来的。某些无力派出足够数量殖民者的城邦，往往派人参加其他城邦的殖民活动。有时，几个城邦联合进行殖民，共同建立一个殖民地。殖民地本身也可另建新的殖民地。

殖民者的成分并不是单一的，其中主要的是城乡贫民，但也有氏族贵族和奴隶主。每次派出的殖民者一般不超过200或300人，很少达到千人。选择兴建殖民地的首领（Oikistes）是殖民活动的重要步骤，他全权负责殖民事宜，享有很大权威。他必须祭神献礼，征得神谕，然后才能带领殖民者出发。与母邦奉祀神祇有关的祭司也往往伴随殖民者一起前往殖民地，以便在新建的公民团体中维持原有的宗教。殖民者从母邦的"圣灶"中取出圣火，到达目的地后就用带来的圣火点燃殖民地的圣灶，象征着殖民地从母邦分离出去的血肉关系。殖民地一般保持母邦的风俗习惯和传统，但在政治上则是完全独立的。一般来说，在殖民地建立之初，它与母邦具有共同的政治制度，共同的祭祀仪典。殖民地的公民依旧参加母邦的宗教庆典，或在母邦举行宗教庆典时派遣使者奉献祭品。殖民地和母邦保持着自然联系，特别在政治和军事上互相支持；殖民地与母邦作战被认为是可耻的。

# 殖民地的建立过程

在古代希腊历史上，不同形式的殖民活动始终存在，但就公元前8世纪至公元前6世纪希腊殖民活动来说，其规模之大，范围之广，在古代史上是无可比拟的。据统计，在此期间先后参加殖民的城邦（包括新建立起来的殖民地城邦）约有44个，共建立了139个殖民地，其中，米利都单独或与其他城邦一起建立了29个，哈尔基斯建立了16个，科林斯和墨加拉各建立了7个，福凯亚建立了6个，其他城邦所建立的殖民地则都不超过4个。这些殖民地遍布于爱琴海、马尔马拉海、黑海和地中海沿岸，用柏拉图的比喻来说，散布在从高加索到直布罗陀各海岸的希腊城市，好像是分散在池塘周围的青蛙一样。

希腊人在东方的殖民活动主要是在黑海沿岸、马尔马拉海沿岸和附近地区以及爱琴海北岸。

黑海沿岸是希腊人最早进行殖民活动的地区之一。根据古老的传说，帖萨利亚王子雅宋曾带领50个英雄驾驶"阿尔戈"号五十桨船到科尔喀斯去盗取由毒龙看守的金羊毛。这个传说隐约地表明，在大殖民之前，希腊人就在这里进行过航海或贸易活动。到大殖民时期，黑海沿岸希腊殖民地的开拓者主要是米利都人。公元前8世纪上半期，他们在黑海南岸建立了锡诺普，锡诺普在公元前756年又建立了特拉佩佐斯。约在公元前564年米利都人和福凯亚人还在黑海南岸共同建立了阿米苏斯。

米利都人在黑海西岸和北岸的殖民地最早建于公元前7世纪。这些殖民地大多建在河口港湾处，不但盛产鱼、盐，而且拥有适宜海上和内陆贸易的良港，例如位于多瑙河河口的伊苏特鲁斯、位于第聂伯河口的提拉斯、位于布格河口的奥尔比亚等。他们还和福凯亚人联合建立了本都的阿波罗尼亚。在公元前6世纪建立的殖民地中，比较著名的有奥德苏斯、托米斯。这时，米利都人还逐渐深入到克里木半岛，在此建立了潘提卡派翁（今刻赤）和忒奥多西亚。此外，他们还在黑海东岸建立了费西斯和狄奥斯库里亚斯，它们是一条始自里海的商道的出海口岸。

在公元前6世纪中叶以前，米利都人几乎垄断了黑海地区的殖民活动，但在此以后，他们不再到此殖民，一些新建的殖民地则归属其他城邦。特奥斯人摆脱了波斯的控制之后，于公元前545年在塔曼半岛建立了法纳戈里亚,与潘提卡派翁隔海相望。墨加拉人于公元前 560 年在黑海南岸建立了本都的赫拉克列亚（今埃雷利）；又于公元前 510 年在黑海两岸建立了美塞姆布利亚。

马尔马拉海地区的殖民地大多是米利都和墨加拉所建。大约在公元前 756 年,米利都在马尔马拉海南岸建立库济科斯,该城在公元前 7 世纪初毁于基麦利人的入侵,不久又重建起来。公元前 710 年,米利都人联合帕罗斯人、埃列特里亚人在库济科斯以西建立了帕利昂；在征得吕底亚国王的同意后,公元前 680 至公元前 652 年间米利都人在赫勒斯滂东岸建立了阿比多斯。

堪与米利都人争雄的是墨加拉人。他们于公元前 685 年和公元前 668 年在博斯普鲁斯海峡东、西两旁分别建立了哈尔凯顿和拜占廷[1],这两个殖民地扼博斯普鲁斯海峡之咽喉,控制着通往黑海的海道,具有重要的战略意义。在拜占廷之西还有塞吕姆布里亚,可能建在拜占廷之前。哈尔凯顿后在马尔马拉海东岸又建立了阿斯泰科斯。

大约在公元前 654 年,福凯亚人在赫勒斯滂东岸建立了拉姆普萨科斯。公元前 602 年,萨摩斯人冲破麦加拉人的阻挠,在马尔马拉海北岸建立佩林托斯。在赫勒斯滂入口处南部,列斯博斯人建立了一些小殖民地。公元前 6 世纪雅典在此也建立了自己的殖民地西格伊昂,并逐渐向对岸色雷斯的赫尔松涅索斯扩大自己的势力。

爱琴海西北岸地区有着河口平原和茂密的森林,并且出产贵金属,加上黑海沿岸的开发,其地位变得日益重要起来。这一地区的殖民者,主要来自优卑亚岛的哈尔基斯和埃列特里亚以及安德罗斯岛。哈尔基迪凯半岛由帕列涅、阿克特和西托尼亚三个小半岛组成。哈尔基斯人在阿克特和西托尼亚半岛上建立了许多殖民地,以至于这两个半岛连同帕列涅半岛组成的整个地区都因此而被称为哈尔基迪凯半岛。埃列特里亚人殖民于帕列涅小半岛和马其顿东部地区,他们在公元前 730 年建立的门德是半岛地区最早的殖民地。安德罗斯人在此半岛东北部进行殖民。而半岛地区最著名的殖民地则是科林斯人在公元前 600 年建立的波提达伊亚。

---

① 拜占廷的殖民者中,除了墨加拉人以外,大概还有来自伯奔尼撒和希腊中部其他城邦的人。据说,他们在拜扎士的带领下,定居于此,拜占廷一名由此而来。后来它在罗马帝国时期发展成为古代西方世界的商业和政治中心,更名为君士坦丁堡。

　　色雷斯沿岸最早的殖民地是由帕罗斯人建立的。公元前650年，塔索斯岛成了邻近的帕罗斯岛的殖民地。后来，塔索斯又建立一些新的殖民地。公元前655年，希奥斯人在色雷斯南岸建立了马罗涅亚；次年，克拉左麦纳伊人建立了阿布德拉；在萨摩色雷斯岛的殖民活动为时较晚，是公元前6世纪由萨摩斯人进行的。

　　小亚细亚南岸由于地理条件不适宜殖民，当地居民的文明程度并不亚于希腊人，因此新建的希腊殖民地为数不多，只有罗德斯人建立的法塞利斯和萨摩斯人建立的纳吉多斯和凯连德里斯。

　　希腊人在埃及建立的殖民地是位于尼罗河口的瑙克拉提斯，该地初由米利都人所建，后来小亚细亚诸邦商人也到此经商。这是希腊人在埃及法老允许下在埃及从事商业活动的居留地，在希腊殖民地中有其独特地位。在利比亚沿岸，特拉岛的多利亚人建立了昔勒尼，不久，由于统治者内部发生内讧，公元前560至公元前550年间部分昔勒尼人出走，建立了巴尔卡。此外昔勒尼还建立殖民地陶希拉和埃夫赫斯佩里德斯。

　　在西方，希腊人的殖民地主要分布在西北希腊、伊利里亚、南意大利、西西里以及高卢和西班牙海岸。

　　西北希腊和伊利里亚是希腊通向西方的交通要道，在这一地区的殖民活动中，科林斯人占据重要地位。公元前8世纪，埃列特里亚人曾殖民于科西拉，但后为科林斯人赶走，他们把科西拉变成了自己的殖民地。科林斯和科西拉关系时好时坏，它们在公元前664年发生过海战。公元前627年科西拉在伊利里亚建立了埃皮达姆诺斯，在此殖民地建立过程中，科西拉按照惯例邀请了科林斯人和其他多利亚人参加殖民。

　　希腊人在意大利和西西里岛的殖民活动情况大致如下：优卑亚人殖民于意大利和西西里；阿凯亚人的殖民活动仅限于南意大利；多利亚人的殖民地大多在西西里。

　　公元前8世纪中叶，哈尔基斯和埃列特里亚人首先在意大利西海岸皮特库塞岛建立殖民地，不久大部分殖民者迁居对岸的库麦；在库麦的建立过程中可能还有其他希腊人参加。库麦位于希腊人和伊达拉里亚人势力范围的交接处，在沟通文化交通方面有重大作用。

　　继优卑亚人之后到南意大利殖民的是阿凯亚人。公元前720年他们建立了叙巴里斯。叙巴里斯有着肥沃的平原，以盛产谷物和美酒著称，又因位于重要商道而大获其利。其居民生活奢华，故"叙巴里斯人"一词在欧洲许多语言中成了"奢侈逸乐者"的代名词。公元前510年，叙巴里斯在与另一个由阿凯亚人建立的殖民地克罗顿斗争中被夷为平地。克罗顿大约建于公元前710年，亦属富庶之邦。

建于公元前706年的塔林敦，是斯巴达在海外建立的唯一殖民地，它不同于母邦和希腊人在南意大利建立的农业殖民地，手工业相当发达，同时又利用其良港进行活跃的海上贸易。为了阻止强盛的塔林敦向西扩张，阿凯亚人建立了麦塔蓬杜姆。公元前679年，中希腊的洛克里人在意大利西南海岸建立了洛克里·埃庇兹菲里。公元前680至公元前652年之间，科洛丰人在意大利南端阿凯亚人殖民地之间建立了西里斯，但在后一世纪为其阿凯亚邻邦所灭。

建立在南意大利的上述殖民地又建立了许多"子邦"。其中比较重要的是：库麦建立的狄凯阿尔希亚和新城（今那不勒斯）；叙巴里斯建立的拉乌斯、皮克苏斯和波西顿尼亚；克罗顿建立的卡夫洛尼亚、特麦萨和特林纳；塔林敦建立的赫拉克列亚；埃庇兹菲里建立的麦德马和希波尼乌姆。

这样，在意大利南部，希腊人建立了为数甚多的殖民地，其中阿凯亚人殖民地占据中心地位，多利亚人和伊奥尼亚人殖民地分居两旁。由于希腊殖民地相继建立，这一地区遂有"大希腊"之称。

西西里岛适宜谷物生长。在西西里东北部殖民的主要是哈尔基斯人。他们在公元前734年建立的纳克索斯是西西里最早的希腊殖民地，不久，他们又建立了卡塔涅和列昂提尼，分别处在肥沃的卡塔尼亚平原的北部和南部。位于东北角的赞克列原为意大利库麦城海盗所盘踞，后来以哈尔基斯为主的一批优卑亚人占领了该地；公元前494年，它被米利都人、萨摩斯人占领。后改名为墨萨纳，据说是因为大批美塞尼亚人成了这里的居民。赞克列曾在半岛北岸建立自己的殖民地米列和希墨拉。

在优卑亚人殖民于西西里东北部之时，多利亚人也在西南部进行殖民。公元前733年科林斯人建立了叙拉古，这是希腊人在西西里建立的最大的殖民地。后来，叙拉古在西西里西南部建立阿克拉伊、卡斯麦纳伊、卡马林纳。前两个殖民地建立在内地，完全依赖叙拉古，可能用来监视隶属于叙拉古的西凯尔人。公元前728年，墨加拉人应西西里土著之请，在叙拉古以北建立了墨加拉、希布列。公元前628年，他们又在南岸建立了塞林努斯，这是希腊人在西西里所建的殖民地中最西边的一个据点。公元前688年克里特和罗得斯人在南岸联合建立了革拉。革拉向西扩张，在公元前580年建立了阿克拉加斯,此城后来强盛起来,成为叙拉古的竞争者。当时,西西里西部沿岸为腓尼基人所占据,建立了一些商业居留地。开始的时候希腊人和腓尼基人保持着和平,到公元前7世纪后期和公元前6世纪初,他们在西西里的竞争才变得激烈起来。

在意大利以西的地中海沿岸,希腊人最重要的殖民地是福凯亚人于公元前600年在伦河三角洲东缘建立的马萨利亚(今马赛)。它位于南高卢,是希腊人的西方前哨。据希罗多德记载,福凯亚人是最早进行远洋航行的人,首先发现亚得里亚海、第勒尼安海、伊比利亚和塔尔特索斯,他们向西方进行殖民活动可能是出于商业的考虑。除了马萨利亚以外,他们还在西班牙北部建立了埃姆波里埃,在撒丁尼亚也建立了一些殖民地。大约在公元前565年,福凯亚人在科西嘉岛东岸建立了阿拉利亚。公元前545年大批福凯亚人为了躲避波斯军队的入侵,逃到了阿拉利亚。公元前540年,居住于阿拉利亚的福凯亚人同迦太基和伊达拉里亚人的联合舰队进行海战以后,全部移居意大利,建立了埃列亚。

## 大殖民活动的历史影响

希腊大殖民活动,对于整个希腊世界的经济、政治、社会和文化发展都有巨大的影响。

首先,希腊人的广泛殖民,扩大了希腊世界的范围。原来的希腊局限于爱琴海地区。随着在黑海、马尔马拉海、北非、意大利、高卢、西班牙等地区一系列殖民地的建立,希腊人的足迹几乎遍及地中海周围地区,他们与这些地区众多的社会发展程度不同的部落和部族接触,大大有利于希腊世界经济的发展。广泛的经济联系促进了海外贸易的发展,扩大了海外市场。希腊一些城邦把手工业产品远销殖民地及其周围的土著居民,带回了大量的原料和奴隶,促进了这些城邦工商业的发展。例如,希腊一些城邦向黑海沿岸殖民地及其周围地区的部落输出陶器、武器、贵金属品和油、酒,以换取他们的谷物、咸鱼、兽皮和奴隶。同时,奴隶来源增加了,使用奴隶劳动的范围也逐渐扩大,使得希腊奴隶制经济日益发展起来。希腊一部分居民移居他乡,开辟殖民地,加上母邦社会发展,也有助于公民集体的稳定和公民生活水平的提高。

希腊许多城邦的殖民活动与城邦的形成、巩固同时发生。社会经济发展又成为促使希腊社会政治进步的强大因素。大殖民活动刺激了商品货币关系的发展，加剧了社会分化，进一步破坏了氏族制度，动摇了氏族贵族统治的基础。另外，随着社会经济的高涨，平民的力量也得到增强。这就加强了平民反对贵族的斗争，削弱贵族的统治势力，促进了基于财富的寡头政治以及早期民主政治的出现。所以，希腊的殖民活动在一定程度上加速了希腊平民反对贵族斗争的胜利。

在文化方面，大殖民活动扩大了希腊世界与非希腊世界的交往，增进了文化交流。希腊人从中获益匪浅。埃及的建筑、雕刻和医学，吕底亚人的歌舞、音乐，西亚的金属铸像法都传入希腊，丰富了希腊文化。意大利南部的一些殖民地成了希腊文化的重要发展中心。古代一些著名学者和科学家生长于希腊殖民地，或者在殖民地生活过。例如，毕达哥拉斯是萨摩斯人，后来移居南意大利的克罗顿，这些名人学者的活动给希腊文化增添了光彩。

不能否认，希腊人的殖民活动是对有关地区原始居民的侵略行为。他们所到之处，采取暴力或诈骗手段，侵占土地，建造城市，并霸占当地居民的土地分给殖民者。西西里的西坎人、西凯尔人，爱琴海北部及其沿岸地区的色雷斯人，北非的利比亚人等许多土著，不是横遭驱逐，就是深受迫害。希腊殖民者甚至奴役当地居民，如墨加拉人在黑海南岸建立赫拉克列亚，强迫当地的马吕安迪人作为他们的农业奴隶，只是不能卖出国境。叙拉古的土著居民西凯尔人也有同样的遭遇。许多殖民者肆意掠夺当地土著居民的财富，劫持当地人变卖为奴。

但是，希腊人的殖民活动在客观上也传播了当时较为先进的希腊文明，希腊字母传入意大利，以其为基础的拉丁字母的诞生，便是一个突出例子。希腊人的许多生产技术，如制陶、经济作物栽培、武器制造等，相继传入邻近地区，促进了当地经济的发展。在一些后进地区，希腊人的殖民促进了原始社会的瓦解和奴隶占有制度的发展。

# 美塞尼亚战争和黑劳士制度的发展

刘家和

在古代希腊，斯巴达是一个著名的奴隶制城邦，斯巴达的公民是十足的寄生阶级，他们既不从事农业和手工业，也不经营商业，全靠剥削一种叫作黑劳士的奴隶来过活。据古代希腊学者说，当时各城邦的奴隶人数，以斯巴达的黑劳士为最多。黑劳士制度是斯巴达通过征服邻近地区特别是征服美塞尼亚而发展起来的。几次美塞尼亚战争的过程如何？与黑劳士制度的关系又是怎样的？这些就是下文所要说的内容。

## 第一次美塞尼亚战争

斯巴达城邦是多利亚人建立的。公元前 12 世纪，多利亚人部落从北希腊南下。其中一支来到伯罗奔尼撒半岛东南部的拉哥尼亚地区，在斯巴达一带逐渐定居下来。他们成了斯巴达人。这些斯巴达人最初还处于原始社会晚期阶段，当然也还没有奴役黑劳士的制度。随着原始公社的逐渐解体，约公元前 9 世纪，斯巴达人的国家开始产生。同时，斯巴达人逐渐向周围地区的阿凯亚人发动进攻，强迫被征服者接受他们的统治。据说，当斯巴达人征服南方沿海的黑劳士（Helos）城的时候，他们开始把那里的被征服者变为奴隶。这种奴隶因地名而被称为黑劳士（Helot），而且斯巴达人把以后由征服得来的同类奴隶也照例称为黑劳士了。

斯巴达人约在公元前 8 世纪中叶统一了拉哥尼亚，同时开始建立起剥削黑劳士的制度。公元前 8 世纪后期，斯巴达人又对西边的邻邦美塞尼亚发动战争。这就是历史上所说的第一次美塞尼亚战争（约公元前 740—前

720 年）。①

相传，这次战争是由这样一些事件引起的。两国边境上有一处神庙，逢时过节，双方的人们都来祭献。有一次双方的人发生流血冲突，斯巴达的一个国王也在冲突中死去。斯巴达人说，美塞尼亚人要污辱斯巴达的妇女，斯巴达王在阻止的过程中被杀。美塞尼亚人说，斯巴达人派出一些没有胡子的青年，男扮女装，身藏利刃，阴谋伤害美塞尼亚的一些上层人物，所以美塞尼亚人的行动是出于自卫。此外，一个斯巴达人骗取了一个美塞尼亚人的畜群，还杀了美塞尼亚人派来讨债的儿子。这个美塞尼亚人向斯巴达申诉无效，就决定一有机会就刺杀斯巴达人，以作为报复。斯巴达派使者要求美塞尼亚交出凶手。美塞尼亚方面表示和国人商议后再回答。在商量中，美塞尼亚内部两派人发生了流血的冲突，最后不向斯巴达屈服的一派胜利。他们遣使回答斯巴达人，要求把两国间的纠纷交托中间人来仲裁。斯巴达人表面不作答复，实际已秘密准备战斗，并发誓不论经过任何艰难曲折最终也要夺取美塞尼亚的土地。所以，这次战争的真正原因是，美塞尼亚有着比拉哥尼亚肥美得多的土地，刚刚征服拉哥尼亚并开始建立黑劳士制度的斯巴达人，对邻邦的土地起了贪心，企图把邻邦的人民变成黑劳士来奴役。

战争从斯巴达人突袭美塞尼亚边境上的一个小城镇开始。美塞尼亚人知道这个消息以后，才开会商量对策，整军经武，准备抵抗。斯巴达人进攻美塞尼亚的城镇，因对方防守严密，不能得手。他们经过农村，赶走牲畜，掠取庄稼，但是不毁坏树木、房屋。他们心中已经认定，这些将来都是他们的财产。美塞尼亚人基本处于守势；但也伺机扰掠拉哥尼亚沿海地区和西部农田，作为报复。

三年以后，美塞尼亚人认为准备基本就绪，开始反攻。斯巴达人从所占领的边境城镇出来迎击。美塞尼亚人选择地形崎岖之处作为战场，使斯巴达人的精良的步兵无从发挥其优势。斯巴达人不能取胜。美塞尼亚人又步步为营，使斯巴达人无法以突击取胜。于是斯巴达人被迫退回本国。

一年以后，斯巴达人再度侵入美塞尼亚，美塞尼亚奋起迎敌。开战之前，斯巴达王勉励部下勿忘决心征服美塞尼亚的誓言。美塞尼亚王则对部下说，这一战不仅为了保护土地和财产，而且如果战败，妻子儿女将被掳为

---

① 关于第一、二两次美塞尼亚战争，在古代希腊就已有不同的传说。这里取其比较系统和完备的略作介绍。

奴，成年男子将受辱而死，神庙将遭抢劫，祖宅将被焚毁，所以宁可死战，也不能受此灾祸。接着双方展开激战。斯巴达人在军事训练和兵员人数上都占优势，美塞尼亚人则不惜牺牲，作了最英勇的奋战。鏖战到夜幕降临，双方胜负难分，只好暂停。次日双方虽然未继续开战，但是美塞尼亚方面情况开始逐渐恶化。财政发生困难，奴隶向斯巴达方面逃亡，疫病也发生了。于是美塞尼亚人被迫放弃内地城镇，退而据守伊托麦山。

　　战争持续地进行着。到第十三年，斯巴达人又大举进攻。美塞尼亚王埃夫法埃身先士卒，负了重伤。他虽不久因伤重致死，其行为却鼓励了美塞尼亚人的抵抗精神。随后，美塞尼亚人选举亚里斯托德摩斯为王。亚里斯托德摩斯照顾人民，尊重贵族，并与阿尔卡迪亚、阿尔哥斯、西居昂保持友好的关系。他采用小股作战的方法不断困扰斯巴达人。到亚里斯托德摩斯当政的第五年，双方都为长期战争的消耗感到焦急，于是又发生了一次大战。斯巴达人不仅倾全国之力，而且请了盟邦科林斯的军队。美塞尼亚方面则请了阿尔卡迪亚、阿尔哥斯和西居昂的援军。在战斗中，美塞尼亚方面的不同兵种配合得很好。结果斯巴达人战败。但是他们征服美塞尼亚之心不死，仍然伺机行动。到战争的第二十年，美塞尼亚方面力量消耗殆尽，亚里斯托德摩斯绝望，自杀殉国。这一年年底，美塞尼亚人为饥馑、匮乏所迫，撤离伊托麦山，退往邻国。不过，这只是美塞尼亚人中不多的一部分。大多数美塞尼亚平民还散居在各自原来的居住地。斯巴达人夷平伊托麦山的堡寨，占领美塞尼亚，给公民们分配了被征服的美塞尼亚土地，迫使被征服的美塞尼亚人将田地收成的一半交给斯巴达人。由于第一次美塞尼亚战争的胜利，斯巴达刚在拉哥尼亚建立的黑劳士制度在广阔的美塞尼亚地区扩展起来。

# 第二次美塞尼亚战争

　　美塞尼亚人民不甘忍受斯巴达人的奴役。尤其是青年人，虽然没有经历以前的战争，却常怀着宁死也不能忍受奴役的气概。在美塞尼亚的青年中出现了一位杰出的领袖，名叫亚里斯托麦涅斯。他秘密地组织群众，准备起义，并且和阿尔卡迪亚、阿尔哥斯取得联系，争取他们的支持。不久起义爆发，史称第二次美塞尼亚战争。关于这次战争的年代，古代希腊史家有不同说法。比较可靠的说法是第一次美塞尼亚战争的参与者是第二次战争参加者的祖父一代。所以这次战争约在公元前 7 世纪后期。

起义开始的第一年，双方在美塞尼亚的德拉伊地方打了一次大仗，结果难分胜负。亚里斯托麦涅斯在战斗中超乎寻常地勇敢善战，博得了起义者的尊重。人们要推举他为美塞尼亚国王。他谢绝了，人们就拥戴他作为全权的大将军。他也成了斯巴达人忌惮的一个带有传奇性的人物。据说，他曾乘夜潜入斯巴达城，在那里的雅典娜神庙上高悬一面盾牌，上面大书："亚里斯托麦涅斯获自斯巴达人，谨以奉献女神。"

第二年，双方都请到了盟军，在名叫豕冢的地方举行会战。支持美塞尼亚人的有埃利斯人、阿尔卡迪亚人、阿尔哥斯人、西居昂人等，站在斯巴达人一边的有科林斯人等。在双方激战的过程中，亚里斯托麦涅斯率领一支由80名最精悍的美塞尼亚青年组成的突击队，首先冲向斯巴达国王亲率的军队，经过奋战击败了敌人。当斯巴达王领兵脱逃时，他就让其他部队承担追击任务，自己又领兵往战斗艰苦的地方去打击敌人。亚里斯托麦涅斯率先冲锋陷阵，击败斯巴达方面一支又一支队伍，最终使敌方全线溃败。斯巴达人伤亡惨重，士气沮丧，企图结束战争。据说由于一个名叫提尔塔伊奥斯的跛足诗人的鼓励，斯巴达人才坚持战斗下去。亚里斯托麦涅斯率领起义军在豕冢的大胜，使美塞尼亚人欣喜若狂。当他凯旋原驻地时，妇女们向他抛洒彩带、鲜花，为他高唱凯歌，热烈欢迎起义的英雄。这一战役以后，亚里斯托麦涅斯又一再向斯巴达人发动奇袭和伏击。

战争的第三年，双方又在一个名叫大壕的地方展开一场大战。阿尔卡迪亚地区各城都出兵支援美塞尼亚人。但是斯巴达人已经暗中用金钱收买了阿尔卡迪亚人的君主和统帅亚里斯托克拉特斯。战斗尚未开始，亚里斯托克拉特斯就对部下阿尔卡迪亚人说，现在处境不妙，一旦战败，退路都成问题。他命令每一个阿尔卡迪亚人注意他发的信号，一见信号大家就立即逃跑。战斗刚刚开始，亚里斯托克拉特斯就命令阿尔卡迪亚人撤退，造成美塞尼亚人阵线方面的左翼和中翼空虚。而且他命令阿尔卡迪亚人逃跑时经过美塞尼亚人所坚持的右翼，以扰乱他们的阵脚，影响他们的士气。在这种情况下，斯巴达人毫无困难地对美塞尼亚人展开合围。亚里斯托麦涅斯率众英勇抵抗，终因寡不敌众，形势无法扭转。这一役美塞尼亚方面伤亡惨重。以后亚里斯托麦涅斯纠合余众，带领大家放弃平原，退守埃伊拉山。斯巴达人满以为不久即可消灭这支起义军，结果起义又坚持了十多年。

亚里斯托麦涅斯知道已经没有力量组织大军同斯巴达人进行大战，就组织了一支300人的精兵，不时袭击美塞尼亚和拉哥尼亚的斯巴达人，夺取谷物、牲畜和各种财物作为起义军的给养。他们的这种斗争策略使得斯巴达人深感头痛，据说斯巴达人竟然在战争结束以前一直不敢在美塞尼亚和与之毗邻的拉哥尼亚地带从事种植。这种说法虽然不免太夸大了，但也说明埃伊拉山起义军的存在总使斯巴达人不能在美塞尼亚安稳地建立起黑劳士制度。亚里斯托麦涅斯对斯巴达人神出鬼没的袭击有一些在古代就成了流传民间的传奇故事。据说有一次他在袭击斯巴达人的时候负伤被俘，斯巴达人把他和他的同伴投入一个四面绝壁的深谷。同伴都摔死了，唯独他竟然能不死。当他在谷底坐以待毙的时候，看到一只狐狸从死者尸体上爬过。他捉住狐狸尾巴，跟着它找到出谷的孔道，把这个孔道扩大开来，他就又逃回了埃伊拉山。这类故事不论其真实程度如何，总反映出美塞尼亚人民对自己的起义领袖和民族英雄的热爱之情。

斯巴达人攻取埃伊拉山的行动不止一次失败了。在战争的最后一年（据说也就是埃伊拉山被围的第十一年），斯巴达人乘天降大雨美塞尼亚人难以防范的机会，突然进攻埃伊拉山。美塞尼亚人奋不顾身地进行抵抗，连妇女都起而助战，战斗十分激烈。斯巴达军人多，就分批轮番作战。美塞尼亚人连续战斗了两天两夜，不能休息，也得不到饮食，到第三天已经精疲力竭。亚里斯托麦涅斯不得不组织撤退。他亲自率先突围，让自己的儿子和一些人断后。他们将残部撤退到了阿尔卡迪亚。

亚里斯托麦涅斯在阿尔卡迪亚又选出 500 名美塞尼亚战士，准备乘斯巴达军还在埃伊拉未回之际，直接袭取斯巴达城。有 300 名阿尔卡迪亚人也准备参加。事情因阿尔卡迪亚王亚里斯托克拉特斯将秘密透露给斯巴达王而未成，不过亚里斯托克拉特斯也因叛卖事泄而为国人所杀。第二次美塞尼亚战争又以斯巴达胜利而告终。

# 两次美塞尼亚战争后黑劳士制度的发展

第二次美塞尼亚战争以后，凡是在埃伊拉山和美塞尼亚其他地区被俘的美塞尼亚人都被斯巴达人当作黑劳士。至此，斯巴达人在美塞尼亚比较广泛和巩固地建立起黑劳士制度，黑劳士制度也成为影响到斯巴达社会生活各个方面的一个根本因素。这表现在以下几个方面：

第一，黑劳士制度成为斯巴达国家最根本的剥削制度。在美塞尼亚战争结束以前，斯巴达的公民也有私有奴隶，并用这些奴隶放牧或从事家内劳动。美塞尼亚被征服后，黑劳士人数空前增多，而且他们随同分予斯巴达公民的各块份地而受份地持有者剥削。大量的黑劳士的存在抑制或排斥了其他类型奴隶的存在。在公元前 6 世纪至公元前 5 世纪斯巴达奴隶制的盛世，我们很少看到其他类型的奴隶，当然也难说这些奴隶在斯巴达社会经济生活中起了多大作用了。

第二，斯巴达人完全成为依靠剥削黑劳士劳动生活的寄生阶级。在征服美塞尼亚以前，斯巴达人还不是完全不事生产的寄生者。征服美塞尼亚以后，每户斯巴达公民都分得了份地，份地上的黑劳士每年必须向他们缴纳 82 麦斗大麦以及一定数量的油和酒。这样就使他们有了过寄生生活的可能性。斯巴达人完全脱离生产劳动大概是从两次长期的美塞尼亚战争中开始的。那时候，他们长期在外当兵作战，自然地脱离了生产劳动。等到征服美塞尼亚以后，他们不仅有了足够用来剥削的黑劳士而可以脱离生产劳动，而且斯巴达国家面对这样多的反抗性很强的黑劳士，也不允许公民们再经营任何生产了。斯巴达国家要求斯巴达人从小就受严格的体育和军事训练，成年后始终生活在军营中，除了行军作战就是准备作战，直到 60 岁为止。斯巴达人的经济生活依赖在黑劳士制度上了，他们的社会生活也被束缚在这种制度上了。

第三，斯巴达人和黑劳士之间的尖锐矛盾成为最根本的社会阶级矛盾。斯巴达国家的早期，平民和贵族的斗争曾经相当尖锐和严重。就是在第一次美塞尼亚战争以后和第二次美塞尼亚战争期间，斯巴达人内部也还发生过关于重分土地的纷争或要求。征服美塞尼亚大片肥美土地以后，斯巴达公民普遍得到份地，内部的矛盾缓解。同时，对付大量的黑劳士成了他们的共同任务。黑劳士的人数远远超过斯巴达人的人数，而且他们散居在农村里，周边左右都是有共同经历和处境的苦难的伙伴，不像其他类型的奴隶来自不同的地方或民族，分散在奴隶主的家庭或作坊里，直接受到奴隶主或其监工的监督。斯巴达人知道自己的脚下是一个随时可以爆发的火山，于是使出一切可能的残暴手段来进行控制和镇压。他们迫使黑劳士穿着标志卑贱的衣服，不许黑劳士有任何独立人格的表现。据说，不论黑劳士有错无错，每年都要挨一次鞭打，为的是让他们记住自己的奴隶身份。斯巴达经常把青年组成小队，派到农村中去，让他们在白天看到哪些黑劳士是杰出的或可疑的，到晚上就用突然袭击的手段把这些无辜者杀死。斯巴达国家甚至有这样的制度：每年新当选的监察官上任，首先要做的一件大事就是举行向黑劳士"宣战"

的仪式。当时的人们认为，在战争状态中杀人流血，在宗教上是没有过失的。所以，这种宣战就是做好随时屠杀黑劳士的准备。因此，这种看来像是"仪式"的行为，倒是鲜明而又如实地反映了斯巴达人与黑劳士之间的阶级的战争状态。这种战争状态也可以说是美塞尼亚战争在平时的继续。

当然，这种紧张的阶级关系犹如一座高压的汽油库，只要遇到任何一点偶然的火星都会爆发出熊熊的战争火焰来的。

公元前464年，斯巴达发生大地震。斯巴达城中墙倒屋塌情况很严重，人员伤亡不少（传说死了两万多人，大概有所夸大）。美塞尼亚和拉哥尼亚的黑劳士了解到这种情况，迅速互相联系并组成了起义的队伍。起义者冲到斯巴达城，想一举占领这个城市。可是他们发现斯巴达人已有准备。原来斯巴达国王一发现地震，就马上全副武装从城市中走出来，并且召唤其他公民也像他一样走出来。接着他就把这些地震后的幸存者组成一支军队，准备对付黑劳士的起义。起义者见到这种情况就没强攻斯巴达城，而在美塞尼亚建立基地，不断从这里出兵进击拉哥尼亚。斯巴达人赶紧要求盟邦出兵援助，还请雅典出了援军（后来他们怀疑雅典并辞退了它出的援军）。斯巴达人和盟邦援军一同进攻起义者，并进而围攻起义者所据守的伊托麦山，但是长期攻打不下来。双方不停地打击对方，可是不能有决定性的胜负。这样相持了十年之久。最后，斯巴达人不得不同意伊托麦山的起义者作为自由人撤出美塞尼亚。其余美塞尼亚和拉哥尼亚的黑劳士重新沦为奴隶。这就是历史上所说的第三次美塞尼亚战争。这次战争虽然以黑劳士的失败告终，但其规模之大，历时之久，对奴隶主阶级打击之重，在古典时代希腊的奴隶起义中是首屈一指的。它以爆发战争的形式表露出斯巴达人和黑劳士之间的阶级对立。

还有个别古代希腊史家说到第四次美塞尼亚战争，但是没有记载具体内容，也不知具体所指。不过我们知道，在伯罗奔尼撒战争中，就曾有美塞尼亚的黑劳士乘机起来反对斯巴达人。所以，如果把小规模的反抗斗争也算进来，那么美塞尼亚战争的确是不止三次的。

从公元前4世纪初开始，斯巴达城邦逐渐由盛而衰。公元前369年，美塞尼亚在忒拜人的支持下获得独立。黑劳士制度由此也日趋衰落。

# 早期希腊的僭主政治

钟　嵩

在古代希腊历史上，公元前 8 世纪至公元前 6 世纪是许多地区奴隶制城邦的形成时期，史称早期希腊。这个时期希腊政治的特点之一是在许多城邦中出现过延续时间不等的僭主政治。

僭主，希腊原文为 τύραννος，据现代的古希腊史学家考证，可能起源于吕底亚，公元前 7 世纪中叶最早出现于帕罗斯岛诗人阿尔希洛霍斯所写的诗中。从当时诗人用词的含义来看，"僭主"与"王"是同义词，并无贬义。希腊人所称的"僭主"，乃是借助武力推翻以前的政权，从而确立起个人统治的人。僭主政治乃是僭主所建立的独裁统治的形式。

在谈论希腊的僭主政治时，必须把早期希腊的僭主政治与晚期希腊的僭主政治严加区别。前者盛行于希腊城邦的形成时期，后者则是从公元前 4 世纪起城邦陷入危机阶段的产物。同时，应该把波斯人在小亚细亚及其附近岛屿上的希腊城邦中安插的傀儡，与独立的希腊城邦中的僭主加以区别。我们在这里只考察早期希腊独立自主的城邦中僭主政治的兴衰。说得更确切一点，主要是介绍希腊大陆上一些城邦中一度存在过的僭主统治的情况。

关于在早期希腊产生僭主的原因，学术界迄今并无一致意见。例如，有的学者认为，在公元前 7 世纪僭主政治主要是在既缺少土地又从事海外贸易的城邦中出现。而在既不缺少土地又不从事海外贸易的诸邦，例如帖萨利亚、鲍伊奥提亚、斯巴达则没有僭主政治。也有学者认为，产生僭主政治的原因是在普通人中独立思想的发展，重装步兵中对自己的某种力量的意识，以及贵族内部权力的转移。我国的一些历史学家在《世界上古史纲》（下册）一书中指出："早期希腊史证明了一条普遍的历史规律：刚刚从氏族社会废墟上发生的国家是奴隶制小邦，其中占统治地位的首先是奴隶主氏族贵族，而这个时期突出的阶级斗争，总是贵族平民的斗争。僭主政治是贵族平民斗争的产物。"

在希腊大陆，公元前7世纪开始出现僭主，在阿尔哥斯、科林斯、墨加拉、西居昂、埃皮达吕罗斯和雅典，都有过僭主政治。在纳克索斯岛，僭主吕格达米斯一度当权。在这里，我们着重介绍一下科林斯、西居昂和雅典僭主政治的情况。

科林斯的僭主统治始于居普塞洛斯（约公元前657—前625年），在他的儿子佩里安德罗斯（约公元前625—前585年）时臻于极盛。佩里安德罗斯无嗣，死后由其侄儿普萨麦提霍斯继任。随着公元前582年普萨麦提霍斯被推翻，僭主统治在科林斯也就完结了。

根据希罗多德的记载，居普塞洛斯的母亲名叫拉普达，出身于科林斯当政的巴希阿提斯氏族。这个氏族实行内婚制，当时大约有200户。拉普达因为跛足，族内无人娶她，只得嫁给族外人埃埃提昂。埃埃提昂因为无嗣而前往特尔斐请求神谕。神谕中说道，他的妻子不久将要怀孕，并且生下一块圆的石头，这石头注定要落到王族的头上，在科林斯伸张正义。这些话不知怎样传到了巴希阿提斯族人的耳朵里去，他们因而决意杀死将要降生的婴儿。拉普达急中生智将婴儿巧妙地藏在一个柜子里，从而使其免遭杀身之祸。按照希腊文柜子"居普塞列"的意思，这个婴儿就取名居普塞洛斯。居普塞洛斯后来当了公民军的首领，推翻了巴希阿提斯氏族的统治。

在居普塞洛斯当政期间，巴希阿提斯氏族中的许多人被放逐，首领被杀。而僭主的一些支持者分得了土地。公元前4世纪的历史学家埃福罗斯说，居普塞洛斯是一个性情温和、深得民心并且有所作为的统治者，他没有卫兵。居普塞洛斯使一度与科林斯敌对的科西拉重新与科林斯和好。他先后建立了阿姆布拉基亚、安纳克托里昂、列吕卡斯三个殖民地，并且派遣自己家族的成员去进行统治。居普塞洛斯对特尔斐和奥林匹亚的神庙作了慷慨的捐献。在特尔斐他营建了科林斯的圣库，而在奥林匹亚他奉献了一尊巨大的宙斯塑像。这一切，当然都有助于提高他的声望。

佩里安德罗斯统治时期，科林斯盛极一时。他增建了阿波罗尼亚和波提达伊亚两个殖民地。在外交方面，他与米利都的僭主特拉叙布洛斯结盟，又与吕底亚、埃及以及雅典和埃皮达吕罗斯修好。由于他的声望，他曾对米提涅列和雅典之间关于西格伊昂的归属问题的争端进行仲裁。佩里安德罗斯修建了一条横跨科林斯地峡，能把科林斯湾和爱琴海连接起来的特殊石路，希腊文名为"迪奥尔科斯"（意为"曳道"）。这是一条用石头铺砌，中有两条平行的凹槽的道路，凹槽是适应安放小船的车子在石道上行驶的需要构筑的。把大船上的货物转装到放在车子上的小船上，便可以将货载从一个海岸转运到另一个海岸。据修昔的底德说，三列桨战船也可通过这条石道从一个海岸运到另一个海岸。20世纪50年代中叶，这条石道的遗址已被发掘出来。

在僭主统治时期，科林斯的手工业有巨大发展。它不仅是制陶和金属加工的巨大中心，而且还以纺织品及发达的造船业驰名。据说，三列桨战船就是科林斯发明的。这种船是当时航速最高的，时速可达18公里，可载约200人。科林斯的精美陶器远销各地。科林斯城得到巨大发展，周长曾达10公里。城里有供水装置，有出售货物的专用房屋。

佩里安德罗斯禁止无地农民迁居城内，颁布了反对游手好闲的法律。他还限制个人拥有奴隶的数量。对于这项规定的用意，解释不一。有人认为是为了反对奢侈，另一些人则认为是为了给贫民提供更多的工作机会。他设立了地区法庭以取代贵族法庭，还设置地区部落取代氏族部落。据说，他取消了贵族的公共聚餐，取消了古老的训练士兵的教育制度。

居普塞洛斯家族治理下的科林斯，文化繁荣，艺术昌盛。出身于列斯博斯岛上的麦提姆纳城的著名诗人阿里昂是佩里安德罗斯的好友。他所创造的名为季提拉姆博斯的祭祀酒神的合唱词在科林斯流行一时。在建筑庙宇的技术方面，科林斯人也有所创造。

在佩里安德罗斯晚年，反对僭主统治的势力不断增长。当僭主被推翻之后，居普塞洛斯家族的房屋被夷为平地，尸骨被从坟墓中挖出抛弃。取代僭主统治的是奴隶主贵族的专政。

关于西居昂的僭主政治，我们现在拥有的材料要比关于科林斯的少得多。据亚里士多德说，由奥尔塔哥拉斯肇其端的僭主统治，在这里延续了一百年之久（大约公元前655—前556年）。亚里士多德解释说，僭主政治在这里如此长久，是因为历代僭主"善自节制，治民温和，施政大体上遵循法度"，因而得到"大众的欢心"。

关于奥尔塔哥拉斯的出身，没有确切的材料，据说他的父亲安德列阿斯是一位祭司，也是属于显贵的氏族，只是在贵族内部争夺权位的斗争中借助部分平民之力而取得政权。

西居昂的僭主中以克利斯提尼（当政时间约为公元前600—前570年）最为有名。在他统治时期，原来的多利亚人的三个部落的名称分别被改为"猪族"、"驴族"和"小猪族"。而僭主本人所属的非多利亚人部落则被称为"统治者族"。对于克利斯提尼的这一行动的意义，学者们有不同的理解。有人说是被征服的伊奥尼亚和阿凯亚居民反对多利亚贵族的激烈斗争。有人认为，更名仅有宗教方面的意义，并无多少政治意义。也有人认为，这是贵族与平民斗争的一种表现，无论多利亚人还是非多利亚人都是公民集体中的成员。至于被征服而沦为耕奴的人，并不包括在所有四个部落之内。

在第一次"神圣战争"中，克利斯提尼起了重要作用。他被特尔斐近邻同盟委派指挥攻打克里萨的军队，并因此而得到三分之一的战利品。他激烈反对邻国阿尔哥斯控制西居昂的企图，为此而采取了一系列措施。他积极参加奥林匹亚和特尔斐的赛会。希罗多德用许多笔墨叙述了克利斯提尼为女儿择婿的故事，雅典的著名政治家克利斯提尼便是他的外孙。

僭主统治下的西居昂有发达的农业和手工业，铜器制造业享有盛名。西居昂在古朴时代就是希腊艺术的中心之一。克利斯提尼建立了新的酒神节。

克利斯提尼死后不久，西居昂的僭主即被斯巴达用武力推翻，而原来的四个部落都恢复了过去的旧名。西居昂又回到了寡头的统治之下。

阿尔哥斯、墨加拉和埃皮达吕罗斯虽然都有过僭主政治，但均为时短暂。

雅典在梭伦改革之后，经过数十年的动乱，终于建立了庇西特拉图家族的僭主统治。庇西特拉图两度掌权被逐，只是在公元前546年才第三次在雅典确立自己的僭主地位。到公元前510年希庇阿斯被推翻离开雅典，庇西特拉图家族统治雅典前后总计约40年。前承梭伦改革，后接克利斯提尼改革的僭主统治，对于雅典历史的发展产生了深远的影响。

由于史料不足，对于庇西特拉图夺取政权过程中依靠的社会力量和取得政权的具体经过，至今仍有许多不明确之处。希罗多德的记述显然富有传奇色彩。不过有一点可以肯定，庇西特拉图第三次夺得政权是因为得到了雅典平民的支持。至于这位出身贵族的政坛活跃分子的个人动机，虽然仍有许多值得深究之处，但对于我们理解僭主政治的历史作用说来，毕竟只有第二位的作用。

就对社会历史发展的影响而论，庇西特拉图家族的统治，与科林斯的居普塞洛斯家族相比，在调整城邦内部不同阶层的公民之间的相互关系方面，做了更多的工作。其最主要的后果是促进了自食其力的以小农和手工业者为主体的公民集团的发展。这个集团力量的壮大，决定了雅典僭主政治的必然完结，同时又从另一方面肯定了僭主政治在一定意义上的历史进步性。历史的辩证法在这里表现得非常微妙，以个人独裁为特征的僭主统治，归根结底，竟然为其后雅典民主政治的发展奠定了基础。

希罗多德曾经饱含激情地记述了僭主被推翻后雅典人粉碎以斯巴达为首的外国武装干涉的斗争，并且作了一番富有哲理的评论。他写道："雅典的实力就这样地强大起来了。权利的平等，不是在一个例子，而是在许多例子上证明本身是一件绝好的事情。因为当雅典人是在僭主的统治下的时候，雅典人在战争中并不比他们的任何邻人高明，可是一旦他们摆脱了僭主的桎梏，他们就远远地超越了他们的邻人。因而这一点便表明，当他们受着压迫的时候，就好像是为主人做工的人们一样，他们是宁肯做个怯懦鬼的，但是当他们被解放的时候，每一个人就都尽心竭力地为自己做事情了。"（V，78）雅典的僭主是不希望广大群众多参与国家政事的，因而想方设法使农民安心农业生产，工商业者各乐其业，确实为发展雅典的农业和工商业做了好事。恰恰是这一点，为雅典广大公民群众政治上的权利平等奠定了物质基础，使他们一旦摆脱僭主的桎梏，就能发挥出巨大的力量。推翻僭主统治的雅典，经济上、政治上都居于希腊世界的前列，绝不是偶然的。

与其他城邦的僭主相比，庇西特拉图家族在雅典统治的另一特点是在文化和宗教领域做了更多的工作来消除氏族部落制度的影响，加强城邦公民集体在政治上和精神上的团结。泛雅典娜节的创立，使埃列乌西斯的神秘祭和酒神节成为雅典全体公民的节日，这些措施的意义和影响，绝不可低估。

在探讨古代希腊僭主政治的有关问题时，必然会产生一个问题：为什么以晚期僭主那比斯而闻名的斯巴达一度成了反对早期僭主的斗士？看来，答案只能在当时斯巴达的社会阶级结构中去寻求。关于早期希腊城邦建立僭主政治的情况，修昔底德曾有所论述。他指出："当希腊变得更加强大而且较之以前有了更多的财富的时候，当收入不断增加的时候，常常在一些城邦中建立起僭主政治。"（I. 13，1）的确，僭主政治是与一些城邦财富的增长以及与此相联系的社会阶级关系的复杂化密切相关的。可是，在公元前7世纪和公元前6世纪，斯巴达却形成了著名的"平等者公社"，接着它又成了伯罗奔尼撒同盟的首领。力图保持现状的斯巴达对于倾向变革的僭主们怀有敌意。

早期希腊的僭主政治的历史使命，在于借助暴力推翻氏族贵族的统治，从经济上、政治上和宗教上、文化上对旧有的秩序进行改组，为奴隶占有制的城邦制度的建立和发展扫清道路。充任僭主的都是出身于氏族贵族的人，他们各人怀有不同的政治目的，甚至不乏个人野心。然而他们中的一些人能够不自觉地顺应历史发展的需要，充当推动历史前进的工具。但是，以个人专权为基本特征的僭主政治，只能短期存在。随着经济的增长，无论是自食其力的公民群众还是公民中的奴隶主，都要求有参与政治的权利，都不愿意长期容忍僭主的专权。希腊诸邦的僭主也就相继从历史舞台上消失。

# 梭伦改革

陈唯声

梭伦改革是公元前 6 世纪雅典国家发展过程中的一次社会经济和政治改革，它对清除氏族制度的残余、确立民主政治制度、发展奴隶占有制经济，都具有深远的影响。恩格斯把它称为一次"政治革命"①。

## 改革前夕的雅典社会

梭伦（约公元前 630—前 560 年）所处的时代，是整个希腊世界，尤其是希腊南部、中部、小亚细亚沿岸及爱琴海诸岛中的众多城邦新旧制度交替、社会激烈动荡的时代。当时雅典国家虽已初步建立，但在雅典国家内部，还保留有许多氏族制度的残余。氏族贵族占有大量土地，控制国家政权，利用原始社会遗留下来的氏族、胞族、部落等组织，压迫、剥削下层氏族成员。国家权力分散、软弱。这种状况严重阻碍了雅典的经济，特别是手工业和商业的发展。雅典曾是希腊半岛最先进的地区之一，但到公元前 6 世纪初，它的优势丧失了。科林斯、墨加拉等邦后来居上，在经济和军事方面超过了雅典。就是在雅典的传统手工业——制陶业方面，雅典也屈居科林斯之后。在对外关系方面，素有雅典门户之称的萨拉米斯岛，被邻邦墨加拉占领。

关于雅典国内在梭伦改革之前的情况，主要的根据是流传下来的梭伦本人写的一些诗。亚里士多德在《雅典政制》中反复援引梭伦的诗证实自己的论断。他指出："多数人被少数人奴役，人民起来反抗贵族。党争十分激烈，

① 恩格斯：《家庭、私有制和国家的起源》，《马克思恩格斯选集》第 4 卷，人民出版社 1972 年版，第 110 页。

各党长期保持着互相对抗的阵势。"他还指出，当时土地集中在少数人手里。当时社会分化十分严重，氏族贵族在肥沃的平原地区占有大量土地，一部分使用奴隶耕种，一部分出租给平民耕种，他们还以高利贷盘剥平民，利用债务奴隶制奴役平民。在氏族贵族的压迫、剥削下，平民纷纷破产，被迫把土地抵押给贵族，并在土地上立碑为记。平民把土地抵押出去后，就被束缚在土地上，被迫向债主缴纳收成的六分之五作为地租，自留六分之一，因此称为"六一农"①。平民向贵族借债要以人身为担保，如果还不起债或交不起地租，就要沦为债务奴隶，甚至被卖到国外。梭伦在诗中描写了他们的悲惨境遇："其中有的无辜被售，也有的因故出卖，有的为了可怕的贫穷所迫，逃亡异地，不复说他们自己的阿提卡言语，远方漂荡，也有的惨遭奴隶的卑贱境遇，甚至就在家乡，面临着主人的怪脾气发抖。"

在政治方面，公民大会名存实亡。在公元前8世纪至公元前6世纪，雅典的公民大会名为"埃克列西亚"，意为"受到召唤者的会议"，即只有得到执政官邀请的人才能参加会议。因此，这个时期的公民大会是氏族贵族手中的驯服工具。国家的最高权力由九名执政官掌握：首席执政官一人，执掌内政；王者执政官一人，负责主持节日庆典、宗教仪式，管理氏族事务；军事执政官一人，执掌军政；司法执政官六人，负责记录和保存法令。从公元前682年开始，执政官一年一选，但由于担任执政官有门第和财富的限制，所以完全由氏族贵族充任。卸任的执政官即自动成为贵族议事会的终身成员。这个议事会因为在战神山举行会议，所以通称战神山议事会（或音译为"阿列奥帕哥斯"）。这个议事会既是最高决策机关，又是最高监察和审判机关。所以，梭伦改革前的雅典是一个氏族贵族专权的国家。

## 改革的主要内容

当雅典国家由于内部不同社会阶级、阶层的严重对立而动乱不安的时候，既出身于极为显贵的家庭又与广大平民有一定联系的梭伦于公元前594年当选为"调停人和执政官"，受命进行改革。

---

① 关于六一农的交租比率，学术界一直有争论。有些学者认为他们交租六分之一，自留六分之五。这些学者认为交租六分之五，是无法忍受的，无论在古代或近代都没有过类似的例子。

不少史学家认为梭伦的改革是在一年任期中完成的，也有人对他开始实行改革的时间提出不同意见，认为改革应在公元前6世纪的70年代。下面，我们根据自己对梭伦改革过程的认识，加以叙述。

梭伦不负众望，执政之后就针对时弊，颁布法令，进行一系列经济、政治改革，"采取曾是最优良的立法，拯救国家"。（《雅典政制》，XI，2）这些法令刻在木板上，镶在可以转动的长方形框子里，公布于众。法令原件已失传，但在亚里士多德的《雅典政制》《政治学》、普鲁塔克的《梭伦传》等著作中，这些法令的大部分内容保存下来了。目前学术界对某些法令的真实性和意义，看法不尽相同。有的人认为有些法令是早已在雅典实行的，梭伦只是用文字记载下来，作为法律公布。但对几项主要改革的基本内容，分歧不大。

首先，梭伦颁布"解负令"（意为解除负担），废除公私债务①；禁止在放债时以债户的人身为抵押，由国家赎回因负债而被卖到外邦为奴的人，同时又取消"六一农"制，拔除了竖立在田地中的债权碑，即抵押地产的标志。梭伦在诗中写道："黑土，将是最好的证人，因为正是我，为她拔掉了树立着的许多界标。以前她曾是一个奴隶，而现在已经自由。许多被出卖的人们，我已使他们回到这神所建立的雅典。"为了防止土地过分集中，梭伦还颁布法令，规定了个人占有土地的最高限额。这些措施，打击了占有大量土地和从事高利贷的贵族势力，使广大平民摆脱了沦为奴隶的厄运，获得了一部分土地。这些措施也在一定程度上促使某些富人把多余的钱用于发展工商业。"解负令"在政治上的意义也是不可忽视的，它使下层平民的人身自由有了保障，在政治上的地位和作用有所增加。这对雅典民主政治的发展起了重要的作用。

在经济方面，梭伦采取了许多发展生产特别是鼓励手工业和商业的措施。为了保证有足够的农产品供应居民，他规定除自给有余的橄榄油以外，禁止其他农产品特别是粮食的出口。② 这项措施不但降低了粮价，使人民的

---

① 关于"解负令"的具体内容，在学术界长期说法不一。在古代作家中，普鲁塔克和第奥根尼·拉尔修认为，解负令消除了农民的所有债务。哈利卡尔纳索斯的狄奥尼修斯认为这一措施仅涉及最穷的债务人。还有人说，只是降低了债款的利息。近代学者中，有人认为，亚里士多德说的下令取消公私债务，不尽可信，实际上，只是取消了农民以土地作抵押品的那部分债务。以人身作抵押的那种债务奴役，确实是废除了。

② 有的学者认为，这项规定在梭伦改革前已实行，梭伦只是把它作为成文法公布。

最低生活需要有了保障，还为工商业的发展创造了条件。粮价的降低意味着生产成本的下降和工商业利润的增加。此外，这项措施还有其政治意义。雅典粮食的主要买主是雅典的劲敌埃基那和墨加拉，雅典的土地所有者往往向它们出售谷物以换取银子，而不把粮食运到缺粮的雅典城。梭伦还奖励有技术的手工业者移居雅典，规定对携眷移民雅典并从事手工业的人授予公民权。他还规定，雅典公民必须教会儿子一项手艺，否则，儿子将来有权拒绝赡养父亲。梭伦还对原有的度量衡制度和币制进行了改革，以优卑亚制代替了埃基那制。埃基那是雅典贸易的劲敌，这项改革可使雅典摆脱埃基那对雅典经济的影响，加速货币交换和扩大对外贸易。

梭伦确认了私有财产继承自由的原则，规定个人有立遗嘱遗赠财产的权利。他还提倡节俭，禁止奢侈。例如，他反对厚葬，禁止用全牛在墓前作祭牲。这些规定都有进一步肃清氏族制度残余、打击氏族贵族的意义。

梭伦改革的第一阶段主要集中在经济方面，但是如果没有相应的政治变革，这些经济上的成果是不稳固的。大约在公元前592—前591年，梭伦又被委以全权，修改宪法，制定新的法律。

政治改革的第一个步骤是按财产资格把公民划分为四个等级，并规定相应的政治权利和义务。每年收入谷物、油、酒等总计达500斗[①]者（非农业收入折合成农产品计算）为第一等级，称为"五百斗级"；第二等级是收入达300斗者，称为"骑士级"；第三等级是收入达200斗者，称为"双牛级"；第四等级是收入在200斗以下者，称为"日佣级"。[②] 第一等级可任司库官和执政官以及其他一切公职。第二等级亦可任执政官和其他高级官职。第三等级可任低级官职。第四等级则无权担任公职。所有公民都应履行与其财产等级相适应的军事义务。这项改革打破了氏族贵族倚仗出身门第垄断官职的局面。

梭伦使公民大会成为国家的最高权力机关，有权决定战争、媾和等国家大事，并选举担任公职的人员。梭伦还规定，所有公民，包括第四等级的公民在内，均有权参加公民大会。

---

① 斗，古希腊容量单位，也有译作麦斗、袋的，音译应为"麦季姆诺斯"，其容量因地而异。按阿提加制，1斗约合52.53公升。

② 有的学者认为后三个名称在梭伦改革以前就已存在，梭伦只是以立法形式，把它们确定下来。

梭伦还设立了新的政府机关——四百人会议①，由四个血缘部落各选一百人组成，除第四等级外，其他各级公民都可当选。四百人会议类似公民大会的常设机构，为公民大会拟订议程，准备和预审提交公民大会讨论通过的决议。公民大会和四百人会议的活动打破了氏族贵族独揽政权的局面。

梭伦改革的另一项措施是设立民众法庭作为审判机关，审判人员由公民中抽签选举产生。公民可向法庭上诉案件，法庭听取各方申诉和证词之后，投票作出判决。民众法庭是雅典的一个有较多民主性的机构。

在评论梭伦改革时，亚里士多德指出，在梭伦的宪法中，最具民主特色的大概有三点：第一而且是最重要的是禁止以人身为担保的借贷；第二是任何人都有自愿替被害人要求赔偿的自由；第三是向民众法庭申诉的权利。（《雅典政制》，IX，l）在亚里士多德看来，民众法庭在雅典民主政治的发展中起了巨大的作用，这种看法是很有道理的。

吸收广大公民群众参加公民大会、四百人会议和民众法庭，使关心国家的政治生活成为每个公民的权利，同时又是每个公民应尽的义务，这对于雅典国家政治制度的发展产生了深远的影响。这三个机构职权的扩大和发展，逐渐削弱了执政官和贵族议事会的权力，限制了氏族贵族的专横。虽然以公民大会、五百人会议（四百人会议的进一步发展）和民众法庭为主要权力机构的雅典民主只是在梭伦改革之后数十年才充分发展，但其萌芽则是始于梭伦。

## 改革的历史评价

梭伦是古代奴隶主阶级的杰出政治家和改革家，他顺应历史发展的要求，进行广泛的社会改革，对雅典社会的发展起了重大的促进作用。梭伦实行一系列有利于生产发展的政策，从而为雅典经济繁荣创造了条件。他通过一系列改革措施，打击了旧的氏族制度残余与氏族贵族势力，创立了新的政治制度和国家机构，奠定了雅典民主政治的基础。同时，梭伦改革改善了广大平民的经济与政治地位，缓和了阶级矛盾，使广大平民摆脱了沉重的债务

---

① 有的学者认为，梭伦设立四百人会议的说法并不可信，因为公元前6世纪没有关于这个会议的确切记载。这是公元前4世纪为了使克利斯提尼设立的五百人会议有一个合法的先例而虚构的。但大多数学者认为这种怀疑是没有根据的。

奴役和沦为债务奴隶的威胁，从而扩大了社会基础，增强了雅典的国力。总之，梭伦改革使雅典调整了社会关系，建立了适应经济发展需要的上层建筑，促进了社会生产力的发展。梭伦改革后一个世纪，雅典终于以一个经济繁荣、国力强大、政治民主、文化昌盛的奴隶制国家出现于世。

但是，梭伦毕竟是奴隶主阶级的代表人物，他又奉行中庸、温和的处世哲学，因此梭伦改革又有一定的局限性。经过改革，雅典的氏族贵族的经济和政治力量虽然受到沉重打击，但是氏族制度的残余和氏族贵族的势力没有得到彻底清算。平民的经济和政治地位有所改善，但是平民最迫切的重分土地的要求没有满足。梭伦建立按照财产资格确定政治权利的制度，也只是以富豪政治代替贵族政治，广大下层公民在国家权力机构中的作用仍然十分有限。

对于平民反对贵族的斗争，梭伦在自己的诗中表明了自己的态度。梭伦的态度是"拿着一只大盾，保护两方，不让任何一方不公正地占据优势"。他还说，他"所给予人民的适可而止"，"即使是那些有势有财之人"，也"不使他们遭受不当的损失"。（《雅典政制》，Ⅻ，1）亚里士多德指出，梭伦是"以仲裁者身份，代表每一方与对方斗争，而后劝告他们共同停止他们之间方兴未艾的纷扰"，"梭伦双方都不讨好"，"却宁愿遭受双方仇视"。（《雅典政制》，Ⅴ，2）用妥协的办法来求得斗争双方的和解，以达到公民集体的团结，这是城邦形成时期阶级斗争的一大特点。在梭伦的言行中，这种折中、调和的思想表现得很典型。虽然他认为如果"有时让敌对的两党之一得意，而有时又令另一党欢欣，这个城市就会有许多人遭受损失"，但是他的同情心主要是在有权势的人们方面。所以他的诗中一再说到"抑制人民"，"必须责备人民"，要使人民"好好追随领袖"。（《雅典政制》，Ⅻ，1—5）他明确地说，他不愿"让君子与小人""享有同等的一份沃土"。（《雅典政制》，Ⅻ，3）

梭伦的改革并不能完全消除公民集体中的深刻矛盾。广大平民要求进行更多的民主改革，而氏族贵族则力图恢复失去的财产和权力。因此，梭伦改革既遭到贵族的反对，又得不到平民的全力支持。在完成所许诺的改革之后，梭伦离开雅典，出国旅游去了。以后，雅典的阶级斗争进入了新的阶段。

# 希波战争

陈远峰

希波战争是公元前 5 世纪上半期，希腊诸邦与波斯帝国在东地中海地区所进行的一场战争。战争从公元前 500 年开始，至公元前 449 年结束，断续绵延了半个世纪。这次战争，对交战双方的历史发展，有着深刻的影响。

## 波斯帝国的西进扩张引起了战争

波斯帝国起源于伊朗高原的西南部。公元前 7 世纪，波斯人仍处在氏族部落阶段，受到伊朗高原西部米底人的统治。公元前 550 年，出身于氏族贵族阿黑门尼斯族的居鲁士（公元前 558—前 529 年）在领导波斯人反抗米底的统治中，灭了强盛一时的米底，建立了波斯国家。

新兴的波斯国家是一个有强烈扩张性的奴隶制国家。波斯人虽然进入了文明社会，但他们离开氏族部落阶段不远，社会发展水平较低，氏族部落制度和传统的残余相当浓厚，社会分化也未达到剧烈的程度。因此，波斯人仍然具有"野蛮人"的传统习惯，"进行掠夺在他们看来是比进行创造的劳动更容易甚至更荣誉的事情"[1]，"勇武"被看成"一项最大的美德"。氏族贵族利用波斯人的"野蛮"习性，以掳获物相引诱，来实现他们对奴隶、财富和土地的贪欲。这样，周围的民族和国家，便首先成为波斯扩张的目标和对象。波斯国家同时也是一个原始的奴隶制国家。它的国家机构仍保有部落联盟的性质和军事民主制的遗风。它的军队由波斯和米底（社会发展水平和波斯差不多）全体自由公社成员组成，称为"卡拉"（人民的意思）。军队组织和公社组织形式基本一致，公社也称"卡拉"公社。部落联盟的传统，军

---

① 《马克思恩格斯选集》第 4 卷，人民出版社 1972 年版，第 160 页。

事民主制的遗风，兵民合一的战斗组织，使波斯国家一开始便有强大的军事力量。凭借这支军事力量，波斯国家东攻西伐，侵略扩张。从公元前546年至公元前525年，居鲁士及其子冈比西斯（公元前529—前523年）先后攻占了小亚细亚的吕底亚、新巴比伦、中亚、埃及，控制了巴勒斯坦和腓尼基，建立了领土广阔、地跨亚非二洲的帝国。公元前522年登上王位的大流士（公元前522—前486年）更是一个野心勃勃的征服者，他在镇压了国内各地的"叛乱"，征服了印度河流域西北部和中亚北部之后，于公元前514—前513年率军渡过博斯普鲁斯海峡，进入欧洲，攻打黑海北岸的斯基泰人，被斯基泰人打败后，留下一部分军队，由将领美伽巴佐斯率领，屯驻色雷斯。随后，希腊半岛北部的马其顿也归附于波斯。这样，波斯西进扩张势力已逼近巴尔干希腊的门户。

公元前6世纪的希腊，各城邦国家已先后形成，内部相对稳定，奴隶制度和社会经济日趋发展，工商业城邦的海上贸易已活跃于地中海东部和中部，西到意大利南部和西西里，北至黑海沿岸一带。这些地区供应希腊工商业城邦原料、粮食和奴隶劳动力，同时成为工商业城邦的产品销售地。由于历史的原因，希腊诸城邦有的彼此结成同盟，有的互相敌对。但巴尔干希腊已成为境域广阔的希腊世界的中心，在这里出现了两个强大而有势力的城邦——斯巴达和雅典。斯巴达是巴尔干希腊的陆上强国，它有一支训练有素的重装步兵，公元前6世纪中期，伯罗奔尼撒各邦又以它为首结成了"伯罗奔尼撒同盟"。雅典在梭伦改革之后，工商业和海外贸易得到了发展。公元前6世纪中期至公元前6世纪末，是雅典民主政治最终确立、经济迅速发展的时期。由于经济的发展，雅典已经与小亚细亚沿岸和色雷斯一带发生了紧密的联系。与此同时，雅典也积极向外开拓殖民地。早在公元前7世纪，雅典人就向小亚细亚西北角的西格伊昂和色雷斯的埃拉伊乌斯地区移民，到公元前6世纪中期，已经牢固地控制了这两个地区。同时黑海沿岸也成了它的商品市场和粮食、原料的供应地。海外利益对正在迅速发展的雅典具有越来越重要的意义。

但是，波斯帝国的崛起及其西进扩张，直接危害和威胁了希腊城邦的独立和自由，也严重地损害了新兴工商业城邦的海外利益。

小亚细亚的希腊城邦，早在公元前546年居鲁士征服吕底亚的时候，便落入波斯的统治。大流士对色雷斯的占领，以及马其顿臣服于波斯，遂使巴尔干希腊城邦的独立和自由面临严重的威胁。而大流士对巴尔干希腊早就虎视眈眈，他在攻伐斯基泰人之前，就已派遣小分队侦察过希腊半岛海岸地带，为他日后的出征做准备。由于波斯人对赫勒斯滂海峡和博斯普鲁斯海峡的控制，以及它仗恃同盟者腓尼基人的海上力量，爱琴海周围和通往黑海的交通线被切断，这严重地影响了希腊工商业城邦的经济发展。因此，波斯的继续西进和称霸爱琴海地区的局面，对于希腊城邦，特别是雅典来说，是难以容忍的。此外，援助小亚细亚希腊城邦摆脱波斯的统治，对于希腊城邦来说，是同胞的责任。尽管各邦对此态度有所不同，但血缘关系在促使一些城邦（特别是雅典）积极对抗波斯方面起了相当的作用。

这样，在东地中海地区，一场侵略和反侵略、奴役和反奴役的战争就不可避免了。

## 波斯对巴尔干希腊的大举入侵

公元前500年，小亚细亚最大的伊奥尼亚城邦米利都的僭主阿里司塔哥拉斯因挑唆波斯进攻爱琴海的那克索斯失败，惧怕波斯人惩罚，利用人民反抗波斯统治的情绪，发动伊奥尼亚各城邦起义。米利都首先发难，其他各邦纷起响应，波斯在各邦扶植的僭主接连被推翻。以米利都为首的伊奥尼亚城邦的起义，揭开希腊城邦与波斯帝国之间战争的序幕。

伊奥尼亚城邦起义后，阿里司塔哥拉斯到斯巴达和雅典请求援助。没有海外经济利益又没有什么海军力量的斯巴达，在权衡利害得失之后，以路程太远为理由拒绝援助。雅典则不同。雅典人基于自身的利益，同时还因为拒绝过萨尔迪斯的波斯总督要雅典献出"土和水"（即表示降服）的要求，也拒绝过他要雅典迎回被放逐的僭主希庇阿斯的"命令"，深知与波斯的战争在所难免，为了帮助同胞解放，雅典决定派出20艘战舰前去援助。曾经是米利都的同盟者的埃列特里亚派出了五艘战舰。

公元前499年夏天，雅典和埃列特里亚的援军到达小亚细亚，会同伊奥尼亚城邦的起义队伍，从以弗所出发，攻占了波斯总督的驻地萨尔迪斯，焚毁了城市之后便撤退，但在以弗所为追踪而至的波斯军所败。雅典和埃列特里亚撤回援军，伊奥尼亚城邦继续坚持斗争。不久，赫勒斯滂地区和卡里亚地区的希腊城邦，以及塞浦路斯人也都起义反抗波斯的统治。

波斯在镇压塞浦路斯和赫勒斯滂地区的起义后，于公元前497年集中海陆军队进攻米利都。伊奥尼亚各邦的联合舰队由于意见不一致，行动不协调，以致在拉德岛附近被腓尼基舰队消灭。米利都旋即被围，居民英勇防卫了一年多，公元前495年终于陷落。城市遭到焚毁，公民绝大多数战死，剩下的几千名妇孺，被俘到波斯的都城苏萨。米利都的陷落，给雅典人留下难忘的印象，他们用各种方式哀悼自己同胞所遭受的灾难。当雅典剧院上演弗吕尼霍斯的悲剧"米利都的陷落"时，全体观众号啕大哭，弗吕尼霍斯因此被罚金1000德拉赫麦，并且禁止任何人再演这出戏。

米利都陷落后的第二年，其他起义的城邦也都先后被波斯镇压下去。历时六年之久的小亚细亚希腊城邦的起义完全失败了。

大流士在镇压小亚细亚希腊城邦起义之后，决定用强力征服巴尔干希腊。雅典和埃列特里亚对米利都的援助成为波斯进攻的借口。

公元前492年，大流士的女婿马尔多尼奥斯带领一支庞大的海陆军渡过赫勒斯滂海峡，沿着海岸水陆并进，出征巴尔干希腊。陆军沿途征服了近海地带的希腊殖民地和色雷斯部落。马其顿国王还没有遭到进攻便再次宣布投降。海军在占领塔索斯岛后继续西进，在绕航阿陀斯海角时，遭到飓风的袭击，大部分船只沉没，而驻扎在马其顿的陆军又遭到色雷斯一个部落的攻击，死了很多人，马尔多尼奥斯本人也受了伤。波斯军队不得不返回亚洲。波斯第一次对巴尔干希腊的侵略就这样失败了。

接着，大流士又准备新的入侵。公元前491年，他一方面命令沿海地区建造新的战舰和运输船只；另一方面又派使者到巴尔干希腊各邦去索取"土和水"。慑于波斯的淫威，大陆上的许多城邦和波斯使者们所到达的岛屿都献出了"土和水"，而决心抵抗波斯侵略的雅典和斯巴达，则处死了使者。在雅典，波斯使者被抛入深渊；在斯巴达，则被扔下水井，说是让他们"自己去取土和水"。

公元前490年，大流士派将领达提斯和他的外甥阿尔塔弗列涅斯率领大军在小亚细亚南部的乞里奇亚沿海地区集中，乘上600艘舰船，驶向伊奥尼亚沿岸，然后从萨摩斯出发，由以前的雅典僭主希庇阿斯当向导，向巴尔干希腊进发。波斯军队在占领那克索斯后，进达优卑亚岛，迫使卡里斯托斯降服，进而围攻埃列特里亚。埃列特里亚人顽强抵抗，终因叛徒的出卖而被攻陷。城市遭到劫掠和焚毁，居民被卖为奴隶。

9月间，波斯军队在攻下埃列特里亚后，渡海到达阿提加，在雅典城东北部的马拉松平原登陆。消息传到雅典。雅典迅即派人向斯巴达求援，并派一万名重装步兵急赴马拉松。前来援助的有普拉特亚重装步兵1000人。斯巴达虽然决定派兵援助，但又说必须在月圆时才能出兵。率兵到达马拉松的雅典十将军推举米尔提阿德斯为战斗的总指挥。

米尔提阿德斯熟悉波斯的战术，他根据敌我力量悬殊的情况和波斯军队惯于中央突破的特点，把重装步兵重点布置在两翼，中央兵力较弱。双方军队对峙了数日之后，雅典军队以快速急攻的战术，主动出击。战斗一开始，雅典军队中央一线且战且走，波斯军队尾追。然而，雅典军的两翼，很快就突破对方的阵线，旋即迅速封合，猛攻尾追的波斯军。波斯军队首尾失援，狼狈逃窜，雅典军队奋力追杀。溃败的波斯军蹿上舰船，急速驶离海岸南逃。雅典军队获得全胜，俘获战舰 7 艘，打死波斯士兵 6400 人，雅典军队牺牲 192 人，这就是希波战争史上有名的马拉松战役。雅典人在战地为阵亡战士建陵合葬，世代垂念，陵墓迄今犹存。

雅典人在马拉松战役中，为保卫国家的独立和自由，英勇奋战，以弱小的兵力，战胜强大的入侵者，在世界历史上谱写了一曲爱国主义的胜利凯歌。这一空前巨大的胜利，鼓舞了希腊城邦人民抗击侵略者的斗志，而雅典独力战胜强大之敌，大大提高了它在希腊城邦中的威信。

逃离马拉松南下的波斯舰队，还企图从海上乘虚进攻雅典，但见到雅典军已及时赶回，只得返回亚洲。波斯第二次对巴尔干希腊的入侵终于以失败而告终。

波斯军队在马拉松的大败并没有使大流士放弃征服巴尔干希腊的野心；他在全帝国的范围内，进行了大量的人力物力准备。但是，公元前 486 年 10 月，埃及爆发了起义，大流士不得不延缓西侵。然而，他还来不及镇压埃及起义，便于是年死去了。

登上波斯王位的薛西斯（公元前 485—前 465 年）继承他父亲大流士的西进扩张政策，征服整个希腊以至整个欧洲的野心更加强烈。他在镇压埃及起义之后，从公元前 484 到公元前 481 年，整整四年，做了西犯的准备：在阿陀斯挖掘横穿地峡的运河，使舰队可以避免海上风暴的袭击；在色雷斯的斯特律蒙河上架桥，以便于陆军通过；在色雷斯和马其顿的沿途修建仓库，存储粮草。公元前 481 年，波斯军队在萨尔迪斯集结。薛西斯一面派人到巴尔干希腊各邦（雅典和斯巴达除外）索取"土和水"，一面下令在赫勒斯滂海峡架设两座浮桥。

在马拉松战役后的十年间，巴尔干希腊的主要城邦也在加强战备。在雅典，它的内部发生了有利于增强国力的变化。以特米斯托克列斯为首的民主派，在派别斗争中接连取得胜利，国家政治生活进一步民主化，第四等级公民的地位得到提高。特米斯托克列斯极力主张的建造战舰、发展海军的计划得到通过，开采罗立温银矿的收入用于建造战舰。到波斯再次入侵前夕，雅典拥有三列桨新式军舰 200 艘，一跃而成为希腊城邦中海军力量最强的国家。雅典强大舰队建立，以及大批下层公民服役海军，是日后希腊城邦能够彻底战胜波斯以及雅典，得以进行海外扩张的重要条件之一。

虽然希腊各邦之间互有仇隙，对于波斯的入侵，态度也不一样，但严峻的局势使 31 个不甘遭受奴役的城邦在公元前 481 年秋天在斯巴达集会，彼此放弃前嫌，"结束他们之间的一切不和和互相之间的战争"，组织了全希腊的同盟，并推举斯巴达为海陆军统帅，以对抗波斯的入侵。

公元前 480 年春天，薛西斯亲率海陆军从阿比多斯出发，进入欧洲，沿着海岸水陆并进。根据希罗多德的记载，陆军总数 170 万人（其中骑兵 8 万），战舰 1200 艘。这些数字显然是夸大了，但队伍确是空前庞大。① 薛西斯妄图一举荡平巴尔干希腊。

当波斯军队进入欧洲的时候，希腊同盟各邦代表在科林斯地峡集会，商量对策。当时同盟兵力总计：重装步兵 4 万人，轻装步兵 7 万人，战舰 400 艘。同盟应帖萨利亚人的请求，由海路派出一万重装步兵守卫马其顿进入帖萨利亚的铁姆佩通路，但很快就撤回来。随后，为了阻止波斯军队进入中希腊，同盟会议决定，水陆同时布防，派出陆军扼守天险温泉关，海军驻守阿尔特米西昂。

守卫温泉关的统帅是斯巴达国王列奥尼达斯，兵力共约 7200 人，其中包括斯巴达公民 300 人。波斯军队逼近关隘，薛西斯原以为希腊守军会害怕而逃跑，一连等了四天。第五天，忍耐不住的薛西斯发起了进攻。希腊守军借着有利的地形，击退了敌人一次又一次的冲锋。薛西斯出动了被称为"不死队"的精锐部队，也溃败下来。次日又血战了一天。正当薛西斯无计可施的时候，当地的一个希腊人叛国投敌，在夜间带领波斯军队从一条小路迂回到温泉关背后。面临围困并受到两面夹攻的列奥尼达斯，指挥自若。他命令大部分部队安全撤走，只留下一小部分人，其中包括 300 名斯巴达人，坚守阵地。第二天上午，迂回的波斯军队从山上向下发动猛烈进攻，希腊守军进

---

① 据近代研究者估计，人员总数达 50 万。关于战斗人员，有的估计 18 万人，有的估计 15 万人。

行了殊死抵抗，终因寡不敌众全部壮烈牺牲。列奥尼达斯和他率领的士兵，临危不惧，忠于职守，表现出了高度的爱国主义精神，在希波战争史上写下了光辉的一页。

由斯巴达另一国王埃弗里比阿德斯率领的希腊同盟舰队，战舰共 271 艘（其中包括由特米斯托克列斯率领的雅典舰队 127 艘），驻守在阿尔特米西昂。当温泉关失守的消息传来，希腊舰队便南撤到萨拉米斯湾。

温泉关战役后，波斯陆军长驱直入中希腊，直逼阿提加，沿途的城市遭到劫掠和焚毁。波斯舰队也从阿尔特米西昂沿海岸向阿提加驶来。雅典危在旦夕。

面临着严重局面的雅典人，对于特尔斐神庙关于以"木墙"自卫的神谕，解释各有不同。特米斯托克列斯巧妙地把"木墙"解释为船只，说服了绝大部分雅典人撤离雅典，准备海上作战。在他的安排下，老幼妇孺有计划地撤退到萨拉米斯、特罗伊津和埃基那，丁壮则登上战舰。

薛西斯的军队蹂躏了阿提加，进入了雅典城，抢劫了神殿，焚毁了卫城。接着，波斯舰队也到达了雅典的法列隆湾。

一场海战在所难免了。聚集在萨拉米斯的希腊同盟将领，对于进行海战的地点问题发生了意见分歧。伯罗奔尼撒各邦基于自身的利益，主张舰队撤到科林斯附近的海面战斗，与陆战互相配合，以保卫伯罗奔尼撒。以特米斯托克列斯为代表的雅典、埃基那和墨加拉则主张在萨拉米斯湾作战。具有深邃谋略的特米斯托克列斯设法说服了舰队统帅埃弗里比阿德斯，又从战略高度分析了战争形势，比较了在萨拉米斯湾与在科林斯海面作战的利害得失，从而使同盟各邦将领留在萨拉米斯。

战斗迫在眉睫。工于心计的特米斯托克列斯派了一名心腹奴隶到敌舰去，报说希腊舰队正在准备逃跑，建议出航拦截。为胜利所陶醉并急望结束战斗的薛西斯信以为真，于夜间调动舰队悄悄地封锁了萨拉米斯湾。希腊舰队被包围了。形势迫使希腊舰队不得不进行拼死的决战。

9 月 23 日天刚破晓，以雅典海军为主力的希腊舰队，战舰总数 380 艘，开航出战。波斯舰队随即攻将过来。希腊舰队在保卫祖国、拯救自己的妻儿的呐喊声中，快速向前冲击。波斯舰队顿时一片混乱，在狭窄的海湾上互相碰撞起来，有的触了礁，有的搁了浅，更多的是被灵活机动并装有撞角的希腊战舰击沉。此情此景，是坐在山丘上督战的薛西斯料想不到的。战斗持续到晚上。拥有一千余艘战舰的波斯舰队完全被击溃了。波斯海军几乎全军覆没。薛西斯留下将领马尔多尼奥斯和陆军继续在希腊作战,自己回到亚洲。

萨拉米斯一役使战局发生了重大的转折。此后的战争形势向有利于希腊人的方向发展,雅典的声望也越来越高。

马尔多尼奥斯在帖萨利亚过冬,第二年(即公元前479年)七月,率军再度进攻阿提加,雅典人又一次撤到萨拉米斯去。斯巴达在雅典陷落之后,才迟迟派遣摄政帕弗山尼阿斯率领同盟军队到达中希腊。马尔多尼奥斯毁了雅典城之后,撤军到有利于骑兵作战的鲍伊奥提亚境内,在普拉特亚与希腊同盟军队发生了激烈的战斗。波斯军队损失惨重,主将马尔多尼奥斯阵亡。

与普拉特亚战役的同一天,由斯巴达国王列奥提希德斯率领的同盟舰队在小亚细亚的米卡列歼灭了逃到那里的波斯残余舰队。

希腊城邦在普拉特亚战役和米卡列战役的胜利,宣告了波斯对巴尔干希腊大举入侵彻底失败。从此,希腊城邦转入进攻,希波战争进入了一个新阶段。

## 希腊城邦的反攻和战争的结束

希腊同盟在抗击波斯入侵者的战争中,赢得了第一阶段的胜利,保卫了巴尔干诸邦的独立和自由。但是,小亚细亚的希腊城邦仍未获得解放,而且波斯军队仍然扼守着色雷斯沿海一带的要津,仍然控制着通往黑海的海峡,波斯国王觊觎巴尔干希腊的野心也未死,卷土重来仍有可能。因此,希腊同盟必须继续战争。在普拉特亚大捷之后,希腊同盟便明令规定全同盟的节日——"解放大节",发誓巩固同盟,继续对波斯进行战争。此后,同盟军队展开了攻势。

从公元前479年至公元前478年,希腊同盟的军队接连取得胜利。米卡列战役结束后,同盟军队在萨摩斯讨论了小亚细亚城邦居民此后的安全问题。接着,舰队乘胜进军赫勒斯滂,准备毁除波斯架设的浮桥,切断波斯和欧洲的联系。舰队到达阿比多斯,发现浮桥已毁,斯巴达便率领伯罗奔尼撒舰队单独行动,返回巴尔干希腊。以雅典为首的其他各邦(包括小亚细亚沿岸和海岛新入盟的城邦)的舰队则围攻阿比多斯对岸的塞斯托斯,至公元前478年初夺取了这个要塞。

斯巴达国王列奥提希德斯率领伯罗奔尼撒舰队返回希腊后,斯巴达改派帕弗山尼阿斯率领另一支同盟舰队(包括伯罗奔尼撒战舰20艘,雅典战舰

30 艘和其他同盟国舰队）攻打塞浦路斯，征服岛上大部分地方之后，旋即北上，于公元前 478 年攻夺了尚在波斯手中的拜占廷。

但是，斯巴达是一个典型的农业国，它几乎没有工商业，也没有海外经济利益，它的目光只在陆上的霸权，它对波斯作战，主要是为了它本身和伯罗奔尼撒同盟的安全。因此，随着波斯在赫勒斯滂海峡的据点被拔除，势力被逐出，斯巴达便表现出消极的军事态度，伯罗奔尼撒舰队单独从赫勒斯滂返航巴尔干，便是这种消极行动的表现。斯巴达的消极态度，不能不引起盟邦的不满，加以帕弗山尼阿斯专横跋扈，任意欺凌盟国，遂使斯巴达失去同盟国的信任。就在公元前 478 年，帕弗山尼阿斯由于叛国通敌，被召回国，斯巴达派多尔基斯为同盟军统帅，带着很少兵力去应付局面，同盟军队拒绝接受。斯巴达从此干脆不"再负担反对波斯的战争"。

于是，拥有海上力量，并且声威日高的雅典，得到其他同盟国的拥护。公元前 478 年底至公元前 477 年初，雅典和决心继续进行战争的城邦（包括小亚细亚沿岸和附近岛屿的一些城邦）组织了新的对抗波斯的同盟，即"提洛同盟"。此后，希波战争就是以雅典为首的提洛同盟各邦与波斯帝国之间的战争。

公元前 476 年，雅典将军客蒙率领同盟军队进攻色雷斯，将波斯的势力逐出色雷斯。

公元前 460 年，波斯在小亚细亚南部帕姆菲利亚地区的埃于吕麦顿河口集结大批海陆军，准备对希腊发动新的进攻。客蒙急速率领同盟舰队（战舰200 艘）赶到那里，在陆上和海上大败波斯军，俘敌 2 万名，击毁和缴获敌舰 200 艘。埃于吕麦顿河之战是希波战争中又一个具有重大意义的战役，波斯的军事力量在这里又一次受到重创，它对希腊作战的前沿阵地至此丧失殆尽，小亚细亚南部的希腊城邦得到了解放。至此，战局已定，战争已近尾声。

埃于吕麦顿河战役后，波斯已无力西顾，而希腊内部，雅典与斯巴达及其盟国之间，雅典与提洛同盟国之间的矛盾日益加深，彼此之间发生武力纠纷，因此，希波双方的战争又沉寂下来。

公元前 460 年，埃及发生反波斯统治的起义，雅典应求派出提洛同盟战舰 200 艘赴援，占领了不少地方。公元前 456 年，波斯派出大军入埃及进行反扑，提洛同盟军队连吃败仗，残余部队在普罗索匹提斯岛被围困了 18 个月之久，到公元前 454 年全部被消灭。

公元前 450 年，雅典又东向进攻波斯，客蒙受命率领同盟舰队战舰 200 艘出征塞浦路斯。公元前 449 年，同盟军队围攻岛上的基提昂，因客蒙病死和军中缺乏粮食，不得不撤围，在撤退途中，大败波斯海军于塞浦路斯东部的萨拉米斯附近海面。随后，双方在波斯首都苏萨缔结"卡利阿斯和约"（因雅典代表卡利阿斯而得名），波斯承认小亚细亚希腊城邦独立，并承担义务，不派军舰进入爱琴海。希波战争至此正式结束。

## 战争的历史影响

希波战争以希腊城邦的胜利和波斯的彻底失败而告终。希腊城邦之所以能够取得胜利，最根本的原因是他们所进行的战争是反侵略、反奴役的正义战争。在战争的前一阶段，以斯巴达和雅典为首的希腊同盟，是为保卫国家的自由和独立、抗击入侵之敌而战斗；在战争的后一阶段，虽然雅典在后期开始乘机侵略扩张，并逐渐把提洛同盟变为它的侵略工具，但提洛同盟的众多城邦，是为了彻底打败和驱逐侵略者，完成所有希腊城邦的解放而继续作战。[①] 正因为如此，希腊各邦人民发扬爱国主义精神，不畏强敌，英勇奋战，夺得一个又一个的胜利。此外，城邦内部的相对稳定和团结，强敌入境，各邦能暂时抛开仇隙，联合对敌，以及军事将领的机智谋略、善于指挥，都是希腊城邦取得胜利的重要原因。对于波斯来说，波斯自始至终是侵略者，虽然在兵力上它占有绝对优势，但是，从各被征服国家和民族强征而来的军队，被迫作战，士气低落，加以外线作战，劳师远征，最终失败是必然的。

希波战争的结果，无论对于波斯帝国，还是对于希腊城邦，都产生了极其深刻的历史影响。

波斯是一个军事奴隶制帝国，它依靠强大的军事力量，把社会经济发展水平不一、生活方式各异的地区和民族并入它的版图，并实行着中央集权的专制统治。在战争中，波斯的军事力量不断受到重创，元气大伤。

战争的结果，不仅使希腊城邦赢得了独立和自由，而且由于波斯的势力退出了爱琴海和黑海，希腊城邦的海外交通和贸易已无阻碍，这就为工商业城邦的经济发展提供了有利的条件，希腊的奴隶制经济和政治于是进入了全

---

① 关于战争第二阶段的性质问题，目前国内外有些史学著作认为，这一阶段战争的性质发生了变化，战争对于双方来说，都是非正义的。

盛时期。战争对于雅典意义尤其重大。战争期间，与发展海军有关的各种工业部门得到发展；战后，由于确立了雅典的海上霸权，控制了爱琴海重要战略据点和商路，从而获得了广阔的市场和粮食、原料供应地，而提洛同盟的盟金又被变成雅典国家的重要财源，所有这些都促进了雅典奴隶制经济的蓬勃发展。在社会政治方面，战争促进了雅典城邦制度的发展。战争期间，富裕公民以"公益捐献"的形式承担了建造和装备军舰的费用；第四等级公民广泛服役海军，在战争中的巨大贡献，加强了第四等级公民在国家生活中的作用；由于军事胜利，经济发展，国库充裕，大部分公民的生活得到改善。这都使城邦各公民阶层之间的矛盾得到缓和，并形成以第三、第四等级为基础的公民集体。经济的繁荣，城邦制度的发展，为雅典奴隶制城邦的"黄金时代"——"伯里克利时代"的到来奠定了基础。

# 提洛同盟

李惠良　李永锋

　　"提洛同盟"又称"雅典海上同盟""海上攻守同盟"或"第一雅典海上同盟"。由于该同盟会址和金库在成立时设在提洛岛，所以近代史学家称之为"提洛同盟"。

　　提洛同盟是希波战争第一阶段结束后，雅典和其他决心继续对波斯作战的希腊城邦在公元前478—477年间结成的军事同盟。它在希波战争第二阶段中起过重大的作用。后来由于雅典的控制，提洛同盟变为雅典对抗斯巴达为首的伯罗奔尼撒同盟和争夺希腊霸权的工具，原来平等的加盟城邦悉数沦为雅典的附属国，提洛同盟变为雅典帝国。公元前404年，雅典在伯罗奔尼撒战争中失败，提洛同盟即告解散。

　　由于本书的《希波战争》一文已经对提洛同盟产生的历史背景作了介绍，我们在这里将着重叙述提洛同盟的组织章程、早期活动及其演变的情况。

## 提洛同盟的组织章程

　　关于提洛同盟的组织章程，时至今日，我们还没有发现一份明确完整的文献，而只能根据古典作家提供的一些零碎资料，撷集成篇，概略其貌。

　　提洛同盟无疑是袭用了伯罗奔尼撒同盟的组织形式。同盟的组成，以雅典为一方，其他所有同盟国为另一方，因此也就是"雅典人和他们的同盟者"这样一种组织形式。订盟时，双方立誓，"有共同之敌，共同之友，且把一块铁沉入海底，来表明忠于他们的誓言"。双方宣誓，只要铁块不再浮出海面，大家就要坚守盟约。有的学者认为，同盟成立时缔结的条约可能包括有不许离开同盟的规定，就像在此之前成立的反对波斯人的希腊同盟一样。并且，加入提洛同盟的每个希腊城邦都分别与雅典签订内容不尽相同的双边条约。

时至今日，对提洛同盟成立初期加盟城邦的名单和数目，我们仍然难以确切了解。除了文献记载模糊外，考古学迄今也只给我们提供了有限并且往往是严重残缺的碑铭。在同盟成立时，由于波斯还控制小亚细亚和色雷斯部分地区以及爱琴海的部分岛屿，加上一些其他原因，加盟城邦不会很多。有的史学家认为，大概为 35 个。

提洛同盟成立初期，加盟各国无疑都是独立的，享有自主权，并且这种权利得到雅典的尊重和保证。格罗特认为，同盟初期，雅典没有任何权利实施未经同盟会议批准的法规，或者侵犯同盟的主权利益。这种说法，看来是正确的。否则就不存在同盟后来变质的问题，亚里士多德也不会无端责难雅典人后来极其专横地对待同盟国。

同盟双方各有独立的议事会，即雅典的议事会和其他加盟国议事会——同盟者议事会。两个议事会权力平等。它们都能提出或反对供审议的议案。只有双方都赞同的政策才会被采纳。为了审议和联络的目的，雅典可派代表参加盟国的议事会，但是无表决权。

整个同盟的会议称为"叙涅德里昂"。这是提洛同盟的最高权力机关，每年定期在提洛岛举行。所有关于全同盟的重大问题，如战争、媾和、接收新盟员、盟国捐款的使用等，均由它讨论议决。

加盟城邦必须承担义务，共同组织一支强大的海军和陆军。有的学者估计，最初，提洛同盟的舰队由 300 艘三列桨战舰组成，其中，雅典负责装备150 艘。同盟国中的多数以支付盟国捐款代替提供战舰。同盟舰队以及同盟的陆军，都由雅典将领任最高指挥。

各邦为同盟提供的捐款称为"福罗斯"。福罗斯除用于军事等方面外，余额存放同盟金库中，由同盟任命的十名"司库"（音译为"赫连诺塔米亚"）负责管理。盟国捐款总额以及各邦应缴数每四年在泛雅典娜节核订一次。

根据修昔底德的报道，提洛同盟成立时，福罗斯总额是 460 塔兰特。这是由提洛同盟的创始人阿里斯特伊德斯应盟邦请求，在各加盟的国家进行了周密调查后，依据各国的财源和收入情况而确定下来的。阿里斯特伊德斯确定的这一数目，大致相当于这些同盟国以前缴纳给波斯的金额。他的这一决定得到了加盟诸邦的欢迎，因此他被誉为"公正者"。

近代学者中，不少人对修昔底德提供的数字表示怀疑，认为这个数字太高了。因为在同盟成立之初，加盟国家数量有限，捐款总数不可能高达460塔兰特。不过，对盟国捐款总额的估计，各家意见不一。有的说是400塔兰特，有的说是200塔兰特。也有人仍然相信修昔底德的说法。

提洛同盟成立初期，无疑是个平等的城邦联盟，但从组织上来看，这个同盟由于缺乏明确的章程，一开始就存在着很大的缺陷。在同盟中雅典势力最强大，在同盟中居于特殊地位。同盟从一开始就给予它种种特权，如同盟的许多事务委托雅典人办理，同盟的武装力量由雅典人指挥，同盟捐款数额委托雅典人调查确定，同盟会议由雅典人召集等。雅典在名义上是同盟的平等伙伴，实际上却处于支配地位。随着岁月的推移，雅典力量和影响的增强，它不可避免地由支配地位进一步变为同盟霸主，从根本上改变了同盟的性质。

## 提洛同盟对波斯的战争

提洛同盟的成立揭开了希波战争史新的一页。同盟在雅典的领导下，同心协力，奋勇作战，获得了反波斯战争的一个又一个胜利。在希波战争的第二阶段中，提洛同盟在打通海峡、控制海上交通线、解放小亚细亚希腊城邦、打败波斯帝国和彻底消除波斯威胁等方面，起着决定性的作用。

公元前476年，同盟舰队在雅典杰出的将领客蒙领导下，驶往色雷斯海岸，夺取埃伊昂城。埃伊昂位于斯特律蒙河畔，是整个色雷斯地区的门户。埃伊昂之攻克，不仅拔除了波斯一个重要的侵略据点，为雅典在色雷斯地区获得一个立足点，而且使雅典获得了这一地区的贸易控制权，具有重大的军事和经济意义。因此雅典为客蒙这一胜利勒石纪念。

埃伊昂之战结束后，同盟的军事行动转向爱琴海的斯基罗斯岛。此岛在当时是海盗的根据地，他们掳人勒赎，危害海上交通安全。公元前475年，客蒙攻而克之，从此打通了爱琴海的通路。

从公元前475年至公元前468年，提洛同盟对波斯的战事无史可稽。在这期间内，交战双方可能对埃伊昂、拜占廷和塞斯都斯等军事要地反复争夺，几经较量，雅典及其同盟最后巩固了已取得的胜利成果。

公元前468年，提洛同盟在小亚细亚南部帕姆菲利亚地区的埃于吕麦顿河口，发动了一场具有决定性的战役。

当时波斯在那里集结了一支庞大的陆军和舰队，准备对希腊发动新的进攻。客蒙得知消息后，急速率领同盟舰队赶往那里。同盟舰队在客蒙指挥下，首先用围攻的办法迫使法西利斯城投降。接着，进攻龟缩在埃于吕麦顿河口的波斯舰队，把他们打得溃不成军，一部分掉转船头驶向海岸，弃船逃跑，其余的不是船毁人亡就是做了俘虏。是役，俘敌两万，缴获和击毁敌舰200艘，缴获战利品不计其数。当客蒙凯旋时，又给予赴援的腓尼基舰队迎头痛击，使他们丧失了全部船舰和大部分人员。

埃于吕麦顿河战役的胜利，不仅使小亚细亚南部希腊城邦获得了解放，而且还重创了波斯的军事力量，使其在以后再也无力进行重大的反攻。

埃于吕麦顿河战役以后，由于雅典和斯巴达及其盟国之间的矛盾不断加深，发生冲突，同时提洛同盟内部也发生叛乱，同盟对波斯的战争沉寂了几年。

公元前460年，利比亚人伊那罗斯在埃及发动反波斯的起义，并求援于雅典。伯里克利认为这是惩罚波斯的良机，即派200艘战舰赴援。伊那罗斯在提洛同盟的援助下，取得了很大胜利，包围了孟斐斯的要塞"白堡"。但是，公元前456年波斯派遣大军开进埃及，形势急转直下。同盟军队接连失利，退守普罗索匹提斯岛。公元前454年，经过长期围困，同盟军战舰全被消灭，驰援的50艘军舰亦被俘获。据说有6000名希腊人和伊那罗斯一起投降，只有少数希腊人逃到了昔勒尼。这是一次空前的惨败。为了预防不测，同盟金库从提洛岛迁至雅典。

为了扭转局势，公元前451年伯里克利提议把放逐期满的客蒙召回雅典①，并暂时缓和同斯巴达的冲突，达成五年休战协议。雅典调整了力量，全力对付波斯。

公元前450年，客蒙受命率领同盟舰队的200艘战舰进攻塞浦路斯。不久，他在围攻该岛的基提昂时罹疫致死。由于客蒙的病逝和军中缺少粮食，同盟军队不得不撤围。但在撤退途中，同盟军队在塞浦路斯岛东部的萨拉米斯附近大败波斯海陆军，取得了巨大的胜利。翌年，双方签订"卡利阿斯和约"，波斯承认小亚细亚希腊城邦独立，并放弃对爱琴海的统治权。历时近半个世纪的希波战争宣告结束。

①　客蒙因其执行亲斯巴达的政策，在公元前465年斯巴达发生大地震黑劳士举行起义之时，率军援助斯巴达。但由于攻战不力，被斯巴达遣回，因此声誉扫地，不久因陶片流放法而遭放逐。

# 提洛同盟的演变

随着希波战争的节节胜利，雅典实力不断增长，它逐渐加紧对其盟邦的控制和奴役，使雅典和提洛同盟诸国一度平等的关系变成了统治和被统治的关系。所以，希波战争的结束，并没有使雅典的同盟国获得独立和自由，而是带来了新的奴役。在挣脱了波斯的桎梏之后，它们又套上了雅典的枷锁。提洛同盟最后变为雅典帝国。

提洛同盟的演变经历了一个过程。它的变质是必然的。在奴隶占有制时代，随着国力的增强，雅典必然走上追求霸权的道路。

公元前468年在埃于吕麦顿河战役获得胜利后，雅典奴隶主阶级便不再把提洛同盟看作平等者的同盟，而认为同盟城邦是自己的附属国。据修昔底德记载，公元前466年，雅典不经同盟会议讨论，悍然出兵镇压退出同盟的那克索斯。这是雅典破坏同盟章程的开始，也是同盟开始变质的明显表现。

塔索斯岛因与雅典在位于该岛对岸的潘加伊昂山区的金矿问题发生争执，于公元前465年退出提洛同盟。它立即遭到雅典的严厉镇压。客蒙率领的军队在海上打败塔索斯人之后，旋即在岛上登陆，终于用围困的办法迫使他们于公元前463年投降。根据和约，塔索斯必须拆毁城墙，交出军舰，放弃在大陆上的金矿。

公元前454年，雅典趁在埃及遭受惨重失败之机，以确保安全为由，将同盟金库从提洛岛迁到雅典，这是同盟变质的重要标志。从此，同盟会议不再召开，雅典的号令代替了同盟各国之间的协商。

正式结束希波战争的"卡利阿斯和约"在公元前449年签订，使以反对波斯为目的的军事同盟失去了存在的理由。可是，雅典却不断加强对盟国的索取和控制。除了要求它们缴纳盟国捐款，还要求它们积极支持雅典所发动的各种战争，在政治方面听任雅典摆布。

在同盟金库迁到雅典之后，很快，盟国捐款便完全变成了雅典财政收入的重要组成部分，如何使用，由雅典随意决定。盟国捐款的总额，何邦出船，何邦纳款，以及每个邦应缴纳多少盟国捐款这类问题，现在悉由雅典裁决。同盟捐款总额，公元前454年为400塔兰特，公元前431年增至600塔兰特，公元前426年激增到1300塔兰特。雅典把这些捐款用来扩充自己的舰队，支付军需、市政建设，甚至于支付公民执行社会义务的酬金等。同盟国家概不能过问。

盟国捐款总额及各邦应缴数，每四年审议一次，并且由雅典法庭确认。在讨论这种问题的会议上，盟国的代表可以发言，提出申诉和请求，但是最终必须服从法庭的决定。不同盟国缴纳的捐款，数量不等，由300德拉赫麦到30塔兰特。缴纳捐款的时间是每年的三月份。

迄今我们没有加入提洛同盟的所有国家的确切名单。从现有资料判断，入盟的国家总数超过250个，包括了爱琴海的大部分岛屿及爱琴海沿岸、黑海沿岸和连接爱琴海和黑海的海峡地区的大部分希腊城邦。不言而喻，入盟国的数目随当时的政治情况而时有变动。

为了便于征收盟国捐款，加强对各邦的监督、控制，雅典先是把所有盟国划为三个纳款区，而从公元前443/442年起划为五个纳款区，即伊奥尼亚区、赫勒斯滂区、色雷斯区、岛屿区和卡里亚区。可能，在公元前437年，伊奥尼亚和卡里亚两个区合而为一。处于上述纳款区之外，只有萨摩斯、希奥斯和列斯博斯仍然保有自己的舰队和自主权，不向雅典缴纳盟国捐款。

为了使各盟国俯首听命，雅典对各邦实行严格监视，在各区派驻雅典的监察员，监督交纳捐款和注视各邦对雅典的态度。

雅典控制盟国的重要方法之一是在具有重大战略价值或经济价值的地方派遣军事移民。这种移民，总数达一万人以上。他们实际上起了雅典在盟国境内的驻防军的作用。安德罗斯、列姆诺斯、那克索斯、伊姆布罗斯、优卑亚岛的赫斯提阿伊亚等地，均有雅典军事殖民据点。各地殖民人数通常为三五百人，多者一两千人。在设置雅典军事殖民地的地方，一般情况下，上等田被没收，分配给殖民者做份地。军事殖民者保留雅典的公民权，不受所在城邦的管辖。雅典的军事殖民点，无异于是被殖民城邦的国中之国。

对于胆敢退盟的城邦，雅典常用武力镇压。公元前446年，优卑亚各邦暴动，遭到伯里克利的镇压。结果是，赫斯提阿伊亚的原有居民被驱逐，土地被没收，分给雅典的1000名军事殖民者做份地。岛上其他五个邦被迫与雅典订立盟约。哈尔基斯的公民全都被强令宣誓效忠雅典。誓词中说道："如果有人煽动反对雅典的起义，我一定告发他。"公元前411年，优卑亚岛各邦再次退出同盟。公元前441年，萨摩斯退出同盟，伯里克利亲自率兵镇压。萨摩斯退盟的原因是雅典插手萨摩斯和米利都之间的领土争端。在镇压起义的过程中，雅典曾要求希奥斯和列斯博斯派兵支援。经过9个月的围困，萨摩斯被迫投降，摧毁了防御设施，提供人质，交出军舰，赔偿战费。

米提列涅于公元前 428 年脱离同盟，遭到了残酷的镇压。公元前 427 年夏天，在米提列涅的起义已被镇压之后，雅典公民大会对于如何处置战败者进行了激烈的辩论。第一次会议通过决议，要将所有成年男子杀死，将所有妇女和小孩变为奴隶。应米提列涅的代表的恳求召开的第二次公民大会改变了上述决议，决定处决一千多名起义的中坚分子，责令挖掉城墙，交出军舰。雅典又没收起义者的土地，将其分为 3000 份，其中的 300 份奉献给神，即作为雅典国家的公共财产，其余的通过抽签分给雅典的军事殖民者。

雅典对同盟国的控制，除了军事暴力，还有其他多种方式。

不少雅典公职人员在同盟各国中任职。在关于小亚细亚的希腊城邦埃里特拉伊的一篇雅典铭文中说道，那里的新的议事会的选举，不仅受到任期届满的旧的议事会的监督，还要在常驻当地的雅典公职人员和驻军首脑的监督下进行。派驻在各个盟国的雅典公职人员，名称不一，但都在当地的政治生活中起重要作用。

雅典干涉各邦行使司法大权。起初，雅典规定，凡涉及盟邦与雅典的相互关系的案件，一律归雅典审理。进而它不断对盟邦自己有权审理的案件的范围加以限制，一步步地把盟国的所有重大民事和刑事案件的审判权抓到自己手里。而盟邦的法庭只能办理一般的刑事案件和民事诉讼。雅典把盟邦的司法大权操在自己手中，可以借此保护亲近雅典民主政体的个人和势力。

在经济方面，雅典也对盟国进行控制。首先，雅典舰队拥有爱琴海的统治权，实际上保证了雅典对这一地区商业的控制。公元前 434 年，雅典公民大会通过决议，禁止各盟国自己铸造银币。公元前 420 年，雅典公民大会决议又要求各盟国将自己所有的铸币换成雅典的铸币。这些决议虽然因为当时的各种具体情况而没有得到彻底执行，但它们表现了雅典控制盟国的意向。雅典在赫勒斯滂海峡对经过那里的从黑海沿岸运来的粮食货载进行监督，控制这类货物的流向。在伯罗奔尼撒战争后期，它更是进而在那里设卡收税，要求缴纳货物价值的百分之十作为关税。

整个说来，提洛同盟的历史地位是值得肯定的。在前期，它高举了反波斯的旗帜，把分散的小邦汇集成一股反侵略的强大力量，对于希腊许多城邦的独立和发展起了积极作用。在后期，虽然同盟的性质改变了，但它对希腊社会和各邦的发展也不无作用。同盟存在本身，保障了海上交通，加强了整个希腊世界的贸易联系和文化交往，促进了希腊的社会、经济和文化发展。

毋庸讳言，在当时的奴隶占有制社会中，雅典不可能始终以平等的态度对待盟邦，随着对波斯战争形势的转变，它开始企图使所有盟邦屈从自己，并且靠剥削盟国来增进雅典全体公民的福利。它对盟国主权的不断侵犯和无止境的扩张意图，必然激起受害者的反抗。加上伯罗奔尼撒同盟的存在以及它对雅典扩张的恐惧，因此打算利用雅典与盟国的矛盾削弱雅典，伯罗奔尼撒战争后期众多盟国纷纷离开雅典，以至雅典最后被迫根据斯巴达的要求正式宣布解散提洛同盟，这是历史的必然。

# 雅典民主政治的确立

廖学盛

　　公元前 6 世纪至公元前 4 世纪存在于雅典的民主政体，因其对希腊政治、文化及社会诸方面发展的巨大影响，以及它对研究不同国家政体、揭示世界各国历史发展异同的重要意义而吸引了 19 世纪以来众多历史学家的注意。一百多年来，研究古代雅典民主的专著和论文纷纷问世，但是迄今仍有许多难以解决的问题。为什么在雅典能够产生民主政体，它的具体确立过程如何？这便是需要继续探讨的重要问题之一。

　　现在印欧语系诸语种政治词汇中的"民主"，多源于古代希腊语中的"*δημοκρατία*"一词。"*δημοκρατία*"由"*δῆμος*"（人民、民众）和"*κρατος*"（权力）两个词组合而成，直接意义是"人民的权力"。为了说明雅典民主产生的时间，古希腊史学家们已经对"*δημοκρατία*"一词何时出现作过详细考证，确认它于公元前 5 世纪上半叶在雅典首次使用。就古代的情况而言，制度先于反映它的名词出现。

　　在古代希腊的著作家中，关于雅典民主产生的时间已有不同说法。希罗多德（约公元前484—前425年）认为克利斯提尼为雅典人建立了民主政体。亚里士多德（公元前384—前322年）则说梭伦是雅典民主的奠基人。

　　19 世纪以来世界著名的古希腊史研究者中，不少人赞成希罗多德的说法。肯定亚里士多德意见的也不乏其人。有些人则把雅典民主的产生与公元前 5 世纪雅典海上霸权的建立和发展联系在一起。

　　无论是在古代还是在现代，对于在古代希腊存在民主政体的标志是什么，都有不同的见解。一种颇为流行的看法是，所谓民主，即主要由占公民多数的比较贫穷的公民操纵的公民大会左右一切。实际上，这是一种违反历史事实的、因而也是不科学的意见。

　　我们认为，古代奴隶占有制社会中的民主政体，是指由原始的氏族部落共同体演化而成的公民集体（现代的史学家一般称这种公民集体为"城邦"）中的大多数成员，按照一定的习俗或法律规定，确实拥有决定国家内外政策方面的重大问题的实际权力，能够通过公民大会或民众法庭，对每个公民有关生命财产和政治地位等重大问题作出决定的那样一种政体。

作为一种政体，民主的发生、发展是与国家的发生、发展紧密相连的。它必然受一定的社会经济条件以及一定的阶级构成、阶级斗争状况和传统风习所制约。

在《家庭、私有制和国家的起源》这部目前仍有巨大指导意义的专门研究国家如何从氏族部落制度中产生的著作中，恩格斯写了《雅典国家的产生》一章。他指出：在雅典，"高度发展的国家形态，民主共和国，是直接从氏族社会中产生的"①。

雅典的民主共和国究竟是怎样从氏族社会中产生的呢？

## 早期雅典的社会情况

考古发掘表明，在公元前2千纪的中后期，在现在雅典卫城所在地区，有过宫殿式建筑。也就是说，在当时的雅典可能已经出现原始的国家。

在公元前2千纪的最后一二百年和公元前1千纪的最初一二百年，现今希腊半岛及其邻近地区发生过极其巨大而复杂的变革，其详情许多仍是科学之谜。从表面上看，有一点是很清楚的，即迈锡尼时代的许多繁荣昌盛的文明中心连同它们的富有特色的宫殿建筑一同消失了。在雅典，宫殿建筑也不复存在。这一情况使我们面临一个不可回避的问题：雅典在出现国家组织之后，是否中间有过倒退，即曾一度退回无国家的原始社会。现有的史料还不允许对这个问题作出明确的回答。

可以肯定的是，长达数百年的动乱岁月对于雅典后来的历史发展，包括民主政体的产生，是有重大影响的。

第一，在那动荡不安、不同部落频繁迁徙的时期，雅典本地的居民较少流动，而且雅典成了接纳伯罗奔尼撒以及其他地区移民的一个中心。移民中有不少氏族显贵和手工业者。外来的氏族显贵和雅典原有的氏族显贵很快融为一体，这从希罗多德和修昔底德等人关于公元前6世纪和公元前5世纪雅

---

① 《马克思恩格斯选集》第4卷，人民出版社1972年版，第115页。

典氏族贵族的谱系的记载可以判明。公元前 10 世纪以后雅典在制陶等手工业方面一度居于领先地位，说明外来的手工业者有利于雅典的发展。

大量移民进入雅典及其与原有居民的融合，引起了社会组织的变化。氏族成员的成分变得复杂了，氏族组织发生了变化，总的说来显得松弛了。

第二，防御的需要促进了阿提加境内各居民点以雅典为核心走向统一。至迟在公元前 700 年，雅典已经是一个统一的国家。在实现国家统一的同时，作为一种政体象征的雅典国王消失了，仅以王者执政官的形式残存于由九名执政官组成的执政官委员会之中。按照传说，在公元前 682 年，由九名从氏族贵族中产生、任期一年的执政官组成的委员会已经掌管雅典的军事、政治、司法、宗教事务。其中，负责政务的名年执政官地位最重要。

氏族组织渐趋松弛、王权消失、氏族贵族中争夺执政官职位的斗争、雅典平民人数众多，在一个特定有利的国内外环境中，这种种因素都有利于民主制的萌芽、发展。但是民主政体要取得胜利，还需要平民与氏族贵族进行长期的斗争。

# 梭伦改革奠定了雅典民主政治的基础

从公元前 7 世纪下半叶起，雅典平民与氏族贵族的斗争达到了十分激烈的程度。这里主要是受奴役的人民群众，首先是农民反对债务奴役的斗争。当权的若干氏族贵族占有大量土地，残酷地剥削和奴役农民。无力偿还债务的人被卖为奴。债务奴役的盛行使雅典公民人数日减，公民集体内部矛盾日增。到公元前 6 世纪初，如何处理债务奴役问题成了关系雅典国家盛衰的头等大事。

公元前 594 年，出身氏族贵族家庭但与广大平民有密切联系的梭伦当选为执政官。亚里士多德在《雅典政制》中说，梭伦被斗争双方选为"调停人"，"他以仲裁者身份，代表每一方与对方斗争，而后劝告他们共同停止他们之间方兴未艾的纷扰"。

梭伦采取的缓和平民与氏族贵族矛盾的最重要措施便是颁布禁止债务奴役的"解负令"。按照这个法令，平民所欠的债务全部废除，再也不准以人身作抵押借债，由国家赎回因负债而被卖到外邦为奴的雅典人。

梭伦使每个公民都有参加公民大会并且选举公职人员的权利，只是在担任公职方面的被选举权，按照不同的四个财产等级而有显著的差别。他设立了由每个部落各派一百人组成的四百人会议，设立了每个公民都有权参加的民众法庭，规定每个公民都有权向公民大会和民众法庭就自己切身利害的问题提出申诉。

梭伦改革的一个重要特点就是鼓励广大公民群众发展生产，既发展农业，又发展手工业。同时，他又奖励军功，规定由国家抚养阵亡者的遗属。

"解负令"以及与之相应的一系列措施，在一定程度上削弱和限制了氏族贵族的经济和政治势力，保证了以人数上占优势的从事生产劳动的中小所有者为主体的公民集体的稳定和发展。正是包括富人，并且以他们为主导，同时又包括广大中小所有者在内的公民集体的存在和发展，决定了雅典民主政体的存亡。公民集体内部，富者与一般公民的相互关系如何，对于民主政体的盛衰和具体表现形式有极大的影响。

说到这里，我们要强调指出，一种政体的产生和长期存在，只能是适应一定社会经济条件要求的结果，不可能单纯是某个伟大人物意志的产物。在两千多年前雅典的具体历史条件下，民主政体的产生、发展必然经历漫长曲折的道路，决不会一蹴而成。

被列为古代希腊"七贤"之一的梭伦，确实为雅典民主政体的建立做了具有历史意义的奠基工作。但是，我们在肯定他的政治才能和功绩的同时，更应注意他的改革能够成功的历史环境。

公元前 6 世纪上半叶的雅典，是一个在公民内部既有富人和穷人之间的严重对立，又有大量氏族部落制度遗留的原始国家。就人员和组织结构而论，原始国家和氏族部落在许多方面还是一致的。这里所说的氏族部落乃是指脱胎于原始社会现已构成国家基层组织的大小不等的公民集体，但在其中氏族贵族有巨大的影响，而且这种影响与原始社会中的氏族部落制度有千丝万缕的联系。

由于财产和社会不平等引起的穷人和富人之间的斗争，无疑具有阶级斗争的性质。因为无力还债的穷人随时有被卖到外邦为奴的危险。他们为废除债务奴役而进行的斗争，是为了使自己以及家庭成员不致沦为奴隶的斗争。

另外，除了氏族部落内部贫富之间的对立，还存在本氏族部落和众多其他氏族部落（或国家）的对立。本氏族部落全体成员，即公民集体的团结一致，是抵御其他氏族部落或国家的侵犯、保障全体公民生命财产安全的必要条件。

因此，在保障新生的奴隶主阶级可以保持并扩大其对奴隶和异邦人的剥削的情况下，原有的氏族部落内部贫富成员之间的对立和斗争可以在一定时期内得到调节和缓和。其重要标志之一就是在一定条件下废除公民集体内部的债务奴役。

公元前 7 世纪，在包括雅典在内的希腊半岛，以重装步兵为主力的公民兵制兴起，它促进了富有公民和较穷公民结成利益与共的集体。因为，在这种军事制度中，广大的公民群众是军队的主力。

可以从本氏族部落以外不断得到奴隶是这种公民集体存在的又一个重要条件。就雅典的具体历史情况而论，从公元前 7 世纪起，奴隶的主要来源是购买外族人为奴。这种奴隶制度与各个地区原始社会瓦解的速度不同，商品货币关系一定程度的发展有密切联系。

我们应该充分肯定商品货币关系的发展对雅典民主政体发展的影响，但决不能把它夸大到不适当的地步。譬如说，断言雅典的民主政体是由于发达的商品货币关系决定的，或者说，雅典民主政体的确立是由于新兴的工商业奴隶主阶级领导农民与占有土地的氏族贵族斗争的结果。这些论断都不符合历史实际。

在古代奴隶占有制社会中的民主政体，与近代以来资本主义国家的民主政体是有本质差别的。在古代雅典，民主只可能是公民集体内部的直接民主，不可能是近代的地域国家的公民代议制的民主。

当雅典民主政体萌芽的时候，雅典还是一个以农业为主的国家。就是在公元前 6 世纪至公元前 4 世纪雅典民主政体存在的整个时期，公民权与占有土地都是密不可分的。在公元前 6 世纪和公元前 5 世纪，商品货币关系在雅典的发展，在很大程度上源于雅典国家的对外扩张，而对外扩张又是与公民集体的团结和强大休戚相关。

还应该强调指出，公元前 5 世纪雅典的对外扩张，是与反对波斯人侵略的历史性胜利结合在一起的，公元前 5 世纪雅典民主最繁荣时期的主要经济支柱是剥削提洛同盟中的盟邦。

商品货币关系对于雅典民主的影响，主要表现在工商业的发展能给雅典公民中比较贫穷的阶层提供一定的生活来源，而公民职业和谋生手段的多样化有利于维持公民集体的稳定，有利于限制和削弱以占有土地为主的富有公民对贫穷公民的控制。

有趣的是，公元前 4 世纪商品货币关系的进一步发展导致了雅典公民集体内部矛盾加剧，从而动摇了雅典民主政体的基础。

# 梭伦改革以后雅典民主的发展

在梭伦改革之后，雅典公民不同集团之间的斗争并未终止。经过长期的纷争，于公元前560年庇西特拉图建立了僭主统治。庇西特拉图两度被逐，但时过不久又东山再起。他死后，两个儿子继任僭主，直到公元前510年被推翻。实际延续了三十多年的僭主统治，对于雅典民主的发展有多方面的影响。

热衷于巩固本人及家族统治的僭主，虽然在许多方面保存了梭伦建立的有利于民主的社会和政治制度，但实际上他把国家的主要权力集中在自己手中。但是，为了消除来自当时经济上最强大、政治上最有势力的反对力量——氏族贵族的威胁，庇西特拉图与敌视他的氏族贵族间进行过激烈的斗争。他放逐了其中的一些人，没收过部分政敌的土地。这种斗争，进一步削弱了氏族贵族的经济和政治势力。在经济方面，庇西特拉图采取了一系列帮助贫苦农民、促进工商业发展的措施，例如发放农业贷款，与当时工商业比较发达的地区建立友好关系，积极向爱琴海通向黑海的商路要冲处扩张等。虽然他的出发点是为了扩大自己政权的社会基础，但客观上巩固了中小所有者的经济地位。这一切，从长远看，都有利于民主制度的发展。

但是，作为一种政权组织形式，基于个人权力的僭主政治与民主是格格不入的。所以，僭主政治终于在广大普通公民群众以及持反对态度的氏族贵族的共同斗争中垮台了。

在雅典，推翻僭主的斗争曾经得到斯巴达的帮助，但是接踵而来的斯巴达对雅典内政的干涉激起了雅典人的强烈反抗。因而，僭主统治的终结与爱国主义和民主精神的高涨接踵而来。正是在这种形势下，克利斯提尼于公元前508年进行了一次重大改革，使雅典的民主制度发展到一个新的阶段。

氏族贵族内部不同集团、不同家族间争权夺利的斗争，在僭主被推翻之后，十分明显地成了雅典国家不安的根源。斯巴达与某些氏族贵族勾结对雅典内政一再干涉，唤醒雅典人加强公民之间的团结。将近一个世纪经济的迅速发展导致居民频繁迁徙，加上向外大量移民，按原来的氏族部落组织进行政治活动极不方便。以地域原则组织政治生活和社会生活，已经成为时代的迫切要求。在克利斯提尼改革之前某些在一定程度上以地域原则代替氏族部落原则的措施（例如设置舰区、按舰区征集军队、设立巡回法庭、设立全国性的节日庆典），由于政治、经济发展及梭伦、庇西特拉图家族的一些措施，雅典城在阿提加的中心地位大大加强，这都为以地域原则代替氏族部落的血缘原则做了物质上和精神上的准备。正是在这个基础上，克利斯提尼提出的以按地域原则组建的德莫斯作为国家政治、社会生活基层单位的意见，得到了雅典公民大众的支持。

所谓德莫斯（δημοs），在广大农村，大体相当于一个自然村，而在雅典城内则相当于某个街区。但它不是单纯的邻里组织，而是一个有自己的民选权力机构，一定的公共财产和政治、社会、宗教活动的雅典公民的组织。德莫斯的首要任务是按整个国家的统一规定，登记境内的公民，积极参加审查和授予公民权的工作，解决有关公民权利、义务方面的问题。这样一来，就基本上消除了氏族贵族通过氏族部落组织从政治上控制同一氏族的成员的机会。原有的四个血缘部落和胞族组织仍然存在，但不再作为政治和军事组织，主要作为宗教祭祀和血缘氏族成员之间的社会组织。以德莫斯为基础，建立了 10 个地区部落。每个地区部落内部又设 3 个三一区。在建立地区部落和三一区时，充分考虑了将原来血缘氏族部落聚居的地区加以分割，使之隶属于不同的新建组织。同时还注意到了加强雅典城在整个阿提加地区的中心作用问题。

按照克利斯提尼的提议，一些原来没有雅典公民权的移民被授予公民权，编入新建的德莫斯中。

在全国推行以地域原则代替基于血缘的氏族部落原则的一系列措施，加上扩大公民队伍，这就大大地削弱了氏族贵族在各方面的势力和影响，加强了普通公民群众的地位和作用。新建的各种政治和社会组织，又大大便利了公民积极参加政治生活和社会生活，从而不断增强公民之间的团结。这一切都成为推动雅典民主政体进一步发展的强大动力。

按照新建的德莫斯和地区部落组建公民兵，使得雅典的军事力量极大地加强。因为，不仅平时的操练变得方便了，公民兵之间的相互了解和团结也增强了。

由每个地区部落各派一人组成的十将军委员会的出现，便是克利斯提尼改革的积极后果的一种表现。这个新机构的成员虽然基本上是由富有的公民担任，但是处于民主机构的严密监督和控制之下。

顺便说一下，在公元前 6 世纪末和公元前 5 世纪初，雅典军队的主力还是重装步兵。与此相适应，有能力置备重装步兵整套装备的农民，在政治生活中起显著作用。在公元前 490 年的马拉松战役中，雅典的重装步兵表现出了良好的战斗素质。

地区部落取代血缘部落的另一重要后果是克利斯提尼建立的五百人会议代替梭伦创建的四百人会议。它由每个地区部落各派出 50 人组成，地区部落内部当选者经过抽签确定。随着整个公民集体政治活动日益加强，五百人会议的作用越来越大。它与公民大会及其他民主机构卓有成效、协调一致的活动，构成雅典民主的突出特征。没有五百人会议，雅典公民大会就不可能富有活力地行使自己的职权。寡头政体与民主政体的一个重要区别，就是看为公民大会准备提案的机构是民主性质的，还是寡头性质的。因为，在古代希腊，公民大会是没有创议权的。

克利斯提尼和梭伦一样，在进行改革的过程中，表面上，对原来由氏族贵族占据和控制的机构，无论是执政官委员会也好，还是由卸任执政官组成的战神山议事会（因在战神山开会而得名）也罢，基本上没有什么触动。但是由于公民集体中中小所有者力量的加强和公民大会活动的增加，加上五百人议事会和民众法庭的设立以及它们权力的不断增大，相应地削弱了执政官的权力，削弱了战神山议事会的权力。尽管如此，雅典的氏族贵族仍然还是相当强大的政治力量。因为执政官委员会还是握有广泛执行权的重要机构，尽管它的成员由公民大会选举。而战神山议事会由于其成员的重大社会影响和这个机构名义上拥有的对全国政务和全体公民的监督权，仍然享有巨大的权威。

公元前 5 世纪的头 20 年，雅典面对波斯的侵略扩张，积极支援了小亚细亚诸希腊城邦反对波斯统治的起义，于公元前 490 年在马拉松战胜了入侵的波斯人，接着大力发展海军，以迎击可以预见到的波斯人的新的入侵。虽然由于史料不足，我们对这一战云密布时期雅典内政发展的详情不甚了解，但其基本发展倾向还是清楚的。

公元前 6 世纪初以来国家经济的发展造成的对海上运输日渐严重的依赖，反抗侵略保卫国家安全的迫切需要，都要求集中很大力量建设海港，发展海军。

继克利斯提尼之后雅典的又一杰出政治家特米斯托克列斯（约公元前528—前462 年），对雅典当时的国内外形势有深刻的认识，推动雅典沿着使国家政治生活进一步民主化和加强战备的方向前进。

公元前 487 年，雅典实行了执政官选举方法的改革，在各地区部落中预选执政官候选人时，选举方法也由投票改为抽签，不仅第一等级的公民可以当选，第二等级的公民也可充任。这一改革使得执政官不再干预十将军委员会的活动，从而加强了十将军委员会的地位，有利于战备。这一改革也导致战神山议事会成员成分发生改变。

从公元前487年开始，特米斯托克列斯的政敌接连因陶片流放法遭到放逐，其中包括反对派的主要代表人物阿里斯特伊德斯。

公元前5世纪80年代后期庞大的雅典舰队建成；公元前480年以雅典舰队为主力的希腊海军在萨拉米斯海战中取得辉煌胜利；70年代和60年代，雅典海军在爱琴海以及色雷斯、小亚细亚战果显赫；这一切，都使得雅典公民集体中最穷的第四等级，在军事和经济方面发挥出日益重要的作用。他们的政治地位理应有所加强。但是，历史的发展远不是沿着直线进行，而是走迂回曲折的路。

亚里士多德在《雅典政制》中谈到萨拉米斯战役之后雅典的内政时写道："在大约十七年内，坐落在战神山的议事会的成员们居于领导地位，政制依旧，尽管是在缓慢地走下坡路。"根据普鲁塔克等人的记述，我们知道，在希腊诸邦中红极一时的英雄人物特米斯托克列斯的政治地位在70年代迅速下降，于公元前472年遭到流放。坚决支持战神山议事会的客蒙成了70年代和60年代雅典政坛的风云人物。

只是从60年代中期开始，埃菲阿尔特斯和伯里克利所领导的反对战神山议事会和反对客蒙的斗争，才使雅典政治生活进一步民主化的过程进入了一个新的阶段。这场斗争，一方面是通过追究战神山议事会一些成员的不法行为，动摇公民群众对整个战神山议事会的信赖；另一方面则是揭露客蒙当时推行的亲斯巴达政策的错误，削弱他的政治影响。

公元前461年埃菲阿尔特斯领导进行的改革，最终结束了战神山议事会左右国政的情况。根据公民大会的决议，战神山议事会仅仅保留了审判血亲复仇、放火和谋杀案件的权力，而将所有其他权力交给五百人会议和民众法庭。埃菲阿尔特斯因此而遭到暗杀。

虽然在埃菲阿尔特斯改革之后，雅典的民主政体还在继续发展和变化，但我们认为，这次改革标志雅典民主政体的最终确立。因为，从这时起，三个主要的民主机构，即公民大会、五百人会议和民众法庭，摆脱了执政官委员会和战神山议事会的控制，独立自主地担负起处理雅典国家一切重大事务的责任。而在这三个机构以及其他从属于它们的民选组织中，包括了所有四个财产等级的雅典公民，各个财产等级的公民都能发挥一定的政治作用。

说到这里，我们需要简单地谈一下雅典民主政治的三个主要机构的相互关系。

首先应该指出，无论是公民大会也好，五百人会议也好，民众法庭也好，都是真正由公民群众按照民主原则在其中进行活动的权力机构，而且是雅典国家的主要权力机构。

在雅典的民主机构中，就其重要性而言，首推公民大会。但是，公民大会的活动和五百人会议密不可分。

在五百人会议中，各个地区部落选派参加它的活动的50人，以地区部落为单位轮流值班。这种轮流值班的集体，我们称它为五百人会议的主席团。这种主席团负责召集、主持五百人会议，并且处理五百人会议承担的一些杂务。各地区部落值班的先后次序由抽签决定。公民大会的活动，按五百人会议中各地区部落值班的周期安排。一般情况下，在每一届主席团任职期间召开四次会议。

除因战争造成的紧急情况而破例召开的会议外，每次公民大会都有一定的议程，在会前通告周知。

每届主席团任期内的第一次公民大会的议程之一是审查现任公职人员是否称职，并且对他们能否留任进行表决。就原则而论，雅典的每个公职人员在每届主席团任期内都可能被罢免。

在这次公民大会上，还要讨论粮食供应、国家安全等方面的问题。

第二次公民大会上，解决有关欠国家债款的人们的问题。再就是讨论授予公民权和恢复被非法剥夺的公民权问题。

第三次和第四次会议，解决日常需要讨论的一系列问题。每次可以讨论三个关于宗教和祭祀方面的问题，三个关于对外政策的问题，三个其他方面的问题。

在第六届主席团的任期内，除了讨论上述各项事务外，还要就当年是否施行陶片流放法问题进行一次表决。

在通常情况下，选举公职人员的公民大会是在第六届主席团任期结束之后的一个根据占卜认为有好兆头的日子召开。

除了选举公职人员，公民大会的另一项重要活动是审议和通过法律和法令。

凡年满20岁没有因犯法而使公民权受到限制的公民，都有权参加公民大会，就会上讨论的一切问题自由地发表意见，参加表决。

五百人会议是公民大会闭会期间行使雅典国家政府职能的常设机构。它的成员由每个地区部落中年满 30 岁的公民通过抽签选出。五百人会议中轮流值班的主席团，要从它的 50 名成员中，通过抽签，每日选出一名执行主席。他的任职期限是一整个昼夜，不得延长，也不得在这届主席团的任期内再度当选。在他任执行主席的这一天一夜里，他是雅典共和国地位最高的公职人员。

执行主席必须和他所指定的主席团的三分之一的成员一起住在位于阿戈拉的圆顶厅内。他既是国家金钱和档案的庙宇的钥匙保管者，又是雅典国玺的保管者。他负责召集并主持五百人会议。如果在这一天召开公民大会，他便是公民大会的主席。

除了节假日和宗教上认为不吉利的日子，五百人会议差不多每天都要开会。通常，五百人会议公开举行，任何公民在得到主席团允许之后，都可进入会场。

五百人会议的首要任务是为公民大会作准备，对于公民大会将要讨论的每个问题提出初步的处理意见。雅典的法律规定，包括任何问题，如果五百人会议没有事先讨论过，公民大会均不得触及。

五百人会议管辖的事务范围极其广泛，既有内政，又有外交；既有军事，又有文事。它的重要性，首先体现在它是一个常设机构，是不间断地工作的。

雅典法律规定，凡年在 30 岁以上的公民，只要不欠国家的债，没有被剥夺公民权，都可充任民众法庭的审判员。每年通过抽签，从年满 30 岁的公民中选出 6000 人任审判员。

除了节日和举行公民大会的日子，民众法庭差不多每天都开庭。除了某些与宗教有关的杀害罪由专门的法庭审理外，民众法庭负责审理全部民事案件和大部分刑事案件。它还参与制定法律。

除了前面已经讲到的雅典民主政治制度三个最主要的机构外，在雅典还有一批选举产生的负有各式各样任务的公职人员。他们的政治地位不同，任期也不完全一样。其中最重要的有十将军委员会和执政官委员会的成员。他们在任期结束时，都要向公民大会报告工作。

雅典民主政体形成的过程中，虽然不乏杰出历史人物深谋远虑的印记，但总的说来，它既不是按照一定的政治理论，也不是依据某一党派的政纲建立的，而是不断适应形势发展的要求，自然而然地形成了一套颇为有效的制度和机构。民主形成的过程，就是公民集体中不同阶层越来越广泛、越来越平等地参与国家管理的过程。

在雅典民主政体存在的整个历史时期，按财产多少把公民分成不同等级、不同等级的公民被选举担任公职的权利不同的原则，始终保存。像将军这样重要的军职，还有掌管金钱的重要职务，历来由富有公民担任。执政官的职务，直到公元前457年才向第三等级的公民开放。但是从这以后，执政官委员会的性质已发生根本变化，它已成了雅典民主政体中掌管司法和宗教事务的一个重要机构。

在实际生活中，由于不同的财产地位决定的政治地位的不平等就表现得更为明显。在公元前5世纪60年代以前，一切公职都是义务职。当然只有不愁衣食、富有暇时的富有公民才能经常参加政治活动。不仅如此，普通公民中的一些人，就是经常参加公民大会和民众法庭的活动也有困难。虽然由于史料不足，我们不能确知公元前6世纪末至公元前5世纪初雅典的公民总数，但据现有资料推测，马拉松战役前后，大概有两万左右。可是，按照雅典的法律，只要有6000公民出席大会，像关于实行陶片流放法这样的重大政治事件，表决就算合法。有人认为，经常出席公民大会的，大概只有两三千人。

再看看公民大会的进行过程，我们就可清楚地发现富有公民在雅典政治生活中占据主导地位。向五百人会议提出议案以及在公民大会中积极论证某一议案的，通常都是富人，因为只有他们有足够的时间去研究繁杂的国内外事务，找出对策；只有他们能够花费大量金钱和时间，学习演说。一般的公民群众只能就已提出的议案进行表决。虽然表决权对于每个公民说来都是重要的，但表决权发挥什么作用，首先决定于就什么内容的议案进行表决。

我们在着重指出富有公民在雅典政治生活中的主导作用的同时，也应足够估计民主政体对于广大公民的重要意义。首先，按照雅典的法律，一切公职皆由民主选举，都要受公民大会的监督，只要公民大会认为他不称职，随时可以罢免。法律还规定，公职人员在卸任时要报告工作并接受检查，如有渎职或犯罪行为，要受到追究，直至被判处死刑。这样一来，任何担任公职的富人都不得不考虑人心的向背，不得不尊重民意。著名的政治家和军事统帅米尔提阿德斯、特米斯托克列斯和客蒙的盛衰荣辱，雄辩地说明，在雅典人心的向背有多么巨大的作用。再者，任何公民都有权向公民大会或民众法庭提出申诉。这一点也使富有公民不能随意欺凌一般公民。

在古代雅典公民大会中讨论的问题，通常都是与每个公民切身利害相关的，诸如和平与战争、祭祀、节庆、公民权、青少年教育等。这些问题大多要求全体公民积极参与。例如，由于实行公民兵制，一有战争，出多少兵，由谁上前线，便是刻不容缓需要讨论解决的问题。在那一切装备、给养由自己负责的时代，每个公民对这种问题的关心不言而喻。因此，广大公民群众对这类问题有无发言权和表决权，情况是大不一样的。

正是古代公民公社的一系列特点，决定了每个公民对政治的关心，决定了民主政体的巨大历史进步意义。因为只有这种政体才能最大限度地使每个公民把整个城邦的利害看成自己切身的利害，用自己的才智，用自己的身躯去捍卫城邦。只有从这个角度，我们才能理解古代雅典奴隶占有制社会中杰出的政治家伯里克利的话。他说："有一些人，可以同时既关心家事，又关心国事。另一些醉心于其他事业的人，对于政治也不生疏。只有我们才是这样认为，一个不参加政治活动的人，并非无所事事，他乃是一个无用的人。正是我们自己讨论我们自己的举措，或者力图正确理解自己的行动。我们认为，言辞对于事业无所损害，相反，未经慎重讨论而行动才是真正有害。我们不同于他人之处正在于，我们敢于采取极为大胆的行动，并且在开始前深思熟虑。"公民大会中不同意见的争论，不同政治势力的争斗，正是表现了雅典民主的活力。

# 伯罗奔尼撒战争

张广智

伯罗奔尼撒战争（公元前431—前404年）是古代希腊历史上的重大事件。以雅典和斯巴达为首的两大城邦集团，为了争夺全希腊的统治权，交战达27年之久，时间之长，规模之大，影响之远，在古希腊史上都是仅见的。

## 战争的起因

伯罗奔尼撒战争爆发的原因，正如古希腊杰出史学家修昔底德所指出的那样，"是雅典势力的增长和因而引起斯巴达的恐惧"。

雅典与斯巴达的矛盾和斗争由来已久。早在公元前6世纪末，斯巴达就曾干涉雅典内政。在希波战争的前期，特别是在公元前480年和公元前479年，两国曾一度合作，共同反抗波斯的侵略。从公元前478年起，两国之间就不断发生摩擦。随着雅典为首的提洛同盟的建立，雅典势力的不断扩张，再加上雅典国内民主政体的日益发展，两国之间的矛盾便越来越尖锐。公元前457年，斯巴达及其盟国曾在鲍伊奥提亚的塔纳格拉地区重创雅典陆军。公元前445年，为了缓和两国之间的矛盾，雅典和斯巴达缔结了为期30年的和约。在这之后，雅典仍然继续推行其向多方面扩张的政策。公元前443年，雅典在意大利南部建立了殖民地图里依。公元前437年，伯里克利率领雅典舰队远航黑海，显示国力。同年，他又在斯特律蒙河畔的交通要道上建安姆菲波利斯城。

不仅如此，在公元前5世纪30年代，雅典又一再与伯罗奔尼撒同盟的成员国科林斯、墨加拉等发生纠纷。

公元前435年，科林斯与其殖民地科西拉因对待两者共同建立的殖民地埃皮达姆努斯内部不同政治势力的态度有意见分歧而发生冲突，越二年，科西拉求助于雅典，获允。也就在公元前433年，雅典干预了科林斯和科西拉之间的海战。

公元前432年，雅典以墨加拉收容逃亡奴隶和耕种圣地为由，颁布了"墨加拉法令"，禁止它的商船进入雅典及其盟邦的一切港口。

同一年，科林斯鼓动它的位于色雷斯的殖民地波提德伊亚退出提洛同盟，与此相对，雅典则要求波提德伊亚驱逐科林斯派驻那里的公职人员，还要求它拆除城墙，交出人质。当波提德伊亚以及它的一些邻邦以正式退出提洛同盟来回答雅典之后，雅典便派兵包围了波提德伊亚。

公元前432年夏天，斯巴达已决定要对雅典作战。秋天，在斯巴达召开了伯罗奔尼撒同盟全体成员国会议。会上，科林斯力主对雅典开战，大多数与会者表示赞同。此后，斯巴达及其盟国展开了战前的外交活动。对雅典提出的要求包括：驱逐伯里克利，解除波提德伊亚之围，取消墨加拉禁令。对此，雅典全部予以拒绝。战争的爆发已经是不可避免了。

公元前431年春耕时节，忒拜人的一支由300人组成的队伍袭击了雅典的盟邦普拉特亚，但遭惨败，180人被俘。雅典因这件事而拘留了阿提加的所有鲍伊奥提亚人。这一明显违反三十年和约的行动，构成了伯罗奔尼撒战争的起点。是年6月中旬，斯巴达国王阿基达马斯率军入侵阿提加，战斗正式展开。

伯罗奔尼撒战争历时长久，战火几乎遍及整个希腊世界。它虽然是希腊两大城邦集团之间的战争，但也夹杂着波斯的干预。在战争中，军事行动和社会斗争又交织一起，尤其在提洛同盟内部，盟邦的叛离与反对雅典奴役统治的暴动屡有发生，从而使这场战争呈现出一种纷繁复杂的局面。根据史学传统，这次战争分成三个阶段：（1）自公元前431年至公元前421年，史称"十年战争"，或以斯巴达国王之名称为"阿基达马斯战争"；（2）自公元前415年至公元前413年的西西里战争；（3）自公元前413年至公元前404年，史称"德凯列伊亚战争"。有些著作把后两个阶段合并为一，通称为战争的第二阶段。下面，我们把整个战争过程分阶段来进行叙述。

# 十年战争

战争爆发时，雅典正值伯里克利当政。他作为一个有见地的奴隶主阶级政治家，早在战前就预料到战争爆发的可能性，为了及早防备斯巴达人从陆上入侵，曾在雅典城与外港比雷埃夫斯之间，修建一道长垣，这样就使陆海两方面的防务都有所巩固。战争爆发后，他又清醒地看到敌我双方之短长，故因势利导，采取了一种比较稳妥的战略：陆上主守，乡民迁入城中，必要时放弃农村，坚壁清野，据城坚守；同时，充分发挥海军优势，发兵袭击伯罗奔尼撒沿岸城市，逼迫敌方疲惫求和。第一年战事，大体是遵循他的策略原则行事的。

公元前430年夏，一场意想不到的灾祸突然降临到雅典头上。是年，雅典发生了一场可怕的瘟疫。城内居民密集，瘟疫流行，死亡相继，据估计，大约有四分之一的人死于这场瘟疫。加上前方军事失利，贵族寡头派的反对，引起了雅典公民对伯里克利的不满。于是，伯里克利一度被废黜。但强敌当前，雅典仍需要他。公元前429年春，他继续当选为首席将军，重掌政局。不幸的是，伯里克利不久也罹难于此疫。

伯里克利之死无疑对雅典是一个沉重的打击。他死后，雅典的政治舞台成了派系斗争的战场，内部倾轧越演越烈，日渐分成两派：以克里昂为首的激进民主派主战，继续推行对外扩张的战争政策，加强对盟邦的控制，以武力逼使敌方就范，该派主要反映商人、手工业者和部分以国家供给为生的平民阶层的利益；以尼西阿斯为首的温和民主派主和，采取稳健政策，对盟邦的压迫较为缓和，内以安抚贫困的自由民，外以抵抗敌方的进攻，以维护城邦的统治和既得利益，它主要反映了那些占有土地的农民的愿望。在角逐中，前者日益控制着政局。公元前429年冬，雅典军队攻陷了被它长期围困的波提德伊亚。

雅典为了应付庞大的军费开支而提高提洛同盟的捐款，此举大大激化了雅典和盟邦的矛盾。公元前428年盟国米提列涅首先发难，吸引了列斯博斯岛上多数城邦叛盟，结果遭到了雅典的残酷镇压，拆毁城垣，屠杀居民，并在该地派迁军事移民。

公元前427年，科西拉发生了民主派与贵族派的内争，双方展开激烈的巷战，两派都答应给奴隶以自由，换取他们的支持，大部分奴隶归附了民主派，结果民主派在雅典援助下取得了最后的胜利。

同年，克里昂开始出任首席将军，在他任职后的两年内，与斯巴达的战事平平。直至公元前425年5月后，战局才发生了急遽的变化。是时，雅典派兵占领派罗斯（地处伯罗奔尼撒半岛西南部），并在斯法克特里亚岛上俘获了120名斯巴达贵族，还竭力煽动黑劳士暴动，这使斯巴达深以为患。

斯巴达陷入困境，不得不向雅典遣使议和，但遭拒绝。为此，斯巴达方面也采取果断措施，发兵进攻爱琴海北岸，策划那里的雅典同盟国反抗雅典，力图把敌方兵力引出伯罗奔尼撒半岛。

公元前 424 年冬，斯巴达将领布拉西达斯兵临安姆菲波里斯城下。历史学家修昔底德此时已被选为雅典十将军之一，奉命率 7 艘战船驰援，但兵至城破，布拉西达斯已先于他占领了该城。此地失陷，实乃守将疏忽所致，责任不在修昔底德。然而雅典当局指控他贻误军机，乃被放逐国外达 20 余年。

公元前 423 年雅典和斯巴达签订了一年休战和约。次年，雅典与斯巴达在安姆菲波里斯展开激战，双方主将克里昂与布拉西达斯均阵亡。由于盟邦叛离，军事失利，财源枯竭，致使雅典无力再战，以尼西阿斯为首的主和派占据上风，遂向斯巴达提出议和。而斯巴达亦感疲乏，和谈一事，正中下怀，于是欣然接受，很快在公元前 421 年举行和平谈判，双方缔结了为期 50 年的和约，史称"尼西阿斯和约"。和约规定：交战双方退出各自占领地，交换战俘，保证 15 年内不以兵戎相见。

# 雅典远征西西里

自"尼西阿斯和约"缔结后至西西里战争爆发前的 6 年多时间里，交战双方虽未发生直接的武装冲突，但并非就此偃旗息鼓，因为导致这场战争的深刻的政治和经济原因并未消除。故在此期间，各方政治外交活动频繁，备战也未中断，形势仍处于剑拔弩张的状况。

在此期间，以尼西阿斯为首的主和派力主与斯巴达友好，可是却未能获得公民大会的信任。纷繁的派系之争，导致领导人物不断变换。这时，雅典出现了一个战争后期的风云人物——阿尔基比阿德斯，他继克里昂之后，成了激进民主派的头目。他竭力鼓吹重启战衅，并提出了一项野心勃勃的远征西西里的计划。公元前 420 年，他被选为将军，并着手与阿尔哥斯和伯罗奔尼撒的其他城市结盟，以反对斯巴达。公元前 418 年，斯巴达进入阿尔哥斯，雅典发少量援军前往，结果斯巴达获胜。在以后两年中，斯巴达军曾有好几次袭击该地，但每一次雅典援军都姗姗来迟，未能与斯巴达人交仗，故势态并没有扩大。

从公元前 415 年开始，雅典出兵远征西西里的叙拉古，揭开了新的战幕。惊心动魄的西西里之战，为伯罗奔尼撒战争留下了悲壮的一章。

公元前 416 年，西西里岛的塞格斯塔与塞林努斯发生纷争。塞格斯塔是雅典的盟邦，其近邻塞林努斯早就与斯巴达在西西里的同盟者叙拉古结盟。塞格斯塔求助于雅典，这就为阿尔基比阿德斯发动对西西里的军事远征找到了最好的借口。

然而，远征西西里之举，在雅典公民大会上曾有过激烈的争论，这主要是在尼西阿斯与阿尔基比阿德斯之间展开的，双方唇枪舌剑，互不相让。尼西阿斯遇事谨慎小心，他老谋深算，认为仓促出征，无疑是一种冒险的行为；他要求雅典人不要沉湎于毫无希望的空虚迷恋之中，眼下国家正处于从未有过的最大危险的边缘。阿尔基比阿德斯进行了反驳。他认为，如果雅典不设法征服新的土地，自己就有陷入被别人统治的危险；他指出，城邦也和任何其他东西一样，不能长期保持在静止的状态中，只有在战斗中，才会经常取得新的经验。

阿尔基比阿德斯的煽动言辞，博得了公民大会参加者多数人的支持。就这样，远征西西里的冒险计划很快就在激进民主派中间，尤其在工商业奴隶主阶层中间，获得了众多的拥护者。自由民中的一些贫困者也希望通过这次战争，获取战利品，并把西西里各城邦归于雅典，从而向它们征收盟国捐款来改善自己的境况。热望参战的人们，指望从战争中获得薪给，发财致富。在竞技场、公共场所，随处可见西西里的地图画在沙土上，远征使不少雅典人像着了魔似的。公民大会最后通过了阿尔基比阿德斯的远征计划，并着手筹备出征事宜。

正当雅典远征军出发前夕，一件意外的事件发生了：雅典城内的许多当作路标的赫尔墨斯神像被捣毁了。这一渎神事件在迷信的雅典人中引起了骚动，阿尔基比阿德斯的政敌们故意散布谣言，说这事与他有关。他并不害怕，要求公开审判。但大多数雅典公民好战心切，希望从速出征。

公元前 415 年 5 月，公民大会最终任命三位将领阿尔基比阿德斯、尼西阿斯和拉马霍斯为统帅，率战舰 136 艘，重装步兵 5100 人，轻装步兵 1200 人，26000 名桨手，浩浩荡荡地向西西里的叙拉古进发。雅典大军刚踏上异邦的土地，公民大会却传令阿尔基比阿德斯回国受审。他不得不交出指挥权，但却在回国途中逃跑了，不久就投靠到斯巴达方面。雅典公民大会对他作了缺席审判，判处死刑，财产充公。阿尔基比阿德斯闻讯，便决心效忠斯巴达，向它献计：速派军往援西西里，以解叙拉古之围；从陆上发兵，长驱进驻阿提加的德凯列伊亚。斯巴达喜而纳之。

公元前414年，赫尔莫克拉特斯被推选出来，指挥保卫叙拉古的战斗。雅典人修造一道城墙，把这座城市团团围住。战事之初，雅典军队甚为得手，但拉马霍斯在一次激战中不幸阵亡，军队指挥权完全交由尼西阿斯一人掌管。雅典远征军的节节胜利，使叙拉古几乎绝望，眼看就要屈膝投降。正在这时，斯巴达人吉利波斯率援军及时到达西西里。他占据被称为"埃皮波拉伊"的高地，使雅典人的壁垒包围不能奏效。

由于斯巴达军队的增援，战局顿为改观。尼西阿斯缺乏主将风度与韬略，雅典军队开始转入不利境地。公元前413年，雅典派来了德摩斯特涅斯率领的援军，他夜袭埃皮波拉伊地区，惨遭失败，主张立即撤兵归国，而尼西阿斯优柔寡断，迟疑不决。当决心撤军时，又突然发生月食。由于尼西阿斯的迷信，不敢撤军，终于贻误军机。叙拉古人趁机发动攻势，雅典军队节节败退。

公元前413年秋，雅典远征军已陷入四面楚歌之中，海战失败，士兵狼狈逃窜，唯有从陆路撤退，方有生路，但叙拉古及斯巴达人又把所有的通道给封锁了。余部4万人，由尼西阿斯打前阵，德摩斯特涅斯殿后，仓皇退撤，由于军心混乱，斗志涣散，沿途又不断遭到敌方的围追堵截，伤亡不计其数。对方猛追穷寇，雅典人只得投降。尼西阿斯与德摩斯特涅斯都成了阶下囚，即被处死，余下7000人被俘，概被送往采石场做苦工，惨死于疾病与苦役中。雅典远征西西里的溃败，使雅典大伤元气，丧失战士约5万人，损失战舰200艘（包括后来援军舰只）。这是伯罗奔尼撒战争的转折点。雅典虽在公元前413年重建海军，再图大举，但终不能挽回必然失败的命运。

# 最后角逐

西西里之战后，战场移向东方。公元前413年斯巴达出兵侵占阿提加的德凯列伊亚，并在那里长期驻扎。从这开始至战争结束，这是两雄最后的角逐。其间，雅典民主政体失而复得，斯巴达陆军在阿提加驻屯，激烈的海战与外敌插手，盟国纷纷离去，这些致使战态不断扩大，战场一再延伸，显得比前两阶段的战争更为扣人心弦与复杂多变。

斯巴达军队占领了德凯列伊亚切断了雅典与优卑亚岛的联系。两万工匠奴隶逃亡敌方，尤使生产大受影响。公元前412年，希奥斯、优卑亚各邦、列斯博斯、米利都等盟邦纷纷脱离雅典，使它在财政、军事上都发生了困难。更为严重的是，公元前411年，雅典内部发生了贵族寡头政变，推翻了民主政体，政权落在寡头分子组成的"四百人会议"手中，由它决定国家大事，召集公民大会，而参加人数缩减为5000名富裕公民。不仅如此，贵族寡头集团中的激进派甚至根本反对召开5000人大会，并坚持立即与斯巴达媾和。以特拉麦涅斯为首的寡头温和派推翻了"四百人会议"，建立了"五千人统治"，但它依然是一个反民主的寡头政体，当然仍受到雅典普通公民的反对。

在雅典海军中，多数人是昔日民主政体的信徒。驻扎在萨摩斯的雅典舰队，听到国内发生寡头政变的消息，非常愤怒，拒不承认雅典的寡头政府。其时，流落在东方的阿尔基比阿德斯开始与海军谈判，结果他被召回并被任命为海军总指挥。在他率领下，雅典海军于公元前411年在阿比多斯，第二年在居济科斯先后击败了斯巴达海军，重新控制了通往黑海的航路，斯巴达一度被迫求和。战斗的胜利鼓舞了国内的民主派，公元前410年，以克列奥丰为首的民主派东山再起，推翻了"五千人统治"，民主政体得以恢复。克列奥丰坚决反对与斯巴达议和。公元前408年，阿尔基比阿德斯返回雅典，受到了热烈欢迎。次年，他被公民大会选为拥有全权的将军，对他寄托着巨大的希望。但他并不能改变雅典必然失败的历史命运。

在二雄的最后较量中，斯巴达似乎一直占据着优势地位。其中一个重要的原因是，斯巴达得到了拥有雄厚财源的波斯人的援助。斯巴达以承认波斯对小亚细亚各希腊城邦的统治为交换条件，取得对方的金钱资助，用以建造舰队。战争后期，斯巴达方面又出现了一位有才能的海军统帅吕山德罗斯，他在波斯国王幼子居鲁士的大力支持下，通过提高海军中雇佣水手的薪饷，以吸引为雅典海军服役的水手。而雅典方面却是国库空虚，阿尔基比阿德斯不得不为士兵的薪饷而四处奔忙。公元前406年3月，吕山德罗斯利用阿尔基比阿德斯为筹集军饷不在军中的有利时机，在诺提昂海角打了一个胜仗。虽为小胜，但却对雅典的政局产生了重大的影响。对此战失利本不应负责的阿尔基比阿德斯因此受到了雅典人的责怪，被解除了职务。他逃往小亚细亚，后为波斯派人刺杀。为挽救危局，雅典竭尽全力，又建造了110艘战舰，力图与敌方作最后的抗衡。

决战的日子终于来临。公元前405年，斯巴达海军封锁赫勒斯滂海峡，雅典海军随后也在该海域集结。同年，羊河（阿伊哥斯波塔莫伊）战役中，雅典海军被全部歼灭。此后，雅典海港被封锁，商业与粮运路线断绝。雅典人在饥饿与绝望的情况下，最后被迫接受了城下之盟，签订了屈辱的和约：解散雅典海上同盟；除保留 12 艘警戒船只外，把全部船舰交给斯巴达；雅典人自行毁去"长垣"和比雷埃夫斯的防御设施；参加伯罗奔尼撒同盟；让所有流亡者回国。至此，延续 27 年之久的伯罗奔尼撒战争以雅典的彻底失败而宣告结束。

雅典在战争中失败的原因是多方面的。从内部言，貌似强大的雅典强国内部，早就潜伏着诸多矛盾：奴隶主与奴隶的矛盾，自由民内部各派系之间的冲突，雅典与同盟国的纠葛等。这些矛盾在战争期间都大大激化了，于是导致了奴隶逃亡、民主派与贵族派内部互相攻讦、同盟诸邦或叛离或对抗，造成分崩离析的局面，这使雅典大伤元气，加速崩溃。这是导致雅典战败的主要因素。从外部言，它的对手斯巴达一方虽也有矛盾，但远不及前者。而且为了打败雅典，斯巴达不惜勾结波斯，建造舰队，军事实力骤增。决战一役，雅典虽先发制人，但却麻痹轻敌，遂陷入被动。斯巴达方面始终能总览战争全局，初则避其锐气，稳扎稳打，后来一旦胜券在握，又迅即下令进攻，终于埋葬了曾经不可一世的雅典海上霸国。

# 叙拉古霸国的兴衰

郭小凌

公元前 8 世纪科林斯建立的殖民地叙拉古在公元前 5 世纪至公元前 3 世纪地中海地区列国争斗中起过重大作用，其兴衰过程颇具特色，值得探究。

## 革隆初建霸业

叙拉古（古希腊文作 Συράκουσαι，拉丁文 SiΓacusa）位于西西里岛东南，三面环海，碧波拥抱，是岛上最早的希腊殖民城邦之一。相传在公元前 734 年，南希腊科林斯城赫拉克列斯族成员阿基阿斯率领一批殖民者，渡海西行，登上西西里，驱走土著西凯尔人，在一处叫作奥吉提亚的小半岛上安家创业，破土建城，这一年便成为叙拉古的建城之年。实际当时所建之城不过是一座带有设防工事的居民点，后来才逐渐发展为真正的城市。

由于史料匮乏，我们对叙拉古的早期史所知甚少，许多问题还仅限于推测。但有一点可以肯定：公元前 5 世纪之前，叙拉古尽管已将其触角伸出奥吉提亚之外，并控制了岛屿东南岸一块地盘，然而在西西里岛上却还是一个蕞尔小邦，国势逊于革拉和阿克拉加斯。

公元前 5 世纪初，叙拉古经历了一个内部动荡的时期。由于土地兼并与奴隶制的发展，公民间大小土地所有者的矛盾以及奴隶与奴隶主的矛盾异常尖锐，平民与贵族的政治斗争很激烈。贵族制政府在同革拉的战争中失利，丢掉了殖民地卡马林纳，平民趁机起义。他们在郊区耕奴基利里奥依的大力支持下，成功地推翻了大土地所有者加摩洛依的统治，在叙拉古首次建立民主政治。

当时，西西里岛的希腊城邦大多僭主当道。叙拉古亡命的贵族向革拉僭主革隆寻求帮助，企图借他之手东山再起，复辟政权。但是革隆占领叙拉古之后，却未还政于当地的加摩洛依，相反将该城据为己有（约在公元前485年）。鉴于叙拉古良好的港湾条件与肥沃的土地，他决定使该城成为其政治、经济中心，先后迁全部卡马林纳、部分革拉公民于城内，授予一万名雇佣兵公民权，借以改变原叙拉古公民集体的成分，扩大自己的社会基础，巩固个人政权。革隆的国内政策与早期希腊各邦僭主有所不同。早期僭主原本是大小土地所有者尖锐斗争的产物，政治上往往是平民的代表或至少执行一系列有利于平民的政策，在消除贵族统治中起了积极作用。可是革隆却羡慕贵族，对平民极端鄙视，认为他们是"最难与之相处的人们"。因而他的政府倒向贵族一边，他本人实际是贵族的代理人。但是，在一些具体事务的处理上，他也并非不顾现实，一味扶强凌弱，而是明达事理，顺乎形势，表现出自己政治上的成熟。例如，他在拿下叙拉古后容忍了基利里奥依的自由，保留了他们在起义后争得的公民权。

在革隆统治下，叙拉古进行了大规模的城市建设。城垣扩至北部阿克拉丁那地区，奥吉提亚变为卫城。他还修建了新的广场，开辟了专供海外贸易和海军舰只停泊用的码头。

在对外关系方面，革隆推行扩张政策。他利用北部邻邦墨加拉内部混乱之机，占领该城，又一举拿下滨海城邦优波亚，将两地平民尽数卖为奴隶，贵族则迁往叙拉古。这样一来，革隆时期的叙拉古便一跃成为西西里东部一霸，革隆本人也成为叙拉古霸国的开创者。

西西里岛自然地理条件得天独厚，物产十分丰富。它是地中海著名谷仓之一，所产粮食不仅可满足当地需要，而且还行销海外。岛上手工业、商业也很发达，造船业、制陶业远近驰名。加之它地处地中海的东西航路之间，因此便成了列强争夺的一块肥肉。叙拉古的崛起刺激了西西里另一大邦阿克拉加斯僭主泰隆的扩张野心。他仿效革隆，从南向北扩展势力，并吞了北岸城市希墨拉，在西西里中部建起堪与革隆相媲美的霸业。希腊人势力的膨胀引起强邻迦太基的不安，因为它早在岛屿西岸殖民，正时刻图谋向中部发展。泰隆兼并希墨拉，使它找到了出兵的借口。约公元前480年，迦太基兵临希墨拉城下。泰隆告急于叙拉古，请求自己的岳丈和同盟者革隆援助。革隆亲率兵骑55000名驰援，彻底粉碎了迦太基的围城部队，迫使敌人赔款2000塔兰特。希墨拉之战的胜利（相传与萨拉米斯海战同时）确立了叙拉古在西西里大部分希腊城邦中的霸主地位，同时表明希腊人在西地中海地区捍卫了自己的独立。

# 民主政治的复活和霸权的扩展

公元前478年，革隆去世，其兄弟海厄隆继位（公元前478—前467年），史称海厄隆一世。在他统治时，叙拉古的威势又扩展了一步。原与迦太基友好的塞林努斯不得不与叙拉古结盟，承担军事义务，实际沦为叙拉古的附属国。西西里的土著西凯尔人诸公社也向叙拉古俯首称臣。迦太基这时只能转取守势，龟缩于岛屿西部狭窄的沿岸地带。公元前474年，迦太基的盟友伊达拉里亚人企图夺取中意大利的希腊殖民城邦库麦。海厄隆一世为遏止伊达拉里亚人南下，派舰队支援库麦，大败敌方舰队，使得伊达拉里亚人不再构成对中、南意大利的希腊殖民城邦的威胁，从而奠定了叙拉古对整个大希腊影响的基础。

对外扩张得手带来了大量战利品和奴隶，为海厄隆一世继续扩建叙拉古城提供了资金和劳动力。叙拉古在海厄隆一世时代又增添了不少公共建筑，变成西地中海的一座富丽城市。海厄隆本人还追求风雅，招贤纳士，希腊著名诗人西蒙尼德斯、品达、巴克里底斯、埃斯库罗斯等都曾是他的座上客。

海厄隆一世死后不久，叙拉古爆发了内战，革隆从各地带进来的新公民被老公民赶走，僭主统治被推翻，民主政治得以重建。西西里的其他希腊城邦在这前后也掀起广泛的民主运动，致使各地僭主纷纷垮台。原受叙拉古统治的希腊城市与西凯尔人公社伺机相继独立，由革隆和海厄隆一世开创并发展的霸国也随之土崩瓦解了。

叙拉古民主制政府起初为内部事务所纠缠，无力对外用兵，只能采取优先安内的政策。为了使公民集体对政治家实行有效的监督，防止僭主制卷土重来，叙拉古在粉碎了廷达里昂复辟僭主制的企图之后，确立了一种近似雅典陶片放逐法的橄榄叶放逐法。国家的各种权力机构完善起来。新政府的最高权力机关是公民大会，日常议事机构为议事会。公民大会选举产生国家最高行政与军事机构将军会议的成员，当选者任期一年。据说大会还另选出一名类似罗马保民官的"人民首领"，以此来维护平民的利益，对将军权力加以制约。

随着国内局势的稳定，叙拉古民主制政府开始将目光转向国外。它继承前统治者的扩张政策，首先于公元前456年击败西凯尔人联盟，迫使他们重新臣服纳贡。继而，叙拉古又战胜阿克拉加斯。公元前427年，叙拉古企图进一步征服独立的伊奥尼亚人城邦列昂提尼、卡塔涅、纳克索斯，结果使战争演化成多利亚人和伊奥尼亚人的大战。西西里的其他国家和西凯尔人以及与西西里仅一水之隔的南意大利希腊城邦也不同程度地卷入其中，分别追随一方。当时东地中海的伯罗奔尼撒战争正酣，雅典打着支持同族人的旗号两次入侵西西里，实则为开拓新领地，扩大势力范围，结果均告失败。第一次（公元前427—前424年）因叙拉古施展外交手腕，实现了西西里希腊人的普遍和解，雅典师出无名，只好罢兵。第二次（公元前415—前413年）叙拉古人对雅典远征军进行了顽强的抵抗，在西西里与伯罗奔尼撒的同盟者的大力援助下，全歼5万入侵之敌。这一仗成为整个伯罗奔尼撒战争的转折点，很大程度上决定了该战争的结局。

抗击雅典的胜利对叙拉古国家发展具有很大意义。由于平民在海战中起了决定性作用，从而导致国内民主倾向加强，促使政治进一步民主化。公元前412年，民主派领袖狄奥克莱斯在平民支持下进行政治改革，抽签选举行政官员，缩小了将军会议的权限。不久，著名贵族赫莫克拉泰斯也被民主制政府放逐，贵族势力遭到沉重打击。就叙拉古外部发展而言，它不仅借战胜雅典之机确立了自己在整个西西里希腊世界的霸主地位，而且还开始介入巴尔干希腊和小亚细亚的事务。它派出一支舰队远赴爱琴海，援助斯巴达攻打雅典。这样一来，叙拉古霸国在民主政治时期便再度兴起并发展到一个新阶段。

## 迦太基战争和狄奥尼修斯治下的叙拉古霸国

希腊人相互厮杀不已，希腊人的宿敌波斯与迦太基却一直作壁上观，坐待卷土重来的良机。公元前412年，波斯率先从东方积极参与斯巴达与雅典的争霸斗争。两年之后，迦太基也在西部取得主动，利用塞格斯塔与塞林努斯的冲突，支持前者，打击后者，揭开了新的大举进攻岛屿东部希腊地区的序幕。

迦太基先攻占了多利亚人城市塞林努斯，继而血洗希墨拉，报了70年前的兵败之仇。希墨拉的陷落与叙拉古军队解救不力、将领指挥失当有关。援军指挥官、民主派代表狄奥克莱斯的声誉因而一落千丈，政府的威望也受到严重损害。公元前407年，放逐在外的贵族赫莫克拉泰斯乘西西里希腊人危难之际，靠着波斯提供的金钱，纠集了一批雇佣兵，在国内党羽的支持下，贸然在叙拉古发动政变。由于叙拉古民主制已有相当基础，人们对僭主普遍厌恶，因而政变失败，赫莫克拉泰斯也死于巷战中。

公元前406年，迦太基军发动新攻势，直扑西西里仅次于叙拉古的第二大城市阿克拉加斯。叙拉古仓促组织起一支35000人的联军前去支援。但因前线指挥无能，援救失败，城池沦陷。这招致叙拉古公民对执政将军们的普遍不满。阿克拉加斯的陷落，意味着整个西西里希腊世界面临被征服的危险，摆脱这种危险的唯一出路是所有希腊人在叙拉古周围紧密团结起来，一致对敌。然而战争的进程已经证明，叙拉古现政府软弱不堪，业已丧失了公民的信任，无力承担领导战争的重担。客观局势的发展迫切要求有一个强有力的领袖出来团结民众，应付局面。于是，著名的狄奥尼修斯僭主政治便应运而生了。

狄奥尼修斯出身于叙拉古富裕平民家庭，自幼聪颖好学，兴趣广泛。及长，又受到良好教育，从而在多方面得到发展。他熟谙经史，擅长军事，喜好诗歌、音乐，娴于辞令，甚至对建筑学和医学也有一定造诣。但他最在行的还是权术。他野心勃勃，善于运用自己的多种才能处理政治问题，准确地审时度势，能屈能伸，在关键时刻采取大胆果断的行动。因此，他的多才多艺并未使他成为著名学者，而是成为煊赫一时的政治家。他最初作为赫莫克拉泰斯的热烈拥护者出现在政治舞台上，曾积极参加了公元前407年的未遂政变，在巷战中负过伤。政变的失败给他深刻教训，告诉他靠武力直接推翻民主制政府的路一时还难以走通，因此他转而选择合法途径来实现个人野心。公元前406年的危急时刻，他年仅25岁，是将军会议的秘书，熟悉事件进程。在同迦太基人作战时，他以勇敢获得国人赞赏。同年冬，叙拉古公民大会讨论阿克拉加斯沦陷后的局势，狄奥尼修斯见机行事，在会上打着爱国的旗号，利用平民对贵族和城市富裕上层固有的不满情绪，拼命中伤执政的将军犯有叛卖罪行。结果，他当选为新的将军会议成员。为了扩大自己的队伍，巩固自己的地盘，他设法召回了被放逐的赫莫克拉泰斯的支持者。不久，他又通过公民大会，停止将军会议的活动，攫取了独裁将军的职务，独自执掌了国家权柄。

狄奥尼修斯很清楚，他之所以能合法地获得独裁将军这一非常权力，主要原因在于叙拉古人对他寄予领导反击迦太基入侵军的厚望，并非是让他去埋葬民主制。所以他上任后，也把同迦太基的战争当作巩固个人权力的手段之一。但他一开始却似乎有负众望。公元前405年夏初，迦太基军进击革拉，狄奥尼修斯领兵袭敌未逞，被迫放弃革拉、卡马林纳，携两地军民退守叙拉古。军事上的失利导致其政敌在政治上的不满爆发，讨厌狄奥尼修斯执政的叙拉古骑士①在城中发动暴动，企图打倒这位上任不久的独裁将军。然而由于其他公民对狄奥尼修斯的希望尚未消失，对暴动态度消极，所以骑士们陷于孤立，很快就被镇压了下去。

同年，迦太基军围攻叙拉古城，狄奥尼修斯积极布防。紧急关头，迦太基军营中突然瘟疫流行，官兵死者无数，战斗力大受影响，迫使迦太基统帅不得不同叙拉古人议和。双方最后达成一项有利于迦太基的协议。协议规定：叙拉古承认迦太基在此次战争中所夺取的一切土地，包括被其侵占的 5 座希腊城市。作为回报，迦太基正式承认狄奥尼修斯在叙拉古的统治。结果，战争的受益者是迦太基和狄奥尼修斯个人。

外部威胁得到缓解之后，狄奥尼修斯及时采取措施，加强自己的地位。因为他懂得国内矛盾将很快会突出起来，他死抱个人权力不放必然要遭到各方面的挑战。鉴于骑士暴动的教训，他决定在奥吉提亚岛上建造坚固的城堡作为府邸和防变之所，同时还在岛上大修其亲信和雇佣兵的住宅以及港口，并用城墙将半岛与城区隔开，实际把奥吉提亚变成了自己的王宫与卫城，变成了叙拉古的统治中心，而他自己则由共和国的独裁将军变为与公民集体对立并凌驾于其上的国王。

公元前 405 年与公元前 404 年之交，狄奥尼修斯自觉政权已稳，开始放手向外扩张。他先欲征服邻近的西凯尔人。但在攻打赫尔伯索斯城时，具有民主传统的叙拉古公民发动了起义，将僭主紧紧围困在奥吉提亚城堡中，狄奥尼修斯的统治岌岌可危。然而在最后一刻，公民却被胜利冲昏头脑，懈怠起来，致使狄奥尼修斯得到 12000 名意大利坎佩尼亚雇佣兵的救援，起义最终失败。从此，公民中的民主力量受到沉重打击，反对狄奥尼修斯独裁的大规模举动不复再现。

此后，狄奥尼修斯再开霸业。自公元前 403 年始，他展开一系列军事与外交活动，成效显著。大部分西凯尔人公社或被征服，或与其结盟（实为藩属）；希腊伊奥尼亚人城市列昂提尼被吞并，卡塔涅与纳克索斯被夷为平地，居民变卖为奴；西西里东部除墨萨纳等边缘城邦外，统统被纳入叙拉古版图。自此，狄奥尼修斯的主要对手便只有迦太基了。他深知两国冲突势不可

---

① 系公元前 5 世纪的叙拉古贵族。

免，便从公元前402年起，在叙拉古展开大规模的扩军备战。他将叙拉古海军由过去的100艘战舰扩充至300余艘，他的能工巧匠为部队造了大量武器装备，有些还是当时最先进的武器（如投石机）。他在军事艺术上也作出令人称道的改革，首创陆海军、步骑兵、轻装步兵与重装步兵密切协同作战的战术。他还积极进行防御准备，亲自动员6万自由民，把俯瞰城市的厄庇波利高地用城墙圈到城内，并在西北角战略要点设置要塞。

公元前398年初夏，狄奥尼修斯认为一切准备就绪，就先声夺人，率8万步兵、3000多骑兵与200艘舰只向西进发，拉开了所谓第一次迦太基战争的战幕。

战争初年，狄奥尼修斯获得一些小胜。进入第二年，他的海军失利，不得不全线撤退，由外线进攻转入内线防御，战场移至叙拉古城下，形势异常紧张。这次又是瘟疫帮了狄奥尼修斯的忙。迦太基军队疫病流行，战斗力锐减。而叙拉古却得到意大利与伯罗奔尼撒半岛希腊人的大力支援。公元前397年夏，狄奥尼修斯指挥反击成功，取得这场战争的决定性胜利。但他并未乘胜进击，一鼓作气将迦太基人逐出西西里。相反却权衡利弊，故意放走了敌军残部及其主帅，听任他们在岛屿西角喘息。狄奥尼修斯的这种姑息行为不难理解，因为他是作为岛上希腊人反外族入侵的领袖跃居权位之首的，迦太基人在岛上一定程度的存在对其个人统治十分有利。

公元前392年，迦太基增兵西西里，第二次迦太基战争开始。双方在西西里中部反复争夺，相持不下。迦太基因劳师远征，粮草不济，狄奥尼修斯则因军内发生骚动，无法速胜，所以双方均有媾和要求，遂于翌年达成协议。该协议有利于叙拉古，它规定岛屿中、北部的西凯尔人及其土地属叙拉古所有，迦太基只保有旧日的领地。

狄奥尼修斯没有就此满足。他暂时结束了同迦太基的竞争后，眼睛很快盯住了意大利。公元前391年，他发动了侵略南意大利的战争。经过数年不懈努力，陆续征服卡夫洛尼亚、赫波尼昂、列基昂、克罗顿等一系列希腊城邦，夺取了意大利半岛的靴脚大部。在此期间，他屡次干预巴尔干希腊事务，多次援助斯巴达，后又与雅典结盟，并且对伊庇鲁斯横加干涉。公元前384年，狄奥尼修斯入侵伊达拉里亚人的势力范围，在中意大利阿基拉（罗马城西北）附近海面同伊达拉里亚海军发生激战，取得胜利，从而把叙拉古的影响带到了第勒尼安海。至此，狄奥尼修斯的叙拉古霸国扩展到了极限。

狄奥尼修斯的政权在战争中产生，又在内外战争中得到巩固和发展，越来越带有君主专制的特征。他本人实际上逐渐把持了国家的政治、经济和军事大权。在政治上，他虽然保留了公民大会和议事会，但却使它们徒具形式，变成他任意利用的政治工具。例如，他有权召集和主持公民大会，操纵大会通过有利于自己的各种决议。集于他一身的诸多职权几乎无一不是经过公民大会批准的。他个人制定对内对外政策，任命亲朋充任各级行政官员。他还有一个处于传统国家机构之外的枢机组织"朋友议事会"，成员皆系他的亲信，负责讨论、处理最重大的国家事务。在经济上，他制定经济政策，控制税收，有权征收军事非常税。为了扩大并巩固个人统治的基础，他把土地以及其他财产多次慷慨授予自己的党羽、雇佣兵、被释奴。用来分配的土地和财产或取自被放逐、死亡贵族的产业，或取自被征服的国家。成千上万的外籍雇佣兵因此在叙拉古霸国范围内分得了土地，从而形成了一个与原公民公社并存的社会集团。在军事上，他具有最高军权，能随心所欲地任命或撤换任何军事指挥人员，有权征召公民兵，募集雇佣兵，调动同盟军队。他统辖下的叙拉古军队由三部分士兵组成：（1）僭主本人的卫队，起初有1000余人，后来发展到1万人，全部系雇佣兵；（2）由其他雇佣兵组成的部队；（3）叙拉古公民兵。从一开始，雇佣兵就是狄奥尼修斯政权的军事支柱，并逐渐将公民兵排挤到次要地位，甚至在公民兵几次被解除武装之时，单独成为国家机器的主要成分。他就是通过这样一些举动，严重破坏了传统城邦制度，使政体朝君主专制的方向转化。

在狄奥尼修斯统治下，叙拉古成为西部希腊世界最大的政治、经济和文化中心。它的版图最盛时包括西西里绝大部分地区和意大利南端，政治影响远及希腊半岛甚至小亚细亚，海军控制着爱奥尼亚海和亚得里亚海。它出产的各种手工艺品驰名地中海。政治的强盛和经济的繁荣加上狄奥尼修斯本人提倡文化发展，致使希腊的文人墨客纷纷赴叙拉古旅行、参观、讲学。狄奥尼修斯本人也酷爱文学，他撰写的剧本曾多次参加雅典的戏剧比赛并获奖。

公元前383年，迦太基与叙拉古战火又起，叙拉古面临两面作战的困难局面。迦太基在意大利找到了同盟者，因而使叙拉古在战争中遭受惨败。公元前374年，双方签订和约，叙拉古边界由马扎鲁河退到哈利库斯河。六年以后，狄奥尼修斯雄心勃勃地同迦太基进行了第四次战争，但仗没打完，他就去世了。之后双方又一次缔约，确认哈利库斯河为分界线，战争算是打了一个平手。

狄奥尼修斯在古代希腊史上是位颇有影响的人物。古代与近代早期史家出于对僭主制的憎恶，多半对他持否定态度。现代史家一般认为，狄奥尼修斯在反对迦太基侵略和团结西西里希腊、维护希腊人利益方面所起的历史作用是巨大的，他的具有君主专制色彩的霸国是后来亚历山大帝国以及希腊化国家的先导。因此，狄奥尼修斯是希腊由小国寡民的城邦向幅员辽阔的领土国家，由带有不同程度民主成分的城邦政体向君主专制政体转化的先行者之一。

# 叙拉古霸国的衰落

狄奥尼修斯时期是叙拉古霸国的极盛时期，此后，叙拉古便在内部不断的纷争中逐渐走了下坡路。起初，狄奥尼修斯之子执掌权柄，史称狄奥尼修斯二世。狄奥尼修斯二世是个平庸无能之辈，政事仗其舅父狄奥料理。可是狄奥思想上却是僭主制的反对者，实践上则试图尽可能依循柏拉图的构想，在叙拉古建立近似斯巴达的宪制政府。为此，他从雅典请来柏拉图做狄奥尼修斯二世的教师。然而狄奥尼修斯二世对狄奥的改革想法仅仅是一时好奇，他害怕失去权力。当反对狄奥的人罗织狄奥里通外国的罪状时，他就将狄奥放逐了。柏拉图自知无趣，只好快快返回雅典。

公元前 357 年，狄奥募集 3000 雇佣兵一举夺取叙拉古，恢复民主制，重建将军会议，他自己也是执政的二十五将军之一。后因傲慢专断，被公民大会免职。新政府同僭主派军队作战失利，退隐的狄奥又返回叙拉古，击溃僭主派军队，复得政权。公元前 354 年狄奥被其部下卡利普斯杀害，凶手成为新僭主。约一年后，他又被赶下台，老狄奥尼修斯的两个儿子展开角逐。叙拉古人饱受兵燹之苦，叙拉古霸国也随之瓦解。各地纷纷独立，西西里变成形形色色僭主的世界。公元前 346 年，狄奥尼修斯二世浑水摸鱼，从意大利兴兵回国，占领奥吉提亚。迦太基也秣马厉兵，准备新的入侵。叙拉古人在新危机面前，既无合适的领袖，又无足够的力量，只好向母邦科林斯求援。公元前 344 年，科林斯派提摩利昂率兵赴西西里，赶走狄奥尼修斯二世，在西西里各地恢复民主政治。公元前 339 年，提摩利昂联合西西里希腊人力量，大败迦太基。外患一旦终止，新的一轮内争又重新掀起。公元前 316 年，叙拉古政权落入阿加托克列斯之手，叙拉古霸国一度回光返照，国势可与狄奥尼修斯时期相比。

阿加托克列斯原是雇佣兵将领，曾以"重分土地和废除债务"的口号博得贫苦公民与雇佣兵的支持，并因此而遭到执政寡头们的放逐。后来他纠集了不少雇佣兵，在部分公民支持下，推翻寡头政治，成为披着合法外衣的独裁将军，实际上是叙拉古的新统治者。他在国内问题上采取了有利于贫民和雇佣兵的政策，把由敌视他的贵族手里没收来的土地分给自己的部下和无地少地的公民。在对外问题上，他继承狄奥尼修斯等人的扩张政策，采取远交近攻的策略，同宿敌迦太基修好，吞并邻近希腊人国家，竟在短短三年时间里，征服了整个西西里的希腊人世界。之后，他又同迦太基展开了陆海争夺，曾在公元前 310 年将战火引向北非的迦太基本土，率军打入迦太基腹地，予敌以沉重打击，缴获大量战利品，并使一系列迦太基城市和利比亚人部落投靠到叙拉古一边。但叙拉古的胜利并未能保持多久。由于西西里许多城市叛离叙拉古，阿加托克列斯被迫返回本国应付局面，而留在北非的部队则被迦太基消灭。公元前 306 年，双方缔结了和约。阿加托克列斯于是得以腾出手来将西西里的反叙拉古运动镇压下去。约公元前 305 年，他得到"西西里之王"的头衔，成为名副其实的君主。公元前 289 年阿加托克列斯死后，叙拉古霸国又一次四分五裂，叙拉古本身也从此变成处处仰仗外援的弱小国家。公元前 3 世纪 70 年代，它请来伊庇鲁斯国王皮洛斯攻打迦太基人。罗马征服整个意大利之后，兵锋指向西西里，叙拉古则在布匿战争中先依附罗马，后追随迦太基，借以维持独立。公元前 213 年，罗马遣执政官马塞拉斯率军包围叙拉古，叙拉古进行了殊死抵抗。卓越的科学家阿基米德发明的守城机械在战斗中给敌人沉重打击。两年后城陷，独立的叙拉古国家从此不复存在。

纵观叙拉古城邦由小到大、在弱肉强食的竞争中脱颖而出的历史，可以看出，它之所以成为西地中海一大霸国，完全取决于当时所处的地理环境及其本身的具体条件。当叙拉古崛起之时，西地中海的强国还屈指可数。迦太基是它最主要的对手，但却又对它不占有绝对优势，而且迦太基的威胁恰好是使西西里希腊人统一的催化剂。叙拉古与其他城邦相比，由于占有较有利的地理条件（如土肥人众，有粮有兵，港湾良好，易守难攻），再加上某些杰出人物的苦心经营，因此才能在当地希腊城邦的角逐中占取上风。革隆为叙拉古霸国奠定了牢固的基础。尽管后来这个霸国起落浮沉多次，但它始终是西部地中海地区能够同强敌迦太基以及雅典霸国抗衡的最强大的希腊国家，直至狄奥尼修斯把它发展成一个可观的地域大国。

# 马其顿的兴起与希腊反对马其顿的斗争

李长林

当公元前 4 世纪中期，斯巴达、雅典、忒拜在争夺希腊霸权过程中先后衰落之际，北方的马其顿却日益强大起来。马其顿国王腓力二世逐步征服了希腊多数城邦。面对腓力的扩张，希腊各城邦内部出现了亲马其顿派与反马其顿派。反马其顿派对马其顿的扩张进行了长期的反抗，但因为城邦危机的不断加深，使得希腊的反马其顿斗争未能取胜。亚历山大统治及其死后时期，希腊各地继续掀起了反马其顿统治的斗争，但最后也以失败而告终。

## 马其顿王国的兴起

马其顿位于希腊本土的最北部，东以斯特律蒙河和色雷斯毗连，西以品多斯山脉与伊利里亚、伊庇鲁斯接壤。南以奥林帕斯山与帖萨利亚交界，北与帕伊奥尼亚为邻。马其顿的西部是森林茂密的山区，称为上马其顿。东部的沿海地区是适合于农牧的沃野平原，称为下马其顿。马其顿的居民是由色雷斯、伊利里亚和一些与希腊人有血缘关系的部落混合而组成的。

马其顿人进入文明时代较大部分希腊人晚，公元前 5 世纪上半叶还处在军事民主制时期。王位是世袭的，但王权受军事贵族的限制。这种军事贵族被称为"王友"，他们组成贵族会议。古老的民众会议仍然存在，战时召集。

希波战争期间，马其顿王亚历山大一世（公元前 495—前 450 年在位）曾依附于波斯国王薛西斯，但当普拉特亚战役前夕，他又将军事情报暗地告知希腊人，后来他就以这一功劳被允许参加奥林匹克赛会。

公元前 5 世纪后期至公元前 4 世纪初期，马其顿国家逐渐形成。伯罗奔尼撒战争期间，马其顿与希腊各邦的往来日益频繁。公元前 424 年马其顿国王帕尔迪卡斯二世（约公元前 450—前 413 年）曾联合斯巴达司令官布拉西达斯，从雅典手中夺占安姆菲波利斯。国王阿尔赫拉于斯（约公元前413—前399年）时代，马其顿国家初具规模。他文武兼修，改革军事，开辟道路，兴建城寨，发展教育，举办体育竞赛，大力提倡希腊学术文化，从希腊本土请来悲剧家幼里披底斯和画家泽于克西斯。他把国都从山城埃盖迁到近海的平原城市佩拉，结果马其顿大治。伯罗奔尼撒战争后，忒拜与斯巴达争霸，希腊本土各邦无暇北顾，马其顿得以迅速壮大。

公元前4世纪中叶，腓力二世（公元前359—前336年）当政时，马其顿王权大大加强，国势也日益发展。腓力年轻时曾在忒拜作人质三年，追随埃帕米农达斯左右，学习到战争策略、战斗技术和政治权术。他深受希腊文化的熏陶，了解希腊城邦的弱点及其相互的矛盾。腓力雄才大略，即位后削除各部落首领的武装力量，限制贵族会议的权力，把军队大权集中到自己手中。他还实行了货币改革，兼用金币银币，两种货币按固定价格兑换。当时希腊用银币，波斯用金币，马其顿金币银币并用，既便于通商，又可以和两种货币势力抗衡。货币改革促进了马其顿商业和手工业的发展，加强了国家的经济力量。

最重要的是腓力实行了军事改革，建立了常备军。他仿效忒拜的军队阵法，加以改进，创制更为密集、纵深的作战队形——马其顿方阵。队形随着敌情和地形而变化。重装步兵构成方阵的核心，他们配备有盔甲、短剑、盾牌，手持名为"萨里萨"的长枪，这种长枪加强了步兵进攻的能力。方阵的外面呈现为一重防护的盾牌及密如刺猬的枪头。方阵配置有重装骑兵、轻装骑兵和轻装步兵作为前锋和护翼。重装步兵由农民组成，重装骑兵由贵族组成，轻装步兵、轻装骑兵从色雷斯和伊利里亚边远部落中征募。在腓力统治时期，马其顿开始采用各种围攻堡垒的设备（弩炮、破城槌、攻城塔等），同时还建立了海军。

关于公元前4世纪中叶马其顿的社会经济情况，传世的资料极少。但从腓力的货币改革中，可见商业已有发展。腓力于公元前348年征服奥林托斯时，曾将居民变卖为奴，可见奴隶制度和奴隶市场有所发展。在商业和奴隶制发展过程中，马其顿出现了新的富裕的奴隶主。他们对内要求统一，对外要求扩张，因而必然拥护王权的扩大，积极支持腓力的改革。而腓力的改革既满足了他们的要求，也壮大了马其顿国家的实力。与希腊各邦相比，马其顿内部矛盾少、兵力强、财力足，而这时的雅典、斯巴达、忒拜等城邦，则恰恰与之相反。当时内外部条件都有利于马其顿的兴起。

# 腓力向希腊扩张与希腊各邦的反抗

腓力的改革使他有可能实行大规模的对外扩张政策。他对外扩张有三个重要方向：第一，同伊利里亚、色雷斯部落作战，扩展北部的疆域；第二，向哈尔基迪凯半岛和色雷斯扩张，夺取出海口；第三，往南深入帖萨利亚，进而征服整个半岛。

当马其顿在腓力领导下迅速崛起之际，希腊各邦内部在对待马其顿的态度上分成两派：一派欢迎马其顿干预希腊事务，是为亲马其顿派；另一派主张维护城邦独立，反对马其顿的扩张，是为反马其顿派。这两派的分化，在雅典尤为典型。雅典的亲马其顿派由大奴隶主阶层的代表人物组成，如伊索克拉特斯、埃于布洛斯、埃斯辛涅斯、福克昂等；他们畏惧内部奴隶和贫民的暴动，要求把希腊交给马其顿来统治，以便建立强大的政权，对内巩固奴隶主的专政，对外向亚洲扩张。雅典的反马其顿派由那些与海外贸易有紧密关系的工商业者组成，其代表人物有德摩斯梯尼、吕库尔戈斯、许珀里德斯等；他们的经济利益与马其顿的扩张有矛盾，他们又害怕马其顿的统治会破坏雅典的民主传统，因而要求希腊各邦团结一致抗击马其顿。小手工业者和农民在对待马其顿的态度上是动摇的。他们愿意保持独立和民主制度，但非形势迫不得已时又不愿多服兵役。至于无业游民，他们的态度也是动摇的。他们不希望国家将大量资金用于战争，要求国家给予更多的津贴。但是，他们也担心随着民主制度的废除，将失去一切。

公元前 4 世纪下半叶，希腊各城邦不仅内部有尖锐的矛盾，各城邦之间也存在错综复杂的矛盾。腓力面对分裂的希腊，一方面实行军事威胁；另一方面或运用外交手段，分化瓦解敌对势力，或用金钱的收买方法拉拢亲马其顿的政客。19 世纪腓力传记作家荷格尔斯说腓力的扩张策略是 "诡计放在实力的前面，最后才使用武力"。腓力自己也曾扬言："载着黄金的驴子会夺取最不易攻下的堡垒。"

公元前 358 年腓力在打败伊利里亚部落之后，把扩张矛头指向哈尔基迪凯半岛，于公元前 357 年快速攻占了安姆菲波里斯。接着腓力乘雅典与同盟国作战之机，于次年攻下皮德那和波提达伊亚。不久腓力又占有潘加伊昂矿山。从这里每年能掘取 1000 塔兰特黄金。

公元前 355 年爆发的神圣战争，成了腓力进攻希腊的借口。原来中希腊各邦以特尔斐神庙为中心，组织有近邻同盟，长期操纵于忒拜手中。公元前355年忒拜操纵近邻同盟通过决议，指责福基斯亵渎神祇，非法耕种了属于阿波罗神庙的土地，因而对福基斯处以巨额罚款，如不及时缴纳，则要将福基斯许多富人的土地没收充作庙产。这一挑衅性的决议迫使福基斯起而反抗。菲罗墨洛斯和奥诺马霍斯先后当选为全权将军，他们占夺了特尔斐神庙的财产，用来招募大批雇佣兵并进攻保卫神庙的邻近城市。忒拜控制下的近邻同盟诸邦与福基斯开战，史称第三次神圣战争。希腊各邦都卷入了战争的旋涡，以忒拜和福基斯为中心，形成两大阵营，斯巴达和雅典支持福基斯。在战争过程中，处于内乱之中的帖萨利亚僭主吕科夫隆派使向福基斯求援，奥诺马霍斯率兵驰援。帖萨利亚反僭主的贵族派则向腓力求援。此事正中腓力下怀，他立即派兵干预。公元前352年，腓力大败福基斯军，奥诺马霍斯战死。腓力平定了帖萨利亚之后，继续南进。可是当他率军进抵温泉关时，发现雅典在此驻有重兵，腓力为保存实力，遂班师回国。

为了防止腓力称雄希腊，雅典反马其顿派首领德摩斯梯尼进行了积极的活动。他于公元前351年发表了第一次反腓力的演说。在演说中他分析了雅典的可怜处境和怯懦，批驳了腓力不可战胜的论调。他指出腓力不仅是雅典的死对头，也是全希腊的公敌。德摩斯梯尼号召，为了打压腓力咄咄逼人之势，必须扫除苟且偷安的积习、希图侥幸的心理，发愤图强，富者捐资筹措战费，壮者竞相献身战场。据他说，只要这样，定可战胜强敌。

德摩斯梯尼的呼吁未能制止住腓力的胜利进军。公元前349年，腓力把扩张矛头指向哈尔基迪凯半岛的重要城市奥林托斯。奥林托斯遣使向雅典求援，亲马其顿派拒绝应援，而德摩斯梯尼则认为该城一失，腓力即将挥兵南下。他于公元前349年，连续三次发表关于奥林托斯问题的演说，大讲唇亡齿寒的道理，主张与其和腓力战于阿提加，不如战于哈尔基迪凯，呼吁火速干预战争。公民大会接受了他的建议，派援军去奥林托斯，但数量不多。腓力于公元前348年攻占奥林托斯，毁其城，将居民迁到马其顿各地，部分人当奴隶役使。腓力还征服了奥林托斯的同盟城市，不过，允许它们在内部事务上有自治权。

腓力攻占奥林托斯以后，由于当时复杂的国内外形势，雅典被迫于公元前347年派遣由11人组成的代表团去马其顿议和。代表团的成员有德摩斯梯尼、埃斯辛涅斯、菲洛克拉特斯。公元前346年于佩拉签订了和约，史称菲洛克拉特斯和约。和约规定，除了赫尔松涅索斯归雅典所有外，雅典承认腓力占领的所有地方，包括安姆菲波利斯。腓力利用雅典使节回国向公民大会报告、尚未通过宣誓使和约生效之机，侵占了色雷斯更多的土地。

和约签订后，围绕着如何对待这一和约，以及如何对待马其顿的扩张，雅典的亲马其顿派与反马其顿派展开了激烈的斗争。就在和约签订这一年，伊索克拉特斯上书腓力，呼吁他团结希腊各邦，东征波斯，"把战争引往亚洲，坚决从蛮族人手中把他们现在正是靠牺牲希腊而谋取的利益夺过来"。他大声疾呼："让爱国主义思想所激发的斗争精神把希腊变成东方无穷财力的主人！"他提醒腓力，如果拒绝完成这些历史使命，那么，"内部的危机就不可避免地威胁希腊。希腊将败于那些流浪分子、告密者、恶劣的演讲家和政治煽动家之手"。这些主张暴露了大奴隶主企图在马其顿领导下，通过对东方的扩张，解救希腊内部危机的愿望。伊索克拉特斯热烈欢迎菲洛克拉特斯和约，认为它为统一希腊、发动对波斯的战争跨出了第一步。

德摩斯梯尼则极力反对这一和约，认为它将雅典置于死地，要求将菲洛克拉特斯交法庭审判。他提醒人们不要对腓力抱任何幻想，但是他的警告没有多少人听得进去。

腓力通过缔结菲洛克拉特斯和约巩固了在东方的势力之后，应忒拜协助平定福基斯的请求，率兵南下。当时腓力是军事外交并重。他一方面攻打雅典的盟邦，使它们不能协同福基斯作战；另一方面又和雅典进行亲善外交，对福基斯阵营摆出一副友好的姿态，使其疏于防范。公元前346年腓力由于福基斯守将投降得以越过温泉关，占领福基斯，进入特尔斐，结束了历时九年的神圣战争（公元前355—前346年）。接着在腓力控制特尔斐的情况下，近邻同盟大会决定：把福基斯在近邻同盟中拥有的两票表决权让给腓力；收缴福基斯人的所有武器和马匹；把福基斯境内的所有城市摧毁，让其居民住到乡间；责令福基斯人分期偿还从特尔斐神庙取去的款项。从此，腓力能以合法身份干预希腊一些城邦的事务。

腓力利用伯罗奔尼撒各城邦之间的矛盾，竭力煽起它们对斯巴达和雅典的敌视情绪。为了挫败腓力的阴谋，公元前344年德摩斯梯尼亲赴伯罗奔尼撒进行游说，力陈利害关系，号召各邦放弃前嫌，共御外患。为了揭露腓力，德摩斯梯尼于公元前344年、公元前341年先后发表第二次、第三次反腓力演说。在第二次演说中，他说："凡是国王，凡是专制君主都是自由的敌人，法律的大敌。"表达了他捍卫民主政治的愿望。在第三次反腓力的演说中，他指出："关于马其顿人的狡猾是毋庸置疑的，腓力所力求实现的唯一目标是劫掠希腊，夺去它的天然财富、商业和战略的据点。腓力就利用希腊人中间的分裂和内讧，作为达到他的卑劣的意图之手段。"他认为，尽管目前的局势极端险恶，只要齐心协力，仍然有可能制止马其顿的扩张。在他的鼓励下，针对腓力悍然攻打雅典于赫勒斯滂一带的殖民地，雅典公开向马其顿宣战，并于公元前342年春与墨加拉、哈尔基斯等邦结成反马其顿同盟。公元前339年雅典及其盟国的舰队于拜占廷附近击败马其顿海军，解除了拜占廷之围。

腓力的受挫振奋了雅典的反马其顿派，他们为了增强雅典的军事实力，进行了一系列工作。根据德摩斯梯尼的提议，公民大会通过了关于改进公民承担建造军舰费用分摊办法的决议，用更公平而有效的捐献团代替个人义务捐献。德摩斯梯尼还把财政收入的节余，不用于观剧津贴，而专用作军事费用。

拜占廷附近的海战失利，并未使腓力的扩张就此而止。公元前339年发生的第四次神圣战争为腓力出兵希腊提供了机会。这次战争的起因是雅典和忒拜以及其他城邦间的一些纠葛，其直接导火线则是阿姆菲萨人被控耕种了受到诅咒的克里萨的土地。近邻同盟大会要求主席腓力干预，腓力立即以此为借口出兵中希腊。公元前338年春天腓力率军以迅雷不及掩耳之势，越过温泉关，占领埃拉特亚，直接威胁忒拜。雅典为之大惊，派兵边境，同时又与忒拜、科林斯、墨加拉等邦结成同盟，共抗腓力。

公元前338年8、9月间，雅典、忒拜等希腊城邦的联军与马其顿军会战于鲍伊奥提亚北部的喀罗尼亚。腓力亲自指挥马其顿的右翼，左翼由他18岁的儿子亚历山大指挥。会战开始时，双方不分胜负。后来亚历山大指挥的军队给忒拜的"圣队"以致命打击。相反腓力指挥的右翼被雅典军突破，但雅典军由于胜利冲昏了头脑，搞乱了自己的队伍。腓力迅速改变了方阵的队形，打败雅典军。这场决定性的战役以希腊联军大败而告结束，千人战死疆场，许多人被俘，大部分人溃散。后来在战场上建立了一块纪念在会战中阵亡的希腊联军战士的石碑，即喀罗尼亚狮子碑。喀罗尼亚战役敲响了独立城邦的丧钟，确立了马其顿对全希腊的控制。

喀罗尼亚战役之后，腓力挥兵进逼忒拜与雅典。雅典民主派决定守城死战，准备将公民权授予外邦人并释放奴隶，以扩大武装，但在紧急关头，亲马其顿派又占上风。当时腓力对雅典再次采取怀柔政策，不但不要求割地赔款，而且无条件放还雅典的战俘。腓力与雅典亲马其顿派、雄辩家德马德斯订立城下之盟，史称德马德斯和约。和约规定雅典解散海上同盟，但雅典仍保有列姆诺斯、伊姆布罗斯、提洛、萨摩斯等岛；雅典与马其顿结为盟国，协同作战。腓力对忒拜却十分严厉，派军进驻，建立亲马其顿的寡头政权，民主派或被杀或被放逐。此后腓力又率军南下伯罗奔尼撒半岛，在孤立斯巴达的政策下，使斯巴达的属地脱离了斯巴达。

公元前338/337年，腓力于科林斯召开希腊各邦大会，除斯巴达外，希腊各邦皆有代表参加。会上签订了盟约，规定：（1）希腊与马其顿之间订立永久的攻守同盟，以腓力为盟主。任何城邦均不得违抗马其顿王或援助马其顿王的敌人，违者从严惩处。（2）希腊各邦之间发生的一切争执问题，均由近邻同盟各邦代表组成的法庭审理，而其首脑则为腓力。（3）不许凶杀，不许违反现行宪法实行死刑与放逐，不许没收财产，不许重新分配土地，不许废除债务，不许因政变而解放奴隶。在公元前337年春天举行的集会上，又决定向波斯宣战。腓力企图用在亚洲进行"神速而幸运的战争"，转移人们对希腊问题的注意力。科林斯会议的各项决定完全符合亲马其顿派大奴隶主阶级的愿望，他们竭力鼓吹的主张得到了实现。科林斯会议标志着马其顿对全希腊统治的开始。

# 亚历山大时期和亚历山大死后希腊反抗马其顿统治的斗争

公元前336年腓力被刺身死，他的儿子亚历山大（公元前336—前323年）继承了他对外扩张的遗志。亚历山大即位时内有马其顿贵族的谋叛，外有希腊各邦的反抗。雅典在德摩斯梯尼领导下，又一次掀起反马其顿的斗争。伯罗奔尼撒各邦（除麦加洛波利斯和美塞尼亚外）也团结在斯巴达之下，展开反马其顿的斗争。参与这一斗争的还有忒拜。亚历山大首先镇压了马其顿贵族的谋叛，然后率军南下，越过温泉关，进入福基斯，在特尔斐召开近邻同盟，重掌腓力时代盟主的大权。接着进军伯罗奔尼撒，控制了斯巴达以外各邦。雅典虽未受亚历山大兵锋所及，但慑于兵威，只好派使向亚历山大请罪，承认他为希腊的霸主。公元前336年秋，亚历山大在科林斯召开希腊同盟大会，除斯巴达外各邦皆有代表参加。会上任命亚历山大为远征军统帅。

正当亚历山大准备东征前夕，北方伊利里亚人掀起暴动。亚历山大为了清除远征后顾之忧，平定了暴动。在此期间希腊各邦误传亚历山大在战场上阵亡的消息，各邦反抗又起。忒拜首先起事，杀死留驻的马其顿官员，围攻驻扎在卫城卡德米亚的马其顿军。雅典和伯罗奔尼撒各邦都参加了反马其顿运动，但保持慎重态度。亚历山大获各邦反抗的消息后，立即率军南下，仅用14天时间，进逼忒拜，忒拜奋起自卫，结果战败。忒拜被攻毁后，希腊各邦望风慑服，纷纷派使向亚历山大谢罪。在科林斯召开的希腊同盟大会上，重申拥立亚历山大为希腊的盟主，支持他东征波斯。

亚历山大东征期间，希腊各邦反马其顿运动时有发生。公元前331年国王阿基斯三世统治下的斯巴达，得到波斯的资助，招募了一支由8000名希腊雇佣军组成的队伍，转战克里特岛和伯罗奔尼撒半岛，但当马其顿大批援军到达后，即被打垮。公元前330—前322年，雅典在反马其顿派、财政家吕库尔戈斯领导下恢复了元气，他修治城垣，增强战舰，重整健身房和男子义务军训制度，隐怀驱逐马其顿驻军、兴复雅典的心愿。公元前324年亚历山大派部将尼加诺尔到雅典宣布诏命，"凡马其顿所属各邦悉以东方习俗，以奉神礼仪，敬事亚历山大"。雅典人以他们习惯于平等观念为理由，没有服从这个诏命。

公元前322年，亚历山大的死讯传到希腊时，反马其顿的运动又到处兴起。流亡在雅典的忒拜人组成一支军队，袭击马其顿军。在雅典，反马其顿派认为亚历山大之死应验了他们的心愿，许多人头戴花环，大摆宴席。雅典的民主派在公民大会上宣布要为争取希腊自由而战，召回流亡在外的德摩斯梯尼，让他与许珀里斯共同执政。雅典与中希腊以及伯罗奔尼撒一些城邦组成反马其顿联军。雅典本身拥有由列奥斯特涅斯率领的8000人的雇佣军，得到埃陀利亚人的支持，击溃马其顿的盟军鲍伊奥提亚人，占领了温泉关。不久又击败安提帕特尔率领的马其顿军于帖萨利亚，将其围困于拉米亚。但是后来雅典未能继续取得胜利，反马其顿的诸城邦互相猜忌，不信任列奥斯特涅斯，各自为政。这样当马其顿军从亚洲赶来时，就为安提帕特尔解了围。马其顿军与希腊联军会战于克拉农谷，列奥斯特涅斯战死，马其顿军获胜。雅典海军又败于阿莫尔戈斯。至此希腊一些城邦不得不与安提帕特尔媾和，雅典与埃陀利亚最后也被迫投降。

安提帕特尔严厉地处置了雅典。为了肃清"不安分的"穷人，他下令将家产不足2000德拉赫麦的市民迁到色雷斯并剥夺其公民权，将公民权限于有2000德拉赫麦以上家产的市民。结果21000名市民中获公民权者仅有

9000 人。马其顿军常驻比雷埃夫斯附近的穆尼希亚，废除民主政治，建立寡头政治。许珀德里斯和德摩斯梯尼逃出雅典。后来许珀德里斯在埃基那岛被捕处死，德摩斯梯尼在加拉于利亚岛服毒自尽。这场为了争取自由与独立的反马其顿运动，最终失败。

　　雅典反马其顿斗争的失败，是城邦危机的必然结果。由于城邦经济基础的瓦解，昔日希波战争中借以战胜强敌的那种坚强有力、挺身奋战的公民兵和高昂激越的城邦爱国主义精神也随之大为削弱。取代公民兵的雇佣兵，其战斗力是不能持久的。除此之外，雅典内部亲马其顿派与反马其顿派、民主派与寡头派斗争的交织存在，也削弱了雅典自身的力量。科林斯会议以后，雅典内部的阶级斗争仍然十分激烈。亚历山大熟知希腊各邦内部的矛盾，极力加以挑拨。为了加剧各邦的社会冲突，使其不能团结一致对抗马其顿，亚历山大于公元前 324 年发布命令，干预各邦内政，规定各城市必须收容流放者，并赔偿他们因没收和拍卖财产而造成的损失。雅典内部各种矛盾的存在，使得它不能团结一致对抗强敌马其顿，从而也就不能成为联合其他城邦一致对抗马其顿的坚强核心。随着希腊化诸国的形成，希腊人民反抗马其顿统治的斗争往往与各个王朝争夺势力范围的斗争交织在一起，具有不同的性质，本文不予细论。

# 亚历山大帝国的兴亡

李春元

公元前 4 世纪下半叶，马其顿国王亚历山大率领数万马其顿和希腊军队，对东方进行侵略性远征，经过近十年时间，征服了从小亚细亚直至印度西北部的广大地区，建立了横跨欧、亚、非三洲的庞大帝国。亚历山大帝国是建立在武力征服和奴役被征服的东方各国人民的基础之上的，这一帝国在其建立者死后迅即瓦解，但帝国的建立及其采取的一些政策对于促进东西方经济和文化交流曾起有一定的作用，对历史发展有着重大影响。在帝国统治及其后一段时间内，地中海东部地区奴隶制的发展进入一个新的阶段。

## 亚历山大的远征

公元前 336 年，腓力二世被刺身亡，其子亚历山大继承父位，登上了马其顿国王的宝座。亚历山大即位时，国内外环境十分困难：马其顿内部宫廷骚乱、北方各部族暴动和希腊城邦反马其顿运动此伏彼起。亚历山大果断、迅速地扑灭了各地的反抗活动，接着，便着手实现腓力二世蓄谋已久的对东方的侵略性远征。

亚历山大远征的主要对象是外强中干的波斯帝国。波斯帝国虽然据有广大地域，但帝国内部矛盾重重。波斯国王大流士三世优柔寡断，昏庸无能；宫廷内讧经常发生；军队士气低落，纪律松弛。特别是被征服地区的居民，由于不堪忍受波斯贵族的残酷压迫和横征暴敛，不满情绪日益高涨。所有这些，为亚历山大远征提供了极为有利的条件。

公元前 334 年春，亚历山大率领马其顿和希腊军队，包括步兵 3 万人，骑兵 5000 人和 160 艘战舰，渡过赫勒斯滂（今达达尼尔海峡），开始向亚洲进发。在马尔马拉海南岸格拉尼科斯河附近，亚历山大和波斯军队发生了第一次交锋。波斯军队抵挡不住亚历山大的攻击，很快溃败，死伤累累，2000余人被俘（多为希腊雇佣军），全部贬为奴隶，送往马其顿做苦工。

格拉尼科斯河战役的胜利，为亚历山大向小亚细亚进军打开了一条通道。亚历山大对小亚细亚的诸希腊城邦采取的政策是：免除贡赋，允许自治。因此，许多城邦把他看成解放者而纷纷归顺，只是在米利都和哈利卡尔纳索斯，遇到希腊雇佣军的顽强抵抗，经过猛烈的攻击，才占领两城。此时，波斯人企图迫使亚历山大在海上作战，但没有成功。因为亚历山大意识到自己的海军力量薄弱，敌不过波斯强大的舰队，决心利用陆军攻占地中海沿岸城市，拔除波斯海军据点，同时也为了减轻维持舰队所需的财政负担，便遣其舰队回马其顿去了。

公元前333年，亚历山大占领了整个小亚细亚。同年秋，进军叙利亚。亚历山大的军队在品那罗斯河畔伊索斯城附近与波斯军队发生了第二次激战。波斯国王大流士也亲自督战。但是，在亚历山大的凌厉攻势下，大流士首先动摇，丢盔卸甲，弃阵而逃。主帅遁逃，军心大乱，全军迅速崩溃。亚历山大乘胜突入大流士军营，掳获了大批金银财宝和武器，大流士的母亲和妻女也都落入亚历山大手中。

伊索斯战役之后，亚历山大并没有立即率军追击大流士，而是南下占领腓尼基沿海城市。当时亚历山大深知波斯海军还相当强大，如果他们切断远征军的补给线，或和希腊的反马其顿力量联合起来，将对远征军构成严重的威胁。许多腓尼基城市不战而降，只有推罗凭借自己易守难攻的有利地势，进行坚决的抵抗。亚历山大为了摧毁波斯的海军基地，决心攻占推罗。经过7个月的围攻，使用了一切攻城器械，最后终于攻陷该城。亚历山大残暴地对待战败者，推罗居民8000人惨遭残杀，3万人被卖为奴隶。

在推罗被围期间，波斯国王大流士三世曾派使臣向亚历山大提议媾和，并以割地赔款为条件，但被亚历山大断然拒绝。

公元前332年冬，亚历山大由腓尼基南下，征服加沙，进入埃及。波斯驻埃及总督马扎凯斯听到大流士三世败逃的消息，知道大势已去，双手把埃及奉献给亚历山大。亚历山大在埃及采取了征服和怀柔相结合的政策，任命了两名埃及人为政府首脑，而将军事和财政大权交给马其顿人和希腊人掌握。他特别注意拉拢埃及的宗教势力，争取他们的支持。为了表示对埃及神祇的尊崇，他还不辞劳苦地穿越茫茫沙漠来到西瓦绿洲的阿蒙神庙，做了一次极其隆重的拜谒。埃及祭司感激之余便宣布亚历山大为太阳神阿蒙的儿子，埃及法老的合法继承人。西瓦之行给亚历山大涂上了一层神秘的色彩，后人对此有许多揣测，并渲染为神奇的故事。亚历山大还在尼罗河三角洲的西部建立了一座城市，他亲自参加这座城市的规划，并用自己的名字命名为亚历山大里亚。后来，亚历山大里亚发展成为地中海地区经济和文化交流的中心。

公元前331年春，亚历山大率军继续东侵，到达美索不达米亚。10月，在亚述古都尼尼微附近的加于加麦拉村，与波斯军队展开一场决定性的战斗。史料记载，大流士三世在该地集结了来自24个部族的8万人，包括200辆车轮上装有锋利刀剑的战车。亚历山大的军队总数只不过47000人。波斯军队首先发动进攻，想以新式武器出奇制胜。大流士命令战车部队全力冲击，企图一举击溃马其顿的方阵，结果遭到预先埋伏的马其顿弓箭手的迎头射击。大流士故技重演，带领残军逃往米底。

公元前330年，亚历山大占领了巴比伦。为了笼络人心，像在埃及一样，亚历山大对巴比伦神祇也表示尊崇，特令修复主神马都克庙宇。不久，他又侵占了波斯首都苏萨和波斯波利斯，深入到波斯帝国的腹地。亚历山大在这里进行了惊人的掠夺，洗劫了波斯波利斯的王宫，仅在国王宝库中就掠得12万塔兰特的财宝。他借口对波斯人过去"侮辱"希腊圣地进行报复，下令焚毁波斯的王宫（也有人说是亚历山大酒醉后一时冲动纵火焚烧的）。

以后，亚历山大为了追击大流士，又率军来到帕提亚和巴克特里亚。这时，巴克特里亚总督比索斯起事，擒杀了大流士三世，自称为波斯国王。不久，比索斯为亚历山大部将托勒密捕获。亚历山大在埃克巴坦那召开了有巴克特里亚贵族参加的审判大会，指控比索斯背叛自己的君主和亲戚，依波斯的传统习惯处以极刑。亚历山大找到大流士三世的尸体，按照国王礼仪将其安葬在波斯王室的坟墓中。大流士三世死后，波斯阿黑明尼斯王朝即告终结，亚历山大遂成了波斯的最高统治者。

为了慑服人民，建立更大的霸权，亚历山大兴师北上，转战于中亚细亚，残酷地镇压了当地人民的反抗斗争。

公元前327年夏，亚历山大率领军队越过开伯尔山口，侵入印度河流域。他利用印度内部矛盾，采取各个击破的办法，很快征服了印度西北部的许多小王国。强大的波鲁王国，经过激战也被打败了。继后，亚历山大妄图进一步进军印度的心脏地带。但是，继续远征遇到很大的困难：酷暑暴雨，疫病流行，官兵疲于长期紧张作战，厌战思归情绪日益增长。官兵们拒绝继续前进，他们由沉默不满发展到公开反对，要求回师。亚历山大在官兵们反战情绪的压力下，当然主要还是由于遭到亚洲人民特别是印度人民的英勇抗击，只得召开高级军事会议，最后决定停止前进，班师回国。

亚历山大的军队分海、陆两路撤兵，两路军队于公元前324年终于返回巴比伦。将近10年的亚历山大远征，到此宣告结束。

## 亚历山大帝国的建立及其政策措施

亚历山大经过大规模的军事远征，在辽阔的领土上建立起一个前所未有的庞大帝国——亚历山大帝国。帝国的版图，西起希腊、马其顿，东至印度河流域，南邻尼罗河第一瀑布，北抵多瑙河。位于帝国中心的巴比伦城成了帝国的首都。

亚历山大帝国的统治是建立在对东方被征服地区人民的残酷剥削和奴役的基础上的。它基本上沿袭了波斯帝国的旧规，继承了波斯的政区划分和管理体制，并让相当一部分原有的官员继续任职。另外，由于马其顿的迅速扩张，大批马其顿人和希腊人涌入被征服地区，亚历山大为了加强和巩固统治，解决征服者和被征服者之间的矛盾，也采取了一些新的政策措施。

在新建的帝国中，马其顿人和希腊人位居要津。在中央一级，亚历山大最亲近的助手是地位相当于宰相的"千夫长"。这一职务由赫菲斯提昂（约公元前356—前324年）担任。赫菲斯提昂是他从儿童时代起的挚友，不仅深谙韬略，而且洞悉他缔造帝国的意图。他的早逝使亚历山大悲痛不已。办公厅由亚历山大的秘书、希腊人埃于麦涅斯（约公元前362—前316年）掌管，负责处理国王的日常书信。他还替亚历山大作"起居注"。财政管理部门划作一个独立行政机构，由亚历山大的老友哈尔帕洛斯负责。但是，为了巩固对被征服地区的统治，亚历山大也擢用一些波斯和其他国家的贵族，让他们充任地方的统治者。他曾任命波斯将领马扎埃于斯为巴比伦总督，甚至在入侵印度打败波鲁王国之后，让其国王重新统治原来的国土。

亚历山大曾大批地吸收波斯人和东方各族居民参加马其顿的军队。公元前326年，他招募了3万名波斯青年，按照马其顿方式进行训练，并装备以马其顿的武器。他还把波斯贵族青年编入马其顿皇家骑兵警卫队。回到巴比伦后，亚历山大将1万名服役期满的马其顿老兵遣送回国。后来，他的军队主要由东方人所组成。

亚历山大吸收东方人加入军队，除了弥补兵源不足以外，还有其他的深刻原因。马其顿军队主要由农民构成，他们参加远征，长期脱离生产，远离家乡，必然会引起不满。同时，在马其顿人之中，原始的民主传统还严重存在。随着亚历山大专制统治倾向不断发展，他和马其顿官兵之间矛盾日益尖锐，屡次演成亚历山大与他的近臣以及广大士兵发生冲突乃至流血事件。为了摆脱马其顿人对他的牵制，亚历山大便把大批马其顿老兵遣送回国。

随着亚历山大帝国的形成，亚历山大也从一个权力受到公民大会和氏族贵族议事会限制的马其顿国王和泛希腊同盟的领袖，变成了帝国的主宰、专制的君主。为了加强自己的权威，他强令人们尊奉他为神，还模仿东方君主的穿戴服式，命令周围的臣民对他行叩拜礼。亚历山大的这种做法，曾经引起许多马其顿的将领和士兵的强烈不满和激烈反对。

为了扩大帝国统治的社会基础，亚历山大竭力推行促进马其顿人和东方人融合的政策。他积极倡导马其顿人和东方女子结婚。在苏萨举行的一次盛大的"结婚典礼"上，他带头同大流士三世的女儿斯塔提拉结婚（在此之前他曾娶巴克特里亚的王公之女罗克珊娜为妻），80多位马其顿将领效法他娶了波斯显贵的女儿。同日举行婚礼的将士计有1万人之多。他还亲自馈赠新婚者一笔可观的礼物以示鼓励。

亚历山大远征过程中，在一些战略要地和交通要道上建立了许多新城。这些新建的城市皆被定名为亚历山大里亚。据普鲁塔克记载，新建城市多达70多座，近代史学家认为实乃40多座。著名的有埃及的亚历山大里亚，中亚细亚的阿里安那的亚历山大里亚（今赫拉特）和边区亚历山大里亚（今列宁纳巴德）等。在这些新城里，不仅置有马其顿长官、武装驻防军、希腊军事移民，而且还居住着各族和平居民。一些城市最初只不过是军事要塞，后来逐渐发展成为经济和文化的中心。

亚历山大还把一向储藏在波斯王宫里的大量金银铸成货币，投入市场，加入了商业流通。他不仅在希腊和西亚之间实行统一的币制，还着手采取措施改革以往的税收办法。这些财政方面的改革措施，给贸易的发展带来积极的影响。

此外，亚历山大还组织考察幼发拉底河，疏通河道，兴修新的水利灌溉工程。他在巴比伦附近开辟一个大港，可停泊1000艘船只，并附设有船坞。他还专门派出考察团，调查里海沿岸和阿拉伯海域情况，并着手计划做环绕阿拉伯的新的航海远征。

# 亚历山大帝国的瓦解及其原因

　　公元前 323 年，正当亚历山大筹划进行新的远征时，突然患恶性疟疾病逝于巴比伦。亚历山大逝世后，他所建立的帝国不久便瓦解了。

　　在偌大的帝国内，实际上只有军队才是一支真正有组织的政治力量。但是，这支军队内部也是四分五裂的：它既由不同民族的人组成，有不同的军种之分，又是由一些争权夺利的将领所指挥。亚历山大的部将为了争做继承人和瓜分遗产，互不相让，展开了激烈的斗争。他们都自认为最有权势者，并自称是亚历山大临终受命者。当亚历山大穿着紫红袍的尸体还陈放在宫中宝殿上时，各军团的将领之间便发生了关于故王继承人问题的争吵。争论的结果，决定宣布腓力二世的庶出之子、亚历山大的异母兄弟阿里代奥斯为王；还决定如果亚历山大的怀孕妻子罗克珊娜生了儿子，就宣布他为王。过了两个月，罗克珊娜果然生了儿子，取名亚历山大（史称亚历山大四世），并被宣布为合法继承人。亚历山大的部将、最年长的战友佩尔迪卡被选定为帝国的摄政。亚历山大的遗体由托勒密伴送到亚历山大里亚，安葬在华丽的石棺之中。

　　但是，各军团将领之间的协议很快便破裂了，争夺王位和瓜分遗产的斗争又重新开始。实际上，帝国各地的政权，早已落在亚历山大的部将们，即所谓"继业者"的手里。他们各据一方，互相争夺，在埃及、西亚和巴尔干半岛地区进行长期的混战。战争几乎延续了半个世纪之久，给兵燹地区带来深重的灾难，而希腊各邦则受害尤深。在争夺过程中，亚历山大的兄弟阿里代奥斯、遗腹子亚历山大以及罗克珊娜都先后被杀。独眼龙安提冈诺斯及其子德米特里奥斯实力渐增，并有可能取得胜利成为统一帝国的继业者。然而，他们力量的加强，迫使其他继业者停止互相倾轧，结成同盟进行对抗。公元前 301 年，在弗里吉亚的伊普索斯城发生一场激战，结果安提冈诺斯战败阵亡，其子遁逃。经过战争残杀和重分领土，到公元前 3 世纪，亚历山大帝国便分裂为一系列"希腊化"国家，其中势力最强的有三个独立的王国，即安提冈诺斯王朝统治下的马其顿王国，托勒密王朝统治下的埃及王国和塞琉古王朝统治下的叙利亚王国（我国史称条支）。

　　亚历山大帝国的分崩离析并不是偶然的，而是有着一定的社会经济和政治原因。首先，与波斯帝国一样，亚历山大帝国没有统一的经济基础，也没有能够维系它的长期统一的政治机构和组织制度。正如斯大林在分析包括亚历山大帝国在内的古代帝国特征时所指出的："这些帝国不曾有自己的经济基础，而是暂时的不巩固的军事行政的联合。……这些帝国是一些各有各的生活方式、各有各的语言的部落和部族的集合体。"① 因此，这种建立在武力征服基础上的帝国的瓦解也就不可避免了。其次，亚历山大帝国在继承波斯帝国领域的同时，也就继承了波斯帝国的全部矛盾，而且加上了马其顿、希腊人同被征服的东方各族人民的矛盾。亚历山大的武力征服，虽然稍稍改变了地中海东部和亚洲广大地区统治力量的配置，但是始终无法解决帝国内部固有的种种社会矛盾，相反地使矛盾更加尖锐化。再次，空前庞大的亚历山大帝国建立之后，原来一些地区的城邦制度就显得不能适应了。尽管亚历山大在征服过程中曾经采取了不少"应时"的政策措施。但是，一旦这座在征服过程中硬塑起来的偶像倒塌下来时，这个庞大帝国也就迅速地解体了。

亚历山大帝国存在时间十分短暂，但是它在历史上却有着深远的影响。帝国的建立，开拓了东西方通道，建立了数十座新城，使得大批的希腊殖民者和工商业者来到东方，开设手工业作坊，经营商业，贩卖奴隶，在一定程度上促进了东西方经济的联系和贸易的发展。同时，统一帝国的建立，还加强了东西方文化艺术和科学技术的交流，扩大了知识范围，开阔了思想境界，因而使东西方文化互相补充，相得益彰，促进了这个地区后一段时期科学和艺术的繁荣。随着亚历山大帝国的兴衰，地中海东部地区社会历史发展进入了一个新的时期，即所谓"希腊化"时期。

---

① 斯大林：《马克思主义与语言学问题》，人民出版社 1953 年版，第 9 页。

# 公元前 3 世纪至公元前 2 世纪
# 斯巴达的社会改革运动

龚 杰

公元前 3 世纪至公元前 2 世纪斯巴达由上而下进行的社会改革，前后延续了半个多世纪，在希腊化时期占有特殊的地位，产生了很大影响。

## 历史背景

斯巴达在公元前 4 世纪 60 年代被忒拜埃帕麦伊农达斯军队打败之后，伯罗奔尼撒同盟瓦解，美塞尼亚脱离它独立，从此它的希腊霸主、头等强国的声威一去不复返了。到公元前 3 世纪中叶，它的国内情势十分严重。这主要是由平等者公社财富分化所造成的。斯巴达社会财富分化的进程与其他希腊城邦相比较，开始的时间晚，来势却更迅猛，后果也更严重。

公元前 4 世纪以前，在斯巴达，货币经济和私有制是受到抑制的。从公元前 5 世纪末到公元前 4 世纪，情况发生了重大的变化。伯罗奔尼撒战争胜利后，大量的战利品涌进了斯巴达。随着金银财物的涌入，货币经济和私有制发展起来，高利贷随之活跃，土地国有制开始解体，平等者公社财富分化加强，贪婪奢侈的风气滋长。斯巴达原有的法律，如禁止金银输入、只许使用铁币、规定每个公民占有同样大小份地，都遭到破坏。约公元前 400 年，监察官埃皮塔德奥斯法案颁布，允许斯巴达人赠送他们的财产和土地，或用遗嘱做出这样的处理。这样一来，就取消了财产和份地只能由子女继承不得转让给他人的限制，因此贫困负债的斯巴达人可以通过赠送或遗嘱的形式转让他们的份地了。公元前 4 世纪时，斯巴达人从胜利的战争和去西亚、埃及充当雇佣兵所得的金钱又不时流入国内，然而斯巴达工商业素来不发达，这就使流入的金钱大多用于购买土地和放高利贷，在斯巴达土地集中的过程中，高利贷起了触媒作用。斯巴达社会分化和土地集中的猛烈发展，使斯巴达人中间出现了新的区分：只有保有自己全部份地的人才能继续算作全权公民；凡是不能保全自己份地的和破了产的，由于无力自备武装，便丧失充当重装步兵的资格，不能参加平等者公社的公餐集团，这意味着他不再是全权公民而变成下等公民了。下等公民享有的权利仅限于参加公民大会。大家知道斯巴达的公民大会向来没有多大意义。由此可见，在斯巴达，份地占有者人数的缩减，也就意味着全权公民人数的缩减。据说拥有完全份地的斯巴达人，在公元前6世纪有9000家以上，到公元前4世纪末叶，下降到1500家。到公元前3世纪中叶，照普鲁塔克的说法，"剩下的斯巴达旧家不过700家，其中占有土地和份地的，大概只有100家"。也就是说，斯巴达公民只剩下700家，其中100家是全权公民，600家是下等公民。

斯巴达社会财富迅猛分化，带来了严重的后果。斯巴达人是斯巴达国家的统治阶级，它的公民人数大减，也就是统治阶级势力猛降。全权公民是斯巴达的军事支柱，它的人数锐减，意味着兵源狭小、兵力不足。然而对外侵略、对内镇压奴隶和贫民暴动都需要兵力，这就迫使统治者不得不采取临时的补救措施，例如在伯罗奔尼撒战争期间开始以"新公民"（解放了的黑劳士）补充重装步兵；在伯罗奔尼撒战争之后，更时常招募外国雇佣兵来辅助公民军作战。到公元前3世纪时，随着大量斯巴达人陷于穷困不能保全自己的份地而失去公民资格，公餐制度和军事训练制度也废弃了，因为富有的全权公民不愿参加，贫穷的下等公民没有资格参加。军事训练不经常，影响了公民军战斗力的提高。此外，贫富分化导致公民内部贫困者阶层与有产者阶层之间矛盾激化。日益剧烈的内部矛盾，使社会趋于极度紧张，随时可能触发的群众暴动，威胁着统治阶级的上层。

公元前3世纪中叶到公元前2世纪初斯巴达的几次社会改革运动就是在上述历史背景下发生的。

# 阿基斯的改革

公元前244年，18岁的阿基斯继承了他父亲埃于达米达斯二世的王位。他年纪虽轻，却深为国家前途焦虑。他"伤心现状，渴慕斯巴达古代的声威"，因此立志复兴斯巴达。他领导的改革派，针对当时公民间财富不均，地位不平等，公民人数太少，尤其全权公民人数太少的问题，提出了恢复来库古制度的口号，制订了希图"使公民之间彼此平等并增加公民人数""恢复古老的法律和风纪"的改革计划。

阿基斯的改革计划，得到他的母亲和外祖母的嘉许，获得那些为斯巴达衰微而焦急的亲戚朋友的赞同，也博得许多青年人的支持。然而大土地占有者分为两派：一派是因负债抵押了地产的大土地占有者，他们希望借某种政治变革取消债务来收回他们抵押的地产，他们的首领是阿基斯的舅父阿格西拉奥斯；另一派是既拥有大量地产又富于资财的大土地占有者，他们坚决反对重分土地和免除债务，又害怕希望变革的普通群众，他们的首领是另一位国王列奥尼达斯二世。

公元前 243 年阿基斯使好友、改革派的主要成员吕山德罗斯当选了监察官，并且要他向长老会议提出改革议案。据普鲁塔克记载，这一议案的主要内容是：废除一切债务、补充公民人数和重新分配土地；将斯巴达本土的土地划为 4500 份，将本土之外的土地划分为 15000 份，后者"在那些能作为重装兵服役的边民中分配"，前者"分给生就的斯巴达人"。可是，生就的斯巴达人数没有那么多，因此"将由边民和受自由人正当抚养、年富力强能服兵役的外邦人来补足；这些人应组成十五个公餐集团，每团四百人或二百人，并且应实行古代斯巴达人所遵循的生活方式"。对于这个议案，长老议事会意见分歧。于是吕山德罗斯召集公民大会，要求公民们讨论这件事。在会上，阿基斯、他的母亲和外祖母，还有其他亲友，以极大的热忱把自己的耕地、牧场和动产交给国家。在改革议案交付表决时，由于列奥尼达斯等富裕的土地占有者的操纵，议案被否决了。这迫使吕山德罗斯弹劾列奥尼达斯，罪状是曾娶外邦（东方）妇女生育子女，违反斯巴达古代的法律。列奥尼达斯大惊，逃往神庙求庇护。监察官们废黜了他的王位并使他的女婿克列奥姆布罗托斯取代他为王。公元前 242 年，吕山德罗斯的监察官任期届满卸职，反改革派获得所有继任的监察官职位。新监察官要列奥尼达斯控诉吕山德罗斯等人提议废除债务和分配土地违反法律。改革派陷入困境，被迫采取比较坚决的手段，武装了一大批青年，在公民大会上撤销全体监察官的职务，任命阿格西拉奥斯等人代替他们。阿基斯饶恕了列奥尼达斯，并派一队人护送他去特格亚。

现在可以进行改革了。据说阿格西拉奥斯为了自私的目的向阿基斯进言，不要同时执行两个计划，以免在国内引起大震动，先废除债务，可以把那些负债的有产者争取过来，以后他们会甘心平静地接受分配土地的计划。

于是，阿基斯下令废除债务，把所有债务字据收集起来，在广场上焚毁了。不久群众要求分配土地，阿格西拉奥斯又借故拖延。公元前 241 年，斯巴达的同盟者阿凯亚联盟的将军阿拉托斯请求协助他抵抗埃陀利亚联盟军的入侵。阿基斯率领军队到科林斯地峡出征。分配土地的计划被搁置起来。

当阿基斯不在国内的时候，反对改革的人们趁机活动。盼望分配土地的贫苦人，由于等了很长时间未得到土地，加之有反改革派的挑拨离间，他们对于阿基斯感到失望，同他疏远，终于不支持他了。当阿基斯班师回斯巴达时，列奥尼达斯已先期带领雇佣兵回到斯巴达，恢复了王权而且控制了局势。阿基斯面临着两种选择，或者与列奥尼达斯决战，或者承认失败。据说他宁愿死亡也不愿意杀害自己城邦的公民，所以他选择后者去神庙求庇护。列奥尼达斯及其同伙，把阿基斯骗出神庙，立即逮捕并以图谋建立僭主政治的罪名交付审判。阿基斯和他的母亲、外祖母一同被处死。阿格西拉奥斯已先期逃往国外，克列奥姆布罗托斯被放逐，阿基斯的支持者也都被放逐。改革运动失败了。

# 克列奥麦涅斯的改革

阿基斯的死亡并不能使斯巴达的内部矛盾趋向缓和，只是由于列奥尼达斯凭借武力维持统治，社会空气似乎显得平静，实际呈现沉闷。几年后，这沉闷的空气终于被一次新的改革运动高潮所冲破。这一次改革运动的领导者是克列奥麦涅斯三世（公元前 235—前 221 年在位）。他的父亲就是阿基斯的死敌列奥尼达斯。他的家庭教师是斯多噶派哲学家、著名的学者斯法伊罗斯。他的妻子阿加伊提斯则是阿基斯的遗孀，只因列奥尼达斯贪图她的财富，强迫她嫁给当时还是少年的克列奥麦涅斯。老师斯法伊罗斯的熏陶，妻子阿加伊提斯的影响，促使克列奥麦涅斯走上与他父亲截然相反的道路，成为阿基斯事业的继承者。

公元前 235 年列奥尼达斯死去，克列奥麦涅斯登上了王位。这时阿凯亚联盟企图巩固它在伯罗奔尼撒半岛上的霸权地位，与斯巴达发生冲突。克列奥麦涅斯率军与阿拉托斯领导的阿凯亚联盟军交战多年。

公元前 227 年，克列奥麦涅斯大败阿凯亚联盟军之后，让公民军留在阿尔卡迪亚的军营里，只带领雇佣军回斯巴达，准备实施改革。他从阿基斯的失败中汲取了有益的教训，知道斯巴达国王是没有多大权力的，国家的大权为长老议事会和监察委员会所操纵，因此，要实现改革计划就得加强自己作为国王的权力，扫除长老议事会和监察委员会中反对改革的障碍。这样做需要武力作后盾。当他接近斯巴达城时，派遣几名亲信带了一小队士兵，佯称国王的信使去公餐食堂晋见在那里吃晚餐的五名监察官。当监察官们接见时，他们拔剑刺杀了四名监察官，另一名逃跑了，此外还杀死 10 名前来帮助监察官的人。

第二天，克列奥麦涅斯放逐了 80 名反对改革的富裕公民，撤除了监察委员会中监察官的座位，作为取消它的象征。接着召开公民大会。克列奥麦涅斯在会上对他的改革行动作了说明。他说道，按照来库古的规定，在政府中是没有监察官这种行政长官的，在长期的美塞尼亚战争中，由于两位国王要指挥军队作战，无暇管理国内的审判事务，因此委托几个人代表他们审理公民的诉讼，这些人就被称为监察官。后来他们逐渐窃取权力并成为政府中最重要的行政长官。他们滥用职权到了如此严重的程度，如放逐一些国王，杀害一些国王，还恐吓渴望在斯巴达恢复来库古宪法的人。真是不能再令人容忍了！随后他又说，如果他能用不流血的方法使斯巴达免受从外面传入的安逸、奢侈、豪华、债务和高利贷的影响，他将认为自己是世界上最幸福的国王。可是，来库古变法的事例证明不用武力要变更国家的体制是困难的。尽管如此，现在他在使用武力方面还是很温和的，所做的不会比那些反对斯巴达幸福和安全的人多。接着他又说，全部土地现在是公共财产，负债者的债务应当解除，对不是公民的人进行审定，使那些最勇敢的人成为自由的斯巴达人并且在武器方面给予帮助，以便他们拯救国家。最后他说："这样，我们将不再看到拉哥尼亚由于缺乏男丁保卫而遭受阿伊利亚人和伊利里亚人的蹂躏了。"讲完话以后，他率先把自己的财产全部交给公库，他的继父墨吉斯托诺斯和朋友，还有其他一些公民也相继这样做了。

土地被分配了，连那些被放逐的反对改革的人也给他们每人留有一份，因为克列奥麦涅斯应允等到形势稳定平静，就把他们都召回来。他挑选最优秀的边民来补充公民人数，从而建立了一个 4000 人的斯巴达人公社。长老议事会的权力被削减了。据说克列奥麦涅斯后来设立了一个由六名叫作"帕特罗诺摩斯"的人组成的长老委员会。公餐制度和对青年进行严格体育和军事训练的制度也恢复了。大概在公元前 226 年，克列奥麦涅斯让自己的兄弟埃于克列伊达斯登上阿尔希达莫斯五世（阿基斯的兄弟）应有的王位。此外，据说他重新修建了斯巴达城墙，发行了新货币，还计划按照马其顿样式整编军队。

经过改革，斯巴达国家的权力都集中到国王克列奥麦涅斯手中，国王的威信升高了；公民人数的增加，给斯巴达公社增添了新的力量。因此，斯巴达国家实力加强了。

斯巴达的变革，引起了伯罗奔尼撒许多城邦的反响，贫苦民众纷纷要求废除债务，重分土地，富人和统治者对日益蔓延的社会运动感到恐惧。

公元前226年，克列奥麦涅斯再度把注意力转向对外事务。他夺回曼提涅亚并在赫卡托姆巴伊昂重创阿凯亚人。阿凯亚联盟开始分裂。公元前225年，克列奥麦涅斯攻占了阿凯亚联盟的佩列涅、弗利乌斯、阿尔哥斯等城市，并被邀请到科林斯。克列奥麦涅斯军队节节胜利，阿凯亚联盟各邦奴隶主阶级上层万分惊慌，也使它的将军阿拉托斯处境更加困难。他们为了自己阶级的利益，竟然牺牲国家的独立自由而向希腊的宿敌马其顿乞援。公元前224年，阿拉托斯与马其顿王安提冈诺斯·多宋缔结同盟。随后安提冈诺斯·多宋统帅4万大军南下援助阿凯亚联盟。他给了斯巴达军几次打击；公元前223年，占领了特格亚、奥尔霍麦诺斯、曼提涅亚等城市。克列奥麦涅斯在强敌压境的危险局面中，重新扩充军队，解放和武装了一批黑劳士。据普鲁塔克说，他解放了6000名能够用5个阿提加明那来赎身的黑劳士，让其中2000人加入斯巴达军队，国库也因此获得500塔兰特的巨款。

虽然克列奥麦涅斯竭力图强，可是他的实力与马其顿以及阿凯亚同盟的实力相比，实在太弱小了。公元前221年在斯巴达城北边门户塞拉西亚附近的一场血战中，斯巴达军惨败，两万军队中的大部分士兵阵亡。克列奥麦涅斯和他的一些朋友逃到吉提昂，又从那里逃往昔勒尼，转往埃及。他们受到埃及国王托勒密三世友好的接待。不久托勒密三世去世，他们被新王托勒密四世囚禁，但是后来逃走了。公元前219年，克列奥麦涅斯和朋友们在亚力山大里亚掀起暴动，试图反对托勒密四世，结果失败，最后他们集体自杀。

在克列奥麦涅斯流亡的时候，安提冈诺斯·多宋占领了斯巴达城。在他的支持下，斯巴达恢复了长老议事会和监察委员会，土地归还原主。安提冈诺斯·多宋和阿拉托斯还命令斯巴达加入实际上以马其顿为首的阿凯亚联盟。这样，克列奥麦涅斯领导的改革运动在外来武装的干涉下被彻底镇压了。

# 那比斯的改革

在斯巴达，克列奥麦涅斯改革失败之后十几年，社会问题（债务问题、土地问题、公民破产丧失公民权利问题等）又重新提起，激烈的阶级斗争又重新爆发。不过这一次社会改革运动的领导者是僭主。

公元前 210 年，马哈尼达斯夺取了斯巴达政权当上僭主。限于资料，我们不知道他在国内实行了哪些方针政策。但是我们有根据断定富裕的奴隶主阶级上层对他的政权是极度不满的。根据之一是抱着阶级偏见的古典作家都把他视为给人们带来灾难的人物；根据之二是当时代表富裕奴隶主阶层利益坚决反对社会变革的阿凯亚联盟司令官菲洛波伊门一直敌视马哈尼达斯政权，企图用武力颠覆它。正因为菲洛波伊门以武力相威胁，马哈尼达斯不得不倾全力同阿凯亚联盟作战。公元前 207 年，他在曼提涅亚的一次战斗中阵亡。

继马哈尼达斯执政的是僭主那比斯（公元前 207—前 192 年在位）。他是王室的苗裔，却有志于复兴斯巴达。他取得政权后，实施了改革。由于缺乏资料，对于他改革的详细情况我们是不清楚的。古典作家多站在富裕奴隶主上层立场上，不能客观地如实地叙述他的改革。帕弗山尼阿斯曾用贬抑的口吻提到那比斯的变革，他说："拉西第梦人摆脱了克列奥麦涅斯，又出现了一个僭主马哈尼达斯。他死后，又出现了第二个僭主那比斯。由于那比斯既劫夺人们的财产，又盗取神庙的财产，他在短时期中就聚集了大量财富，并用它纠集了一支军队。"又如作为阿凯亚联盟统治阶层中一员的波里比阿，把那比斯描绘成贪婪残酷的恶魔，说他"断然根除斯巴达王室的余裔，放逐那些富有资财和先世显贵的公民，把他们的财产和妻子给自己的雇佣兵，这些人大多是杀人凶手、无赖小人、剪径强盗、黑夜窃贼"；又说他"放逐公民，释放奴隶，使他们与主人的妻子女儿相婚配"。因此，我们从古典作家简略的叙述中，只能大致了解那比斯一些改革措施。看来，他放逐了富有的公民，没收了他们的土地和财产；他把没收的金钱用来招募雇佣兵，把没收的土地用来分配给少地和无地的斯巴达人和被解放的黑劳士；他解放了一些黑劳士并授予他们公民权，同时也授予许多边民公民权，因此增加了公民人数，也扩充了公民军。据说他曾在克里特和希腊一些地区招募雇佣兵，也曾加修斯巴达城的防御工事，还同克里特建立密切关系，把沿海市镇的船只组成船队与克里特船队一起在海上活动，还在吉提昂建立了武器作坊等。

那比斯也企图恢复斯巴达在希腊的霸权。他曾经一度把阿尔哥斯的沿海城市以及克里特岛上的一些城市并入斯巴达。这样斯巴达成为阿凯亚联盟的将军菲洛波伊门、马其顿国王腓力五世和罗马将领佛拉米尼努斯不得不予以重视的强国，同时也成了他们的心腹之患。他们是不愿看到斯巴达的强大，尤其是不愿看到它的社会改革运动烈火蔓延的。公元前 201 年，阿凯亚联盟首先进攻斯巴达。公元前 197 年，马其顿也与斯巴达发生战争。当时罗马正与马其顿交战，佛拉米尼努斯为了利用那比斯作为削弱马其顿和阿凯亚联盟的工具，对他表示友好，乃至支持。当佛拉米尼努斯战胜腓力（公元前 195 年后期）之后，即反转过来与阿凯亚联盟缔结盟约，为反对那比斯而战。罗马军攻占了吉提昂，并迫使那比斯放弃阿尔哥斯。翌年（公元前 194 年）罗马军因事撤离，那比斯试图收复吉提昂，但菲洛波伊门在北边发动攻势，他不得不迎战，结果全军溃败。这时斯巴达的疆土仅剩下拉哥尼亚部分地区了。公元前 192 年那比斯再一次遭到阿凯亚军队的打击。他向埃陀利亚联盟求援，最后竟被埃陀利亚援军中的阴谋者杀害了。

那比斯死后，斯巴达的社会变革运动又被镇压下去；斯巴达被迫加入阿凯亚联盟，从此也就结束了它独立的历史。

在这里顺便指出，史学界对那比斯解放奴隶一事存在着分歧，有的认为他似乎解放了全部黑劳士，有的认为他只解放了一部分黑劳士。我们同意后者，理由如下。

古代历史家李维说过，那比斯曾经"解放奴隶以增加人口，并给贫民分了土地"，这样做的原因是"他认为把财富和等级拉平，就会出现多数人为国家服兵役的情况"。据此我们可以知道，那比斯改革的方针也是增加公民人数以扩大兵源；他的着眼点是要有"多数人为国家服兵役"，而不是要解放全部黑劳士；他所解放的仅仅限于能服兵役的黑劳士。另外据李维报道，公元前 195 年那比斯曾处死一些被控企图逃跑的黑劳士；据帕弗山尼阿斯记载，公元前 192 年，那比斯死后不久，菲洛波伊门进占斯巴达城，捕捉了3000 名不肯离开拉哥尼亚的黑劳士和雇佣兵，并把他们出卖了。如果那比斯解放了全部黑劳士，怎会有上述两件事情发生呢？此外，菲洛波伊门进占斯巴达后，曾把来库古制度改换成阿凯亚制度。我们知道，来库古制度和阿凯亚制度都是奴隶制的国家制度，或者说都是统治奴隶的国家制度，因此菲洛波伊门改换斯巴达国家制度一事也可作为那比斯并没有解放全部黑劳士的旁证。

# 改革失败原因和历史意义

从公元前 3 世纪中叶到公元前 2 世纪头几年的半个多世纪，斯巴达由于剧烈的社会财富分化和土地集中导致了阿基斯、克列奥麦涅斯和那比斯的三次社会改革运动。这三次社会改革运动最后都失败了。它们失败的主要原因，首先在于改革者没有广泛雄厚的群众基础。他们的改革都是以挽救行将崩溃的奴隶城邦制度为目的，都是以增加公民人数扩大兵源为方针，他们都只要求解决贫穷斯巴达人的债务问题和土地问题，解决那些能够服重装步兵役的边民和黑劳士的公民权问题与土地问题，因此支持改革的只是人数有限的上述几种人。至于广大的仍然处于无权地位的边民和处于奴隶地位的黑劳士，对于改革无疑抱冷漠态度。这样，改革者的群众基础当然是不广泛不雄厚的。其次在于国内外反对改革的力量强大。阿基斯企图通过和平径途实现改革，他的对手却以武力相抗，结果他只好束手待毙；克列奥麦涅斯与那比斯不能实现包括奴隶在内的人民大众的愿望，无法得到他们的支持，所以改革者的实力毕竟弱小，不能与实力强大的敌手——先是阿凯亚联盟和马其顿，后来又加上罗马——相抗争，最后败于强敌之手。

克列奥麦涅斯政权维持了 14 年，那比斯政权维持了 15 年，而且两者在改革之后都曾一度使斯巴达国家强盛起来，这表明改革曾取得成功，它加固了城邦制度，但这只是暂时的，并不能使城邦制度永葆青春。确切地说，改革只能使城邦危机缓和一些时候，不可能消除希腊城邦危机的根源——城邦内部的社会分化、阶级矛盾（特别是奴隶和奴隶主之间的矛盾）以及城邦之间的矛盾。

阿基斯、克列奥麦涅斯和那比斯，无疑是古代斯巴达奴隶主阶级中少有的有见识的统治者，他们实行改革以图国家强盛。可是必须看到，他们希图振兴的是对内维护奴隶社会秩序、对外重新称霸于希腊的奴隶制城邦。他们曾授予能服兵役的部分边民公民权，解放能服兵役的黑劳士，并授予他们公民权和土地，但这只是适应战争需要弥补公民兵人数的应急措施，并不是废除斯巴达的等级制和奴隶制；他们不是无权边民和作为劳苦大众主体的黑劳士的同情者，更不是边民和黑劳士利益的代表者。

# 亚历山大里亚的文化繁荣

朱龙华

马其顿国王亚历山大于公元前 332 年占领埃及后，于同年在尼罗河三角洲西北的尼罗河支流入海口建一新城，命名为亚历山大里亚。亚历山大死后，其部将托勒密据地自立，使亚历山大里亚成为埃及托勒密王朝的首都。从公元前 3 世纪到公元前 1 世纪，作为当时地中海地区最大城市之一的亚历山大里亚，不仅是一个重要的国际贸易中心，也是希腊化诸国中极为重要的文化学术中心。来自希腊化诸国的众多学者在这里取得的成就，在世界文化和科学技术的发展史上占有重要地位。

在学术著作中，"亚历山大里亚文化"有时又称"亚历山大里亚时代"，其所涉及的时间范围，一般指托勒密王朝存在的时期。我们在这里说的亚历山大里亚文化，是指希腊化时代生活在亚历山大里亚的学者，或者在亚历山大里亚的学术流派影响下的一些学者的成就。

希腊化时代亚、非和欧洲之间的经济文化交往空前频繁，东西方文化相互影响，相互丰富，促进了一些学科，例如天文学、地理学、数学、物理学等的发展，导致了一些新的文学、艺术形式产生。雅典保持了当时哲学思潮中心的地位，其富有特色的新喜剧也颇有影响。亚历山大里亚则在发展自然科学和开创新的诗歌流派以及古典书籍的整理、注释等方面贡献殊多。

## 城市建筑

亚历山大里亚城市的建设反映了希腊城市建筑艺术的先进水平。该城前临大海，背倚马瑞提斯湖，城市中心即位于湖海之间的狭窄地带。后又把海岸边的法罗斯岛与大陆连接起来，相接部分居岛的中部，使岛的东端与西端皆突入海中。它们和陆地两岸相对，形成了东、西两个优良海港。再加上马瑞提斯湖连接尼罗河，可为内陆河运船舶提供碇泊处，因此，这个新建港市在海运和河运方面都有很好的条件，不仅是地中海东部的一个理想的国际口岸，也是埃及全国货物集中出口之处。古罗马地理学家斯特拉波在论述亚历山大里亚时说："这个城市的好处是多种多样的，它的地位两边靠海，北方靠着所谓埃及海（即地中海——笔者），南方靠的就是马瑞提斯湖。这个湖汇集了从尼罗河来的许多渠道，通过这些渠道运来的货物，比从海道运来的货物还要多。因此，靠湖的港口比靠海的港口还要富足，亚历山大里亚的对外输出超过了输入。"

亚历山大里亚成为托勒密王朝首都之后，宫廷及政府机构即围绕东港附近建筑，逐渐发展为皇家区，为全城最繁华之处。据说亚历山大里亚全城共分五区，街区、道路布局有如棋盘，是希腊古典城市的典型布局。但由于古城处于现在都市之下，迄今难以通过考古发掘来证实。斯特拉波曾概述说："整个亚历山大里亚形成一个街道之网，骑马和乘车都很方便。最阔的两条大道宽逾百尺，直角相交。城中有最壮丽的公共庙坛和王宫，约占全城面积四分之一甚至三分之一。因为每个国王都竞相修筑宫室，大兴土木，不遗余力，除已有者外，每个国王都花钱另造新宫，有如荷马史诗所咏：后浪前浪，连续相接，美不胜收。"从埃及其他地区留存的古迹上，我们可以知道托勒密时期的庙坛宫室建造都很精美。其形式，除了神庙建筑中埃及神庙纯取埃及式，希腊神庙纯取希腊古典式外，宫室建筑则具有融汇埃及、希腊的特色。例如皇宫中的一些宴会大厅，周围柱廊带有希腊风格，中央的天棚大顶则取自埃及传统建筑。亚历山大里亚建筑物中最负盛名的要数"缪斯神宫"（音译为"缪泽伊昂"）和灯塔。

"缪斯神宫"属于王宫的一部分，是托勒密王朝庇荫下的学术机构所在地。它包括一座宏伟的图书馆、若干展览厅、演讲堂、餐厅，以及学者工作居住建筑等，皆有回廊、园苑相连，并有可供科学研究的动植物园。

亚历山大里亚的灯塔又名法罗斯塔，因其位于法罗斯岛东端而得名。它在指引船只出入东港和绕航西港上具有关键意义，也是在地中海旅行的外国人进入埃及首先看到的宏伟建筑。这座灯塔于公元前300—前280年由建筑家索斯特雷图斯监造，全用石料砌成，高130米。顶上灯座四面透光，内烧木材，火光可远照数十公里。据说，为了使塔基不受海水侵蚀，建筑家特选用琉璃及玻璃碎屑填海筑堤，再在其上建造塔楼，因此工程极为坚固。灯塔矗立海边达1600余年，至1375年始因地震坍毁。这座灯塔的建造说明当时航海事业的发达。与灯塔的设施相伴，当时海港的堤岸泊岸、货栈等也很完备。商船经地中海可北入黑海，西进大西洋可远航不列颠，东绕尼罗河支流运河可经红海、印度洋而至印度、中国。我国南宋时赵汝适写的《诸蕃志·遏根陀国》中，对亚历山大里亚灯塔亦有所记述。他说："相传古有异人徂葛尼（亚历山大之阿拉伯音译——笔者）于濒海建大塔，下凿地为两屋，砖结甚密。塔高二百丈……其顶上有镜极大，他国或有兵船侵犯，镜先照见，即预备守御之计。"这可算是这个世界奇迹引起的最遥远的回响了。

# 学术研究和文学艺术

"缪斯神宫"是一个兼治各种学科又从事教学的学术机构，是根据托勒密一世（公元前305—前283/2年为埃及国王）的命令建造的。这个机构的首脑由国王任命，称为"主管"或"祭司"。从地中海四周许多地区应埃及国王聘请来到这里的学者，享有国王提供的优厚待遇。他们的人数达百名左右。他们主要从事学术研究和文学创作，也收徒讲学。研究的课题自行选择，创作体裁亦不受限制。神宫内部经常举行各种问题讨论会，饮宴席间，学者们发挥宏论，诘难切磋。在这里，渊博学识受到尊重，经常给予各种奖赏。当然，不言而喻，这里的学者必须对国王表示忠顺，为其歌功颂德。对于王室的批评和反对，必然遭到严厉镇压。例如，托勒密二世曾下令将嘲笑他的婚事的一位诗人淹死。神宫学术活动最繁荣的时期是公元前3世纪，个别学科在公元前2世纪也有成就。公元前146年，出于政治动乱，一些学者离开了亚历山大里亚。这里的学术活动对周围地区有很大影响，同时也遇到来自希腊化世界其他地区，例如帕加马、罗德斯的学术竞争。

亚历山大里亚图书馆的藏书总数，古代作家说法不一，介于40万和70万之间。图书馆长由国王任命。通常，图书馆长就是王位继承人的教师。最初的几位馆长是：泽诺多托斯、埃拉托色尼、阿里斯托法涅斯和阿里斯塔尔霍斯等。他们都是享有盛名的学者。历任馆长在图书目录学方面颇有建树，是编制图书目录的最早尝试。

泽诺多托斯（大约公元前320—前240年）生于小亚细亚的以弗所。他将希腊的史诗和抒情诗加以分类，最早将荷马的两部史诗各分为24章。他编写了荷马史诗疑难词汇的解释。

生于昔勒尼的卡利马霍斯（大约公元前305—前240年）曾就学于雅典，

后移居亚历山大里亚。关于他是否担任过亚历山大里亚图书馆馆长，现代学术界有争议。不过，大家都承认，他撰写的《文艺志》120卷是最早的系统图书目录学著作。这部著作系统记载了各个作者及其著作，并附以有关的资料。可惜原书已经失传。

拜占廷人阿里斯托法涅斯（约公元前257—前180年）长期就学于亚历山大里亚，大约从公元前197年起任图书馆长，直到去世。在学术上，他继承发展了泽诺多托斯对荷马史诗的研究，以及卡利马霍斯的图书目录学研究，并且在语言学方面多所建树。他被认为是古代最伟大的语言学家之一。他出版了许多希腊的政治著作，写了不少有关语言、语法的论著，还编写了格言汇编。出自他的笔下的还有关于动物的文章。

出生于萨莫特拉凯岛的阿里斯塔尔霍斯（约公元前217—前143年）是阿里斯托法涅斯的学生，后来出任亚历山大里亚图书馆馆长。他的著述涉及语法、词源、正字法、版本校勘和注释等。经他校勘并注释的有荷马、赫西奥德、品达、埃斯库洛斯、索福克勒斯、阿里斯托芬和希罗多德等人的著作。他在亚历山大里亚建立的学校一直存在到罗马帝国时期，培养了许多著名学者。

亚历山大里亚的学者们对他们以前的许多作家的著作加以整理，将它们划分成篇幅大体相等的章节，每一章大体相当于现在的两三个印张。由于埃及盛产纸草，加上学者们对典籍的加工，以致亚历山大里亚一度成了刊印书籍的中心。不过，从公元前2世纪初开始，拥有巨大图书馆和新的书写材料——羊皮纸的帕加马，在出版书籍方面与亚历山大里亚发生了竞争。亚历山大里亚的学者们所确定的古希腊经典作家的"标准文本"，在很大程度上决定了流传至今的古希腊作家著作的范围。

在文学方面，亚历山大里亚以其诗歌流派著称。文学史家广泛采用的"亚历山大里亚诗"这一名称所涉及的并不限于在亚历山大里亚进行创作活动的诗人，还包括受这些作家影响具有相同倾向的其他地区的诗人。

亚历山大里亚诗派内容复杂，倾向不一，但有某些共同点。它的作者们都是饱学之士，往往在亚历山大里亚缪斯神宫任职。他们经常把诗歌创作与语言学方面的研究结合在一起，在著作中尽力显示自己学识的渊博。他们酷爱生僻的词语，喜欢引用鲜为人知的典故。不言而喻，这类著作的阅读对象只能是少数知识分子，而不可能是广大群众。诗人们所关心的不是重大社会问题和政治问题，也不涉及深刻的哲理阐发。不过，在捕捉细节、描写自然景物和个人情感方面，他们有不少成就。与古典时代的希腊诗歌不同，亚历山大里亚的诗人们的作品完全与音乐、舞蹈脱节，只是供人阅读的书面文字。

我们前面提到过的卡利马霍斯是亚历山大里亚诗歌最著名的代表人物。可惜，他的大部分著作已经失传。他的创作原则是：篇幅短小，力戒俗套，精雕细节。他的最重要的诗作名《原由》，叙述不同节日、仪式、城市、祭坛的起源。为了表示对国王的忠诚，《原由》一书中有一首诗，专门颂扬已故王后阿尔西诺亚的一绺头发。

卡利马霍斯的学生、在亚历山大里亚出生并且曾任图书馆长（大约公元前260—前247年）和王位继承人教师的阿波罗尼奥斯（大约公元前295—前215年），与卡利马霍斯的创作主张不同，终因与老师的深刻矛盾而移居罗德斯岛。在文学史中，他被称为罗德斯的阿波罗尼奥斯。他模仿荷马史诗，创作了寻找金羊毛故事的长诗。他继承并且发展了幼里披底斯悲剧中开始采用的人物心理描述，对后世有一定影响。

在描写自然、爱情和日常生活细节、刻画小人物方面，特奥克里托斯（约公元前315—前250年）成就最大。他生于叙拉古，曾经企图得到叙拉古僭主希耶隆二世和埃及国王托勒密二世的青睐。他是后世所称田园诗的创作者。他所采用的诗歌体裁，古希腊文中名为"eidyllion"，原意是"短小的歌曲"。古代用以称呼惯用体例以外的短篇诗歌。特奥克里托斯的作品在公元前1世纪被汇编成书，并冠以"eidyllion"这一名称。

亚历山大里亚的艺术家们把古代埃及在雕刻、绘画和工艺美术方面的丰富遗产与希腊固有的艺术结合起来，从而在美术史上打开了新局面。

亚历山大里亚的艺术较多地突破了古典雕刻只表现所谓重大题材的局限，反映了普通市民、甚至下层群众的日常生活，不能不说是艺术史上的一大进步。

著名的《老妇人像》就是善于刻画生活场面的佳作。它表现一位老年妇女赶集归来，手提筐篮，背负重袋，非常真实地塑造了老妇的容貌与神态，把她的衰老和凄凉悲苦的景象表露无遗，深刻地反映了那些终生劳累、到头来仍得不到较好归宿的劳动人民的命运。这尊《老妇人像》的出现绝非偶然，也不是孤立的。当时表现老人、流浪者、乞丐、普通市民的各类雕像不少，只是留传至今甚罕而已。与此相伴的是，表现儿童生活情趣的作品也增多了。艺术家创作的一些天真活泼、游玩嬉戏的儿童形象，显然也是这种重视日常生活的新倾向的一个积极成果。

在浮雕和绘画作品中，出现了表现自然风光与城乡景物的作品，这在希腊古典艺术中是比较缺乏的一面。它除了和亚历山大里亚文学中田园诗的流行那样反映了一些人对乡野景物的向往而外，也与古埃及艺术的影响有关。现存有一幅表现农民带着农产品，牵着牲口赶集的浮雕。背景有城郭、林木、泉水等，刻画极其生动、自然，层次清晰，是古代雕刻中罕见之作。我们今天在罗马和庞贝的壁画、镶嵌画中看到的一些自然风景、港湾别墅以及尼罗河风光的表现，显然都是这类作品的流风余韵。

亚历山大里亚艺术的另一个有新发展的方面是肖像的制作。希腊原有的肖像作品带有很强的理想化色彩，大多为后人慕名依托之作。但是古代埃及却长期保存着雕刻死者肖像的风俗，力求酷肖本人，传其真貌。这个古老传统对于亚历山大里亚的艺术产生了良好影响，使这时的肖像制作在逼真传神上有新进展。亚历山大里亚的肖像不仅包括各类雕像（头像、胸像、全身像等），还特别发展了绘于死者木乃伊棺椁上的肖像画。它是希腊艺术和埃及艺术相结合的产物。这些肖像画以蜡质色彩绘成，极有栩栩如生之感，对以后的罗马艺术有很大的影响。

# 科学技术

科学技术是亚历山大里亚的文化繁荣中最灿烂的星辰。亚历山大里亚的科学研究和技术成果在文艺复兴以前的所有时代中最为突出，它在许多方面比后来的罗马帝国和欧洲中世纪都领先。这种情况的出现，固然与亚历山大里亚缪斯神宫的设立、使许多希腊科学家集中于此有关，同时它也和当时希腊科学家得以更多地吸收东方文化遗产密不可分。亚历山大里亚在科学技术方面所获得的巨大成就，实是东西方文化交流的一个结果。

在天文学方面，亚历山大里亚拥有两位著名的代表：阿里斯塔尔霍斯（约公元前310—前230年）和希帕尔霍斯（约公元前185—前120年）。阿里斯塔尔霍斯原籍希腊的萨莫斯岛，后来到亚历山大里亚的缪斯神宫工作。他大约在公元前280年左右提出了太阳中心说，比哥白尼早1000多年，并为哥白尼引为自己学说的光荣前驱。他的著作久已失传，我们只从后人的转述中知其大概。他的理论依据是认为太阳大于地球。他在论文《论太阳及月亮之大小及其与地球之距离》中推算太阳直径与地球直径之比一定大于

19∶3，但小于 43∶60。这个数字虽然与实际相比仍然太小，但理论原则却是正确的，即从太阳大于地球许多倍的角度可知，必是地球绕日而行，绝非日绕地球而动。

不过，阿里斯塔尔霍斯的学说在古代从者甚少，当时在天文学界占统治地位的是以希帕尔霍斯为代表的地球中心说。希帕尔霍斯生于比提尼亚的尼凯亚，长期住在罗德斯岛。他的天文体系固然有地心说的谬误，可是在具体的天文研究中却有不少建树。他吸收了古埃及和巴比伦长期天文观察的材料，结合希腊天文研究的成果，发展了天球运行学说，即认为在中心的地球之外，月亮、行星、太阳、恒星等皆固着于各自的轨道上循序运行，从而可用具体数据和机械原理解释并预测各类天体的行踪。为此他编制了古代世界最详细的星表，并发现了天文学上称为"步差"的天体运动规律（即地球南北极轴线略呈倾斜旋转而造成的春秋两分点在天球上的位移，古巴比伦人对此已有察觉，希帕尔霍斯则比较精确地阐述了这一规律）。他确定了回归年的长度为 365 日 5 时 55 分 12 秒，与实际情况仅差 6 分多钟。他引进了圆周分为 360 度、每度分为 60 分、每分分为 60 秒的规定，他还是三角学的开创者，运用三角学于天文研究。他的地理学著作对埃拉托色尼多有批评，并且最早应用了经度和纬度的划分概念。

在数学和几何学方面，亚历山大里亚的著名代表是欧几里得（约公元前330—前270年）和阿基米德（公元前287—前212年）。欧几里得是最早来到亚历山大里亚从事科学研究的学者之一，不仅建立了以几何学为中心的亚历山大里亚数学学派，而且培养了一大批数学家，影响深远。他的主要著作是《几何原本》，奠定了几何学的论证体系。在这本具有教科书性质的科学名著中，他集中了希腊科学的成果，以简明而合乎逻辑的程序阐述各种定理、命题和论证，不仅将几何学的知识集于大成，而且对科学思考的方法作了令人信服的示范，因此在数学和一般科学教育中都具有基本意义，直到今天西方有些学校仍用之为教科书。这本书也是最早介绍到我国来的西方学术名著。它的前 6 卷（全书共 13 卷）于明朝末年由徐光启和西方传教士利玛窦合译为中文，被梁启超誉为"字字精金美玉，为千古不朽之作"。

阿基米德虽然长期生活在故乡叙拉古，但从师承以及他的研究成果看，仍被认为是亚历山大里亚学派的伟大代表。阿基米德的老师柯农是欧几里得的学生，他在亚历山大里亚深入学习了数学、几何、天文、物理以及哲学，回到叙拉古后还经常与亚历山大里亚的同行书信往来，交流研究成果，因此他的科学建树始终保持着亚历山大里亚的特色。在欧几里得之后，亚历山大里亚的科学家用了更大精力研究具体科学问题，并重视结合技术实际，阿基米德就是这方面的杰出实践者。他在研究抽象数学的同时，也注重长度、面积、体积的计算和其他与实际应用有关的问题。例如，欧几里得未对圆周率的数值多费心思，阿基米德则竭力求得较精确的计量，他用数学上的穷竭法把圆周率的计算精确到 3.1428571 和 3.1408451 之间（实际值为 3.1415927），这是古代世界对圆周率最深入也最合乎科学方法的探讨。阿基米德还善于运用力学和数学原理设计新机械，他在亚历山大里亚求学期间发明了螺旋抽水机，为尼罗河的农田灌溉提供了一种省力而又简便的机械，被称为"阿基米德管"，在埃及一直沿用至今。回到叙拉古后，他还不断有新的发明创造，因此在历史上人们认为他在力学和机械方面的发明比他的数学研究更为重要。

　　埃拉托色尼（公元前 275—前 195 年）则是亚历山大里亚培养的最博学多才的科学家。他出身于北非的昔勒尼（今利比亚），到亚历山大里亚求学时进入当时著名学者卡利马霍斯门下，后来又到雅典钻研哲学，中年时出任亚历山大里亚图书馆馆长。埃拉托色尼勤奋好学，兴趣极广，于哲学、文学、数学、史学方面皆有精深造诣，当时的科学家如阿基米德等都和他有密切联系。但埃拉托色尼贡献最大的学科则是地理学。他充分利用了古代埃及长期收集的地理测量的资料以及希腊航海家有关各地的消息，从地球是一个球体的原理出发，利用数学、几何和其他科学方法创立了数学地理学，其中最重大的一个成果就是对地球圆周长度作了科学的测算。他利用自己发现的黄道倾角原理，根据埃及最南端的昔恩尼地处北回归线附近的形势，观测了在昔恩尼和亚历山大里亚两地于夏至日中午所形成的日倾角，并且根据埃及长期实测资料，推定两地处于同一子午线、实际距离为 5000 希腊里等数据，算出地球圆周为 252000 希腊里（夏至日时昔恩尼日倾角为 0 度，亚历山大里亚为 $7\frac{1}{5}$ 度，按阳光直射地球原理，可知亚历山大里亚和昔恩尼两地至地心的夹角等于 $7\frac{1}{5}$ 度，又由角弧对应原理可知亚历山大里亚和昔恩尼两地所占弧度亦为 $7\frac{1}{5}$ 度，即一个圆周的 $\frac{1}{50}$，以 $50\times5000$ 希腊里再加上 2000 希腊里的校正数，即得 252000 希腊里），若以一希腊里等于 157.5 米计，则可知埃拉托色尼所得地球圆周长度为 39690000 米，即 39690 公里，与实际值

（约 40008 公里）相差无几，可说是古人对地球大小的最接近于实际的科学测算。除此而外，埃拉托色尼还写了《地理学》一书，建立了普通地理学的完整体系，努力抛弃有关地理的神话传说和无稽之谈，从科学的角度论述自然地理现象。他把地球划分为五个地带：围绕南北极的两个寒带、在寒带和南北回归线之间的两个温带以及围绕赤道的热带。虽然由于时代的限制，他对亚洲、非洲广大地区所知极少，也完全不知道美洲，他却按已知各地大致距离及纬度高低绘制了古代世界较完备的地图。他还根据大西洋与印度洋潮汐的相似性指出两洋相通，人可绕非洲而至印度。在数学上他还创立了著名的"埃拉托色尼筛法"，其他方面建树亦多。但是，也像大多数亚历山大里亚科学家的遭遇那样，他的著作皆无完整留存，我们仅从后人引述知其片断。

公元前 30 年，埃及的托勒密王朝为罗马所灭，此后埃及成为罗马的一个行省。不过，作为行省首府的亚历山大里亚仍然繁荣，它的缪斯神宫继续活动，只是神宫首脑由罗马皇帝任命。在罗马人统治时期，亚历山大里亚在自然科学方面仍有建树。例如，公元 1 世纪生活在亚历山大里亚的希隆撰写了系统阐述古代世界在应用机械学方面的成就的著作，还写了应用数学方面的系统著作。而且他本人有许多卓越的大发明创造。公元 2 世纪的天文学家托勒密撰写《天文学大成》13 卷，总结前人成果，系统介绍了有关天文的知识。

# 塞尔维乌斯·图里乌斯改革

*施治生*

根据罗马传统说法，王政时代相继有七个王统治罗马，诸王的业绩各有不同，第六王塞尔维乌斯·图里乌斯（约公元前 578—前 535 年）以其改革而著称。其实，所谓王政时代乃是罗马从原始社会向阶级社会的转变时期。在王政后期社会发展变化的情况下，塞尔维乌斯·图里乌斯实行一系列改革，改变了当时罗马社会组织制度。这次改革标志着罗马国家的产生，在古罗马历史上具有深远的意义。

## 王政后期罗马社会发展情况

新近考古学和其他研究材料表明，罗马王政并非统一的制度，而是明显地分为前后相连的两个不同时期。如果说王政前期即拉丁王和萨宾王统治时期（约公元前 8 世纪至公元前 7 世纪），罗马人生活在原始社会末期军事民主制之下，那么，到王政后期即伊达拉里亚王统治时期（约公元前 6 世纪），罗马社会生产力较前大为提高，私有制和奴隶制获得进一步的发展，从而扩大和加深了社会的分化，促使氏族制度趋于瓦解，逐步迈入阶级社会的门槛。

从社会经济发展来说，王政前期罗马居民经营农牧业，手工业尚处于产生阶段，贸易在经济生活中还没有成为重要因素。王政后期由于受到当时较为先进的伊达拉里亚文明的影响，罗马的手工业和商业得到了迅速的发展。当时社会第二次大分工已经明显发生，手工业分为金属冶炼和制造、制陶、制革、纺织、建筑和金银饰品加工等。手工业技术较前大有进步，产量增多，种类也日益多样化。从大量出土的彩陶砖瓦可以看出制陶业取得很大的进步。考古发现的城市建设特别是建造宏伟的卡皮托利乌姆朱庇特神庙，表明建筑业达到相当高的水平。交换也比从前有所发展,交换的媒介物已经不是牲畜,而是使用铜块来衡量。对外贸易相当活跃,不仅和伊达拉里亚城市联系密切,而且与希腊世界也有贸易来往。优越的地理位置为罗马进行贸易提供了良好条件,阿芬丁在当时成了转口贸易商埠。

在社会经济发展特别是手工业和商业兴旺发达的基础上,城市也逐渐形成了。首先,介于罗马各山冈之间的那块低洼地经过疏浚排干,在原先墓地和茅屋废墟之上铺设了砾石地面,辟为广场。在广场上建造了王宫、维斯塔神庙以及神殿和圣坛等。广场周围则有很多店铺。广场是贸易市场、政治集会和祭祀场所,是城市居民的活动中心,这就把周围山冈村落联络起来了。从广场到卡皮托利乌姆修建了著名的圣道,而另一条大街图斯库斯则从广场通向牲口市场。牲口市场位于台伯河畔,它和广场同时兴盛,成为罗马第二大市场。牲口市场内建造了幸运女神和生长女神庙。当时,卡皮托利乌姆已纳入城区,在此山南麓建造了朱庇特神庙,有殿堂、柱廊、木屋架结构和彩陶装饰,建筑雄伟,气势磅礴。城市防御主要凭借自然屏障,同时构筑土墙、木栅和壕沟,连接各山冈,扼守交通要道,保护城市安全。总之,在王政后期罗马城拔地而起,其规模和繁华程度完全可与当时希腊世界和伊达拉里亚城市相媲美。

在王政前期,罗马居民住于各山冈村落中,彼此隔离,各自组成公社。后来这些分散的村落逐步走向联合。王政后期随着城市的兴起,山冈村落联合的趋势终于发展为以罗马城为核心的范围广泛的统一运动。由三个氏族部落组成的罗马公社,把罗马城作为自己的经济、政治、军事、宗教和文化中心,并不断进行扩张,兼并邻近部落的居民和土地,使罗马城连接周围大片乡村地区,构成了罗马城市国家的领域范围。

另一方面,由于生产力的提高,社会关系也发生了变化。私有财产和奴隶制进一步发展,促使社会发生严重分化。氏族贵族利用特权大量侵占土地,而普通的公社成员则处于少地或无地的境地。保存下来的塞尔维乌斯时代划分的10个乡村部落名字都采用贵族姓氏,说明贵族在这些地方占据大量土地,拥有很大势力。破产的公社成员、被释放的奴隶和被征服部落居民纷纷投靠贵族,成为依附于他们的被保护人。被保护人从贵族那里领得土地,但必须为贵族服劳役或缴纳部分收获物,因而遭受贵族的剥削和奴役。按照保护制的习惯法,保护人和被保护人互相承担一定义务,违背者得受到惩罚。这种保护制带有宗法性质,实际上是一种隐蔽的奴隶制。

社会分化的另一种表现形式，则是在自由民内部出现了贵族和平民的等级划分。贵族和平民之分在王政早期便已开始，后来经过长期的发展过程，到王政后期形成两大社会集团。这种等级差别的产生，是同罗马社会经济发展、早期罗马扩张和吸收外来移民有关的。贵族由拉丁氏族部落中的显贵组成，并融合了萨宾和伊达拉里亚人的贵族家族。他们不仅在经济上拥有很大势力，而且在政治和宗教等方面也享有特权。平民来源于拉丁、萨宾和伊达拉里亚部落的中下层成员、外来移民、被保护人和被释放的奴隶以及较后征服的其他拉丁部落居民。起初平民都包括在库里亚组织之中，他们和贵族一样享有公社成员的权利，但在实际上不能进入元老院并担任各种要职。王政后期由于罗马地域扩大和人口增多，也由于罗马社会经济发展和城市的兴盛，吸引了越来越多的外邦人迁居罗马，原来的氏族部落无法接纳所有来到罗马的居民，只得把部分外来移民排除在氏族组织以外。这些稍后迁入罗马的平民，主要居住在外部诸山如阿芬丁等地，他们可能保持着原来的氏族组织和宗教信仰。平民的人数很多，有些从事农牧业，占有少量土地；有些居于城市，经营手工业和商业。在平民之中只有少数人变得富裕起来，大多数人则生活拮据，甚至陷于贫困境地。贫苦的平民向贵族租佃土地，借贷财物，受到残酷的债务奴役的威胁。在等级区分之初，贵族和平民的界线并非十分严格和固定，他们各自不断吸收新的成分加入自己的行列，两个等级之间的矛盾还比较缓和。随着社会的发展，贵族逐渐变成拥有特权地位和实行封闭的等级，凌驾于平民之上，并在经济上加重对平民的压榨和奴役，这两个等级之间的矛盾和斗争才日益尖锐和激烈起来。

社会发生两极分化以及阶级、等级之间的矛盾和斗争，促使氏族制度日趋瓦解。同时，由于社会经济发展和军事扩张导致大批移民来到罗马，造成了罗马公社成员和外来移民杂居的混乱现象。这时，氏族制度已不再适应社会发展的需要，氏族制度的管理机关也显得无能为力，只得逐渐让位于新兴的国家。以军事民主制为传统的组织机构勒克斯、元老院和库里亚大会，在王政后期发生了显著的变化，主要表现在勒克斯逐渐转变为王，地位日益提高，权力不断扩大，而元老院和库里亚大会的权力则被严重削弱，明显地处于从属于王权的地位。与军事民主制时期作为部落联盟首领的拉丁和萨宾王掌握军事指挥权、裁判权和宗教权不同，伊达拉里亚王拥有广泛的权力，有着威严尊贵的君主般的服饰和仪仗，成为罗马的最高统治者，从而使王权达到真正的国王权力的地步，具有国家权力的性质。

　　王政后期罗马社会的发展变化，显然是同伊达拉里亚影响分不开的。大批伊达拉里亚人迁居罗马，不仅带来先进的生产技术和工具，传入他们的风俗习惯和生活方式，而且还促进罗马建立起较为先进的社会制度。塞尔维乌斯当政后，利用自己作为王的地位和权力实行一系列改革，固然明显带有增强罗马实力和巩固主权的动机，但是，这次改革的深刻的社会根源却扎根于罗马社会发展产生变革要求的土壤之中。

## 塞尔维乌斯改革的主要内容

　　对于塞尔维乌斯·图里乌斯其人，自古以来就有不同的说法。据李维记载，塞尔维乌斯原是拉丁城市科尔尼库鲁姆的一个被俘的贵妇之子，因受伊达拉里亚王朝建立者老塔克文夫妇的喜爱，从小收养在宫中，长大后还成了他们的女婿；老塔克文遇刺后，他在老塔克文之妻的帮助下登上了王位。可是，罗马皇帝克劳狄根据伊达拉里亚传说指出，塞尔维乌斯即是伊达拉里亚冒险家马斯塔尔那。比较古代两种传统有关于塞尔维乌斯身世的报道，恐怕是罗马传统较为可信。从塞尔维乌斯·图里乌斯的姓名本身以及后世他在罗马人中享有威望、受到怀念的情况，都说明他是拉丁人。尽管如此，塞尔维乌斯从小受到伊达拉里亚文化熏陶，后又作为老塔克文之婿被扶上王位，当政后保持与前任政策的连续性，使罗马继续接受伊达拉里亚文化影响，因此在实际上他和其他伊达拉里亚王并无重大区别。

　　如同对于塞尔维乌斯身世有着不同说法一样，对于他所实行的改革在近现代学者中也存在着意见分歧。虽然许多学者坚持传统看法，但有些学者则对塞尔维乌斯改革的历史真实性持怀疑态度。也有学者把他在位年代定在公元前5世纪初，并把改革移至于此；还有学者甚至把他实行的改革推迟到公元前5世纪中期或更后。他们提出来的论据不尽相同：有的认为王政结束和共和建立之年应在公元前5世纪中叶，因而把塞尔维乌斯时代也推迟到该世纪之初；有的断定财产普查在公元前443年设置监察官后才得以进行，铸币阿斯出现于公元前4世纪，所以，塞尔维乌斯时代不可能进行财产普查和以阿斯来估量公民的财产等级；有的指出罗马引进甲兵方阵制是在公元前5世纪，而塞尔维乌斯改革正是这一制度的具体体现；有的则说塞尔维乌斯改革没有提到贵族和平民之分，说明这一改革是在等级差别消失过程中实行的，等等。但是，如果我们根据历史唯物论，从王政后期罗马社会发展的实际情况出发来看待问题，那么，我们有理由说，塞尔维乌斯改革是当时罗马社会经济高涨和财产分化合乎规律的发展的结果。再说，共和时期存在着森都利亚大会、公民财产等级、城乡部落之划分等制度，这些都是有据可考的，如果否认塞尔维乌斯改革的真实性，这些制度则成了无源之水，罗马早期历史前后就不相连贯了。当然，传统归结于塞尔维乌斯名下的改革措施，可能并非完全出于他一人之手，这一改革大概经历了一个相当长的过程，但改革事件本身及其主要内容完全符合塞尔维乌斯时代的实际情况。因此，我们对于传统说法不能采取轻率怀疑和全盘否定的态度。尽管古典作家有关塞尔维乌斯改革一些具体细节的记载难以置信，涉及改革的一些内容也夹有时代错误，但他们关于这次改革主要内容的报道，无疑具有历史真实性。

根据古典作家的记载，塞尔维乌斯主要在政治和军事两个方面实行改革，或者说这一改革既有政治又有军事两个方面的目的。其主要内容是建立新的地域部落代替旧的氏族部落，同时进行财产普查，在此基础上按照财产多寡划分公民等级，以确定其相应的权利和义务，以及创建森都利亚组织制度。这些改革措施互相关联，有机地结合在一起，使罗马社会组织制度发生了重大变化。

首先，为了适应当时社会发展的需要和加强罗马的实力，必须使众多的外来移民加入公民集体，因此，塞尔维乌斯建立地域部落作为管理居民的行政单位，代替原来按亲属关系组织起来的三个氏族部落。据古典作家记载，他把罗马分为四个城区部落，各以所在地区的山冈命名，这四个城区部落是帕拉丁、苏布拉、奎里那、厄斯奎林。同时，他又将罗马的乡村即公有地分为 15 个（或 16 个）乡村部落。保存下来的 10 个乡村部落的名字都以一些贵族的姓氏命名，它们是：埃米里、卡米里、克劳狄、科尔尼里、法比、赫拉西、罗米里、塞尔吉、维图里和帕皮里。在新建的地域部落中设置了管理机构，负责公民登记、征兵、征税和摊派徭役等。凡是在地域部落登记入册的自由民都获得公民权，同时承担服军役和赋税等义务。所以，建立地域部落的目的，不仅在于加强行政管理，还为了扩大罗马公社的基础。在此以后，公民身份不再取决于血统或出身，而是依据其所在居住地以及与此相一致的财产资格，于是，大量的经营手工业和商业的伊达拉里亚人和其他外来移民，通过吸收进所在的地域部落而加入罗马公社，被释放的奴隶也获得了公民权，大大壮大了罗马公民集体的力量。

但是，公民中存在着财产差别，他们的社会地位和作用也不一样。塞尔维乌斯在建立新的地域部落囊括所有自由民为公民的同时，又对全体公民进行财产普查，在此基础上按照公民财产多寡和提供武装的能力划分了五个财产等级。据说，第一等级公民的财产资格为 10 万阿斯，第二、三、四等级的财产资格分别为 7.5 万、5 万和 2.5 万阿斯，第五等级的财产资格则为 1.1（或 1.25）万阿斯。低于五等级的为等外，称为无产者。在这里应当指出，阿斯在罗马出现于公元前 4 世纪，塞尔维乌斯时代不可能用阿斯作为货币单位来估量公民财产等级。因此有些学者推测，塞尔维乌斯改革是按土地财产多少来划分公民等级，后来古典作家改以钱币折算表示土地财产关系，当时五个等级的土地财产资格依次为 20、15、10、5 和 $2\frac{1}{2}$ 或 2 犹格的土地。

与财产等级相适应的是各等级分别组成数量不等的森都利亚（或称百人队）：第一等级有 80 个；第二、三、四等级各有 20 个；第五等级有 30 个。各等级森都利亚的半数由 17 岁至 46 岁的年轻者组成，另一半由 47 岁至 60 岁的年长者组成。此外，第一等级中最富裕的公民组成 18 个骑兵森都利亚。另有 5 个非战斗性森都利亚，其中工匠和乐师、号手各有 2 个，无产者只有 1 个森都利亚。这样总共有 193 个森都利亚。各等级的森都利亚都自备武器装备，第一等级配备着全套武装，以下等级渐次减少，第四等级为轻装步兵，第五等级大概只有掷石器等。

不难看出，森都利亚组织制度起初是为适应当时罗马对外扩张和战争需要而创建的。划分公民等级，首先是把服军役者（五等）和不服军役者（等外）加以区分。各等级的森都利亚按年龄大小分为年轻者和年长者两个部分；各等级的森都利亚备置不同的武器装备，都明显具有军事目的。工匠和乐师、号手单独组成森都利亚，也有军事作用，他们在战争期间可能是分派到军队各部分，以便担负专门性的工作任务。另外，当时罗马公民数量大大超过军队数量，也就是说，每个森都利亚实际上包括的公民人数要比作为军事单位的森都利亚包括的战士数目多得多，由此推测，森都利亚不仅是军事训练和作战单位，而且还是征召公民军的基础。据记载，塞尔维乌斯时代罗马公民人数约有 8 万人。由于公民人数的增加，兵源也随之扩大，这就为扩充和改组公民军，增强罗马的军事力量，创造了条件和基础。

塞尔维乌斯究竟如何改建军队，由于缺乏可靠史料难以究其详情。有些学者认为，甲兵方阵制在公元前 6 世纪盛行于伊达拉里亚，此时大概也传到了罗马；塞尔维乌斯建立森都利亚组织制度是同罗马引进甲兵方阵制有关的。原先罗马的武装力量是以三个氏族部落为基础的，共有步兵3000，骑兵300。塞尔维乌斯不仅用地域部落和财产等级代替原来的氏族部落作为征兵的基础，以森都利亚代替原来的千人队作为军事单位，而且还扩充了军队的数量，改进了军队的武器装备。他把步兵从3000人增至6000人，分为60个森都利亚，他们可能是由前三个等级的年轻者森都利亚所组成，担负前线作战任务，而年长者森都利亚则负责后方守卫。同时，骑兵的数量也有增加，相传老塔克文时代可能已有6个骑兵森都利亚，到塞尔维乌斯改革时又增加12个，总数达到18个骑兵森都利亚。这样，改革后氏族部落的军事职能完全丧失，出现了一支建立在地域和财产原则基础上，有着严密组织和优良装备的公民军。

森都利亚组织制度的核心是森都利亚大会。从这个大会在后世还保持着军队集合的特点可以证明它起初具有军事性质。但过不久它便由军事集会发展成为政治性会议，成为罗马的公民大会。可是，森都利亚大会何时获得政治权力，这还是一个悬而未决的问题。在王政后期我们找不到有关森都利亚大会活动的确凿报道。古典作家曾经提到，公元前471年特里布斯平民大会一经出现，便和"大会"分庭抗礼，这个"大会"可能是指森都利亚大会。公元前5世纪中叶的十二铜表法上记有"人民大会"字样，一般认为这里所说的人民大会无疑是森都利亚大会。可见，在共和早期森都利亚大会已经明显地发挥政治作用。但在王政后期，大概由于王权的扩大，降低了森都利亚大会的地位和作用。当时，森都利亚大会权力有限，可能只有宣战和批准王所任命的军事长官的权力。后来在王政废除后，其地位才逐渐上升，获得其他一些重要的政治权力。

## 塞尔维乌斯改革的历史意义

塞尔维乌斯·图里乌斯实行改革，建立城乡地域部落取代原有的氏族部落，也就是按照地域原则代替血缘亲属关系来划分和组织管理自由居民，这样，作为国家产生的重要标志的"按地区来划分"[①] 它的国民已经产生出来并付诸实现了。废除旧的氏族部落，显然是对氏族制度的致命打击，从此以

---

① 恩格斯：《家庭、私有制和国家的起源》，《马克思恩格斯选集》第4卷，人民出版社1972年版，第166页。

后，氏族社会组织制度的基础解体了，氏族、库里亚等虽然还存在，但已失去原有的重要意义。

同时，塞尔维乌斯打破氏族制度的限制，不论贵族和平民，不分原先是罗马公社成员还是置身于公社以外的自由民，将全体自由居民按财产多寡划分等级，并以此确定其相应的政治权利和军事义务。在新的地域原则和财产资格的基础上，大批外来移民进入罗马公社，从而摧毁了人种和血缘关系的藩篱，促使罗马公社内外的自由民融合起来，结成了新的公民公社。这种按照地域和财产原则划分和组织公民的办法，与以血缘关系为纽带把人们组织在一起的氏族制度完全不同。经过塞尔维乌斯改革，原先由3个氏族部落组成的罗马公社发展为公民公社，这种公民公社具有新的性质，它建立在地域和财产原则基础之上，实际上是在罗马社会阶级分化和等级划分以后，有产者重新组合起来和实行统治的一种组织形式。

新产生的公民公社需要具体的组织制度，森都利亚组织制度便是适应这种需要而建立起来的。在塞尔维乌斯创建的森都利亚组织制度中，公民的社会地位取决于财产资格，他们的权利并不是平等的。富裕的第一等级公民无论在政治方面还是在军事方面都占据着优势地位，贵族依然保持其特权，但富有的平民开始上升到统治阶层，他们逐渐结合而成新的有产者统治阶层。中产者固然也争取到一些权利，但他们仍是享受不完全权利的公民。至于无产者，虽然他们在人数上超过其他等级的总和，却只能组成一个森都利亚，又不许服军役，因此实际上处于几乎完全无权的地位。公民权利的不平等最明显不过地反映在森都利亚大会上。森都利亚大会没有创议权，只能就所提交的议案进行表决。大会实行集体投票制，每个森都利亚只有一票表决权，这一票由该森都利亚的多数决定。投票的顺序先是骑兵，后是5个等级依次进行。既然第一等级有98个森都利亚，超过总数的一半，所以，他们控制着大会的多数票。如果他们投票一致，表决即行中止。因此，富裕公民在居民中虽占少数，但他们在森都利亚大会上却据有优势地位。

作为新的公民大会的森都利亚大会产生后，逐渐排挤原来的公社成员大会即库里亚大会，使它逐渐丧失了在政治生活中的重要作用。库里亚大会拥有的一些重要职权如宣战、选举官吏和审判等转归森都利亚大会，其地位和作用日益降低，后来虽然保留了下来，但形同虚设，不掌大权，代之而起的森都利亚大会则成了国家的重要权力机关之一。同时，塞尔维乌斯实行军事改革，废除了原来氏族部落的武装力量，在地域和财产原则基础上建立了一支新的公民军。这支军队作为国家公共权力的重要体现，担负着维护新生国家的职能。

　　总之，经过塞尔维乌斯改革，罗马国家应运而生，正如恩格斯在论述这一改革时所说："这样，在罗马也是在所谓王政被废除之前，以个人血缘关系为基础的古老社会制度就已经被破坏了，代之而起的是一个新的、以地区划分和财产差别为基础的真正的国家制度。公共权力在这里体现在服兵役的公民身上，它不仅被用来反对奴隶，而且被用来反对不许服兵役和不许有武装的所谓无产者。"①

　　塞尔维乌斯改革后，一个由贵族奴隶主、平民和奴隶构成的罗马奴隶制城市国家诞生了。在新生的罗马国家中，阶级和等级交织在一起，自由民内部关系错综复杂，上有拥有特权的伊达拉里亚王和贵族以及富有公民作为统治阶层，下有享受不完全权利或几乎处于无权地位的平民和被保护人。在奴隶制尚未充分发展起来以前，贵族和平民之间的矛盾一直是罗马社会的主要矛盾。塞尔维乌斯改革的直接目的，一方面固然是吸收平民中有产者加入公民集体和军队，增强罗马的实力，另一方面则是借助和利用他们钳制贵族势力的发展，以达到扩大王权和巩固自己统治地位的目的。据说，他还把征服的土地分给平民，以至于引起贵族的不满。正因为如此，塞尔维乌斯在后世还受到罗马平民的推崇和怀念。不过，他的后继者高傲者塔克文专断暴虐，引起了贵族和平民的不满，终于被他们的联合力量推翻。王政结束和共和建立后，在新的历史条件下平民和贵族展开长期斗争，促进了罗马城市国家制度日趋完备，推动了罗马奴隶制社会继续向前发展。

---

　　①　恩格斯：《家庭、私有制和国家的起源》，《马克思恩格斯选集》第 4 卷，人民出版社 1972 年版，第 126 页。

# 罗马共和早期平民反对贵族的斗争

李雅书

罗马共和早期平民和贵族进行了长期而激烈的斗争，这场斗争持续200余年之久，构成罗马早期奴隶制社会斗争的主要内容。平民反对贵族斗争的胜利，进一步破坏了旧的氏族制度，促进了罗马城市国家的发展，同时也改善和提高了平民的地位，使平民上层分享氏族贵族原来独占的政权，从而把罗马从一个氏族贵族占据统治地位的国家变成了一个新兴奴隶主阶级统治的国家。

## 平民和贵族矛盾的由来和发展

按照一般说法，罗马贵族和平民等级之分开始于王政时代，这种等级划分萌发于社会分工的需要，而后又和罗马社会经济发展引起财产分化、早期罗马侵略扩张以及吸收外来移民有关，经历了长期复杂的形成过程。

贵族来源于早期罗马公社各氏族部落中的显贵世家。相传早在罗慕路斯时代，已从拉丁世家中选拔出100个"贤能者"组成元老院，后来又不断吸收兼并而来的部落显贵补充元老院，据说从合并的萨宾人和随同老塔克文迁居罗马的伊达拉里亚人之中，先后各增补了100人进入元老院；这些选入元老院的人被尊称为"元老"或"父老"，他们的家族和后代就被称为"父族"或"贵族"。文献记载王政时代组成早期罗马公社的三部落各有100名元老，共300名元老组成元老院，这些数字如此整齐当然并不可靠，但在当时逐渐产生了元老贵族则是完全可信的。

平民不但人数众多，而且来源比贵族更为复杂。平民来自上述部落中的非显贵世家、脱离保护关系的依附民、零散迁居罗马的外邦人以及较后被罗马征服的拉丁部落居民。起初，这些平民都包括在库里亚组织之内，享有罗马公社成员的权利。后来，由于罗马社会经济的发展和城市的兴起，吸引了越来越多的外邦人移居罗马，同时也由于罗马不断进行扩张，地域范围逐步扩大，人口日益增多，因此，很难再把人们都编入 3 个氏族部落之内，只得把一部分居民排除在氏族组织以外。这些由于各种原因成批迁来的居民，主要居住在罗马外部诸山如阿芬丁等地区，大多从事工商业活动，他们可能仍然保持其原有的氏族组织和宗教信仰。这些稍后迁入罗马的大批居民构成了平民的主体。此前已编入库里亚的平民，随着时代的发展也有所分化，其中有些可能由于保护关系而成为贵族的依附民，另一些则与新来的平民汇合在一起，形成平民等级。

王政时代罗马社会已发生严重分化。贵族拥有大量的土地和财富，在政治、军事和宗教方面享受特权，把持各种公职，掌握国家权力。而平民的社会和政治地位低下，他们的权利则是不完全和不充分的。平民虽然享有作为私法权的通婚权和财产权，但在实际上却受到种种限制。平民有产者有权参加公民大会，参军服役，可是不能进入元老院和担任国家其他要职。城市平民中只有少数人由于经营工商业发财致富，大多数人生活比较困难，甚至处于贫困境地。乡村中的平民缺少土地以至没有土地。穷困的平民向贵族租佃土地，借贷财物，受着贵族的压榨和盘剥，甚至遭受贵族的奴役。

尽管如此，在王政时代由于贵族和平民等级划分刚刚产生，两个等级之间界线还不十分严格和分明，他们虽然存在矛盾，尚未发展到严重对立的地步。另外，王政后期伊达拉里亚人入主罗马，伊达里亚王采取一系列政策措施，笼络平民，压制打击贵族势力，以加强和巩固自己的统治地位。据说塞尔维乌斯·图里乌斯实行改革，不分贵族和平民，将全体罗马居民根据财产资格划分等级并确定其相应的权利和义务，因而在一定程度上提高了平民有产者的地位；他还把贵族霸占的公有地分给平民。高傲者塔克文压制和打击元老贵族，处死了一些元老贵族，以至于元老院出现空额，但也不增补。这些措施可能钳制贵族势力的发展，起到了暂时延缓等级矛盾发展的作用。

然而，在公元前 510/509 年推翻王政和建立共和国以后，平民和贵族的矛盾与斗争日益尖锐起来。贵族直接掌握政权后，力图巩固自己的特权，扩大政治和经济方面的势力，同时，他们为了维护自己的特权地位，在内部实行联姻，逐渐发展成为一个完全排他性的等级。这样，贵族和平民等级界线森严，泾渭分明，他们在政治和社会方面的权利不平等，必然导致这两个等级发生冲突。另外，在新的历史条件下，平民的处境更加恶化了。他们在政治上继续受到贵族的压迫，在经济上也日渐贫困化。由于共和早期工商业的衰落，一部分原先经营工商业活动的平民不得不转向农牧业生产，加上人口增加，少地和无地的平民数目急剧增加起来。虽然随着罗马的对外扩张，兼并而来大片公有地，但大部分被贵族侵占，平民很少分得土地。同时，连年的战争也加重了平民的兵役和捐税的负担，加之敌人蹂躏乡村田地，以及遭受天灾人祸，往往造成平民负债累累，家破人亡。贫苦的平民有些投靠贵族，充当依附民；有些则向贵族借贷钱粮，维持生计。但在当时高利贷盛行，利息很高。又按债务习惯法，借债须以债务人及其家属的人身为抵押，到期不能偿还，债主有权拘禁抵债者，强使他们充当债务奴隶，甚至出卖到国外。因此，平民迫切要求改善自己的困苦境地，在经济上围绕着争取土地和取消债务奴役制问题展开斗争。同时在政治上，平民也强烈要求提高自己的地位，保障人身自由和合法权益，特别是富有平民要求享受与贵族平等的权利，参与政权，结束贵族独揽大权的局面。

# 共和初期平民的斗争

根据传统说法，平民反对贵族的斗争最早发生在公元前494年。这次冲突的起因是债务问题。当时，平民不堪忍受债务奴役，特别是服役出征的平民战士甚至有战功的军官都因负债遭受残酷折磨，纷纷起来抗议。在军事形势紧张的情况下，为了平息平民的义愤，执政官塞维利乌斯颁布法令[1]，禁止债主出售服役军士的财产和子女。不料在战争胜利后，另一执政官克劳狄拒不执行这条法令，听任债务人受债主的摆布。因此，再次出征的平民群情激愤，集体撤离到安尼奥河对岸、离城5公里的圣山上[2]，表示要与罗马脱离关系。这一行动使贵族大为惊慌，因为当时罗马周围强敌如林，战争此伏彼起，平民的军事力量对罗马来说是必不可少的。于是，贵族不得不作出让步，派使者和平民进行谈判，最后取得了和解。根据达成的协议，平民得到了推选自己的官员的权利，即每年从平民中选出两位保民官。保民官的人身不可侵犯，其职责是保护平民不受贵族官员的横暴侵犯，他们行使的否决权

---

① 共和之初，罗马的最高官职可能不称为执政官（Consul），而称作行政长官（Praetor）。

② 有些学者认为，平民第一次撤离发生在公元前471年，而不是公元前494年。但另一些学者仍坚持传统说法。

后来获得进一步发展，可以制止和否定国家官员的决定乃至国家机关的法案。大概在保民官产生的同时或稍后，又设置了两个平民市政官作为保民官的助手，他们负责阿芬丁山上平民神庙的祭祀、保管档案等，后来其权力也有所扩大。平民第一次撤离斗争可能还争取到释放当时被拘禁抵债的人，取消了未偿还的债务，但并没有废除债务奴役制。

保民官最初是如何产生的，由于缺乏确凿可靠的史料，难以断定。根据公元前471年保民官普布利里乌斯·沃来罗法推断，当时平民依托特里布斯组织召开的只有平民才能参加的特里布斯平民大会（Concilium Plebis）已获得正式承认，当年的保民官就是在平民大会上选举产生的。据说平民大会投票时斗争十分激烈，保民官命令无投票权的人走开，贵族青年不走，几乎动武。特里布斯平民大会是平民的政治集会，它推选平民自己的官员，可能还审理粗暴侵犯平民权利而处以罚金的案件。特里布斯平民大会通过的决定（Plebiscita）起初只对平民有效，后来围绕着平民决定不经任何批准即对罗马全体公民具有法律效力问题展开了长期和复杂的斗争。但是，无论如何，到公元前471年，平民经过斗争得到选举保民官和创设平民大会的权利，这是确凿无疑的。

共和初期平民还开展争取土地的斗争。相传公元前486年的执政官斯普里乌斯·卡西乌斯是第一个提出土地法案的人。① 他建议把刚从赫尔尼克人那里夺来的土地的一半分给平民。另外他还想收回贵族占有的公有地，和新获得的土地一起进行分配，这样可以较彻底地解决平民缺少土地的问题。这一法案遭到贵族激烈反对，卡西乌斯被指控僭取王权而被处死。在这以后连续十几年保民官都提出土地法案，但均未获得通过。在此期间大多是费边和克劳狄氏族贵族当政，他们顽固地反对平民的土地法案，执政官克劳狄在公元前480年收买一个保民官反对另一个保民官以阻挠土地法案通过。在公元前473年还发生了保民官简努西乌斯被暗杀的事件。直到公元前456年，根据保民官伊启里乌斯提议通过了一项法令，把阿芬丁山上的土地分给平民以供居住。总之，平民争取土地的斗争经常受挫，没有取得显著的成果。

---

① 从保留下来的执政官名表可以看出，共和初期有些执政官是伊达拉里亚贵族，如尤尼、拉尔西、卡西、图利伊、辛普罗尼等。据说他们在元老院中的地位较低，有同情平民的倾向。共和初期一些对平民有利的法案往往是他们任职时提议的。但在公元前486年以后，他们的名字突然不见了。

# 十二铜表法的制定和随后的斗争

直到公元前5世纪中叶，罗马的法律只依习惯法，因循先例，没有成文规定。习惯法的规范比较含糊，对法律的解释权和司法审判权掌握在贵族官员手中，他们时常滥用职权欺压平民。平民为了保障自身的安全和财产，反对贵族司法上的专横行为，要求编纂成文法。据说为此而进行的斗争持续数年之久，公元前462年保民官哈尔撒提议编纂成文法，遭到贵族坚决反对，直到公元前451年才组成十人团，其成员全是贵族，赋予全权，制定法律。相传十人团只编出了十个法表，次年另选了第二个十人团，继续编纂工作，又加上了两个法表。① 这些法律条文刻在铜板上，故称为"十二铜表法"。从法律条文来看，十二铜表法基本上是习惯法的汇编，包含产生于不同时代、互相矛盾的各种法规。就阶级实质来说，这部法典严格维护私有财产，保护贵族奴隶主的利益。但因为法律既已编制成明确条文，量刑定罪以此为准，这就在一定程度上限制了贵族的司法专横。不过，由于贵族仍然保持特权地位，平民在法律上还不能和贵族处于平等地位。例如，在法典中虽已规定了诉讼程序，但平民对起诉时所用的术语和具体程序不熟悉，法庭开庭日期也未公布，因而平民起诉受到限制。尤其是在法典中规定禁止平民和贵族通婚，更是说明他们社会地位的不平等。在这以前，贵族不与平民通婚而在内部实行联姻，可能习以为常，但从未有过法律禁令。十二铜表法中规定这两个等级不许通婚，反映了贵族维护特权实行封闭达到顶点。这条被西塞罗等人斥之为不公正的立法，遭到平民强烈的反对，五年后通过坎努利优斯法案，取消了这个法律禁令。

据说，因为十人团期满后不肯交卸权力，尤其是其领袖克劳狄专横跋扈，欺凌平民，导致了平民第二次撤离。这里不免有虚构的成分，可能真正的原因是，平民在达到公布法律目的以后要求恢复并改进原来的政制，又进行了一番斗争。结果，十人团被迫下台。公元前449年选出瓦列里乌斯和荷拉提乌斯为执政官，他们实施了三项法律。第一条法律是恢复了上诉权（Provocatia），即当公民被高级长官判处死刑或其他重刑时，他有权向公民大会提出上诉。据记载，在公元前509年罗马公民已获得上诉权，可是后来被

---

① 许多学者对另选第二个十人团的传说持怀疑态度，认为是不真实的。

十人团取消了，因此公元前449年立法重申这一法律。① 第二条法律是确认平民大会通过的决定必须为全体人民遵守。② 这样，平民大会的地位和作用大为提高，发展成为罗马立法机构之一。第三条法律涉及保民官人身权利神圣不可侵犯，根据这一法律，凡是侮辱保民官的人都要被处死，并没收其财产。以前保民官的人身不可侵犯权通过平民立誓惩处侮辱者得到保障，到公元前449年则正式得到法律保护。大概在公元前471年保民官已增至四人，到公元前449年可能增至10人。

以后，大约在公元前445年平民争取到和贵族通婚合法权，他们又要求担任执政官之职。贵族当然不愿把高级官职轻易让给平民，但为了应付平民要求参政的斗争，答允设置军政官这种特殊职位；每年选举产生执政官还是军政官则由元老院决定。军政官具有协议性质的执政官的权力，初为三人，后增至六人，无论贵族还是平民皆可出任。这种改变可能也由于军事方面的原因，因为当时罗马对外战争频繁，两个执政官不胜军职，需要更多的军事指挥官，而平民在军队中占有相当大的力量，历来担任各级军官，具有作战经验。据说，公元前444年选出的三个军政官之一是平民。尽管如此，由于军政官是在森都利亚大会选举产生，在那里贵族占据优势，因此在公元前400年以前担任军政官的主要是贵族，平民当选为军政官的甚少。

公元前443年设置两个监察官职位，规定只能由贵族担任，据说这也同

①　据西塞罗记载（《论共和国》，Ⅰ，54），早在王政时代罗马公民已有上诉权；据李维记载（Ⅱ，8，2），公元前509年执政官瓦列里乌斯立法授予公民以上诉权；以后，公元前450年十二铜表法、公元前449年瓦列里乌斯和荷拉提乌斯法、公元前300年瓦列里乌斯法案皆提到了上诉权。有些学者认为，上诉权得到法律确认并付诸实现并非简单易行之事，因而需要一次次立法加以重申。另一些学者认为，古典作家有关上诉权问题的记载有误，前几次立法的记载不过是重述了公元前300年的事例而已。另外，他们对于上诉权所涉及的案件本身，也有不同的看法。

②　据李维记载，除了公元前449年通过此项法律以外，公元前339年独裁官披罗和公元前287年独裁官荷尔田希乌斯也都通过了同样内容的法律。罗马史学家对此问题有着各种不同的解释。有的认为，公元前449年立法不具有历史真实性，它只不过是复述了以后立法的事例；有的坚持传统观点，认为贵族不服从新法律，因而不得不在后来一再重新加以确认。也有学者认为，李维的记载混淆了"平民"和"人民"的概念，此项法律是在公元前449年产生的特里布斯民众大会上通过的，后被误认为平民大会所通过。还有学者认为，公元前449年平民决定具有法律效力的立法在当时可能附有条件，即首先要取得元老院批准，然后再提交森都利亚大会通过，这些条件后在公元前339年和公元前287年先后取消。另有学者认为，公元前449年的法案是在特里布斯民众大会和平民大会上通过的，但都要获得元老院批准才能具有法律效力，而这种元老贵族对上述两个立法机构的批准权，分别在公元前339年和公元前287年被废除了。

平民反对贵族的斗争有关。因为设立军政官之职后，平民担任此职握有执政官大权，而贵族不愿把执政官全部权力交给平民，于是另设监察官来分担执政官的部分职权。起初，监察官的职权是对公民进行财产调查，分配公民到相应的财产等级和部落，后来权力扩大，负责掌管国家契约，编制元老院名册，监督社会风尚等。公元前421年原先作为执政官助手的财务官由两人增至四人，负责管理国家财政，并对平民开放。据说公元前409年四个财务官中有三个是平民。可见，到公元前5世纪下半期，平民已经获得担任国家一些官职的权利，贵族垄断政权的局面开始改观。

# 公元前4世纪平民斗争的逐步胜利

公元前5世纪末和公元前4世纪初，罗马贵族和平民的斗争一度沉寂下来，究其原因，大概是和当时接连不断地对外战争有关。面对埃魁人、沃尔斯奇人、伊达拉里亚人和高卢人的威胁和入侵，平民和贵族不得不暂停斗争，团结对敌。可是，在高卢战争后，两个等级之间的斗争重新爆发了。平民经过前一阶段的斗争虽然在政治和社会方面取得一些权利，但与平民下层密切相关的经济问题并未解决。随着罗马的扩张，公有地数量有所增加，贵族趁机大量侵占土地，平民所得无几，土地仍感不足。据说在公元前396年罗马征服威伊以后，曾分给每个公民4犹格（一说7犹格）土地，平民的土地要求得到部分满足。可是，长期战争特别是高卢战争的破坏，加速了小农的破产和土地的集中，同时债务盘剥和奴役也更严重了。因此，土地、债务和争取政治上平等权利问题结合起来，又提到斗争的日程上来。

传说从公元前376年到公元前367年间，平民和贵族展开了激烈的斗争，终于迫使贵族作出让步，在公元前367年通过了著名的保民官李锡尼乌斯和绥克斯图斯法案：（1）已付债息一律作为偿还本金计算，未偿还部分分三年归还；（2）占有公有地的最高限额为500犹格；（3）取消军政官，重选执政官，两个执政官之一须为平民所担任。[①] 而绥克斯图斯本人在公元前

---

① 对于李锡尼乌斯和绥克斯图斯法案，罗马史学家存在着意见分歧。有些学者相信当时规定了土地占有最高限额，但认为500犹格数目过高，可能是重述了后来的土地法事例。另一些学者指出，此法案通过后，在公元前355至公元前343年间出现了两个执政官同为贵族的现象，因而认为此项法律在当时只是准许平民担任两个执政官之一，而到公元前342年通过盖努克优斯法，才确实实行这一法令。后一法律规定两个执政官皆可由平民担任。

366 年当选为第一个平民出身的执政官。

　　既然平民获得担任国家最高官职的权利，其他的官职也就对平民陆续开放了。公元前 366 年从执政官职权中分出审判权交给新设的行政长官，起先这一职务只能由贵族担任，到公元前 337 年允许平民担任。在公元前 367 年设置了两个贵族市政官，过了一年便规定由贵族和平民每年轮流出任。公元前 356 年和公元前 351 年平民鲁提鲁斯先后就任独裁官和监察官，说明这两个国家重要官职也可为平民担任。公元前 342 年通过的盖努克优斯法，规定两个执政官皆可为平民担任。公元前 339 年平民出身的独裁官披罗又实施了三项法律：（1）两个监察官之一须从平民中选出。（2）把元老院对公民大会通过的决议的批准权，改为高级长官提交公民大会通过的议案事先经过元老院审议。这一法律看起来是改变了元老院批准公民大会决议的程序，实际上是削弱了元老院的权力。（3）重申平民决定具有法律效力。

　　平民在政治斗争中取得的胜利，加强了他们的阵地，有利于他们在社会和经济方面开展斗争。公元前 357 年保民官图伊利乌斯和墨纳尼乌斯把借贷的最高利息限定为 1/12，即 $8\frac{1}{3}$%。公元前 352 年国家设立五人团，帮助负债人解决困难。公元前 347 年又把原有利率减半。公元前 344 年宣布了延期偿付令。公元前 342 年通过简努西乌斯法，禁止高利贷。[①] 公元前 326 年通过了波提利乌斯法案，禁止以人身抵债，废除了债务奴役。[②] 从此以后，平民免除了沦为债务奴隶的威胁，人身自由得到保障。公元前 304 年市政官弗拉维优斯把诉讼程序和法庭术语汇编成册，公之于众，并公布了开庭日和不开庭日，这使贵族失去了对法律和历法知识的垄断权，保证平民在法律上享受到实际平等的权利。公元前 300 年通过的瓦列里乌斯法，重申公民对包括独裁官在内的高级官员的判决有上诉公民大会的权利。同年还通过了保民官欧古尔尼乌斯兄弟法案，把大祭司和占卜官各由四人增至九人，所增加的人员都从平民中选出。宗教职务在罗马被认为是神圣的，一直为贵族所把持，现在也被平民分享。至此，平民和贵族在担任国家公职方面已经没有任何重要区别了。

---

① 李维对此法曾表示怀疑，实际上此法是行不通的。
② 按李维的说法，此法通过于公元前 326 年；按瓦罗的说法，则是在公元前 313 年。

# 平民反对贵族斗争的结果

平民反对贵族最后一场大规模的斗争发生在公元前287年，据说这次斗争的起因是债务问题，但比较可能的是，其原因带有政治性质。当时平民进行了最后一次撤离，占领了台伯河对岸的雅尼库路姆山。后来，平民荷尔田希乌斯被任命为独裁官，他公布一项法律平息了平民骚动，这项法律再次批准平民决定对全体公民都有法律效力。这样，由公元前449年瓦列里乌斯和荷拉提乌斯法案所提出的权利，经过长达百余年的斗争，终于得到最后确认。一般认为，这一事件标志着平民反对贵族斗争的胜利结束。大约与此同时，罗马征服和统一了意大利。从此以后，罗马进入新的历史发展阶段。

经过200余年的斗争，平民在政治、社会和经济方面不同程度地取得了成果。全体平民在政治和法律上争得了与贵族享受平等的权利，他们有权担任国家公职，可以参加特里布斯大会，行使政治权力，在法理上成了共和国的主人。平民与贵族通婚的合法化，使平民取得和贵族平等的社会地位。平民的经济地位通过斗争也有所改善。这就使得罗马公民内部关系得到调整，扩大了共和国的社会基础。特别是废除债务奴役制，划清了自由民和奴隶之间的界限，开创了罗马奴隶主不再奴役本国公民，而是奴役外籍奴隶的道路。后来随着奴隶制的进一步发展，罗马公民内部矛盾逐渐让位于奴隶主阶级和奴隶阶级之间的对立，使罗马发展成为一个典型的奴隶制国家。

平民地位的提高，特别是国家高级官职对平民开放，对于平民中的富裕上层具有重要意义。他们一旦当选为高级官员，便有可能经过遴选参加元老院。同时通婚权又使他们通过联姻方式与贵族融合起来。大约在公元前4世纪下半期和公元前3世纪初，平民上层便与贵族逐渐合流，形成所谓"新贵"，共同把持政权。因为在等级斗争过程中，贵族日趋衰落，他们屡屡参战，死亡枕藉，家族凋敝。狭隘的贵族内婚习俗也使其世系不健全。相反，平民的政治影响和势力与日俱增，特别是富有平民参与政权，成为当时社会上的显赫人物。贵族之中许多人抛弃门第之见，开始与平民上层结好；而平民上层也有意攀附贵族，互相联姻，逐渐融为一体。他们独揽大权，排斥异己，利用职权大量侵吞公有地，大规模使用奴隶进行生产劳动，变成新的奴隶主阶级上层。据说，李锡尼乌斯和绥克斯图斯法案通过后不久，李锡尼乌斯、绥克斯图斯和吉努西乌斯等平民家族首先变成了新贵。以后新贵陆续增加，到公元前4世纪末出现了十几家新贵。在新贵之中也有来自拉丁姆和坎佩尼亚城市的显要人物，如图斯库罗姆城的弗尔维乌斯家族便是拉丁人中最著名的新贵家族。

富有的平民变为新贵分出去，余下的平民主要是占有土地或缺少土地的农民、城市手工业者和商人以及贫民。他们在等级斗争中地位有所改善。尽管土地问题没有得到根本解决，但随着罗马对外侵略扩张，建立军事殖民地以及分配少量的公有地，也满足了部分平民对土地的要求。据统计，从公元前343至公元前264年，大约6万份地被分给拉丁人和罗马人，其中罗马人约占4万份。减免债务，土地集中有所缓和，也使罗马小农得以维持。自由农民积极支持并参与罗马对外侵略扩张活动，他们构成了罗马军队的主要来源。另外，由于罗马地位提高和城市工商业的发展，以及公民权的扩展，吸引了大批移民特别是拉丁人移居罗马，使城市人口迅速增加。他们之中包括大量的被释放奴隶和脱离保护关系的依附民。同时，由于大土地所有制的发展，奴隶劳动开始大规模使用，农民丧失土地和工作机会，失去土地的农民流入城市，与原来的城市贫民汇合而成流氓无产者。这样，在作为奴隶主统治阶级上层的新贵出现的同时，也形成了与之相对立的新的平民阶层。

经过贵族和平民的长期斗争，罗马城市国家制度也逐渐完备起来。除了原有的库里亚大会和森都利亚大会以外，又增添了特里布斯民众大会和平民大会，成为具有最高立法权的公民大会。罗马公民在这两个大会上表决通过国家立法、选举保民官、市政官、财务官和其他低级官员，审理涉及被高级官员课以罚金的上诉案件和其他案件。森都利亚大会决定战争和和平问题，选举执政官、监察官和行政长官，审理涉及被高级官员判处死刑和其他重刑的上诉案件。库里亚大会已经完全丧失其政治意义，仅在形式上拥有任命高级长官的职权而已。由于国家职能增加和国家事务的繁多，各种高级官职也相应地设置和增加起来，进一步完善了国家机器。在罗马共和国政制中，元老院处于权力中心的地位，拥有广泛的权力，决定着内外大政，实际上成了罗马共和国最重要的国家机关。至此，罗马国家具备了以元老院为中心的一整套国家机构。

# 罗马征服意大利及其统治政策

史亚民

罗马原是台伯河畔的蕞尔小邦，经过 3 个世纪的扩张侵略，征服意大利并实行分而治之政策，确立了对意大利的统治。征服意大利是建立罗马霸国的重要步骤，同时也对罗马奴隶制社会发展产生了巨大影响。

## 罗马共和初期的扩张与高卢人入侵

罗马最初建立时，它只是台伯河东岸拉丁姆地区的一个小城邦。起初，它受伊达拉里亚人的统治，后在公元前 510 年驱逐了伊达拉里亚末王高傲者塔克文，翌年建立了共和国。伊达拉里亚人不甘心放弃对罗马的统治，克鲁西乌姆城的统治者波尔谢纳攻占罗马并迫使罗马缔结一个屈辱性条约。大概在公元前 506 年波尔谢纳的军队同希腊城市库麦和拉丁城市联军在阿里西亚会战失败，罗马才得以恢复独立。

新建立的罗马共和国处境相当困难，它的北方有强大的伊达拉里亚城市，东部和南部有经常入侵的萨宾人、埃魁人和沃尔斯奇人等山地部落。邻近的拉丁城市非但不承认罗马从前一度取得的领导地位，而且掉转矛头指向罗马。公元前 496 年，罗马在来吉鲁斯湖一役中击败拉丁同盟城市。但是，山地部落的侵袭同样威胁着罗马和拉丁城市，终于迫使拉丁人的争吵平息下来。公元前 493 年，以罗马为一方，以 30 个拉丁城市为另一方，缔结了卡西乌斯条约。公元前 486 年，它又和居住在埃魁人和沃尔斯奇人之间的赫尔尼西人订立同盟，为进一步打击敌人创造有利条件。

公元前 5 世纪上半期，罗马经常同萨宾人、埃魁人和沃尔斯奇人进行战争。萨宾人从东北方面袭击罗马，与此同时，东部的埃魁人也向罗马进攻。沃尔斯奇人从利瑞斯河谷发展到拉丁姆南半部沿海一带，经常侵入阿尔巴山以南地区。罗马联合拉丁同盟与沃尔斯奇人作战，它们在拉丁城市和沃尔斯奇的边界建立诺尔巴、科拉、西哥尼亚和维里特莱等殖民城市，派罗马人和拉丁同盟的成员去镇守。到公元前 5 世纪后期，罗马同其邻近山地部落的斗争才逐渐取得优势。公元前 431 年，在阿吉杜斯山口击溃了埃魁人。同时，罗马也击败沃尔斯奇人，夺回了被沃尔斯奇人占领的沿海土地，并在沿海的安提乌姆和阿德亚建立两个拉丁殖民地。建立殖民地是罗马统治被征服地区的有效方法。罗马和拉丁同盟派去的殖民者在殖民地分得土地，代表罗马和拉丁同盟守卫该地区。

公元前 5 世纪，罗马还发动了对北方的伊达拉里亚城市威伊的进攻。罗马为了侵占这座滨河的重要城市，先后进行三次战争，持续将近一个世纪左右。最后在公元前 396 年攻占了威伊，将此城洗劫一空，居民惨遭屠杀或被卖为奴隶，土地被罗马没收为公有地。

公元前 4 世纪初，罗马突然遭到高卢人即克尔特人的侵袭。克尔特人，罗马人称之为高卢人（意即"好斗者"），是一个很大的部落群，原住西欧和中欧的广大地区。公元前 5 世纪末，他们越过阿尔卑斯山，进入意大利，占领了波河平原。高卢人以畜牧业为主，农业居次要地位，以掠夺战利品为目的的军事远征，在他们日常生活中具有重要意义。他们使用的武器是两面带刃的长剑、匕首和梭镖。高卢人占领波河平原以后，由此向南推进，占领了翁布里亚。公元前 391 年，数万高卢部落在首领布伦努斯率领下攻进伊达拉里亚，并包围北伊达拉里亚城市克鲁西乌姆。克鲁西乌姆向罗马求援，罗马派遣使节团到高卢人那里，警告入侵者。据说这种警告激怒了高卢人。公元前 390 年，高卢人进攻罗马，在离罗马城约 15 公里的阿里亚河与台伯河汇合处同罗马军队发生激战。罗马虽有拉丁同盟军之助，但也抵抗不住勇猛的高卢军队。罗马军队惨败。阿里亚战役后三天，高卢人乘胜进攻罗马城。毫无戒备的罗马遭到洗劫和烧杀。当高卢人进攻卡皮托利乌姆卫城时，由于山坡陡峭，不易取胜，围攻竟达 7 个月之久。最后罗马可能因粮尽而降服，高卢人也苦于疾病流行，同意和谈。高卢人要求在付给他们 1000 磅黄金以后撤离罗马。

后来，罗马人对此事件传诵着许多传说，"鹅救了罗马"就是其中一个。传说高卢人攻进罗马城，但卡皮托利乌姆要塞仍被罗马控制。高卢人从正面进攻，屡遭失败，遂从卡皮托利乌姆要塞背后进行夜袭。当高卢人爬上山冈时，由于朱诺庙中鹅的鸣叫，唤醒了熟睡的守卫者，卡皮托利乌姆免于被高卢人占领。这种爱国主义的传说，可能是出于对真正历史有所避讳。但这个故事毕竟掩饰不了罗马曾被高卢人占领的事实。

高卢人入侵使罗马遭受严重破坏。经受严重创伤的罗马人力图恢复元气，重建城市并建筑更加坚固的城墙，同时改革军队组织，改进武器和战术。军团中士兵的配置不再根据财产多少而是按年龄和受训程度，军团重装步兵排成三列，采用小战术单位，一个军团分为 30 个连队。这一措施使以前动作不灵的军团，有了比以前大得多的灵活性和机动性。进攻和防御武器也进行了改善，用金属盔代替皮盔，盾牌和长枪也得到改进。公元前 4 世纪所进行的这一改革，是保证罗马在对中部意大利的斗争中取得胜利的重要因素。

# 罗马征服中部意大利

公元前 4 世纪初，罗马外部形势已逐渐稳定，但在高卢人入侵后急剧地恶化。以前的敌人伊达拉里亚人、埃魁人和沃尔斯奇人都同罗马进行战争。甚至以前的盟友赫尔尼西人和某些拉丁城市也都想利用当时的形势，企图摆脱罗马的领导。罗马为恢复以前的威信，曾同它们连续进行 50 年左右的斗争。

首先同罗马进行战争的是伊达拉里亚诸城市。罗马同伊达拉里亚人进行多次战争，占领了苏特里乌姆和涅佩铁两个城市。为了巩固在南伊达拉里亚的地位，公元前 383 年，罗马在这两个城市建立拉丁殖民地。在这种形势下，塔尔魁尼和法列里结成联盟，向罗马进攻，全伊达拉里亚联盟都支持它们。经过几年战争，到公元前 351 年，罗马才战胜了塔尔魁尼和法列里。经过近 40 年的战争，到公元前 4 世纪中叶，罗马不仅恢复了以前在南伊达拉里亚的地位，而且还在那里扩展了疆土。

高卢人入侵后，东部和东南部的山地居民利用罗马当时的困难处境，经常袭击罗马。公元前 4 世纪后期，不断侵袭罗马的各部族山地居民中，最顽强的是居住在罗马东南部的沃尔斯奇人。高卢人侵后的第二年，沃尔斯奇人就开始向罗马进攻并深入到拉丁姆中心的拉努维优姆，但被罗马军队打败。公元前 386 年，沃尔斯奇人、拉丁人与赫尔尼西人又结成联盟向罗马侵袭，罗马军队在萨特里库姆把它们战败并占领该城。公元前 385 年，沃尔斯奇人在拉丁人和赫尔尼西人的支持下，再次发动进攻，但又失败。为了加强在那里的势力，罗马迁移 2000 名殖民者到那里殖民。公元前 379 年，沃尔斯奇人在萨特里库姆附近再次被罗马军队打败。公元前 378 年，罗马派两支军队进攻沃尔斯奇人。沃尔斯奇的领土遭到残酷劫掠和蹂躏。公元前 377 年，沃尔斯奇人在萨特里库姆附近被罗马人驱逐到安提乌姆。此时，沃尔斯奇人和他们的同盟者拉丁人之间发生矛盾。安提乌姆人决定开城投降，拉丁人则坚持继续作战，退到自己的地区。公元前 358 年，罗马占领彭普提平原并在南方建立旁普提纳斯和普布利里阿两个新的部落。被战争拖得精疲力竭的沃尔斯奇人无力阻止罗马人向南方推进。十年之后沃尔斯奇人为了保卫自己的独立又和罗马人进行战争，战争进行到公元前 338 年，终被罗马人打败。

高卢战争后，罗马和拉丁城市订立的同盟已趋瓦解。公元前 4 世纪 80年代前后，罗马周围的埃魁人、赫尔尼西人、沃尔斯奇人和拉丁人结成联盟向罗马进攻。但经过多次战争都被罗马击败。在拉丁城市中间反抗罗马的运动并不普遍，大部分拉丁城市，如图斯库鲁姆、阿德亚、阿里西亚、拉努维优姆、拉维尼优姆和诺尔巴等仍然忠于与罗马人订立的同盟。到公元前 4 世纪中期，罗马恢复了它在拉丁姆的地位，遂重新推行其侵略政策。

罗马人向南拉丁姆扩张与萨伯利部族发生了直接接触。萨伯利部族原居住在亚平宁山的南半部。他们是一个很大的部族，由于人口增长而向外扩展。公元前 5 世纪后半期，萨伯利部族中的一支占领了坎佩尼亚的主要城市卡普亚和库麦。这些萨伯利人因和伊达拉里亚人与希腊人同化并吸收了他们的文化，因此使得该地区城市工商业得以继续发展，特别是卡普亚发展成为意大利的工商业中心。

萨伯利部族中最强大的一支是萨姆尼特人，他们原住在亚平宁高原地区，后来他们占有东迄亚得里亚海、西达坎佩尼亚、南抵卢卡尼亚的意大利中部广大地区，称为萨姆尼乌姆。在这里居住的萨姆尼特人的政治组织还是部落联盟的性质。公元前 4 世纪时，在坎佩尼亚定居过城市生活的萨伯利人和与他们有血缘关系的山区萨姆尼特部落已经相差很远。到公元前 4 世纪中期，原来的萨伯利部族已经分散演变成几个不同的支系，各自独立发展，甚至互相为敌，彼此战争。

公元前 354 年，罗马人和萨姆尼特人为了防御高卢人入侵，曾缔结联盟条约。公元前 343 年卡普亚因受萨姆尼特人的骚扰，遂派一个使团到罗马，请求罗马帮助他们反抗萨姆尼特人。罗马人虽与萨姆尼特人有联盟条约关系，但它却派遣部队支援卡普亚，抵抗萨姆尼特人入侵。罗马军队进入坎佩尼亚引起和萨姆尼特人的冲突，即罗马传说中的第一次萨姆尼特战争（公元前343—前341年）。

罗马在对外扩张过程中，经常和拉丁各城市保持同盟关系。但在每次战争胜利后，罗马都加强自己的势力，企图使以平等关系形成的拉丁同盟逐渐变成自己的隶属者。当罗马和萨姆尼特人发生冲突时，拉丁同盟各城市的贵族代表向罗马提出平等权利问题，他们要求罗马执政官一人和元老院成员的半数由拉丁同盟中选出。罗马拒绝了这个要求，于是爆发拉丁战争（公元前340—前338年）。为了战胜罗马，拉丁同盟各城市联合奥伦克人、沃尔斯奇人和坎佩尼亚人共同对罗马作战；罗马采取远交近攻的策略，同萨姆尼特人保持同盟关系，全力进行拉丁战争。经过两年左右的激战，双方在苏埃萨附近的特里芳努姆城下展开了决战，最后罗马获胜，拉丁同盟被解散。靠近罗马的拉丁城市并入罗马，其居民享有与罗马人同等的权利；其他拉丁公社居民，除在公民大会中没有投票权外，则给予和罗马人平等的公民权。这就奠定了拉丁公民权的基础。

在与拉丁同盟战争期间，罗马与萨姆尼特人曾保持友好关系，但在拉丁同盟战争以后，罗马完全控制了拉丁诸城市，对坎佩尼亚也加紧控制。公元前334年，罗马在坎佩尼亚东北边境加雷斯建立一个拉丁殖民地，帮助卡普亚抵抗萨姆尼特人入侵。公元前328年，为了阻断萨姆尼特人到坎佩尼亚的通路，罗马又在利瑞斯河谷弗列吉雷建立罗马殖民地。罗马的这些行动使它和萨姆尼特人的关系紧张起来。公元前327年，罗马占领希腊移民城市那波里，成为第二次萨姆尼特战争（公元前327—前304年）的导火线。战争初期在平原地区进行，罗马曾获得一些胜利。当军事行动转移到萨姆尼乌姆山区时，罗马开始转胜为败。公元前321年，罗马执政官率领两万军队，从坎佩尼亚穿过萨姆尼乌姆山脉，直入萨姆尼乌姆的后方和粮食基地阿普里亚，在林木丛生的考地峡谷，遭到萨姆尼特伏兵的狙击。由于逃脱无路，罗马军队被迫投降。议和条件是罗马撤离萨姆尼乌姆地区，取消弗列吉雷等殖民地并保证不再发动战争。为了保证履行这些条件，罗马要以600名骑士为人质。最后，罗马军队放下武器，身着短装，排成单行，在胜利者的嘲笑声中，一个个地从轭形门[①]下走过。罗马元老院被迫承认这个可耻的和约。

考地峡谷战役后，罗马在形式上虽然没有违反和约，但它却开始向阿普

---

① 轭形门就是用两支标枪插在地上，再用第三支标枪横架在上面，它很像驾牛的轭。

里亚扩展，来到萨姆尼乌姆的背后，并且还在北部坎佩尼亚和奥伦克人地区建立两个新的部落。公元前 315 年，罗马一支军队进入阿普里亚，另一支军队进攻萨姆尼乌姆西南的萨提库拉城并在苏埃萨建立一个拉丁殖民地。萨姆尼特人利用罗马兵力的分散，开进利瑞斯河流域并进而向罗马推进。罗马临时集结军队和萨姆尼特人在塔尔拉齐那城附近相遇，罗马军队惨败。萨姆尼特人占领了奥伦克地区和坎佩尼亚，甚至卡普亚也准备投降。罗马形势异常危急。直到公元前 314 年的一次战役①，罗马获得胜利，战争才有转机。为了行军方便和利于统治，监察官阿庇乌斯·克劳狄于公元前 312 年主持修建阿庇亚大道②。这条大道不但把罗马和坎佩尼亚密切地连接起来，而且也有利于罗马向南意大利的进一步扩张。

公元前 4 世纪末，伊达拉里亚的一些城市、罗马旧日同盟者赫尔尼西人和被萨姆尼特人唆使的埃魁人等联合起来反抗罗马，但最后都被罗马打败。这时，罗马在西部沿海已经控制了坎佩尼亚，在萨姆尼乌姆北部已经和中部意大利的一些部族马尔西人、皮里根尼人、维斯提尼人等建立同盟关系，在南方和阿普里亚的卢西里亚建立了同盟。实际上，罗马已从北、西、南三个方面包围了萨姆尼特人。

经过多次战争，公元前 304 年，罗马获得了决定性的胜利。根据所订和约，罗马得到坎佩尼亚等新的土地，萨姆尼特人仍保持其独立。战后，罗马为了巩固其统治，修建通向中亚平宁地区的瓦来利亚大道并在沿途建立阿尔巴·富森和卡西奥利两个拉丁殖民区。

第二次萨姆尼特战争结束后，萨姆尼特人并不甘心失败，他们企图和自己的同族卢卡尼亚人结成同盟，以巩固自己在卢卡尼亚的势力，但遭到卢卡尼亚人的拒绝。于是萨姆尼特人对之施行武力威胁。卢卡尼亚向罗马求援，公元前 298 年罗马军队进攻萨姆尼乌姆，占领了萨姆尼特部落联盟的中心波维阿努姆城。公元前 297 年，罗马军队继续向萨姆尼乌姆进攻，萨姆尼特人面临被摧毁的危险。为了战胜罗马，萨姆尼特人和伊达拉里亚人、北意大利的翁布里亚人、高卢人等联合起来，共同对抗罗马。公元前 295 年，在翁布里亚的卡美利努姆，罗马军队同萨姆尼特和高卢等联军发生战斗，罗马被打

---

① 公元前 314 年的战役可能仍发生在塔尔拉齐那城附近。
② 阿庇亚大道从罗马直达拉丁姆沿海大城市塔尔拉齐那，再从此沿着海岸向东南到达卡普亚，是罗马通向南意大利的一条重要干线。

败。在强大的敌人面前，罗马加强准备，号召退伍士兵、释放奴隶入伍参战。在伊达拉里亚和翁布里亚边界上的森提努姆附近再次发生了激烈的战斗，罗马取得了决定性胜利。这次战争是极其残酷的，战后到萨姆尼乌姆旅行的人都不相信这个地区曾有人居住过。公元前290年，罗马最后战败萨姆尼特人，萨姆尼特人变成罗马的同盟者，只保留以波维阿努姆城为中心的一小块领土。至此，北至波河流域，南到卢卡尼亚北境，全部中部意大利都在罗马统治之下。

# 罗马对南意大利的征服

公元前3世纪80年代，中部意大利各城市都已落在罗马的手中，但是北方的高卢人地区和南部诸希腊移民城市还未被罗马征服。萨姆尼特战争以后，罗马便开始和南意大利的希腊城市接触。公元前282年，意大利部落的卢卡尼亚入侵袭希腊移民城市图里依，图里依向罗马求援。这恰好符合罗马企图向南意大利扩张的需要，便派遣执政官率领军队，击溃了包围图里依的卢卡尼亚人。之后罗马派军驻守图里依。罗马军队占领图里依，引起塔林敦的不满。当罗马舰队驶进塔林敦海湾时，塔林敦袭击了罗马军队。罗马船员一部分被杀死，一部分被卖为奴隶。罗马舰队司令官也死于这次战争中。罗马元老院派遣一个使团到塔林敦进行谈判，但没有成功。公元前281年，罗马正式向塔林敦宣战，并派遣军队进攻塔林敦。塔林敦遭到罗马军队的进攻，形势危急，便请求伊庇鲁斯国王皮洛斯援助。皮洛斯是个有才能的将领，又是个政治冒险家。当时他正幻想在西部地中海建立一个帝国，塔林敦的求援正符合他向西方扩张的愿望。公元前280年春，皮洛斯率领22000步兵，3000骑兵和20头战象在意大利登陆。在离塔林敦海湾沿岸不远的赫拉克里亚城附近，皮洛斯和前来迎击他的罗马军队发生第一次会战。皮洛斯击溃了罗马军队。皮洛斯率领军队战败罗马军队之后，就乘胜追击，几乎到达罗马城。罗马及时从伊达拉里亚调来增援部队，无产者也被征来保卫罗马城。在这种形势下，皮洛斯不得不撤退到阿普里亚。

公元前279年春，在阿普里亚的阿斯库伦城附近，皮洛斯和罗马军队发生第二次会战。罗马军队又战败，但皮洛斯也遭到很大损失。据普鲁塔克记载，当人们向他祝贺胜利时，皮洛斯说："如果我们同罗马人的战争再取得这样一次胜利，我们将要没有军队了。"

　　早在赫拉克里亚战役以后，皮洛斯曾派遣一个能言善辩的希腊人西尼阿斯作为使节到罗马，向罗马人提出建立和平、友谊和同盟的建议。他还带着皮洛斯送给罗马元老院中有权势的元老的大量礼品。礼品遭到拒绝，他的建议却在元老院中进行了讨论。由于皮洛斯的声誉和罗马在战败中遭受的灾难，使罗马元老院中部分元老认为在对罗马比较有利的条件下可以和谈，当时已经年迈失明的阿庇乌斯·克劳狄命令他的儿子带他到元老院来参加这次激烈的辩论。他义正词严地说，如果皮洛斯想要同罗马人订立和约，建立友谊，他必须先率领军队退出意大利，然后派遣他的使节来和谈。不然，只要他的军队留在意大利的土地上一天，就不能同他进行和谈。他并以热情洋溢的演说鼓励罗马人，改变了元老们的情绪。讨论结果，元老院同意阿庇乌斯·克劳狄的意见，拒绝了皮洛斯提出的和谈建议。阿斯库伦战役以后，皮洛斯不愿把战争拖延下去，再次向罗马提出了新的谈判建议，但遭到罗马元老院的拒绝。当时罗马拒绝和谈与迦太基派来使节有关。这时，西西里的一些希腊城市正要求皮洛斯到西西里去，帮助他们抵抗迦太基。迦太基希望把皮洛斯困在意大利，从而阻止他去西西里，因此派使者来到罗马，建议缔结反皮洛斯同盟，支援罗马对皮洛斯的战争。

　　公元前278年，皮洛斯离开意大利，率领军队到西西里支援希腊城市。皮洛斯在西西里同迦太基进行三年战争，没有得到任何成果。公元前275年，他应他在意大利的同盟者萨姆尼特人的请求，又回到意大利。此时，罗马已经占领了南意大利许多城市，并征服了投到皮洛斯方面去的卢卡尼亚和萨姆尼特人。皮洛斯回到意大利后，便率领军队到萨姆尼乌姆境内抗击罗马。在萨姆尼乌姆的贝尼温敦城附近，皮洛斯率军和罗马军队展开了决战。皮洛斯军队被彻底击溃。公元前275年秋，皮洛斯率领残兵败将，退回伊庇鲁斯。

　　对皮洛斯战争的胜利使罗马能够全力以赴对南意大利进行最后征服。公元前272年，罗马军队包围并攻陷了塔林敦。以后，罗马降服了以前投到皮洛斯方面去的南意大利诸部：萨姆尼特人、卢卡尼亚人、布鲁提伊人和阿普里亚人等。他们的一部分土地被罗马占有。罗马为巩固自己在南意大利的地位和统治，在战略重要地点都建立了罗马或拉丁殖民地。公元前268年，在贝尼温敦建立拉丁殖民地；公元前264年，在沿海的费尔姆建立拉丁殖民地；公元前263年，又在埃塞尔尼亚建立拉丁殖民地。

　　到公元前3世纪中叶，除波河流域仍为高卢人占领以外，意大利的其余地区全被罗马征服并在其统治之下。

# 罗马对意大利的统治政策

罗马征服意大利时，为了巩固对被征服的城邦或部族的统治，积极推行具有军事性质的殖民政策，建立殖民地。这种殖民地主要是为了战略目的。最早的罗马公民殖民地都是在海岸，如奥斯提亚、安提乌姆、塔尔拉齐那等。在法律关系方面，这些殖民地的居民保存了完全的罗马公民权，他们可以加入罗马部落，可以参加公民大会并且可以当选担任任何官职，他们还要在军团中服兵役。因为在法律关系上罗马公民殖民地和罗马公社是一个整体，因此，这些殖民地居民被认为是罗马公社有完全权利的公民的一部分。最初这些殖民地没有特设的自治机关，而是由罗马一般市政机关管理。但这种制度在实践中产生诸多不便，特别是在殖民地距罗马很远的情况下，就更加不便。因此，从公元前4世纪末，某些罗马公民殖民地开始出现了地方自治机关：选拔高级官吏、元老院。殖民地的建立不仅有利于巩固罗马在战争中夺取的土地，同时也是进一步扩张的基地，所以它很早就采取这一政策。其作用一方面是对被征服地区进行监视和统治，另一方面也部分地解决农民土地问题。罗马公民殖民地除安提乌姆、奥斯提亚、塔尔拉齐那外，还有弗列吉雷、萨特里库姆和彭提亚等。

被罗马征服的城邦或部族与罗马的关系是不相同的。罗马征服意大利之后，对意大利各地区根据它们在被征服过程中对罗马的态度，以及它们各自在经济上和战略上的重要性，采取区别对待的办法，把它们分为以下几种：

第一种是有罗马公民权的拉丁自治市，这是拉丁同盟解散以后，被罗马合并的一些城市。图斯库鲁姆、拉努维优姆、阿里西亚和诺门图姆以及北部拉丁姆的其他城市都属于这一类。这类城市往往保留内政方面的自治权（有自己选举的城市高级官吏、自治法庭等），只是丧失了独立对外作战和外交的权利。自治城市的公民有罗马公民权，和罗马公民一样可以加入罗马部落，可以参加公民大会和在军团中服役。因这类自治城市获得充分的公民权，又被称为有投票权的城市（公社）。自治城市的自治遵照罗马国家机关的结构组织公民大会、元老院和高级官吏进行管理。罗马给予所属的城市（公社）以地方自治和完全的罗马公民权，目的是企图在意大利城市中制造分裂，使其中的某些城市比其他一些城市有特权地位。例如，公元前381

年，图斯库鲁姆第一个获得自治城市的权利。它是阿里西亚同盟的领袖，它获得了这种权利，实际上就脱离了拉丁同盟，因此，拉丁同盟大为削弱。

第二种是半公民权的公社或城市。这类公社或城市也是由从属于罗马的外国城邦产生的，也是被罗马合并的。所谓半公民权，即享有部分罗马公民权，不能参加罗马公民大会选举和表决，因此也称没有投票权的公社。当罗马开始接受非拉丁公社时，认为授予某公社或城市以半公民权是获得他们忠诚和支持的便利手段。伊达拉里亚城市凯列就是第一个被授予半公民权的非拉丁公社。半公民权公社的居民可以同罗马公民缔结合法婚姻，他们的财产受罗马法律保护，但他们不能担任罗马公职。属于半公民权的公社有奥伦克人、那波里、皮凯努姆人的公社，伊达拉里亚南部和北部坎佩尼亚的城市也有这样的权利。后来这类城市或公社也有的上升变成有投票权的公社，例如，萨宾人被罗马认为最忠实，公元前268年其全部居民由半公民权上升为完全公民权的地位。

第三种是拉丁殖民地。这是参加拉丁同盟的那些城市公社在罗马占领地区建立的军事性质的殖民地。尽管拉丁同盟在公元前338年以后不再存在，但具有拉丁殖民地权利的那些殖民地却继续在建立。它们经常是由罗马公民组成的。有时拉丁殖民地的权利也给予非拉丁的公社。拉丁殖民地的地位和同盟者差不多。它们和同盟者同样享有内部自治权。拉丁殖民地的居民在战时也要服兵役，但不能编入罗马军团，而是编入由罗马将领担任最高统帅的特殊部队中服役。他们的军饷是由派出这部分部队的城市公社负担。此外，拉丁殖民地有时还要缴纳一种特别税。拉丁殖民地的居民没有罗马公民权。但是，如果他们迁到罗马居住，即可得到罗马公民的一切权利。公元前3世纪，拉丁殖民地大约有30个。其中有苏拉里乌姆、涅佩铁、亚得里亚、阿里米努姆、贝尼温敦、威努西亚、佩斯图姆、布伦第西乌姆、卢西里亚、启尔凯、维里特莱和阿德亚等。

第四种是所谓同盟者。当时在战争中被打败而和罗马建立同盟关系的国家是很多的。这些战败者在名义上仍保持政治独立，但以同盟条约与罗马建立联系，因而称为"条约国"或称"同盟国"。罗马和它们订立的条约，根据具体情况而有不同。条约分别规定它们的地位和义务。如有些条约规定，当敌人进攻时，同盟者必须支援罗马人；也有的条约规定，同盟者必须参加罗马进行的战争。后一种的相互关系占绝大多数。

在政治地位方面，同盟者不是独立自主的，只有在内政方面方保留某些独立地位。它们没有独立进行外交的权利，它们在外交方面的权利掌握在罗马人手中。有的同盟者还被剥夺土地 1/3 至 1/2，供罗马及拉丁同盟殖民之用。

同盟者的军事义务是：按条约规定的数量提供步兵和骑兵；如果同盟者系滨海城市（"海上同盟者"）则供应战舰和舰上人员。公元前 272 年，罗马军队包围了塔林敦，塔林敦被迫投降后，就以"海上同盟者"的身份加入罗马同盟，但它保有不完整的自治权利。罗马在塔林敦的要塞配置部队驻守，把它变成南意大利罗马势力的主要支柱。此外，南意大利的其他城市，如克罗顿、洛克里、图里依和维利亚等城市也属于"海上同盟者"。同盟者提供的军队不编入罗马军团，而是编入特殊的辅助部队。由每个同盟城市的军队编成的辅助部队，归罗马指挥官指挥。

同盟者的国家制度仿效罗马的国家机构，有元老院、高级官吏和公民大会，但它们也有某些地方特点。

属于罗马同盟者的，除上述的塔林敦等城市外，还有萨姆尼特部落和列吉乌姆等城市。

被罗马征服的意大利居民中最没有权利和政治地位的是"投降者"。他们是由对胜利者罗马无条件投降的那些部落和公社组成的。这些投降者几乎没有任何权利，他们的 1/2 乃至 2/3 的土地被罗马没收。他们不准携带武器，要服从在意大利具有军事统帅权的罗马长官的统治。南部意大利部落布鲁提伊人就是处于投降者的地位。布鲁提伊人因为在皮洛斯战争中投到皮洛斯方面反对罗马，而受到这种剥夺独立的惩罚。南意大利的一些其他被征服部落也属于这一类。

综上所述，可见罗马征服意大利以后，并未组成统一的国家。它使被征服的意大利各城市（公社）或部族处于各种不同的政治和法律地位，这样可以激化被征服者之间的敌对和冲突，防止它们联合起来反抗自己。罗马统治者就是凭借这种"分而治之"的原则，建立起对意大利的统治。

# 迦太基的兴起

王永本

迦太基是公元前 9 世纪至公元前 2 世纪非洲北部的一个奴隶占有制国家。它最初是腓尼基的城邦推罗建立的殖民地，后经殖民和扩张，占有非洲和欧洲的部分土地，发展成为繁荣富强的国家，在地中海地区特别是地中海西部地区的政治和经济生活中，起过重要作用。

## 迦太基的建立和早期情况

迦太基城故址在今突尼斯首都突尼斯城郊区，在突尼斯湖北岸。它位于一个易于设防的小半岛之上，最高处是名为比尔萨的卫城。它有两个港口，扼地中海交通的要冲。外港为商港，内港为军港。

在腓尼基语中，迦太基意为"新城"。被称为"新城"的原因，传统的说法是，它是继先于它的腓尼基人所建城市乌提卡而出现的，与它相邻的乌提卡被称为"旧城"。

在古代作家的记载中，关于迦太基城建立的时间，说法不一。提迈伊奥斯（约公元前 356—前 260 年）说，迦太基是在第一次奥林匹克运动会之前 38 年建立的，即建于公元前 814 年。现在大多数学者支持这一说法。但是，生活于公元 3 世纪的尤斯廷努斯认为迦太基建城比罗马早 72 年，即于公元前 826/5 年建立。而生活于公元 4 世纪的塞尔维乌斯则说迦太基建城比罗马早 70 年，也就是建于公元前 824/3 年。

近几十年来，关于文字记载的迦太基建城年代和迄今所获出土文物所提供的年代之间的矛盾，屡屡成为学术界争论的题目。1953 年，亚述学家 E. O. 福雷尔认为，迦太基建于公元前 673—前 663 年，其时，正值埃及与亚述发生冲突，推罗为了避开威胁，在北非另建新都，"迦太基"意为"新都"。不过，附和这一说法的，为数寥寥。我们遵循大多数学者的意见，认为迦太基建于公元前814年。

根据尤斯廷努斯的记载，建城的过程是这样：推罗国王穆通临终时留下遗言，让儿子皮格马利昂和女儿埃利萨为继承人。人民群众却让年幼的皮格马利昂当国王。埃利萨嫁给了自己的舅父、地位仅次于国王的祭司阿赫尔巴。皮格马利昂因为贪图阿赫尔巴的巨额财产而杀害了他。埃利萨因此而潜逃到北非。当埃利萨及其同伴在非洲的一个海湾停泊时，当地土著欢迎他们的到来。埃利萨向土著买了可铺一张牛皮那样大的土地以供自己和同伴歇脚，但在丈量土地时耍了花招，从而多占了地盘。在这个地方建立起的城市便称为比尔萨（意为牛皮）。后来，在乌提卡人和非洲土著的同意下建立了迦太基，而因新建城市所占的土地，迦太基人每年要向土著缴纳贡款。当地居民之所以欢迎腓尼基人的到来，是为了和他们做生意。

我们现在无法弄清楚这个传说与历史事实之间的关系，大体可以认为，埃利萨之所以离开推罗而到北非建立殖民地，是由于在城邦内部不同政治势力的斗争中失败了，而在迦太基建立初期，殖民者和当地居民的关系具有和平的性质。

早在迦太基城建立之前几个世纪，腓尼基人已经在北非进行殖民活动，陆续建立了一些居民点。根据老普林尼的记载，北非最早的腓尼基殖民地乌提卡建于公元前1178年。利克斯、列普提斯、哈德鲁麦杜姆、希波等，也都是早于迦太基的殖民地。

考古发掘表明，迦太基在其存在早期，即是一个重要的商业和手工业中心。公元前9世纪和公元前8世纪迦太基的几何形纹饰的陶器保留了古老的腓尼基传统。在提尼特神庙中发现的原始科林斯风格的画瓶说明，在公元前8世纪下半叶迦太基和希腊有商业联系。在公元前8世纪，它和埃及、伊达拉里亚以及非洲内地都有商业往来。

一般情况下，腓尼基人的殖民地在政治和经济方面都臣属于母邦。乌提卡要向推罗缴纳税款。当它企图不交税时，推罗曾派军镇压。塞浦路斯的迦太基城的首脑是以推罗国王任命的官员的身份进行统治。他的称号是SKN，据专家解释，他和国王一起治理国家，主要拥有司法大权。

至于说到迦太基与推罗的关系，学者中有不同意见。有的人认为像其他腓尼基殖民地一样，它也臣属于推罗。也有人认为，由于它的建立者与推罗国王不睦，所以从一建立，它就是独立的。在主张迦太基一直臣属于推罗的学者中间，也有人指出，在迦太基从来没有来自母邦的"总督"，它只是在很长时期内要向推罗缴纳自己收入的十分之一，每年派使团参加推罗的祭神庆典，并且经常向推罗的神庙贡献战利品。当公元前 6 世纪中叶迦太基军力强盛的时候，它与推罗的联系有所松弛。

由于史料缺乏，我们不清楚早期的迦太基与周围的其他腓尼基人殖民地的关系。有人推测，当时乌提卡居于领先地位。

早期迦太基的政治制度也不太清楚。罗马诗人维吉尔在《埃涅阿斯纪》中称迦太基城的建立者埃利萨为女王，并且暗示那里有元老院和公民大会。大概在公元前 6 世纪中叶之前，最高权力集中在十人委员会手中。这个委员会开始是女王的咨询机构，后来如何夺得最高权力，我们说不清楚。除了十人委员会，还有长老会议。在公元前 6 世纪中叶以前，迦太基实行公民兵制。

## 迦太基的对外扩张

迦太基在非洲境外的扩张，始于公元前 7 世纪中叶。它在比利牛斯半岛东面不远的皮提乌萨群岛上建立了自己的殖民地埃布苏斯。根据狄奥多拉斯的描述，埃布苏斯拥有优良的港湾、高大的城墙和许多构筑精良的房屋。在这里居住有各种蛮人，而居民中以腓尼基人居多。

考古发掘说明，公元前 7 世纪的迦太基，与地中海沿岸的许多地区以及非洲内陆有广泛的商业联系。而迦太基城，由于大批手工业者和商人来此定居，也大为扩大了。为了适应发展商业的需要，扩建了海港，使军港和商港分开。

迦太基积极参加了地中海西部地区争夺市场和原料产地的斗争。据尤斯廷努斯记载，迦太基派兵帮助位于西班牙的腓尼基人殖民地加德斯，打败了经常困扰它的邻近的西班牙诸部族，并且使一些地区处于自己的管辖之下。这次战争大概发生于埃布苏斯建立之后。这一战争的胜利，既削弱了西班牙人的塔尔特苏斯国，又使加德斯处于迦太基的控制之下。从此，迦太基人得以染指附近的贵金属矿藏。

大约在建立埃布苏斯之后不久，迦太基人又在巴利阿里群岛建立了一些殖民地。可是，当他们继续向东方扩张的时候，却遇到了向西移民的希腊人的对抗。福凯亚人在击败迦太基人之后于公元前 600 年建立了马萨利亚。许多古代作家都谈到迦太基人与福凯亚人和马萨利亚人的冲突。尤斯廷努斯还说到马萨利亚人与西班牙人反对迦太基人的同盟。在与这一同盟的斗争中，迦太基人屡遭失败。马萨利亚人开始在比利牛斯半岛东岸殖民。希腊人的殖民地马伊纳卡与腓尼基人的殖民地马拉卡仅有一公里的距离。这种情况说明了迦太基人失败的惨重。当福凯亚人于公元前 6 世纪上半叶在科西嘉岛建立了自己的殖民地阿拉利亚之后，迦太基人在这一地区的处境更加恶化。福凯亚人劫掠自己的邻人，可能使迦太基人和意大利的贸易陷于瘫痪。

但是，公元前 535 年，在阿拉利亚附近海域，伊达拉里亚和迦太基的联合舰队打败了希腊人，从此希腊人被赶出科西嘉。而当伊达拉里亚的势力衰落之后，科西嘉便完全落入了迦太基人手中。

公元前 6 世纪中叶，迦太基人马尔赫入侵西西里，在这个岛上建立了一个由迦太基人控制的地区。大概，原来在西西里的由腓尼基人建立的殖民地（例如莫提埃），现在都已处于迦太基的控制之下。马尔赫对撒丁岛的侵略则以失败告终。这次失败导致马尔赫被放逐。不过，大约在公元前 500 年，撒丁岛终被迦太基吞并。

迦太基人与希腊人在西西里岛的争夺持续了 300 余年，胜负多次易手。公元前 480 年，在希墨拉之战中，迦太基统帅哈米尔卡尔大败。接着，在公元前 474 年于库麦附近的海战中，希腊人又击败了迦太基和伊达拉里亚的联合舰队。公元前 409 年，哈米尔卡尔的孙子汉尼拔摧毁了希墨拉。但在其后与叙拉古历代僭主的斗争中，迦太基人远未常占上风。

在对外扩张的进程中，迦太基于公元前 508 年和公元前 348 年两度和罗马缔结条约，竭力维护自己在海上贸易方面的利益，并避免介入意大利的事务。公元前 280 年，迦太基的舰队曾帮助罗马打击皮洛斯。

当迦太基人在地中海西部扩张的时候，从公元前 6 世纪下半叶起，波斯人不断在地中海东部地区扩张，并曾企图联合迦太基夹击希腊人。只是因为波斯妄图使迦太基臣服而使这种联合没有实现。

除了向海外扩张，在非洲大陆，迦太基也不断扩张自己的势力。这种扩张表现在两个方面：一是使北非沿岸的腓尼基城邦屈从自己，并且在沿海和内地大量兴建殖民地；一是使用武力和其他方法使周围的土著归附。

成书于公元前 4 世纪的斯居拉克斯的环航记中提到，迦太基人的领土从大锡尔特湾延伸到直布罗陀海峡。沿岸都有腓尼基人的城市和商站。在非洲内地建立的迦太基殖民地，一般都建在有陡壁悬崖的山冈之上，具有明显的军事目的。

　　在公元前 6 世纪和公元前 5 世纪，迦太基和周围的非洲土著之间不断爆发战争。到公元前 5 世纪中叶，迦太基凭借武力占领了土著的部分土地。公元前 6 世纪末，迦太基结束了与昔勒尼的战争，明确划分了两国的疆界。

　　综上所述，公元前 5 世纪，迦太基已经是在非洲和欧洲大陆拥有大片领土，并且在地中海占领了一些重要岛屿的大国。这种状况一直持续到布匿战争爆发。

## 迦太基的社会经济情况和政治制度

　　迦太基像许多其他腓尼基人的殖民地一样，主要的经济部门是从事中转贸易的商业部门。迦太基位于东西部地中海连接起来的主要海路上，这样优越的地理位置，自然使它成为东西方贸易的中心。因而，迦太基的商业贸易在社会经济中占据重要的地位。它对外贸易范围之广，经营商品种类之多，所获利益之大，在古代世界是罕见的。它的殖民城市和商业据点几乎遍布于西地中海沿岸。它从西非输入奴隶、金砂、象牙；由不列颠输入锡，由北海岸输入琥珀；从西班牙取得白银，从撒丁岛取得铅和粮食，从埃及和腓尼基取得传统的手工业制品，而后把这些产品远销各地市场。特别应当指出的是，在迦太基中介贸易中贩卖奴隶占据较大份额。广泛的贸易活动，给迦太基带来大量的财富。

　　在很长一段时间内，迦太基所在地区的土地是当地土著所有，迦太基人作为占用者，必须向他们缴纳税款。公元前 6 世纪，迦太基的著名将领马尔赫和马弓曾先后对土著用兵，但都未能改变这种情况。诚如尤斯廷努斯所说，战争不是仰仗武器，而是用金钱结束的。只是在公元前 5 世纪中叶，由于一系列进攻性的战争，迦太基才迫使土著放弃了向它索取税款的要求，同时，又使他们成了自己治下的居民。

　　迦太基在非洲占领地区的扩大，为它发展农业提供了条件。在邻近迦太基城的巴格拉德河流经的肥沃地区，出现了一些由奴隶耕作的大庄园。迦太基是最早在农业中大量使用奴隶的地区。除了奴隶，农庄中也使用自由的雇工，尤其是在收割庄稼、采摘葡萄和橄榄的季节。除了使用奴隶劳动的农庄，在迦太基还有一批土著从事农业生产。他们被迫向征服者缴纳苛重的捐税，而且他们的行动自由也受到限制。在迦太基，小自耕农虽然存在，但作用不大。

在迦太基的农业中，使用奴隶劳动的大庄园是进行集约生产的。这种经济在当时是很先进的。他们在这方面的经验受到罗马奴隶主的高度重视。罗马元老院曾经专门做出决定，把马弓关于农业的著作译成拉丁文。按照瓦罗的说法，马弓继承了希腊化诸国的经验，并且超过了自己的前辈。

迦太基的手工业也相当发达。不过与商业和农业相比，它在经济中的地位较低。主要的生产品有陶器、金属制品和供富人使用的昂贵纺织品。尽管迦太基的手工业有相当高度的发展，尤以优良织物著称，但它的手工业从未成为其商业的基础。

许多古代作家都指出，迦太基属于富庶之邦，波里比阿认为"迦太基是当时世界最富的城市"。

关于迦太基的政治制度和内政，古代作家只留下了少量零碎材料，因而有许多事情我们都还说不清楚。有的学者认为，就政治制度而言，迦太基在早期是一个在许多方面类似希腊诸城邦的城市国家，后来它演变成为凌驾于许多城邦之上的霸国。迦太基所建立的霸国，在某些方面类似雅典海上同盟或者罗马与意大利人的联盟。在对待受其控制的腓尼基人、非洲土著、希腊人的城市以及伊比利亚诸部落的态度上，它实行霸权原则，强迫它们在对外关系和军事方面按其意志行事，向它们勒索捐税，企图使它们实行有利于它的立法和政体。对于被它征服的土著，迦太基完全以征服者面目出现，横征暴敛。

在公元前5世纪中叶，迦太基这个霸国所辖的地区有：撒丁岛、马耳他岛、戈佐岛、潘泰莱利亚岛、比利牛斯半岛的南端、西西里西部、皮提乌萨群岛和非洲的广大地区。在这广大的地域中居住着处于不同社会发展阶段的不同民族。不同地区的居民的政治和法权地位有很大差别。例如，乌提卡和位于潘泰莱利亚岛的腓尼基人殖民地享有形式上的独立。像埃布苏斯那样的迦太基殖民地也享有一定特权。大多数腓尼基城市则处于受迦太基保护的地位，迦太基力图使它们的立法和自己的一致起来。公元前5世纪中叶被迦太基征服的利比亚人最受歧视和压迫。

在公元前6世纪和公元前5世纪，迦太基本身的政治制度不断变化。但它无疑是一个奴隶制寡头政治的共和国。最高的公职人员称为苏菲特，共有两名，每年从富有的迦太基公民中选举。他们既是司法官，又是名年官，但是没有军权。曾经有过一个人同时当选为苏菲特和统兵的将军的情况，但这只是例外。十人委员会变成了三十人委员会，它是迦太基的最高权力机关，有权处理外交事务。元老院从一百人增加到三百人，它和苏菲特一起处理国家大事。由遴选产生的五人委员会负责任命履行监察职能的一百零四人委员会。一百零四人委员会对将军和其他行政官员的活动实行监督，严防他们专擅。五人委员会本身任期长，权力大，对所有权力机关都有影响。

在迦太基，公民大会的权力有限，其主要任务是选举公职人员以及在其他权力机构彼此发生意见分歧时就有关问题通过决定。在后一种情况下，它不仅可以表决苏菲特提交讨论的议案，还可以自己提出建议并就其做出决定。

此外，在迦太基还有一些主管具体事务的委员会，如负责维修庙宇的十人委员会，负责保管国库财产的委员会。还有为数颇多的书吏为处理日常政务而劳作。

总的说来，迦太基长期是一个贵族寡头统治的共和国。在这里，奴隶主阶级内部的不同集团，首先是在经济上主要与工商业有联系的集团与经济上主要与农业有关的集团，在对外政策上常有冲突。显贵的家族，特别是掌握军队的著名将领企图独揽大权，与一般的贵族维护共和体制的愿望，也不时发生激烈的斗争。不言而喻，在当权的贵族和平民之间，在征服者和被征服者之间，在霸主迦太基和它的盟国之间，都存在矛盾和斗争。奴隶反对奴隶主的各种斗争更是连绵不断。

在延续100多年的布匿战争中，迦太基终因内部的种种矛盾而败北，以至于公元前146年被罗马灭亡。以后，它以罗马帝国治下的一个城市的面目出现，并且在发展商业和文化方面发挥重大作用，直到公元7世纪末被阿拉伯人再度夷为平地。

# 布匿战争

王焕生

两千多年前，迦太基和罗马两个奴隶制国家，为了争夺西地中海的霸权，发生了一场延续一个多世纪的著名战争。因罗马人称迦太基人为布匿人，所以战争被称为布匿战争，历史上也一直这样沿用。

## 战争的根源

罗马人和迦太基人之间早有接触，不过在公元前 3 世纪中期以前，他们基本上是友好相处的。公元前 6 世纪末他们订立过一个友好条约，公元前 348 年又续订了条约，进一步调整两国之间的关系。当时迦太基人主要是与希腊人竞争，特别是争夺西西里，无力直接染指意大利半岛，而罗马人在当时则把主要精力放在对意大利半岛的扩张上，商业尚不发达，因而与迦太基人无论在贸易或殖民方面，都无直接的利害冲突。罗马人统一中意大利之后开始向南意大利扩张，这时，迦太基人还没有把罗马人看作潜在的竞争对手，仍然注目于和希腊人的争斗。罗马人在南意大利遇到的是迦太基人的宿敌——希腊人的殖民城邦，战争爆发后，希腊人向希腊本土求援，伊庇鲁斯国王皮洛斯率军前来援助，罗马人连连失利。迦太基人看到形势紧迫，更害怕皮洛斯进军西西里，于公元前 279 年和罗马订立了互助条约，向罗马提供海军和财政援助。后来罗马人扭转了战局，最后于公元前 275 年打败了皮洛斯，迫使他率领残余部队撤回希腊，继而征服了整个南意大利。

罗马统一意大利之后，一跃而成为西地中海的强国，形势发生了根本的变化。西地中海的国际关系由迦太基人和希腊人的角逐变成迦太基和罗马两强争雄。迦太基在当时已发展成为西地中海区域首屈一指的强国，所统辖的领土包括北非西部沿海地区、比利牛斯半岛南部、撒丁岛和科西嘉岛以及西西里西部海岸。他们原希望在打败希腊人以后能独占整个西西里，认为以农业为主的罗马不会对海外发生多大兴趣，然而，蒸蒸日上的罗马不以占有整个意大利为满足。它在征服意大利的过程中，奴隶制发展了，工商业也发展了，这些都要求它在征服意大利之后向海外进行新的扩张。罗马继续对外扩张必然要和迦太基的既得利益发生矛盾，旧日的盟友变成敌手，两个古代奴隶制国家之间爆发战争便是不可避免的。

西西里富饶而肥沃，宜于谷物生长，迦太基人为了占有它和希腊人争斗了数百年；而罗马人在征服意大利之后和西西里只隔着一条狭窄的墨萨纳海峡，近在咫尺，为之垂涎。这样，西西里便成了罗马人和迦太基人争夺的第一个目标，于公元前264年爆发了第一次布匿战争。

# 第一次布匿战争

第一次布匿战争的导火线是墨萨纳争端。墨萨纳位于西西里的东北角，公元前289年叙拉古僭主阿加托克利死后，他原先在意大利坎佩尼亚招募的雇佣军占领了墨萨纳，建立了自己的政权。那些雇佣军自称为"马墨尔提尼人"，意为战神马尔斯的人。阿加托克利的继承人发动了对他们的战争，击溃了他们的抵抗，约在公元前265年包围了墨萨纳城。被围者处境危急，决定向外求援，一些人提议请求迦太基人保护，另一些人鉴于血缘关系，建议与罗马结盟。在墨萨纳海峡巡逻的迦太基军队开进了城里，叙拉古军队没有抵抗便撤退了。罗马在援救墨萨纳问题上因事关重大而未能迅速作出决策。一方面，罗马人不能眼看着墨萨纳落入迦太基人手中，进而控制整个西西里，封闭西地中海；但另一方面，罗马人深知迦太基雄厚的财力和强大的军力，特别是海军的威力，出兵墨萨纳就等于立即和迦太基人开战，因而不得不虑及未来战争难以预料的结局。元老院意见分歧，问题提交到百人团大会，最后百人团大会作出了出兵西西里的决定。

公元前264年，罗马军队渡过墨萨纳海峡，揭开了战幕。罗马军队进展顺利，击溃了叙拉古军队，迫使迦太基军队后撤，占领了墨萨纳城，然后又沿着西西里东海岸南下，直抵叙拉古城下，叙拉古不得不和罗马结盟。叙拉古与罗马结盟大大便利了罗马军队进一步的军事行动，罗马军队在西西里东南部继续推进，经过半年多的围攻，于公元前262年夏攻下了迦太基人在西西里南岸的主要据点阿格立真坦。罗马军队进城后大肆劫掠，有两万名俘虏被卖为奴隶。

罗马军队取得初步的胜利，控制了西西里东部和东南部的广大地区，但战争的胜负远未确定。因为迦太基的舰队还没有受到攻击，在罗马没有海军的情况下，迦太基可以利用海军进行回击，封锁西西里和意大利海岸，断绝罗马军队的后路，置罗马军队于绝境。也正是慑于迦太基海军的威力，西西里南岸的不少大城市继续据守。为了争取最后胜利，罗马人作了巨大的努力和牺牲，在希腊人的指导下，迅速建立了一支舰队。当然，这支舰队在机动性和作战经验方面，都远不如迦太基舰队。为了弥补自己的不足，同时发扬罗马步兵良好的战斗素质，罗马人发明了新的海战战术，即在每只船舰的舰首安装一种前端装有钩子、两侧装有栏杆的吊桥，前进时竖起，可以阻挡敌人投掷武器的攻击，接近敌人时放下，吊桥前端的钩子便像乌鸦嘴一样钩住敌舰的甲板，步兵如履平地地从上面冲过去，与敌人展开短兵相接的战斗。公元前260年，罗马舰队和迦太基舰队在西西里岛北面的米列海岬（在墨萨纳西边）展开了一次大海战，罗马军队用上述桥舰第一次打败了迦太基舰队。为了庆祝这次海战的胜利，罗马广场建了一座大理石纪念柱，上面用俘获的迦太基舰首作装饰。罗马利用舰队进攻科西嘉和撒丁岛，公元前259年在撒丁岛附近再次打败了迦太基舰队。

迦太基人在陆上和海上失利之后，退到西西里西部，凭借那里的海军要塞固守，战争出现了相持局面。罗马人看到在西西里迅速取胜是不可能的，便决定进攻迦太基本土。公元前256年，执政官雷古卢斯和曼利乌斯率领由330只船舰组成的罗马舰队，载着4万名步兵，远征非洲，第一次布匿战争进入第二阶段。

罗马舰队由墨萨纳出发，在西西里南岸的埃克诺穆斯海岬附近遇上了由350只船舰组成的迦太基舰队，展开了西方古代史上一次著名的大海战。罗马的桥舰再次发挥了威力，大败迦太基舰队，迦太基损失约100艘船舰，罗马只损失24艘。罗马军队在迦太基东面的克卢佩亚登陆，进展顺利，屡败迦太基军队，一直进抵到离迦太基城不远的地方。迦太基人见形势危急，请求媾和。但是自负而缺乏远见的雷古卢斯过高地估计了自己的胜利，提出了一些对方无法接受的、带有污辱性的条件，结果坐失良机，使唾手可得的胜利化为泡影。迦太基迅速征集了新的雇佣军，大败罗马军队，雷古卢斯本人被俘，只有2000人溃逃到克卢佩亚。公元前255年，载着残余军队的罗马舰队在返国途中又遭遇风暴袭击，使罗马远征军几乎全部覆没。

战场重新回到西西里。罗马人重建了舰队，于公元前 251 年攻下了西西里北岸的主要城市帕诺尔穆斯，后来又一直把迦太基人挤到西西里西部的利里拜乌姆和德瑞帕努姆。公元前 247 年，西西里的迦太基军队改由年轻的哈米尔卡尔指挥，他在西西里陆上向罗马军队展开了反击，同时从海上骚扰意大利，使迦太基人在西西里的处境有所改善。不过罗马人在重建了再次被风暴摧毁的舰队后，展开了新的攻势，终于占领了迦太基人在西西里的最后据点利里拜乌姆和德瑞帕努姆，公元前 241 年又在西西里西部的埃伽特斯群岛附近的海战中打败了迦太基舰队。连续 23 年的战争已经使迦太基筋疲力尽，只好授权哈米尔卡尔与罗马谈判媾和。这时罗马也感到财匮力乏，便与迦太基签订了合约。和约规定迦太基向罗马割让西西里及其与意大利之间的其他岛屿，十年内向罗马赔款 3200 塔兰特。这样，第一次布匿战争以罗马的胜利而告结束，西西里成了罗马的第一个行省。公元前 238 年罗马又乘迦太基雇佣兵和奴隶起义的机会，占领了科西嘉岛和撒丁岛，后把它们也变成罗马的行省。

## 第二次布匿战争

第一次布匿战争并没有彻底解决罗马和迦太基之间的矛盾。罗马虽然扩大了势力范围，得到了巨额的战争赔款，但还没有掌握对西地中海的控制权，而迦太基并不甘心失败，它虽然战败，但它的经济政治力量并没有被摧毁。它利用它所拥有的广大的殖民地的丰富资源，轻易地偿付战争赔款，迅速从战争灾难中恢复了过来。因此，爆发新的战争不可避免。

迦太基在第一次布匿战争结束之后不久即开始为新的战争进行准备。它在平定了国内的雇佣兵和奴隶起义以后，于公元前 237 年派主战派代表、曾经在西西里担任过迦太基军队司令的哈米尔卡尔率军去西班牙，恢复和扩大在那里的地盘，以弥补在上次战争中的损失，并为未来的战争准备进攻基地。公元前 228 年哈米尔卡尔在一次作战中阵亡，他的女婿哈斯德路巴尔成为继承人。哈斯德路巴尔进一步拓展了迦太基人在西班牙的领土，在西班牙的东南海岸建立"新迦太基"城，成为迦太基在西班牙的主要据点，附近巨大的银矿又为迦太基提供了丰富的财政来源。罗马对哈斯德路巴尔在西班牙的成就感到不安，但由于意大利北部的高卢人正准备南犯，形势十分紧张，无力去西班牙抗争，因而于公元前 226 年派了一个使团到西班牙去，要求迦太基人不要越过希伯鲁斯河。哈斯德路巴尔乐意答应这样的要求，因为这等于罗马人承认他们在西班牙既得的势力范围。公元前221年哈斯德路巴尔被人杀死后，哈米尔卡尔的长子、年仅25岁的汉尼拔成为继承人。汉尼拔是古代伟大的军事家之一，也是一位出色的政治家和外交家，他矢志与罗马为敌，据说当哈米尔卡尔带他去西班牙时，曾经让他在神坛前发誓永远仇恨罗马。汉尼拔掌权后，继续前任们的政策，几乎征服了希伯鲁斯河以西的整个地区，完成了战争准备。

第二次布匿战争的导火线是萨贡杜姆事件。萨贡杜姆可能在公元前226年后与罗马结了盟，是希伯鲁斯河以西唯一没有被迦太基人征服的城市。汉尼拔为了挑起事端，于公元前219年春围攻萨贡杜姆。萨贡杜姆没有得到罗马的及时支援，坚守8个月后陷落了。在萨贡杜姆陷落之后，罗马于公元前218年春派以费边为首的使团去迦太基交涉。罗马历史学家李维是这样描述罗马使者在迦太基元老院进行交涉的最后场面的：迦太基人拒绝了罗马人的要求，"这时费边撩起长袍前襟，做了个褶，说道：'这里我给你们带来了战争和和平，你们喜欢什么，就挑吧！'他的话得到了同样高傲的回答，说他自己喜欢什么，任他给。当费边放下长袍，宣布给他们战争的时候，所有在场的人一致回答说，他们应战，并且将以应战时的同样决心进行战争"。这样，第二次布匿战争开始了。由于第二次布匿战争的整个进程始终和汉尼拔的行动，特别是和他远征意大利的行动联系在一起，因而许多历史学家又称这次战争为"汉尼拔战争"。

罗马人对于这场新的战争也有准备，他们的计划是由两位执政官兵分两路，一路以西西里为基地，进军非洲，打击迦太基本土；一路进军西班牙，钳制汉尼拔的军队。但在战争开始后，罗马人的进军计划却因他们自己行动迟缓和汉尼拔进军的大胆和神速而被打乱了。汉尼拔的计划是以西班牙为基地，避开罗马人的海上优势，由陆路进军，翻越阿尔卑斯山，出人意料地出现于意大利，寄希望于他在意大利的军事胜利会促使受制于罗马的意大利同盟解体，从而打败罗马。

公元前218年春，汉尼拔率领由9万步兵、12000骑兵和几十只战象组成的军队从新迦太基城出发，开始了对意大利大规模的军事远征。部队顺着西班牙东部向东北方向行进，渡过希伯鲁斯河，穿过比利牛斯山，然后沿着高卢南部海岸继续前进。罗马人由于对汉尼拔的进军意图认识不足，拖延了出征西班牙的时间，当普·科尔涅利乌斯·斯奇比奥率军从海路到达罗丹河口时，汉尼拔已经进抵那里，并且迅速渡过了河，然后溯河北上，躲过了罗马军队的拦截。斯奇比奥悟出了汉尼拔的进军意图，便派自己的弟弟格·斯奇比奥率领军队继续去西班牙，自己则率一部分军队迅速上船，赶回意大利。这时，汉尼拔经过长途跋涉，于9月初到达阿尔卑斯山麓，他不顾严寒和饥饿的折磨，坚韧地在已开始被冰雪封盖、人迹罕至的狭窄山道中前进。当他走出阿尔卑斯山的时候，身边只剩下两万步兵和6000骑兵，战象几乎全部死掉了。汉尼拔进到山南高卢以后，让疲惫不堪的部队休息了一下，对兵员和给养作了补充，准备迎接即将开始的和罗马军队的战斗。

罗马元老院采纳了斯奇比奥的意见，立即派他率军去波河流域，准备在那里阻击从阿尔卑斯山下来的汉尼拔，同时命令另一位执政官率领的准备进攻非洲的部队也由西西里开来意大利，与斯奇比奥会合。在波河支流提基努斯河和特雷比亚河流域，罗马军队在汉尼拔的打击下接连失利，高卢人发动了反对罗马的起义，整个山南高卢倒向汉尼拔一边，汉尼拔的第一步计划实现了。在这种情况下，罗马只好保卫中意大利，阻止汉尼拔继续南进，于是便派两位执政官分东西两路进行拦截。汉尼拔选择了穿过伊达拉里亚的近路，采用迂回战术，绕过了罗马军队的营地，用四天三夜的时间涉过了被认为无法通过的阿尔努斯河下游的沼泽地，出人意外地出现在罗马军队的后面，在特拉西美诺湖北岸一处三面环山、一面临湖的谷地打败了贸然追赶上来的罗马军队。特拉西美诺湖之战是第二次布匿战争中的重要战役，在这次战役中，罗马损失惨重，15000人阵亡，数千人被俘。

汉尼拔踏上了通向罗马的大道，罗马紧张起来，采取紧急措施：一方面加强城防；另一方面任命费边为独裁官，统一指挥军事行动。然而汉尼拔并没有直接向罗马进军，因为他知道，以他现有的兵力无论是采用急袭的方法，还是采用围攻的方法，都不可能拿下罗马，因此按照原先的设想，在意大利土地上纵横驰骋，蹂躏意大利土地，打击罗马的抵抗力量，同时采用区别对待的手法以图瓦解意大利同盟，孤立罗马。这样，他在特拉西美诺湖胜利以后，没有立即挥军南下进攻罗马，而是向东穿过翁布里亚，进入皮凯努姆，到达亚得里亚海岸，在那里补足给养以后再向南前进，进入阿普里亚。

费边就任独裁官后认真分析了敌我形势，他看到汉尼拔的军队，特别是汉尼拔的骑兵战斗力强，罗马军队难以直接抵御，但是汉尼拔是孤军深入，后援困难，急于求胜，而罗马军队虽然屡遭失败，但在本土作战，人员和给养补充都比较容易，时间、地理对它有利，因而决定采用拖延战略。费边率领四个军团在阿普里亚和汉尼拔对峙，虽然汉尼拔一再向他挑战，但他总是避免和汉尼拔发生大的冲突，驻守时扎营于不便于汉尼拔的骑兵活动的山区，行进时尾随在汉尼拔军队的后面，伺机进行骚扰。费边的拖延战略在当时是比较可行的，但也包含着很大的风险。罗马的威力在很大程度上依赖于意大利同盟城市对其人力、物力的支援，汉尼拔蹂躏意大利土地可能引起同盟城市和广大农民对罗马的不满，从而倒向汉尼拔。在罗马，人们对他拖延和汉尼拔决战发起了越来越强烈的攻击，称他为"孔克塔托尔"，意即"迟疑不决的人"。他的骑兵长官米努基乌斯·卢福斯便是激烈反对他的战略的人之一，利用他暂时不在军队的机会向汉尼拔出击，取得了一次小小的胜利，这更增加了人们对费边的不满，但是不久米努基乌斯中了汉尼拔的埋伏，只是费边及时赶来救援，才免于全军覆没。

公元前219年末，费边6个月的独裁官任期届满，统率权交给新当选的执政官，这时要求与汉尼拔决战的舆论越来越强烈。公元前216年夏，在南意大利的康奈附近的原野上发生了一场西方古代史上著名的大战役——康奈战役。双方投入的兵力是：罗马步兵8万，骑兵6000；汉尼拔步兵4万，骑兵一万。从力量对比看，总的兵力汉尼拔比罗马弱，但他却占有骑兵优势。双方沿奥菲都斯河列阵，罗马阵线的中心部位是密集的重装步兵，骑兵配置在两翼，目的是以强大的步兵猛攻敌方的阵线；汉尼拔则把步兵排成半月形，突面对着敌人，骑兵放在两侧。战斗开始后，罗马步兵向敌人阵线的中心部位发起强攻，敌人的中心部位开始后缩，罗马军队继续向前逼近，结果阵线越拉越长，队伍越陷越深。这时，汉尼拔的两翼步兵发起了攻击，骑兵也向罗马骑兵冲杀过来，在打垮罗马骑兵后便包抄到罗马步兵后面，立即形成了对罗马步兵的包围圈。罗马军队惊慌起来，阵线开始混乱了，士兵越挤越紧，密集得使敌人枪无虚发，石无虚投。结果罗马军队大部分阵亡，万余人被俘，幸存者甚少，汉尼拔军队仅损失6000。后来，"康奈"成了包围并全歼敌人的大会战的同义语。

康奈惨败对罗马是个重大的打击，前线瓦解了，罗马又做了汉尼拔直扑罗马城的准备，17岁以上的青年都应召入伍，此外还由国家出钱赎买奴隶，组成了两个军团。可是这次汉尼拔还是没有向罗马进军，因为他知道罗马的力量还没有从根本上被摧毁。不过他在康奈的胜利确实引起了对他非常有利的巨大反响，南意大利的大部分城市都投到他的方面，甚至中意大利有些城市也发生了转向。公元前216年秋，坎佩尼亚的最大城市卡普亚背离罗马，这是汉尼拔在分化意大利同盟方面的一个重大胜利。在意大利境外，在康奈战役胜利的影响下，汉尼拔运用灵活的外交手腕，争得了马其顿王腓力五世的结盟。叙拉古也背离了罗马，使罗马几乎失去西西里全岛。当时形势对罗马人来说是严峻的，他们总结了失败的教训，重又回到费边的战略上去，谨慎行动，避免和汉尼拔发生大的决战，努力保卫余留地区，支持继续忠于罗马的城市，惩罚倒向汉尼拔的城市，破坏汉尼拔的补给，消耗他的有生力量。在当时，中部意大利仍然基本上忠于罗马，随时为罗马提供充足的人力、物力补充，这是罗马得以稳住阵脚的关键因素。此外，罗马的一支军队在西班牙阻挠了汉尼拔及时得到补给。西西里的叙拉古也在公元前213年被罗马攻陷。而迦太基政府对汉尼拔心怀疑忌，一直没有给他什么真正的支援；汉尼拔瓦解意大利同盟的愿望未能实现，他在人力、物力得不到及时的补充的情况下，孤军深入的弱点越来越明显地暴露出来，处境变得越来越困难。

公元前212年，罗马军队开始转守为攻，围攻卡普亚。汉尼拔率军前来救援，但两次都未能解围。他为了引开围攻卡普亚的罗马军队，只好施用调虎离山计，率军北上向罗马挺进。罗马紧闭城门，准备坚守，同时继续对卡普亚的围困。汉尼拔自知力薄，攻不下罗马，便在罗马郊外驻扎了一段时间，撤回到坎佩尼亚，尔后又撤到南意大利去了。卡普亚不得不向罗马投降。以后，罗马又攻占了一些坎佩尼亚城市。公元前209年罗马军队攻占意大利南部的最大城市塔林敦，给汉尼拔又一个沉重的打击。

汉尼拔在意大利的处境虽然每况愈下，但他对战局并未绝望，寄希望于留在西班牙的两个弟弟的支援。公元前208年，他的大弟弟哈斯德路巴尔甩开了罗马军队的追击，率领援军离开西班牙，基本上沿着汉尼拔翻越阿尔卑斯山的路线进军意大利，但在翁布里亚境内的墨塔尔鲁斯河畔被罗马军队击溃，哈斯德路巴尔本人战死。汉尼拔断绝了从西班牙得到支援的希望，只好退到意大利南端的布鲁提伊。第二次布匿战争的战局实际上已经确定。

罗马为了在另一条战线上打击迦太基人，于公元前210年末派普·斯奇比奥去西班牙。斯奇比奥于公元前209年攻克新迦太基城；在哈斯德路巴尔离开西班牙之后，斯奇比奥又于公元前207年打败汉尼拔的另一个弟弟玛戈，从而结束了迦太基在西班牙的统治。

公元前204年春，罗马军队在斯奇比奥的率领下，从西西里的利里拜乌姆出发，进攻非洲，第二次布匿战争进入最后阶段。罗马军队在迦太基北边的乌提卡附近登陆，得到东努米底亚首领玛西尼萨的支援，连连取得胜利。迦太基形势危急，只好召汉尼拔回国救援，汉尼拔不得不承认他进军意大利的计划破产，含恨撤离转战 15 年、没有遭受过一次重大损失的战场。公元前 202 年，斯奇比奥和汉尼拔在扎玛（位于迦太基南边）会战，双方步兵势均力敌，但玛西尼萨的骑兵对罗马军队的支持起了决定性的作用，汉尼拔有生以来第一次被打败。迦太基被迫向罗马求和，于第二年签订了和约。和约规定迦太基只能保留非洲本部的土地，不经罗马允许不得和邻国作战，除保留 10 只船舰防止海盗袭击外，必须交出全部舰只和战象，此外还得交出 100 名名门子弟做人质，50 年内向罗马赔款 1 万塔兰特。第二次布匿战争就这样以罗马再度战胜迦太基而结束，由于这次胜利，罗马成为西地中海地区最强大的国家。

# 第三次布匿战争

第一、二次布匿战争摧毁了迦太基的军事力量，但迦太基的经济力量并没有被摧毁。在失去海外殖民地的情况下，它注意发展农业，依靠非洲本土资源，迅速从战争创伤中复苏过来，重又成为一座繁荣的城市，同时商业也兴旺起来，不仅和当地部落建立起频繁的贸易往来，而且和埃及、本都等国家和地区重又建立起了广泛的商业联系。罗马在第二次布匿战争之后，立即利用东地中海各希腊化国家之间的矛盾，走上了向东方扩张的道路，先后征服了马其顿、希腊、叙利亚等，把东地中海沿岸广大地区纳入自己的版图，建立了对整个地中海四周广大地区的统治权。迦太基的迅速复苏引起了罗马的忌恨和不安，特别是引起了在前两次战争之后新兴起来的、与对外贸易有密切关系的罗马骑士阶层和一部分新贵的不满，他们不能允许迦太基妨碍他们在海外的利益，不希望看到迦太基又成为他们在贸易方面的竞争对手。老加图是这一派人物的代表，他是一位大农场主，和商业阶层也有广泛的联系。公元前 153 年他率领一个使团去非洲，调解迦太基人和玛西尼萨之间的纠纷，看到迦太基的繁荣景象，回来后每次在元老院发表演说时，最后总要加上一句："我认为迦太基是必须摧毁的！"

主战派在罗马占了上风，战争借口是不难找到的。东努米底亚首领玛西尼萨在罗马的支持下野心勃勃，企图吞并迦太基的领土，经常和迦太基发生纠纷。公元前 150 年，他又向迦太基寻衅，迦太基忍无可忍，被迫进行抵抗，虽然被打败，然而罗马却从中找到了挑起新的战争的口实。罗马宣称迦太基违背了公元前 201 年的和约，于公元前 149 年对迦太基宣战，开始了第三次布匿战争。

第三次布匿战争完全是强者对弱者的欺凌，罗马派出由 8 万步兵、4000 骑兵、600 艘船舰组成的军队在两位执政官率领下攻打迦太基。迦太基人害怕了，他们向罗马求和，罗马元老院接受了迦太基的投降要求，责令他们交出 300 名人质，并履行罗马执政官发出的一切指令。执政官首先要求迦太基人交出一切武器和军用物品，迦太基人不折不扣地履行了这些条件，然后执政官又命令迦太基人摧毁城市，在距海 15 公里以外的内地另建新的居民点。迦太基人被激怒了，他们杀死了主张向罗马投降的元老，决心保卫城市。全城居民日夜赶造武器，修筑工事，储存粮食，妇女甚至剪下自己的头发搓绳索。当罗马军队来到城下的时候，城市已经巩固地设防。罗马军队包围了城市，但是城里有充足的粮食储备，城外有部分野战军策应，海岸也没有完全被封锁住，迦太基人坚持斗争。罗马军队连续围攻了两年，没能拿下城市。公元前 147 年，非洲征服者老斯奇比奥的养孙斯奇比奥·埃弥利阿努斯（后来通称小斯奇比奥）当选为执政官，率领援军来到非洲。他整顿了军纪，对迦太基实行严密的海陆包围，断绝了迦太基同外界的联系，导致城里发生了饥馑和瘟疫。公元前 146 年春，罗马军队对城市发起了最后攻击，从一处防守薄弱的地方进入了城里。迦太基人进行殊死的抵抗，巷战进行了六天六夜，最后迦太基人退到卫城，放火烧了里面的神庙，与之同归于尽。根据罗马元老院的命令，5 万被俘的迦太基人全部被卖为奴隶，城市被付之一炬，大火一直烧了 15 天，然后被夷为平地，用犁耕出沟来，禁止人在那里居住。那些在战争中站在迦太基一边的其他非洲城市也遭遇同样的命运。这样，第三次布匿战争以迦太基被彻底摧毁而告终。从此，迦太基领土成为罗马的阿非利加行省的一部分。

延续一个多世纪的布匿战争以迦太基的最后覆灭而结束，连同战争期间对东方的扩张成果，罗马基本上实现了称霸地中海的愿望。战争的爆发是两国掠夺殖民地和争夺地中海霸权的必然结果，列宁说："罗马同迦太基的战争，从双方来看都是帝国主义战争。"[①] 战争的起因和全过程说明了列宁论断的正确性。整个战争使双方都遭受了巨大的损失，人民蒙受了惨重的苦难，

---

① 《列宁全集》第 26 卷，人民出版社 1959 年版，第 142 页。

数十万人丧生于战场，上千艘船舰葬身于地中海底，许多城镇遭到浩劫，大片田野荒芜，无数的平民和战俘或遭屠杀，或被卖为奴隶，战争中真正获利的是罗马大奴隶主。

在这场规模巨大、历时长久的战争中，罗马是胜利者。罗马获胜的主要原因是因为共和制罗马当时正处于蓬勃发展时期，尽管它是一个贵族共和国，作为统治阶级不同阶层的平民和贵族之间存在着矛盾，但是在平民经过两个多世纪的斗争废除了债奴制度、获得了一定的政治权益之后，统治阶级内部的关系得到调整，平民在国家生活中的积极性大为提高，国家政治生活暂时比较安定，这些为罗马顺利对外扩张提供了重要的政治和社会前提。罗马对外扩张的主要目的是掠夺土地、财富和奴隶，对这种掠夺要求最迫切的当然是奴隶主阶级上层分子，然而平民也并非毫无兴趣，许多人也希望从战争虏获物中得到一点小利。特别是在意大利的土地越来越紧张的情况下，对外扩张的结果可以使平民对土地的要求得到某种程度的满足，虽然他们往往成为战争的受难者和牺牲品。这样，在对外扩张问题上，罗马奴隶主统治阶级内部是比较一致的。罗马对外扩张的主要工具是组织严密的军团，这些军团由罗马公民组成，平民特别是农民是罗马军团的中坚力量。由于上述原因，罗马在对外扩张中具有强大的力量，它在布匿战争过程中虽然屡遭失败，但是在每次失败之后又可以迅速得到人力、物力的补充，直到最后取得胜利。

相比之下，迦太基在许多方面远不如罗马。迦太基在征服北非土地之后统治阶级内部明显分为两派：一派代表大土地所有者的利益，主张主要维护和巩固在非洲的利益；另一派为商业集团，主张继续进行海外扩张，扩大在海外的利益。两派之间一直进行着尖锐的斗争，时常此起彼伏，影响和左右了迦太基的对外政策。哈米尔卡尔、哈斯德路巴尔和汉尼拔代表的主要是后一派的利益，主要活动基地和据点是西班牙与新迦太基城，而在迦太基国内和政府内部，往往是地主派占上风。汉尼拔转战意大利期间一直没有得到过迦太基政府的支援，原因就在这里。汉尼拔虽然具有杰出的军事才能，但是统率的是一支孤立无援、与本国几乎断绝关系、主要由雇佣军组成的军队，而且是在他国领土上作战，处境是十分困难的。以上这些情况都使迦太基在战争中最后失败而被毁灭。

# 阿里斯东尼克起义

何芳济

阿里斯东尼克起义是公元前132—前129年发生在小亚细亚帕加马王国的一次著名的奴隶和贫民大起义。这次起义反对本国奴隶主阶级的压迫和罗马的兼并，具有阶级斗争和民族斗争双重的意义。

关于阿里斯东尼克起义的具体史料相当匮乏，只有古典作家狄奥多拉斯、斯特拉波和晚近一些希腊罗马作家简略地记述过这次起义和帕加马王国的概况。此外，还有考古发掘出的少量与起义有关的铭刻和帕加马城的艺术品可供参考。因此，我们只能对这次起义作简要的介绍。

## 帕加马王国概况

帕加马王国位于小亚细亚的西北部。它最初是亚历山大部将莱辛马卡斯所辖领土的一部分，随后隶属塞琉古王国。公元前3世纪，它从衰弱了的塞琉古王国中分离出来，成为一个独立的奴隶制王国。其极盛时的领土，北至赫勒斯滂和普洛蓬提海，南达地中海，东邻比提尼亚、加拉太等国，面积约九万平方公里。[①]

---

① 帕加马立国凡150年（公元前284至公元前133年），其王表为：

| 人名 | 执政年代 |
| --- | --- |
| 菲勒泰洛斯 | （公元前284—前263年） |
| 阿塔洛斯王朝 | （公元前263—前133年） |
| 欧梅涅斯一世 | （公元前263—前241年） |
| 阿塔洛斯一世 | （公元前241—前197年） |
| 欧梅涅斯二世 | （公元前197—前？年） |
| 阿塔洛斯二世 | （公元前？—前138年） |
| 阿塔洛斯三世 | （公元前138—前133年） |

帕加马王国国小而富庶。它有丰富的资源、肥沃的土地和良好的牧场。首都帕加马城是希腊化世界著名的商业、手工业和文化的中心之一。从地下发掘的资料看，城内有宽阔的街道，富丽堂皇的大理石宫殿和神庙，卫城之"帕加马神坛"尤为壮观。而帕加马图书馆庋藏之丰富和价值仅次于亚历山大里亚图书馆。帕加马王国奴隶制经济较发达，国王和贵族占有大量的土地。王室土地的耕种者除奴隶外还有大量的"王民"。"王民"租种分成小块的王室土地并把大部分收获物和其他捐税上交给王室。"王民"归王室管辖，当土地出卖或赐予时随土地转移，这同托勒密埃及的"王室隶农"有许多相似之处。此外，奴隶劳动在各经济部门也很广泛，大量使用奴隶劳动的王室手工业作坊是王室经济收入的重要来源。由于有利的自然条件，帕加马的对外贸易也很发达。据记载，它的谷物输出不仅与埃及不相上下，而且，用羊皮制成的羊皮纸——"帕加马诺斯"亦可同著名的埃及纸草媲美。

帕加马王国在历史上存在的时间虽然短暂，但在政治道路上却坎坷不平。自建国始，其周围不仅有比提尼亚、加拉太、卡帕多基亚和本都等小国，而且还有塞琉古、托勒密·埃及、马其顿·希腊和罗马等大国，故它纵横捭阖于诸强国之间，采取较灵活的外交政策，以求生存和发展。它曾经与埃及结盟并打败加拉太人。后又奉行倒向罗马一边的外交路线，在第二次马其顿战争和罗马对安条克三世战争中支持罗马，换得了侵占塞琉古王国一部分领地。以后帕加马先后战胜了比提尼亚和色雷斯人，但元气大伤，再也无力同向东方扩张的罗马军队相抗衡，逐渐变成罗马的附庸。至帕加马最后一个国王阿塔洛斯三世时，其上层奴隶主已完全与罗马沆瀣一气，国内外奴隶主的双重压迫和加紧盘剥激起了帕加马下层人民的起义斗争。

## 起义的爆发

公元前 2 世纪中叶，希腊化诸国陷入了经济和政治危机中，而罗马由于叙利亚战争和第三次马其顿战争的胜利，却在国际舞台上活跃起来。特别是提洛岛取代罗德斯岛在希腊化国家中的地位以后，它马上成为罗马向小亚细亚渗透的跳板，美丽富饶的帕加马当然首当其冲。罗马高利贷商人和奴隶贩子纷至沓来，他们贪婪地吮吸着帕加马的膏汁，使广大农民和奴隶备受剥削和压榨，加剧了社会矛盾和阶级斗争的尖锐化。然而，有关的具体情况尚不太清楚。我们只知道，在阿塔洛斯三世统治时期，帕加马社会动荡不安，奴隶、城市贫民和农民的不满业已达到一触即发的程度。同时，西西里岛奴隶大起义的影响也波及帕加马，受压迫遭奴役的下层人民酝酿着反抗斗争。大概在人民起义的威胁之下，阿塔洛斯三世死后帕加马的统治集团向人民群众做出让步，使帕加马一些没有充分权利的居民特别是雇佣兵获得公民权，并且还改善了一些奴隶的地位。可是，这些让步措施已经不能缓和日益激化的矛盾，阻止起义的爆发。

大规模的奴隶和贫民起义是由阿塔洛斯三世对帕加马王国的出卖而引发的。据说，阿塔洛斯三世刚愎自用、暴戾恣睢。他即位后，不但杀死其父欧梅涅斯二世的一些朋友，而且杀死了他们的妻小。他在自己生命的最后一年，蓄起了长发和胡子，孤独过活。他几乎完全不问国政，专门从事蜡塑和园艺，有时甚至用近侍做试验培育有毒的植物。对于阿塔洛斯三世种种反常的举止，人们曾以各种各样的理由去猜测，但是，若离开当时的环境只从个人的性格和脾气去分析，是难以得出正确答案的。30年代，帕加马国家陷于危机中，农民、手工业者和奴隶的不满情绪在滋长，起义斗争在酝酿。面对这种严重的形势，阿塔洛斯三世一筹莫展，束手无策，这才是造成他孤独怪癖的主要原因。但是，为了保住奴隶主阶级的财产和地位，阿塔洛斯三世宁愿把帕加马王国拱手交给罗马，也不愿使其落到贫民和奴隶手中。

公元前133年，阿塔洛斯三世中暑死去，生前留下遗嘱将帕加马王国馈赠罗马。这正中罗马奴隶主之下怀。早就对帕加马垂涎欲滴的罗马元老院大约在公元前132年初派出一个五人使团去接受遗产。正当罗马准备以继承遗产为借口吞并帕加马之时，阿里斯东尼克举起了反抗本国统治者和罗马占领者的义旗。阿里斯东尼克是阿塔洛斯三世的同父异母兄弟，其母原是以弗所的女奴。因遭到继位为王的阿塔洛斯三世的百般冷遇和欺凌，他不得不远离王宫而同贫民和奴隶生活在一起。起义开始时，大批的奴隶、农民和手工业者络绎不断地投向阿里斯东尼克，一部分帕加马军队，其中包括舰队，也支持并归附于他。起义者宣布他为帕加马的国王。他们占领了帕加马城西南约80公里的一个沿海城市廖凯，开始了争取自由、捍卫独立的正义斗争。

## 起义的过程

起义开始后，阿里斯东尼克为了吸引广大群众参加起义斗争，提出了实行社会改革的方案，设计了建立"太阳国"的斗争纲领。这是他根据雅穆布拉斯的幻想小说构想而成的。阿里斯东尼克描绘了"太阳国"的蓝图：清新的空气，壮丽的大自然，光芒四射的太阳。全体"埃利奥波利特"（意为"太阳国"的公民）都从事劳动：种庄稼、捕鱼、做手工艺活计……唯老人例外。"太阳国"居民集体而居，300—400人为一组，每组由一位族长领导。人们互相帮助，轮流担任国家职务。在这个国家中，没有私有财产，没有暴力，没有剥削和奴役，人们在太阳神的恩泽中一起参加劳动，平均分配劳动成果，过着自由、平等和愉快的生活。显然，这种在奴隶社会中产生的乌托邦思想，不过是把原始公社制度理想化而已，但它是针对当时阶级压迫和罗马统治而提出的，代表着奴隶和贫民大众的共同理想。对"太阳国"的憧憬吸引着帕加马乃至小亚细亚其他国家受苦受难的奴隶和贫民大众，唤起了他们挣脱枷锁、获取自由平等的热望。但是，阿里斯东尼克提出建立"太阳国"的社会斗争纲领，究竟是他用来作为广泛吸引群众达到自己继承王位的手段，还是他夺取政权以图用乌托邦思想对当时社会制度进行改革，以及在多大程度上付诸实践，由于缺乏史料，现在尚难以断定。

阿里斯东尼克领导的起义力量迅速发展，规模日益扩大，使小亚细亚各国的奴隶主统治阶级惊恐万状。首先做出反应的是以弗所。该城的当权者是一些很富有的贵族，不言而喻，奴隶和贫民起义对他们的财产和地位是严重的威胁。于是，他们动员了强大的商船队和舰队，从海上向起义军发动了攻击。而阿里斯东尼克率领的起义军缺乏必要的准备，他们的舰队刚刚组建，且规模、装备、训练和作战经验等方面皆不及以弗所，故在库麦附近的海战中遭到失败。

起义军首次失利后，转向帕加马王国的内地发展。各地的奴隶冲破重重阻碍投奔起义军，许多农民、手工业者和城市贫民也纷纷参加起义队伍。起义风暴很快席卷帕加马，希腊城市提阿提拉和阿波利克尼斯被起义军攻占。起义烽火蔓延到小亚细亚南部的卡里亚，哈里卡尔纳索斯的奴隶也酝酿暴动以响应起义。列布克和柯罗奉等沿海城市的奴隶和贫民杀死了奴隶主，参加阿里斯东尼克的起义队伍。赫勒斯滂对岸的色雷斯人也支持帕加马奴隶和贫民起义，因为小亚细亚许多奴隶是他们的同族人。

为了扑灭奴隶起义的烈火，帕加马王国的奴隶主同罗马以及邻近国家的统治者勾结起来。比提尼亚、卡帕多基亚、帕弗拉哥尼亚和本都都先后向帕加马派出军队，因为这不但可以解除奴隶起义对自己国家的威胁，援助帕加马的奴隶主贵族，而且还可以博取罗马的青睐。其中，最积极最卖力者当首推本都国王米特拉达特斯五世，他亲率大军直逼帕加马城。"太阳国"的居民坚决自卫，他们用镰刀、斧子和投石器等一切可以使用的东西奋力守城，但因众寡悬殊，帕加马城被攻破。本都国王虽然残酷镇压了帕加马城的奴隶和贫民，但阿里亚拉特五世率领的卡帕多基亚和尼库米提斯率领的比提尼亚的军队却一败涂地。阿里斯东尼克起义如燎原大火，仍在小亚细亚半岛熊熊燃烧。

当时，罗马正被西西里奴隶起义弄得焦头烂额，暂时无法顾及帕加马发生的事件。可是，当罗马看到帕加马奴隶起义的声势日甚一日，而帕加马和其他小亚细亚各国的奴隶主在如火如荼的奴隶大起义面前束手无策时，只好于公元前131年指派执政官普布利乌斯·李锡尼乌斯·克拉苏斯率领训练有素、装备精良的罗马军团镇压阿里斯东尼克起义。克拉苏斯在小亚细亚登陆后迅速包围了起义军占据的滨海城市廖凯。但是，克拉苏斯围困该城达半年之久未能攻破。当他撤围退走的时候，起义军发动袭击，克拉苏斯成了起义军的俘虏并被处死。

克拉苏斯全军覆没的消息使罗马元老院大为震惊，公元前130年又派执政官马克库斯·庇尔庇尔努斯渡海东侵。大批罗马军队再次在帕加马登陆，而比提尼亚和卡帕多基亚又出兵配合罗马人，起义军在数量和装备上皆处于优势的敌人的进攻面前吃了败仗。阿里斯东尼克被迫南撤至斯特拉多尼克，庇尔庇尔努斯包围了该城并断绝了城中对外的一切联系。城内很快弹尽粮绝，但起义者仍在阿里斯东尼克指挥下，忍受着饥饿进行顽强抵抗。结果，该城被罗马军队攻破，大部分起义者英勇战死，饿得奄奄一息的阿里斯东尼克不幸被俘。他被押往罗马，后被勒死在狱中。但是，庇尔庇尔努斯未能彻底镇压这次起义就突然死去。阿里斯东尼克的余部继续进行着英勇的斗争。

第三次出现在小亚细亚的罗马军团是公元前129年执政官马尼阿斯·阿克维里乌斯统率的军队。据记载，他采用了惨无人道的办法，在泉水和井水中施放毒药，断绝"太阳国"居民的水源，最后取得了胜利。阿里斯东尼克起义在国内外奴隶主阶级的联合镇压下最终失败了。以后，帕加马为罗马所吞并，改为亚细亚行省，成了罗马奴隶主、高利贷者、包税商追逐利润、榨取民脂民膏的场所和罗马向东方扩张的重要据点。

# 格拉古兄弟改革运动始末

王阁森

古罗马共和时代后期的格拉古兄弟改革（公元前133—前121年），是先后由兄提比留·塞姆普罗尼乌斯·格拉古和弟盖乌斯·塞姆普罗尼乌斯·格拉古二人所领导和推动的一场土地改革和政治民主化运动。它开拓了一整代改革运动的道路，揭开了罗马内战时代的序幕，是罗马历史上具有深远意义的重大事件。

## 格拉古兄弟改革前夕的罗马社会

公元前2世纪下半叶，罗马终于称霸地中海世界，奴隶制经济亦随之臻于繁荣。自第一次布匿战争结束之时起，至格拉古兄弟改革开始之年为止，罗马相继在地中海区域建立起10个行省：西西里（公元前241年）、撒丁尼亚（公元前238年）、山南高卢（公元前222年）、伊利里库姆（公元前219年）、远西班牙（公元前197年）、近西班牙（公元前197年）、阿非利加（公元前146年）、马其顿（公元前146年）、阿凯亚（公元前146年）、亚细亚（公元前133年）。此外，高卢南部、多瑙河南岸地区和小亚细亚北部（比提尼亚等地）、叙利亚等虽然尚未被直接吞并，但已被囊括于罗马的势力范围。

海外扩张与领土膨胀极大地促进了罗马社会经济的发展和阶级关系的变化。这主要表现在：（1）奴隶与资财源源流入罗马。数以万计的战俘或居民被虏或被卖为奴。在第三次马其顿战争（公元前171—前168年）中，仅伊庇鲁斯一地被卖为奴者即达15万之多。罗马的奴隶数量激增并充斥于各生产部门。罗马同时还通过勒索战争赔款、洗劫居民财富、掠夺战利品和征收什一税等途径将巨额资财集中于罗马。（2）东方的手工业奴隶连同手工业技艺的流入、海陆商道的广泛开辟、资金的积累，促使罗马的手工业、商业、金融业、高利贷业日趋繁荣。富于资财的骑士通过经商、放贷、包税而大发其财，逐步形成了一个商业、高利贷贵族阶层。（3）"公有地"数额猛增，其中一部分划成5—30犹格①不等的份地分配给罗马公民，大部分则由国家组织出租或出卖。元老贵族和骑士倚恃财势侵吞、租占和购买公有土地的同时兼并小农土地，致使大地产迅速增长。大地主拥有500犹格以上直至数千犹格土地。他们兴建庄园（Villa），利用奴隶劳动经营商品化、专业化的园艺业、畜牧业和谷田。大批小农则因战争破坏、兵役负担和欠债而纷纷破产，离乡入城而成为流氓无产者。据统计罗马公民中拥有土地而适于服兵役的壮丁数，公元前154年为324000人，到公元前136年则减少为318000人。所有这些，使罗马的社会矛盾益发复杂和激化。奴隶主阶级与奴隶阶级的矛盾、豪门贵族与城乡平民的矛盾、豪门贵族与骑士阶层的矛盾、罗马城邦与意大利同盟者之间的矛盾、罗马与被征服民族的矛盾等多种矛盾相互交织、相互激荡。

罗马的对外侵略和扩张到处激起反抗。公元前149年，伪腓力所领导的马其顿解放战争进行得如火如荼，后虽失败但影响波及希腊。公元前146年，阿凯亚联盟的反罗马起义遭残酷镇压，科林斯被付之一炬。与此同时，迦太基人不堪屈辱举国抗战，无奈弱不敌强，结果城郭沦陷，玉石俱焚。但西班牙的抗战烈火仍在燃烧。公元前147年，牧人维里阿图斯领导的路西塔尼亚人起义屡败罗马官军，一直坚持到公元前139年终告失败。其后，努曼齐亚人仍在反抗。正当罗马在西班牙穷于应付之时，第一次西西里奴隶起义（公元前138—前132年）爆发。起义规模宏大，影响及于意大利本土、小亚细亚和希腊等地。奴隶起义和各地被征服民族的反抗斗争强有力地引发了罗马城邦公民内部的斗争，引发了罗马的城邦危机。

上述罗马奴隶制经济的发展，土地所有制和阶级关系的变化以及由此而来的阶级斗争的尖锐化终于导致格拉古兄弟改革的发生。

## 格拉古兄弟的身世

格拉古兄弟出生于塞姆普罗尼乌斯贵族氏族的一个豪贵之家，属于名门

---

①　犹格（Jugerum），1犹格等于1/4公顷。

后裔。他们的父亲老格拉古历任牙座市政官、西班牙总督、执政官、监察官等高级公职。他处世稳健，但倾向革新。在西班牙总督任内，他采取拉拢土著贵族和以自由定居安抚土著居民的怀柔措施与军事征服相结合的政策征服了克尔特伊伯利安人，建立了格拉古城，在土著上层居民中享有较高声望。老格拉古不仅有开明政绩和显赫战功而且是罗马贵族的道德楷模。他晚年与老斯奇比奥的女儿科尔涅利娅结婚，共生子女 12 人，但多夭殇，只幸存二子一女，即格拉古兄弟和他们的姐姐塞姆普罗尼娅。他们的母亲堪称贤妻良母。老格拉古死后，她拒绝埃及国王托勒密六世的求婚，悉心教子，并聘请著名修辞学家、希腊的米提列涅人狄奥芬涅斯和斯多噶派哲学家、库麦人布洛西乌斯做家庭教师。布洛西乌斯的家族早年曾在卡普亚支持反罗马的斗争，具有民主和独立的传统。良好的家教和严于律己的精神，使格拉古兄弟成为"勇敢，克己，阔达，善辩以及气宇豪迈"的人。同时，与希腊文化的接触又使他们很早就受到希腊学术和政治思想的熏陶。

格拉古兄弟循着罗马贵族的传统仕途，都从神职、军职开始自己的政治生涯。

青年提比留稳重干练，生活简朴，受到当权贵族的青睐，被遴选为占卜官，并与首席元老、公元前 143 年执政官阿庇乌斯·克劳狄乌斯的女儿克劳狄娅成婚。公元前 146 年，提比留随同他的姐丈小斯奇比奥到非洲参加毁灭迦太基的战争。他作战勇敢，曾因身先士卒首登敌城而立战功。公元前 137 年，他被选为财务官，随从公元前 137 年执政官曼基努斯赴西班牙镇压努曼齐亚人的起义。罗马军面对强悍善战的努曼齐亚人，接连受挫。公元前 137 年，曼基努斯全军陷于重围，不得不遣使求和。提比留出使敌营，保全了两万余名罗马士兵的性命。然而，这项议和竟被罗马元老院视作奇耻大辱而加以反对。与此相反，平民支持和约。这就使得提比留在平民中的威望得到进一步提高，从而为他登上罗马广场政治斗争的舞台开辟了道路。

盖乌斯·格拉古比提比留小 9 岁。他少年老成，处世严正。他的仕途经历也与提比留相似，先是投身军伍，参加多次战役。公元前 134 年，即提比留与努曼齐亚人缔约后三年，盖乌斯又跟随小斯奇比奥参加对努曼齐亚人的战争。因为年幼，当提比留成为政坛主角时，盖乌斯尚未显露头角。

正当格拉古兄弟驰骋于疆场之时，罗马的社会矛盾一步步酝酿成熟。小土地所有制的瓦解连带着公民兵制和公民大会制的逐步败坏，在外部使罗马的强盛态势日见削弱，在内部则使罗马一步步深陷于城邦危机之中。西西里奴隶起义后，罗马公民内部的斗争日益突出，而土地问题为斗争的焦点。

格拉古兄弟长期置身行伍，到处奔波，便于体察国情和民心。提比留在前往努曼齐亚途中路经伊达拉里亚时曾目睹乡间户口稀少、奴隶充斥和农民破产的情状。客观形势和格拉古兄弟基于其奴隶主阶级立场的富国强兵之志和忧国忧民之心，使他们从战场转向政治斗争的舞台。

# 格拉古改革运动的序幕

土地问题和政治民主化问题在阶级关系上表现为城乡平民以及骑士阶层与元老贵族之间的矛盾。当这一矛盾尚未被激化时，一般是在城邦体制的范围内通过立法等途径加以解决。因此，开始时这一矛盾往往表现为拥有立法权的特里布斯平民大会（Concilia plebis tributa）与元老院之间的矛盾，又集中表现为主持平民大会的保民官与元老院和执政官之间的矛盾。双方的冲突在格拉古兄弟改革前已有多次爆发。公元前151年，平民因不堪西班牙战争中的沉重兵役负担向保民官请愿。保民官曾一度将拒绝豁免兵役的执政官加以扣留。公元前139年，保民官加宾尼乌斯改革平民大会的投票方式，即以秘密的无记名投票取代先前的公开投票，其目的显然在于削弱元老贵族在选举中对他们的被保护民的影响，以保证平民大会的独立性。公元前137年，保民官隆吉努斯把投票权扩大到人民立法会上。诚然，这些举动不能根本解决问题，但却表明一场激烈的改革风暴正在酝酿之中。

在改革势在必行的情况下，当权贵族中的许多人士鉴于农民破产有损兵源和不利安定之弊，也在筹划某种复兴小农的土地改革方案，但表现不同。一些人主张把改革严格限制于丝毫无损于贵族利益的范围之内，采取极温和的方式进行。其代表是以小斯奇比奥为首的所谓斯奇比奥集团，成员有雷利乌斯（公元前145年大法官，公元前140年执政官）和历史学家波里比阿等人。雷利乌斯曾提出在公有地上设立殖民地的方案，但一碰到贵族地主的反对便立即撤回了。斯奇比奥集团后来并未支持格拉古改革，但对格拉古兄弟最初的改革倾向毕竟有所影响。另一些人态度较为坚定积极。其中著名者有阿庇乌斯·克劳狄乌斯、斯凯沃拉（法学家，公元前133年执政官）、克拉苏斯（斯凯沃拉之弟，盖乌斯·格拉古的岳父，公元前131年执政官，大祭司长）、卡尔博（公元前131年保民官）等人。他们鼓励和支持提比留的改革。尽管其中有些人中途背弃了改革运动，但在改革初期是起了促进作用的。因此，他们可以算作改革派。在贵族们或者踟蹰不前或者多半限于纸上谈兵的时候，平民们则以积极行动广造舆论呼吁并推动土地改革。普鲁塔克记载："人民在柱廊中，在房屋墙上，在纪念建筑物上，到处贴满标语，呼吁他（指提比留·格拉古——引者）出来替贫民收回公有地。"

这样，提比留·格拉古终于在形势危急、亲友影响、平民支持和切身感受诸种因素的推动下毅然走上改革的道路。

# 提比留·格拉古的土地改革

提比留在改革派的支持和平民的拥戴下，挺身而出竞选公元前133年的保民官，顺利当选而于公元前134年12月10日就任。就任后，他立即在前述克劳狄乌斯等人的赞助下提出一份土地法案。法案限制公地占有额和分配超占土地，规定：每户家长所占公地以500犹格为限，如有子，则长、次子尚可各占250犹格，但每户占田总额不得超过1000犹格。所占公地永久所有，免交租金。超占地以偿付地价为条件收归国有，划成30犹格的份地分给贫穷农民。此项份地要缴纳少量租金，世袭占有，但不得出卖或转让。肥沃的坎佩尼亚土地不在此法案计划之内。土地分配由每年选举一次的三人委员会主持办理。提比留效法百年前弗拉米尼的先例，事先不征询元老院意见，而将法案径交平民大会（Concilium Plebis）。为了争取法案通过，提比留在平民大会上发表了诚挚动人的演说："漫游在意大利的野兽，个个都还有洞穴藏身；但是为意大利奋身作战不惜一死的人，却除了空气阳光而外一无所有。他们无家无室，携妻挈子到处流浪。那些身为统帅的人，鼓动士兵为保卫祖宗的坟墓和祭祠而战，这句话不过是说谎。因为在士兵中，没有一个人有世代相传的祭坛，在如此众多的罗马人中，没有一个人有祖先的茔穴。他们在作战时出生入死，都只为了保全别人的豪华享乐。他们虽然被称为世界的主人，但是没有一寸自己的土地。"这些动人心弦、感人肺腑的言论，深合民意，民众齐声拥护土地法。

提比留土地法本来是一项革除贪暴、纠正弊端的法案。但是，不论其内容或实施方式都是异常温和、委曲求全的。它对于兼并公地犯法自肥的贵族，既不惩办也不课罚，反而偿付地价，其实施方案则完全是在合法范围内以和平手段进行。即使如此，它仍然遭到贵族地主特别是元老院保守势力的仇视和反对。他们先是造谣惑众，说提比留的目的是制造国家混乱，继而拉拢提比留的同僚，保民官奥克塔维乌斯，唆使他运用否决权阻止法案通过。奥克塔维乌斯本是提比留之友，但他本人占有大片公地，既重私利，又经不起权贵利诱，终于不顾民心向背和提比留的再三劝告，行使了否决权，致使公民大会被迫休会。反对派的破坏和人民的拥护都推动提比留采取激烈和坚决的措施，即命令地主无偿交出违法超占的土地。同时，颁布法令：在法案表决前禁止所有行政长官处理公务，封闭国库所在地的萨杜尔努斯神殿，从而停止了国家机构的正常活动。但是，到此地步，提比留仍然对反对派存有幻想，他以从自己的财产中拨付地价以弥补奥克塔维乌斯的个人损失为条件，请求奥克塔维乌斯不再坚持反对，并且在自己一方人多势众足以压服对方的情况下，仍然在表决前把问题提交元老院裁决。只是在所有这些均遭拒绝后，提比留才毅然召集公民大会，提出违反人民利益的保民官能否继续任职的问题，并付诸表决。在表决进行中，提比留仍当众力劝奥克塔维乌斯，只是在他执迷不悟的情况下才继续表决，结果一致罢黜奥克塔维乌斯，并通过土地法。同时，选出提比留本人、他的岳父阿庇乌斯·克劳狄乌斯和他的弟弟盖乌斯组成三人委员会。土地分配开始在意大利各地，主要是在中部和南部亚平宁山脉的边沿地区进行。但是，法案的实施困难重重，一则因为土地分配本身的复杂性：公地情况年久失察，地主们化公为私多方隐瞒；一部分农民无力置备工具、种子等生产资料，即使分得土地也实同无有。更主要的是，以大祭司长纳西卡（曾任公元前138年执政官）为首的反对派多方作梗，从中破坏。他们拒绝批准给予提比留必要的经费，利用无赖之徒指控提比留废黜奥克塔维乌斯是对保民官神圣权利的侵犯。这些都使改革派面临着严峻的考验。

公元前133年夏，帕加马国王阿塔洛斯三世遗嘱将其王国赠给罗马。提比留提出法案主张把阿塔洛斯的金库作为贫穷农民的补助资金，同时将帕加马城的处理权交给公民大会。这当然是对一向主持外事和财政的元老院权威的挑战。反对派遂造谣滋事，说帕加马给提比留带来了阿塔洛斯国王的紫袍和冕旒，诬称提比留有称王的野心。这种破坏，有使土地改革半途而废的危险。提比留不甘示弱，决定竞选连任下一年度保民官，同时提出缩短兵役期限，授予人民对法官判决提出上诉之权，以及在当时只有元老才能充任的法官之外增加同等数目的骑士阶层出身的法官等一系列新的法案。其主旨显然在于削弱元老院特权和扩大改革派阵地。但旧法尚难彻底实行，新法的推行更加无望。问题的关键在于提比留能否连任保民官。但是公元前180年颁布的维里乌斯法规定同一人两次担任高级长官，必须有一间隔时期，即不得连续两年选举同一人担任高级长官，虽然在实际上高级长官未满间隔期即再度当选者不乏其例，而且保民官是否包括于高级长官的范围之内也并不明确。但反对派仍然在选举前夕以连任保民官出乎常规为借口，大造提比留欲施暴政的舆论，并暗中策划寻衅肇事。与此同时，城市平民的改革积极性由于提比留扩大了改革的范围而有所降低，农民由于忙于收获而无暇入城开会，形势发生了对提比留不利的变化。选举日当天，民众集会于卡皮托里乌姆山丘广场准备开会，反对派混入人群造成纷扰，以致会议中断。次日，民众在原地集会，元老院也聚会于卡皮托里乌姆山丘的忠诚女神庙。纳西卡企图胁迫执政官斯凯沃拉杀害提比留，遭到拒绝，便决定亲自动手。当反对派蓄谋动武的消息传给提比留时，他想转告给民众，但因人声嘈杂无法言传，便以手指头示意危险临头。反对派竟把提比留的手势曲解为要求王冠，并立即报告元老院。纳西卡当即跳起，狂呼"凡要挽救祖国的人跟我来"的口号，率领一群元老、门客、家奴冲入会场，操起板凳腿等作武器，动起武来。经过一场混战，提比留及其拥护者 300 余人均遭残杀。事后，反对派不顾盖乌斯·格拉古领回死难者遗体的要求，竟在夜间把提比留与其余死难者的尸体投入台伯河。同时，在波庇里乌斯（公元前 132 年执政官）的主持下大肆迫害改革派，或放逐或处死。狄奥芬涅斯被杀。一些人甚至被关在放进毒蛇的笼子里折磨致死。布洛西乌斯逃到小亚细亚并参加了阿里斯东尼克起义。改革派人士英勇殉难，但改革运动并未停止。

## 提比留死难后改革运动的继续

对改革派的残杀，激起民众的愤慨。纳西卡遭到人民的憎恶，终于在人民的唾弃声中以出使为名躲到小亚细亚，不久便默默地死在那里。公元前 131 年，保民官卡尔博以秘密投票的方式通过人民会议投票法，并建议以立法确认保民官可连选连任，以便推进改革运动。在土地改革方面，元老院不敢贸然废止土地法，三人委员会经两次改组（第一次补选盖乌斯的岳父克拉苏斯以代替提比留；第二次在克拉苏斯和克劳狄乌斯死后，选举弗拉库斯、卡尔博和盖乌斯为委员）仍然继续活动。甚至反对派的首要人物，例如波庇里乌斯等人迫于形势也不得不与三人委员会合作。委员会的具体活动进程虽不得详知，但从这时期公民财产调查表册所反映的公民人数的增长，可略知其成效。据李维记载，公元前 131 年至公元前 130 年的公民人数为 318823 人，公元前 125 至公元前 124 年的公民人数则为 394736 人，6 年间公民人数增长 75913 人，这显然是失地农民分得土地获得一定的财产资格的结果。

　　土地分配虽有一定的进展，但困难越来越多。公有地储备已近枯竭，地主隐瞒地契又制造产权纠纷，还牵涉到意大利同盟者的土地，特别是罗马从同盟者那里夺取的公有地与同盟者所保留的土地相毗邻的地段争执尤多，致使三人委员会中积案如山。在难以裁决的情况下，委员会决定让某些意大利同盟者的土地所有者迁离自己的地产，易地而居。意大利同盟者对此不满，转而寻求反对提比留改革的小斯奇比奥的庇护。后者于公元前 129 年促使元老院作出决定，将处置非公民土地的产权纠纷的权力由三人委员会转交一位现任执政官。执政官图吉塔努斯受权审理此事，但他因问题棘手旋借口出征伊利里库姆而脱身他去。三人委员会虽可继续处置罗马公民占有的土地，但其活动显然受到极大限制。一度同情改革的小斯奇比奥也因此触怒平民而威信扫地，不久便在自己家中不明不白地猝然死去。

　　意大利同盟者中的土地占有者因斯奇比奥之死而失去庇护，一般意大利平民又因无公民权而不得分享土地。因此，争取公民权问题日益突出。公元前 126 年，保民官潘努斯违反意大利人的愿望通过一个法案，禁止非罗马公民定居罗马，并将已定居的非公民逐出罗马。但改革派与此相反，公元前 125 年，执政官弗拉库斯（土地委员会三委员之一）提议授予所有愿意得到罗马公民权的意大利人以公民权，而对不愿意者则给予对长官决定不服的上诉权。这一提案遭到保守的贵族和一部分平民的反对。贵族不愿接受处于自己庇护之外的难以控制的意大利人为公民，而平民则不愿与人分享特权。结果，元老院否决了这项提案并以援助马西里亚反击萨路维人为名将弗拉库斯派往高卢，实则使之远离罗马，从而破坏改革。弗拉库斯法案被否决激起具有拉丁公民权的公社和意大利同盟者的强烈不满。不久，在弗列盖列城（拉丁殖民地，位于意大利中部西海岸的利里斯河流域）爆发了武装起义。罗马派军攻陷并摧毁了该城，其居民被从山上住地迁到山下平原。起义虽被镇压，但罗马从此愈益深陷于内乱纷呈的形势之中。土地改革也必然在更复杂的形势下进行了。在新形势下推动改革运动的是提比留的弟弟盖乌斯。

# 盖乌斯·格拉古的改革

公元前 124 年 12 月 10 日，盖乌斯就任保民官。由于他的非凡才能，很快就成了实际上的第一保民官。他经常怀着哀恸之情发表刚强有力的演说，回顾提比留的悲惨遭遇，痛斥权贵违反祖宗律例残杀保民官和其他志士，以激发民情，准备改革。同时，为了惩治扼杀改革的凶犯，使波庇里乌斯在公民大会上受到弹劾并被放逐。

盖乌斯的改革面临三大问题：土地问题、政治民主化问题、授予意大利人公民权问题。鉴于形势变化和提比留失败的教训，盖乌斯把这些问题都提上日程，将其结合起来，从公元前 123 年开始在两届保民官任期内分阶段地陆续提出并实施如下一些法案：

1. 土地法（公元前 123 年）。基本上是提比留土地法的继续。

2. 粮食法（公元前 123 年）。由国家购入海外谷物，储存于奥斯提亚的公共粮仓，以低于市场的稳定价格（每莫迪价 $6\frac{1}{3}$ 阿斯①）定期（每月一次）定量卖给公民。此法是城邦公有制原则在城邦危机时期的体现，是后来向平民免费供粮的先声。它对于减缓贫民的困苦生活进而促进政治民主化和活跃罗马广场的政治生活，显然起到了某种积极作用。但是，由国库支付粮食差价，加重了国家的财政负担；廉价粮食的输入不利于意大利谷物生产的发展；从低价配给粮食到以"面包与娱乐"滋养城市平民，对于大批城市平民沦为流氓无产者进而丧失阶级性和道德堕落起了助长的作用。

3. 审判法。关于此法，传统记载不一致，后世学者争议颇多。首先，法律的适用范围是否涉及一切常设法庭抑或只是涉及审判行省总督贪污勒索枉法案件的特设法庭，古籍所记并不明确。一说它既是反勒索法，又是审判法，因为当时并无常设的陪审法庭。其次，关于陪审官更换或增补的方式，按普鲁塔克之说，在原由元老院成员充任的 300 名陪审法官之外，又增加出身于骑士阶层的 300 名法官。李维则说法庭仍在元老院手中，但元老人数增加，并再加上 600 名从骑士中产生的新元老。另据西塞罗、狄奥多拉斯、阿

---

① 莫迪（modius）为罗马容量单位，1 莫迪 = 8.52392 市升；阿斯（as）为罗马币制单位，1 阿斯 = 1 罗马磅 = 327.45 公分 = 0.32745 公斤铜。

庇安等古典史家记载，则是废除元老法官，而将法庭控制权从元老院手中转移到骑士手中。现代学者把发生这种歧异的原因归之于此法之提出随着元老院反抗之加剧曾经历了由温和到激进的两个阶段的缘故。根据一些学者对于镌有此法铭文的青铜板断片的研究结果看，起码可以肯定如下几点：（1）打破了元老院对法庭的垄断。按此法规定，陪审法庭由在任大法官组建。大法官草拟一年一度的 450 名陪审法官的名单，然后在公民大会和告示牌上公布。被提名者经公民大会通过即为当选法官。担任陪审法官者必须具备一定的财产资格，其最低限度大约相当于 100 罗马亩（约合 50 犹格或 12.5 公顷）地产的价值。450 人这一名额显然超出了元老院正常员额 300 这一数目；陪审法官之产生非由元老院任命；100 罗马亩土地价值的财产资格，一般的中、小地主即可达到。因此，从陪审法官人数及其产生方式以及财产资格各方面看，都明显地打破了元老院对陪审法庭的垄断。即使元老仍具有当选陪审法官的资格，相当一部分陪审法官也必然由非元老的富有者担任，他们主要是金融商、承包商、包税商、税吏、纳税的中小地主，而这些人大多是骑士阶层的组成成分。（2）法律的适用范围。此法把所有年任行政长官，从执政官、大法官、牙座市政官、行省总督直到军事保民官等都列为可以追究法律责任的范围。就是说，所有高级公职人员都处于刑罚的威慑之下。同时，把对犯罪行为的控告权、申诉权给予广大阶层，其中包括意大利同盟者、拉丁公民、行省居民、行省以外的归顺民族、"同盟者和朋友"。（3）此法主要追究国家官员及其幕僚对居民敲诈金钱、勒索财物、索取贿赂、接受贿赂的行为，并对因官员勒索而遭受损失的居民给予补偿。法律规定，犯罪被告加倍偿还所得钱财以代替先前卡尔普尼乌斯法的如数退还。但此法不触及以其他手段残害甚至屠杀行省居民的罪行。这表现了它的明显的局限性。（4）改革了一些法律程序：住地偏远和忙碌无暇的原告可以由"代理人"代诉，并允许在重大勒索案中众多原告的联合诉讼；为防止法官与被告勾结和袒护被告，规定不拟立即表态的法官所要求的"缓审"不得超过两次，并惩处两次以上拒绝发表判决的陪审法官，同时规定继任法官必须完成前任法官的未竟案件；禁止陪审官相互讨论和透露判决；为防止拖延诉讼和审判时间，规定从起诉到组成法庭的时限（为 40 天左右）；犯罪被告须向原告退赔财物，否则由大法官变卖其财产。（5）此法有利于正在形成中的骑士阶层在政治上同元老院抗衡，也有利于保护以金融和承包为主的骑士的经济利益。同时还有助于广大居民抵制各类官员的勒索。实际上，此法是罗马从共和国向帝国过渡的过程中，改变城邦管理体制以使之适应形势需要的行政与司法改革的开端。

4. 军事法。禁止征召 17 岁以下的人服兵役，废止由公民战士自费置备军装的规定，改由国家出资供应军装。此法是大批农民破产、战争规模扩大、军队数量大增、战场远离本土、军役期限延长的必然结果。

5. 筑路法。从罗马向外地修筑平直美观的大路，路旁竖立里程碑和上马石。筑路有利于工商业和国内贸易的发展，也是承包商的生财之道和无业平民的就业之路。

6. 卸任执政官治理行省法。规定在执政官选举前，即由元老院确定该任执政官卸任后应任哪一行省总督，废止在选举后指定的陈规，以免以最好的行省私相授受。

7. 亚细亚行省包税法。为满足财政需要和骑士的要求，决定在新设的亚细亚行省采取包税制方式征税（什一税、关税、牧场税等），以代替先前由该行省的城市当局收税的办法。包税权在罗马由监察官主持拍卖给骑士阶层的包税人。同时，为扩大税收还取消了帕加马王国一些城市的免税权。

盖乌斯以极大的热忱和精力，为实现上述改革而奔波劳碌，从监督视察到亲任筑路指挥，所表现的非凡能力，甚至使他的敌人也惊叹不已。

盖乌斯的威信，使他不经竞选即被连选为公元前 122 年保民官。他在公元前 123 年末或公元前 122 年初提出两项更加激进的新法：殖民法和公民权法。殖民法是土地法的必要补充。盖乌斯提出在意大利的布鲁提伊、塔林敦、卡普亚等地建立两三处殖民地。据此于公元前 122 年建立了米奈维亚（在南意斯考拉西乌姆）和奈普图尼亚（在塔林敦）两处殖民地。他还首次设想建立海外殖民地。同时，他的一位同僚保民官卢布里乌斯正式提出在迦太基旧址建立殖民地的法案。此法获得通过并按抽签办法确定由盖乌斯负责筹建。关于公民权法案，包括两个方面，一是授予拉丁同盟者以完全的罗马公民权，一是给意大利同盟者以拉丁公民权。这两方面可能是随着斗争形势的发展起初以较温和的、后来则以更激进的形式分两阶段提出的。这两项法案本来是合乎实际顺乎历史潮流的，但由于罗马公民怀恋故土而又保守特权而难于实现，并且给反对派以可乘之机。

反对派施展诡诈手段，利用盖乌斯的同僚、保民官德鲁苏斯提出乍看起来更加激进诱人的法案，以取悦和笼络人民，从而破坏盖乌斯的威信。德鲁苏斯提出在意大利本土建立 12 个殖民地，向每一殖民地遣送 3000 名贫民，并豁免分得公地的农民应交的租金。这一法案因为意大利已无可供殖民之地，实是欺人之谈。关于公民权问题，德鲁苏斯只提出禁止罗马的军事长官用棍棒责打拉丁人的法案，而回避实质问题。然而，一些人不明真相，竟轻信欺骗，开始对盖乌斯新法表示怀疑和不满。

公元前122年春，盖乌斯与另一同僚保民官弗拉库斯（公元前125年执政官）被派到迦太基筹建殖民地。他们主张在原迦太基城址划定殖民地，安置6000居民，每人至多分配200犹格土地，一些意大利人可能也包括在内。反对派则造谣滋事，说在迦太基大风把旗帜刮成碎片，把祭坛上的牺牲吹到城界之外，狼又把建城界标拔走，拖到远处等，宣扬在迦太基建殖民地是遭到神谴的坏事。同时，在罗马，反对派乘盖乌斯外出之机，安排执政官人选，准备再次扼杀改革运动。盖乌斯在迦太基驻留70天，完成了筹建事宜，将新建殖民地命名为"朱诺尼亚"，然后匆匆返回罗马迎接挑战。

盖乌斯返回罗马后，鉴于斗争需要，毅然提出更激进的公民权法案，即授予意大利同盟者以罗马公民权。大群意大利人涌入罗马支持盖乌斯。但元老院授权执政官法尼乌斯将一切非罗马人逐出罗马城，并命令意大利同盟者在会议期间不得在离罗马城40斯塔狄昂①的范围内出现，更不得进入罗马城。盖乌斯对此竟束手无策，法案终被否决。这种情况损害了盖乌斯的威信，再加上反对派在选举中舞弊，以致盖乌斯在第三任保民官竞选中失败。相反，盖乌斯的宿敌、弗列盖列起义的镇压者奥庇米乌斯却当选为公元前121年执政官，并立即着手废除盖乌斯立法。

反对派决定利用讨论迦太基殖民地问题的机会挑起事端。保民官卢福斯提出取消迦太基殖民地的法案。为此在卡皮托里乌姆召开了公民大会。集会时，反对派方面的一个执政官侍从称盖乌斯党人为流氓并做出侮辱手势，蓄意激怒改革派。结果，盖乌斯的部下在盛怒之下当场刺死这个侍从。此事正中元老院下怀。次日，他们故作哀兵姿态，陈尸广场，举尸游行。执政官奥庇米乌斯在元老院授意下，以挽救罗马镇压僭主为名命令元老、骑士率领门客走卒武装占领卡皮托里乌姆山丘。改革派也作了抵抗准备。再日晨，改革派占据了阿芬丁山丘。但盖乌斯直到此刻还幻想和平解决争端。他自己拒绝武装，并且派遣弗拉库斯的儿子两次到元老院议和。然而，奥庇米乌斯不顾信义，扣押来使，下令进攻阿芬丁山。改革派经不住有组织的武装袭击，迅

---

① 斯塔狄昂（Stadium），罗马的长度单位，1斯塔狄昂相当于184.97米。

即溃散。盖乌斯在朋友帮助下逃到台伯河对岸。但追兵迫近，盖乌斯不甘被俘，便命令随从奴隶把他杀死。奴隶杀死盖乌斯后自杀。凶手们竟然争夺盖乌斯和弗拉库斯的头颅，以换取同等数量黄金的奖赏。在这场屠杀中，惨遭杀害者达 3000 人之多，他们的尸体同 10 年前的提比留一样被投到台伯河中。他们的财产被没收，亲友遭株连。反对派的凶残暴虐，比之提比留惨案尤有过之。具有讽刺意味的是，奥庇米乌斯为了炫耀胜利，竟然建造一座"和谐"神庙。有人在庙中刻上这样的讽句："一桩极不和谐的事件，竟生出一座和谐之殿！"人民的心中是非分明，奥庇米乌斯所得到的，只是人民的唾弃。相反，人民为格拉古兄弟制作了塑像，竖立在显著的地方，不少人经常前来朝拜并奉献鲜果和牺牲。

## 格拉古改革运动的性质、失败原因和历史意义

格拉古改革运动，古往今来一向是政人学者研究的课题。但是，时逾两千余年，对这一课题的研究仍有未尽之处，尤其是对于事件性质的分析，古人固然褒贬不一，今人也是说法有异。因此，还有深入探讨的必要。

有人把格拉古改革单纯地归结为土地改革而把改革的失败归因于在当时奴隶制商品经济高度发展的条件下，不可能保持稳定的小土地所有制和小农阶层。有人说格拉古兄弟"对元老院的挑战是不必要的激烈和不合时宜的"。还有人做出如下的结论："由于它的领袖的极端谨慎和温和的行动，由于他们的妥协和调和的政策而遭到失败。和奴隶运动的领袖相反，他们是一时得势的人，是豪门贵族的一种同路人，在思想意识上并没有和他们完全割断关系。与其说他们发展了人民运动，不如说是阻碍了运动。他们的活动的主要成果是一场政治教训，从这里面得出结论，即通过人民会议实施立法改革的道路，是不可能摧毁不惜以任何手段来维护自己统治的贵族的巨大力量的。"还有一些学者却与此不同，而认为格拉古兄弟是"革命者"。他们说："他们为了民主而反对现存的寡头政治制度并在自己的政治活动中远远地超出了宪法的范围，因此可能不管自己的主观意图如何，他们的行动却是革命者的行动。""对贵族特权的第一次真正进攻是由罗马革命的发动者提比留·格拉古发动的。""格拉古兄弟应该作为革命者来看待，毫无疑问，他们加速了颠覆共和国的革命。"也还有的学者认为盖乌斯的改革是"国家社会主义的尝试"。如此等等。

问题显然涉及许多方面，下文拟结合上述各种论点分项予以分析。

（一）关于格拉古兄弟改革的动机

提比留改革的初衷是抑强、固本、强兵。抑强，是使豪门贵族兼并公有地的贪欲有所收敛；固本，是使失地农民拥有和保持一定数量的土地，从而为之提供公民权利和公民兵义务的物质基础；强兵，主要是保持兵源。改革的目的在于维护和扩大城邦的社会基础，增强国力以巩固统治。就这一动机看，有几点应予分析。首先，提比留的设想基本上是现实可行的，并非全然空想。提比留的改革方案实际上已付诸实施，而且在提比留死难之后继续实行，十年后的盖乌斯改革仍在实行，就连反对派也并不一概反对土地改革。将近 8 万人分得土地便是土地改革可行性的明证。诚然，提比留设想以份地不得出卖或转让之规定令小农长期占有，这一点确有空想成分，但小农再度失地也有一个过程，也不能以此一点否定整个改革方案的可行性。其次，提比留改革并不想严重损害大地主的利益，也未曾想全面恢复小农经济。当时罗马尚处于中型农庄盛行时代，大地产的集中尚未达到后来那种面积达几千犹格的大地产（拉蒂芬丁）。提比留的土地最高限额相当于 4 个 240 犹格的典型庄园的面积，对大地主来说并不苛刻。在实施上，也只打算在法制的轨道和程序内进行。很明显，提比留只是想在一定限度内遏制土地兼并的进程和土地集中的程度，进而部分地满足失地农民的土地要求。既然保留大土地所有制，也就谈不上"重建小农阶层"。最后，改革是一个长达十几年的过程，改革的实践是发展的，改革的动机和目标也随着实践的发展而发展。因此，不应仅以最初的动机来评价整个改革，而应把改革的动机与整个改革实践统一起来加以考察。

（二）格拉古兄弟改革的性质

最初，提比留的改革是以维护罗马城邦的社会基础，增强奴隶主阶级的统治力量为目标的一次土地改革，其实质仍然是小土地所有制同大土地所有制的斗争。但是，应该注意到，此时的土地改革与早期共和时代的土地立法以及平民与贵族的斗争表面上仿佛相似，实则在斗争内容、形式和结果等各方面均已完全不同。同时，也不可能停留在单纯土地改革的阶段上。因为发生于城邦危机时代的格拉古兄弟改革面临着新的历史条件和斗争形势。这主要表现在：（1）在奴隶制和商品货币关系猛烈发展的情况下，大地产方兴未艾，小农破产和公民兵制的瓦解皆属必然。（2）骑士阶层的兴起和城市无产平民的增长改变了社会阶级关系，而他们争取政治和经济权益的斗争则构成社会斗争的重要组成部分。（3）在疆土日扩、意大利本土愈益罗马化而逐渐与罗马融为一体的情况下，给予意大利同盟者以公民权的问题日益突出。按照城邦的"有土始有民（公民），有民始有兵"的原则，土地问题与公民权问题总是相联系的。这一新形势决定了城邦危机时期的土地运动必须与平民、骑士的民主运动以及意大利人争取公民权的运动相结合，而不能孤立地进行。因此，格拉古改革必然在形势推动下由比较单纯的土地改革发展为多方面的社会改革。也正因为如此，格拉古改革的性质不能单纯地归结为土地改革，而是一场由奴隶主阶级改革派领导的城乡平民和意大利同盟者争取土地和民主权利的改革运动。

（三）格拉古兄弟改革的成果及其进步性

改革者死难和改革运动的失败并不等于说改革一无所成，相反地，改革取得了多方面的成果。（1）近8万农民分得份地，还有许多人得到农贷资金，相当长的时期内免于沦为流氓无产者，在一定程度上保护了生产力。（2）在意大利本土和海外建立一些殖民地促进了殖民地区的罗马化进程。（3）修建道路，建立交通网络，既使一部分无业平民就业，又有利于商品货币经济的发展。（4）公开向元老院的立法权、财政权和司法权挑战，破坏了元老院在政权上的垄断地位。（5）打击高级长官的贪污勒索罪行，改善了国家管理机能。（6）提高了骑士的经济、政治地位，促进了作为高利贷、商业、金融贵族的骑士阶层的形成。（7）把授予意大利人公民权问题提上议程。所有这些都是与当时社会经济的发展以及从城邦向帝国转变的历史趋势相适应的，因而具有明显的进步性。因此，不能说改革的"主要成果是一场政治教训"，更不能说它"不合时宜"。

有人说，盖乌斯改革的进步性比较明显，提比留改革则谈不上进步，而是保守的。其实，不能把二者截然分开。提比留的土地改革方案，同样是盖乌斯改革的重要内容。如同不能说格拉古兄弟二人一个保守一个进步一样，也不能说盖乌斯改革的内容一部分保守一部分进步。土地改革的斗争并未因格拉古改革之失败而止息，而是贯穿于整个内战时代。格拉古兄弟改革后的萨图尔宁努斯土地法（公元前100年）、德鲁苏斯土地法（公元前91年）乃至鲁路斯土地法（公元前63年）都是一脉相承的。后来从苏拉经前后三头大量分配给老兵土地，以致造成遍布于意大利的小农阶级，则是在废除公民兵制实行雇佣兵制的新形势下解决土地问题的一种新的方式。方式不一，实质却有共同之处。土地问题，是从共和制向帝制过渡过程中为扩大统治阶级的社会基础而必须解决的问题。不能笼统地把分配给小农土地都视作违反历史潮流。

（四）格拉古兄弟是否为革命家？

伦敦大学的两位著名教授，斯卡拉德和卡里，都认为格拉古兄弟是"革命者"。其主要理由是"他们加速了颠覆共和国的革命"。问题显然涉及对于古罗马从共和到帝制这一转变过程的评价。罗马从共和到帝制的转变典型地表现了奴隶社会发展的阶段性规律。这一转变确是奴隶社会全面向更高阶段发展的标志。但是，这一转变在罗马是通过"内战"（自由民阶级内部的斗争）完成的，并未导致社会制度的根本变化，格拉古兄弟也不代表新的社会制度，所以不能称他们为"革命家"。如果把他们视为颠覆共和国的"革命者"，那么其后的马略、苏拉，直至前后三头中的恺撒、奥古斯都等也应当逻辑地被看成是革命者，这显然难以成立。有人与此相反，拿格拉古兄弟和奴隶领袖相比，说他们未与豪门贵族划清界限，从而抹杀他们的功绩，这是一种苛求古人的极端的观点，是更加不能成立的。不错，格拉古兄弟是豪门贵族的一员，但这并不妨碍他们成为豪门贵族中有远见、最明智的政治家和改革家。不仅如此，他们的宏大的政治抱负、睿智的政治眼光、刚强的意志和英勇的献身精神都使他们成为古代改革家的光辉代表。

（五）格拉古改革失败的原因和历史意义

斯卡拉德教授在其所著《从格拉古到尼禄》一书的第二章中责难元老院诉诸暴力手段的野蛮残忍的行径，但也指摘格拉古兄弟在策略上的失误。他在估计公元前133年的形势时说："它可能表现出提比留对元老院的挑战是不必要的激烈和不合时宜的，而忍耐和谈判或许能收获更多。"又说"部分元老求助于暴力，居多是由提比留惹起的激怒的结果"。还设想"如果提比留遵循正常的手续，把他的法案在提交人民之前送给元老院，那就没有理由相信提案会得不到一个被公平倾听的机会"。从前述改革过程中看，在改革与反改革的激烈斗争中，元老院以武力镇压改革显然带有必然性，武装对抗逐步加剧终于导致内战的历史过程可以证明这一点。把暴力镇压归咎于提比留的"鲁莽"、"短见"和程序上的失当，设想改革可以通过谈判心平气和地进行，认为事先通过元老院就可以消弭斗争，未免有理想化的成分。当然不能排除改革者在策略上的某些失当，但改革失败的主要原因并不在于此。

改革终遭失败主要是因为当时阶级力量的对比不利于改革派。元老院的传统势力相当顽固，骑士阶层不能完全和始终站在改革派一方，城市与乡村平民之间、罗马公民与意大利同盟者之间尚处于分立甚至对立状态，他们的利益时同时异，因而不能结成坚固的统一战线。此外，实现改革的客观历史条件也未成熟，特别是以军事独裁的方式取代元老贵族统治的条件尚不具备。帝国在内战的阵痛中诞生还是一个世纪以后的事。但是格拉古兄弟改革毕竟是迈出了冲破狭隘的罗马城邦藩篱的勇敢的第一步。

格拉古兄弟的改革揭开了内战时代的序幕，自此，支持或者反对元老院的政治家及其拥护者之间的斗争构成罗马内战史的主要内容。格拉古兄弟改革推动了这一斗争，而其改革方案又提供了整个内战时代各种改革的蓝本，因而对罗马社会的发展起了重大促进作用。格拉古兄弟二人是内战时代罗马奴隶主阶级改革派的先驱和殉难者，他们可歌可泣的事迹，在罗马共和国的历史上写下了重要的一页。

# 西西里奴隶起义

黄松英

公元前 2 世纪 30 年代和公元前 2 世纪末期，在西西里先后爆发了两次大规模的奴隶起义。这两次起义虽然最后失败，但都沉重地打击了罗马奴隶主政权，揭开了罗马共和后期社会斗争运动的序幕，并引起了广泛的反响。

## 公元前 3 至公元前 2 世纪罗马奴隶制的发展

公元前 3 世纪初，罗马统一意大利后走上了海外扩张的道路。经过布匿战争、马其顿战争和叙利亚战争等，罗马战胜了一个个强敌，在整个地中海区域确立了霸权。随着历年的对外征服和扩张，罗马掠夺了大量的财富，侵占了大片的土地，俘获了大批的奴隶，为奴隶制进一步发展提供了极其有利的条件。

经常不断的对外战争是奴隶的主要来源。公元前 262 年，罗马占领西西里的城市阿格立真坦，把俘虏 25000 人卖为奴隶。据统计，在第一次布匿战争中，罗马总共把 75000 名俘虏卖为奴隶。公元前 209 年罗马攻占塔林敦，约有 3 万居民沦为奴隶。卡普亚在第二次布匿战争中曾经倒向汉尼拔一边，罗马攻陷该城后，将全城居民贬为奴隶。罗马军队在迦太基附近登陆时，俘虏了 2 万人送往罗马充当奴隶。迦太基陷落后，剩下 5 万居民都没有逃脱沦为奴隶的命运。公元前 177 年，罗马占领撒丁尼亚时，将 8 万人卖为奴隶，以至于当时奴价大跌，"撒丁尼亚人"变成了廉价商品的代名词。公元前 167 年，罗马占领伊庇鲁斯，该地区 70 个城市就有 15 万人变成奴隶。公元前 2 世纪末，马略先后将战败的 9 万特乌托涅斯人和 6 万基姆伯尔人卖为奴隶。以上这些情况说明，当时曾有几十万居民被掳到罗马充当奴隶。

除了通过战争获得奴隶以外，罗马的奴隶来源还有奴隶生育的子女。在家中出生和长大的奴隶比较顺服，因而受到奴隶主的重视，因此在当时家生奴隶的数量也是不少的。公元前326年罗马废除了债务奴隶制，但意大利各地的无罗马公民权的居民以及行省居民都不在此列，在高利贷重利盘剥之下，他们之中的贫困者沦为债奴者甚多。此外，当时地中海海盗猖獗，他们在海上或沿海地区掳人为奴，押送到奴隶市场兜售。

在此时期，奴隶贸易发展和兴盛起来。许多城市都有奴隶市场，如罗马的圣道附近便有奴隶买卖的场所。雅典的爱非塞斯、亚得里亚海北岸的奎雷亚、伦河口的马萨利亚和塞浦路斯、开俄斯岛，都是有名的奴隶市场，进行着大宗的奴隶交易。据斯特拉波记载，提洛岛是当时奴隶交易的中心，一天之内奴隶买卖的成交额高达一万人。

大量奴隶流入罗马，促进了奴隶制的发展，而罗马社会经济的高涨，也为使用奴隶劳动和发展奴隶制经济提供了可能性。到公元前2世纪中期，罗马奴隶制获得充分的发展，奴隶劳动在社会生产中占据了优势，奴隶成了罗马社会的主要生产者。奴隶广泛使用于农牧业、采矿业和其他手工业部门，以及担任家内仆役。在农业方面，由于土地集中形成了大土地所有制，在大农庄、大果园和大牧场都充斥着奴隶，橄榄、葡萄和谷物的种植主要都靠奴隶劳作。据加图的《农业志》记载，在100犹格的葡萄园中，除男女奴隶管庄各一人外，还需用14个奴隶；在240犹格的橄榄园中，除男女奴隶管庄各一人外，还需用11个奴隶。正是因为奴隶制经济的发展和奴隶劳动的排挤，加上沉重的赋税和频繁的战争影响，罗马的自由农民纷纷破产，从而使社会发生剧烈变化。在采矿业和建筑业等手工业部门，也大量使用奴隶劳动，西班牙新迦太基城附近的银矿就有奴隶4万人。与此同时，奴隶充当家内仆役日益增多。因为随着财富的积累以及希腊和东方文化的影响，罗马奴隶主中逐渐滋长一种追求奢侈享乐的风气，大量使用家庭奴隶成了争强夸富的手段。在富有乃至中等的罗马家庭中，都拥有许多奴仆，他们担任看门人、厨子、马夫、侍从、理发师，甚至担任教师、乐师、医生等。

奴隶的地位十分低下。在法律上奴隶被视作主人的物品和财产，他们没有独立的人格，只是"会说话的工具"，和牲口与其他财物同列一起。奴隶主对奴隶可以随意打骂，肆意虐待，甚至操有生杀之权。奴隶没有财产权，也没有家庭和婚姻权，男女奴隶同居所生的子女属于奴隶主的财产。总之，奴隶被剥夺了一切权利。

奴隶受着残酷的压迫和剥削，生活十分悲惨。奴隶主总是一方面尽量增加奴隶的劳动负担；另一方面则把奴隶的生活水准降低到无可再低、只能勉强活命的地步，以榨取奴隶的劳动价值。从加图的《农业志》等文献资料可以看到奴隶生活的情况。农业奴隶吃的是二粒小麦、橄榄油和发酸的葡萄汁，且有限量；穿的是一年一件紧身衣，隔年一件斗篷，没有鞋子；住的是简陋的板房或潮湿的地窖，睡觉时门总是从外面反锁着。他们长年累月几乎不停地从事劳动，即使雨天也得不到休息，在室内修农具、搓绳子和运送粪肥等。一旦生病或年老，奴隶主便把他们变卖或抛弃掉。在磨坊劳动的奴隶，脖子上戴着大木枷，以防他们偷吃面粉。在矿山劳动的奴隶，不论是病人、体弱者、老人、妇女，每天都长时间地干活，他们使用笨重的工具，在恶劣的条件下进行着繁重的劳动，没有喘息的机会，干到筋疲力尽，死掉为止。奴隶主惩罚奴隶的手段很残酷，木棍、鞭子、烙铁、脚镣手铐、十字架等，都是常用的刑具。家内奴隶的待遇稍好些，但他们必须唯命是从，服侍周全，否则，轻则挨打，重则被处死。

野蛮的奴隶制度给奴隶带来无穷无尽的苦痛和灾难，激起他们挺身反抗。奴隶反抗斗争的形式是多种多样的，如破坏工具和牲畜、消极怠工、逃亡、杀死自家的主人直至举行公开的起义。公元前2世纪，奴隶暴动和起义便已频繁发生。公元前198年，一些拉丁城市中的迦太基奴隶曾经密谋组织暴动。公元前196年，伊达拉里亚发生了乡村奴隶和农民起义，起义遍及全区，斗争十分激烈，以至于罗马派出一个军团前往镇压。公元前186年在南意大利的阿普里亚，牧奴发动起义，使该地区的道路和牧场都变成了"危险地带"。这些反抗斗争是大规模起义的前奏，事隔不久，西西里奴隶起义便爆发了。

# 第一次西西里奴隶起义

西西里是罗马的谷仓，在那里使用奴隶劳动的大农庄发展得较早。在这些大庄园里往往聚集了成千上万的奴隶，而且大多来自同一民族或地区，有着共同的语言和感情，因此有利于奴隶斗争力量的组织和发动。奴隶主对奴隶的残酷压迫和剥削，终于引起了奴隶大规模的起义。

据狄奥多拉斯记载，西西里岛上恩那城的庄园主达莫披洛斯和妻子加丽达残暴到无耻的地步，他们不仅不给自己的奴隶们以起码的衣食，竟驱赶奴隶去抢劫过往的旅客，抢到的东西还要分去一半。公元前137年的一个夏天，那些抢不到东西的裸体奴隶，不得已向达莫披洛斯要求发给衣服，但达莫披洛斯却叫道："难道客商们都光着身子在西西里旅行吗？难道他们没有为所有缺衣服的人提供现成的补给吗？"然后他把这些奴隶绑在柱子上毒打了一顿。忍饥挨冻的奴隶们实在按捺不下积压已久的阶级仇恨，掀起了起义。

叙利亚籍的奴隶攸努斯带了20多个最勇敢最聪明的奴隶，躲过主人的监视，到一个阴森可怕的牧场秘密聚会，决定起义。首先支持他们的是牧奴，接着达莫披洛斯在乡村的400名奴隶都参加了。当时夏收工作正在紧张地进行着，他们各以手中的锄头、镰刀、斧头、长杆短棒武装起来，冲进恩那城，得到城里奴隶的积极响应，很快便占领了城市。起初达莫披洛斯还气焰嚣张地威胁说，罗马很快就会派大军来，要把"闹事"的奴隶全部处死。但还来不及等待大军的到来，结果先被处决的是他自己和他的妻子，得到应有的报应。

为了有组织地开展斗争，起义军进入恩那城后在剧场开会，建立国家，以奴隶们的故乡叙利亚命名为"新叙利亚王国"，攸努斯被推选为国王，取国号为"安条克"。下设有"人民议会""人民法庭"，由才智最杰出的奴隶组成，其中也有希腊人，如阿凯乌斯。并在三天之内建立一支拥有6000人的武装军队，将军都由奴隶担任。这个奴隶王国带有东方的色彩，但它是作为与罗马政权相对抗的一种独特的奴隶政权形式出现的。

西西里其他地方的奴隶闻风而动，纷纷响应，其中最大的一支是西西里岛西南部阿格立真坦地区克里昂领导的有5000人的起义军。克里昂是一名橄榄园主的马夫，他和同伴们也做着随时起义的准备。当攸努斯发动起义后，他们立即响应，很快地与攸努斯取得联系会合起来。起义军增至7万人。为了共同事业的胜利，克里昂听命于攸努斯，自愿当助手，大家选他为总司令。这一举动，使奴隶主们指望他们之间争吵的打算落了空。

起义的力量迅速发展，其他各地奴隶纷纷响应，西西里东部和中部许多城市如墨萨纳、托洛明尼亚、卡塔涅、列昂提尼等都转到起义军手中。起义人数日益增加，竟达到20万人之多。

奴隶们打击的对象是奴隶制大庄园，起义军所到之处，摧毁大庄园，杀死大庄园主，但对小庄园、小农经济和手工业者则加以保护。据狄奥多拉斯记述："在所有这一切当中最值得注意的是起义的奴隶非常明智地关心到未来，而没有把小农庄烧掉，没有破坏其中的财产、储藏的果品，也没有侵犯那些继续从事农耕的人们。"所以，起义军也得到农民的同情和支持。对于手工业者，特别是武器匠，让他们继续生产武器，以保证起义军的需要。为了减少敌对力量，起义军宽恕了那些早先人道地对待奴隶的人，而且不侮辱他们。对于以前庇护过他们的达莫披洛斯的女儿，他们甚至派了可靠的护送队，将她送往卡塔涅城她的亲戚那里。

罗马统治阶级一开始就派兵镇压起义，但都被起义军屡屡挫败。起义军击溃了从罗马城派来的由鲁齐·希庇西带领的一支装备精良的 8000 人的队伍；在公元前 134 年和公元前 133 年又先后打败了由执政官富尔维优斯·拉库斯和执政官卡尔普尔尼乌斯·披索带领来镇压起义的军团。狄奥多拉斯不胜感叹地说："从来没有像西西里爆发的这种暴动！"它使"恩那城的'代行最高审判官'和他们的地方部队毫无办法，就是从意大利调来的两个执政官的军队也完全无能为力"。

但是，罗马奴隶主不甘心他们的失败，公元前 132 年执政官普布里乌斯·路庇里乌斯率领大批军队，向起义军猛扑过来，攻下起义军的重要据点马尔干提纳，接着，路庇里乌斯利用收买叛徒的手段，攻占了起义军的主要城堡——托洛明尼亚，被俘的起义军经拷打后被扔下悬崖。继后又围困恩那城，企图以断粮的办法迫使起义军投降。起义军领袖们决定突围，但在突围的激战中，由于罗马军团的凶残攻击，起义军伤亡惨重，克里昂英勇战死，两万奴隶阵亡。1000 名近卫军保护着攸努斯血战到底，当他们知道自己的国王被俘时，便用剑互相砍杀而死。攸努斯被囚禁在狱中，后被折磨致死。

执政官普布里乌斯·路庇里乌斯攻陷恩那城后，又派出军队追击幸存的参加起义的奴隶，并彻底洗劫了西西里全岛。第一次西西里奴隶起义就这样结束了。

# 第二次西西里奴隶起义

第一次西西里奴隶起义失败后，奴隶的状况更加恶化，奴隶反抗的怒火并没有泯熄。30 多年后，在同一个西西里岛，又爆发了一次大规模的奴隶起义，即公元前 104—前 100 年的第二次西西里奴隶起义。

这一次起义的直接原因是西西里总督涅尔瓦停止释放奴隶。

公元前 2 世纪末，罗马在非洲进行朱古达战争，后又和北方入侵的基姆伯尔人和特乌托涅斯人作战，需要大量的军队。但许多行省和同盟国的自由民却因债务关系沦为奴隶，不能提供兵源。当元老院请求各地支援时，比提尼亚国王尼科美德斯答复说，为了满足罗马包税人的勒索敲诈，其王国内的壮丁都被卖为奴隶了。其他同盟国提出同样的申述。元老院无可奈何，只好命令各行省总督对奴隶及其家族进行审查，凡出身于自由民家庭的奴隶概予释放。西西里总督涅尔瓦接到命令后释放了 800 名奴隶，但他后来接受了奴隶主的贿赂，停止审查工作。热切希望获得自由的奴隶们得到消息后，压制不住心中的怒火，愤然举行起义。

公元前 104 年，西西里岛西部赫拉克里亚城附近的 80 名奴隶在萨维阿斯领导下揭竿而起，立即有许多奴隶响应。萨维阿斯像攸努斯一样，是以占卜师而享有声名的。他把起义军带到卡普里恩山上修筑防御工事，建立据地，并击溃了涅尔瓦派来的部队。不久，在利里拜乌姆城附近又有一支在雅典尼奥领导下的起义军，集结了一万多人，形成奴隶起义的第二个中心。为了抗击共同的敌人，这两支队伍在西西里岛西部的特里奥卡拉城会师，联合起来。同时还有大批农民投向他们，起义军的力量不断壮大。他们在特里奥卡拉城建立国家政权，共推萨维阿斯为王，号为"特里丰"，雅典尼奥任总司令，下设议事会，作为共商大计的机构。在王宫旁还开辟一处广场，作为群众集会的场所，许多重大事情都在这个广场征求意见和最后通过决议。为了提高战斗力，从起义军中挑选出最强壮的奴隶组织正规军队，有两万步兵和 2000 骑兵。他们把这些军队分为三部分，每一队都有司令官，令他们分头在西西里全岛进行广泛深入的进击，然后在约定的时间地点会合，布置新的战斗任务，重新行动。这一战术收到辉煌的效果，吓得奴隶主们惊恐万状、惶惶不可终日！

与第一次西西里起义一样，农村是这次起义军开展斗争的广阔天地。也像第一次西西里起义一样，他们只打击大庄园主，对农民和手工业者的利益则加以保护，使经济维持正常的状态。两次西西里起义有好多相似之处，以致有人提出怀疑，西西里第二次奴隶起义是第一次起义的重述和翻版，不一定有真实的第二次起义。但从罗马的有关史料来看，确有两次奴隶起义，狄奥多拉斯的记载是有力的佐证，只不过相似得太惊人而已。

在涅尔瓦不能扑灭起义后，公元前 103 年，罗马元老院不顾北方日耳曼人入侵的威胁，把一支新征募的 17000 人的部队投入西西里战场，由行政长官李锡尼乌斯·路库鲁斯率领前来镇压起义军；次年又改派行政长官盖乌斯·塞尔维里乌斯统率罗马军队，但这两个行政长官最后都因军事失败被召回罗马，送交法庭判处流放。这时，起义烽火燃遍了西西里的绝大部分地方。起义军四出活动，捣毁大庄园，袭击军政机构，毁坏驿站并切断西西里各处的交通，使城乡之间失去联系。

但不久起义军遇到了不利的情况。萨维阿斯于公元前102年不幸病死，起义军失去了一位坚强有力的杰出领袖。粮食缺乏也使起义军面临困境。另一方面，罗马在战胜了基姆伯尔人和特乌托涅斯人以后，能够集中力量来对付起义的奴隶们。公元前101年，由执政官曼尼乌斯·阿克维里乌斯带领大批罗马军队进攻起义军，在墨萨纳附近发生了激战。据说在这次战斗中，雅典尼奥在同阿克维里乌斯进行单独决斗中被杀，起义军败退特里奥卡拉。不久，起义军的根据地特里奥卡拉陷落，无数的奴隶被俘后被活活钉死在十字架上。剩下1000名起义军在沙提鲁斯领导下继续战斗了好长时间，后来受骗归附阿克维里乌斯，竟被卖为角斗士；但当他们发现受骗后，不愿自相残杀以供奴隶主取乐，都在上竞技场之前相互砍杀而死，以示最后反抗。

## 西西里奴隶起义失败的原因和影响

西西里奴隶举行两次大规模起义，起义的奴隶们建立国家，组织军队，也就是创立了独特的奴隶政权，反映出起义斗争发展到较高的水平，但最终归于失败。两次起义失败的原因像古代世界其他的奴隶起义一样，主要是历史条件铸成的，是不可逾越的客观条件所限制的。列宁指出："奴隶举行过起义，进行过暴动，掀起过国内战争，但是他们始终未能造成自觉的多数，未能建立起领导斗争的政党，未能清楚地了解他们所要达到的目的，甚至在历史上最革命的时机，还是往往成为统治阶级手下的小卒。"[1] 另外，西西里奴隶起义发生在罗马的奴隶社会处于上升发展的时期，罗马国家有力量压服他们。这也是起义失败的一个原因。

尽管如此，西西里奴隶起义的意义是伟大的，影响是深远的，用奥洛修斯的话来说，他们"燃烧着的火种，引起了许多地方的火灾"。在他们失败后不久，意大利、阿提加、提洛岛等地相继发生多起密谋的或公开的起义。狄奥多拉斯提到了罗马城有150名奴隶的"阴谋"，提到了阿提加、提洛岛和其他地方发生的奴隶运动。奥洛修斯也记述了坎佩尼亚城市明图尔奈的

---

① 列宁：《论国家》，《列宁选集》第4卷，人民出版社1972年版，第55页。

450 名奴隶起义失败后被钉死在十字架上；另一城市西努埃撒爆发了 4000 名奴隶大起义。奥古斯丁提到了马其顿的奴隶大暴动，使得"整个地区都被一帮暴动的奴隶劫掠一空"。另外，公元前 134—前 133 年雅典的罗立温矿场有 1000 名奴隶杀死警卫守兵，占领苏尼昂海角上的要塞，斗争坚持了好久才被镇压下去。斯基泰奴隶也发动了索马克起义，取得胜利后还发行货币。公元前 132—前 130 年帕加马发生阿里斯东尼克起义，建立太阳国，可能也是受到第一次西西里起义的影响。奴隶们的壮举，在罗马的史册上永远闪烁着绚丽的火花！

# 马略的军事改革

朱承思

马略军事改革发生在公元前 107 年到公元前 101 年，是罗马内战时期的重要事件。它在很大程度上改变了罗马军队的社会成分、性质和作用，加强了罗马的军事力量，有利于巩固罗马奴隶主阶级对地中海世界的统治。这次改革是罗马城邦危机的产物，改革以后罗马出现了职业军队，为军事独裁统治和帝制提供了条件，从而促进了共和国的倾覆和帝国的建立。

## 改革的背景

罗马历史上战争始终持续不断，军事活动在罗马国家生活中一直占有重要地位。经过几个世纪的对外侵略和扩张，罗马从一个台伯河畔的小邦发展成为控制意大利、纵横地中海、跨越欧亚非的古代世界强国。长时期的军事活动锻炼了罗马军队，使罗马的军事制度不断完善，军事技术日趋进步，"提供了在尚不知如何使用火药的时代所发明的最完善的一套步兵战术"[①]，其军事艺术达到古代世界前所未有的高度。

立国之初，罗马实行兵农合一的公民兵制度。这种制度早在罗慕路斯时期已经萌芽，不过当时的军事组织与部落组织一致，战斗人员来自氏族，按库里亚划分组织。正式的罗马公民军队产生于塞尔维乌斯·图里乌斯改革以后。这次导致罗马产生"真正的国家制度"[②] 的改革，不问血缘出身，按财产资格将所有居民分为三等七级，从而消除了王政时代罗马氏族社会的排他

---

① 恩格斯：《军队》，《马克思恩格斯全集》第 14 卷，人民出版社 1964 年版，第 18 页。
② 恩格斯：《家庭、私有制和国家的起源》，《马克思恩格斯选集》第 4 卷，人民出版社 1972 年版，第 126 页。

性；规定最低等级无产者没有资格从军当兵，其余各等级则组织数目不等的森都利亚（百人队），配备不同的武器装备，分别承担不同的军事义务。① 同时创设森都利亚会议，作为新的公民大会。服兵役是公民应尽的义务，也只有公民才能享有这项权利。每逢战争爆发，年满 17 岁到 60 岁的公民根据需要按所属等级参加相应的队伍；战争一结束，军队即予解散。公民承担兵役，既无报酬，还需本人自备武装和给养。

公民兵制度是罗马城邦制度的组成部分，它的基础是自由的小农经济。直到公元前 3 世纪到公元前 2 世纪奴隶制在罗马占据支配地位以前，公民兵制度始终比较完整地存在着。拥有土地的公民是城邦的主体，他们从军以后都怀有强烈的爱国心和维护国家利益的自觉性与责任感。公民军队这种固有的道义力量，使罗马国家从困难中坚持下来，走上向外扩张的道路。从公元前 4 世纪起，由于战争频繁发生，战争规模扩大和时间的延长，低等级公民逐渐感到难以自筹经费购买武器装备和维持在征战期间的费用，于是出现了传统认为是由卡米路斯主持的军事改革，在军队中实行军饷制，并由国家提供和改进武器装备。这样，罗马的公民军开始向职业军队转化。

公元前 3 世纪到公元前 2 世纪，罗马在对外扩张中取得一系列胜利，基本上完成了对地中海世界的征服。大量奴隶和财富源源流入，奴隶制得以充分发展，奴隶劳动开始在社会生产中发挥重要作用。受奴隶劳动的排挤，加上频繁战争的破坏和高利贷的盘剥，自由农民纷纷破产，失去土地，沦为无产者，丧失当兵资格。据统计，公元前 164 年参加选举的公民达 372022 人，到公元前 136 年降至 317933 人。公民人数的下降意味着有资格服兵役的人数减少，造成兵源不足，军队补充困难。公元前 171 年至公元前 169 年，公元前 154 年至公元前 151 年，罗马都出现过新兵补充不足的情况。到格拉古改革以前，征兵甚至扩及 17 岁以下的未成年男子②，足见问题严重。

同时，社会经济和商品货币关系的发展刺激着人们对财富的贪求，那些因长期作战而脱离生产劳动的公民兵也深受其影响，发财致富开始成为他们参战的主要目的。战时掠取战利品，战后出卖战利品，使军营里充满了随营

---

① 第一等骑士级组成 18 个骑兵百人队；第二等前三级分别参加 120 个重装步兵百人队（各为80、20、20）；第四、五级参加 50 个轻装步兵百人队（20、30）；另有两个手工业者百人队，两个鼓号手百人队；等外无产者仅有一个百人队。

② 盖乌斯·格拉古制定的军事法有一项内容便是规定 17 岁以下的未成年者不得入伍。可见此前存在这一问题。

商贩、奴隶贩子、各类经纪人和各种乌七八糟的人物。这些人的到来破坏了军纪，损害了战斗力，降低了军队素质。这种情况到第三次布匿战争和西班牙努曼齐亚战争期间已经发展到了相当惊人的地步。

军队兵员补充的困难和战斗力的下降，对罗马国家的发展产生了致命的影响。因为当时奴隶和奴隶主的矛盾已经十分尖锐，出现了大规模的奴隶起义；社会各阶级之间的矛盾日趋尖锐，尤其是农民在失去土地以后变成了不安定因素；被征服地区居民反抗罗马统治的斗争正在兴起。这一切都要求罗马国家从数量和质量上加强军事力量，以确保内部安定并巩固对地中海地区的统治。罗马统治阶级中部分有识之士已经觉察到问题的严重，开始采取措施改变现状，以求军队有足够的补充和强大的战斗力。在公元前2世纪，这方面的代表先有小斯奇比奥，而最突出的则是格拉古兄弟。

小斯奇比奥已经意识到自由农民对罗马安定所具有的重大意义，但他本人与大土地所有者贵族关系密切，未能在这方面做出努力，而只对军队进行了整顿。第三次布匿战争开始以后，罗马人围困迦太基久攻不下，据阿庇安记载，这是因为"军队里完全没有纪律和秩序……士兵们惯于闲散、贪婪和劫掠"，他们"更像是一些强盗"。努曼齐亚战争爆发以后，同样因为军队腐败，罗马人屡遭败绩。公元前147年，小斯奇比奥被推主持对迦太基作战；公元前134年，他又负责努曼齐亚战争。在此期间，他竭力在军队中恢复纪律和秩序，清理那些腐蚀军队的无用之人，对士兵严加训练，鼓励他们首先要克敌制胜。他的努力终于取得成效，很快结束了旷日持久的战争。当然，他所采取的措施只能局部和暂时地改善罗马军队的状况，不能彻底解决罗马军队面临的问题。

格拉古兄弟的改革措施要广泛得多，社会意义也更深远。阿庇安清楚地意识到这次改革的目的是为国家取得战斗力，使罗马"有许多勇敢的士兵去征服世界上其他地区"。提比留制定土地法，企图通过限制贵族占有过量土地并给失地农民分配份地的办法来恢复小农经济，从而保证有充足的兵源。盖乌斯更制定同盟法，提出"给意大利人以同等的罗马公民权"，使军队有更充裕的来源，他还制定军事法，其内容除禁止未满17岁者入伍外，还规定由公款供给士兵衣着，意在保证军队的战斗力和提高士兵待遇。格拉古改革终因大土地所有者贵族的反对而归于失败。改革过程中曾有8万农户分得份地，但在盖乌斯死后，罗马允许出售份地，因此大部分又落到大土地所有者手里。改革失败表明，当时小农破产已是必然的历史趋势，城邦基础已经动摇，企图通过人为手段恢复独立的小生产经济来保证兵源和提高军事力量已不再可能，旧的适合于城邦制度的兵农合一的公民兵制已经过时。格拉古改革揭开了内战时代的序幕，它的失败意味着城邦兴盛时代已经结束。盖乌斯所采取的措施中包含若干新的因素，但未能得到实现，罗马面临的问题依旧不曾解决。

公元前111年罗马开始对朱古达作战，其时军队的混乱和堕落更加暴露无遗。军官接受贿赂，士兵出卖武器，军纪荡然，士气涣散，战争伊始便屡遭失败。公元前109年，执政官麦特鲁斯到北非时接收的竟是"一支软弱、懦怯、无力面对危险和困难的军队"，"毫无纪律和约束"，"营地没有设防，军营没有巡逻"。麦特鲁斯一面任命马略和其他一些能干的军官担任副将，同时对军队纪律进行整顿，从而改善了军队的处境，开始转败为胜，但未能迅速结束战争。拖延不决的战争引起了广大平民、特别是北非拥有利益的骑士的不满。马略利用这一形势进行煽动，许诺尽快结束战争，从而获得骑士和平民的支持，当选为公元前107年的执政官，受命主持朱古达战争。从此开始，一直到公元前101年对日耳曼人战争结束，为增强罗马军事力量，改善罗马军队现状，马略采取一系列措施，进行了著名的军事改革。

## 改革的内容

盖约·马略（公元前157—前86年）是古代罗马一位杰出的军事统帅和著名的政治家。他出身于一个地位低微的农家，完全依靠自身努力所建立的功绩，成为显赫一时的历史人物，在罗马史上是一位少见的"新人"。马略自幼少受教育，早年投身行伍，公元前2世纪30年代在小斯奇比奥帐下参加努曼齐亚战争，由于作战勇敢，借军功得到提拔。20年代以后，马略投身政界，历任各种官职，站在改革派立场，成为反对元老贵族的一名斗士。接着他出任行省总督，积累起相当财富，得以跻身骑士行列。朱古达战争爆发时，马略在北非军中任麦特鲁斯的副将，表现出高度的军事才能，进一步赢得了骑士和平民的好感，终于成功地当选为执政官。长期置身行伍，使马略深知军队弊端；小斯奇比奥和麦特鲁斯的榜样，使他感到整顿军队的重要；参与政治活动的经历，启发了他对社会问题的认识，有助于他不顾传统断然采取行动。这种种因素集中起来，使得马略能够坚决站在改革派立场，针对当时情况，在军事上采取一系列不同于前人的改革措施。

根据古典作家的记载和一般著作的叙述,马略军事改革的内容大致可以归纳为下面六点。

(一)采用新的募兵制度

以募兵制代替征兵制,取消财产资格限制,吸收志愿的无产者入伍,这是马略军事改革最重要的一项措施。

自从塞尔维乌斯·图里乌斯改革以后,罗马一直按财产资格征集公民义务承担军役,其最低财产资格为 11000 阿斯①,财产在此以下的无产者则没有当兵资格。当时的军队来源不成问题。待到布匿战争爆发,需要更多的人当兵,于是在公元前 214 年将最低财产资格降为 4000 阿斯,使武装军团的数目最多时达到 20 个。大约与此同时,罗马军队里也出现了志愿服役者,不过他们都是服役期已满的老兵。到了公元前 2 世纪,罗马兵源发生危机。格拉古兄弟改革失败,军队的补充问题日趋严重。

以尽快结束朱古达战争为许诺而上台的马略,就职后面临的首要问题就是要征集足够的兵力。《朱古达战争》一书的作者塞琉斯提乌斯告诉我们,鉴于合乎财产资格的人员不足,马略放弃了传统的财产资格限制,"不再按照祖先时期形成的等级,而允许任何人志愿参军,其中大部分是无产者"。普鲁塔克对此也有类似记载,"胜利当选之后,他便立即着手征集军队,与法律习惯相反,他把许多穷苦和微贱的人编入军册"。因此可以认为,马略实行的新制度有两个最重要的因素:一是招募志愿人员入伍;二是取消财产资格限制,允许无产者当兵。这种制度通常被称为募兵制。实行这一制度使马略很快征集到补充北非军团所需的新兵,有 5000 到 6000 人之多。

募兵制的实行打开了无产者志愿进入军队的大门,基本上解决了兵源问题。不过,从原则上来说,采用募兵制后,义务的公民兵制度并未废除,直到公元前 1 世纪时,志愿兵并不总是都能满足需要,往往仍需辅以强制征集。

(二)延长士兵服役年限

按照公民兵制度,罗马军队只是在战争开始后临时征集组成,战争结束即予解散。只要跟邻邦处于和平状态,就不存在军队。共和国早年,尽管战争不断,但规模较小,战场就在附近,军队一般只在夏季作战,秋冬春返回家园,同时每次作战也不必全部动员。制度规定从 17 岁到 60 岁的公民均有

---

① 阿斯为古罗马钱币(铜币)单位。其重量在不同时期有很大变化。

义务承担军役，实际上参加过 16 次（或 20 次）出征便可解除义务；倘是骑兵，只需经过 10 次服役。这样一来，罗马公民往往未入中年便已解除军役。公元前 3 世纪后，战争扩展到海外，更兼连年不断，军团不能每年解散重建，遂要求士兵长年离家服役。至少到第一次布匿战争期间，士兵平均服役年限已达 7 年，有的军团甚至延长到 9 年、10 年、12 年不等。

募兵制实行以后，士兵的服役年限相应增加。一般著作都提到马略军事改革明确规定的服役年限为 16 年。① 与此同时，马略的改革措施还规定老兵服役期满后可以从国家分得一块份地作为补偿。先前占有土地乃是服兵役的前提，现在反过来，如要得到土地必须先服兵役。马略改革的措施正是独立小农破产的必然结果。

（三）实行固定的军饷报酬

前已述及，到公元前 4 世纪前后，罗马最早的义务兵役制已经不再适宜，出现了卡米路斯的军事改革，开始实行军饷制，发给士兵报酬，并由国家提供统一的武器装备。至于当时所发军饷的具体数额，传统并未提及。波里比阿提到过布匿战争时期的军饷数额，折合当时的罗马货币单位，步兵为每天三分之一银狄那里，百人队长加倍，骑兵则为三倍，其中还要扣除所发武器、口粮和衣物所耗费用。

按马略推行的新制度，士兵脱离生产，当然无法自养。为保证士兵的生活，马略在盖乌斯·格拉古所制定的军事法的基础上将军饷制进一步完善并固定下来。士兵除获得薪饷外，还可从国家得到全部武器给养，不再在军饷中扣除。关于军饷数额，大概仍旧维持原来的水平。② 不过因为不再扣除武器给养的费用，士兵的待遇实际上有了提高。

应该指出，军饷并不是士兵所得的全部收入，每次战役后分得的战利品数目更加可观。

（四）改革军团组织

军团是罗马公民兵的基本组织，是罗马军队的基本战术单位。③ 初期它

---

① 许多著作都持这种看法。也有学者认为公元前 1 世纪志愿兵服役的平均年限可能是 8—10 年。

② 据斯韦托尼奥斯的研究，一直要到恺撒时期军饷才提高了大约一倍。

③ 随着意大利和海外领土的征服，罗马军队除由公民组成的军团以外，还包括由意大利同盟者和海外行省居民组成的辅助队伍，其人数约与军团相等。马略改革以后，同盟者和行省居民组成骑兵和轻装步兵队伍。同盟战争以后，意大利人取得公民权，他们参军以后也就被吸收进军团。

直接由百人队组成。共和国早年，一般认为，罗马共有四个军团。① 它们按希腊—马其顿式的方阵排列阵式。第一、二、三级提供的重装步兵按密集横列排成六行，每行 500 人，持精良武器者居前；两个军团的方阵往往并列，形成密集阵线，侧翼配置骑兵，轻装步兵（每军团 1200 人）散开列于主力队伍前面发挥作用并掩护两翼。公元前 4 世纪后，方阵已被实践证明不够灵活，不宜在复杂地形作战，难以抵挡机动敌军的袭击。于是卡米路斯改变军团阵式，放弃原来按财产等级所提供的武装来安排队列的原则，按照重装步兵的年龄、经验和训练程度将他们分成投枪兵、主力兵、后备兵，组成三列队伍；轻装步兵仍然居前组成一道屏障。大致与此同时，罗马军队中出现了较小的战术单位，即由两个百人队组成的连队。军团的重装步兵共有 30 个连队，每列各有 10 个连队，前两列的连队各为 120 人，后备兵连队仅 60 人。三列队式和连队组织使军团前后呼应，相互支援，阵线更为巩固。连队还可各自为战，作战时机动灵活，能适宜各种地形，并且在统一指挥失去联络后也不致溃不成军。军团阵式的改变表明罗马军队更加重视士兵的训练和作战经验，至少在重装步兵内部等级区分已经无效。三列队式最后一次出现，是在麦特鲁斯主持朱古达战争期间。

为使军队能更加机动灵活地作战，马略在军事改革中开创了联队制的军团结构。联队是介于军团和联队之间的组织，每个军团建有 10 个联队，每个联队辖三个联队。联队是能够单独执行战术任务、独立进行军事活动的单位。除重装步兵外，它还配备一定的来自同盟者或行省居民的骑兵和轻装步兵，罗马公民一律充当重装步兵，表明在军队内部财产资格也已完全失去意义。

联队制的军团在阵式排列上仍然保持三列队形式。10 个联队按 4、3、3 配置，以传统的五点形排开，以便交叉挡住前列空隙。当然，新的三列队之间已经不再存在训练和军事素养上的差别了。

（五）整顿军纪，加强训练

罗马军队向来纪律严明。对违反军令、临阵脱逃、怯懦退却者均要处以鞭笞直至砍头，甚至连轻微过错也不放过；若是整个部队逃跑，则施行著名的"什一抽杀律"②。同时，罗马军队也注意进行奖励以表彰军功，维护纪

---

① 两个军团由年轻的公民组成，担负野战任务；另两个军团由年长的公民组成，负责驻防任务。
② "什一抽杀律"为罗马古老军法，凡临阵脱逃的部队，按抽签法十人杀一。

律。严苛的军纪保证了军队的战斗力，也反映出公民兵自觉的责任感。但到公元前2世纪以后，罗马军队开始腐化堕落，军纪日趋松弛，到朱古达战争时更为严重。马略组建新军以后，效法小斯奇比奥和麦特鲁斯，十分重视军纪的整顿。他使新兵懂得，"倘若逃跑就要被捕或者被杀，只有武装才能保卫自由、国家和父母，并且获得荣誉和财富，很快就使新兵变得和老兵同样勇敢"。马略执行纪律严格，不问亲疏，但看功过，深得士兵拥护，因此能很快取得效果。

新军士兵长期服役为其接受正规训练提供了条件，马略充分利用这一条件，对士兵进行严格训练，以提高他们的作战能力。在训练中，马略着重锻炼军队适应环境。在北非，他使军队适应酷热缺水的条件，对日耳曼人作战时，则使士兵惯于长途行军。马略还要求士兵熟练掌握工兵作业技术，使军队每到一处，均可根据需要组织工程，修建运河，安排营寨，保证军队有充足供应，使士兵能安心等待作战时机，以免仓促应战。

马略治军的主要特色是身体力行，能与士兵同生活、同劳作，颇受士兵赞赏，对军队的士气和作战能力的提高产生了良好的影响。

有材料表明，马略时期罗马对军队的训练已经相当正规、系统。公元前105年，有一位马略的同僚曾经撰写一部完整的训练条例。这部条例后经苏拉修改，一直通用到恺撒时代。

（六）统一并改进武器装备

卡米路斯改变了公民兵装备五花八门、参差不齐的状况，但三列队之间仍不一致。马略实行联队制，使重装步兵的内部差别也归于消失，一律配备了投枪和短剑。这使所有重装步兵的作战能力趋于一致，整个军团的战斗力从而大为提高。

在武器方面，马略改进了投枪构造，使之具有更大的杀伤力。马略还重视给战士配备工兵作业的工具，注意改进运载工具，以保证军事工程的修筑和辎重给养的运送。

# 改革的结果

马略军事改革是罗马奴隶主阶级中的改革派为摆脱共和国面临的困境所进行的一次成功行动。这次军事改革冲破了旧的城邦传统，提出了解决罗马共和国危机的重要措施，促进了罗马国家向帝国的转变。作为改革的主持者，马略在这一事件中表现出杰出的军事才能和政治胆略，对推动罗马奴隶制国家进一步发展作出了重大贡献。

马略军事改革的直接后果是解决了罗马军队所面临的问题。一方面，通过实行募兵制，保证了军队兵员的补充；另一方面，通过对军队组织的改革和整顿，提高了军队的战斗力。正是依靠改革以后建立的新型军队，马略才于公元前105年结束了朱古达战争，接着又在公元前102年至公元前101年击退了日耳曼部落的进攻；公元前101年，他的同僚曼尼乌斯·阿克维里乌斯镇压了第二次西西里奴隶起义。事实证明，这次改革对镇压奴隶起义、巩固和维护奴隶制国家确实具有实效。同时，改革后城乡大批无业流民加入军队，部分地解决了小农破产引起的社会问题，在一定程度上保证了内部安定。因此可以认为，新建立的军事制度符合罗马国家进一步发展和奴隶主阶级加强统治的要求。

经过改革，罗马军队的性质发生了变化。前已述及，卡米路斯的军事改革使罗马的公民军开始向职业军队转化，而马略军事改革则是这一转化过程中具有决定意义的步骤，它使罗马的公民军变成了完全脱离社会生产的职业军队。职业军不分财产资格招募志愿者入伍，致使大量无产者涌入军队。这些无产者把参军当作谋求生路以至发财致富的手段；他们以战争为业，脱离生产长年服役，依靠军饷和掳获物维持生计。不过，共和后期的职业军队还不能认为是完全意义上的常备军。因为尽管当时战争不断，军队长年存在，但是为了新的战役，军队往往要重新征集，战争结束仍需解散，特别是当统帅更换时更是如此。

职业军队的出现，乃是城邦发展演变导致危机的合乎历史发展规律的产物，而不是某个人突然发起的一次孤立行动的结果。我们看到，导致职业军队出现的这次改革所采取的措施，其重要因素早已程度不同地萌发出现。例如，军饷制和统一武装开始于公元前4世纪；公元前3世纪，军团的编制已经不按选举的百人队而根据区域部落，财产等级划分的作用日渐削弱；吸收贫穷者和无地居民参军很早便已分散出现；公元前214年又明确降低参军者的财产资格；吸收志愿服役者（通常是服役期满的老兵）参军早在马略之前约100年就已为人所知。所有这些因素都在马略改革中被集中起来，成为新的军事制度的组成部分。但是，马略改革毕竟发生在小农大量破产、公民兵制度难于维持、共和国出现危机以后，它一方面吸收了从公元前4世纪开始的军事制度长期演化的成果，另一方面则为适应形势需要提出了新的措施，从而改变了罗马的军事制度。特别是改革中所采取的冲破传统的新措施，如取消财产资格限制，实行募兵制，打开无产者阶层流入军队的闸门，并从此成为一项制度。这一制度导致了军队社会成分发生变化，使罗马军队由一支有产者组成的公民军变成了以无产者为主要来源的职业军队，从而破坏了兵民合一的城邦制度。在这一点上，后来的同盟者战争进一步发展了马略的军事改革。同盟者战争以后，意大利人获得公民权，与罗马公民一样参加军团，数量上还占优势。这些意大利人在本城虽是有产者，但他们与罗马城邦无关。因此意大利人进入罗马军队就进一步突破了罗马城邦组织的狭隘性和排他性，与罗马无产者涌入军队同样严重地动摇了城邦制度的基础。

吸收无产者志愿参军，表明罗马已经放弃通过恢复小农阶层以保证兵源的做法，财产资格和土地占有不再是参军的前提。马略改革以后，罗马逐步建立起给服役期满的老兵分配土地的制度。从此，罗马土地问题的性质发生了变化，其基本内容不再是小农争取恢复土地占有的斗争，而是老兵争取份地的斗争。马略改革以后的土地立法，只有少部分仍然带有传统性质，如规定只有原先的罗马公社成员才能获得份地，其大部分在提到土地分配时往往不问公社成员的身份，而把它作为对军事服役的奖励。在军队里发生并逐步发展的这种新的所有制关系——老兵的土地占有关系，表明旧的城邦制度及其所有制结构正在逐渐失去作用。因为这种新的关系与是否从属于一个闭塞的、狭窄的公民公社无关，任何一个参军的自由人现在都可依赖胜利的战争和慷慨的统帅在他服役期满以后分得一份土地。

总之，职业军队的出现和退伍老兵争取土地的斗争，使共和后期罗马社会斗争增添了新的因素。新建职业军队的社会作用明显地发生了变化，它从昔日维护城邦共和国的工具，变成了城邦制度的破坏力量。军队的职业化抵消了公民兵对国家的责任感。主要来自无产者的士兵没有公民兵所具备的那种自觉性和爱国热情，他们参战的主要目的是为谋求生路和发财致富。因此他们一味追求有利可图的出征机会，追随并服从承诺给自己带来财富和土地的统帅，而军事统帅也就很容易以慷慨的赠赐来收买笼络自己的队伍，使之成为实现个人目的的工具。军队和统帅之间这种相互利用的关系，改变了先前军人只是以公民身份参与政治，而军队并不直接插手政治的传统。现在，军队成了左右政治局面的主要力量，奴隶主上层利用对军队的控制来操纵政治并进而夺取对国家的统治权。马略和苏拉的斗争是这方面的最早事例。阿庇安在提到这件事时说："党派的领袖们带着巨大的军队，依照作战习惯，彼此互相进攻，他们把国家变为他们争夺的对象。"继后又有前三头和后三头，争夺更加激烈。军队成为他们争权夺利和实行独裁的有力工具。争夺的结果，无非是决定由谁来实行军事独裁乃至专制统治。起初是苏拉，后来是恺撒在争夺中取得胜利，建立了军事独裁。最后奥古斯都依靠军队支持，确立了元首制，结束了共和国制度。由此可见，马略军事改革导致职业军队的出现，既是罗马城邦危机的一种具体表现，又是促进共和国倾覆和帝国建立的重要因素。

马略军事改革后所建立起来的军事组织制度，在帝国前期虽然略有变化，但基本上一直维持到 3 世纪。这也证明它适合于帝国的需要。当然应该指出，奥古斯都曾对军队进行过改组，使职业军队更适合元首制统治的需要，从而最终"完成了把罗马军队变为常备的正规军的事业"。[①]

---

① 恩格斯：《军队》，《马克思恩格斯全集》第 14 卷，人民出版社 1964 年版，第 24 页。

# 同盟者战争

房　宪

公元前91—前88年，罗马的意大利同盟者发动起义，反抗罗马的压迫，要求获得罗马公民权。起义波及意大利大部分地区，严重威胁了罗马的统治。这就是罗马史上著名的"同盟者战争"。由于同盟者中以马尔西人反抗最烈，故又有"马尔西战争"之称。

## 属民与公民

自从罗马征服意大利并对意大利实行"分而治之"的政策以来，在200年的漫长岁月里，通过罗马政治法律的影响，通过经济文化的交流，意大利各民族逐渐拉丁化、罗马化。然而，在社会地位上，意大利人和罗马人却俨然是两个等级。罗马人名义上称意大利人为"同盟者"，实际上把他们当作属民，而不当作平等的公民。意大利同盟者用生命和鲜血帮助罗马开疆拓土，可他们自己却分不到一犹格的"公有地"。他们不得参与罗马的政治生活，罗马公民大会对他们关闭神圣的栅栏；至于罗马的各级官职，他们更是无权问津。他们享受不到政治平等，相反，却受到罗马人的歧视和压迫。在罗马官员的横暴势力面前，他们甚至没有人身的保障。在一个同盟者的城市曾经发生过这样一件丑恶的事：这个城市的首要长官被一个罗马官员捆在广场的木柱上用权杖抽打，原因是罗马官员的妻子想到市内的男浴室洗澡，而该城长官没有尽快地赶出正在洗澡的人们；此外，在这个罗马女人看来，仿佛浴池也搞得不够干净。类似场面还出现在另一个同盟者城市：一个意大利自由农开玩笑地在一个路过此地的罗马外交官的肩舆上坐了一下，就被罗马外交官揪下来用肩舆上的皮带鞭挞至死。

意大利同盟者认为，这一切不平等待遇的根源就在于他们没有罗马公民权。当罗马还是一个蕞尔小邦时，意大利各邦的居民自然不会对罗马的公民权投以青睐，那时的罗马出于自己的需要经常将它的公民权惠赠友人。随着罗马的崛起及其征服意大利，作为同盟者的意大利各城邦实际上降到隶属地位，罗马公民权比这些城邦的公民权显示出优越性，有些意大利人开始谋求罗马公民权，而罗马人则变得吝啬起来。罗马成为整个地中海的主人以后，罗马公民权更带来巨大的物质利益，意大利人中对罗马公民权的要求日益普遍和迫切，但罗马人却把公民权看成自己的禁脔，拒绝和别人分享。

意大利人为获得罗马公民权采取了种种手段。最初，他们利用"迁移权"偷偷移居罗马城内，在罗马公民普查时混进公民名册。贿赂也成为意大利人谋取公民权常用的办法。意大利人还将自己的孩子卖给罗马人，以使他们成为罗马公民。早在公元前286年，罗马监察官就发现了为数不少于12000人的"非法"移民，这些人被全部赶出罗马。在公元前187年、前177年、前172年、前168年各普查年份，罗马当局多次采取措施，对外来移民加以限制。公元前126年，更颁布"潘努斯法"，从罗马城驱逐所有意大利移民。这种保守排外的政策激起意大利人的不满，他们开始转向公开地和直接地向罗马人要求公民权。

罗马统治集团中个别有远见的民主派领袖看到问题的潜在危险性，主张向意大利人授予公民权。于是，同盟者争取公民权的斗争便与罗马的民主运动发生了关系。公元前125年，执政官福尔维乌斯·弗拉库斯首次提出向同盟者授予公民权的议案。由于保守势力的反对，议案没有通过。这件事在同盟者中引起义愤，弗列盖列城爆发了起义。起义被罗马当局残酷镇压下去。公元前122年，著名民主派领袖、保民官盖乌斯·格拉古又提出公民权议案。大批同盟者涌入罗马城，支持盖乌斯议案，但被执政官法尼乌斯驱逐。议案再次遭到否决。盖乌斯失败罹难与公民权问题不无关联。公元前100年，保民官萨杜尔尼努斯与军事领袖马略结盟，强行通过了共同拟订的土地法案，该法案计划将阿非利加和那旁高卢等行省的公有地分给马略老兵，包括服役的意大利同盟者。鉴于只有罗马公民才有权分配公有地，这一措施就等于把罗马公民权授予这些意大利人。但是，萨杜尔尼努斯运动的失败使同盟者的幻想再次成为泡影。公元前95年，苛刻严厉的"李锡尼-穆西乌斯法"剥夺了一些意大利人已"非法"获取的公民权，并再次将罗马城内的意大利人统统驱逐出去。

罗马民主派领袖的相继失败和遇难，使同盟者在心理上受到创伤，但他们对罗马当局仍然抱有一线希望。不久，他们果然在罗马贵族中找到一个新的同情者——保民官李维·德鲁苏，并与他建立了秘密的联系。公元前91年，德鲁苏提出一个试图调和各方利益的议案：将司法权归还元老院，同时在元老院增加300名骑士出身的成员；向贫穷公民廉价售粮并分配坎佩尼亚和西西里剩余的公有地；授予意大利同盟者以罗马公民权。然而事与愿违，德鲁苏的全面妥协议案招致的竟是罗马社会的普遍反对，甚至他自己的亲属也对他的政策充满敌意。据说，同盟者马尔西人的首领昆图斯·庞彼狄乌斯·西罗有一次拜访德鲁苏家，出于逗趣，请他4岁的外甥小加图支持意大利人的要求，遭到了断然拒绝。送给他糖果和玩具，小加图仍然刚强地说"不"。最后，马尔西人首领为这个小孩的固执而愠怒，抓起他的双腿伸到窗外，恫吓他说"如果不屈服，就把你扔下去"，可是同样没有结果。西罗只得悲叹一声作罢，从这个乳臭未干的毛孩子的倔强，他不难想象会遭到大人们多么顽固的反对。这一年秋天，就在议案即将付诸表决的日子里，德鲁苏被无名刺客暗杀。这样，意大利同盟者通过合法途径获得罗马公民权的最后希望，也就随着德鲁苏埋葬了。

同盟者绝望地拿起武器。以马尔西人为核心，皮凯努姆人、皮里根尼人、维斯提尼人、玛鲁西尼人、萨姆尼特人、卢卡尼亚人和阿普里亚人等组成了秘密的反罗马联盟。他们互相交换人质，并商定同时发动起义。西罗成为联盟的灵魂。起义的准备在悄悄地进行。政治的意大利恰像自然的意大利，炽烈的岩浆在平静的地表下翻滚奔突。一个偶然事件的火花提前引爆了同盟者战争。

# 公牛与母狼

公元前91年底，罗马大法官塞尔维利乌斯获悉皮凯努姆的同盟者城市阿斯库鲁姆正和邻近城市交换人质，遂赶到那里，向集会的市民发表了威胁性的训话，激起市民的公愤，当场被打死。城市长官尤达西略命令关闭城门，将住在城内的罗马人统统处死。阿斯库鲁姆起义的火焰迅即蔓延到邻近地区。马尔西人带头向罗马宣战，参加反罗马联盟的各城市、公社纷纷响应，除了伊达拉里亚人和翁布里亚人外，几乎所有的意大利同盟者都卷入了起义。即使在这样的时刻，同盟者还是向罗马派去使团，提出最后呼吁。但是，罗马元老院拒绝听取用剑强逼的要求，勒令同盟者放下武器。于是，同盟者战争正式开始了。

同盟者既然已向罗马宣战，便不再乞求罗马国家的公民权，自己组织起一个新的联盟共和国。新国家定都于起义地区的心脏——皮里根尼人的城市科芬尼乌姆，命名为"意大利"。这个新国家的公民权授予所有起义公社的成员。国家按照罗马的模式组织：由选自各起义公社的 500 名成员组成元老院，作为国家的领导核心；在起义领袖中选出两名执政官和 12 名大法官，授予他们以军事、行政和司法的权力；全意大利人民大会也预定在首都召集。萨伯利安各族通用的奥斯坎语与拉丁语共同成为新国家的官方语言。铸造并发行了全意大利通用的硬币，上面铸有"意大利"字样，一些硬币上带有寓意深刻的图案：一头代表意大利的公牛用它强劲的角将罗马的象征——母狼掀翻在地，并将它踩在蹄下。

起义者的军队有 10 万之众，无论是统帅的指挥才能，还是士兵的素质及武器装备，都不次于罗马军队。同盟者长期作为辅助部队随同罗马军团征战，对罗马军事熟谙深知。起义在意大利本土爆发，其中心距离罗马相当近，构成对罗马的严重威胁。然而，战争的进行对起义者和罗马人双方说来都很困难。起义地区非常广大，而许多效忠罗马的要塞据点（主要是军事殖民地）则散布其间；因此，在战略上，起义者不得不将对罗马要塞的围攻战与各自领土的保卫战结合起来，罗马人则被迫同时与遍布各地的起义者作战。由于多种原因，起义者没有集中兵力进攻罗马，而罗马人也难以一举扑灭没有明确主力的起义。整个说来，这是一场散漫的战争，分解成敌对双方各个军团在同一时间、不同地区时而单独、时而联合的一系列战斗。从军事观点看，主要有两个战区：北方战区，自皮凯努姆和阿布鲁兹河至坎佩尼亚北界，大都是操拉丁语的地区。意大利方面的统帅是昆图斯·西罗，罗马军队则由茹提略·卢普斯统率，两人都是各自国家的执政官。南方战区，包括坎佩尼亚、萨姆尼乌姆、卢卡尼亚和阿普里亚。萨姆尼特人巴比乌斯·穆提鲁斯作为意大利执政官任起义军统帅，罗马统帅为执政官路西乌斯·恺撒。统帅之下配有副将，负责特定地区的战争。罗马的两位执政官同时出征，一些著名的罗马将领（诸如盖约·马略、庞培·斯特拉波和苏拉等）担任副将，表明形势的严重性。

战争的第一年，公元前 90 年，起义者在南北两个战区都占据了明显的优势。他们重点围攻境内罗马人的要塞，并在许多地方突破了罗马人的防线。在南方战区，起义军将领斯卡托指挥的军队大败路西乌斯麾下的罗马军，占领位于坎佩尼亚到萨姆尼乌姆军事大道上的重镇维那弗伦。起义者的这一胜利导致另一个罗马要塞爱塞尔尼亚的投降。在卢卡尼亚活动的起义军将领拉姆彭尼乌斯重创罗马将领普布利乌斯·克拉苏，罗马要塞格罗门敦落入起义者手中。意大利执政官巴比乌斯·穆提鲁斯击败罗马将领波波那，率领萨姆尼特军队进入坎佩尼亚。诺拉、庞贝等城市拱手投降，许多倒戈的罗马士兵和解放的奴隶加入了起义军的行列。

在北方战区，起义军将领尤达西略和拉夫伦等联合击败罗马将领庞培·斯特拉波指挥的独立军团，将他围困在费尔姆。这使得北方战区的起义军能够把一部分兵力抽出来，投入南方战区。尤达西略率领皮凯努姆军队突入阿普里亚，卡努辛、维努西亚等城市倒向起义者。就在这一年的 6 月，罗马人遭到一次最惨重的失败：执政官卢普斯的军队在渡过托林那河时，受到骁将斯卡托指挥的起义军的猛烈袭击，执政官本人和他的 8000 士兵被杀死。当卢普斯和其他许多贵族的尸体被运回罗马时，引起全城的恐惧。元老院下令以后阵亡者应就地安葬，以免生存者目睹惨状而不愿从军作战。卢普斯死后，罗马北方军由马略和西彼俄分别指挥。西彼俄被起义领袖西罗用诈降计诱到一个设伏地点，兵败身亡。意大利公牛在创伤累累的罗马母狼身上又刺了重重的一角。

# 退让与反扑

意大利同盟者的一连串胜利，使得仍然忠于罗马的伊达拉里亚人和翁布里亚人动摇起来，其中个别公社归附了起义者，大多数则正犹豫彷徨。起义的同盟者还派出使节，向已对罗马采取敌对行动的小亚细亚的本都国王米特拉达特斯六世寻求援助。罗马面临着整个意大利起来造反和意大利人与本都国王对它内外夹击的可怕前景。

罗马元老院意识到事态的严重性，宣布处于紧急状态。为了提供战争必需的至少 18 个军团的军队，罗马当局广泛采用了马略军事改革创建的募兵制，不仅雇用众多的被军饷和劫掠机会吸引来的流氓无产者，而且将大批的蛮族人（主要是高卢人、努米底亚人和毛里塔尼亚人）编入军队，投入各个战场；甚至破例招募了释放奴隶，部署在库麦至罗马的沿海一带。在继续加强军事镇压的同时，元老院迫于形势，开始采取让步政策。公元前 90 年底，执政官路西乌斯·尤利乌斯·恺撒受命提出一个议案，建议向所有迄今仍忠于罗马的意大利同盟者授予公民权。议案通过后成为"尤利乌斯法"，向全意大利公布。这一法令有效地制止了起义的进一步扩展。利用这个恩惠，元老院使那些忠顺的人更加忠顺了，使那些动摇的人坚定了，使敌人缓和下来了，因为有了取得同样待遇的希望。伊达拉里亚人和翁布里亚人率先取得了罗马公民权。公元前89年初，罗马又颁布了由两位保民官提出的"普劳提乌斯－帕皮利乌斯法"，宣布：凡在60天内放下武器、向罗马长官登记申请的同盟者，均可得到罗马公民权。这一心理攻势促成起义者阵营的瓦解。

随着战争第二年（公元前89年）的开始，战场上的局势急转直下。罗马在招抚投降者的同时，对顽强抵抗的起义者进行更残酷的镇压。得到补充的罗马军队调整了战线，在南北两个战区都发动了攻势，夺取了战争的主动权。在北方战区，尚不知道伊达拉里亚人和翁布里亚人态度变化的马尔西人派遣一支15000人的军队去援助北意大利正在酝酿的起义，这支军队被新任罗马执政官庞培·斯特拉波阻截并击溃了。另一位罗马执政官波尔西乌斯·加图突入马尔西人地区。加图在福兴湖阵亡后，北方战区的罗马军队由斯特拉波统一指挥，在阿斯库鲁姆周边展开大战，这个最早发难的起义城市在上年年底已被罗马军队包围。转战在阿普里亚的尤达西略率皮凯努姆军队回救自己的家乡，城下一战，起义军损失惨重，但尤达西略却率少数队伍冲入城内。围攻重新开始。在坚守数月之后，尤达西略看到局势变得无望，遂令将市民中的亲罗马分子处死，然后自尽。罗马人占领放弃抵抗的阿斯库鲁姆，把守城将领和著名市民逐一处决，财产没收，其余居民被驱赶出城。阿斯库鲁姆是意大利联盟在北方的堡垒，它的陷落导致中部意大利起义者全线崩溃。斯特拉波的副将苏尔皮西乌斯降服玛鲁西尼人，庇护和秦纳降服马尔西人，维斯提尼人和皮里根尼人投降于斯特拉波本人。起义者的首都"意大利"再次成为卑屈的小城科芬尼乌姆，同盟者的首脑机关于公元前88年初迁至萨姆尼乌姆的爱塞尔尼亚。中部意大利的起义平息下去，斯特拉波在罗马举行了凯旋式。

南方战区的罗马军队由接替路西乌斯的苏拉统率，他以狡诈而残酷的手段展开了凌厉攻势。苏拉进入坎佩尼亚，斯塔比埃、赫库拉纽姆和庞贝诸城相继被攻克。在诺拉城下，苏拉得到血腥的胜利。然后，他以一部分兵力围攻诺拉，自己率部向萨姆尼乌姆内地挺进。苏拉击溃了以善战著称的萨姆尼特军队的主力，攻克其首府波维亚努姆。与此同时，庇护率领的罗马军队开入阿普里亚，恢复了罗马在那里的统治。

至公元前 88 年初，态势已发生了根本性的变化：整个北方平定了。中部意大利完全被罗马人控制。南方的战事虽然尚未结束，但坎佩尼亚远至诺拉，阿普里亚远至维努西亚，都掌握在罗马人手中；而通过占领赫尔皮尼人的领土，罗马人切断了仍然抵抗的萨姆尼乌姆和卢卡尼亚－布鲁提伊之间的联系。起义的战场好像即将熄灭的一场大火：满目残垣断壁和熏烟的木头，虽然时而有火苗从废墟中蹿出来，但已不再有新的危险。意大利联盟的"灵魂"、马尔西人首领西罗在北方战区的起义被镇压下去之后，撤到萨姆尼乌姆，与穆提鲁斯共同领导起义军残部，以爱塞尔尼亚为中心，坚持抗击罗马人。西罗号召全意大利的奴隶起义，同时继续敦促米特拉达特斯救援。西罗甚至一度收复了波维亚努姆，模仿罗马人举行了盛大的凯旋仪式。但是，他头上的胜利花冠很快就枯萎了：在阿普里亚的一次血战中，起义的"灵魂"和 6000 具起义者的尸体一起留在了战场上。在萨姆尼乌姆和卢卡尼亚－布鲁提伊等地，零星的起义队伍继续战斗，一直坚持到公元前 82 年。然而，从整体说来，至公元前 88 年初，同盟者战争已经走到了尽头。

# 结局与结果

同盟者战争发生在罗马城邦危机时期，这次战争本身体现出历史的讽刺性。当初，由于对合法地或和平地谋取罗马公民权感到绝望，同盟者被迫诉诸武力，发动了这场战争。在战场上，同盟者被罗马人打败了，但是，他们进行这场战争的最初目的却达到了，作为放下武器的交换，他们从罗马人那里得到了原先得不到的东西；相反，罗马人在战争中取胜了，然而，他们却不得不把他们原来不愿让出的公民权给予意大利同盟者。经过战争，除了继续抵抗的起义者残余和少数留恋自己的独立的南方希腊化城市外，所有的意大利同盟者都相继得到了罗马公民权。之所以如此，是因为共和后期罗马社会发生剧烈变化，扩大公民权亦即扩大罗马社会的基础，乃是当时社会历史发展的必然趋势，因而造成战争的失败者竟然达到发动战争的最初目标这种具有历史讽刺性的结果。不过，被迫让步的胜利者罗马当局在这里又一次倔强地显示出他们的愚蠢与顽固，他们将惠赠的礼物盖上一个表示劣等的烙印：这些新公民被单独编入 8 个（一说是 10 个）特里布斯，这使他们在表决中对拥有 35 个特里布斯的老公民处于无足轻重的地位。因此，意大利人在政治上仍然没有与原来的罗马公民完全平等。然而，即使这样的待遇也使意大利人得到抚慰。在意大利人中普遍存在着这样一种信念：与其独立，毋宁仍和罗马在一起。就同盟者的上层分子说来，他们满足于在形式上和法理上与罗马人平等，希冀沿着以前"新人"攀缘过的阶梯登上罗马权力的顶峰。一些意大利同盟者首领从此跻入罗马显贵之中。而对于广大意大利下层人民来说，更实惠的是罗马公民权带来的财产权、婚姻权、税务豁免权以及人身的保障。至于表决中的歧视待遇，他们大都漠然视之，因为纵使他们拥有完全平等的表决权，也不可能经常远离家园，风尘仆仆地赶到罗马城去投那无关紧要的一票。

同盟者战争具有民主的性质。同盟者要求罗马公民权，争取与罗马人在政治、经济和社会地位上平等，不是作为属民而是作为公民参与共和国的公共事务，这是民主运动。尤其值得注意的是，意大利人的民主运动与罗马内部的民主运动发生了相互支持的密切关系。同盟者战争的结果扩大了罗马共和国的社会基础，同时使原有的社会结构和政治机构得到改造。

同盟者战争在古罗马的历史上具有划时代的意义。一般说来，罗马共和国创建伊始是一个单纯的城邦。在征服意大利的过程中，共和国获得重大的外部发展，从单一城邦经由罗马—拉丁同盟扩张为罗马—意大利"联邦"，即罗马霸权下的意大利各自治、半自治的城邦和部落的联盟。同盟者战争改变了意大利的全部政治外貌和制度，复杂异样的罗马—意大利"联邦"变成了全意大利统一的罗马国家，一个至少在法理上承认几乎所有意大利自由民为其公民的单一国家。在这个单一国家中，意大利各城邦都丧失"国格"降为普通的自治市，而罗马本身则成为国家的首都。这种政治上的变化反映在意识形态上，加速了旧的民族感情的消灭。因此，同盟者战争及其后果，在扩大罗马社会基础和改变国家结构形式等方面，都突破了旧的城邦制度的框架。随后罗马社会矛盾进一步激化，导致了新的内战，终于促使罗马由共和国向帝国的过渡。从长远的历史角度来看，同盟者战争在罗马共和国转变为帝国的过程中，起了巨大的推动作用。

# 斯巴达克起义

李怀国

斯巴达克起义是古代罗马一次大规模的奴隶起义。英雄的起义军在杰出的领袖、卓越的军事统帅——斯巴达克领导下，屡败罗马军队，在意大利纵横驰骋，所向披靡，沉重地打击了不可一世的罗马奴隶主统治阶级，谱写出古代世界被压迫阶级争取解放的光辉篇章。

## 起义前夜

斯巴达克起义发生在公元前1世纪70年代，此时正值罗马雄踞地中海，奴隶制充分发展之时。然而，罗马疆域之广阔，奴隶制经济之繁荣，完全建筑在对内压迫剥削奴隶，对外扩张掠夺，奴役弱小国家与民族的基础之上，其结果，势必导致奴隶起而反抗，势必引起被征服的国家与民族奋起斗争。

早在斯巴达克起义前，地中海沿岸地区奴隶起义的怒涛汹涌澎湃，一浪高过一浪。据李维等古典作家所记，公元前198年，拉丁地区的奴隶曾酝酿起义，计划占领奥斯提亚、诺尔巴和萨尔泽伊。因叛徒泄密，起义失败，被处死者达500余众，被俘者皆夹上四公斤半的足枷；公元前196年，伊达拉里亚地区的奴隶起义，规模之大，人数之多，竟使罗马动用整整一个军团镇压；公元前185年，阿普里亚地区牧奴起义，经罗马大法官调查，起义者达7000余人；公元前138年和公元前104年，西西里岛曾先后爆发两次奴隶大起义。在第一次西西里奴隶起义期间，奴隶们曾组成一支20万人的大军，并控制该岛的大部分地区，还建立起自己的国家——"新叙利亚王国"。在第二次起义期间，起义军也曾在短期内占领该岛的大部分地区。在西西里起义的同时，意大利半岛的明图伦、西努耶萨、努塞利亚、小亚细亚的帕加马都曾爆发奴隶起义。公元前104年，卡普亚郊区还曾爆发3000角斗奴的起义。上述起义成为斯巴达克起义的先导。

斯巴达克起义前，地中海沿岸地区的被罗马征服的国家与民族争取独立的斗争如滚滚洪流猛烈地冲击征服者的堤坝。在罗马的西方，塞尔托里乌斯成功地领导了西班牙各部族的起义，宣告西班牙独立；在罗马的东方，小亚细亚和希腊城市为摆脱罗马的控制，全力支持本都王米特拉达特斯六世同罗马交战。塞尔托里乌斯与米特拉达特斯六世的结盟，使罗马完全陷入东西夹攻的窘境。

此外，共和末期统治阶级内部民主派与贵族派的"内战"，意大利居民为争夺公民权所发动的"同盟者战争"，农业的连年歉收，海盗的猖獗活动，这一切使得意大利本土兵连祸接，罗马人坐卧不安，一筹莫展。

斯巴达克正是在罗马社会矛盾重重、危机四伏、内外交困的背景下，率领奴隶大众登上了历史舞台。

# 暴动成功

关于斯巴达克起义，约有 30 多位古典作家曾予记述，但保存至今只有普鲁塔克、阿庇安的概述和萨留斯特、福洛茹斯、阿罗修斯、李维等人所记的片断，有些情节众说纷纭；至于斯巴达克本人的生平事迹，古典作家更少提及。综合各家的说法，我们只能素描这一伟大战争的悲壮历程。

斯巴达克乃色雷斯人。公元前 80 年，他在色雷斯反对罗马征服的战争中不幸被俘。初在罗马辅助部队中服役，后因多次逃亡，被卖为奴。由于斯巴达克魁梧英俊、臂力过人，卡普亚一所训练角斗士的学校将其买下做角斗奴。角斗奴遭受的非人待遇，罗马人以其互相残杀作为娱乐的暴行，激起斯巴达克及其同伴们的无比愤慨。斯巴达克决计率领同伴逃出牢笼。他启迪众角斗士："与其以生命在剧场里冒险，不如为自由而去担当哪怕最大的风险。"在斯巴达克的鼓动下，100 名角斗奴决意暴动。不幸，事泄。斯巴达克当机立断，提前行动，于公元前 73 年春末率 70 余名角斗奴①，手持厨房的刀叉，以迅雷不及掩耳之势，杀死卫兵，逃出城市，躲进了附近的维苏威

---

①　关于起义时角斗奴的数目，古典作家说法不一。普鲁塔克说 78 名（见其《名人传·克拉苏传》）；阿庇安说近 70 名（见其《罗马史》166）；李维、萨留斯特、奥罗修斯说 74 名（见李维：《摘要》95—97；萨留斯特：《历史》第三册断片，90；奥罗修斯，Ⅴ，23—24）；福洛茹斯说不到 30 名（见Ⅶ，《斯巴达克战争》）；维勒斯·巴特古鲁说 64 名（见其《罗马史》11，30，5，6）。

深山。起义者推选斯巴达克为首领，高卢人克利克苏斯和日耳曼人恩诺马乌斯为副将，成立了斯巴达克起义军。

起义军于维苏威扎寨之初，并未引起罗马元老院的注目，因为奴隶逃亡在罗马已成司空见惯之事，何况元老院正苦于内忧外患，无暇顾及镇压起义力量。起义军因利乘便，积聚力量，在短短几个月里，不仅缴获了当地驻军的大量武器，而且还从附近庄园、城市补充了大批给养。由于此时起义军纪律严明，深得奴隶与贫民的欢迎和支持，队伍迅速壮大起来。据公元2世纪作家福洛茹斯报道，起义军很快发展到一万多人。

# 节节胜利

起义军活动范围日益扩大，使愈来愈多的奴隶主惶恐不安。元老院决定迅速剿灭斯巴达克军，于是在公元前72年春派行政长官克劳狄乌斯前去征剿。[①] 克劳狄乌斯率领3000兵马抵维苏威山后，立即切断了起义军的退路，将起义军围困在悬崖峭壁之上，妄图迫降。然而，困难见巧，起义军随时制宜，用山上野葡萄藤编成绳梯，然后沿绳下到山脚，绕至敌后，突袭敌人，出奇制胜。维苏威一役打击了罗马官军的嚣张气焰，提高了起义军的士气，显示了斯巴达克的军事才能，起义军名声大震。斯巴达克深谋远虑，因势利导，扩建武装。起义军吸收了前来投奔的坎佩尼亚地区的奴隶和破产的农牧民，将军队整编成投枪兵、主力兵、后备兵和骑兵。

同年秋，斯巴达克大军浩浩荡荡从坎佩尼亚向亚得里亚海挺进。元老院闻讯，惶惶然派行政长官瓦里尼乌斯率领临时凑集的两个杂牌军团约12000人前去阻截。斯巴达克针对瓦里尼乌斯采用的分进合围战术，运筹帷幄，制订出择敌薄弱环节、集中精兵逐个击破的方针。交战伊始，斯巴达克的精兵杀向瓦里尼乌斯副将傅利乌斯的2000人马，迅速取胜，继而回转旌旗杀向前来增援的瓦里尼乌斯的另一副将科辛纽斯军。科辛纽斯全军溃败，其本人葬身沙场。瓦里尼乌斯见此情景，旋即改变战术，收缩兵力，将起义军逼至一荒无人烟、崎岖难行的山区角落。瓦里尼乌斯还令战士在起义军前方修垒

---

① 元老院首先派谁前去镇压起义军的问题，史书存在两说。普鲁塔克、奥罗修斯、福洛茹斯皆说是克劳狄乌斯（见普鲁塔克：《名人传·克拉苏传》，9；奥罗修斯，Ⅴ，23—24；福洛茹斯，Ⅶ，《斯巴达克战争》），阿庇安却说是瓦里尼乌斯（见其《罗马史》116）。此处采用前一说。

挖堑，扎营下寨，企图困死起义军。此时起义军因连续作战，人人力尽筋疲，兵器损耗甚巨，加之粮食殆尽，天气变冷，形势十分危急。尽管如此，起义军临危不惧，"宁肯死于刀剑，也不死于饥饿"，积极筹划突围。斯巴达克意识到敌强己弱，强攻必败，于是巧施计谋。在一个夜间让战士和平素一样在营地点起篝火，然后偷偷地将死尸绑在营门木柱之上，迷敌眼目。起义军神不知鬼不觉地沿着瓦里尼乌斯认为无法通行的山路，迅速突围出去。翌日，瓦里尼乌斯方知中计，气急败坏地率领兵马追击。起义军择有利地形，设下埋伏，待敌出现，呐喊冲来，打敌措手不及，溃不成军，瓦里尼乌斯本人也险些被俘。罗马元老院本想让瓦里尼乌斯挽回维苏威败局，以壮军威，结果却适得其反，损将折兵。

　　起义军的节节胜利，大灭了元老院的威风。用普鲁塔克的话说："现在，斯巴达克是伟大而又威严可怕，罗马元老院忧虑的已不仅仅是奴隶暴动的不体面的耻辱，它惧怕斯巴达克了，并且意识到处境的危险。"阿庇安说："此后，聚集在斯巴达克周围的人数更多，达到七万人。"起义军占领了意大利南部许多城市，自由地驰骋在坎佩尼亚、卢卡尼亚、阿普里亚的大地上。

# 内部分裂

　　就在大败瓦里尼乌斯后，起义军领袖在战略上产生了分歧。斯巴达克主张队伍立即北上，尽快翻越阿尔卑斯山出境，而克利克苏斯坚持起义军留在意大利与罗马人斗争到底。领袖间"由于彼此争执行动的计划，几乎把事情弄到哗变的地步"，最终克利克苏斯与斯巴达克分道扬镳，起义军不幸分裂。

　　为什么斯巴达克与克利克苏斯在战略上意见不一呢？因史料欠缺，学者们看法不一。主要有两说。其一是起义军内部民族复杂说。持此说者认为，斯巴达克属色雷斯族，而副将克利克苏斯和恩诺马乌斯属高卢和日耳曼族。斯巴达克代表了包括色雷斯在内的希腊人的利益，而克利克苏斯代表了与希腊人有嫌隙的高卢—日耳曼人的利益。由于领袖们陷于本民族的狭隘利益不能自拔，必然在战略上难以一致。其二是起义军内部各阶层利益不一说。持此说者认为，起义军内部既有外籍奴隶和意大利本土奴隶，还有意大利破产的农牧民和早已定居在意大利的高卢—日耳曼人以及罗马逃兵。由于各阶层的社会地位不同，因此起义的目的也不同：外籍奴隶渴望返回祖国，获得自由；本土奴隶渴望在意大利成为自由民；破产的农牧民和早已定居在意大利的高卢—日耳曼人以及罗马逃兵希冀得到土地。斯巴达克只想满足外籍奴隶的要求，而克利克苏斯一心维护意大利人和定居于意大利人的利益，因此必然产生战略上的分歧。

起义军内部固然民族复杂，但在同罗马斗争的问题上，民族间的矛盾早已降到次要地位。我们从现存的有关斯巴达克起义的史料中，既看不到各民族间存在什么隔阂，又看不到各民族间采取过什么敌对行动，反而却能看到当克利克苏斯率领 3 万战士离开主力遭罗马军围困之时，斯巴达克闻讯前去救援的动人情景。就是在起义军分裂后，无论是斯巴达克的部下，还是克利克苏斯的部下仍旧由多民族组成。可见，起义军内部民族的驳杂并非是导致战略分歧的原因。起义军内部各阶层的不同动机和目的，才是产生战略分歧的基础和酿成分裂的重要因素。

起义军的分裂不仅削弱了军力，涣散了军心，而且给了敌人以可乘之机。同年冬，元老院派两名执政官林图鲁斯和格里乌斯围堵起义军。在阿普里亚的加尔干诺山附近，克利克苏斯军与格里乌斯军遭遇。虽克利克苏斯及其部下顽强抵抗，终因寡不敌众一败涂地，克利克苏斯及其军队三分之二的战士英勇献身，余众突围北上，重归前来援救的斯巴达克军。恩诺马乌斯大约在此之前也已牺牲。

# 北战南征

斯巴达克率领全军按原计划向东南迂回，准备穿越亚平宁山脉北上，打开通向阿尔卑斯山的道路。斯巴达克命令部下烧掉所有无用的东西，杀死所有的战俘，屠宰驮兽，轻装前进。一路上，前有林图鲁斯在翁布里亚集结的几万大军的堵击，后有进入萨姆尼乌姆山区、准备切断起义军退路的格里乌斯大军的尾追，起义军处于腹背受敌的被动局面。斯巴达克不愧为天才的军事领袖，他率领队伍机智灵活地在亚平宁山脉活动，很快甩掉了尾追之敌。然后，起义军集中全力猛攻林图鲁斯的阵地，陆续挫败林图鲁斯的几员副将，粉碎了林图鲁斯的军事计划。接着起义军旌旗回转，扑向尾追的格里乌斯军，格里乌斯军招架不住，一败涂地。起义军终于摆脱了被动局面。庆功之时，斯巴达克强迫 300 罗马战俘进行角斗表演，用以祭奠战友克利克苏斯的"亡灵"。尔后，起义军进行了短期的修整、扩充。据阿庇安说，此时起义军已达 12 万人。

整编后，起义军沿着亚得里亚海岸向北挺进。经 20 天急行军，队伍进入了山南高卢。山南高卢总督卡西乌斯企图凭借穆提那的坚固防线和手中的一万精兵进行拦阻，起义军势如破竹夹攻敌军，迅速攻克穆提那城。

过了穆提那，起义军朝思暮想的阿尔卑斯山出现在他们的眼前。此刻再没有敌人的阻截，只要翻过高山，就能回到各自的国家，北上的计划即将实现了。

可是，起义军突然改变出境计划，烧毁了一切多余物资，杀掉了多余的马匹，急转回师，挥戈南下。

起义军为何改变原定计划？因史书对此无任何记载，故学者们做出种种推测。归结起来，大体有以下三种看法。其一，阿尔卑斯山高路险，雪窖冰天，12 万大军通过，存在重重困难，况且起义军在意大利北部又得不到当地农民支持，只好南下，另找出境之路。其二，随着起义军北征的节节胜利，战士们战胜罗马的信心已愈来愈强。到了阿尔卑斯山后，战士们认为自己的力量足以进攻罗马，因此强烈要求斯巴达克改变原定计划，率领他们直捣罗马。斯巴达克此时或已丧失对部下的控制，或为顾全大局，防止起义军再次分裂，因此顺从众意，回师南下。其三，起义军出自阶级的情感，不忍心丢下仍然呻吟在皮鞭下的奴隶弟兄而离去，为了解救苦难的弟兄，他们掉转矛头向意大利中部和南部的奴隶主进攻。

其实，阿尔卑斯山的自然条件对于斯巴达克来说早已了如指掌，至于起义军出自阶级情感而放弃出境计划更难以令人信服。因为奴隶还不具备把解放本阶级作为己任的觉悟，更何况从任何史料中，找不到一点根据。奴隶起义只是为了争得个人的解放。当他们感到在罗马难以达到目的之时，自然想到出境获得自由；而一旦他们感到自己有能力在意大利赢得自由之时，原来的想法动摇了，更何况他们在意大利生活了多年，焉知出境以后之祸福？北上的胜利，增强了他们在意大利求得自由的信心和勇气。

起义军南下途中，在皮凯努姆再遇林图鲁斯和格里乌斯联军堵截。经一场激战，罗马军丢盔卸甲，辙乱旗靡。起义军以排山倒海之势向南推进。元老院担心起义军直捣罗马，立即宣布全国处于紧急状态，其惶恐之状，不亚于当年汉尼拔叩罗马城门，甚至在选举下年度行政长官之时，贵族竟无人敢充任候选人。元老院费尽周折，直至最后才选定克拉苏统帅林图鲁斯和格里乌斯两执政官的军队和新补充的六个军团。克拉苏为保住罗马，率军迅速抵达罗马以东的皮凯努姆地区，扼守通向首都的咽喉之路。但是，也许是因为斯巴达克感到进攻罗马的时机尚不成熟，准备去西西里联合那里的奴隶；也许是因为起义军中许多战士无视斯巴达克的教育，屡犯群众纪律，促使斯巴达克恢复将队伍带出意大利的计划了；也许是起义军故做进攻罗马之状，以调敌军，扫清南下障碍，总之，起义军抛开了罗马，快马加鞭直指半岛南端。

克拉苏闻讯急令副将穆米乌斯率领两个军团跟踪，拖住起义军。而穆米乌斯利令智昏，求战心切。斯巴达克抓住了穆米乌斯的弱点，在亚平宁峡谷与穆米乌斯公开交战，一举粉碎敌军，歼敌7000余人。之后，起义军飞速穿过萨姆尼乌姆地区、卢卡尼亚腹地，向南部海滨挺进。克拉苏为挽回败局，竟然恢复古老的"什一抽杀律"，整饬军纪，导致4000兵士丧生。与此同时，元老院为尽快消灭心中之患，采取措施，将克拉苏兵力增至10万余人。

起义军日夜兼程，马不停蹄，终于到达了墨萨纳海峡，准备渡海去西西里岛。为了解决运输问题，起义军曾与西西里海盗达成协议，租用船只，但是由于西西里总督维里斯收买了海盗，结果起义军上当受骗，船只落空。斯巴达克曾试图以木筏强渡，但因水势凶猛，风浪太大，渡海不成。南下出境的计划彻底破产。斯巴达克不得不率军北上。可是阴险狡猾的克拉苏为了将起义军困死在半岛南端，早已下令士兵在布鲁提伊半岛的最狭窄地带挖出深与宽各四公尺半、长50公里的深沟，并在沟边筑起土墙堤坝。起义军三面临海，一面受敌，陷于进退维谷的境地。

# 顽强不屈

自公元前72年底，罗马的形势发生急剧的变化。西线庞培战胜了塞尔托里乌斯军队，东线卢库鲁斯击退了米特拉达特斯六世和北方部族的进攻，三年严重的粮荒也已结束，现在元老院可以调回主力部队镇压奴隶的暴动了。于是元老院令卢库鲁斯和庞培班师回国，配合克拉苏作战，形势对起义军更加不利了。

斯巴达克闻讯罗马主力大军将至，意识到处境的危险，乃提出与克拉苏谈判，遭克拉苏断然拒绝。起义军向克拉苏的防线发起一次又一次的冲锋，但接连失利，损失一万多人。此时已届隆冬，起义军给养耗尽，如不能冲破封锁，就等于坐守待毙。斯巴达克并不气馁，积极寻找进攻时机。在一个风雪交加的晚上，当起义军的骑兵队伍从半岛南端集结到主力部队的地点时，斯巴达克立即制订出新的突围方案。他率领三分之一的步兵，巧妙地利用树枝、柴草、泥土和敌人的死尸填平一段壕堑，在骑兵的掩护下，火速越过防线。不久，其余的人也冲了出去。至此，克拉苏以"布鲁提伊陷井"困死起义军的计划成了南柯一梦。克拉苏担心起义军进攻防备虚弱的罗马，旋即写信给元老院，请求速调卢库鲁斯和庞培前来支援。

起义军进入卢卡尼亚后，斯巴达克决计将队伍带到布隆迪西乌姆港，从那里东渡亚得里亚海出境。但是，部下康尼格斯和卡斯都斯反对此种决定并公然带领12300人脱离主力，结果在鲁干湖畔被克拉苏全歼，康尼格斯和卡斯都斯皆壮烈牺牲。斯巴达克闻听噩耗，预感到局势的严重，立即率领主力撤退至伯特利亚山中。克拉苏副将坤图斯和财务官斯科洛怯见此情景，误以为起义军败退，旋即率6万大军尾追。斯巴达克诱敌至卡鲁恩特河谷，凭借山地的有利地形，一举击溃敌军，罗马军丧生一万余众，斯科洛怯身负重伤，险些被俘。之后，起义军急速向布隆迪西乌姆进发。可是，他们万万没有料到，此时卢库鲁斯已从小亚细亚返回，抢先占领了布隆迪西乌姆港，截断了起义军的去路。

起义军的处境显得越发艰难，前有卢库鲁斯拦截，后有克拉苏追赶，侧面庞培军正步步紧逼。斯巴达克深知夺取布隆迪西乌姆已不可能，于是果断决定避开罗马主力，回师迎战克拉苏。好大喜功的克拉苏仿佛预感到同奴隶的战争即将结束，害怕卢库鲁斯分享战功，也急于同斯巴达克交战。公元前71年春，一场决定起义军生死存亡的鏖战，终于在阿普里亚境内拉开了战幕。

斯巴达克面对排成长长战斗行列、威武雄壮的战士，庄严地宰马宣誓，表达了全军与罗马官军决一死战的决心。誓毕，斯巴达克率领全军战士杀向敌群。战事异常残酷，从清晨直杀到黄昏，战场上死伤枕藉，血流成河。斯巴达克不愧为起义军的杰出领袖，始终临危不惧，冲杀在前，寻找仇敌克拉苏决战；起义军不愧为威武不屈的队伍，战士们将生死置之度外，顽强地抗击12万罗马官军的围攻。由于众寡悬殊，起义军愈来愈力不从心，被迫分散突围，以求保存力量。但是，就在这关键的时刻，斯巴达克的大腿不幸被罗马百夫长佛里克斯的投枪刺伤，他翻身落马，被敌人团团包围。斯巴达克面对群敌，毫无惧色，他像一头愤怒的雄狮，一手举盾，一手挥剑，屈膝不停地还击，英勇地战斗到生命的最后一息。斯巴达克气吞山河的英雄气概，使奴隶主的史学家也为之感叹。福洛茹斯写道："斯巴达克本人，以惊人的勇敢，战斗在队伍的最前列，他牺牲了，只有一个伟大的统帅才具有这种精神。"

斯巴达克牺牲后，战事急剧恶化，绝大多数战士光荣献身。根据李维和阿罗修斯报道，起义军阵亡了 6 万人。突围出去的战士，虽躲进深山老林，但经克拉苏围剿，6000 人又不幸被俘。根据阿庇安报道，嗜杀成性的克拉苏，将这 6000 人残忍地钉死在从卡普亚至罗马城沿途的十字架上。

斯巴达克主力失败后，起义军余部仍旧在各地坚持斗争。在伊达拉里亚地区，一支 5000 人的队伍战斗了将近一年。公元前 70 年，当队伍向东南转移时，不幸与从西班牙返回的庞培军遭遇，全部阵亡。在意大利半岛的南部地区，另一支起义军余部以杜利城为基地与罗马进行了约 10 年之久的斗争。据记载，直至公元前 62 年，元老院还令奥古斯都的父亲前去镇压。

# 万古流芳

在奴隶社会中，任何一次奴隶起义无不因历史和阶级的局限而最终导致失败的结局，其根源盖出于奴隶阶级本身不是新的生产力和新的生产关系的代表。斯巴达克起义败因亦然。这次波澜壮阔的奴隶起义尽管人数之多、时间之长、范围之广，在古代社会十分罕见，但是由于起义适逢罗马奴隶制蓬勃发展、共和政体向军事独裁的帝制过渡之时，因此客观上促使奴隶制度消灭的历史条件尚不成熟，奴隶主阶级在军事、政治、经济等方面拥有强大的实力。在起义的整个过程中，起义军没有像西西里奴隶起义军那样，以推翻罗马奴隶主阶级专政、建立自己的新政权为目的，因此自始至终缺乏明确的斗争纲领和远大的斗争目标，缺乏主动进击的路线。

此外，当时的罗马自由人一向鄙视奴隶，尤其是农业奴隶。甚至破产的小农把自己的失地原因错误地归咎于奴隶身上，因此奴隶和自由民对抗情绪较大。这种情况不能不反映到起义军内部中来。它明显地表现为起义军成员因各自所处的社会地位不同，对起义的目的和要求也不相同。奴隶为争取自由而斗争，破产农民则为获得土地进行斗争，由于二者利益的差别，不可能结成牢固的联盟。斯巴达克代表了起义队伍中奴隶的利益，他的三次大的军事行动旨在把奴隶带出意大利争得解放，克利克苏斯代表了起义队伍中破产农民的利益，他为了夺得土地，脱离主力，向罗马统治者进攻。由于领袖间意见不一致，行动不能统一，因此队伍中始终产生不出一个能够反映内部各阶层利益并领导各阶层战斗的领导核心，使起义军长期处于涣散状态。这不仅导致组织上的分裂，而且也给了敌人以可乘之机，酿成无法挽回的损失。

然而斯巴达克起义的功绩绝不因它的失败而泯灭，它对罗马社会的政治、经济、军事等方面都产生了重大的影响。受到沉重打击的罗马统治阶级开始认识到，现有的共和体制已完全不适应镇压奴隶和维护统治之需要，因此，一个新的作为奴隶主阶级联合的军事独裁帝国的产生已势所必然，可见斯巴达克起义在某种程度上加速了共和向帝制过渡的步伐。此外，奴隶主阶级也认识到，旧有的剥削奴隶的方式，只能激起奴隶的不满与反抗，因此，他们不得不较多地采用隶农制剥削形式，尽量购买不同种族的奴隶，更多地使用家生奴隶，开始允许一些奴隶成家，生育子女。

多少世纪以来，斯巴达克起义的光辉壮举，赢得了后世人的高度赞扬并世世代代经久不衰地广为传颂。这次起义已成为鼓舞被压迫人民和被压迫民族反抗反动势力的强大力量。无产阶级的革命导师曾热情赞颂斯巴达克，马克思称赞他为"古代无产阶级的真正代表"[1]。列宁也赞誉说："斯巴达克是大约两千年前最大一次奴隶起义中的一位最杰出的英雄。"[2] 伟大的斯巴达克起义的英勇事迹永存史册，万古流芳。

---

[1] 《马克思致恩格斯（1861年2月27日）》，《马克思恩格斯全集》第30卷，人民出版社1974年版，第159页。

[2] 《列宁选集》第4卷，人民出版社1972年版，第50页。

# 前三头与后三头

于贵信

在罗马历史上，"三头"（Triumviri）原意指专门的三人委员会，例如负责城市治安、金融财政和土地分配的三人委员会等。许多史学家将它应用于公元前60年庞培、恺撒和克拉苏秘密结成的政治同盟，称其为"前三头"，还应用于公元前43年安东尼、屋大维和雷必达公开建立的政治同盟，称为"后三头"。

前、后三头同盟乃是陷于危机中的城邦共和制向新的帝制过渡的形式，也是三头为实现个人独裁组成的临时结合体。两次三头同盟的出现，反映了罗马城邦共和制向帝制过渡中迂回曲折的过程。

## 前三头秘密结盟

公元前1世纪是罗马奴隶制社会各种社会矛盾激化，城邦制度发生严重危机的时代，也是罗马共和国酝酿着巨大政治变革的时代。罗马霸国经济的繁荣掩盖不住深刻的社会矛盾，这些矛盾已经充分暴露出来。在自由民内部，大土地所有者与小土地所有者之间展开争夺土地的斗争，土地贵族与主要从事商业高利贷活动的骑士之间展开了争夺政治权力的斗争。在奴隶和奴隶主之间，由于奴隶制的充分发展，两个阶级的矛盾极端尖锐化，奴隶掀起大规模的起义。在罗马与意大利同盟者之间，在罗马统治者与行省被征服者之间，也展开了长期激烈的斗争。罗马社会各阶级、阶层和集团之间的尖锐矛盾和激烈斗争，构成晚期罗马共和国历史的基本内容。

共和国晚期的一系列政治事件说明建立在城邦经济基础之上的罗马贵族共和政体已经不能适应罗马霸国的奴隶制经济发展的需要了，不能适应罗马社会阶级关系的变化和阶级斗争的新形势了。然而，罗马元老贵族为了保持自己的地位和利益却拼命维护过时的城邦共和制度，竭力反对任何具有进步性的变革。由元老贵族把持的共和政府，既不能代表罗马霸国整个奴隶主阶级的共同利益，又不能有效地进行统治；共和国机构软弱无能，政治生活腐败堕落，社会秩序动荡不安，军阀势力专横跋扈，成为时代的特征。现在唯一的办法就是实行军事独裁或专制统治，取代共和政体，这已经成为罗马社会发展的必然趋势。

公元前83年，苏拉最早建立军事独裁统治。不过，苏拉的军事独裁是在共和政体范围内实行的，它的社会基础只不过是一小撮贵族和苏拉的老兵。苏拉的军事独裁非但没有解决社会危机，反而导致社会矛盾进一步激化。他制定限制人民政治权利的宪法，取缔共和国民主机构特里布斯会议，褫夺保民官权力，将法庭从骑士手中夺回交给元老贵族，而元老院被宣布为最高国家机关，这些倒行逆施引起社会上各阶级、阶层的强烈不满。因此，在苏拉死后他所实行的政策很快就失去了效用。

公元前1世纪中叶，罗马统治阶级中有三个风云人物登上政治舞台，他们是克拉苏、庞培和恺撒。

克拉苏是苏拉的部将。公元前83年随苏拉出兵意大利，在罗马科利斯门附近的会战中，苏拉统率的左翼溃散，而克拉苏在右翼大获全胜，挽回了战局，从此克拉苏开始在军事上和政治上崭露头角。他经营高利贷和投机商业，特别靠趁火打劫，积聚财富，成为罗马首富。克拉苏又以残酷镇压斯巴达克起义而立下"赫赫战功"，博得罗马奴隶主阶级对他的宠幸，成为当时罗马政治舞台上名噪一时的显赫人物。

庞培与克拉苏一样，也是苏拉的部将。他曾奉命去夺取西西里岛，之后又被派往非洲。非洲之行成功大大提高了庞培的威望。公元前77年夏，庞培奉元老院之命讨伐西班牙的塞尔托里乌斯。在西班牙获胜后，庞培班师回国，获得盛大凯旋式的殊荣。在分别镇压了意大利和西班牙起义之后，克拉苏与庞培成为左右罗马政局的人物。他俩虽然互相嫉妒，但由于政治上的需要而共谋合作，一起当选为公元前70年执政官。

苏拉死后，民主派势力得到恢复和发展，克拉苏和庞培在担任执政官期间，采取了一些有利于骑士和平民的措施，废除苏拉实行的限制民主权利的一些政策，以此笼络人心，争取民众的支持。后来克拉苏因同卡提林纳阴谋有牵连，一度隐退。而庞培先受公民大会委任全权清剿海盗，后又获与米特拉达特斯作战的指挥权。庞培仅用三个月时间就出色地完成了平定海盗的任务，又经过三年的苦战，结束了米特拉达特斯战争，在小亚细亚和叙利亚建立了行省，从东方掠夺了大批战利品运回罗马，成为罗马最有权势者之一。

此时的恺撒虽然不能在"军功"上跟庞培竞争，在财富方面也不能同克拉苏匹敌，但是，罗马的形势却有利于实现他的政治野心。他出身于尤利乌斯名门，是马略的内侄，秦纳的女婿，和民主派领袖有着密切的关系，并因此受到苏拉的迫害而流亡。苏拉死后，恺撒返回罗马，积极参与罗马的政治生活。公元前77年，24岁的恺撒大胆揭露前马其顿行省总督的贪污案，震惊了整个罗马政界。

恺撒先后出任财务官和市政官。在这期间，他凭借对马略的追念活动，打击苏拉党羽，抬高自己的身价，赢得了平民和马略老兵对他的支持。

公元前63年恺撒当选为大祭司长。次年，他担任行政长官，期满后出任西班牙总督。公元前60年恺撒载誉回到罗马，他放弃凯旋式，竞选执政官。

公元前62年庞培从东方返回罗马后，即解散军队。由于不满意他在东方擅自将包税权授予骑士，更担心他搞军事独裁，元老院一直不批准他在东方实行的各项措施，拒绝把份地分配给他的退伍老兵。庞培大为愤怒，因而和恺撒接近，支持恺撒当选执政官。恺撒则出于政治上的需要，决意调解庞培和克拉苏之间的矛盾，以共同对抗元老院。于是，在公元前60年罗马三位有着巨大影响和势力的政治家之间达成了互相支持的协议，建立了秘密的政治同盟，这就是历史上所谓前三头政治同盟。为了巩固这一同盟，恺撒还把自己的女儿尤利娅嫁给了庞培。

前三头同盟是三头为了反对元老贵族和夺取国家权力临时结成的同盟。三头代表着不同集团的利益，庞培握有军队，克拉苏是罗马首富，背后有着骑士的支持，恺撒在民众中享有很高威望，但是他们之中谁也没有力量单独战胜贵族势力，独揽权柄，只有三人暂时妥协和联合，才能与元老院相抗衡。前三头虽然在形式上表现为三个政治家的策略同盟，实质上是反对土地贵族的平民、骑士和军队等组成的统一战线。尽管这个同盟是不巩固的和矛盾重重的，然而它像普鲁塔克所说的是"消灭贵族政权的真正的国家政变"。前三头政治同盟是由共和制向帝制过渡的中心环节，它实际上是秘密的集体专制。

在庞培和克拉苏支持下，恺撒当上了公元前59年的执政官。他仰仗庞培的老兵和平民的支持，完全撇开元老院，不顾同僚的反对，操纵公民大会强行通过了土地法和其他一些法案。按土地法规定，约两万名老兵和平民分得土地。在坎佩尼亚的国有土地全都拿出来分配了。他还建议完全批准庞培在东方实行的措施。为了笼络骑士，他操纵公民大会通过决定，免掉他们拖欠国库的包税金三分之一。他制定"惩办勒索法"，整肃行省吏治，改善行省居民生活状况。他还创立政治公报，操纵舆论，影响政治。

经公民大会投票，恺撒在执政官期满后，担任山南高卢和伊吕里库姆总督，为期5年。因高卢地区面临日耳曼人迁徙引发战争的危险，后来元老院又给他增添了那旁高卢的统治权。

恺撒征服高卢在他的政治生涯中具有极其重要的意义。三头之中，庞培拥有军功，克拉苏腰缠万贯，而恺撒除了城市平民支持外，别无所有。出于一种不可告人的目的，庞培和克拉苏支持恺撒出任高卢总督，希望他陷入长期战争中，无暇问津罗马政治。殊不知，这正中恺撒下怀。他在高卢9年，戎马倥偬，不仅为罗马开疆拓土，掳获大量财富和奴隶，而且也为自己赢得了雄厚的政治资本。特别重要的是，在征战中，他锻炼出一支忠于自己的军队。恺撒在高卢取得的胜利在罗马引起巨大反响，进一步加剧了恺撒和贵族派之间的矛盾，同时也使他和庞培之间的裂痕日益扩大。

## 前三头同盟的危机和破裂

前三头同盟是三个政治野心家的暂时的策略同盟，他们各自怀有野心，互争短长，因而是矛盾重重、极不稳固的。

恺撒出征高卢后，在罗马留下自己的亲信克劳狄乌斯。克劳狄乌斯当上公元前58年的保民官，他为了讨好城市无产者，用无偿赠予粮食代替减价出售粮食。他使因卡提林纳事件而遭到禁止的各种由城市平民组成的公会恢复活动。他从各种公会的成员中招募了一部分人，又专门购买了一批奴隶，组成私人武装，并且凭借这支武装，插手罗马以及行省的许多事务，威胁反对者。他又设法使西塞罗遭到流放，把小加图发配到埃及。元老贵族在与克劳狄乌斯等人的斗争中也采用类似的手段，组织私人武装操纵会场，寻衅滋事。这样一来，罗马的政治陷入极度紊乱之中。有时执政官职位公开拍卖，有时公职人员选举根本无法进行。在这场斗争中，由于庞培出面干预，西塞罗得以重返罗马。公元前57年庞培获得为罗马供应粮食的重任，重新恢复在罗马的优势地位。由于庞培想谋取新的军事指挥权和控制埃及，从而使他与也想染指埃及并在东方建立军功的克拉苏的矛盾加深。西塞罗趁机拉拢庞培，并离间庞培和恺撒的关系，建议撤销恺撒的土地法案。

面临形势的急剧变化，公元前56年恺撒建议举行三头会谈。会谈前，他同克拉苏事先在拉温那碰头，之后急速驰往路卡，并邀请庞培到此会晤。在这里，三头重新弥补了同盟之间的裂痕，达成重要协议：恺撒在高卢的权力延长五年，并有权将自己的军队增加到10个军团，在总督期满后出任公元前48年执政官；克拉苏和庞培担任公元前55年的执政官，卸任后分别出任叙利亚和西班牙总督。

在路卡的会谈与数年前的秘密结盟不同，虽然会谈的结果仍然是庞培、恺撒和克拉苏三人的私人协议，但实际上这次会谈是有公开的政治结盟的性质。到达路卡的元老多达200余名。

尽管有小加图等贵族的反对，克拉苏和庞培还是如愿地当选为公元前55年的执政官。任满后克拉苏径往东方赴任叙利亚总督。庞培为了控制罗马政局，派遣他的副将去西班牙，自己继续留在罗马。

公元前54年恺撒的女儿尤利娅去世，这意味着庞培和恺撒的联姻关系中断。次年，克拉苏死于帕提亚战争。由于克拉苏阵亡，使原来鼎足之势的三头同盟只剩恺撒和庞培两雄对峙了。恺撒的权势增长引起元老院和庞培的妒忌和不安。元老贵族竭力拉拢庞培，庞培也逐渐倒向元老院。此时，罗马政局陷于极端混乱。公元前52年，克劳狄乌斯被杀，在骚乱中克劳狄乌斯手下的暴徒纵火烧毁了元老院会议厅和罗马广场上的许多建筑物。元老院通过紧急法令，委托庞培担当恢复秩序的重任。庞培迅速召集军队，镇压了暴动。当年，根据小加图的建议，元老院任命庞培为"没有同僚的执政官"，任期为两个月。由于他同时还拥有行省总督的权力，所以庞培在这个时候的实际权力相当于独裁官。这便开始了庞培的专制统治。

恺撒和庞培的矛盾在公元前50年达到最后摊牌的地步。元老院企图解除恺撒的职务及其兵权，而恺撒则通过他的代理人保民官库里奥建议恺撒与庞培同时交卸兵权，庞培断然拒绝。最后，元老院宣布紧急状态，并授权庞培招募军队保卫共和国，宣布恺撒为公敌。于是，一场新的内战爆发了。

公元前49年1月10日，恺撒率军渡过卢比孔河，以破竹之势攻占罗马和整个意大利。庞培偕大批元老仓皇逃往希腊。经法萨卢战役，庞培全军覆灭，逃到埃及为托勒密廷臣杀害。恺撒又在非洲和西班牙扫除了支持庞培的势力。历时五年之久、遍及罗马世界的全面内战，经穆达战役于公元前45

年胜利结束。至此，恺撒成为罗马世界的唯一主宰者。还在内战期间，恺撒曾三度被任命为独裁官，公元前44年，他被任命为终身独裁官。他还由各种途径拥有执政官、监察官、终身保民官和大祭司长等头衔，集政治、军事、司法和宗教等大权于一身，从而破坏了贵族共和制，奠定了个人专制政体的基础。共和制的主要机构，诸如元老院、公民大会和各种职官形式上还都保存，但实际上一切听命于恺撒。他有权任命元老，任命职官，要求职官宣誓不违抗他的决定。他拥有终身的最高军事指挥权。他的出身被神化，并且为了庆祝与他有关的各种事件而设立了一些节日，举行庆祝活动和奉献牺牲，他出生的月份也按他的姓而改名了。恺撒的胜利，就他个人而言，是登上权位的顶峰；就整个罗马而言，则是专制战胜共和。恺撒的政权本质上是君主制政权。

恺撒在独裁期间，为了加强中央集权制，扩大奴隶主阶级统治基础，采取了一系列改革措施。他使大部分老兵在意大利或者行省内得到了份地，并且在许多涉及自治市活动的法令中，规定了老兵应该享受的特权。他补充了元老院，使自己的许多亲信成为其成员。在改革中具有重大意义的是他调整行省管理制度。他颁布了新的严厉惩治贪赃枉法的行省官员的法令，开始大规模地授予行省人罗马公民权，在行省广建罗马公民殖民地，使罗马公民有权在行省拥有完全自主的土地。这些改革措施不仅有利于整个罗马国家奴隶主阶级的联合，而且削弱了元老贵族的权力，提高了行省的地位，改善了罗马对行省的统治，促进了各地经济发展。他的行省政策为未来帝国在这方面的改革开辟了道路。

但是，恺撒的独裁统治和改革措施却遭到一部分元老贵族的坚决反对，其代表人物就是布鲁图斯和卡西乌斯。他们怀念旧日的城邦共和制，视恺撒为暴君、共和国的颠覆者。经过一番精心策划，公元前44年3月15日，他们在元老院议事厅刺杀了恺撒。

## 后三头公开结盟与共和国覆亡

恺撒的惨死，导致罗马内战再起。刺杀恺撒的凶手们原以为，由于他们结束了独裁者的性命，人们会向他们欢呼致敬。然而，事与愿违，下层平民虽然对恺撒不满，但他们更痛恨元老贵族。恺撒的许多老兵还等在罗马，希望获得土地，当他们听到恺撒被害的消息时，首先响起了为恺撒复仇的呼声，平民和释放奴隶也起来响应。整个罗马陷入空前混乱之中，暗杀恺撒的阴谋者为了自身安全，逃到卡皮托利乌姆。

元老院经过一番激烈斗争，达成妥协的折中方案：既不宣布恺撒为暴君，也不惩罚凶手。死者的后事则委托恺撒部将、当年执政官安东尼主持。不久安东尼又公布了恺撒的遗嘱，主要内容是：指定他姐姐的孙子屋大维为继承人，授予他的四分之三遗产；将台伯河对岸的私人花园赠给罗马人民，并分给罗马公民每人300塞斯特尔乌斯。遗嘱还说道，其余的财产分给他的另外两个侄孙，如果他们不愿意要，则交给布鲁图斯和安东尼。当恺撒尸体被抬到广场时，群情激愤，安东尼趁机煽动，顿时，愤怒人群发狂地向凶手家中冲去。卡西乌斯和布鲁图斯在罗马已无容身之地，连夜逃亡。在广场上举行恺撒遗体火化仪式时，平民和退伍军人一再掀起暴乱，安东尼毫不迟疑地镇压了平民暴动，把参加暴动的奴隶全部处死。

元老院对安东尼的妥协态度和镇压平民暴动的行为甚为满意。为了他的安全，允许他有私人卫队。安东尼趁机征集军队，扩充实力。但是安东尼镇压平民暴动，停止分配土地给退伍军人，激起平民的强烈不满，他们纷纷离开安东尼。

正当平民和退伍军人无所依从时，一个野心勃勃的青年给他们带来了希望，这就是盖约·屋大维。恺撒死前不久，收他为养子。恺撒被刺后，他从阿波罗尼亚返回罗马。起初，安东尼根本没把这个青年人放在眼里，而且一再蔑视他。但屋大维的勇气和胆略，特别是屋大维利用恺撒的声望，收揽人才，扩充实力，这些使安东尼感到不安，把他看成自己潜在的威胁。他还反对屋大维担任保民官职务，并用种种手段打击屋大维。当然屋大维也不会善罢甘休，为了打击安东尼，他充分利用恺撒的金钱和影响，拉拢群众。结果有许多人叛离安东尼，投向屋大维。

安东尼和屋大维之间的矛盾，给元老贵族以可乘之机。西塞罗这个善于投机的雄辩家利用屋大维反对安东尼。公元前43年安东尼用武力强占山南高卢，元老院宣布他为公敌。当年4月元老院和屋大维一起出兵，在穆提那战役中安东尼战败，被迫退到山北高卢与雷必达会合。

雷必达出身名门，其父曾两度任执政官，举兵反对过苏拉建立的体制。他本人于公元前48年任近西班牙行省总督，公元前46年任执政官。公元前45和公元前44年，他任独裁者恺撒的骑兵长官。穆提那战役中，他与安东尼联合。

恺撒派内部的分裂和混乱，使元老院地位增强起来。元老贵族对屋大维也采取蔑视态度。穆提那战役刚一结束，元老院就剥夺了屋大维的军事指挥权；屋大维多次要求担任执政官，也均遭拒绝。这一切激起屋大维对元老院的不满。他率领军队开进罗马城，元老院被迫同意屋大维当选为执政官。

此时形势的发展使新的"三头"结盟成为可能。一方面屋大维和安东尼的部下多数是恺撒的老兵，他们不愿互相残杀，希望恺撒派领袖联合起来，因此他们多次出面调停，使屋大维和安东尼和解。另一方面，布鲁图斯和卡西乌斯在东方行省已聚集20个军团兵力，元老院秘密同他们联系。如果恺撒派不联合起来，就有被敌人各个击破的危险。于是，公元前43年1月27日安东尼、屋大维和雷必达各自率领五个军团，在意大利北部波伦亚附近会晤，经过两天磋商，三方公开结盟，史称后三头政治同盟。三方协议规定，建立一种新的行政长官制度，三头共同执政五年。他们三分行省：安东尼统治高卢；屋大维控制阿非利加、撒丁尼亚和西西里；雷必达统治西班牙。意大利则由他们三人共同治理。亚得里亚海以东地区，尚在卡西乌斯和布鲁图斯控制下，由安东尼和屋大维负责征讨。

三头结盟后便进军罗马，解散了原来的政府。公元前43年11月27日，根据保民官提启乌斯的创议，公民大会通过一项法律，任命安东尼、屋大维和雷必达为"建设共和国的三头"，授予他们在五年内处理国家事务的全权。这样，与秘密结盟的前三头同盟不同，后三头同盟具有公开结盟的性质，披上合法的外衣，并且，后三头同盟主要是在军队支持下成立的。

三头借口为恺撒复仇，在意大利开始了血腥屠杀。他们颁布剥夺公民权的法令，规定，如果谁杀死被剥夺公民权的人并交上他们的头，将获得如下报偿：自由人每交一头可得25000德拉赫麦；如果是一个奴隶可得一万德拉赫麦并获得自由。告密者也将获得报偿。结果有300个元老、2000个骑士被杀，西塞罗第一批被处死。

此时，行省的形势非常危急。塞克斯杜斯·庞培（少庞培）仍然盘踞西西里和撒丁尼亚，被三头宣布剥夺公民权的人们纷纷逃到庞培那里。许多东方行省，包括伊里利亚都落在布鲁图斯和卡西乌斯手里。公元前42年秋安东尼和屋大维出兵希腊，经过腓力比决战，卡西乌斯和布鲁图斯兵败自杀，共和派遭到最后一击，因此，史家将腓力比称为共和派的坟墓。战胜共和派之后，安东尼前往小亚细亚惩罚一些支持共和分子的城市，后又随克列奥帕特拉到达埃及。

屋大维在腓力比战役后回到意大利。那里情况十分糟糕：17 万老兵等待着奖赏；塞克斯杜斯·庞培封锁了意大利，粮食无法进入。屋大维为了满足士兵要求，大量没收意大利城市土地，分给老兵，这引起意大利居民的强烈不满。安东尼的弟弟鲁基乌斯和安东尼妻子福尔维娅利用人民对屋大维的不满情绪，煽动暴乱，但很快就被平息。

公元前 40 年夏，安东尼返回罗马，由于雷必达从中调解，安东尼和屋大维之间避免发生公开冲突。三头在布隆迪西乌姆缔结了新协议，对行省做了重新分配：安东尼统治东方行省，负责对帕提亚的战争；屋大维管理西方行省，负责平定塞克斯杜斯·庞培；雷必达管理阿非利加。意大利仍由三人共同管理。安东尼又娶了屋大维的姐姐屋大维娅，用联姻巩固联盟。

由于塞克斯杜斯·庞培力量增强，三头一时无力对付他，曾于公元前 39 年在米塞努姆和庞培达成协议，作出了让步。但不久之后，三头和庞培之间的和解便被破坏。公元前 36 年 9 月，屋大维的大将阿格里帕在西西里北岸的米列和纳乌洛卡附近的两次海战中，使庞培遭到决定性失败，庞培逃到小亚细亚，被安东尼处死。庞培之死使屋大维与雷必达发生争吵。因为雷必达曾用陆军帮助屋大维在西西里同庞培作战，米列战役胜利后，雷必达企图把西西里留在自己手里，屋大维坚决反对，并诱使雷必达的军队叛离，投到屋大维这方面来。后来屋大维剥夺了雷必达的职权，只留给他一个祭司长的空头衔，直到公元前 12 年他寿终正寝。

公元前 36 年安东尼出兵帕提亚受挫，撤退时受到巨大损失。为了再次远征帕提亚，争取埃及的支持，安东尼同克列奥帕特拉七世正式结婚，并将罗马东方行省部分地区赠给克列奥帕特拉及其子女。这种行为在罗马引起了极端不满，也为屋大维向东方进攻提供了口实。

公元前 32 年三头权限期满，安东尼和屋大维双方加紧争夺最高权力，公开决裂。亲安东尼的两执政官在元老院对屋大维进行攻击。为此，屋大维带领大批武装随从来到元老院，迫使两执政官和 300 名元老逃到安东尼那里。屋大维又从维斯塔神庙贞女手中索得安东尼遗嘱并公布于众，其中内容有安东尼要求把他葬在亚历山大里亚，批准他对克列奥帕特拉的赠予等。于是公民大会剥夺了安东尼的一切权力并宣布他为祖国之公敌。公元前 31 年 9 月 2 日双方战于阿克提乌姆海角，安东尼大败。次年屋大维进兵至亚历山大里亚，安东尼伏剑自刎。至此，长期陷于内战和分裂的罗马重新统一起来，屋大维变成了罗马唯一的统治者。

公元前27年1月16日，元老院正式赠给屋大维"奥古斯都"称号。奥古斯都把国家一切大权都集中一身，建立了元首制，这种元首制披着共和的外衣，实际上是一种隐蔽的君主制。屋大维成为罗马第一个皇帝。从此，罗马进入奴隶制帝国新时代。

# 奥古斯都元首政治的确立

汪连兴

如果说历史是一条长河，那么，历史人物就是这长河中涌起的千万朵浪花；如果说历史是一条画廊，那么，历史事件就像这画廊上千万扇明亮的窗口。奥古斯都元首政治的确立，就是这千万扇窗口之一，它向我们展示了罗马建立帝制过程中最重要的一幕。

## 群雄角逐

经过百年内战的惊涛骇浪，罗马国家的航船终于驶进了平静的海洋。公元前29年夏秋之交，盖约·恺撒·屋大维在战胜了劲敌安东尼之后，俨然以罗马世界的主宰者身份从埃及凯旋了。

罗马，这个台伯河畔的蕞尔小邦，通过不断的扩张侵略，一跃而成为地跨三洲、水兼四海的世界霸国。与此同时，由于土地兼并而形成的大土地所有制的发展，奴隶制经济的高涨，军队由公民兵向常备军的转变，被征服地区（主要是东方各国）的君主专制传统对占领者的潜移默化影响，又像一股强大的暗流，不知不觉地把罗马共和政体推向没落的深渊。彼岸就是君主制的广阔天地。在奴隶主权贵们之中，激进者和保守者彼此扭打着、厮杀着，争夺帝制的宝座，但一批又一批地坠入这无底的深渊。

人们还记得，50多年前，坐在元老院第一把交椅上的乃是大名鼎鼎的鲁基乌斯·科尔涅利乌斯·苏拉。他两次进攻罗马城，用剑与火建立了共和国历史上从未有过的独裁统治。在玛尔斯广场上、在露天剧场里，人们曾多少次地向他欢呼：苏拉，幸运的无冕君主苏拉！然而，要使罗马在君主制的轭下就范，却又谈何容易。苏拉一死，庞培、克拉苏见风使舵，带头反水；接着，又崛起了尤利乌斯·恺撒。一个秘密协议使他们暂时地携起手来，共同对付元老院，而各自的利害攸关，又使他们时常剑拔弩张，兵戈相向。最后，克拉苏败死东方，庞培饮刃埃及，胜利的桂冠荣幸地落到了恺撒头上。16年前，也是在这个玛尔斯广场上，罗马人为他举行盛大凯旋式，一个新的独裁者笑容可掬地君临罗马了。然而谁曾料到，这个独裁者竟会在他权势如日中天之际暴死于一群他所亲幸的密谋者之手，而且恰恰横尸在他的老对手格涅乌斯·庞培的塑像脚下。一场群雄角逐的老戏刚刚收场，新戏便又重新开演了：安东尼、雷必达和屋大维结成公开的"后三头同盟"；腓力比一战，谋刺恺撒的卡西乌斯和布鲁图斯相继兵败自杀；安东尼的妻子和弟弟起兵反对屋大维，旋起旋败；屋大维在雷必达的支持下鄙灭小庞培的势力，反手过来又剥夺雷必达的军权，三头分立变成了两雄对峙。至于阿克提乌姆海战安东尼全军溃降，屋大维进兵埃及，安东尼和他的妻子埃及女王克列奥帕特拉七世先后自杀，那才是一两年前的事。现在，屋大维凯旋，这同16年前的恺撒何其相似！然而，屋大维的命运又将如何？罗马的命运又将如何呢？

君主的权势荣耀，对于少年得志的屋大维何尝没有强烈的魅力？但在多年的内战以及随之而来的公敌宣告、没收土地、奴隶逃亡和强制征兵征税之后，意大利和罗马虽然还没有到民生凋敝、赤地千里的地步，但人民对无休止的战争和政变确实已经厌倦了。他们渴望和平，渴望安宁，哪怕为此而牺牲共和、接受独裁也是心甘情愿的。但是几年以后，当战争的腥风血雨逐渐从记忆中消失时，对往昔共和与自由的向往难道就不会悄悄地在人们的心中抬头而成为动乱之因吗？几百年来的共和传统，恺撒的前车之鉴，使一贯谨慎小心的屋大维清醒地意识到，为了巩固内战中赢得的地位，必须把统治建立于人民的普遍赞同之上，必须取得贵族的支持和元老院的实际合作。既然"独裁"和"专制"的名声在罗马人的心目中如此狼藉，那么，与其穿戴着东方君主式的冠冕朝服或坐在独裁官的象牙圈椅里让人用火来熏烤，不如超脱虚荣的羁束，放开手脚去行事。

不可抗拒的历史潮流，罗马各派政治力量的相互牵制，像一只无形的巨手把屋大维推上了建立元首政治的历史道路。

## 元首政治

长期的内乱和战争，使罗马人在迷惘中普遍产生一种恋古和复古的情绪。屋大维深知民心思古，因此，他回到罗马后立即采取了一系列引人注目的措施。他带头捐献巨款从事大规模的修旧建新工程，使昔日剥蚀倾圮、蛛迹尘封的神庙换上了庄严肃穆的新容。在他倡导下，罗马的显贵们竞相效法，一年内，80多座崭新的神庙相继落成。他宣布大赦，取消内战期间所下达的一切非常性指令。从埃及带回的巨额财富也使他有充裕的资金奖赏军士，广济平民，而无须求助于近几十年来所例行的没收财产的恐怖政策。这一年年底，屋大维又同他的老部下阿格里帕一起当选为下一年度的执政官；两个执政官共同执政，这在罗马已经是20年未见的新鲜事了。他力图通过这一切来安定民心，使人们相信"罗马和平"已经到来，恢复共和传统的行动已经开始了。

在复古的旗号下，从公元前28年开始，屋大维又着手改组元老院。他把那些声名狼藉及按出身地位不堪列于最高阶层的人从元老院中清除出去，使元老从1000人减少到800人。在重新确定的元老名单中，屋大维名列首位，成了首席元老①。

通过这一系列努力，屋大维断定自己的地位已经相当稳固，便决心采取进一步的行动。公元前27年1月13日，他在元老院发表了洋洋洒洒的长篇演说，出人意料地宣称要放弃一切权力，把共和国交还给元老院和罗马人民，自己作为一个普通公民退隐林下。屋大维投石问路，果然激起了巨大反响。元老们惴惴然如履薄冰，弄不清屋大维此举究竟是何用意。他们纷纷恳求屋大维收回成命，以免国家和人民重遭劫难。经过一番紧张的磋商和劝说，屋大维终于答应为了全体罗马人民的利益继续执政。1月16日，心怀感激的元老院接受穆那齐乌斯·普兰科斯的提议，授予屋大维以"奥古斯都"（意即至尊至圣）的称号，同时还决定在元老会堂中设置一面金盾，镌文称颂屋大维的"英勇无畏、宽厚仁慈和公正笃敬"。他的住宅门柱被装饰以月桂树叶，门楣装饰了栎树叶，以表彰他拯救罗马人民的丰功伟绩。一场以假邀真、以退求进的政治喜剧获得了它的导演者所希望的最佳效果。

屋大维的一月演说，以恢复共和国的名义为早已死亡的共和国举行了最后的葬礼，一种后来延续300年之久的新政体——元首政治，以人们既熟悉又陌生的面孔登上了罗马历史舞台。不过，这时候的元首政治还只有一层薄

---

①  在共和时代，首席元老乃是元老名单中的第一名，享有很高的声望，但不是行政长官，只是在元老院中当执政官征询意见时有权第一个发言。屋大维采用这一称号，显然是想借以表示他一心致力于恢复共和而无意于个人独裁。

薄的、半透明的外壳。与苏拉和恺撒相比,在大多数罗马人心中奥古斯都俨然是一个共和传统的化身,而不是专制君主的代表。

正当奥古斯都踌躇满志地向着自己的目标稳步迈进时,他面前突然出现了某种预示着暴风雨的不祥阴云:公元前23年,一起刺杀奥古斯都的密谋即将酝酿成熟了。为首策划的是一个名叫法尼乌斯·卢弗斯的共和分子,奥古斯都的同僚执政官瓦罗·穆列那也参与其间。但密谋很快就被揭露,参加者受到了严厉惩罚。这年7月,奥古斯都主动辞去他已经担任了九年之久的执政官职务。此举使元老阶层感到高兴和满意,因为他们仍然把担任这个职务看作国家政治生活中的一项最高荣誉,对奥古斯都长期霸占其中之一虽不敢怒形于色,而私下里也早有微词了。早在公元前36年,屋大维即已得到终身的保民官权力,而从公元前23年起,他的保民官权力被看成年复一年当选的保民官职务,尽管他作为贵族是无权当选保民官的。这个职务不但补偿了奥古斯都因放弃执政官衔而失去的对内政事务的控制权,而且帮助他从心理上赢得了罗马人的普遍好感。

这一年,奥古斯都还恢复了他早在三头同盟时期就行使过的对行政官员选举的干预权。他可以采用接受或拒绝候选人名单的方式来确定政府官员的候选人,从而使选举委员会在很大程度上流于形式。奥古斯都还恢复了三头时期所惯用的宣誓仪式:所有当选的官员在就职时必须庄严宣誓,无论过去或将来都恪守奥古斯都的一切指令。最后,他还得到了以个人名义同外国签订条约的特权,而不必将它们提交元老院或罗马人民批准。

奥古斯都以退求进的策略再次取得了引人注目的成功。尽管他一再声称,他是个普通的民选官员,他的权力是由元老院和罗马人民授予的,服从于法律的最高权威;尽管他所拥有的各种特权如果一项项分开来看,大部分可以从共和后期的政治家那里找到先例,但是,从整体上看,他的地位和权力实际上已经远远超过他的同僚,而与共和国的传统格格不入。奥古斯都在四年前栽下的元首政治之树,此时已经深深扎根,枝繁而叶茂了。

公元前18年,奥古斯都对元老院实行了第二次改组,把元老人数从公元前28年的800人进一步削减到了600人,成员名单由元首亲自确定。在改组会议上,奥古斯都身穿铠甲,暗藏利剑,元老们在他面前鱼贯而入,事先受到严格的搜查。不言而喻,这次改组表面上是为了清除“不够格”的人,实际上则是为了进一步清除那些反对奥古斯都的可疑分子。

经过一系列改组,元老院权限大削。与此同时,一个对元首个人负责、唯元首之命是从的执行委员会却逐渐产生并发展起来。这个委员会包括代表奥古斯都治理元首行省的总督、财务督察使以及他们手下的一批文职官员。这些"皇家"官员年复一年地行使其职权，经验丰富，并且领取丰厚的报酬。由职业性的公务人员逐渐取代共和时代的经常改选的行政官员，这是奥古斯都首创的国家机构变革中一项突出的成绩：它把一架比以往任何时候都强大的执行机器交给了元首个人，成了元首实施其独裁统治的一件得心应手的工具。

公元前 12 年，原任罗马最高祭司团祭司长的雷必达病故。人们从意大利四面八方汇集到罗马，在震耳欲聋的欢呼声中，奥古斯都被推选就任罗马最高祭司团祭司长，从而成了帝国宗教组织的正式领袖。公元前 2 年，他又被元老院、骑士和平民一致宣布为"祖国之父"。就好像一条河流缓缓地、无声地冲刷着堤岸，而终于在一瞬间把它冲垮并把它所防护的田地遮盖住一样，奥古斯都的元首政治终于冲破了它前进道路上的一切障碍确立下来了。

# 内政外交

奥古斯都在政治上的胜利，是以他军事、宣传，尤其是经济政策上的一系列成功为保证的。

自古以来，罗马人就是个好胜心极强的民族。公民们希冀胜利，更渴望光荣，他们要在征服的道路上不断前进。奥古斯都本人也像罗马所有的贵族一样，认为辉煌的武功和盛大的凯旋乃是人生最崇高的成就。他要追恺撒而过之：在北方和西方开疆拓土，巩固罗马的力量；在东方重振罗马的声威，洗雪由于克拉苏和安东尼的败绩而留下的耻辱。经过一系列的军事行动，西班牙、高卢和阿尔卑斯山区彻底平定，罗马帝国的北疆推进到了多瑙河及易北河左岸。对于东方强大的帕提亚王国，奥古斯都采取灵活而审慎的态度，静待时机。公元前 20 年，他巧妙利用帕提亚人因王位继承而引起的内讧，成功地索回了当年被掳去的罗马军旗和其他战利品。罗马为此举城欢腾，大庆连日，奥古斯都的声望也因之而直上青云。

奥古斯都很懂得社会舆论和心理因素的力量。他在内政外交上频频得手的同时，没有忘记充分利用一切宣传手段来为巩固他的元首政治服务。他通过他的密友盖乌斯·基尔尼乌斯·麦凯纳斯大力笼络社会名流。在麦凯纳斯周围集合起了以维吉尔、荷拉斯等为代表的一批当时最负盛名的作家和诗人。他慷慨地为他们提供各种帮助，同时又让他们为奥古斯都尽情讴歌，用文艺形式颂扬他的文治武功。奥古斯都自己也经常写诗作文，附庸风雅，到各省巡视时，总要带几个诗人同行，以示宠幸。铸币是古代世界流通最广的一种东西，奥古斯都也充分发挥了它的宣传功能。对外战争取得的每一次重大胜利，兴建的每一项重大工程，以及所发布的每一个重要法令，几乎都可以在铸币上得到反映。随着货币流向四面八方，奥古斯都的名字和声威也遍及了帝国的每一个角落。

奥古斯都的一切行动，无非是为了建立实质上的君主专制。如果说奥古斯都在罗马人心目中最初还是一个共和制的化身，那么，在行省居民眼里，他早就是一个神圣不可侵犯的君主了。几乎所有的行省都建立起了罗马女神庙和奥古斯都圣庙，人们每年都从省内各地汇集到省府举行隆重的祈祷仪式。奥古斯都不仅鼓励行省居民对罗马和他本人的宗教崇拜，而且在这种传统比较薄弱的高卢和日耳曼尼亚还实际倡导这样做。在他的鼓励和倡导下，除了行省首府外，许多城市也建立起了供奉他的祭坛或神庙。这种风气不可避免地传播到意大利。奥古斯都曾以皱眉蹙额表示不满，但未加制止。人们正确地领悟到，这就是赞许。一批批为他而建的神庙如雨后春笋般地在意大利的大城小镇中矗立起来。在罗马城里，奥古斯都曾正式要求不公开搞他的崇拜，但可以允许下层平民在街道僻静处的小庙中向奥古斯都神献祭。在许多私人家中，他的神位同家神一起享受供奉。

当然，奥古斯都元首政治得以稳定确立的更重要原因，还在于他对帝国财政制度所进行的一系列成功的改革。

罗马帝国是在城邦体制的基础上自发形成的。直到共和末期，国家始终没有一套系统完整的财政管理机构和管理制度，随着时间的推移，各种流弊越来越明显地暴露出来。有鉴于此，奥古斯都大力改造和强化了国家的财政管理机构，建立"帝国收支总账"和元首金库来直接控制和调节全国的收支，一切重大财政决策的制定、财政官职和机构的调整、收支项目和数额的增减都由元首最终裁决。从公元前2世纪中叶起，行省税收已经是罗马国家收入的主要来源，因此，税收状况如何对元首政治的成败关系极大。奥古斯都继续了恺撒时代已经开始的税制改革，首先对全国各省实行人口财产普查，在此基础上重新确定直接税和间接税。直接税分为土地税和非农业财产税，由当地政府直接征收后上交行省；包税制基本上被取消，从而堵塞了包税人与不法总督勾结勒索省民、损公肥私的最大源泉。间接税除了继续保持共和时期的港口税和释放奴隶税之外，又增设了遗产税、拍卖品交易税和奴隶买卖税；征收方法仍采用包税制，但包税人的活动已处在财务督察使的监督之下，纳税人的利益在一定程度上受到法律保护。通过这两项改革，国家税收的混乱状态基本上得到扭转，一套相对统一的常规化税收制度逐步形成。这种"剪羊毛"式的经济政策与共和时期罗马贵族对行省居民竭泽而渔的压榨相比，显然不可同日而语，连仇恨帝制的塔西陀也不得不承认"新秩序在各行省颇受欢迎"。奥古斯都财政改革的成功，促进了地中海世界社会经济的发展，满足了军队的物质需要，保证了国家机器的正常运转，从而在经济上为元首政治的巩固提供了深厚的物质基础。

# 政权支柱

奥古斯都在他晚年所写的《自传》中一再强调，他是"凭借自己的影响，凭借自己的威望超越众人"的。然而，他却讳言了他的无限权力的真正来源以及造成其"威望"和"影响"的根本原因；而这不是别的，正是军队。他拒绝了独裁官的称号，放弃过执政官的职务，但是，那把指挥千军万马的无刃之剑，他实际上从来没有放松过，尽管在公元前27年，他曾假惺惺地把军权交还元老院。早在阿克提乌姆战役后，屋大维就获得了"大元帅"（imperator）的称号。在共和时代，这个称号纯粹是荣誉性的，由军队授予得胜的统帅，但只能保持到举行凯旋仪式之时。现在，屋大维却把它永久地纳入了自己的正式名号内，以表示他对于军队的特殊领导关系。公元前27年，元老院授予他当时绝大部分军队驻扎的叙利亚、近西班牙和山北高卢的"行省军务督察权"，为期10年。后来，这个期限又得到延长。奥古斯都凭借其卓越的组织才能和引进比较确定的报酬制度，在军队中逐步建立起严格的纪律。他使军队的指挥机构完全听命于元首个人，所有的军人必须意识到，只有奥古斯都才能统率军队，只有他才能决定每个人的升迁黜陟。所有在职的军官都是他的下属。他把最重要的高级军职或者留给他的亲属，或者让那些领有执政官或行政长官头衔的人去担任，因为他们大都是文官，在军队中没有深厚的基础，不会构成潜在的威胁。公元前19年以后，元首家族以外的人无论战功如何卓著都不再被授予凯旋式殊荣，而只允其佩戴凯旋者的标志。在凯旋式中也不再欢呼取得战争胜利的实际指挥者的名字，而改呼奥古斯都的名字。

奥古斯都完成了从马略开始的罗马军队向常备军的转变。常备军的总数约为 25 万人，其中一半在正规军团（约 25 个），一半在辅助部队。只有罗马公民才能加入正规军团。但是在东方，正规军团中杂有大量非罗马或意大利出身的行省人，他们在被征入伍时可以非正式地得到罗马公民权。辅助部队的兵员主要来自帝国边远行省的非罗马人以及某些依附部族。军团士兵通常在 17—20 岁入伍，服役期限从公元前 14 年起开始固定下来：正规军团为 20 年，辅助部队为 25 年。所有士兵在入伍时都必须宣誓永远忠于奥古斯都。常备军大部分集中于莱茵河和多瑙河前线，埃及、叙利亚和西班牙也驻有重兵，这些地区无论在军事上还是行政上都归元首直辖。除了军团外，奥古斯都还创立近卫军 9 个大队，每队 1000 人，长年驻守在意大利和罗马以保护元首的安全。近卫军团全部由意大利人组成，并且由两个级别相等的军官共同指挥。鉴于这个职务的重要性，奥古斯都只从骑士阶层中物色人选，以防他们地位过高而危及元首自身。与军团士兵相比，近卫军士兵享有明显的特权。他们只需服役 16 年，而且薪饷比军团士兵高得多，生活条件也较好。

经过整顿和改组的军队构成了奥古斯都元首政治的物质支柱，成了他对内独裁、对外扩张的最有效工具，当然也是元首所关心的主要对象。奥古斯都采取一切措施以保证士兵的薪饷发放和老兵退伍的法定权益。

作为国家最高权力机构的罗马元老院经过公元前 28 年和公元前 18 年的两次大改组①，这时也完全成了奥古斯都手中的驯服工具。元老的名单由元首亲自确定，没有奥古斯都的允许，任何元老都不能离开意大利。在元老院会议上，奥古斯都的提议或根据他的倡议所制定的各种法案总是得到热烈响应和一致通过。元老院的最高决策权实际上被剥夺殆尽，成了元首政治下粉饰共和的一个高级点缀品。不过，奥古斯都毕竟是个极其老练的政治家，深谙予夺相济之道。他在剥夺元老院最高决策权的同时，又给元老阶层以极高的政治地位和社会荣誉，他们的经济利益也没有受到任何侵犯。他以法律形式明确规定元老必须出身贵族，服满规定年限的兵役，而且拥有 100 万塞斯特尔提乌斯的财产资格；只有元老才可以担任军团长、行省总督以及执政官之类的高级职务。他让那些出身世家望族的代表人物在元老院中膺承高位，备极荣耀，又使一些"新人"身居要津，享受元老的殊荣。他给那些破产的贵族以物质帮助，显要的元老作为他的"朋友"接受委任，或作为他的

---

① 此后，在公元前 8 年、公元 4 年、14 年又进行过三次改组，但都是小范围的局部调整。

"伙伴"追随左右。这一切，使元老阶层中的绝大多数人对奥古斯都感恩戴德，心甘情愿地在元首政治的卵翼下享受既得的荣华富贵，而不再去冒险追求共和时代的政治自由了。

骑士在奥古斯都时代也正式成为一个独立的阶层。奥古斯都每年都要组织有全体骑士参加的检阅游行。他为骑士规定的财产资格为40万塞斯特尔提乌斯，经审查不合格的，除了取消其称号外还要追缴罚金，以此提高骑士阶层在罗马国家中的声望和地位。他们不仅担任各种与财政有关的要职，而且可以担任重要的军政职务，作为元首私人代表的埃及总督和近卫军长官只能由骑士担任。骑士可以候补元老，元老的子裔在取得进入元老院的资格以前，则列为骑士。骑士作为一个官宦阶层，与元老阶层开始接近起来了。这个阶层中的绝大多数人作为既得利益者，对奥古斯都无不倾心拥戴，同元老阶层一起构成了元首政治的主要社会基础。

对于罗马平民，奥古斯都同样采取了恩威兼施的统治手法。他严令取缔各种未经许可的社会团体，严格限制平民的政治活动。为了镇压平民闹事和刑事犯罪，他还建立了7个夜间巡逻队和3个城防大队，并且以军事编制组织起来。必要时，城防大队可以得到近卫军团的支援。公民大会依旧按时召开，主要是选举行政长官，通过根据奥古斯都本人或其他行政官员的建议制定的法律。但一切都流于形式。在选举中，公民只是按所谓"推荐法"就奥古斯都所指定的人选进行表决而已。平民作为一个社会阶层所曾拥有的政治权力实际上已经被完全剥夺。另一方面，奥古斯都又继续实行着由盖乌斯·格拉古所开创的发放制度，有20多万罗马平民每月无偿地得到粮食。他还经常给经济拮据的公民发放钱款，每人所得有时多达400塞斯特尔提乌斯。他带头并且促使罗马的显贵们大兴土木，修建各种各样宏伟壮观的神庙、水道和剧场，举办各种各样使人流连忘返的娱乐活动，以此转移平民对政治的注意力。要求"面包和竞技"的罗马平民对这些措施也相当满意，他们安于寄生，耽于娱乐，对失去政治自由也就恬然处之了。

作为奴隶主阶级的最高代表，奥古斯都采取了一系列措施以加强奴隶主对奴隶的统治和控制，加深奴隶和罗马公民中贫穷阶层之间的鸿沟，加强奴隶主阶级中不同阶层的团结。他大力促进作为奴隶制经济基本单位的家庭内部关系，保障家长对家庭内部的全体成员，首先是奴隶的控制。奥古斯都不仅对释放奴隶作了严格限制，而且通过元老院重申了罗马的一条旧法：凡奴隶杀死主人，在家的奴隶闻声不救，则一律处死。他规定，因为受到惩罚被打上烙印的奴隶，即使获得释放后，也不能得到罗马公民权或拉丁公民权，不能在首都居住。他严禁奴隶和被释奴参军。他严令搜捕逃亡奴隶，镇压一切暴乱。

奥古斯都也十分重视在行省建立自己的社会基础。他所采取的主要措施是整顿和改革对行省的管理，加强对包括总督在内的行省官员的控制，在行省建立一系列殖民地，授予行省的上层分子罗马公民权。而一旦发生反罗马的起义则无情加以镇压。

# 继承制度

如何安排继承人，是奥古斯都始终关心的一个问题。奥古斯都没有男性子嗣，只有一个女儿优莉娅。他长期为物色继承人而殚精竭虑。然而，与他在政治上、军事上的辉煌成功相反，他的大位继承计划竟一再受挫。他的第一个女婿玛尔凯鲁斯同优莉娅结婚不到三年就死了。第二个女婿阿格里帕也在公元前12年死去，留下两个儿子——盖乌斯·恺撒（8岁）和卢基乌斯·恺撒（6岁），当时已被奥古斯都收为养子。为了把两个外孙培养为元首继承人，奥古斯都殚精竭虑，费尽了心机。公元前5年，15岁的盖乌斯·恺撒被任命为公元1年的执政官。公元前2年满15岁的卢基乌斯·恺撒也得到与哥哥同样的荣誉。正当一切循着奥古斯都的安排顺利进行之时，重大的变故突然接踵而来。公元2年，卢基乌斯死于马西里亚；两年后，盖乌斯也在吕基亚不明不白地死去。奥古斯都不得不按自己的妻子李维娅的要求把提比略·克劳狄①收为养子，确定为自己的继承人。

公元6年，奥古斯都的对外扩张也开始受到严重挫折。潘诺尼亚和伊利里亚爆发了大规模起义，直到公元9年才被提比略以极其残酷的手段镇压下去。在与日耳曼人的战争中，奥古斯都也遭到严重挫折。潘诺尼亚战争和日耳曼尼亚的失败引起了严重的财政危机，罗马城里粮食紧缺，物价上涨，贵族和平民中的不满情绪日益抬头。

公元14年9月14日，奥古斯都在巡视南意大利途中，以77岁的高龄病逝于康帕尼亚的诺拉城。据说，他在弥留之际曾对前去探望的朋友们说了这样几句话：

---

① 李维娅同她的前夫所生之子。

"我在生活的喜剧里是否很好地扮演了自己的角色？

如果我演得很好，

那就为我鼓掌吧，

大家高兴地为我送行吧！"①

在罗马的历史舞台上，奥古斯都确实出色地扮演了自己的角色。他凭借着从苏拉开始到恺撒所奠定的社会、思想基础，凭借着他那善于审时度势的政治目光、灵活机智的政治手腕和知人善任的组织才能，彻底结束内战，稳步开创了元首政治的新时代。奥古斯都的元首政治，是在共和制外衣掩盖下的君主专制。军队听命于元首个人，元老院和公民大会形同虚设，元首的意志高于一切，宗教式的个人神化和大位世袭，这一切都无不说明奥古斯都元首政治的君主制实质。2000 年来，人们对此褒贬不一，毁誉纷纷。然而，恰恰就是这个君主制实质体现了公元前 2 世纪以来罗马历史发展的必然趋势。如果没有奥古斯都，必定会有另一个人出来不自觉地充当历史的工具。历史是无情的，只有顺应历史潮流的政治家才有可能达到自己预期的目的；历史又是宽容的，它允许政治家在既定的社会背景和发展方向上导演出一幕幕有声有色的戏剧，允许政治家在具体的历史事件中留下他们个人意志、性格和经验的鲜明烙印。奥古斯都元首政治的共和制外衣正是在当时的社会环境和力量对比下出现的，是罗马政治制度和意识形态的特殊产物，也是奥古斯都个人意志、性格和经验的集中反映。作为一个政治家，奥古斯都在罗马历史上起了承前启后的伟大作用。作为一种政治制度，他所确立的元首政治保证了"罗马和平"，为罗马奴隶制社会发展创造了条件。

---

① 这是古罗马戏剧演员在演出结束时常用的两句谢幕辞。

# 犹太战争

孔令平

犹太被罗马征服后，曾屡次发动起义，反抗罗马的统治。公元66年，犹太人民举行大起义，占领耶路撒冷，给罗马统治者以沉重打击。这次起义几乎遍及巴勒斯坦全境，坚持数年之久，史称"犹太战争"。

## 罗马征服犹太

公元前1世纪罗马通过扩张称霸东地中海后，逐渐把侵略的魔爪伸向弱小的犹太王国。

公元前63年，罗马侵略势力扩及巴勒斯坦。当年，庞培胜利地结束了米特拉达特斯战争，接着便在东方的一些小国中到处进行干涉活动，扩大侵略成果。他把叙利亚置为罗马行省后，就向犹太进军。这时，犹太玛卡贝王朝的两兄弟希尔卡努斯和阿里斯托布路斯正在争夺王位。庞培支持希尔卡努斯，拥护阿里斯托布路斯的群众拒绝服从。他们占领耶路撒冷神殿，坚持三个月斗争后才被庞培攻破。

庞培征服犹太后，把犹太王国的大部分领土并入叙利亚行省，只将剩下的巴勒斯坦中部、佩列阿和加利利地区交由被任命为祭司长希尔卡努斯的进行统治。实际上，世俗政权操于安提帕特尔之手。公元前57年，罗马把希尔卡努斯管辖的地区分为5个自治的公社，实际上剥夺了希尔卡努斯的世俗权力，仅仅为他保留了宗教方面的权力。犹太人民身受罗马和本国统治者双重压迫和剥削，不满情绪日益增长。后来，克拉苏出征帕提亚，肆意劫掠被犹太人奉为神圣的耶路撒冷神庙及其宝库，进一步加剧了矛盾。公元前52年，犹太人民举行起义，但受到罗马的镇压。被卖为奴者达3万之众。

在恺撒与庞培的斗争中，阿里斯托布路斯和他的两个儿子曾经支持恺撒。而在公元前48年恺撒在埃及亚历山大里亚城被起义者包围时，希尔卡努斯的重臣安提帕特尔给了恺撒重要帮助。恺撒在脱险之后，为了报答犹太人，豁免应向罗马人缴纳的全部赋税，把加法城归还犹太人，保证内部自治和宗教信仰自由，允许重建被庞培挖掉的耶路撒冷的城墙。不过，恺撒责成犹太人自己负责保卫国界，并且承担与此有关的开支。在这之后，犹太王国内部不同势力在对待本国统治者以及罗马人的态度上一直存在意见分歧和斗争。公元前40年，帕提亚侵入叙利亚，掳走了希尔卡努斯。恺撒被刺后，安东尼支持安提帕特尔的儿子希律为犹太的统治者。公元前37年，安东尼击败帕提亚人，占领了耶路撒冷，扶植希律为王。公元前30年，屋大维继续承认希律的地位，并将庞培在公元前63年从犹太王国划出的大部分城市交给他治理。

公元前4年希律死后，罗马三分犹太王国，分别交给希律的儿子安提帕斯、阿尔赫拉乌斯和菲利浦治理。阿尔赫拉乌斯的统治很不得人心。公元6年，奥古斯都废黜了他，将其所辖地区置为犹太行省，派罗马任命的总督治理。但是，在行省内部保留了犹太人的自治权。公元34年菲利浦去世，其所治理地区归入叙利亚行省，而在公元37年，罗马又将这一地区交给菲利浦的侄儿阿格里帕。阿格里帕以国王的名义进行统治。公元39年，阿格里帕又领有被剥夺王位的安提帕斯曾经据有的地区。公元41年，罗马皇帝克劳狄乌斯将犹太行省并入阿格里帕的王国，但在公元44年阿格里帕死后，又将他的王国重新改为犹太行省。

## 犹太战争前罗马的政策和人民群众的反抗

从上面关于犹太王国的政治地位变化的简略叙述中可以看出，从罗马开始征服犹太王国到公元66年犹太战争爆发的100余年间，犹太人所在地区处于剧烈的动荡之中。在这里集中了各种各样的矛盾：既有征服者和被征服者之间的矛盾，又有在这一地区杂居的犹太人和非犹太人的矛盾，还有犹太人内部不同阶级的群众之间不同政治、经济利益和宗教信仰差异所造成的种种矛盾，而在统治集团内部又充满错综复杂的争权夺利斗争。这种情况使得这一地区经常爆发人民群众的起义，武装冲突不断。

公元初年，在犹太人中出现了许多的政治和宗教派别。吉拉德派由犹太下层居民组成，他们谴责罗马占领者和本国统治者，并且认为，只有靠武力才能赢得独立解放。随着罗马对犹太人压迫的加重，这一派别的势力迅速增长。

与吉拉德派并存于犹太人之中的还有其他派别。撒都该派代表一些贵族的利益，他们恪守成文的摩西五经，主张与罗马妥协，因而引起普通群众的不满。法利赛派主张消极对抗罗马，认为犹太人只要遵奉古代的宗教诫命律法，终将得救。艾赛尼派具有高度组织性，他们离城而居，过着严格的禁欲生活，宣传救世主弥赛亚即将降临，使他们摆脱罗马的统治，因此被罗马当局视作危险分子，加以迫害。

当犹太沦为罗马行省之后，罗马政府根据人口调查，规定犹太人必须缴纳土地税和人头税以及其他苛捐杂税。公元 6 年，在犹太行省进行财产登记的政策引起了群众的不满。就在这一年，加利利人犹大领导了反罗马的起义。他声称，所谓财产登记实乃奴隶制度，对于任何一个犹太人来说，承认犹太人的神以外的人们的统治是可耻的。起义得到其他地区的响应，坚持了几个月，终被镇压下去，犹大也在战斗中阵亡。

公元 17 年，犹太人请求减少他们的贡赋。克劳狄乌斯统治时期，曾减轻耶路撒冷居民的赋税负担，但到公元 62 年以后，对犹太人民的征税又加重了。公元 66 年，总督弗洛卢斯派人四处催缴税款，还大肆掠夺耶路撒冷神殿的财富。我们知道，犹太人必须向神殿缴纳"赎钱"，每人每年要缴纳两个德拉赫麦。巴勒斯坦以外的犹太人也要缴纳这种"赎钱"。所以，耶路撒冷神殿积累了大量财富。罗马侵略者劫掠耶路撒冷神殿财物，不仅激起犹太人民群众的愤怒，而且也引起上层分子的不满。

犹太人的反抗斗争，除了赋税苛重以外，还有宗教方面的原因。

罗马统治者对犹太人宗教信仰的长期侵犯和蔑视，激起犹太人的强烈不满。罗马帝国初年，奥古斯都和提比略都比较注意这方面的问题，曾经采取一些避免伤害住在巴勒斯坦的犹太人宗教感情的措施。由于犹太人不承认任何画像，因此在当地流通的小额铸币上不铸皇帝的头像。严令禁止非犹太人进入犹太人的神庙，否则处死。奥古斯都还拨款装修犹太人的神殿。

卡里古拉（公元 37—41 年为罗马皇帝）统治期间，由于他和罗马官员胡作非为，犹太人和罗马统治者之间的矛盾急剧加深。公元 38 年，在亚历山大里亚发生了严重迫害犹太人的一系列事件。许多犹太人的房屋被洗劫一空，付之一炬，停泊在港口内的犹太人的船只被抢劫，出现在非犹太人集居区的许多犹太人遭到殴打甚至杀害，政府还强令在犹太人的教堂中安置罗马皇帝的雕像。驻亚历山大里亚的罗马官员还发布命令，禁止过安息日。不仅如此，公元 39 年，叙利亚总督普布利乌斯·佩特罗尼乌斯接到皇帝的命令，要他带兵进入耶路撒冷，并且在那里的神庙中建立皇帝的雕像。得知这一消息的犹太人，不分男女老幼，从四面八方来到佩特罗尼乌斯的住所，请他不要执行罗马皇帝的命令，以免作出令人发指的亵渎神祇的事。许多犹太人停止了耕作，并且声称，宁肯挨饿和死于刀剑之下，也不能允许目睹这样的惨剧。佩特罗尼乌斯没有执行皇帝的命令，卡里古拉因而命令他自杀。只是卡里古拉突然被刺身亡的消息先于他给佩特罗尼乌斯的命令到达，才使他免于一死。公元 40 年，阿格里帕曾亲往罗马，请求卡里古拉收回发给佩特罗尼乌斯的命令。

# 公元 66 年爆发的犹太人民起义

继卡里古拉担任罗马皇帝的克劳狄乌斯，在对待犹太人和犹太教方面又恢复了提比略的政策。但是多年存在的罗马官员滥用职权欺凌犹太人的积弊，犹太人民群众中对罗马统治者的憎恨并没有消除。种种矛盾引起的冲突经常不断发生。著名古罗马史学家蒙森指出，犹太人民的起义通常认为从公元 66 年开始，实则从公元 44 年即已开始。自从阿格里帕于公元 44 年去世，在犹太境内，武装冲突从未停止。

公元 66 年犹太人民的起义，首先在当时犹太行省的首府，位于加利利和撒马里亚之间的沿海城市恺撒列亚爆发。事情的经过大体是：在这个犹太人和非犹太人杂居的城市中，受过希腊文化教育的非犹太人向罗马皇帝尼禄的近臣布鲁斯提出申诉，要求在这个城市中使非犹太人在享有公民权方面占据优势。这个得到布鲁斯支持的意见在犹太人与非犹太人中引起了长期的争论和冲突。一些犹太人因而离开恺撒列亚。但是罗马当局强迫他们返回。公元 66 年 8 日 6 日，在恺撒列亚街道上发生的犹太人与非犹太人的冲突中，曾经离城的犹太人全部被杀。这一事件激起了耶路撒冷城的起义。

领导起义的是吉拉德派。他们既力图推翻罗马人的统治，又想消除大地主、高利贷者和犹太教僧侣的压迫。这一派中激进的一翼被罗马人称为"西卡里"，意为"凶手"。因为他们主张用恐怖手段进行斗争。西卡里派的主要成员是奴隶、贫苦农民和城市居民的下层。犹太人中较为富裕的中间阶级也参加了起义。起义者的领袖是吉斯卡拉的约翰和吉奥拉的儿子西门。

当耶路撒冷发生反罗马的人民起义的时候，当时拥有任命耶路撒冷神庙祭司长和管理神庙宝库财产权力的阿格里帕二世正在城里。他先是企图说服，继而试图用武力制止犹太人起义，但都没有得逞。

驻在神庙附近的堡垒中的罗马警备部队，人数不多，很快就被起义者击败、杀死。在邻近的王宫中，阿格里帕的部队愿意投降，获准不受阻碍地撤走。而驻在王宫中的罗马军队，却在投降后被杀。犹太人的圣城完全解放，而在耶路撒冷的罗马军队全被消灭。在耶路撒冷取得胜利的起义迅速席卷整个犹太。各地起义者很快取得联系。

在犹太境内的起义顺利发展的同时，在邻近的许多犹太人和非犹太人杂居地区，诸如大马士革、阿斯卡隆、斯基托波尔等地，都发生了犹太人和非犹太人之间的激烈冲突。

罗马驻叙利亚行省的军事首脑加鲁斯在得知耶路撒冷城起义的消息后，立即率领大军前往镇压。他拥有两万名罗马士兵，13000 名由各附属国提供的军队和为数众多的叙利亚辅助部队。他先占领了加法城，杀死了所有城市居民。9 月间，他的军队已经进入耶路撒冷。但在神庙和王宫的坚固城墙面前，他一筹莫展。不知由于什么原因，他很快撤围后退，甚至抛弃了辎重和殿后的队伍。起义者控制了巴勒斯坦的大部分地方。只是一些希腊人的城市还在坚守。

公元 67 年 2 月，罗马皇帝尼禄指派韦斯帕西安努斯镇压犹太人起义。韦斯帕西安努斯带领了约 5 万人的军队向巴勒斯坦进军。韦斯帕西安努斯采取步步为营的战略，尽力不使自己的军力过于分散。公元 67 年，韦斯帕西安努斯力图控制加利利地区的堡垒。仅仅在一座名为约塔帕塔的小城附近，他就率领三个军团驻扎了 45 天。到公元 68 年夏天，耶路撒冷已被罗马军队四面包围。

当罗马军队步步紧逼的时候，起义的犹太人内部却充满尖锐复杂的斗争。高级僧侣和法利赛派力求与罗马媾和。贵族把政权交给由高级僧侣组成的议事会，企图用这种方法使起义失去领导。而在吉拉德派内部也分为以约翰和以西门为首的两派，彼此之间不断斗争。西门一度被迫离开耶路撒冷，但不久又回到该城。起义队伍中的分裂，削弱了起义者的力量。

也就在韦斯帕西安努斯快要开始进攻耶路撒冷的时候，传来了尼禄自杀的消息。按照罗马的法律，随着皇帝的死亡，他的权力也随之终止。谨慎从事的韦斯帕西安努斯停止了军事行动。只是在公元 69 年 6 月，韦斯帕西安努斯才恢复进攻，占领了赫布隆。可是不久，韦斯帕西安努斯被所率领的士兵宣布为罗马皇帝。他为了争夺帝位，带领了一部分军队去意大利，另一部分军队交给了提图斯。提图斯把这支军队带到叙利亚，转赴埃及。在公元69年年底，争夺罗马皇帝宝座的斗争结束之后，韦斯帕西安努斯授命提图斯结束犹太战争。

在罗马人开始进攻之后，据守耶路撒冷的起义者由于物资的匮乏而遭受饥饿的威胁。但是，他们仍然英勇战斗。此时，西门和约翰也结束了内讧，重归于好，联合抗击罗马军队。在西门和约翰的领导下，起义者不断打退敌人的进攻，并且不时胜利出击。不过，军队数量的优势和军事技术的优势毕竟是在罗马人方面。公元70年8月，起义者固守的据点接连失陷。在这之后，延续达一个月之久的巷战也以起义者的失败告终。长达五个月的围攻耶路撒冷的战斗，造成了巨大的生命和财产损失。起义者的领袖西门和约翰都被罗马人俘虏。

耶路撒冷城破之后，起义者的余部还在马赫拉和马萨达继续战斗了几年。他们的领袖是加利利人犹大的孙子埃列阿查尔。公元73年，被罗马军队围困在玛萨达要塞的起义者，在杀死自己的妻儿之后，集体自杀，全部壮烈牺牲。

先后延续7年的犹太人民反抗罗马暴虐统治的斗争，终于被罗马军队淹没在血泊之中。耶路撒冷成了一片废墟。公元71年，提图斯返回罗马，并且举行了凯旋式。西门被处死，约翰则在终身监禁中度过了一生。

但是，犹太人民的这次起义，毕竟对后来历史的发展产生了影响。一方面，它促使罗马政府改变了统治犹太的方法；另一方面，它促进了基督教与犹太教的分离。

# 三世纪危机

梁作檠

　　历史上通常所称的"三世纪危机"是指罗马帝国从 2 世纪 90 年代安敦尼王朝结束，直至 284 年戴克里先登上皇位大约 100 年间所出现的社会危机局面。这一危机猛烈冲击和动摇了罗马奴隶制帝国，直到 3 世纪末才暂时缓和下来。

## 三世纪危机的根源

　　罗马帝国建立后取得了 200 年的表面稳定和繁荣（所谓"罗马和平"），安敦尼王朝被称为帝国的"黄金时代"，达到了鼎盛阶段。但从 2 世纪末起，帝国盛极而衰，发生严重危机，表现为农业萎缩、商业萧条、城市衰落、财政枯竭、政治混乱，以及贫民、奴隶起义此起彼伏，大批蛮族入侵，整个罗马社会动荡不安，帝国统治处于摇摇欲坠的危险地步。这种在罗马帝国社会中爆发的全面而深刻的危机，归根结底，是由于奴隶制的衰落和奴隶制社会矛盾的激化而造成的。

　　在帝国初期，罗马的奴隶制获得了高度的发展，后即日益腐朽，逐渐成为生产力发展的桎梏。奴隶被迫从事生产劳动，不仅缺乏劳动积极性，而且也妨碍使用先进的生产工具和推广先进的生产技术，加上奴隶以各种形式进行反抗斗争，奴隶价格又不断上涨，因此，劳动生产率日益降低，使用奴隶劳动已越来越无利可图。在这种情况下，大批奴隶被释放了，而更多的奴隶变为授产奴隶或隶农。隶农制最早产生于共和后期，在帝国初期有所发展，到 3 世纪便盛行起来。除了奴隶和贫苦农民转变为隶农以外，许多移居帝国境内的日耳曼人也加入到隶农的行列。隶农所受的剥削日重，依附性日强，其地位和奴隶逐渐接近。

由于奴隶制的衰落，农业最先出现了凋敝之势。在意大利，经营葡萄和橄榄业的庄园入不敷出，大多改为牧场，生产大大萎缩。后来，农业危机也波及到行省地区，大量使用奴隶劳动并与市场有着密切联系的大地产，开始转变为主要剥削隶农和具有自给自足倾向的大庄园。同样，在共和后期和帝国初期发展起来的意大利各城市手工业，也因奴隶劳动生产率低下和行省手工产品的竞争排挤而衰落下来。农业和手工业的衰退必然导致城市没落和商业的萧条。当时，社会动乱、蛮族入侵、海盗猖獗、商路阻塞，以及帝国政府强令城市负责征集赋税和发行劣质货币等财政金融政策，更是加剧了这一过程。

在社会经济发生危机的情况下，罗马社会矛盾也尖锐起来。这时，奴隶、隶农、破产农民的差别日益缩小，地位日渐接近，这就为这些下层群众反对大奴隶主大地主，联合起来进行斗争，创造了条件。城市富裕居民由中小土地所有者和奴隶主组成，他们原是帝国的重要支柱，但在危机中纷纷破产。例如，帝国政府强令城市征集赋税并由市议员完纳欠税，许多城市议员不胜负担，宁肯出售土地，释放奴隶，降为小农。他们甚至沦为隶农或流落他乡。在城市衰落的同时，大庄园迅速发展起来。

在大庄园的排挤下，现在不仅在意大利，而且还在各主要行省，自由农民和小土地所有者的人数日益减少了。他们失去了土地和生活资料，沦为隶农或成为无业游民；有些人通过参加雇佣军队在退伍时能够在军事殖民地中获得一块份地。退伍士兵和部分军官，就其社会地位和财产而论，与中等土地所有者相近，成为重要的社会力量和帝国的可靠支柱。这些人和帝国社会中残存的中小土地所有者组成奴隶主阶级的一个集团。它同另一以元老院元老为代表的大地主集团的利益常常发生冲突。这两个集团之间的斗争在 3 世纪时加剧了。同时，帝国境外的日耳曼部落又加紧进犯帝国。这些事态的发展导致了 3 世纪爆发全面危机。

# 三世纪危机初期塞维鲁王朝的统治

安敦尼王朝最后一位皇帝孔茂德（180—192 年）被元老集团策划的宫廷阴谋杀死。但无论是元老院或近卫军所支持的新元首都不能控制帝国的政治局面。一些行省的军队各自拥立自己的长官为皇帝，于是发生了 192—197 年的内战，最后以潘诺尼亚总督塞普提米乌斯·塞维鲁（193—211 年）的胜利而结束。

塞维鲁所建立的皇帝政权是以士兵为主要支柱的，因此，他所实行的一些改革包括：使士兵的薪饷几乎增加了一倍；任何一个普通士兵都有可能晋升为军官；从边疆军团和叙利亚军团中选拔优秀士兵组成新的近卫军；承认士兵在服役期间有合法婚姻以及与家人共同生活的权利；授予边防部队的士兵以份地。据狄奥·卡西乌斯记述说，他曾对他的儿子们说过如下的话："要厚待士兵，让他们都发财致富，而不要管其余的人们！"塞维鲁这种政策的结果是：军队中的行省人成分和蛮族人成分增多了；士兵们在国家政治生活中起着越来越大的作用。

另外，塞维鲁采取抑制元老院的方针。元老院失去了它在安敦尼时代具有的意义。皇帝的顾问会议起了国家最高机关的作用。元老院掌管国库的职权也被剥夺了，国库现在由一个作为管理皇帝私人财产的分支机构的特设机关（res privata 或 ratio privata）把持。同时，任命骑士出身的官员对元老担任总督的行省实行监督。敌视塞维鲁的元老受到迫害，他们的财产被没收。因此，在帝国奴隶主阶级的两个集团——"士兵派"与"元老派"之间的斗争中，塞维鲁堪称是第一个"士兵派"的元首。

塞维鲁的儿子和继承人卡拉卡拉继续执行他父亲的政策。由于增加军饷而扩大了国库开支，他还开征了各种额外赋税。显然是出于这种财政上的需要，卡拉卡拉于212年颁布了"卡拉卡拉敕令"：罗马公民权被授予几乎全体帝国自由居民，只有被称为 dediticii 者①除外。然而，应当指出，在此敕令颁布之前，罗马公民权已相当普及，而且早已丧失其原有的特殊意义。在塞维鲁时代，一个自由民的权利，与其说决定于他是否享有公民权，不如说决定于他在社会上根据新的划分而实际所属的等级。通过刑事惩治制度的新规定，自由民被区分为"可敬的人物"和"小人物"两类。前者包括元老、骑士、市元老、退伍军人（后来也包括现役士兵），除此以外的人都属于后一类。现在对"小人物"可能给予的法律惩罚（拷打、流放到矿山去服劳役、喂野兽等）是以前享有罗马公民权的人可以获得宽免的，按新规定就只有"可敬的人物"才有这种特权了。因此，卡拉卡拉敕令的实际意义是有限

---

① 历史学家对这个名词的含义所作的解释至今还未取得一致意见。这个名词的最初含义是指在胜利者恩典下投降的敌人，后来它被推广应用到某种类型的被释奴隶（他们只获得有限度的自由）。因此，大多数现代研究者认为，卡拉卡拉敕令应用这个概念，大概是指不久前才被征服的部落以及某些类型的被释奴隶。这些人的总人数在全体自由居民中占很少数。

的，无怪乎它在古代史书上未被赋予特殊的意义。它几乎没有引起同时代人的注意，而只有狄奥·卡西乌斯在自己的著作中略微提到了它。卡西乌斯在报道这一事件时曾顺便说，卡拉卡拉此举是为了财政的目的。因为这样做可以增加某些种类的赋税（如遗产税）的纳税人数。但可能还有一个目的，即增加兵源。因为现在罗马公民士兵的征召主要来自伊吕里库姆、色雷斯、伊苏里亚等地了。

在塞维鲁王朝最后一位皇帝亚历山大·塞维鲁（222—235 年）统治时期，帝国政府的政策开始在"士兵派"和元老院之间动摇不定，而总的倾向是向元老院方向摆动。亚历山大从元老阶层中任命执政的高级官员，并使其作为皇帝的代表主持元老院会议。元老院在参与全部国务活动的顾问会议中也起了较大的作用：它的代表被邀请参加由 16 人组成的这个特别会议。在这个时期，主人对隶农生产工具的所有权被合法化了，并由于允许 20 岁以上的自由民卖身为奴而在实际上恢复了债务奴隶制。这是违反罗马法的传统准则的，但它却符合元老院贵族的愿望。

罗马政府的财政在孔茂德的奢侈浪费之后本已处于困难状态。塞维鲁王朝诸帝的对内对外政策又需要巨大的资金。因此，赋税比以前更为加重了。政府强令自治城市的议员负责征税，但财政匮乏现象并未缓和。从亚历山大时起，政府便动辄采用降低货币成色的手段来摆脱一时的困境。这就导致通货膨胀和钱币贬值（例如在银币中银的含量几乎减少了一半），因而造成金融混乱。保存下来的一件小亚细亚的铭文证实了在城市中交换过程所受的影响：新的劣质钱币的流通助长了投机分子的活动，物价上涨。经济向自然化方向发展加速了，政府对大小官吏的薪俸和士兵的饷给开始以实物支付为主。举凡衣着、粮食、肉类、蛋类、马、骡、车辆等的配给数量，都按等级做出规定。国家又对城市手工业者团体的生产实行管制。各个手工业公会必须负担起把它们的制品供应国家并按国家的要求进行产品制作的任务。这就使手工业者逐渐被固定在自己的公会里，以致随后丧失了原有的独立性。这时对日益强大的萨珊王朝统治下的伊朗的战争，以及居住在莱茵河和多瑙河彼岸的诸部落的方兴未艾的大规模侵犯，使形势进一步恶化了。在这种情况下，帝国政治上的士兵派与元老派的斗争再次尖锐。国家财政的拮据使政府不得不降低士兵的饷给。此举直接促成了近卫军的一次兵变，结果亚历山大被杀，塞维鲁王朝宣告结束。

# 3 世纪中后期的政治混乱状态

塞维鲁王朝覆灭后，开始了历时 50 年的政治混乱时代。235 年，策动士兵哗变的马克西米努斯（235—238 年）被宣布为皇帝。他在士兵（首先是蛮族出身的士兵）拥戴下登上皇位，乃再次使帝国的政策摆向了亲军队。由于他的统治带有最鲜明的反元老性质，以致一位元老派人物称他为"雅典尼奥（第二次西西里奴隶起义领袖）第二和斯巴达克"。现代某些资产阶级历史学者据此也企图把他说成是下层被压迫人民的领袖。但这是不符合事实的。他大量没收贵族的土地财产，只是为了用来犒赏自己的士兵，提高军饷和分给退伍军人以份地。但这完全不是维护劳动人民的利益，因为当时的士兵按其社会地位来说是属于中小土地所有者阶层的。反之，正是在他执政时期规定了对犯了重罪的奴隶和"小人物"可以施以火刑的残酷法令。这就清楚地表明了他对劳动人民的镇压态度。

238 年，元老派在非洲组织了反马克西米努斯的暴动，拥立非洲总督戈尔迪亚努斯为皇帝，但后者很快就战败被杀了。元老院又在军队中进行阴谋鼓动，使马克西米努斯在士兵哗变中丧生。元老院宣布戈尔迪亚努斯 13 岁的孙子戈尔迪亚努斯三世为皇帝（238—244）。这时，非洲地区的富豪武装也打败了马克西米努斯的支持者。他们的军团被解散，退伍士兵的土地也被剥夺了。元老派再次取得了暂时胜利。

但是，戈尔迪亚努斯三世的亲元老院政府是很不稳固的。13 岁的皇帝陷入了他母亲的宦官们的掌握中。在宦官的弄权下，罗马秩序十分混乱。244 年，近卫军长官、阿拉伯人菲利浦依靠军队中的东方分子把戈尔迪亚努斯三世杀死。菲利浦受士兵拥立为皇帝（244—249 年）。但这时帝国的对外形势十分困难：蛮族对多瑙河边界构成了严重威胁，总数达 3 万人的哥特人渡过了多瑙河。驻在麦西亚的罗马军队不仅向哥特人开放了边界，而且同他们一起蹂躏了罗马的土地。随后这些罗马军队又公开宣布拒绝菲利浦而另立皇帝。菲利浦委派元老戴基乌斯率军征讨叛逆者。但叛逆者却又宣布拥立戴基乌斯为皇帝。戴基乌斯便掉头进军罗马，菲利浦被杀（249 年）。

戴基乌斯只统治了两年（249—251 年）。帝国的局面是十分困难的：边界危机进入了新阶段，莱茵河和多瑙河的蛮族加紧集结，准备发动新的进攻。在高卢和罗马本城又爆发了有下层人民参加的起义。特别危险的是哥特人更大规模地再次渡过多瑙河。他们的人数达7万人，直抵色雷斯。戴基乌斯在抵抗哥特人的战争中阵亡。他的副将伽路斯（251—253年）被军队宣布为皇帝。

252年，伽路斯与哥特人签订了屈辱的和约，承认哥特人已取得的掳掠果实（掳获物和俘虏），并规定罗马政府每年付给哥特人一大笔款项和金银，以作为哥特人不再入侵罗马边境的补偿。然而，这并不能约束哥特人的行动。两年后在哥特人入侵伊利里亚时，伽路斯不知所措。这次是由当地的军事长官埃米利亚努斯组织了防卫工作，最后把哥特人打败。他把原来准备贡纳给哥特人的金钱分给了士兵作为奖赏，并受士兵拥立为皇帝。他未经任何抵抗就进军到罗马附近。伽路斯在最后挣扎中战死了（253年5月）。不过，埃米利亚努斯占有元首称号甚至不满4个月。高卢和日耳曼行省军队的统帅瓦列里亚努斯率军到达意大利，并在埃米利亚努斯为士兵所杀后继任为皇帝（253—260年）。

瓦列里亚努斯的下场也并不好。他出身贵族，是元老派的代表。但国内普遍的不安宁以及蛮族对边境进攻的加强，迫使他不得不决定分权统治。他任命自己的儿子伽利埃努斯为共治者，授予奥古斯都权力，让其留驻罗马，而自己则到东方去应付那里的紧张局势。260年，瓦列里亚努斯在对波斯的战争中遭到了惨败。罗马皇帝第一次被敌人俘虏并成了奴隶。据传说，他被迫在波斯国王每次上马时躬下自己的背脊给前者当作脚蹬。他终于死在俘虏生活中了。

伽利埃努斯成了帝国唯一的执政者。他又一次修正了曾由他父亲执行的亲元老院的政策。元老被禁止担任军职，也不能被委任为驻有军团的行省的总督。反之，士兵们却有升任高级军事职位的前途。他又在军事上进行一些改革，大量利用蛮族骑兵为自己服务。这就使军队蛮族化的过程加速：这时不仅下层士兵，而且上层军官，也有不少是由蛮族人充任了。此外，伽利埃努斯又授予城市许多特权。城市公会又活跃起来了。

伽利埃努斯的政策当然要引起元老贵族的憎恨。在各行省都发生了由大地主策动的军事哗变。他们有些人希望推出自己的代理人来代替伽利埃努斯；有些人则打算脱离帝国而独立，使行省变成另一个国家。也有些地方是由于驻在那里的士兵希望取得金钱赏赐而哗变。在全国各地纷纷出现僭位者，以致有所谓"三十僭主"之称。但这些僭位者多半在位不久就失败了，因为各行省贵族在面临奴隶、隶农起义和蛮族入侵威胁的形势下，慑于内忧外患，尚无决心脱离罗马。

　　但是，高卢、西班牙和不列颠毕竟脱离了帝国。以波斯图姆斯为元首、以特里尔为首都的独立的"高卢帝国"持续存在了15年（259—273年）。东方也崛起了帕尔米拉帝国，占有叙利亚、小亚细亚南部、美索不达米亚、腓尼基、阿拉伯半岛北部以及埃及的一大部分。这个割据政权也存在了10年（262—272年）。罗马帝国四分五裂。

　　与此同时，被压迫人民的反抗力量也日益增强。在263—264年，西西里起义爆发，参加者有奴隶、隶农和城市贫民。时人将它同共和国时期的起义相比，据说起义好不容易才被镇压下去。在这之后不久，高卢的很大一部分地区发生了士兵哗变和奴隶、隶农的起义。在历史上称为巴高达运动的人民起义的最初巨浪卷起来了。巴高达到处夺取大庄园，杀死富豪，甚至在269年攻占了高卢中部的大城市奥古斯托敦。农民中越来越多的群众参加了起义，高卢帝国的士兵也往往投向起义者。在这种情况下，伽利埃努斯已成了不符合时局需要的人物。为反对他而组织的阴谋成熟了。领导这场阴谋的是伊利里亚骑兵长官克劳狄乌斯。268年3月，伽利埃努斯被杀，克劳狄乌斯继位，称克劳狄乌斯二世（268—270年）。克劳狄乌斯及其后的三位继任者都是伊利里亚人，他们都出身卑微，只是倚靠勇武而在军队里晋升起来的。他们执行了不同于伽利埃努斯的政策，故通常称为"伊利里亚诸帝"。

　　形势使然，"伊利里亚诸帝"的特点和任务是试图有步骤地巩固和加强君主政权、无情地镇压人民群众运动、尊重和讨好土地贵族，以及保卫帝国边界。首先，克劳狄乌斯在对外关系上必须对通称为"哥特人"的黑海沿岸诸部落的庞杂集团进行斗争。269年，哥特人大举入侵巴尔干半岛和爱琴海。这些哥特人是带着家庭成员南下的，其目的显然已不限于劫掠，而已开始具有移民运动的性质。哥特人的入侵被克劳狄乌斯指挥的军队击败了，罗马人得到了许多俘虏。克劳狄乌斯从中挑选大批身强力壮的哥特人参加他的军队，还有些成了军事移民、奴隶和隶农。

　　克劳狄乌斯于270年病死，骑兵长官奥列利亚努斯（270—275年）继任皇帝。奥列利亚努斯比他的前辈更加广泛地利用蛮族力量来进行反对蛮族入侵的斗争。虽然取得了一些成果，但罗马军队蛮族化的进程又加深了，这时候罗马的蛮族雇佣军人数已达40万人。

　　在此时期，割据的帕尔米拉帝国和高卢帝国先后于272年和273年重新合并于罗马帝国。但奥列利亚努斯于275年在有元老院参与的一次政变阴谋中被杀了。罗马出现了 8 个月的"皇位虚悬"时期。在此之后被选为元首的马尔库斯·塔西陀（历史家塔西陀的后裔）在位还不满 7 个月，又在小亚细亚给士兵杀死了。叙利亚军团统帅、潘诺尼亚人普洛布斯（276—282 年）成了新的元首。新元首继续执行奥列利亚努斯的政策，但对元老院表现出更大的灵活性，在表面上稍稍容许元老院参加行政管理；同时，把全部注意力放在镇压人民起义和对蛮族进行斗争上。这是符合元老院的愿望的。罗马军队渡过了莱茵河，重新占领了莱茵河和多瑙河上游之间的地区。沿多瑙河一带的蛮族（勃艮第人、汪达尔人）也被打败了，大批蛮族部落以军事移民的方式移居到罗马领土上来，甚至深入到意大利的基本地区。与此同时，发生在埃及南部的起义也被罗马军队镇压了。

这样，到了 3 世纪 80 年代初，政治危机暂时缓和了，蛮族的侵犯也暂时被阻止了，四分五裂的帝国重归统一。大批俘虏变成了隶农，补充了已趋枯竭的农业劳动力。普洛布斯特别积极地执行使蛮族移民罗马边境并在边境部队服役的政策。这种政策虽然孕育着严重的危机，但在短期内毕竟使帝国的军事力量暂时得到恢复，它的经济情况也稍微改善了一些。为了军事补给的需要，普洛布斯还广泛地利用军队来从事经济工作，强使士兵疏干沼泽，开垦荒地，在高卢、西班牙、潘诺尼亚和麦西亚栽种葡萄。这种军事屯田制使国家得以对士兵进行严格的监督。士兵虽然领到了高额饷银，但人身自由却在实际上受到了限制。士兵与隶农的身份日益接近了。

# 三世纪危机的后果

3 世纪发生的事件，对帝国的经济生活、社会关系和政治制度产生了巨大影响。

奴隶主阶级两个集团的内部混战、镇压人民运动的国内战争，蛮族的侵犯——这些事件加深了社会经济危机。在缺乏政治统一和交通安全的条件下，各行省之间的经济联系被破坏了。3 世纪的基督教作家基普兰曾引述同时代人的一个申诉书的例子，说当时的道路是危险的，盗贼横行，海上也不安全，"全世界就是这样划分成两个对立的阵营，浸满了血"。原来在 2 世纪时，各行省就已开始出现了经济上的闭关自守倾向，3 世纪的事变更加速了这个过程。各地之间的交换既受阻碍，商业和手工业的生产不能不日益萎缩。同时，严重的无政府状态使财政困难加剧了。军队的给养、宫廷和官僚机构的开支需要巨大的资财，而国家收入的正常来源又没有保证。中央和地方机关随时强加于人民头上的苛捐杂税增多了。财政制度的混乱状况达到了异常紧张的程度，以致单靠税收的直接榨取已不足以应付局面，而不得不更广泛地使用钱币贬值的手段。如果对比帝国初期的标准，可以看出：早在图拉真皇帝时代（98—117年），银币的掺杂物就已增加了10%—15%。在塞维鲁时代，纯银的含量已减少了50%；而至3世纪下半期，竟减少了75%—98%。换句话说，这时的银币实际上只不过是镀银的铜币。金币的铸造是少量的，它在规格上也变得越来越小，形式不一，以致不能成为价值的尺度，而只能按重量出售。货币贬值必然导致物价上涨、流通混乱以及那些有充分价值的钱币的隐藏。基普兰曾提到富人们把这些钱币当作宝物埋在地里。这些事件便是商品货币经济衰落的明证。

大土地所有制在古代社会中从未失掉它的重要性。在三世纪危机的条件下，奴隶主庄园和城市日益受到以剥削隶农和授产奴隶为基础的大庄园的排挤。既然商业、手工业和金融业务已不再起着以前所起的作用，人们将所有现存资金投入土地的倾向便增加了，大地产本身所拥有的资财也扩大了。另一方面，许多居民为了逃避国库官员的赋税勒索、士兵的非法劫夺而被迫投靠于私人的大庄园。逃亡成了普遍的现象。基普兰根据自己的观察概括地说："农夫在田野上消失了。"这就加速了农业关系的深刻变化：在2世纪时已有发展的隶农制和授产奴隶制现在变得非常普遍了。隶农与大地主之间的对抗由于后者力图将前者固着于土地上而日益加剧，隶农因而也经常逃亡，许多土地荒废了，国家不得不使用蛮族俘虏去耕种。古典奴隶制衰落了，农业危机已变得更加严重。

社会矛盾的激化导致了人民群众反抗运动的加强。反抗的形式是多种多样的。上述的隶农逃亡，就是这些形式之一。从农村逃亡的隶农也常常组成"强盗"队伍。早在塞维鲁时代，在意大利本土，帝国就花了很大的力气才把所谓"布拉"强盗消灭了。一些行省的铭文也提到同"强盗"的斗争。这些"强盗"的活动在本质上就是反对现存社会秩序的起义。群众性的起义也发生在帝国的其他许多地区，尽管参加者的人数还较少，斗争的目标还不明确。在伽利埃努斯统治时代（253—268年）爆发的西西里运动，史料称之"准奴隶战争"。在奥列良时代（270—275年）发生的罗马造币工起义，有奴隶和自由人参加。从3世纪60年代开始兴起的巴高达运动在80年代发展到最大的规模。起义者消灭了许多大庄园，并攻占了许多高卢城市。起义产生了自己的领袖：阿曼德和埃里安被推选为皇帝，他们曾铸造了自己的钱币。起义当然还是自发性的，但是已显出奴隶和隶农联合行动以及与入侵蛮族相呼应的特点。这些起义为帝国晚期更加广泛的人民群众革命运动和大规模的蛮族入侵，揭开了序幕。

所有上述那些事变的一种结果，是使组成元首政治的主要社会支柱之一的那些奴隶主阶层（自治市显贵、城市土地所有者）受到了沉重的打击。城市生活萧条了，商品经济日趋衰败。在大庄园的侵蚀下，大多数城市的领土都减少到原有的几分之一。城市已丧失了自己从前对乡村的统治，相反，现在出现了乡村统治城市的趋势，因为社会经济的重心已日益从城市向乡村转移。既然城市衰落和荒废的过程已无可挽救，帝国内部各个奴隶主集团的力量对比就发生了明显的变化：中等阶层没落了。这种变化反映在政治制度上，就使帝国政府从原来是地中海地区的一个广大而庞杂的奴隶主集团的统治机构，变成越来越像是一个仅由奴隶主上层分子即大土地所有者专政的机关了。"伊利里亚诸帝"所执行的政策，就显示了这种转变的征兆。这种征兆在普洛布斯统治时期开始明显起来。显然，这是引起士兵对他不满的原因之一。282 年，普洛布斯被哗变的士兵所杀。军队宣布卡路斯为皇帝。卡路斯就任元首在形式上也没有像过去的惯例那样请求元老院批准，这在帝国历史上还是第一次。这就表明：为了代表奴隶主上层的利益，就是元老院这个由贵族分子组成的实体也不是最合适的国家机构了。因为如上所述，这时下层人民群众的起义已达到了新的高潮，必须有更强有力的镇压机关。在这种情势下，卡路斯授予他的儿子卡里努斯以奥古斯都头衔，委以平定高卢事变的使命。皇帝本人则到潘诺尼亚去，在那里击退撒尔马泰人，以后又到东方去对付波斯人。尽管罗马人的军事行动进展顺利，但卡路斯却被近卫军长官阿培尔杀死了（284 年）；一个月以后，阿培尔又把已继位为皇帝的卡路斯的另一儿子努美里亚努斯也杀了。但阿培尔并未能夺得政权。军队举行了集会。皇帝亲卫队长戴克里先在会上揭发了阿培尔的罪行并亲手将他杀死。这样，戴克里先这个被释奴隶的儿子和伊利里亚出身的人，便当选为皇帝了（284 年 11 月 17 日于小亚细亚城市尼科米底亚）。戴克里先在战胜了卡里努斯后成为帝国无与抗衡的统治者。他开始着手组织一种能够较有成效地为上层奴隶主利益服务的政权形式——多米那特制。

# 隶农制的发生与发展

王阁森

隶农制是古罗马奴隶制社会在农业领域中的一种生产关系，是古罗马奴隶制生产方式发展到一定阶段的产物。它起初随着罗马奴隶制社会经济的发展，作为奴隶制生产关系的补充而出现，后来则伴随着奴隶制危机而演变为封建制生产方式的因素。因此，隶农制是与奴隶制生产方式的变革及其向封建制生产方式转化密切相关的重要历史现象。

## 隶农的出现
### （罗马共和时代后期——公元前 2 世纪至公元前 1 世纪）

农业是古罗马奴隶社会的一个决定性的生产部门。共和初期，罗马的农业是建立在小土地所有制和个体小农经济的基础之上的。一般农民从国家的分配中领取 2—7 犹格（1 犹格等于 1/4 公顷）的小块份地。他们靠自力耕耘，或者至多辅以一两名奴隶。贵族家族不仅人多势众而且拥有传统的占用公地权，因而占有较多的土地。但当公元前 5 世纪至公元前 4 世纪时，罗马地促势微，四面受敌，贵族家族所占土地亦十分有限，其多余土地只是交给被护民和少数奴隶耕种，而且有些贵族本身尚躬耕田亩。著名的秦钦那图斯（公元前 458 年独裁官）在与埃魁人作战之后去官为民，亲耕 4 犹格土地的传说，便可资说明。

但是，从公元前 4 世纪初至公元前 2 世纪中叶，罗马先是使整个意大利成为它的一统天下，旋又染指地中海，征服迦太基，吞并希腊，终于从一个台伯河畔的小邦一变而为雄踞地中海的霸国。罗马社会也随之发生巨变。公有地的数额由于侵占被征服国家的领土而急剧膨胀，奴隶和资财源源流入罗马。公有地的一部分用以分给小农，每户 5—30 犹格不等，但大部分为贵族、奴隶主所占。富有的元老贵族和骑士利用手中资财和大量的奴隶劳动力通过收买、占用和承租公有地的方式扩充地产，兼并土地。结果，从公元前2世纪开始，大土地所有制（其中包括奴隶制的中型农庄和大地产）逐步确立和发展起来，而小土地所有制和个体小农则日趋瓦解和破产。这种情况在公元前173年停止对小农分配公有地之后更加严重。与此同时，城市经济、商业和金融业日趋繁荣，农业经济的商品化程度也随之增长。所有这些终于导致隶农的出现。

隶农，拉丁文称Colonus，音译为科洛努斯，或依其复数Coloni译为科洛尼。中译隶农是意译，表示带有隶属性的农民。其实共和时期的科洛努斯并不带有隶属性。Colonus一词源于动词Colere（耕种），原意为农夫，初具两层含义：一是指罗马公民殖民地的成员，一是指佃农。后一种意义上的隶农大约出现于公元前2世纪。他们是些自由佃户，其中又有大、小佃农之分。小佃户大多是失地或土地不足的小农；大佃户则拥有相当数量的资金和奴隶，有力租种更多的土地。无论何种，起初都是拥有公民权和法律权利的自由公民。他们通过契约从土地所有者手中租得土地，向后者缴纳地租，一般支付货币地租，租期约为5年。佃户对地主没有人身隶属关系，对土地也没有固定的依附关系。佃户以自己的生产资料独立经营。有些人除佃耕地外，还拥有自己的土地。所租土地大约有三方面来源：一是公有地，由监察官招标出租；一是大土地所有者的土地；一是分得土地的老兵和军事殖民者的土地。公元前1世纪的一些军事将领把在内战中没收的大量土地作为犒赏分给老兵，而有些常年征战不惯务农的老兵往往把土地出租给原来的耕种者或卖给富商。但是，在公元前2世纪至公元前1世纪期间，隶农在意大利尚不普遍。据加图（公元前234—前149年）和瓦罗（约公元前116—前27年）记载，中部和南部意大利土质肥沃、交通方便、位置适中的地产大多经营葡萄园和橄榄园（主要在拉丁姆、坎佩尼亚和阿普里亚），丘陵地带和山谷草地则经营牧场（主要在伊达拉里亚和南意大利）。这等中型的园艺农庄和大片牧场主要使用奴隶劳动，由地主本人通过管庄或监工直接经营，同时也季节性地出租给大佃户或包给包工人和雇工。小佃农承租的土地则多限于偏远地区的谷地。

公元前2世纪时，奴隶来源充足，价格低廉，还没有发生劳动力缺乏的危机，所以还不具备广泛应用隶农，特别是小佃农的条件。当时的文献资料中很少提到Coloni。加图的《论农业》曾详细列举农庄内部的管理人员和劳动者，其中当然没有Coloni。他也曾提及"出租""包工"及与此有关的人员和劳动者，如互分农、包工头、租户、雇工等，这些显然是指自身拥有资金、牲畜、奴隶的大租户、包工头和失去生产资料的流动雇工，而不是指作为小佃农的 Coloni。

公元前 2 世纪末至公元前 1 世纪初，奴隶制经济连续受到西西里起义和斯巴达克起义等大规模奴隶起义的冲击，一些大地主鉴于集中使用奴隶劳动的危险，转而出租一部分土地给隶农，或者把一部分土地作为彼库里（Peculium，特许析产）交由奴隶经营。于是，Coloni 日渐增多，文献中也开始出现关于 Coloni 的直接记载。瓦罗《论农业》中明确提到 Coloni，恺撒的《内战记》中提到多米齐乌斯的地产上有上千名隶农（Coloni）。但此时隶农的流行范围仍然有限（主要在伊达拉里亚一带），文献记载也尚属罕见。瓦罗只是偶尔提及隶农，而且是在把农人和牧人作对比时，在一般"农夫"的意义上提及的。同时，有关隶农的身份、地位、法权，及其与土地所有者的关系诸方面也还没有明确的法律规定。因此，公元前 2 世纪至公元前 1 世纪时，隶农还未形成作为农村居民的一个独立阶层，也没有形成在农业生产关系中占重要地位的隶农制。

## 隶农阶层和隶农制的形成
### （罗马帝国前期——公元 1 至 2 世纪）

公元 1—2 世纪，帝国政局的相对稳定和疆土的空前扩展为奴隶制经济的进一步发展和繁荣创造了有利条件。土地关系的变化是奴隶制经济发展的一项重要标志。百年内战时期敌对双方之间大规模的屠杀、流放、财产没收和再分配、得胜将领对老兵的犒赏、海外殖民地的建设以及此后帝国体制的确立都促成了土地所有制的变化。当时，大体上仍然并存着三种规模的地产：小地产（10—80 犹格）、中等地产（80—500 犹格）和大地产（拉蒂芬丁，500 犹格以上）。土地所有制的变化主要表现为两个方面：一方面，在意大利，自公元前 2 世纪以来的大地产增长过程暂时受到内战时期土地分配的抑制。据统计，苏拉分给 5 万—12 万人以意大利土地，恺撒分配 15 万—18 万人土地，屋大维分配 12 万—17 万人土地。马略在亚细亚、那旁高卢，恺撒在高卢、西班牙、迦太基、科林斯，屋大维在那旁高卢等地均建立老兵殖民地。因此，中小地产又一度普及于意大利和行省部分地区。但私人大地产仍然存在。但从公元 1 世纪后半叶开始，一度稍缓的土地集中过程再趋盛行。富人收买、兼并小农土地和侵吞公地的事例在文献中屡见不鲜。小普林尼（62—114 年）在致友人鲁福斯的信中提到要收买一块毗邻土地的事。该地产原值 500 万塞斯特尔提乌斯，后因隶农贫困和歉收而降价以 300 万出售。同时表示他将全力以赴投资于地产。小普林尼的这类买卖还算是正常交易，而有些恶霸地主为霸占他人田产竟公然伤人害命。阿普列乌斯在《变形记》中曾经生动地记述了一个恶霸地主倚仗财势欺压弱邻，蓄意挑起地界争端，最后竟放纵恶犬和奴仆伤人害命，终将邻人土地吞并的故事。可见，土地兼并过程从未间断。另一方面，由于帝制的建立和帝国的扩张，出现了大片的皇室地产和国有土地。同时，罗马的官员、富商纷纷涌向行省，乘局势动乱土地跌价之机，在西西里、阿非利加、西班牙、高卢等地收买土地，经营大庄园经济。当时的一位学者乌尔比库斯曾提到，"在行省，特别是在阿非利加，私人拥有许多大庄园（Saltus），其规模远远超过城市领土"。从这两方面看，大地产的增长仍然是前期帝国土地所有制发展的主要趋向。

但是，大地产的发展面临两个主要问题，即劳动力和经营方式问题。自公元前 2 世纪末以来，大规模的奴隶起义屡有发生，奴隶以怠工、毁物、逃亡甚至杀主等方式进行反抗的现象更比比皆是。同时，奴隶来源由于罗马当局清剿海盗成功和对外战争的基本停止而显著减少，奴价日趋昂贵。据统计，没有专门技术的普通奴隶的平均价格在公元前 2 世纪为 300—600 塞斯特尔提乌斯，而在公元 1 世纪则提高到 2000 塞斯特尔提乌斯。小普林尼在给鲁福斯的信中也提到要付出高价才能买到诚实可靠的奴隶。与此相联系的是经营方式问题。集中使用奴隶劳动的加图式农庄，在公元前 2 世纪至公元前 1 世纪期间因有利可图而颇为盛行。此时虽仍然存在，但由于奴隶劳动效率低下而日趋利少弊多。瓦罗已经看到这一点，因而强调善待奴隶，"不能容许一个监督人用鞭子而不是用言语来执行自己的命令"，并且主张"最好是不要有太多的属于同一部落的奴隶"，以防止奴隶联合反抗。而在偏远地区、谷田、外居地主的田产和贫瘠土地上役使奴隶对于地主的危害性尤其明显。科路美拉曾详细列举了使用奴隶劳动对奴隶主的害处，所谓"虐待牲畜""浪费种子""藏匿粮食""隐瞒产量"等，还直接把农业歉收归咎于"把农业像交给刽子手去惩办那样，交给奴隶中最不适宜的人去做"。他主张把不适于应用奴隶劳动的土地交给自由佃农耕种，即以租佃制部分地取代奴隶制。隶农制和隶农阶层就是在这种经济条件变化和阶级矛盾的形势下形成和发展起来的。

　　隶农制包括土地租佃关系和一系列有关隶农的身份、地位、权利、义务等方面的法律上的（起初是契约的、习惯的）规定。

　　从这一时期意大利和各行省的铭文和埃及纸草文书中可见，土地租佃的范围是相当广泛的。出租的土地中有国有地、皇室土地、城市公地、私人大地产、城市议员和老兵的中小地产等。土地种类有谷田、葡萄园、橄榄园、牧场、荒地等。承租人仍有大租户、小佃农和析产奴等类别。大租户又称包租户，文献中称 Conductor。他们依靠手中的资金、生产资料、奴隶，承租大片土地，往往把其中一部分土地划为自营地交管庄管理并利用奴隶劳动，而把其余部分转租给佃农分散经营。地租由包租户统一收缴并上交地主。有些大租户居于农村直接参与农事，有些则居于城市并不务农。科路美拉在提到后一种租户时，曾说："不自耕地而依靠奴隶的城市居民，如使用以为佃农，则尤其不好。萨捷尔那说，期待于这种佃户的不是佃租，而是诉讼。因此必须努力用一切方法吸引固着本地的农业居民为佃农。"小佃农与包租户不同，以自力租种土地，也有兼具自耕农和佃农二重身份者。析产奴租种地主土地者在经营方式上虽与 Coloni 相似，但不具备完全的人身自由而仍属奴隶范畴。这种奴隶当时被称为"近似于隶农的奴隶"，今人则有称之为"准隶农"者。隶农阶层主要是以小佃农为主体形成的。隶农的身份在帝国初期仍然是自由民。他们拥有公民权，有财产权（继承、转让、出售等），有法律上的诉讼权，可以拥有自己的生产资料，可以从军。在铭文和纸草文书中存有隶农的许多请愿信和控诉书，而官方复信往往重申原有章法，表示保护隶农权益。

　　租佃关系以及隶农与地主、包租人、管庄之间的相互关系，原则上是由契约而非由强制确定的（实际上当然存在着许多经济的和暴力的强制因素）。后来颁行的曼切乌斯法则以法律形式明确规定了隶农的义务。该法规定：隶农必须如实向包租人和管庄报告每种作物的产量，得到认可后，将应得之份留归自己，其余以库存粮和成品粮（面粉等）的形式交给包租人和管庄。按惯例，小麦上交入库粮之 1/3，大麦 1/3，豌豆 1/4，桶装酒 1/3，采集的橄榄 1/3，蜂蜜每房 1 塞克斯塔里①。隶农在果园外面（但仍在庄园内）的树木上采集的干无花果，可酌量上交一部分。隶农栽种的无花果和橄榄树，可连续 5 年自收果实，5 年后收获上交。在旧有的葡萄园栽植并耕作者，5 年

————————

　　①　1 sextarii = 43. 7 公升。

后以产量之 1/3 上交。在未垦地上栽种橄榄树者 10 年后交收获之 1/3。栽植野橄榄者 5 年后交 1/3。牲口在地产内放牧吃草，每头应交 4 阿斯[①]。开垦荒地、种植并建房而后又放弃者，则自放弃时起保留权利两年。又据哈德良法规定，地产内的隶农每年要向地主或包租户、管庄提供 6 天的义务劳役，从事耕地、收割、除草等劳作。隶农获准耕种在沼泽和森林中的皇室土地并栽植葡萄、橄榄树或租种地产内被包租人弃置之土地者，交收获之 1/3。在洼地栽植野橄榄者免税 10 年。

地租在共和末年和帝国初期是以货币形式支付的。后来由于隶农负担日重，债务增加，经常欠缴租税，劳动兴趣与生产率随之降低，地主便逐步以实物租取代货币租。小普林尼在致包甫林努斯的信中特意提及此点，认为实物租对于隶农劳动效率的降低是一种可行的补救措施。

有关隶农义务的契约和法律规定在实践中经常遭到破坏。奥克西林克斯（上埃及）纸草文书（属公元 200 年）反映出：隶农常被强制租种皇室土地和国有地，有时还被强制承袭父辈的佃耕义务。地主经常超额索取租金和增加劳役日期。有一件属于布鲁尼坦（北非）庄园的铭文，内容是隶农向皇帝康茂德控诉地方长官和包租人违反哈德良法，超额索租和役使隶农。皇帝复信指示地方长官遵守旧制。事情到了皇帝亲自过问的地步，可见其普遍性和严重性。除此而外，苛税和勒索更是隶农的沉重负担。地方官和包税商以国库名义强征暴敛，中饱私囊，结果是只富了包税商而穷了隶农。埃及底比斯等地滥征捐税以致田地荒芜。地方长官不得不下令禁止，责令违法的包税商退还超征税金并向国库缴纳罚金。官府和军人对隶农的敲诈勒索也是司空见惯之事。过路官员和士兵经常向隶农摊派食宿和劳役。有一件属于公元 3 世纪的弗里基亚铭文记载了阿比安村隶农和移民的申诉："官府、士兵骚扰村社，打断农活，征用牲口，收缴份外费用。"隶农吁请当局关注他们所遭受的"不可想象的勒索"。属于公元 238 年的著名的色雷斯铭文也反映了类似情况。

隶农经济是一种小农经济，而债务关系是小农经济的天然伴随物。"从罗马历史最初几页起就有着重要作用的债务关系，只不过是小土地所有制的自然结果。"[②] 隶农当然不能摆脱债务关系的纠葛。他们向国库和私人的

---

① as，币制单位，1 阿斯约重 0.3359 公斤（铜）。
② 《马克思恩格斯全集》第 28 卷，第 438 页。

借贷以及欠税欠租都构成债务。债权人为追逼债款，有时竟监禁隶农或强制隶农以人身抵债。埃及底比斯州长布告中包含一项废除以人身抵债的禁令。官方禁令的宗旨显系保证国家的税源和兵源。事实上，这类禁令在公元 1 世纪中叶帝国强盛期间尚可收效一时，日后随着形势动乱，便只能是一纸空文了。

上述种种，使隶农日益陷于贫困境地，大批隶农无力交税完租。普林尼曾直接把土地跌价、劳动生产率降低和难以找到合适佃户归咎于隶农的贫穷。有些隶农几乎沦于无地无房、无工具的赤贫状态。无以为生的隶农举家举村逃亡者比比皆是。在埃及发现的一份纸草文书，记载一个村庄原有 85 人，后大部流亡只余 10 人，其中又有 8 人出走，真是到了十室九空的地步。隶农背井离乡实出无奈。铭文资料证明，许多隶农在逃亡前上书皇帝或长官诉苦求援。在求告无成、求生无路的情况下才远走他乡。当局觉察到事态之严重，曾三令五申，限逃亡隶农于 3 个月内归田务农，逾期以罪犯论处，并以不咎既往宽免赋税为诺诱使隶农返里。但隶农受骗回乡再受欺压而重又上书申诉者也大有人在。逃亡，出于迫不得已，揭竿起义就更是官逼民反的结果了。当局对于起义者采取最严厉的镇压措施。据包鲁斯（盛年为公元 200 年左右）的《箴言》记载，官府对起义者视身份之别而采取不同的惩治方式，或钉于十字架，或令野兽吞噬，或逐于荒岛，但并不能窒息起义者的怒火。

公元 1 至 2 世纪是隶农阶层和隶农制形成和发展时期。隶农与隶农制在意大利、高卢的南部和东部、阿非利加的南部，特别是努米底亚、毛里塔尼亚、埃及，多瑙河沿岸诸行省（麦西亚、潘诺尼亚）、色雷斯、小亚细亚诸行省城市郊区、希腊各地逐步流行。在这一时期，隶农仍保持着自由佃农的身份，隶农制也保持着自由租佃关系的性质。隶农的权利和义务不仅约定俗成，而且得到法律的保护。但是，由于隶农受到皇室国库、官府、地主、包税商和包租户等多重剥削，加之小农经济本身的脆弱性，其地位和处境日趋恶化。隶农人身依附的增强和世袭化的倾向，在此时期已见端倪。隶农因贫穷而不得不由地主提供生产资料或因负债而将财产抵押给地主，隶农的财物在某些情况下被包括于地主的遗嘱之中，以及前述强制出租和承袭父业的现象，都表明了隶农的依附倾向。公元 3 世纪危机则全面加剧了这一过程，终于导致公元 4 至 5 世纪隶农的身份和隶农制性质的变化。

# 隶农身份与隶农制性质的变化

## （罗马帝国后期——公元 3—5 世纪）

公元 3 世纪的经济危机、政局混乱、外族入侵和人民起义强烈冲击了自公元 2 世纪末以来即已显示衰落趋势的罗马社会经济。意大利以及西部各省的工商业和城市日见萧条，与工商业有密切联系的中型农庄随之衰落，大批中小地主经不起重税负担和兵燹灾祸，加上失去政府的信贷支持而破产。同时，由于中央政权的削弱和工商业的衰退，大地产在经济、政治上的独立性与日俱增。它们有自设的手工作坊、市场、有堡寨式的庄院和武装庄丁，奴役数以千百计的奴隶和隶农。

公元 3 世纪末，罗马帝国正式确立了君主专制体制，加强军事官僚机构，推行维护奴隶制和强化统治的高压政策。在经济领域中，大地产与大地主的势力日益增长，他们与城乡中小地产和中等阶层乃至与中央政权不断发生矛盾与斗争。

这时期，隶农的来源扩大了。有如下几种：（1）帝国当局为了获得兵源、税款和减缓边防压力，往往准许异族人成批移入帝国境内，集体成为隶农。公元 375 年西哥特人渡过多瑙河移入麦西亚省即是明显一例。（2）战俘以前多沦为奴隶，如今则往往被当作隶农送往边疆行省。例如，安敦尼王朝皇帝马尔库斯·奥勒利乌斯（161—180）在马克曼尼战争后便把战俘作为隶农安置于边疆各省和国有土地。（3）皇室田产为弥补由于隶农逃亡而造成的损失，往往实行强迫租佃，甚至将强迫租佃的范围扩及免税免役的退伍军人。（4）在行省地区（特别是北非），被征服的土著部落（如柏柏尔人）逐渐被排挤出肥沃土地，而成批沦为皇室地产上的隶农。（5）按 4 世纪的法律，一切来历不明的流浪乞丐均被当作逃亡隶农处置（而按 3 世纪的法律则被当作逃亡奴隶）。（6）中小地主，特别是以城市元老为代表的城市中等阶层，因欠债而破产或为了逃避繁捐重税和城市徭役，宁愿出卖或转让土地而托庇于大地主的门下充当隶农，以求得到“庇护”。有时，整个村庄、部落都在“庇护”的名义下沦为大地主的隶农。（7）由于奴隶制危机日益严重，析产奴增多。析产中原就包括作坊、店铺、奴隶、资金和土地等，如今在商业衰落的情况下，析产奴更多的是被分予土地进行隶农式的经营。于是，“隶农式奴隶”的队伍进一步扩大。

由于隶农来源和范围的扩大，在隶农与近似隶农的农村居民中间产生了不同的类别。但自 3 世纪末叶以来，他们的处境都因逐步趋向依附农民而每况愈下。他们不仅以怠工、流亡、逃税等方式进行反抗，而且局部地联合起来掀起大规模的武装起义。安敦尼朝皇帝康茂德时代，阿非利加隶农不堪皇室土地包租人的沉重剥削，屡次发动起义。与此同时，埃及发生"布科里"（牧人）起义。3 世纪中叶，高卢的隶农、奴隶、平民等被压迫民众联合起来汇成巴高达起义的洪流。

　　奴隶制危机和连绵不断的人民起义，使帝国税源匮乏、劳力流失、财政日蹙、经济衰败。特别是官私地主之间明争暗夺劳动力的斗争日益尖锐。统治阶级针对这种情况采取一系列措施。戴克里先（284—305 年）实行新税制，规定农民包括隶农缴纳人头和土地合一的赋税。以一个"人头"与 5—60 犹格土地结合为计税单位，并指定由城市元老和乡村大庄园主负责收缴。在新税制下，隶农已不复是独立的纳税人，而开始被视为土地的附属物。君士坦丁敕令（332 年 10 月 30 日）更从法律上确定了隶农被束缚于土地的依附地位。敕令规定："任何人，如果在他的地产内找到了别人的隶农，不但应把隶农送还原来的地方，而且应该负担隶农在那个期间（即归他所有的期间）的人头税。至于隶农自己，凡是意图逃亡的就应该被束缚于不自由的地位。"与此相关的"户籍法""出生法"目的都在于剥夺隶农的迁徙自由。此后颁行的法律又逐步剥夺了隶农的人身权利和财产权利。君士坦丁指令（357 年 5 月 30 日）提出，出卖土地者无权将隶农留住随之迁往他处，即要将土地连同隶农一起出卖。此项指令直到 5 世纪仍一再重申。在皇帝瓦连提尼安和瓦连斯于 365 年 1 月 27 日给亚细亚主教克列阿尔库的指令中说："毫无疑问，隶农无权转让他所耕种的土地。因此，如果他们拥有某种财产，则未经征得保护人之同意也不得转让他人。"这说明，隶农对于土地没有任何占有权。30 年后，在阿卡狄乌斯和霍诺里乌斯的敕令（396 年）中，更进一步提出：隶农的全部财产属于主人。422 年法令剥夺隶农签订财产方面的任何契约和合同的权利。这表明，隶农已被剥夺了任何财产（包括土地和生产工具等）权利。与此同时，隶农在人身、法律等方面的权利也相继被剥夺。按查士丁尼、瓦连提尼安等法典规定，隶农不得担任任何国家公职，未经主人许可也不能担任宗教职务，不得凭自愿服军役，不经主人许可不得向法庭提起诉讼（396 年法令更明令禁止隶农控告主人）。法律还经常把隶农与奴隶相提并论。隶农与自由人结婚不被视为合法婚姻，而只被视作同居。刑法对于犯法隶农与奴隶在传讯、出庭、缉捕、量刑等方面往往规定同等的原则和待遇。自5世纪末起，公然将隶农划出自由农村平民的范围，甚至直接用 Mancipia（奴隶）一词来表示隶农。

隶农的这一转化过程显然是在帝国后期特定的历史条件下发生的。在奴隶制关系依然存在、剥削阶级为维护奴隶制而加强经济剥削和强化政治统治的条件下，隶农作为一个阶层不可能长久保持自由人身份和独立的经济地位。诚然，与隶农并存的自由的农村平民，例如自耕农，始终是存在的，但也始终不占主要地位。沉重的剥削和压迫一步步地促使隶农向接近于奴隶的方向沦落。但是，在奴隶制已陷于全面危机的情况下，奴隶本身的处境也在发生变化，因此隶农不是变为奴隶。实际上，隶农即使在地位最低下的时候也仍然不同于奴隶。隶农在名义上仍然保有自由人身份。他们的某些权益可以得到法律的保护。中央政权为保证税源和兵源，总要限制地主和包租人对隶农的横征暴敛（尽管实际上收效甚微）。隶农在得到主人许可的条件下毕竟可以出卖自己的收获物、出庭诉讼或做证、从军服役等。其所受剥削形式上也有章可循而较为固定。其与土地和生产资料的关系也较为稳定。特别是，无论从法律抑或从实践上看，隶农都不能被随意出卖或杀害。所以说，隶农非奴隶。那么，隶农是否农奴？也不是。同样是由于奴隶制度和君主专制政权的存在，隶农制不可能形成为以本身劳动为基础占有生产工具和自己私有经济的个人所有制。隶农也不可能有农奴那样的较稳定的人身权利。所以，帝国后期隶农地位变化的实质不是奴隶化，也不是农奴化，而是转变为奴隶制解体时期的一种特定类型的依附农民。帝国后期的隶农制和隶农是一种过渡形式，既有奴隶制因素也有封建制因素，既具有奴隶身份的特征，也具有农奴身份的特征。正因为是过渡的，所以也表现出不平衡不稳定的现象：各省隶农的地位不尽一致。在东方行省甚至到公元6世纪仍保有自由隶农。

隶农与隶农制产生于古罗马历史上的共和末期，形成于帝国早期，蜕变于帝国后期。它最初是罗马奴隶制城邦危机时期大土地所有制的发展和阶级斗争尖锐化的产物。在其随后的发展中基本上经过两个阶段：一是自由隶农阶段，一是依附隶农阶段。它在前一阶段作为奴隶制生产关系的补充而存在，后一阶段则构成封建生产方式的因素，在农业中逐步取代奴隶制。恩格斯称后一阶段的隶农是"中世纪农奴的前辈"①。在西罗马帝国灭亡之后，隶农制作为一种附属于封建生产方式的向农奴制过渡的生产关系，曾长期与法兰克式的自由农民所有制并存于西欧各封建王国之中。

① 《马克思恩格斯选集》第 4 卷，人民出版社 1972 年版，第 146 页。

# 戴克里先和君士坦丁的改革

梁作檊

戴克里先是在罗马帝国经历了 3 世纪危机、奴隶主阶级上层分子在政治和经济上取得胜利的背景下于 284 年登上皇位的。在他统治时期进行了一系列的改革活动，以便借助于加强中央集权和强化国家机器的手段，来巩固已经动摇的奴隶制社会的基础。这些改革至君士坦丁统治时期最后完成，使濒临崩溃的罗马奴隶制帝国得到了暂时的稳定。

## 多米那特制的建立

在戴克里先统治时期（284—305 年），罗马国家制度完成了从元首政治向公开的君主政体转化的过程。戴克里先最终地与屋大维·奥古斯都创始的"普林基帕特制"断绝关系，建立了多米那特制。在前一种制度下，最高统治者在理论上不是君主，而是第一元老和第一公民。尽管实行君主制的事实是历代元首都心里清楚的，但只有戴克里先才不加掩饰地与旧的传统公然决裂。在他的制度下，最高统治者的正式称号已不是元首，而是"多米努斯"（Dominus，主人、统治者）。这个称号本身就说明了他同帝国全体居民（不管属于哪个等级）的关系是主仆关系、君臣关系。在实际生活中，这种关系也明显表现出遵循东方君主制的许多程式。罗马皇帝现在也像东方专制君主一样被认为是神的代表，人们对他必须履行崇拜礼仪：所有觐见皇帝的人都要屈膝叩拜。皇帝露面成了真正的宗教盛会。他的服饰当然也是与众不同的：衣裳用绛红色的丝绸缝制，配以黄金和宝石饰物。

但是，3 世纪危机以来日益严重的对内对外形势显然不是戴克里先一人统治所能应付得了的。这迫使他不得不仿效他的前辈瓦列里亚努斯和卡路斯的先例，实行分权统治。他在确立帝位后不久（285 年），就任命他的一位将领马克西米亚努斯为共治者，称为"恺撒"，次年，又提升为"奥古斯都"。293 年，两位奥古斯都每人又再给自己任命一位恺撒。戴克里先自己统治帝国的东方部分，选定伽列里乌斯为恺撒，并分与辖区。马克西米亚努斯统治西方，以康士坦提乌斯为恺撒。这样就形成了"四君共治制"；而为了保持皇室的统一性，两位奥古斯都在理论上被认为是兄弟（其中以戴克里先占优先地位），而两位恺撒则分别是他们的儿子。戴克里先把自己的女儿瓦列里娅嫁给伽列里乌斯，并收养他为继子。马克西米亚努斯与康士坦提乌斯也建立了同样的关系。

在四位君主中，谁也没有选择罗马作为自己的驻节地。戴克里先驻在尼科米底亚，伽列里乌斯驻在西尔米乌姆，马克西米亚努斯驻在米兰（后来在拉温那），而康士坦提乌斯则驻在特里尔。"永恒的罗马"仍然被认为是帝国的首都，但它显然已失去了实际的政治意义。

元老等级在帝国中仍然是最高等级，但元老院已不再是具有重大政治影响的国家机构，而直至戴克里先时代之前，它还是保有某种程度的影响的，如直至普洛布斯（公元 276 年即位）为止的历任皇帝当选后在形式上都要经元老院批准。现在，具有全国性意义的政治问题已不再交由元老院讨论。它只限于处理有关竞技表演和元老们的义务等问题，而且它的所有决定必须经皇帝批准。这个时期还保存有某些传统的行政官职位如执政官、行政长官等，但都不过是荣誉称号。全部政权已经集中到皇帝及其宫廷手中了。

戴克里先统治的最初措施之一是镇压人民起义和各种反抗运动。马克西米亚努斯被派往高卢。他采取非常残酷的手段把巴高达运动暂时镇压下去了。后来，他又在非洲镇压了群众起义。戴克里先本人则在东方将埃及的起义者击溃。

## 戴克里先的行政改革和军事改革

戴克里先为加强帝国的经济、政治和军事实力，加强君主权力，进行了一系列改革。史料关于戴克里先改革的报道是片断的，而且并不总是可信的；其中那些由基督教作家所写的报道又显然是有偏见的。因此，人们只能参照一些法律文献的内容（这类文献的年代难以准确判定，也并不都是与各项改革有直接联系），得知改革的梗概。

戴克里先实行了新的行政区划。他把原有的 47 个行省重新划分为 100

个行省（加上罗马特别行政区便是 101 个）。从奥古斯都时代起，行省曾分为元老院管理的行省和皇帝直辖的行省两类。两类行省的差别在皇帝权力强化的基础上逐渐趋于消失是全部帝国时期的特征，但直至戴克里先时代，这种划一倾向才最后确定。意大利现在失去其特权地位，它被划分为两部分：意大利行省和罗马行政区，后者还辖有西西里及其他岛屿。在行省之上，全国建立 12 个行政区，每个行政区由 10 个左右的行省组成，由行政长官治理。在行省的管理机构中，军权和民政权是分立的。这种新的划分，目的在于加强对行省的控制，削弱有僭位意图的行省总督的权力。

当时形势不仅要求罗马国家进行政治改组，而且也更迫切需要加强它的军事实力。军事改革自然成为戴克里先注意的中心。他从军队的编制和兵员的补充两方面进行改革。军队由志愿兵补充这个原则在晚期帝国时期始终存在；但与此同时，也实行义务的兵役制，而且是更重要的形式。戴克里先使大土地所有者承担责任：按照其所有隶农的人数按比例提供确定数量的新兵；有义务在军队中服务（担任军职）和提供"列特"（移居在罗马领土上的被俘的蛮族人）服兵役。戴克里先还开始给予为帝国服兵役的蛮族部队以特别报酬或奖赏，以鼓励他们转到罗马帝国政权之下。军队的编制分为边防军团和驻在各省的内地机动军团。边防军团的成员大多数已是由蛮族移民组成，就是在内地机动军团中蛮族的成分也愈来愈大。这样，军队的社会成分除了自由小土地所有者以外，隶农和蛮族人的人数急剧增多。而由于帝国实行使蛮族俘虏变成隶农的政策，军队蛮族化的进程取得了显著的进展。戴克里先正是依靠这样的改革措施使军队的兵员总数从原来不超过 45 万人增加到 60 万人左右。

## 戴克里先的赋税改革和币制改革

行政改革和军事改革需要巨大的开支。扩大军队和国家官僚机关，再加上皇帝宫廷挥霍以及在罗马及其他城市兴建宏大建筑物的耗费，使帝国的财政经济情况十分混乱。戴克里先为此又实行了一系列增加税收以缓和财政困难的改革措施。

前期帝国的赋税，以其形式多样为特征，而且大都属于间接税性质。征收这种间接税是以商品生产的繁荣和城市经济生活的活跃为依据的。现在由于商品经济的衰败和钱币价值的跌落，它们已失去了作为有效税收的意义。

必须实行新的赋税制度，而且必须以直接税以及在此以前也存在的土地税为主要征税形式。

在戴克里先之前，帝国居民就已被责成向国家提供一定数量的生产品，以供国家之需。这类赋税获得了"Annona"的名称；它没有固定的征收时间和税率，属于临时勒索性质。到了戴克里先时代，就开始经常地向居民征收这种利用实物缴纳的赋税了。按照戴克里先赋税改革的措施，征税单位是以一定面积的可耕地为依据的。在编制地籍时，不仅载明可耕地段的面积和数量，而且也记述在这些地段上种植作物的分配比例、劳动者人数和牲畜头数。每一征税单位（包括人和地，依据各地不同情况而定）征收确定的赋税，主要是谷物、油、毛、肉类等实物。不占有土地的城市居民则课以人头税。这样，戴克里先就以直接税的形式统一了帝国的税制，以人头税和土地税为主要的财政收入。同时，为了保证这些税收的稳定，他还采取了一系列专横措施：禁止隶农和一切农业劳动者离开土地；不允许手工业者脱离其所属的同业公会；甚至使城市议会的议员（市元老）也固定在其出生的城市，以便使他们以自己的资财来担保城市应缴的税款。他还把在农村征收正规赋税的责任委诸大庄园主，从而加强了大庄园主对隶农的监督和奴役。

戴克里先的这些改革，一方面使国家获得了必需数量的物质资源，同时又使自然经济的倾向在后期帝国的社会经济中具有更大的意义。但货币经济也还起着不小的作用，而货币流通的混乱情况则必须进行整顿。戴克里先因此又实行币制改革。根据当时钱币贬值的程度，他于301年铸造新的金币，其法定重量为六十分之一罗马磅（一磅等于545克），仅相当于屋大维·奥古斯都时代的三分之二（奥古斯都时的标准是四十分之一罗马磅）；此外，还发行银币和铜币。这种改革并未能产生预期效果，因为政府并不拥有足够数量的黄金从而使全部金币的真正价值与其名义价值保持应有的联系。同时，在各种金属货币的价值之间的对比关系也是根据有利于铸币者的原则规定的，因而在货币流通过程中行不通。结果，有充分价值的货币在流通过程中遵照经济法则隐匿不见，甚至被熔铸成金属块；商品的价格不仅没有平稳，反而继续上涨。

在这种情况下，戴克里先为了同物价腾贵做斗争，又于同年（301）颁布"价格敕令"，企图用行政手段限定各种商品的最高价格和最高工资限额。敕令承认当时的物价飞涨"不是四倍或八倍，而是涨得简直是人的言语都不能给这样的价格找出个名称来"。敕令附列了包括各种类商品，首先是粮食和饲料的最高价格一览表，以及关于各类劳动报酬的最高工资标准的规定，从农业短工、石匠、细木匠起，至建筑师、教师和律师为止。敕令威吓人们："谁若胆敢违抗这个命令，他就将冒丧失头颅的危险。"

著名德国历史学家蒙森曾给戴克里先"价格敕令"以完全否定的评价，把这种措施称为行政上的荒唐行为。尽管也有人注意到这种管制物价政策也有一定的依据：当时在帝国政府支配下有大量的产品储存，这是来自皇帝广大地产所得的收入以及各种以自然形式征取的赋税；还有在国家直接管理下的当时最大的一些手工业作坊所出产的大量制品。因此，政府是能够向市场投放一定数量的商品，以调节价格的。然而，这种见解忽略了政府为维持军队、官僚机关、宫廷耗费等所必需的巨额资源，它绝没有余力在全帝国范围内用经济手段来调节物价。戴克里先敕令所规定的价格，已大大高于人们从那些属于3世纪危机以前的文献中所见的物价，但它们却比根据纸草材料所见的当时埃及的物价要低。可是，埃及的物价一向是比较低廉的，它不同于别的地区。这就表明：这些价格是立法者任意规定的，若仅行之于埃及，也许还有一点成功的希望；但它们既是要在全帝国统一实施的，那就注定要失败了，因为它们根本不考虑各地区的特殊条件。难怪史料并没有迹象表明这个敕令产生任何实际的效果，它在颁布之后不久，显然就自动失效了。罗马社会经济就只能沿着自然化的道路继续下滑。

## 戴克里先和君士坦丁的宗教政策

宗教问题在历代皇帝的施政纲领中都受到充分的注意。因为在阶级社会中，特别是在专制制度下，宗教是现存秩序的不可或缺的精神支柱。由于自1世纪以来各种宗教运动，特别是基督教运动的兴起，在保守、恢复古老宗教与皈依新宗教之间的选择便成为专制统治者的重要课题。戴克里先是一个与3世纪危机时期还有紧密联系的人，而这种危机的许多表现是被旧教徒说成是新宗教运动的产物的。因此，戴克里先像奥古斯都及其他前任皇帝一样，主张复兴古老的罗马宗教；但与此同时，他们也同东方君主一样，着重强调皇帝政权的神性起源。罗马旧神朱庇特被认为是皇帝的主要保护者和世俗最高政权的来源。戴克里先自认是朱庇特之子，拥有朱维乌斯（起源于朱庇特）的头衔。这一头衔就表明了皇帝政权的宗教认可。

戴克里先的宗教政策遇到了来自基督教徒和教会方面的消极抵抗。3世纪末，基督教已在罗马社会的各个阶层中广泛传播：它不仅在东方各省，而且也在西方各省和罗马城拥有人数众多的信徒。据英国历史家爱德华·吉本估计，当时在100万罗马城人口中，基督教徒约有5万人，即占二十分之一。在全帝国范围内，大概也是这个比例。就连戴克里先自己的妻子普里斯卡和女儿瓦列里娅也仰慕基督教。这时基督教的主教们在社会上享有荣誉地位，受到不仅是人民群众而且还有官员们的特殊待遇和尊敬。几乎在每个城市里，都在兴建新的更宽敞更堂皇的教会建筑物，以容纳日益增多的信徒举行公共礼拜。在这种情况下，即在基督教团体已在全帝国范围内形成为一支巨大社会力量的条件下，要想用恢复旧教崇拜的方式来对抗基督教的传播，显然是不可能的了。

戴克里先在如何取缔基督教的问题上长期犹豫不决。因此，在3世纪的最后15年，基督教受到了宽容的对待。但基督教的传播是不符合戴克里先的心意的，因为它否认皇帝的神性，又有其不隶属于国家的独立的教会组织。特别危险的是基督教徒在军队中的影响。来自基督教方面的史料引述了一系列例子，说明当时的一些士兵拒绝接受皇帝的宗教奖赏，或拒不遵守与基督教义相抵触的某些军事纪律。这些是戴克里先所不能容忍的。他竭力提高旧教祭司的威望，唆使他们去反对基督教。在这方面，他在东方的共治者伽列里乌斯也采取了同样措施。303年，戴克里先颁布了反基督教的敕令，禁止基督教徒举行宗教仪式。事态的发展变成了对基督教徒的严厉迫害。在随后的两年里，各地都逮捕、刑讯和处决了一些最顽强的基督教徒。许多基督教堂被破坏，教会的财产被没收。基督教徒被开除出军队和官吏的队伍。但这种政策甚至未得到统治集团内部一些主要人物的热情支持，因而在305年戴克里先退位后就停止执行了。

著名的君士坦丁一世在经历了戴克里先以后18年争夺帝位的内战以后，于323年再次恢复了帝国的统一。在君士坦丁战胜其对手的斗争中，宗教政策起了重要的作用。君士坦丁的父亲康士坦提乌斯在其统治区内（高卢、西班牙、不列颠）对基督教一向采取宽容态度，君士坦丁从父亲手上承接过来的军队中又有许多基督教徒。这位识时务的统治者当时虽然还不是基督教徒，但已显示出自己是个新宗教的有力庇护人。早在313年，他就同据有东方各行省的李基尼乌斯联合发布了"米兰敕令"，宣布宗教信仰自由。在这以后，他又赐给基督教会许多重要特权，免除了基督教僧侣本人对国家的徭役义务。基督教很快就从原来受迫害的宗教变为占优势地位的宗教。这个宗教已习惯于罗马国家的秩序，并乐意为皇帝政权的权威辩护。另一方面，君士坦丁也积极参与教会事务，竭力帮助教会建立统一组织。他认识到统一的帝国必须有同它相适应的统一的教会；在这个教会中不容有教义上的分歧。但当时，就各种教义问题和教会纪律问题进行激烈的争辩经常发生。这种争辩是社会斗争的反映，它发生在教会内部，而教会是联合了各种成分的。在基督教成为受官方庇护的宗教以后，它的各派主教们就希望借助皇帝权力来解决内部的纷争。从君士坦丁时代起，教会事务和教义问题已被认为是国务问题。

君士坦丁在 313 年就参与了关于非洲的多拉图斯教派的正统性的争论。非洲基督教的代表人物向君士坦丁提出申诉，请求裁决谁该被认为有权作正统的主教——凯基里亚努斯或多拉图斯？君士坦丁将此事交给主教会议处理。这次会议起先在罗马开会，后来转往阿尔列。会议承认凯基里亚努斯享有正统主教的权利，并获君士坦丁批准。多拉图斯及其拥护者乃宣称只有他们是真正的基督教徒，并着手建立自己的教会。后来，在正统教会的拥护者与多拉图斯分子之间的争论具有了更激烈的社会斗争的性质：它反映了非洲城市的分离主义倾向以及大土地所有制与小土地所有制之间、奴隶与奴隶主之间的矛盾。

君士坦丁对教会事务的最大干预是在如何对待阿里乌斯教派的问题上。早在 2 世纪末和 3 世纪前半期，亚历山大里亚教会的一些神学家就对正统教义提出了异议。其中特别有影响的是奥里根（约生于 185 年，死于 254 年）。他以柏拉图的理念观为依据，力图把基督教义与希腊哲学原理结合起来。在他的神学理论体系中，逻各斯（Logos，语言、言论或理智）占有重要的地位；它与上帝之子耶稣基督被视为同一事物。奥里根对基督教神学基础所作的这种哲学解释的理论，很快就在亚历山大里亚获得广泛的传播。4 世纪初，一位以禁欲主义著名的教会长老阿里乌斯发展了这种理论，而主张这样的学说：在圣父、圣子、圣灵三者中，只有圣父才是永恒的。圣父首先创造圣子或逻各斯，而后逻各斯创造圣灵。因此，圣子不能与圣父同等，而只是与圣父相似。这是对基督教基本教义提出理性主义的解释，在逻辑上是符合思维法则的。但作为神学体系的基督教义应是人们的理性所不能理解的（否则它就没有什么奥秘可言了），因此，这种学说受到了那些服务于上层社会利益的埃及地区主教们的谴责。但阿里乌斯的思想却在亚历山大里亚的普通居民、手工业者和水手中受到普遍欢迎。在街头、市场和其他公共场所，常常发生激烈的辩论，有时还变成了公开的冲突。辩论不仅在埃及教会，而且也在其他地方的教会进行。在这种情况下，君士坦丁显然是在教会人士的要求下进行干预的。

325 年，君士坦丁在尼西亚召集了全罗马帝国基督教主教会议，讨论阿里乌斯提出的教义问题。大多数与会者表示反对阿里乌斯学说，承认圣子与圣父是同一的。会议据此制定了所有基督教徒都必须遵奉的正统教义——《尼西亚信条》，确认基督与圣父、圣灵是同体的，因而也是永恒的。此时还不是基督教徒的君士坦丁担任了会议主席，并批准了会议的决议。阿里乌斯被放逐到伊利里库姆，他的一些拥护者被放逐到高卢。

然而，尼西亚"全基督教大会"与其说是排除了，倒不如说是正式开创了阿里乌斯教派。阿里乌斯在宫廷官员中有不少拥护者，君士坦丁皇帝本人对他也有好感，因为阿里乌斯并不要求有独立于国家权力之外的教会组织。因此，不久之后，阿里乌斯戏剧性地从流放地被召了回来，而他的主要反对者、亚历山大里亚主教阿诺那修斯却被放逐了。在阿里乌斯于 336 年死后，他的追随者继续得到宫廷的保护。争论长期进行着。在宫廷中，时而尼西亚信条的拥护者取胜，时而阿里乌斯的支持者占上风。君士坦丁本人又于 337 年病重时由阿里乌斯教派的教士主持接受洗礼。直至 381 年，阿里乌斯学说在新的一次宗教会议上再次被谴责，尼西亚教派（正统教派）才取得了完全的胜利。但阿里乌斯教派却又在日耳曼蛮族部落中得到了顺利的传播。

# 君士坦丁的其他改革

对罗马旧教来说，君士坦丁的宗教政策促进了基督教最后胜利，这无疑也是一种宗教改革。可以说，君士坦丁顺应了时代的潮流，在宗教政策上采取了比戴克里先更为明智的方针。他们在利用宗教为帝国政权效劳以巩固奴隶制的社会结构的目标上并无不同，因而在社会改革和财政政策方面，君士坦丁就只是进一步发展了由戴克里先奠定了基础的改革体系。

君士坦丁保持了由戴克里先实行的新的帝国划分，并贯彻执行了使地方民政权与军权分离的政策。把军队分为边防部队和内地机动部队的军事改革在他的时代也最后完成了。骄横不逊的近卫军（它的人数在戴克里先时代已减少）被解散，而用重新组织的特殊的宫廷亲卫部队来代替。军事权力从此完全集中到皇帝手里。

但是，帝国社会关系的日趋腐朽使军队的素质败坏了。过去那种将土地授予退伍士兵的办法曾具有复兴小土地所有者阶层的社会意义，现在已变成了单纯用来强制土地领受者的儿子世袭当兵的奴役手段了。但强制征召老兵的儿子服兵役，也只能获得新兵来源的一部分，还远远不能满足兵员补充和扩大军队的需要，因而利用蛮族人当兵，把愈来愈多的蛮族人吸收到帝国的军队中来就成为时势之所趋了。军队（包括边防军团、内地机动军团和宫廷亲卫部队）蛮族化的过程大大加速了，许多蛮族出身的人还在军队中担任了高级职位。

君士坦丁财政政策的目标同样是为了获得稳定的税收。它的强制实施所造成的社会后果是各个社会阶层被奴役。316年和325年颁布的敕令禁止城市居民的高级阶层（库里亚）离开他们出生的那个城市。他们不能以任何理由被免除城市的义务，也不能免任民政或军事的职务。库里亚的义务还成了一种世代相承的负担。君士坦丁对待劳动者的态度当然不会更宽容些。332年的皇帝敕令，禁止隶农从一个庄园逃到另一个庄园；收容别人隶农的人，应将他交还原来的主人，此外，还应支付逃亡隶农在其庄园上居留的全部时间所应交的赋税。敕令公然说："对这些逃跑的隶农，应给他们戴上镣铐，就像对待奴隶一样，为的是用惩罚奴隶的方式迫使他们对有特权的自由人履行义务。"君士坦丁也将手工业者进一步固定在他们所属的公会里，强制他们共同负担国家向公会分摊征课的赋税和徭役。317年发布的一项命令说："造币厂的工匠要一辈子处于其现有的地位。"有些被固定在那些为供应宫廷和军队所需的皇帝作坊里的手工业者还被打上烙印，以防逃跑。君士坦丁就是这样以对待奴隶的态度来对待这些原来还是自由人的手工业者的。至于奴隶本身的处境就更悲惨了。按照君士坦丁的法令，奴隶的生命是毫无保障的：主人如果为了"纠正"不驯顺的奴隶的不规矩行为而将这个奴隶鞭挞致死，可不受起诉。这在实际上就是恢复了奴隶主任意杀害奴隶的权力，而在2世纪时，哈德良和安敦尼已颁布过不允许主人杀害奴隶的法令。3世纪时，对煽动和帮助奴隶逃亡的人，只给予罚款的处分，现在却要严刑拷打。以前对企图投奔蛮族的奴隶，捕获后只是将他们交还原主，现在的法令则规定要把他们放逐到矿山去，有的甚至要被砍腿。君士坦丁还正式宣布，允许贫民出卖自己的子女为奴隶。这是违背罗马传统的基本准则的。在此之前，亚历山大·塞维鲁曾准许20岁以上的自由民卖身为奴，但到戴克里先执政时，又下令禁止这种行为。现在君士坦丁却比亚历山大·塞维鲁在背离罗马传统准则的道路上走得更远了。他的法令还确认奴隶主有权把所谓"无礼的"被释奴隶连同其子女一起重新变为奴隶。

这样，在君士坦丁的统治下，劳动群众和普通自由民的生活状况急剧恶化了，甚至中等阶层的人的自由权利也被剥夺了。罗马奴隶制危机和古典文明危机的最后结果就是如此：以对全体劳动人民实行普遍奴役的形式表明了这个社会不可避免的灭亡。

# 原始基督教的产生

于 可

基督教产生于公元 1 世纪中期的巴勒斯坦地区。恩格斯把公元 325 年尼西亚会议以前的基督教称之为"das urchristeutum"，意为最初的基督教，我国史学界译为原始基督教或早期基督教。原始基督教的历史可划分为三个阶段：产生时期（亦称初期）为 1 世纪 30 年代至 60 年代；发展与形成时期为 1 世纪中期至 2 世纪中期；2 世纪中期至 4 世纪初是基督教会的演变及逐渐与罗马帝国政权合流的时期。本题集中阐述原始基督教产生时期的历史。

## 原始基督教产生的历史背景

原始基督教最初是犹太教众多派别中的一派，是犹太人民反抗罗马统治的群众运动的产物。它的产生与巴勒斯坦的历史密切相关。

古代以色列—犹太人是西亚地区一个灾难深重的弱小民族。自公元前 11 世纪建国以来，先后被亚述、新巴比伦、波斯、亚历山大帝国、塞琉古与托勒密王国统治和奴役长达数百年，公元前 2 世纪罗马势力扩及东地中海后，犹太人的民族灾难达到了顶峰，反抗外族统治的斗争也达到了最高潮。

公元前 63 年罗马侵入巴勒斯坦后，庞培与克拉苏等先后四次占领耶路撒冷。庞培曾屠杀 12000 名犹太人，勒索巨款后，将犹太大部分领土划归叙利亚行省，设傀儡统治；克拉苏继而掳掠耶路撒冷，席卷圣殿一空，总数达 12000 塔连特。公元前 40 年，罗马扶植军事贵族希律任巴勒斯坦国王（公元前 40 年至公元前 4 年），他任职期间曾残酷地镇压了犹太人民的反抗。公元前 4 年希律死后，罗马将巴勒斯坦国土三分，北部为加利利及外约旦，中部撒马利亚，南部为犹太，分别由希律的三个儿子担任国王。至公元 6 年又将犹太划属罗马直辖行省。在罗马数次入侵和统治下，除被屠杀者外，有记载的被俘为奴的人数达6万多。犹太被划归直属行省后，所受统治和剥削更为加重，经过普查人口，厘定税金，犹太人民缴纳人头税、农业税以及其他苛捐杂税，此外还要向圣殿交什一税。流落他乡的犹太人，每人每年也要向圣殿交两个德拉赫麦的贡赋。在这种残酷的剥削下，犹太人民尝尽了国破家亡之辛酸，发动了持续不断地反抗罗马的运动。公元初，加利利的犹大、约旦河谷的奴隶西门、牧羊人阿斯朗琪先后起义，自称犹太国王，掀起抗交人头税的斗争，结果被叙利亚总督瓦鲁斯率领的两个军团镇压下去，起义地区的人民被屠杀与掠夺，2000人被俘后钉死在十字架上。直到公元66年前，起义和反抗连绵不断，加利利的犹大的三个儿子先后担任起义领袖，自立为王。其中二子于公元48年失败后被罗马巡抚钉死在十字架上，另一子曼那汉是犹太战争开始时的领袖之一。此外，还有伊里查起义，斗争长达20年。至公元60年代初，由于罗马的高压政策和罗马军队再次抢劫圣殿金库，激起了犹太人的反抗，从而爆发了遍及巴勒斯坦全境的奴隶、平民大起义，史称第一次犹太战争。起义者占领耶路撒冷，烧毁债券，杀死罗马步兵队，并得到其他地区的响应。罗马派军3万人前来镇压无效，公元68年又派大军围剿，至公元70年耶路撒冷始被攻陷，起义失败。

　　在反抗罗马统治的群众斗争中，犹太人由于政治、经济地位的不同，分裂为许多教派和政治派别，二者经常是结合在一起的。这些众多的派别均提出了自己的主张，归纳起来可分为四大派（或四大党）。

　　（1）撒都该派，"撒都该"原是所罗门王时代的一个大祭司家族的名称，后来演化为派别名称。此派由当时的祭司贵族组成，为犹太之当权派。他们经济上富有，掌管犹太人缴纳的什一税，兼营银钱业，并且掌管犹太教圣殿的司法权，世袭大祭司的职位，与犹太富人和罗马统治者狼狈为奸，主张服从罗马统治，仅保持宗教独立和犹太教规，在政治上是投降派。他们在宗教上只承认成文的律法摩西五经，不承认其他口传的教义，坚持以圣殿的崇拜为中心，不重视耶路撒冷以外的会堂活动，因此，在圣殿毁灭、失去阵地后走向衰落。

　　（2）法利赛派，词义为"隔离者"，是犹太中产阶级和宗教知识分子的派别，《新约》中称为"文士"或"律法师"。他们是非当权者，犹太上层的反对派，在政治上主张不与罗马人合作，但亦不积极反抗。此派在宗教上承认口传律法，接受天堂、地狱、复活、永生的思想，要求保持传统的文化与宗教，消极地等待救主的来临，以拯救犹太人，并且重视各会堂的活动。

（3）艾赛尼派，意译为敬虔派，其成员为农、牧民，约 4000 人，主要活动于巴勒斯坦农村。据古罗马作家普林尼在其《自然历史》第 5 卷第 17 章记载，"他们居住在死海西岸"。考古学家在死海西北岸的库兰镇废墟发掘出此派居住的建筑群，包括住房、写经室、水槽等。根据约瑟弗斯·斐洛的记载和库兰古卷中该派的《纪律手册》说明，他们离城独居，财产公有，经济互助，执行禁欲主义，在思想上具有明显的末世论倾向。认为救主即将来临，新耶路撒冷即将出现。因此他们选出 12 名领袖主持社团，严守戒律，举行公餐，共同研究圣经，每天集体劳动 5 小时，一般不许结婚，消极等待救主的降临。社团具有严格的纪律，入社要经过严格的训练，悔罪时实行洗礼，但与基督教不同的是每当悔罪时均用水洒洗。他们还特别将《旧约》中有关弥赛亚的经文摘录列表，经常阅读，做好弥赛亚降临的准备。

（4）狂热派，音译为吉拉德派，意译为奋锐党，是各派中最年轻的一派，为犹太人民反对罗马统治和犹太上层斗争的产物，创始人为加利利的犹大。该派政治观点鲜明，主张通过暴力斗争，把犹太民族从罗马统治下解放出来，建立上帝之国，即独立自主的犹太国，其成员为犹太下层的无产者、游民、乞丐、贫穷手工业者与小商贩，曾发动多次起义。约瑟弗斯说："他们焚毁契据文件，因为他们都是负债累累的穷苦债户。"他们在宗教上坚持信仰耶和华唯一神，认为要保持信仰，就必须反抗罗马的统治，并宣称救主即将降临。

上述派别除撒都该派外，均又分为许多小派。原始基督教最初仅是从其下层教派中分化出来的一个小派，称为拿撒勒派，它是公元 1 世纪 30 年代至 60 年代犹太群众反抗罗马斗争的产物。

## 原始基督教的产生及其初期的教义

"基督教同任何大的革命运动的一样，是群众创造的。它是在新宗派、新宗教、新先知数以百计地出现的时代，以一种我们完全不知道的方式在巴勒斯坦产生的。"[①] 直至今日，我们仍无法以确凿的史料清楚地说明原始基督教产生的具体状况。在公元 1 至 2 世纪犹太与罗马史学家的著作中，有关原始基督教的活动状况的记载非常简略，只说明当时存在着以"基督"为旗帜

---

① 恩格斯：《启示录》，《马克思恩格斯全集》第 21 卷，人民出版社 1965 年版，第 11—12 页。

的一批犹太人的反抗活动。如公元 1 世纪犹太历史学家约瑟弗斯在其《犹太古事记》一书中曾两次提到基督教，除明显地被 4 世纪基督教会篡改过的一处外，仅记有：公元 62 年犹太教大祭司处死了"称为基督的耶稣之弟雅各和其他一些人〔或某些他的同伴〕"。对此句之真伪目前也存在不同的意见。罗马史学家塔西陀所著《编年史》中记有"尼禄……用各种残酷之极的手段惩罚他们……群众则把这些人称为基督教徒。他们的创始人基督，在提比略当政时便被皇帝的代理官彼拉多处死了"。其他如斯韦陀尼阿斯在《十二恺撒传》中的记载，亦大同小异，均不能确切地说明问题。因此，我们探讨原始基督教的产生，目前还只能依靠《新约全书》和《新约逸经》（或译为《新约伪经》）。《新约全书》反映出原始基督教初期情况的主要是较早的《启示录》和同观福音书（Synoptic）①。《启示录》描绘了原始基督教最初的思想面貌，就史料价值来说是新约中其可靠性无可怀疑的唯一的一篇②。同观福音书产生于 1 世纪下半期至 2 世纪上半期，虽然不是目击者的记述，只是后来加工的作品，而且在流传过程中掺糅了许多统治阶级的思想和观点，但其中的人物与情节多少保留了与《启示录》的观点相近的微弱的历史核心，因而，在材料缺乏的情况下，仍具有一定的参考价值。至于《新约逸经》，其称谓并不意味作品本身是赝品，首先称此书为 Apocryphal 者也并不认为是伪造的，只是在新约成书过程中，由于教派的斗争，或观点的分歧，而未收入正典的基督教经典。Apocryphal 最初并无伪造的或不真实之意，相反，它是指一般人见不到、仅在少数人中流传的"秘本"之意，并将其视为庄严与尊贵的作品。这个字的含意流传了三个世纪，到尼西亚会议之后杰罗姆的时代发生了变化，始含有假造的、伪的之意，《新约逸经》也被摒弃于正典之外。从这一点考虑，在反映原始基督教初期的人民性方面，其史料价值倒可能比正典更具有真实性。总之，由于史料的贫乏与模糊，我们目前阐述基督教的产生只能勾画出一个大致的轮廓，深入的材料尚有待于进一步的发掘与研究。

据同观福音书记载，基督教是由加利利的拿撒勒人耶稣（约 1—34 年，或 4—37 年）于 1 世纪 30 年代初创立于巴勒斯坦。耶稣之养父为木匠约瑟，母马利亚为童贞女，因圣灵受孕生耶稣于伯利恒。福音书认为耶稣是救世

---

① "Synoptic Gospels" 指马太、马可、路加三福音书。

② 参见恩格斯《启示录》，《马克思恩格斯全集》第 21 卷，人民出版社 1965 年版，第 11 页。

主，下降尘世拯救众人。他生前的主要任务是传道与创教，并为贫苦百姓治病。因其宣传的教义不利于罗马的统治，最后被罗马巡抚彼拉多以"犹太人的王"的罪名处死，钉死在十字架上，死后三天复活升天，并宣称他将复临人间，建立理想的"上帝之国"。同观福音书有关耶稣生平的记载大致如此。但是历史上究竟有无耶稣其人是大可怀疑的，自18世纪英国史学家吉本提出此问题以来，史学界长期争论不休，至今仍无定论。因此，在没有确凿的材料证明其为历史人物以前，视其为传说人物较宜。

据圣经学者考证"拿撒勒"意译为持守某些教义、教规的人，因为古代巴勒斯坦并无此地名，故极可能是派别名称；新约中经常将某某派称为某某人，如法利赛人、撒都该人等。拿撒勒是犹太教中的一个派别名称。该派之先驱为施洗者约翰，"犹太全地和耶路撒冷的人都出去到约翰那里承认自己有罪，在约旦河受他的洗，约翰穿骆驼毛的衣服，腰束皮带，吃的是蝗虫野蜜"，"那时耶稣从加利利的拿撒勒来，在约旦河里受了约翰的洗"。约翰可能是此派的创始人，因有反抗罗马之嫌，被处死刑。约瑟弗斯说："希律之子安提帕斯于公元4年至39年任加利利和外约旦罗马总督时，为防止暴动，未经审判，将约翰处死。"约翰死后，传说中的耶稣可能继为此派领袖自称弥赛亚（救主），在社会下层宣传其教义和政治主张，反对罗马和犹太上层的统治，其追随者多为劳动人民，如十二门徒中之彼得、安德烈、雅各、约翰均为渔民，还有一名属于奋锐党的西门。由于其活动危害罗马的利益，也可能欲发动起义，被捕杀，钉死在十字架上。耶稣死后，其门徒继续宣传其主张，并宣称他不久将重新降临，领导世人建立理想的国家与社会。因为此派的主张与犹太教的传统教义相抵触，犹太教的当权派撒都该派不承认耶稣为救主，遂将此派教徒逐出圣殿，他们逐渐在巴勒斯坦、小亚细亚一带发展为一个独立的教派，即原始基督教。由此说明基督教不是某人事先有意识建立的，而是在反对罗马的群众运动中自发的产物。

原始基督教与犹太教开始分离后，在地中海沿岸，特别是在小亚细亚、埃及一带流传甚广。其信徒最初虽以犹太人居多，但亦有非犹太人；有自由人，亦有奴隶与被释放奴隶，但主要以下层民众为主。其所以比当时存在的各民族宗教更具有吸引力，这与其初期教义和礼仪的改革有直接关系。原始基督教初期的教义并无后来的三位一体、原罪等说教，其根本的特点是打破了民族宗教的狭隘性，建立一种新的世界性的信仰。初期的教义有以下三点：

（1）一神与选民。崇信犹太教的耶和华为宇宙的唯一真神，但选民的内容与犹太教不同。犹太教的选民仅限于亚伯拉罕的子孙，排除犹太民族之外的任何人。而原始基督教打破了这一传统观念，把选民扩大到一切民族，"福音要传给住在地上的人，就是各国、各族、各方、各民"。《启示录》描绘站在上帝一方前面的是犹太人，后面的则是非犹太人，信徒中既有"为主的"，也有"为奴的"。这正说明基督教是罗马帝国条件下的产物，也是它在300年后能战胜其他民族宗教的一项基本因素。

（2）信仰基督降临与因信得救。宣扬信徒不分民族，不分犹太人与非犹太人，只要信仰基督降临，必将得到拯救与上帝之赐福。这一思想在宗教史上是一项重大的革新。它打破了原始宗教需靠大量的繁多的献祭才能赎罪祈福的传统，为穷人的宗教解脱创造了有利条件，因而对于贫困的社会下层特别具有吸引力。

（3）改革仪礼。原始基督教废除了犹太教的各种献祭与烦琐的仪式，打破了犹太教的排他性、孤立性与保守性，由于祈福与赎罪均来自基督，故主要是精神崇拜。仪式仅有洗礼与圣餐，洗礼是入教的仪式和"选民"的标志，圣餐则是犹太教公餐制的演化，亦含有济贫的因素。

原始基督教由于教义与仪式的革新，为其广泛流传，特别是在罗马社会下层的流传打下了基础。然而，对劳动人民最富有吸引力的，最能打动他们心弦的还是原始基督教的政治思想和主张。

## 原始基督教初期的政治思想

初期的原始基督教不仅是从犹太教中分化出来的新教派，而且也是一个新的政治派别。它的政治思想与纲领有三点：

第一，号召人民起来报仇申冤，推翻罗马与犹太上层的黑暗统治。

《约翰启示录》的作者以比喻的形式指出，罗马是犹太人民的大敌，当时的罗马世界已形成两大营垒：一方是魔鬼、野兽（指罗马皇帝，特别是尼禄）、假先知（指犹太上层）和"有兽名的人"（指与罗马政权合作的人）；另一方则是上帝、基督、圣徒和"写在羔羊生命册的人"（指不与罗马合作的人，即基督徒）。两大阵营将进行决战，最终必将魔鬼、兽、假先知擒拿，将他们扔在"火湖"里。并预言"掳夺人的必被掳夺，用刀杀人的必被刀杀"，声言必将讨还罗马欠下的血债，报仇申冤，反映了强烈的民族仇恨。

第二，提出建立现实的、平等的、公共消费的、劳动人民掌权的新国家与新社会。

《启示录》的作者将其理想国称之为"新天新地""新耶路撒冷""千年王国"，并具体描绘了新耶路撒冷的规模和布局。《彼得启示录·附录》称那里的居民将"过无忧无虑的生活……有葡萄酒、蜂蜜和牛奶三条泉流……既没有婚姻，也没有死亡，也没有买和卖……上帝使人长命百岁"。这些描述虽然都是乌托邦式的幻想与追求，但也具有其世俗性与现实性的一面，它具有四个特点：

其一，迫切的现实性。他们强调这一理想国在人间，在现实的土地上而非在天上；在今生而非在来世；在生前而非死后。《启示录》明确说明，上帝将"在地上执掌王权"，"上帝的帐幕在人间，他要与人同住……"并且《启示录》和同观福音书多次申明上帝之国即将实现，日期就要到了。《彼得启示录》更明确地说，理想国就在"大家共有的大地上"。

其二，鲜明的阶级性。他们提出理想国中将不分主奴，一律平等，但不包括统治者和富人。理想国要颠倒现存的秩序，"叫有权柄的失位，叫卑贱者升高，叫饥饿者得美食，叫富足的人空手回去"。

其三，实行公共消费。理想国实行平均财富的制度，那里"生活和财富将是共有的、不分家的"。《使徒行传》第4章说："那许多信的人，都是一心一意的，没有一个人说，他的东西有一样是自己的，都是大家公用……内中也没有一个缺乏的，因为人人都将田产、房屋卖掉了，把所卖的钱拿来，放在使徒脚前，照个人所需的分给个人。"说明平均财富和消费品的公有是理想国的一条重要原则。

其四，人人平等。《彼得启示录·附录》明确地表述，"大家共有的大地上将不再用墙和篱笆隔开……将没有穷人，也没有富人，也没有暴君，也没有奴隶，也不再有大小尊卑之分"。这种平等思想对于世代贫穷的自由人和奴隶来说，无疑地具有巨大的吸引力，是对罗马的奴隶制度、人压迫人的社会的否定和抗议。

第三，指出了推翻罗马统治，建立理想国的途径和依靠力量。

他们把实现理想国的希望寄托于救世主，似乎全能的救世主一旦莅临，一切理想都将实现，这当然属于其虚幻性的一面。但此派也并不排除暴力手段，多次通过耶稣之口表示实现理想国急不可耐，还说：我来到世界上不是叫地上太平，而是叫地上动刀兵。甚至明确表示：从约翰传道之日起直到今天，天国一直遭到猛烈的攻击，暴力的人们争取夺得它。由此说明他们实现理想的途径并非仅消极地等待救世主，而且要积极争取，亦并不排除暴力手段。

他们主要在劳动人民中间进行宣传、组织动员工作，其骨干力量（门徒）多为社会上层人物。

综上所述，原始基督教的初期不仅是一个革新的宗教派别，而且也是一个政治派别，它是在反抗罗马统治的群众运动中产生的，是民族斗争与阶级斗争相统一的产物和表现。其主要目标是宣传与组织群众，推翻罗马统治，渴望在现实的土地上建立一个平等的、公共消费的、劳动人民掌权的理想国家与社会。它反映了犹太下层人民，包括奴隶、被释奴隶、穷人、无权者的愿望与要求，反映了他们对罗马统治的仇恨和抗议，对奴隶制度的憎恶，以及对理想生活的向往与憧憬，因而在思想史上具有一定的革命性。但是，它毕竟是一种宗教，其政治思想必然受到神学思想的影响，处于救世主的迷雾笼罩之下，从而在具有进步性的同时，又具有虚幻性、空想性与麻醉性，其理想国不过是一个乌托邦而已。尽管如此，原始基督教的初期与成为国教后的统治阶级御用的基督教有着明显的不同，"它既没有后世基督教的教义，也没有后世基督教的伦理，但是却有正在进行一场对全世界的斗争以及这一斗争必将胜利的感觉，有斗争的欢悦和胜利的信心"。①

自公元 1 世纪中期以后，原始基督教的两重性分别向两个方向发展，为两大派别所继承。其消极的虚幻的一面，随着剥削阶级的大量参加和控制了教会，以及希腊、罗马庸俗哲学的渗入，由代表罗马奴隶主阶级的神学家和教父所继承，在教义、组织、仪式方面向神秘宗教的方向发展，4 世纪成为罗马国教，中世纪达到顶峰，成为封建制度的国际支柱与中心。其反抗统治阶级和剥削制度的革命性的一面，则由代表劳动人民的某些异端教派所继承，并对后世的欧洲思想史和政治史产生了深远的影响。

---

① 恩格斯：《论早期基督教的历史》，《马克思恩格斯全集》第 22 卷，人民出版社 1965 年版，第 536—537 页。

# 原始基督教的发展和演变

于 可

原始基督教自产生后，在公元 1 世纪中叶至 2 世纪中叶获得了广泛的传播。同时，教会组织、宗教礼仪和经典也逐渐形成，其性质也逐渐发生变化。以后，基督教进一步演变，终于成为罗马帝国统治的思想工具和精神支柱，被定为罗马的国教。

## 保罗派之兴起与教会的产生

原始基督教于公元 1 世纪中期产生后，传播较广，信徒中不仅有犹太人，也有许多非犹太人。这固然是由于教义、礼仪打破了民族的界限与隔阂，本身具有世界宗教的因素，但更为重要的原因是罗马帝国内部旧有的民族宗教信仰出现危机。

罗马帝国的建立逐渐消灭了各民族的政治和社会的差异，同时也消灭了古老的民族宗教赖以存在的基础。帝国初期，不仅奴隶的处境毫无改善，而且自由民也普遍处于无权的地位，公民意志消沉与精神颓废相当普遍。其他被压迫的民族则向往过去独立的生活，不满现状，但又无力改变目前的处境。总之，许多人感到"现状不堪忍受，未来也许更加可怕。没有任何出路，悲观绝望……在各阶级中必然有一些人，既然对物质上的解放感到绝望，就去追求精神上的解放来代替，就去追求思想上的安慰，以摆脱完全的绝望处境"①。然而他们又都感到旧的民族神不再能有效地保护自己，于是产生了信仰危机。这就为基督教的迅速传播提供了广阔的社会基础。非犹太人

---

① 恩格斯：《布鲁诺·鲍威尔和早期基督教》，《马克思恩格斯全集》第 19 卷，第 333—334 页。

的信徒日增，从而在原始基督教内部出现了以保罗为代表的"外邦人"基督徒和以彼得为代表的犹太基督徒。随着"外邦人"基督徒日益增多，声势日振，两派经过较剧烈的较量，保罗派取得了优势。

保罗派的领袖人物保罗是希腊化的犹太人，公元 1 世纪初年生于小亚细亚的塔萨斯城。本人为帐幕工匠，其父因为罗马承办军需品有功，获得公民权，保罗出生后，即为罗马公民。他早年曾反对基督教，约于公元 37 年皈依基督教，是第二代的使徒。据《新约》记载他曾在小亚细亚、希腊和罗马传教约 20 年，曾代表"外邦人"教会赴耶路撒冷和彼得会晤，商讨教义等问题，由于对犹太律法和饮食规则意见不一而未达成协议，不欢而散。保罗在传教中曾 7 次被捕，最后被送至罗马，于公元 67 年被处死。保罗死后其门徒继续传教。该派使用希腊语，信徒以中产阶级为骨干，在流传中大量吸收了希腊罗马庸俗哲学，对初期的教义进行了改造，并且与彼得派的斗争较激烈。《新约全书》中保罗派的经典《哥林多后书》记载：彼得（又名矶法）为首的耶路撒冷的基督教"另传一个耶稣"。保罗派指责彼得派迁就犹太信徒"奉行犹太律法"；彼得派指责保罗派忘记了穷人。双方斗争的详细史料不足，仅知斗争的结果是保罗派基本上取得了胜利，其教义逐渐为正统，《新约全书》中除《启示录》是彼得派的观点外，其他 26 篇的主要部分均反映了保罗派的观点，此派的思想在经典中占有绝对优势，并且在教义和组织上逐渐控制了各地的教会。

原始基督教的发展和演变首先表现为社会基础的变化。初期，信徒多为社会下层劳动群众，在流传过程中，特别是保罗派的成员，不仅以中等阶级为后盾，而且许多奴隶主甚至社会上层人士都参加了基督教，《新约》记载当时信徒中有"尊贵的妇女"和"男子"、有"城内管银库的"、有"赛普路斯岛的总督"等。基督教早期文献记载尚有"税务司的夫人以及她全家和儿女"。公元 2 世纪形成的《雅各书》反映出当时信徒中有的"带金戒指，穿华丽的衣服"，有的"穿着肮脏衣服"甚至"赤身露体又缺少日用的饮食"。进入会堂后，穿华美衣服的人被"请坐在好位上"，穷人则"站在那里或坐在脚凳下边"。说明了一批有产者和奴隶主加入了基督教，并且占据了显著的位置，他们在经济上和教义方面逐渐成为主导力量，控制了教会。

其次表现为神职人员的产生及其对教会的控制。原始基督教与犹太教分离后，组织与活动均很简单，只有一些分散的基督教团体，由一些游方的使

徒巡回传道。反映约 1 世纪末年教规和教会的重要文献《十二使徒遗训》①
说："凡有使徒到你们那里去，接待他如接待主，但他只得在你们处住一天，
如必要时，住两天也可；然若住三天，他便是假先知了。使徒出门时，不可
接受人的礼物，只可领取饼食，够他所要到的当晚住宿地即可；若他索取银
钱，便是一个假先知了。"他们的仪礼也很简单，洗礼是基督徒的入教仪式
和选民的标志。另外每礼拜日举行公餐，称为感谢祭。祈祷后，吃面饼和饮
葡萄酒。面饼犹如群山之麦粒集合在一起，象征基督徒的团体，虽然分布在
天涯海角，应聚集在一起进入上帝之国。《十二使徒遗训》第 9 章记载说：
这饼"当初是麦子，曾散满在山冈，而后团合为一个，同样，但愿教会也从
地极聚合起来，进入上帝之国……"酒是经过踹踏、压榨而成，象征选民对
敌人的仇恨和诅咒。说明当时并无饼与酒是耶稣之肉与血的说教。后来在福
音书中感谢祭演化为圣餐礼与主的最后的晚餐。

　　1 世纪下半期保罗派基督教徒的活动亦很简单，使徒、先知来后，男女
信徒聚会在一起进行宗教说教，然后共同用膳，表示团结为一体，并无固定
的组织。在流传的过程中，逐渐产生了召集人，称为长老或执事。他们多出
自富有家庭，既有空余的时间，又能提供作为会堂的场所。另外还产生了经
费管理人，称为财务官或监督。最初长老的地位在监督之上，但随着信徒的
增加和捐献财产的增多，出现了将财权与神权、管理权集于一身的主教，他
们成为专职的教会领导人。最早的主教可能出现于小亚细亚，现知最早的主
教为 2 世纪上半叶士每拿的主教坡里卡普。2 世纪中期，在罗马、叙利亚等
地普遍出现了主教主持教会，但各教会各自独立，互不相属。最初主教尚由
信徒选举产生，《十二使徒遗训》记载，"你们当为自己推举配作主门徒的
人为主教和执事，即温柔的，不贪财的，诚实可靠而被考验无误的"。同时，
教会产生了教阶制的萌芽，神化神职人员，认为基督召选使徒，使徒委派主
教，主教授权长老。主教制与教阶的萌芽，说明教会已牢固地控制在富有阶
级的手中。

　　2 世纪的教会宗派林立，互相攻击，各不相属，斗争颇为激烈。至 2 世
纪末年，在实力和宗教权威方面，罗马、亚历山大里亚、小亚细亚、安提柯

---

　　① 《十二使徒遗训》为 1873 年由东正教会吕恩纽在君士坦丁堡之耶路撒冷教父文库中发现。
据圣经学者考证，初期基督教文献中经常提到这一著作，但原文失传。此次发现的是最早的希腊文
抄本，共 16 章，系犹太基督徒所写，极可能是彼得派的文件，因其中无保罗派教义的痕迹。

和迦太基等教会占有优势。罗马与迦太基的教会使用拉丁语，其他使用希腊语。此时的基督教已经结成了一个由许多个体教会组成的教会网，由一些经常相互联系的主教加以控制。

## 《新约全书》的产生、定型及教义的发展变化

《新约全书》是基督教自身的经典。据《新约·希伯来书》的解释：犹太教的《圣经》是上帝与犹太人订立的约法。由于他们"不恒心守约"已过时陈旧了，故称为《旧约全书》。现在上帝与基督徒重新订立了约法，并由耶稣作为"中保"，内容是"我要作他们的上帝，他们要作我的子民"，基督徒尊崇耶和华的启示和约法，上帝保护基督徒，故称《新约全书》。《新约》的产生、定型与定编有一个过程。1 世纪中期至 2 世纪中期为其产生与基本定型的时期。公元 66 年犹太战争失败后，犹太人遭到严厉镇压，从而加速了基督教与犹太教的分离过程，基督教需要有自己的经典，特别是以外邦人为主的保罗派教会，他们不熟悉《旧约》，更加需要新的经典；又因当时宗派林立、斗争激烈，各派也都需要着手编纂自己的圣经。特别是有一些急需回答与重新解释的问题，例如《启示录》多次预言"四十二个月"或"1260 天"之后将战胜恶势力，实现"千年王国"或"新天新地""新耶路撒冷"，但事实上并没有、也不可能实现，必须在经典中作出新的解释才能自圆其说。这一切均说明产生自身的经典的必要性。

流传于世的《新约全书》的思想内容自相矛盾之处甚多，往往一件事情前后有两种不同的或相反的观点和说法，例如把耶稣既说成是人子又说成是神；理想的国家既说在地上又说在天上；既表示仇视罗马、反对富人，又要求当帝国的顺民；既反对奴隶制度、要求平等又说要听命、忍耐、服从。圣经学者们对这些现象作了长期研究，迄今尚未取得一致的看法。目前我国史学界较为一致的意见是：这一现象的原因是由于原始基督教在流传过程中，外邦人大量参加，阶级基础发生变化，保罗派大量吸收希腊罗马庸俗哲学，特别是吸收斐洛哲学与塞涅卡哲学的结果。

斐洛为亚历山大里亚希腊化的犹太人，精通希腊语与希腊文化。他将希腊唯心主义哲学柏拉图主义与斯多葛主义兼收并蓄，合为一体，借以解释犹太教教义，提出灵智论（Gnosticism，音译诺斯提主义，此字源于希腊文 Gnosis，知识之意）。公元 1 世纪时此派仅是一个哲学派别，到 2 世纪后才发

展为一个教派。其著作因被后来的基督教会视为异端，绝大多数已失传，现仅知其代表作为《智慧生活论》。斐洛的灵智论的主要内容有四：

（1）非所有的人均能了解与认识上帝，只有具有灵性的人才能获得这一奥秘的知识。

（2）逻各斯（Logos，唯物主义哲学家赫拉克利特解释为规律，斯多葛学派塞浦路斯的芝诺解释为神的智慧）具有上帝的属性，但上帝与神的智慧既联系在一起，又有所不同，并把逻各斯人格化，说为上帝的长子，他是上帝及其智慧（或称为道）的产物。这一解释实际上包括了基督教的圣父、圣子、圣灵三位一体的思想。

（3）罪恶来自物质世界本身，人力无法改变现状，只有借助逻各斯才能得救。

（4）《摩西五经》并非历史和法律，仅是一种寓言，所以不能从字面上理解，应探讨其深刻的含意，例如五经主张要行割礼，实际上并非要求肉身割礼，而应理解为行心里的割礼。因为叙利亚人、阿拉伯人甚至埃及人均行割礼，但上帝并不保护他们。又如不许吃猪肉，并非对食物的禁令，而是属于灵性的解释，实质是要求人们不要像猪一样，饿了去找主人，吃饱即走。

塞涅卡是公元1世纪罗马帝国新斯多葛派的代表人物之一，为尼禄的宫廷教师。此派是晚期希腊斯多葛学派在罗马的变种，其所以"新"，即因其抛弃了斯多葛学派的唯物主义外衣，集中谈论道德问题，主张尽本分，从天命，公开宣扬听从命运的安排是人类的美德。

原始基督教的保罗派从这两种庸俗哲学中吸收了大量的内容，并赋予宗教的形式，致使教义发生了很大的变化。例如，他们把上帝与逻各斯的说教演化为圣父、圣子、圣灵三位一体的教义；把人格化的逻各斯与传说中的"人子""先知""夫子"耶稣拼凑在一起，说他为拯救有罪的众生，在十字架上作出赎罪的牺牲，他从来就是"神子"与"圣子"；把耶稣一生的活动中心说成是创立基督教等。这样就使原始基督教的教义包含了原来所没有的，而后来的罗马国教包含的全部本质观念，所以说基督教并非从犹太教直接发展而来，而是希腊、罗马世界的产物。保罗派为坚持其教义曾与彼得派作了激烈的斗争，但为了保持对社会下层的吸引力，又不得不与彼得派有所妥协。因此，体现在《新约全书》中的教义是两派相互斗争与妥协的产物，也是其内容存在着许多矛盾的原因。但《新约全书》中居于核心地位的是保罗派的观点，正如恩格斯所说："基督教事实上是自发地形成的，是这些宗派中最发达的宗派互相影响而产生的中间物，后来由于加进了亚历山大里亚犹太人斐洛的论点，稍后又由于受到斯多葛派思想的广泛渗透，而形成为一种教义。的确，我们可以把斐洛称为基督教教义之父，那末塞涅卡便是它的叔父。新约中有些地方几乎就像是从他的著作中逐字逐句抄下来的。"①

《新约全书》共27卷，原文为希腊文，包括启示录、使徒书信21篇、四福音书和使徒行传。

新约中较早成稿者之一是启示录，约写于公元1世纪后半期，原文为希腊文，作品以预言的形式反映了原始基督教初期所主张的人人平等、仇视罗马、反对奴隶制度、实现千年王国的政治思想，并预言基督将降临"在地上执掌王权"。还反映了初期教会宗派林立相互斗争的情况。值得注意的一点是全篇仅在开头和结尾提到耶稣，更无其生平事迹，这是研究耶稣其人的一个重要参考。

使徒书信自《罗马书》始，至《犹大书》止，共21篇。基督教会传统认为前14封为保罗书信，但据德国杜宾根学派考证只有《罗马书》《哥林多书》前后、《加拉太书》四篇中部分章节是保罗手笔，其余均为第二代保罗派的托名作品。这些书信反映了1世纪中期至2世纪中期原始基督教在教义、神学、伦理道德、政治思想诸方面适应奴隶主阶级需要的发展和演变，以及保罗派与彼得派的分歧与斗争。《罗马书》实际上是保罗派的教义手册，构成后世基督教教义的基础，其要点有四：（1）把"基督"描绘为一种"神力"，而非历史人物，更无耶稣之生平；（2）强调不分民族，"因信得救"，上帝是一切人的上帝；（3）不必追求形式上的"割礼"与食物禁忌，强调"肉身的割礼也不是真割礼……真割礼是心里的"，"上帝的国不在乎吃喝，只在乎公义"；（4）鼓吹顺从罗马的统治，当纳粮交税，不许抗拒。《哥林多前后书》更为具体地阐述了保罗派的教义，要点有四：（1）把基督描绘为"上帝的能力""上帝的智慧"和灵；（2）不主张公有财产，但应照顾贫者，每周举行公餐一次，行圣餐礼；（3）现实的千年王国演化为死后神灵的王国；（4）耶稣基督建立了教会的"根基"。此外，着重介绍了当时的两派斗争，说有人"另传一个耶稣……另受一个灵……或者另得一个福音"。《加拉太书》强调信仰基督，不必遵守犹太教规定的律法。"我们因信基督称义，不因行律法称义"，"在耶稣基督里，受割礼不受割礼全无功效"。此

---

① 恩格斯：《启示录》，《马克思恩格斯全集》第21卷，人民出版社1965年版，第11—12页。

篇还说明了两派的妥协和分工，"主张我（指保罗——笔者）传福音给未受割礼的人，正如彼得传福音给那受割礼的人……他为受割礼之人作使徒……我为外邦人作使徒"。

《福音书》包括马可、马太、路加、约翰四部福音，约产生于公元 1 世纪 70 年代至 2 世纪中期。"福音"（Gospel）为好消息之意，福音书的内容是描绘耶稣基督的生平事迹，中心有三：（1）耶稣从来就是救世主，由圣灵感孕马利亚所生；（2）建立教会，制定教义与传教活动；（3）为世人赎罪，作出牺牲，被钉死在十字架上，复活升天，世界末日将复临。福音书的内容存在许多矛盾，有关耶稣的形象、言行、政治态度有两种截然不同的说法，因此自 19 世纪以来圣经学者们对其真实性作了较深入的研究，基本上有两说："编造说"与"历史核心说"。编造说认为福音书中有关耶稣的生平纯属编造，没有任何历史真实性；历史核心说主张福音书中的耶稣生平是根据 1 世纪中期以后教义发展和变化的需要对过去传说中的起义领袖神化的结果，是保罗派与彼得派在教义方面相互斗争又相互融合的产物。其中虽有许多编造、附会之处，并且笼罩着一层宗教的迷雾，但其中保留了原始基督教初期的一个微弱的历史核心。此说得到了多数学者的赞同。四福音书的前三部，即《马可福音》《马太福音》与《路加福音》，其内容、结构、观点大体一致，故称为同观福音书，又译为对观福音书。其中，《马可福音》成书最早，约写于 1 世纪末，但其中极可能包含了较早的资料，它是流传于罗马教会的福音书。传说是彼得的门下马可所编写。《马太福音》略晚于《马可福音》，约写于公元 1 世纪末至 2 世纪初。它把原流行于叙利亚、巴勒斯坦的福音故事与《马可福音》的内容相结合而成，犹太色彩较为浓厚。《路加福音》相传是保罗门徒、医生路加于 2 世纪初年根据保罗的宣讲资料并吸收《马可福音》与《马太福音》的内容编写而成。此书流传于希腊地区。《使徒行传》传说为路加所编写，是《路加福音》的续编，成书略晚于《路加福音》。此篇记述彼得与保罗的传教活动，对彼得派基督徒与保罗派基督徒之间的矛盾加以调和，是研究基督教会早期活动的重要资料之一。同观福音书有关教义的叙述虽有许多矛盾，但基本内容大同小异。《约翰福音》成书最晚，约定型于 2 世纪中期，其内容与前三部福音书有显著的不同。该书依照诺斯提主义的思想写成，开卷即提出"道（Logos 逻各斯）与上帝同在"，"道成肉身"，论述耶稣是"道"，是上帝的长子，并且否定了耶稣是人间的"王"和地上的"千年王国"，将理想社会演化为神秘的天国和灵魂的永生。

《新约全书》的内容在 2 世纪中期已基本定型。它反映了公元 1 世纪中期至 2 世纪中期两派的斗争与融合，以及保罗派取得优势的情况。也反映了保罗派在斐洛与塞涅卡思想的影响下，在教义方面大量地吸收了希腊、罗马庸俗哲学思想；并反映出保罗派的政治思想：（1）主张服从罗马皇帝的统治，甘当顺民，神化皇权；（2）承认奴隶制度的合理性，宣扬服从听命；（3）否认地上的千年王国，把理想社会演化为虚幻的天国；（4）宣扬无原则的忍耐与超阶级的爱。

原始基督教的教会组织、礼仪的产生和《新约全书》各篇的基本定型，标志着原始基督教的形成。

## 原始基督教的演变及其与奴隶主政权的合流

原始基督教自公元 2 世纪中期形成，至 392 年发展成为罗马国教，有一个继续演变的过程。在此期间正统教会牢牢地掌握在保罗派手中，他们在组织上实行主教制，严密控制了教会；在思想上神化罗马皇帝和奴隶制度，从理论上论证基督教与罗马帝国利益的一致性，在行动上不断向罗马皇帝写效忠信，逐步向奴隶主政权靠拢。而 2 世纪中期的罗马帝国内部，奴隶制的危机已显露苗头，至公元 3 世纪出现了全帝国范围的奴隶制总危机，史称"三世纪危机"，具体表现为政局动荡、经济崩溃、思想混乱。帝国统治集团和知识界的部分人物也感到前途渺茫、悲观失望、丧失信心，以致其中的某些人加入了基督教徒的行列，在宗教中寻求慰藉。帝国当局长期以来也逐步认识到基督教这一支新的力量对克服帝国思想危机的作用，故至 4 世纪二者终于合流，帝国当局抛弃了已过时的原始宗教，奉基督教为罗马国教。

原始基督教的这一演变过程主要是通过教父和护教学者们完成的。所谓"教父"，是基督教会对 2—11 世纪（天主教与东正教的分裂）期间，在制定或解释教义、巩固组织方面作出较大贡献，为后世基督教奠定理论基础的神学家的尊称。教父之所以产生于 2 世纪中期是因为此时《新约全书》各篇已基本定型，并广为流传，教会认为《圣经》是依上帝的启示写成的，是经典，不能更改，但随着时代的前进，需要根据不同时期的要求对教义作出新的补充或解释，因而出现了一批神学家、著述家、理论家和护教学者。他们在这方面作出了贡献，其中贡献较大和思想纯正者被尊为教父。按时期划分，这一时期的教父称为尼西亚会议前和使徒后期教父，主要有：爱利尼阿斯（约137—202年），被称为"第一位系统神学家"，尊为拉丁教会三大教父之一，著有《反异端》等；赛浦立安（又译为居普良，200—258年），拉丁教会三大教父之一，著有《论教会合一》等；查士丁（？—165年），护教学者，著有《护教首篇》《护教次篇》等，主要论证基督教与罗马帝国的一致性；德尔图良（或译为特士良，160—230年），著有《护教篇》。他们在思想上神化罗马帝国和皇帝，鼓吹服从听命。查士丁在《护教首篇》第17章《基督教导在政治上服从》中说："我们比所有人众更快爽地随地清付通常税项及临时特税……这是按照上帝的教导。……我们承认你们为世人的君王和统治者，我们并祈求上帝使他们不但有统治权力，也有健全的判断。"德尔图良在《护教篇》中更为露骨地说：君主是神的代表，基督徒应像侍奉神那样事奉君主，并谄媚地说：我们基督徒赤足举手为所有的皇帝祈求长寿，使帝国安定、军队勇猛、元老院忠诚、老百姓讲道德、全世界得安宁。他们并且神化奴隶制度，爱利尼阿斯在《斥异端》第4卷，第13章2、3节中说，"律法是为奴隶而设的"，因而奴仆要"对家主存顺服敬畏之心"。因为上帝"叫我们不但爱邻舍，也爱仇敌；叫我们不但慷慨施舍，而且甚至自动给那些剥夺我们财物的人，不要计较他们的恶"。3世纪上半叶，亚历山大里亚的克雷门更向帝国献媚说：基督教信仰有助于对奴隶的统治，因为惧怕上帝能使人克制肉欲。在行动上，教父们一再向帝国效忠投靠，谋求罗马的信任与支持。许多教父和护教学者所写的护教篇均是向皇帝的上书，极力表白帝国与基督教的利害一致，教会愿为帝国效劳。教父们的政治态度与效忠活动为基督教成为官方统治工具打下了基础，在当时也取得了一定成效；2世纪后，皇族、官吏中不断有人信奉基督教，有的基督徒还担任了省、市级的官员，基督教一度取得了半合法的地位。

帝国当局对基督教的了解也开始深入，他们逐步认识到基督教与犹太教不同，并且在基督教中正统的保罗派与异端亦不同，对反抗罗马的犹太人和异端要坚决镇压，对基督教则由最初的镇压改变为基本上是宽容的政策。但有时出于政治上的原因亦间或实行镇压政策。据基督教会统计自该教产生至尼西亚会议前共受到10次大迫害，究其原因有二：第一，基督教否认除上帝以外的一切民族神，包括罗马的最高神朱庇特在内，并反对偶像崇拜，从而触犯了罗马的宗教制度。特别是3世纪后，皇权神化，罗马皇帝自称是朱庇特之子，故否认朱庇特神也就是否定了皇帝的神圣性。第二，基督教会已发展为独立于帝国之外的、人数日益增多的宗教团体，据估计公元3世纪时已有基督徒 600 万，教会亦日益增多，"公元 98 年有 42 个教会，180 年 74 个，325 年 550 个"。因此当政局不稳，皇权受到威胁时，帝国根据政治上的需要数度对基督教实行镇压政策。但由于教会的神学家与教父一再表示拥护皇帝，恪守帝国法律，并在每次镇压后，更向帝国靠拢一步。因此，在此时期罗马帝国对基督教的基本政策是宽容政策。

罗马帝国对基督教的最后一次大规模的迫害活动是在戴克里先统治时期（约 284—305 年），前后达 6 年之久。戴克里先为挽救政治危机，实行君主制，自称朱庇特之子，以神化与巩固皇权。但由于基督教否认朱庇特神并且在帝国内部已发展成为一支声势浩大的独立力量，在皇族中亦有一批基督徒，因此戴克里先将基督教视为异己的力量，决定予以镇压。公元 303 年他借口其驻节地小亚细亚的尼科米底亚宫廷两次起火，疑为基督徒所为，决定全面取缔基督教，旋即发布敕令：（1）全部教堂一律拆毁，参加基督教活动者处死刑。（2）一切圣经、圣书上交地方官，公开焚毁。（3）教会财产全部没收。（4）自由民中的基督徒不许在军政界担任职务和享有荣誉，奴隶永不准解放。接着又发布命令，将全体教士一律逮捕，强令基督徒参加罗马多神教礼拜。由此在全国，特别是帝国东部掀起了大规模地烧圣经、拆教堂的运动，据估计，此次大迫害全国约有 2000 名教士和信徒被杀。镇压持续了 6 年，但未收到预期的效果，基督徒并没有被压服，与此相反，他们的活动转入地下，人数反而有所增加。事实说明，以暴力强制宗教信仰往往是难以奏效的。帝国东部的奥古斯都伽列里乌斯终于在 311 年与帝国西部的奥古斯都君士坦丁等联合发布通谕，宣布停止迫害，允许集会，释放被捕的基督教徒，镇压运动以失败而告终。

其实，早在此次大规模镇压基督教以前，帝国统治集团内部对基督教的认识已出现了分歧。他们在利用宗教加强思想统治、巩固皇权、挽救思想危机方面认识是一致的，但对利用基督教抑或继续利用多神教则意见不一。帝国西部的统治者康士坦提乌斯及其子君士坦丁大帝较有远见，倾向于支持基督教；而戴克里先则欲在四君中突出其最高的地位，独揽"朱庇特之子"之称号，故决定对基督教采取镇压政策。但即使在 303—305 年的镇压高潮中，帝国西部的高卢、不列颠等地只推倒教堂，形式主义地执行戴克里先的敕令，基督徒所受迫害甚微。

311 年后，君士坦丁依靠基督教会和蛮族军队的支持，先后击败了西部的几个竞争者，取得了意大利、非洲和西班牙的统治权，于 312 年成为西部帝国唯一的奥古斯都。因此，他决心以基督教作为帝国的精神支柱和统治工具，于313年与帝国东部的奥古斯都联合发表《米兰敕令》，其主要内容有二：（1）正式承认基督教为合法宗教，与其他宗教享有同样的自由；（2）基督教堂和财产一律发还。

米兰敕令是基督教史上的转折点，也是帝国对基督教从实行宽容与镇压相结合的政策转为依靠、扶植、利用的政策的标志，从此它开始与奴隶主政权合流，成为御用的思想统治工具。帝国宗教政策的改变反映了罗马奴隶制危机的加深，旧奴隶主贵族的没落，以及旧的多神教号召力的丧失。加之君士坦丁起家所依靠的力量为高卢一带的新兴奴隶主，为取得全帝国的政权，必然寻求新的精神支柱，所以君士坦丁支持基督教是历史的必然。

米兰敕令后，君士坦丁为统一全帝国，继续实行扶植、收买基督徒的政策，他先后诏令：承认主教在教会的领导地位；部分地区的神职人员的费用由国库开支；神职人员豁免劳役和享有免税特权。由此得到基督徒的拥护，特别受到了帝国东部基督教会的赞赏。君士坦丁在314—323年与东部奥古斯都李基尼乌斯争权斗争中也因此占据了优势，于323年战胜了李基尼乌斯，统一了全帝国，成为最高统治者。

君士坦丁大帝取得全国政权后，深感基督教在教义、经典、组织和礼仪方面不统一，教派争端激烈，不利于进一步发挥其思想统治工具的作用。当时正统的基督教会在教义方面存在较大分歧，主要有两大派：其一为三位一体派，流行于帝国西部与埃及，代表人物为阿塔那修（约293—373年），主张上帝三位一体论。其内容是耶稣既是受造之物又是上帝的一部分，是圣子，与圣父同性同体。另一派为阿里乌斯派，流行于利比亚和帝国东部，代表人物为阿里乌斯（约250—336年）。他反对三位一体论，主张圣子不是上帝，只是来自上帝，与圣父非同性同体，仅属于受造之物。双方互相攻击，争论激烈。因此君士坦丁大帝于公元325年在小亚细亚召开尼西亚会议，所要解决的主要问题是统一教义，停止纷争，以及健全教会的组织领导体系。会议代表约300人，君士坦丁大帝亲临致辞，并由其代表主持会议。决议要点有三：（1）由于赞同阿里乌斯观点的帝国东部部分主教曾支持东部奥古斯都李基尼乌斯，故君士坦丁决定支持三位一体派，强令会议决议树立三位一体派为正统，谴责阿里乌斯派，并决议开除阿里乌斯教籍，予以放逐，著作焚毁。以后虽有反复，但阿里乌斯派在帝国境内终至销声匿迹，后来仅流行于蛮族之中。（2）以赞同三位一体观点的巴勒斯坦恺撒利亚教会的信经为基础，制定并通过了《尼西亚信经》。主要内容为：上帝创天地万物；圣父圣子同体同质，三位一体；基督救赎；耶稣复活升天；末日审判。（3）制定教会法规 20 条，其中心有三：确立皇帝对教会的最高领导权，按行省划分教区；加强主教制，教区领导人为主教；各教区主教组成宗教会议，皇帝掌握该会的最高领导权。这三项内容说明：基督教已具有统一的教义、组织，成为由皇帝直接控制的官方机构，已从原始基督教演化为奴隶主阶级进行思想统治的工具，并与帝国政权结为一体。因此尼西亚会议标志了原始基督教质变的完成，实质上已成为罗马帝国的国教。

尼西亚会议后，基督教除在罗马皇帝、背教者朱里安（361—363 年）执政期间受到暂时压制外，得到了长足的发展。公元 375 年皇帝革拉先宣布禁止向基督教以外的神庙献祭，废除皇帝之罗马神庙的"最高祭司"的称号。公元 392 年，狄奥多西一世（379—395 年）公布法律，关闭一切异教神庙，禁止献祭活动。违命者罚缴黄金 25 镑，进行献祭活动的房屋、土地没收；知情不举者同罪，是故史学家一般以 392 年作为基督教正式定为罗马国教之年。

# 罗马帝国晚期的人民革命运动

蔡鸿生

罗马帝国晚期的人民革命运动，席卷地中海沿岸，是罗马奴隶制社会危机普遍化和尖锐化的产物。经常不断的奴隶、隶农和贫民的起义斗争以及日耳曼部落大规模的入侵，终于埋葬了西罗马帝国。

罗马帝国晚期的人民革命运动，可分为两个时期：（1）前期包括整个3世纪，是运动的开始阶段。高卢西北部首先揭起反抗斗争的义旗，但是，运动尚未波及广大地区，也没有及时与外族进攻相配合，以致统治阶级能够重新集结力量，进行反扑，使运动在3世纪末转入低潮。（2）后期包括4—5世纪，是运动的高涨阶段。在国内外有利形势推动下，人民革命重新高涨起来，并形成高卢、北非和色雷斯三大斗争中心。这三个地区是罗马帝国与"蛮族"世界的交界点，能够直接配合外族的进攻，开展反奴隶主政权的斗争。至于帝国的腹地，则相对安定。因此，在4—5世纪罗马社会的大动荡中，奴隶制最发达的意大利并没有变成风暴的中心，而奴隶制相对不发达的高卢、北非和色雷斯，却成了反罗马斗争的前线。

## 高卢的巴高达运动

高卢邻接"蛮族"世界，是罗马帝国西陲的战略要地。莱茵河外的日耳曼部落只有通过高卢才能进攻意大利；而罗马帝国为了保卫它的心脏，也必须固守这个前沿阵地。在高卢四行省中，那旁高卢行省（法国东南部和瑞士西部）接近意大利，被征服较早，应征加入罗马军团的人数又多，罗马化程度最深。当地豪族普罗库鲁的庄园中奴隶人数多达2000名。至于比利其卡行省（比利时和卢森堡）、卢格敦高卢行省（法国中部和西部）和阿奎坦尼亚行省（法国西南部），则农村公社制与罗马奴隶制长期并存，尤其西部阿尔摩利卡一带，公社惯例仍被当地的克尔特人奉为生活准则。"三世纪危机"进一步破坏了高卢原有的社会生活条件，使阿尔摩利卡的自由农民失去对私人份地的传统权利，陷于依附地位。他们带着恢复自由农村公社的理想，加入反奴隶制斗争的行列，成为巴高达运动中一股非常活跃的力量。

"巴高达"意为战士，这个名称来源于克尔特语"巴加"（斗争）一词。据5世纪中期马赛主教萨勒维安在《论神的统治》一书中所述，"巴高达是被凶残的法官搜刮的人，是受压抑的人，是无生路的人。他们失去享受罗马自由的权利，也失去对罗马名字的尊敬"。从社会成分看，巴高达包括破产农民、隶农和逃亡奴隶。这群"无生路的人"，虽然到3世纪才以"巴高达"之名著称，但是，他们反奴隶制剥削的斗争早在186—188年的马特努斯起义中就开始了。起义队伍由罗马逃兵和高卢劳动群众组成，他们进攻城镇，捣毁监狱，释放囚徒。为了对付罗马皇帝孔茂德（180—192年）的镇压，马特努斯的队伍化整为零，分成小队，乔装越过阿尔卑斯山，准备围攻罗马。后因被人告密，起义失败，但它作为巴高达运动的先驱是有深远影响的。

3世纪中期，高卢境外的阿勒曼尼人和法兰克人突破莱茵河防线，大举入侵。罗马驻军集结前线，高卢贵族趁机独立，建立了以波斯图姆斯为首的"高卢帝国"。268年，波斯图姆斯死去，部将各据南北称雄，"高卢帝国"遂告分裂。70年代动荡不安的高卢，成为罗马奴隶制体系中的薄弱环节。270年，巴高达分子聚众起事，攻陷鲁格敦高卢的重镇奥古斯托敦（奥尔良）。该城扼高卢南北交通的咽喉，既已落入巴高达之手，阿奎坦尼亚也就危在旦夕了。因此，罗马皇帝奥勒良（270—275年）立即西征高卢。巴高达分子并没有屈服于罗马政权的统治，他们在283—286年，展开更大规模的战斗。80年代，巴高达运动的中心是塞纳河与罗亚尔河中间的地带，这里密林遍布，便于隐蔽。据史书记载，此时农夫变成步卒，牧人变成骑兵，城乡毁于战火，贵族仓皇逃生。巴高达的两位首领埃里安和阿孟德自称皇帝，并铸造钱币，各据一方。巴高达分子为便于获得给养和保存实力，像当年马特努斯的队伍一样，化整为零，声东击西，伏击敌人。被弄得焦头烂额的罗马士兵常常临阵退却。罗马统帅马克西米亚努斯用十人抽杀一人的严惩手段，驱使士兵拼死作战，才扭转了战局。他又大布弧形阵，把巴高达各路人马分割开来，逐个击破。巴高达分子在军事上失利，被迫退守马恩河上的城堡（位于塞纳河口）。经过马克西米亚努斯长期围攻后，城堡陷落，许多巴高达分子不屈而死。

现存史料没有关于4世纪巴高达运动的直接记载，我们只知道此时高卢到处有强盗出没，贵族不得安宁。如果考虑到罗马史家也把巴高达称为"一伙强盗"，那么完全可以推断，巴高达运动在4世纪并未销声匿迹。

5世纪初，"民族大迁徙"浪潮日益逼近意大利。406年，勃艮第人侵入莱茵河南岸。410年，西哥特人在阿拉里克率领下，攻陷罗马城。419年，他们以托罗萨（图卢兹）为中心，在阿奎坦尼亚建立了西哥特王国。与此同时，比利其卡一带也被勃艮第人和法兰克人占领。高卢的罗马政权只保有西北部半壁江山，这片尚未沦失的地区成了疯狂搜刮的对象。结果官逼民反，"罗马总督对行省压迫愈甚，巴高达的拥护者愈多"。

在巴高达运动影响下，鲁格敦高卢西北部发生阿尔摩利卡人起义，他们洗劫富户，把奴隶主变成奴隶，当地的统治者束手无策。435年，巴高达首领提巴托在起义群众配合下，向罗马官吏发动进攻，夺取了政权，控制了整个阿尔摩利卡。据普罗斯比尔的《编年史》说："几乎高卢所有的奴隶都成为巴高达的同谋者。"

在阿尔摩利卡，巴高达破坏了罗马的统治秩序，恢复了自由的农村公社生活。5世纪初的一部佚名喜剧描述主角奎罗路斯窘于生计，祈求家中的守护神给他找个安居乐业的处所。神指点种种出路，其中有一条就是劝他到巴高达势力范围内的罗亚尔河一带"当强盗"。家神把绿林描绘成人间乐园："那里的人受治于天，公正无私。死罪应在橡树之下宣布，并刻骨为记，案件由农民承审，士兵判决。你投奔那里，就可称心如意了。"这些情节，模糊地反映出巴高达公社的政治面貌，其中有人民会议，并由社员组成最高法庭，既没有罗马法官，也不实行罗马法。

巴高达运动的胜利进展，使罗马统治阶级异常震惊。449年，罗马大将艾息阿斯带领大军压境，在众寡悬殊的情况下，巴高达分子被打败了。余众转移到西班牙北部，以塔拉哥行省为中心组织暴动。巴高达首领瓦西里乌斯攻陷托里阿梭城，冲入教堂，把民愤极大的主教李奥当场处死。西班牙贵族不敢正面迎战，便施用借刀杀人的奸计，设法讨好西哥特王狄奥多里克二世，由他的兄弟弗列德里克带兵攻击巴高达据点。456年，巴高达分子战败，向比利牛斯半岛西北部勃拉卡拉（今葡萄牙布腊加）一带撤退，下落不明。过了40多年，历史记载才最后一次提及巴高达运动，它的首领布尔杜列拉于498年在托罗萨被捕杀。此后，巴高达的活动便停止了。

3—5 世纪席卷高卢并波及西班牙的巴高达运动，不仅持续的时间很久，而且在社会改革方面重建自由农村公社的秩序，比同时代的运动更有特色。

# 北非的阿哥尼斯特运动

4—5 世纪，北非的奴隶和隶农在宗教外衣掩护下，对奴隶主阶级发起一场猛烈进攻，这就是著名的阿哥尼斯特运动。

罗马帝国的北非行省，包括总督领阿非利加（突尼斯）、努米底亚（阿尔及利亚东部和中部）和毛里塔尼亚（阿尔及利亚西部和摩洛哥）。总督领阿非利加继承了迦太基时代的物质文明，以富庶著称，罗马殖民者蜂拥而来，广置庄园。其余两省，地方传统虽然比较牢固，但占统治地位的还是奴隶主的大土地所有制。

4 世纪初，北非的官僚机构已经十分臃肿，国税的重担压在隶农身上。由柏柏尔人组成的北非隶农不是罗马公民，他们身受国家、庄园主和管庄的三重压迫，处境日趋恶化。庄园中的奴隶多数也是柏柏尔人，命运更加悲惨。奥古斯丁写道："奴隶得罪家主，纵免鞭笞，也须戴镣下牢，推磨抵罪。"奴隶和隶农，也是教会庄园的剥削对象。罗马基督教会自 313 年取得合法地位后，与统治阶级狼狈为奸，接受土地馈赠，公开聚敛钱财。君士坦丁（306—337 年）曾从努米底亚的皇庄和兹尔塔等城市的辖区中，拨出 7 份收入共达 4000 金币的地产，连同种地的隶农和奴隶，一并布施给非洲教会。这些教会地产，享有赋税豁免权和司法自治权，变成"国中之国"。

如上所述，努米底亚和毛里塔尼亚庄园的剥削关系是以隶农制与奴隶制相结合为特征的。因而，4—5 世纪北非反奴隶制剥削的斗争，通常表现为奴隶与隶农的联合行动。另一方面，由于基督教会已经加入剥削者的行列，所以，这一斗争又被涂上宗教色彩。阿哥尼斯特运动的阶级内容和异端形式就是在这样的历史条件下形成的。

"阿哥尼斯特"意为"斗士"。这个名称源于"阿哥"（竞赛）一词。在3 世纪非洲的教会文献中，它含有基督教与恶势力斗争的意义，其后专指"纯正信仰的斗士"。阿哥尼斯特分子经常在乡间流浪，靠农民施济过活，故又被称为"齐库塞里奥"，意为"浪人"。这两个名称的区别在于："斗士"是阿哥尼斯特自己的用语，"浪人"则是正统基督教会对他们的鄙称。

阿哥尼斯特是从多拉图斯教派分化出来的异端。4 世纪初，北非正统的基督教会发生分裂，形成一个反对派，因努米底亚行省卡礼·尼格拉城的主教多拉图斯而得名。在罗马化最深的总督领阿非利加，正统基督教占优势；而流行多拉图斯教派的努米底亚和毛里塔尼亚两省，则是所谓离经叛道的地区，成为阿哥尼斯特运动的中心。

阿哥尼斯特派在思想上、组织上，都比多拉图斯教派具有更鲜明的战斗性。它的教义有两大特色，即禁欲主义和殉教精神。具体内容包括：放弃定居生活，摒绝世俗事务；誓不结婚，独身以终；勇于杀身殉教；捣毁多神教偶像。这些清规戒律有深刻的阶级根源和历史根源。阿哥尼斯特的社会成分以隶农和逃亡奴隶为主体，包括各类被剥削的农村居民。他们是当时北非社会的最下层。恩格斯指出："社会的最下层要发展自己的革命毅力，要明确自己和社会其他一切阶层对立的地位，要集结成一个阶级，必须从何下手呢？必须把自己还可以和现存社会制度妥协调和的一切完全抛弃；必须把那种使他们备受压迫的生活有时尚堪忍耐的些微享乐，甚至最残酷的压迫也不能剥夺掉的些微享乐，完全抛弃掉。"① 阿哥尼斯特的禁欲主义的风纪就是由此产生的。至于它的殉教精神，则是继承和发扬了早期基督教"圣徒殉道"的传统。然而，阿哥尼斯特并非消极殉教，而是作为"纯正信仰的斗士"，手执武器，积极斗争，视死如归。起初，他们按教规只能持有木棍。后来拥有各种武器：剑、投石器、枪和斧等，完全变成了军事性质的宗教团体。它比早期基督教、多拉图斯教派和修道士更富有进取精神，因此，才能够超越宗教领域，由教会改革引申到社会改革，掀起一场反抗奴隶制剥削的武装斗争。

阿哥尼斯特的第一次起义发生在 4 世纪 30 至 40 年代。他们在自称"圣徒领袖"的柏柏尔人阿斯吉多和法西尔领导下，常出没于努米底亚一带，吸收隶农和逃亡奴隶入伙。据当时人的记载：在起义地区内，没有一个财主能够安居乐业，没有一个债主敢去收租收息。奴隶主人人自危，取消租税，以求活命。乘马车外出的奴隶主，被拖下座位，给奴隶赶车，使"奴隶和主人换了位置"。阿哥尼斯特这类造反行动，除在经济上打击剥削者外，还试图通过暴力对当时北非社会的尊卑关系进行一次大调整。这不仅使统治阶级震惊，连多拉图斯教派的上层人物也向右转，惊呼要"重整秩序"。他们甚至勾结民团，在市集上屠杀阿哥尼斯特分子。但是，多拉图斯教派上层的叛卖

---

① 《马克思恩格斯全集》第 7 卷，人民出版社 1959 年版，第 420—421 页。

行为，并未给自己带来什么好处。君士坦图斯（337—350 年）为了和他的兄弟争夺帝位，公开迫害非正统教派，以换取基督教会的支持。多拉图斯教派也在被取缔之列，不得已又与阿哥尼斯特重新合作。他们集结到巴盖城，与前来围剿的官军展开血战，许多人英勇战死，被俘者从容就义，发扬了阿哥尼斯特的殉教精神。362 年，多拉图斯主教帕孟尼安利用"叛教者"朱里安（361—363 年）关于剥夺神职人员特权的敕令，在努米底亚和毛里塔尼亚夺取原属基督教的教区，恢复了阿哥尼斯特的活动。他们大胆地攻击正统教会，杀死上层人物。朱里安的统治仅仅维持三年，异教的优势也随之丧失了。但是，时局的变迁并没有迫使阿哥尼斯特运动转入低潮。相反地，由于他们与毛里塔尼亚的部落王公费尔姆合作，反罗马的运动又如火如荼地发展起来。

毛里塔尼亚的柏柏尔人为了反抗罗马的重税政策和地方衙门的横征暴敛，于 372 年在部落王公费尔姆领导下起义，有一部分罗马士兵也掉转武器，站到起义群众方面。据史书记载，费尔姆"起义反抗皇帝并与暴徒和异端合作"，说明他曾得到阿哥尼斯特的支持。起义队伍迅速占领了毛里塔尼亚的大城市恺撒利亚（舍舍尔）和伊科修姆（阿尔及尔）。罗马骑兵长官提奥多西率领两个军团到北非镇压，他利用起义诸部落缺乏统一指挥的弱点，收买了费尔姆的兄弟希尔顿，各个击破。到 375 年，费尔姆兵败自杀，余众也被提奥多西击溃了。

费尔姆起义的失败，使阿哥尼斯特失掉一股重要的同盟力量。但是，他们的斗志并未消沉下去。据北非教会史家奥古斯丁记载，4 世纪末和 5 世纪初，阿哥尼斯特分子仍然率领着隶农和逃亡奴隶，在北非坚持反剥削者的斗争。他们捣毁葡萄酒窖，从债主手中夺走债券，还给债务人，并且"焚毁奴隶卖身契，让他们成为自由民"。当地民政机关对此束手无策，税吏也不敢履行职责。可以说，在汪达尔人征服北非前夕，阿哥尼斯特已经用自己锐利的战斗锋芒，使罗马政权在这个地区陷入瘫痪状态。

429 年，汪达尔人在盖塞利克率领下，由西班牙渡海进入北非，推翻当地的罗马政权。此后，阿哥尼斯特的活动在史籍中就没有专门记载了。

## 色雷斯的"贱民"暴动和斯卡马尔运动

色雷斯位于巴尔干半岛东部（西境今属保加利亚，东境属土耳其），原为罗马藩属，公元46年被并入帝国版图。罗马总督在这个东方行省建立城市和驻扎军队，大力推行罗马化政策。4世纪初，罗马政府为了加强新都君士坦丁堡的屏障，重新部署色雷斯的防务。帝国15个著名的武器作坊，有6个分布在色雷斯。这里盛产黄金，政府独揽开采大权。矿工是国家的奴隶，承担沉重劳役，虽有严刑峻法，依然逃亡成风。除劳动群众生活恶化外，市议员和退伍士兵面临破产威胁，城乡拖欠国税的现象十分普遍。364年，近卫军长官瓦连斯（364—378年）被拥上帝位。在他的暴政之下，东方各省民不聊生。4世纪作家里班尼乌斯写道："到处是贫困、行乞和哭泣，农民觉得种地不如要饭，然而，谁要是今天还能施舍于人，明天却要求人施舍于己了。"当时，色雷斯总督是瓦连斯的岳父，他有恃无恐，鱼肉百姓，到处民怨沸腾："这就是为什么农民变成强盗，为什么铁器在他们手里不是用来耕田，而是用来杀人！"瓦连斯政权变成众矢之的。统治阶级内部当权派与在野派的矛盾，官僚贵族与劳动群众的矛盾，交织在一起，终于爆发了以普罗科比为"贱民头目"的武装斗争。

普罗科比是已故皇帝朱里安的亲戚和心腹，自瓦连斯即位后，他官场失意，图谋东山再起。365年夏末，瓦连斯率兵赴叙利亚，对波斯作战。9月间，哥特人进犯色雷斯。为巩固后方，瓦连斯派遣两个高卢军团返防，卫戍君士坦丁堡。两个军团中都有普罗科比的旧属。他即派人前往联络，重金收买，发动政变。普罗科比上台后，立即改组市政机构，提出豁免租税和重分土地的口号，以争取人民的支持。同时，又到色雷斯各地招兵买马。在农村，苦于瓦连斯暴政的奴隶和隶农，纷纷响应。据5世纪史家佐西莫斯记载："没有特殊困难就集合了一大群人，许多奴隶是心甘情愿入伙的。"矿山的国家奴隶也踊跃投军效力。这些阶层一旦行动起来，普罗科比便有了广泛的社会基础，因此，他被罗马官方史家称为"贱民头目"。

色雷斯劳动群众集结到普罗科比的旗帜下，极大地影响了事变的进程。一方面，为君士坦丁堡开辟了后方，使这个政变的策源地不致成为孤岛。另一方面，能够直接争取多瑙河外哥特人的援助。普罗科比很容易就从那里招到一万名（一说3000名）雇佣兵，加强了进攻的力量。

到365年冬季，普罗科比虽然在军事上节节胜利，但财政方面却困难重重。此时，叙利亚和埃及等富庶省份仍受瓦连斯的控制，普罗科比没有足够财力可以支付雇佣军的军饷。在这种情况下，如果向人民加课赋税，就会自食其言，使支持他的力量变成反对他的力量。普罗科比不敢冒这样大的风险，只好下令向元老们征收特别捐。这种比较激进的措施，立即引起反对派元老的仇视和中间派元老的不安。他们设法逃出首都，投奔到瓦连斯那边去了。

366 年春，瓦连斯发起反攻，用高官厚禄收买里吉亚驻军司令，使这支军队首先叛离普罗科比。随后，其他将领也争相效法，陆续倒向瓦连斯一边。普罗科比眼见众叛亲离，只好进入山林。不久被随从出卖，死于瓦连斯刀下。

在消灭了普罗科比的余众之后，瓦连斯立即通令缉捕逃亡的奴隶、隶农和矿工，并严惩窝藏者。被俘的哥特人备受虐待，被卖入城市为奴。此外，大批无法交清欠税的市议员也遭处决。整个色雷斯顿时变成血与火的地狱。但是，瓦连斯的反动暴力并不能为他铺平长治久安的道路。仅仅过了 10 年，反罗马奴隶主统治的斗争烈火又在多瑙河流域重燃起来。

多瑙河是罗马帝国北境的天然边界。河外散居着许多日耳曼人，最强大的一支是哥特联盟。3 世纪中期，哥特人开始侵入罗马帝国北方诸省。当时他们正处于原始公社末期，军事首长及其亲兵构成一个富于掠夺性的统治集团。罗马皇帝被迫纳贡，随后并让出达西亚省（罗马尼亚）安置哥特移民。4 世纪中期，基督教的异端阿里乌斯教传入哥特移民区。它主张圣子为圣父所创造，耶稣基督应位于圣父之下。这种否定基督神性的说法，必然要走向对基督教会神圣性的否定。在基督教已经成为罗马国教的情况下，这种教义在客观上便产生了反罗马的政治倾向。因此，它在哥特人那里成为反抗压迫的思想武器。

370 年，罗马皇帝瓦连斯为防止内外反抗力量的结合，明文规定：除两处指定的互市地点外，不准哥特人越过多瑙河进入罗马内地贸易。374 年，哥特联军被匈奴击败，决定迅速西撤，谋求到色雷斯避难。结果，在解除武装和从事屯垦的条件下，瓦连斯批准哥特人移入麦西亚。376 年春，哥特难民横渡多瑙河。罗马官吏乘人之危，抬高粮价，逼得饥寒交迫的哥特人卖妻鬻子。一名小孩只值一磅粮食，一只狗就可换一个奴隶。麦西亚到处都有用食物换来的哥特奴隶，连酋长的儿子也在其中。罗马统治阶级的残酷行径激起哥特人的深仇大恨。闻风而动的还有当地的奴隶、隶农、矿工和破产农民，他们并肩作战，组成了一支色雷斯劳动群众与哥特移民的联军。

377 年夏天，起义群众控制了整个色雷斯平原。他们冲入庄园，开仓取粮，把奴隶主及其家属掳去当奴隶。瓦连斯为扭转时局，于 378 年下诏亲

征。经过亚德里雅那堡（今土耳其西部埃迪尔内）的激战，罗马军队被打得
落花流水，37 名将领战死，4 万名士兵被歼，连瓦连斯本人也中箭身亡。

新皇帝提奥多西乌斯（379—395 年）吸取了这次惨败的教训，避免与
哥特人正面交锋，改用分化的政策。双方于 382 年缔结和约：哥特人以"同
盟者"的身份定居麦西亚，提供兵员 4 万名；罗马政府则供应他们粮食和牲
口，并免除哥特人的纳税义务。395 年，提奥多西乌斯在米兰死去，罗马帝
国正式分裂为东、西两部分。在它江河日下的时候，多瑙河中游又兴起了斯
卡马尔运动。

斯卡马尔运动的发源地是诺里克（今奥地利南部）。4 世纪末，内外贫
困的西罗马统治阶级把这个与意大利邻近的省份视为肥肉，横征暴敛。在重
税逼迫下，农民弃地逃亡，城市作坊纷纷倒闭，一向输出粮食的诺里克变成
了缺粮区。粮商趁机囤积居奇，牟取厚利。401—410 年，西哥特人猛攻意大
利，诺里克的罗马驻军奉命撤回，由"蛮族"雇佣军接防。当时，帝国政府
无力供应粮饷，部分雇佣军也加入城乡贫苦大众的抢粮队伍，一同到阿尔卑
斯山安营扎寨，堵截粮道。这批铤而走险的人们身披兽皮，手提刀剑，出没
于诺里克平原，进攻罗马殖民者的庄园和设防较差的城市，使这个省的统治
秩序混乱不堪。这群劫富济贫的好汉在晚期罗马文献中获得一个特殊称
号——"斯卡马尔"。此名源出伦巴德语"斯卡马拉"一词，意为"窃贼"
或"强盗"，是统治阶级对诺里克造反者的鄙称。

430—431 年，西罗马政府调遣刽子手艾息阿斯率军到诺里克镇压，未能
奏效。斯卡马尔分子仍然白天藏匿于山林，夜间出击奴隶主庄园和邸宅，杀
死顽抗者，把降服的人沦为奴隶，或高价索取赎金。他们备有云梯，经常攻
克城堡。许多官吏、富商和卫士或被绑架，或被刺杀。

476 年，日耳曼籍的近卫军官奥多亚克发动政变，皇帝罗慕洛（475—
476 年）被废，西罗马帝国彻底灭亡了。从此，斯卡马尔转移到潘诺尼亚
（匈牙利）和伊利里亚（南斯拉夫），吸收当地的隶农和奴隶入伙。在色雷
斯境内，也出现斯卡马尔的村落。直到中世纪初期，他们仍继续为反抗拜占
廷皇帝的奴役而斗争。

## 罗马晚期人民革命运动的历史地位

3—5 世纪罗马帝国的人民革命运动作为奴隶占有制总危机的产物，比公

元前 1 世纪斯巴达克领导的奴隶起义处于更高的发展阶段，具有更广泛的群众性和持久性。一方面，斯巴达克起义时期的罗马社会，自由民与奴隶之间还存在着经济地位和社会地位的显著差别。这种不可逾越的界限，把共和国时期罗马的阶级斗争分成两个各自独立的领域，平民反对贵族的斗争与奴隶反对奴隶主的斗争未能打成一片。到了帝国晚期，由于隶农制逐渐普及，奴隶、隶农和破产自由农民的地位日益接近，便有可能为共同利益而斗争了。高卢、北非和色雷斯的几次大起义在阶级力量的构成上，都具有被剥削群众大联合的特色。这种广泛的社会基础产生了相应的斗争形式：有奴隶和隶农的武装起义，有人民异端运动，有"蛮族"移民暴动，还有所谓"强盗"运动。另一方面，人民革命运动的持久性也是十分明显的。斯巴达克起义只坚持了三年（前 73—前 71 年）；第一次西西里奴隶起义（前 137—前 132 年）和第二次西西里奴隶起义（前 104—前 101 年），都没有超过 6 年，便被镇压下去。因为当时罗马奴隶制尚未失去生命力，奴隶主政权还能够动员一切力量来制止奴隶起义在时间和空间上的蔓延。经过"三世纪危机"之后，罗马帝国的经济已经全面崩溃，中央政权被遍地起义、外族进攻和军事政变弄得焦头烂额，根本不可能长期集中兵力从事镇压了。西部各省统治力量尤其薄弱，所以，高卢和北非的运动也就特别持久，并显出更大的威力。

　　罗马晚期的人民革命运动对奴隶占有制及其上层建筑造成冲击，其规模和程度也是空前的。巴高达分子、阿哥尼斯特分子和斯卡马尔分子通过一系列摧枯拉朽的行动，直接打击了罗马帝国的统治秩序，使奴隶主政权陷入瘫痪状态，为"蛮族"之国的建立开辟道路。从而，促使地中海世界从古代向中世纪过渡。

# 匈奴西迁和阿提拉帝国

莫任南

曾经推动欧洲许多部落迁徙的匈奴人的西迁，其具体过程和影响素为史家所重视，本文对此作一些概略介绍。

## 蒙古高原上的匈奴

匈奴是中国北方蒙古高原上的一个古老的游牧民族。在夏代称"荤粥"，在商代称"鬼方"，在西周称"猃狁"，在春秋时称"戎""狄"，至秦汉始有匈奴之称。匈奴族诞生兴起的摇篮在漠南黄河河套地区和阴山山脉一带，后逐渐向北扩展至漠北。公元前3世纪，匈奴进入铁器文化时代，社会发生阶级分化。氏族贵族奴役压迫奴隶和平民，势力不断增强。公元前209年，有军事首领冒顿杀其父头曼，夺得大权，统一各部，自立为"撑犁孤涂单于"[①]。自此匈奴便完成其向阶级社会的过渡，建成一军事奴隶制的国家。

匈奴当冒顿单于统治时，曾东灭东胡，西击月氏，南侵中原，北取浑窳、屈射、丁零、隔昆、新犁，西北并征服楼兰、乌孙、呼揭及其傍等26国。其领地东近辽河，西至葱岭，北抵贝加尔湖，南达长城。为便于统治，匈奴单于将政权机构划分为三部分：首脑单于庭，直辖匈奴中部；左贤王管辖匈奴东部；右贤王管辖匈奴西部。单于是匈奴最高军事、行政首脑。左、右贤王是其下的最大的军事、行政长官。匈奴军事贵族将全体匈奴丁壮编为"甲骑"，迫使他们去进行无休止的战争。其目的一是要"得人以为奴婢"；二是要掳获丝绸和酒米食物，以满足贵族们的奢侈享受和社会需要。繁荣、

---

① 匈奴称天为"撑犁"，称儿子为"孤涂"。"撑犁孤涂"即天子之意。匈奴语大为"单"，王为"于"。"单于"即大王或皇帝。

富庶的中原地区是匈奴最大的掠夺目标。

西汉初年，汉高祖刘邦出兵反击匈奴。平城（今山西大同市东）一战被击败后，他深感无力抵抗，只得采取消极的和亲政策，以公主嫁单于，岁给匈奴絮、缯及酒米食物。可是这并未能终止匈奴的侵扰。文帝时，匈奴"岁入边，杀略人民甚众。云中、辽东最甚，郡万余人"。（《汉书·匈奴传》）及武帝即位，汉朝国力强盛，遂发动反击匈奴的正义战争。卫青、霍去病等大将几次出塞远征，给匈奴军事贵族势力以沉重创伤，汉边境威胁暂时缓和下来。公元前 1 世纪中叶，匈奴统治集团发生分裂。一部分以郅支单于为首，逃奔中亚，为汉将陈汤所消灭；一部分以呼韩邪单于为首，归附中原汉王朝。自此汉、匈关系和好，匈奴社会经济得到恢复和发展。东汉初年，匈奴奴隶主贵族侵扰势力重新抬头，又成为汉边境的严重威胁。不久匈奴内乱，管领南边八部的右薁鞬日逐王比，自立为呼韩邪单于，于公元 48 年重新接受中原汉王朝的统一领导。至此匈奴正式分裂为南、北二部。北匈奴贵族坚持掠夺政策，继续与汉为敌。史记匈奴连年"杀略钞掠"，"北边无复宁岁"，最严重时，汉只得让"河西城门昼闭"。明帝时，东汉国力增强。于是又发动一次征伐北匈奴的正义战争。公元 89 年，以车骑将军窦宪为首、耿秉为副的汉军，在南单于和缘边义从羌胡兵的配合下，大破北匈奴，斩名王以下万三千级；又得 81 部降众，前后 20 余万人。汉军追至燕然山（今杭爱山），出塞 3000 余里，刻石纪功而还。翌年，汉兵会同南单子出鸡鹿塞（在今内蒙古杭锦后旗西南），再破北匈奴。公元 91 年，窦宪"复遣右校尉耿夔、司马任尚、赵博等将兵击北虏于金微山（今新疆阿尔泰山），大破之"（《后汉书·窦宪传》），斩阏氏名王以下 5000 余级，单于与数骑脱亡，向西边的乌孙逃去。汉反击北匈奴的战争胜利结束。

匈奴统治集团的分裂，除权力争夺这一政治因素外，还有隐藏在历史事件背后的经济因素。原来匈奴人以游牧畜牧为生。他们在大漠南北，放牧牛羊马驴等牲畜，"逐水草迁徙，毋城郭常处耕田之业"，"人食畜肉，饮其汁，衣其皮"。（《史记·匈奴传》）这与南面以农业为生的中原汉族人民的生活条件迥然不同。游牧地区的牛马、羊毛、肉类、乳制品等是中原人民所缺少而又需要的，汉人所产的谷类和手工业产品也为游牧部落所必需。因之匈奴上下层自单于以下皆亲汉，往来长城下，用牛马、毛皮换取汉人缯絮酒食。《汉书·匈奴传》有匈奴"乐关市，耆汉财物，汉亦通关市不绝以中之"的记载。《后汉书·南匈奴传》也记北匈奴"远驱牛马与汉合市"。互通有无的商品交换，是游牧地区经济和农业地区经济的共存和发展所必需的一个重要条件。匈奴迫切需要同汉发展经济文化联系，这一点集中反映到政治上，就有以呼韩邪为首的亲汉派贵族集团的出现。与此同时，匈奴也存在一股与汉敌对的社会势力——军事奴隶主贵族集团中的保守派。他们遵"先古之制"，视掠夺是一种"比进行创造的劳动更容易甚至更荣誉的事情"①。他们不愿发展商品生产，通过关市来换取中原的农产品和手工业品，宁用掠夺手段来猎取财物。以郅支为首的军事贵族集团即代表这些无视匈奴人民与汉和平友好往来愿望的军事保守派势力。匈奴社会内部的这两股力量反复较量、斗争，最后至东汉，亲汉势力占据绝对优势，那与汉敌对的北匈奴在内外夹攻下失败了。它无法在漠北立足，便只得向西奔逃，把掠夺战争强加到西方各国人民的身上去了。

# 北匈奴西迁

北匈奴退出漠北，向西发展，经过300年，深入欧洲腹地，激起西方社会政治的大变动，是世界史上的一件大事。但是，关于匈奴人的西迁过程却长期不为人知。因为此事东西方古典作家都缺少记载。我国古代史学家记匈奴在大漠南北的活动，十分详尽；而于北匈奴的西迁，只偶尔提到。罗马晚期的阿密阿那斯·玛西里那斯（约330—390年）著《历史》，有关于匈人（Huns）越顿河入侵欧洲的最早记载。可是匈人原住何处，是怎样来到，却一无所知。18世纪，法国人德奎内著《匈奴、突厥、蒙古及其他西部鞑靼各族通史》，首次提出欧洲的匈人即中国史书上的活动于蒙古高原上的匈奴人。后来德国人希尔特著《伏尔加河流域的匈人与匈奴》，对德奎内匈人即匈奴人的说法进行详细论证，至此，匈奴西迁始为学术界所留意。在我国学者研究过匈奴西迁的有洪钧、章太炎、梁启超等。近年齐思和等又进一步作了些探讨。现在北匈奴西迁的具体过程大体上总算明白了。

北匈奴西迁过程可分为四个时期：

（一）伊塞克湖和伊犁河流域时期（91—160）

公元91年，北匈奴被东汉击败后，向西逃至乌孙。《后汉书·南匈奴传》说："单于震慑屏气，蒙毡遁走于乌孙之地。"乌孙是伊犁河和伊塞克

---

① 《马克思恩格斯选集》第4卷，人民出版社1972年版，第160页。

湖一带的游牧国，地方宽广。北匈奴逃至其地后，仍不时出没天山，进行侵扰。119 年，北匈奴攻入伊吾（今新疆哈密县），杀死汉将索班。此后，北匈奴呼衍王常来往蒲类海（今巴里坤湖）一带，专制西域，入寇河西。东汉朝廷乃以熟悉西域的班勇为西域长史，出屯柳中（今吐鲁番东南的鲁克沁）。124 年，班勇发龟兹等国兵，击走北匈奴伊蠡王于伊和谷（今新疆腾格里山）。126 年，班勇再发诸国兵进击呼衍王，呼衍王逃走，其众两万余人附汉，北单于亲率万余骑来救，也被汉军击退。后班勇调归，北匈奴又往回侵扰。134 年，汉车师后部司马率加特奴掩击北匈奴于阊吾陆谷（在今新疆博格达山），斩首数百级。翌年，北匈奴呼衍王率兵反扑，侵入车师后部。137 年，敦煌太守裴岑将兵出击，杀呼衍王于巴里坤（今新疆巴里坤哈萨克自治县），破灭其众。151 年，又有一个呼衍王将 3000 余骑入侵伊吾，汉将司马达出兵至蒲类海，呼衍王退去。此后史书就没有北匈奴入侵的记载了。但两年后即 153 年，《后汉书·西域传》还提到车师后部王阿罗多叛汉，逃入北匈奴，"戊校尉阎详虑其招引北房，将乱西域"。这说明此时北匈奴还在乌孙一带活动。

（二）锡尔河及其以北地区时期（160—290）

北匈奴在 160 年左右离开乌孙，西走康居。康居位于锡尔河流域及其以北地区。不过西走的北匈奴不是全部，还有一部分留在原地，后建悦般国。《北史·西域传》说：

> "悦般国，在乌孙西北，去代一万九百三十里。其先，匈奴北单于之部落也。为汉车骑将军窦宪所逐，北单于度金微山西走康居，其羸弱不能去者，住龟兹北。地方数千里，众可二十余万，凉州人犹谓之单于王。"

南北朝时，乌孙为蠕蠕所侵逼，已迁到葱岭山中，故此处说伊犁河流域的北匈奴遗留所建之悦般国在乌孙西北。北匈奴进一步西迁康居同汉在西域所给予的反击有关，更重要的是遭到新兴的鲜卑的威胁，无法在伊犁河流域立足。公元 1 世纪，中国北方的鲜卑族逐渐兴起，到 2 世纪檀石槐时，它"南抄缘边，北拒丁零，东却夫余，西击乌孙，尽据匈奴故地"。（《后汉书·鲜卑传》）北单于遗留于漠北的十余万众归属了鲜卑，自号"鲜卑兵"。逃至乌孙的北匈奴因乌孙遭鲜卑打击，也受到严重威胁。在此种情况下，它只得把掠夺矛头再次指向西方，沿着西汉时郅支单于的老路，侵入康居。

（三）顿河以东、里海以北地区时期（290—374）

北匈奴在康居的活动，史书不记。它在什么时候离康居西去，也无直接记载；但有间接资料说明它在 290 年左右达到顿河以东、里海以北地带。《北史·西域传》说：

> "粟特国，在葱岭之西，古之奄蔡，一名温那沙。居于大泽，在康居西北，去代一万六千里。先是，匈奴杀其王而有其国，至王忽倪，已是三世矣。其国商人先多诣凉土贩货，及魏克姑臧，悉见虏。文成初，粟特王遣使请赎之，诏听焉。"

奄蔡国，一名阿兰，又叫粟特。其居地在顿河流域及里海以北一带。据《魏书》记载，后魏通西域，始于 435 年。这一年后魏"遣使者二十余辈使西域"；同时有"粟特国遣使朝献"。《北史》记匈奴侵入粟特（奄蔡）的史事，必是从后魏使臣或商贾中得到的。"匈奴杀其王而有其国，至王忽倪，已三世矣。"这是使者商人追叙历史口吻，忽倪应是与他们同时代的君王。中国古代以 30 年为一世。按此计算，"有其国"当是 90 年前的事。如此匈奴征服阿兰应发生在后魏通西域之前 90 年，即 345 年左右。阿兰人勇猛善战，匈奴自侵入，至杀其王而彻底征服其国土，必有一甚长的过程。据亚美尼亚史学家法斯塔斯和摩西记载，当 290 年时，亚美尼亚国王的军队中，不但有阿兰雇佣军，还有一队匈奴士兵。此匈奴士兵不可能从南方的波斯、西方的黑海和东方的里海募得，只可能来自顿河流域及里海以北一带的阿兰。这样，我们可确定 290 年为匈奴侵入阿兰的开始年代。

匈奴彻底征服阿兰，阿密阿那斯·玛西里那斯《历史》对此事亦有记述。他说匈奴人从东方冲杀过来，阿兰人予以坚强的抵抗，双方发生大战。阿兰人虽然十分勇猛，却敌不过匈奴骑兵，终于国土被征服，一部分四散逃奔，大部分降服于匈奴。他们作为"同盟者"，随匈奴人出征，成为匈奴军队中的重要组成部分。

（四）顿河以西多瑙河以东地区时期（374—400）

374 年，匈奴在其国王巴兰姆伯尔率领下，越顿河，侵入东哥特人领地。此时东哥特国王亥尔曼利克年老力衰，初战失利。他不忍亲睹国破家亡，旋即自杀。后来东哥特人虽然继续奋战，终仍不敌，为匈奴所征服，一部分西奔，逃到西哥特人那里。西哥特人国王阿散纳利克闻匈奴来袭，忙在德涅斯特河畔整阵以待。不料匈奴人不正面进攻，却乘月夜，从上游偷过河去，猛袭其后方，西哥特人大败，纷纷逃窜，后得到罗马皇帝的允许，渡过多瑙河，进入罗马帝国境内。不久，东哥特人赶来，也渡过多瑙河，与西哥特人会合。这些逃奔者后来由于罗马官吏的剥削和压迫，激起巨大的反抗浪潮。378 年，罗马皇帝瓦连斯亲自率兵出征，被哥特人所杀，帝国遭到沉重的打击。

匈奴占据南俄罗斯草原后，努力巩固统治，人口猛烈增加。此时大规模的进攻暂时停止了，只有一小队匈奴人越过多瑙河，和哥特人一道，骚扰东罗马。又另有一股匈奴人越高加索山脉南下。384 年，他们进至美索不达米亚，攻爱德沙城。396 年，又兵临萨珊波斯帝国首府泰西丰。这些小规模的侵扰，未能产生重大影响。

在漫长的西迁过程中，匈奴人不时吸收被征服部落人民加入自己的队伍，又与之通婚，这就无法保持纯粹的蒙古人种血统。有考古学家说："古人类学材料表明，匈人是一个混合民族。"这是不错的。但 4、5 世纪罗马人记载，匈奴人中等身材，宽胸阔膀，四肢粗健，颈脖强壮，头颅圆形，双目细小，鼻子扁平，胡须稀疏，这些特点看来证明匈奴人的主体依然属于蒙古人种。

匈奴人为何在几百年间不断西迁？有些人企图用"外力的影响"来解释，好像匈奴每西迁一步都是由于受到其他民族压力的结果。的确，东汉与鲜卑曾给匈奴以打击，促使其西去中亚。但匈奴自锡尔河流域西迁里海、顿河一带，又渡顿河进入多瑙河地区，却并无何种民族从后给予压力。外因为条件，内因是根据，强大的汉和鲜卑挡住匈奴向东、向南发展，它就转向西方，"外力的影响"，只此而已。匈奴奴隶主贵族利用牧民流动特点，裹胁部众，无休止地向外发动战争，掠夺奴隶和财富，这一点才是匈奴西迁的社会根源，即其内因。匈奴劫掠，不仅我国史学家司马迁、班固、范晔等多有论述；西方作家阿密阿那斯·玛西里那斯也有反映。他说，匈奴人"内心中燃烧着毫无人性的抢劫别人的欲望，对邻近的部族，大肆烧杀，一直攻打到阿兰人"。又说匈奴人追击西哥特人，大肆抢劫，后来"因为掠夺的东西过多，以致阻碍了他们的行动"。讲匈奴西迁，强调"外力的影响"，而忽略内因，那是不尽妥当的。

# 阿提拉帝国

从 400 年起，匈奴在乌尔丁领导下，又开始大规模的进攻，它夺占了整个多瑙河盆地，引起日耳曼族的进一步迁徙。410 年，西哥特入侵意大利，攻破罗马城，烧杀劫掠，使西罗马遭到沉重的打击。

乌尔丁是一个虚荣心极重、不可一世的骄傲君王。有一次，他指着太阳对东罗马色雷斯省总督说："凡是它照射的地方，只要我乐意，我都能征服。"可是历史总爱捉弄人。408 年，乌尔丁渡过多瑙河侵扰东罗马边境。当他满载掳获财物准备归去时，突遭罗马人袭击，大败而逃。不久，乌尔丁即离开尘世。以后若干年，关于匈奴的情况，我们全无所知。

进入 5 世纪 20 年代，匈奴在新兴的阿提拉王朝统治下，日益强盛壮大，又成为罗马帝国的严重威胁力量，史称阿提拉帝国。

阿提拉王朝的建立者并非阿提拉本人，而是其叔父奥克塔尔。此人生平事迹，我们所知不多。他在一次进攻莱茵河畔勃艮第人的战斗中丧生，由兄弟卢加继位。卢加于 422 年和 426 年两次进攻、蹂躏色雷斯和马其顿。东罗马皇帝提奥多西乌斯二世被迫向匈奴年贡 350 磅黄金，并允许在边境上互市，借以换得国境上的安全。434 年卢加去世，王位由两位侄儿布列达和阿提拉继承。他们继续进逼罗马，要罗马交出匈奴外逃的叛逆；并以两王在位为由，年贡翻一番，增至 700 磅黄金。东罗马无奈，一一遵从。布列达和阿提拉虽然联合统治，但各有自己的领地。445 年布列达遇刺身死，据说这件事是阿提拉主谋的。布列达死后，阿提拉独掌军政大权，成为匈奴帝国的唯一君王。

据约尔丹尼斯记载，阿提拉身材矮短，扁鼻子，黑皮肤，宽胸巨额，行动时，步态高昂，目光四射，仪表十分严厉，他爱好战争，又善谋划，是一位智勇双全的君王。阿提拉帝国的社会、政治情况，史料很少提到。匈奴贵族捕捉战俘为奴，使之从事家内服役和生产劳动；也把俘虏卖给罗马奴隶贩子。阿提拉统治的是一个奴隶制的军事帝国。

阿提拉即位后，向北欧、东欧扩张，征服日耳曼人和斯拉夫人的许多部落。447 年，阿提拉又兴兵进犯东罗马。据记载，他的军队深入至达达尼尔海峡附近和北希腊的温泉关。躲缩在君士坦丁堡的东罗马皇帝提奥多西乌斯二世被迫签订和约（448 年），除立刻交付 6000 磅黄金外，以后岁贡增至

2100 磅黄金。阿提拉帝国版图十分辽阔，西达莱茵河，南至阿尔卑斯山，北至波罗的海、北海，东至里海以北，包括阿兰人故地都在其境内。阿提拉帝国的中心地带在多瑙河中游，那是他直接管辖的领地，首府在今匈牙利的布达佩斯附近。

450 年，人称"上帝之鞭"① 的阿提拉开始向西罗马进攻，这是因为东罗马受到多次劫掠，被迫缴纳巨款，已穷困不堪，要夺取更多的财富，只有向西发展了。阿提拉派使者去西罗马，说皇帝瓦连提尼安努斯三世的妹妹荷诺利亚公主曾赠送阿提拉订婚戒指②，现在应该完婚，并要求将西罗马的一半领土做嫁妆。西罗马严词拒绝，说："她早已和别人订婚，并且按照罗马法律，女子无继承遗产之权。"阿提拉有王后，并有一群妃子，实无意于荷诺利亚，只不过要找一借口而已。当要求遭到拒绝后，他立即召集匈奴战士，并自哥特人、吉皮底人、勃艮第人、河滨法兰克人、阿兰人各臣服部落中征调人马，组成大军，号称 50 万，渡莱茵河，进入高卢。阿提拉为了麻痹西罗马，扬言此次出兵，是为了讨伐西哥特人，对西罗马仍然友好。阿提拉在高卢劫掠城池，一个又一个，最后围攻重镇奥尔良城。

西罗马听到匈奴进攻消息，忙派大将阿提乌斯联合西哥特人，赶往救援。阿提拉围攻奥尔良城，久不能克，闻罗马军来，遂拔围而去，向东北迁回。西罗马、西哥特联军尾随追击。451 年 6 月 20 日，匈奴大军同西罗马、西哥特联军大战于巴黎东南的特洛伊城（在塞纳河北岸）郊外。此役十分惨烈，据说一日之内，战死者达 15 万余人，双方胜负参半。③ 西哥特国王狄奥多利克阵亡，余部撤走；阿提拉亦退过莱茵河，返回匈牙利。

第二年，阿提拉又聚集大军，向意大利进攻。他认为前次在高卢的失利，是因为西哥特人援助了西罗马，今番攻意大利，则无蛮族来助西罗马了。果然不出所料，阿提拉越阿尔卑斯山，长驱直入，少有阻挡。他攻下意大利东北重镇阿奎莱亚后，即直捣罗马。西罗马皇帝瓦连提尼安努斯三世惶恐万状，急派教皇利奥一世前去议和。此时匈奴军内忽然发生瘟疫，死亡甚

---

① 约尔丹尼斯和普利斯卡斯均不记此绰号，有学者认为，这是高卢某隐士为奉承阿提拉而献上的一个尊号。

② 荷诺利亚在 16 岁时与臣下淫乱，事泄流放君士坦丁堡多年。为追求爱情（或者为了报复），她派密使对仅闻其名而未谋其面的阿提拉赠送定情戒指。有人认为这些都是耳闻，不足信。

③ 大战时间一说在 451 年 7 月初。双方战死者一说为 162000，另一说为 30 万。有人认为后一数字可能是战死、病死和被杀戮的居民的总人数。

重，军粮供应亦感不足，加之东罗马援军赶到，阿提拉知久战不利，便接受和议。罗马让匈奴满载掳获财宝而去。撤退时，阿提拉扬言，罗马如不将多情的荷诺利亚公主送去，他是还要进攻意大利的。

阿提拉回国后，于次年（453）又娶一少女为妃。据约尔丹尼斯记载，婚礼之夜，阿提拉狂欢痛饮，沉醉不醒。次晨侍者入室，见少女垂面哭泣，阿提拉呕血不止，已悄然离开人世了。阿提拉死后，匈奴用金、银、铁合铸的棺材埋葬。墓地严守秘密，所有参加埋葬的人员均予以处死。

匈奴帝国是斯大林所说的一个"偶然凑合起来的、内部缺少联系的集团的混合物。其分合是以某一征服者的胜败为转移的"①，它不可能长久维持。强悍精明的阿提拉死去，匈奴找不出一个能够管理这个大帝国的继承人来。阿提拉的儿子们争权夺利，为瓜分帝国领地而大战。被征服受奴役的附属各国也趁机起来造反。454年，吉皮底人、东哥特人在匈牙利的涅达尔河畔打败匈奴人，杀戮3万，阿提拉长子爱拉克阵亡，匈奴人被迫退至南俄罗斯大草原。阿提拉帝国中心地带匈牙利平原为吉皮底人和东哥特人所占领。与此同时，阿提拉另一个儿子率领一小支匈奴人逃至多瑙河口的南面，在那里定居下来。盛极一时的阿提拉帝国就这样彻底瓦解了。

461年，阿提拉有一儿子，名叫邓吉西克的，企图重建匈奴帝国，曾溯多瑙河而上，进攻河西的东哥特人，遭到失败。公元468年，他又渡多瑙河，向南进攻东罗马。这一次不但失败，而且自己也被杀死。这是史书提到有关阿提拉帝国残余的最后一件事。

匈奴人从亚洲蒙古高原西迁到欧洲，建立一个庞大的帝国，在欧洲的社会历史上产生了深远的影响。首先，匈奴攻击的主要对象是腐朽没落的东、西罗马帝国。它的掠夺和破坏，不但加速了东罗马的衰落和西罗马的灭亡，并且在客观上有促进欧洲古典奴隶制瓦解的作用。其次，匈奴侵入欧洲，推动日耳曼族的大迁徙运动，打破了原有的政治格局，现代欧洲各民族的地理分布状况即在此次社会大变动中形成。

---

① 斯大林：《马克思主义和民族问题》，《斯大林选集》上卷，人民出版社1979年版，第61页。

# 日耳曼部落大迁徙

杨邦兴

　　日耳曼人最早居住在波罗的海西岸与斯堪的纳维亚半岛南部。在公元前1000年代，他们不断扩张，四方迁移，占领新的土地。至公元1世纪前后，日耳曼人已在多瑙河、莱茵河和维斯瓦河之间的广大地区定居下来，过着亦农亦牧的生活，成为罗马帝国北方的邻居。

　　日耳曼人向罗马境内迁徙，可以追溯到公元前2世纪末期，基姆伯尔人和特乌托涅斯人为了寻求土地，他们越过阿尔卑斯山，进入罗马国土，与罗马人几度发生激战，最后被罗马彻底打败。可是，300年后，当马尔库斯·奥勒利乌斯当皇帝时，日耳曼部落中的马可曼尼人等越过多瑙河进犯帝国边境，奥勒利乌斯已经无力将他们全部打退了。公元172年，他只得允许一部分日耳曼人定居在多瑙河以南，利用他们抵御其他蛮族。此后，越来越多的日耳曼人涌进罗马帝国，有的前来经商，有的作为战俘被安置在大农庄中劳动，有的充当罗马雇佣兵，个别上层分子还获得罗马的高职，当了军团的长官。这批先来的日耳曼人成为大迁徙期间新进入罗马帝国的日耳曼人的天然同盟军。

　　公元1世纪，日耳曼人的氏族公社制度已经开始解体。到3至4世纪之交，由于战争的需要，日耳曼人各部落经过合并和组合，已结成许多部落联盟，如东哥特人、西哥特人、法兰克人、汪达尔人部落联盟等。日耳曼人与罗马人的接触，使他们掌握了较先进的工具与武器，生产力水平提高，人口增多，助长了向外迁徙扩张的趋势。部落联盟的首领和氏族贵族，为了掠夺土地和财富，经常越过多瑙河，袭击罗马帝国的北方行省，使帝国政府陷入困境。

　　然而，日耳曼人的大规模的迁徙运动，却是从4世纪后半期开始的，这是由于受到匈奴人西迁的影响。匈奴人原住在中国北部，东汉初年分成南、北两部。后来，南匈奴臣服汉朝，逐渐与汉民族融合，北匈奴因和汉朝对抗，被击败后，于 1 世纪末期迁到中亚一带定居。其后，便在那里生息繁聚，形成匈奴大同盟。匈奴是游牧民族，善于骑射，为了掠夺牧场和财富，便继续向西扩张迁徙。374 年，匈奴从里海附近的草原出发，进兵欧洲，连战连胜。经过五六年的战斗，他们到达蒂萨河流域的匈牙利平原，并以此为中心，建立匈奴帝国。由于匈奴人由东向西的驱赶，东哥特人、西哥特人、汪达尔人、法兰克人、盎格鲁人、撒克逊人、勃艮第人等，为了逃避匈奴人的兵锋，离开他们所居住的故土，迁徙到罗马帝国境内，从而造成日耳曼部落大迁徙的浪潮。

# 西哥特人的迁徙

374 年，匈奴大同盟十数万人在军事领袖巴兰姆伯尔率领下向西突进，住在黑海北岸地区的东哥特部落战败后，被迫归附。一部分不愿屈服的东哥特人在新选的首领阿拉修斯和萨弗来克斯的领导下，渡过德涅斯特河，向达基亚（今罗马尼亚）逃生。

匈奴人继续西进，住在达基亚的西哥特人不战而溃，退到多瑙河北岸，请求允许渡河到罗马帝国避难，表示愿为罗马边防军提供兵员。罗马皇帝瓦连斯在要求他们解除武装、提供人质的条件下终于同意了西哥特人的要求。同时答应拨给土地，供应粮食。于是，一群群西哥特人乘着船只、木筏，于 376 年春季南渡多瑙河。日耳曼部落大迁徙从此开始。

哥特人渡河来到帝国的麦西亚省（今保加利亚）。罗马政府不履行诺言，非但没有供应粮食，反而勒索沉重的捐税，拐卖哥特人充当奴隶。饥饿的折磨迫使哥特人卖儿卖女，以换取少量食物。但罗马官员却没能使哥特人解除武装。罗马人背信弃义，哥特人奋起反抗，占领了色雷斯大部地区。滞留在多瑙河彼岸的阿拉修斯和萨弗来克斯率领下的东哥特人，闻讯赶来和他们会合，当地的奴隶、隶农和色雷斯的矿工也踊跃参加。378 年 8 月 9 日，西哥特人的军事首领弗利提恩率领起义队伍与瓦连斯的军队在亚得里亚堡附近激战，哥特人的骑兵压倒了罗马的重装步兵，罗马军队惨败，瓦连斯战死。

379 年，弗利提恩逝世，哥特人内部发生纠纷。新皇帝提奥多西乌斯趁机使用怀柔措施，让东哥特人定居在潘诺尼亚，让西哥特人定居在色雷斯、马其顿等地，保证供给粮食，分给土地，起义得以平息。

395 年，罗马帝国分裂为东、西两个部分。这时，西哥特人新推选的领袖阿拉里克利用帝国分裂之机，率军横扫马其顿和希腊。东罗马皇帝阿尔卡狄乌斯束手无策，于 397 年任命他为伊吕里库姆地区总督。利用这一合法地位，阿拉里克收缴罗马人的大批武器、粮食和其他物资，增强了实力，提高了他在哥特人中的声望。

四年以后，他决意进兵意大利，并且在那里组建王国。阿拉里克从伊吕里库姆出发，越过阿尔卑斯山，沿途的奴隶和隶农纷纷加入他的队伍。他在未遇到任何阻碍的情况下，进入北意大利。西罗马皇帝荷诺里乌斯见形势危殆，遁入拉温那。这时，幸有西罗马司令官、汪达尔人斯提里科火速召回驻不列颠和莱茵河的军团，蹑踪西哥特人之后，于 403 年击败西哥特人，阿拉里克退回原地。

斯提里科挫败强敌，意大利因而得救，罗马元老院为他举行盛大的凯旋式；此后他权势日增，为其政敌所忌恨，408 年 8 月终于被荷诺里乌斯下令处死。斯提里科之死，激起他麾下的 3 万名蛮族官兵的愤慨，他们毅然投奔阿拉里克，要求他再进兵意大利，为枉死的斯提里科报仇。

408 年秋，阿拉里克再次越阿尔卑斯山，沿着亚得里亚海岸，南下翁布里亚平原直趋罗马城，并抢占奥斯提亚港，断绝粮道。被围困的罗马城陷于饥馑，龟缩在拉温那的罗马皇帝坐视不救，罗马人只得求和，向阿拉里克交出黄金 5000 磅和白银 3 万磅。西哥特人撤围退走。

但是，阿拉里克并没有退出意大利，而是移师北上，包围拉温那，向皇帝提出要求割让威尼西亚、伊斯特里亚、诺立克和达尔马提亚诸省，实际上就是要建立由西哥特人自己统治的国家。这一要求被拒绝，阿拉里克准备攻城，适有东罗马派来 4000 援军，给荷诺里乌斯解了围。410 年，阿拉里克挥戈南进，再次包围罗马。这一次，他拒收财物，决意攻占罗马城。

自从公元前 390 年高卢人攻陷罗马以来，800 年中古罗马的首都还不曾被异族攻陷过，因而被誉为"永恒之城"。在西哥特人的围困下，城内奴隶和下层自由民起义了。8 月 24 日午夜，城内奴隶打开了萨拉里亚城门，放进了西哥特人的军队。西哥特人占领罗马后，城内遭到持续六天的洗劫。

阿拉里克劫掠罗马后，为掠到更多的粮食与农田，又引兵南下，到布鲁提伊扎营。这时，意大利境内到处有奴隶、隶农和贫苦农民起义，生产遭到破坏，粮食歉收。阿拉里克打算渡海夺取北非，在盛产粮食的阿非利加行省找一块久居之地。但正当准备出发时，阿拉里克在康森蒂亚病逝。

阿拉里克死后，由妻弟阿多尔福继任西哥特人领袖。其时，阿多尔福已感到他的族人疲于征战，遂放弃去北非的计划，而与皇帝荷诺里乌斯言和，并接受罗马将军头衔。412年，西哥特人的全部人马在阿多尔福率领下进入南高卢，得到当地巴高达运动的强大支援，迅速占领阿奎坦尼亚地区。继之，他们又越过比利牛斯山占领西班牙。419年，阿拉里克之孙提奥多理克任领袖，他以土鲁斯为首都建立西哥特王国。从此，西哥特人结束了历时将近半个世纪的大迁徙活动，在南高卢和西班牙定居下来。

# 汪达尔人的迁徙

汪达尔人原住在斯堪的纳维亚半岛的南部，约在公元前1世纪迁居波罗的海南岸，占据维斯瓦河与奥德河之间的一片土地。3世纪他们南下中欧，被哥特人所败，后向罗马皇帝君士坦丁贿纳重金，被准许定居在帝国的潘诺尼亚行省。其后，又有大群来自匈牙利东北部的苏维汇人，并有大群被匈奴人所逐的来自里海一带的阿兰人，先后到达。他们都和汪达尔人杂居于此。他们之间虽然存在着语言和文化的不同，却能友好相处。

住在潘诺尼亚的汪达尔人、苏维汇人和阿兰人因受匈奴人威胁，被迫西移，到达诺立克和里西亚两省。从此，他们便踏上大迁徙的征途。

当时，阿拉里克正率领西哥特人向意大利进军，结果在波连提亚被罗马军打败；不久，另一支日耳曼人成分混杂的队伍在东哥特人拉达加伊苏斯率领下又进入了北意大利，后在佛罗伦萨附近的法爱苏里也被罗马军打败。为了击退这两支进攻意大利的日耳曼人，罗马政府召回驻扎在莱茵河和高卢的军队参战，因而放松了北方行省的边防，这就给汪达尔人以及其他日耳曼部落大举涌进高卢提供了方便条件。406年，汪达尔人和阿兰人越过莱茵河，侵入高卢。

汪达尔人、苏维汇人和阿兰人在高卢劫掠两年后，于409年越过比利牛斯山到达西班牙，占领了整个伊比利安半岛。他们分割土地，苏维汇人获得半岛西北部的加里西亚；阿兰人占据西部地区；半岛上其余地区则落入汪达尔人之手。

不久，西哥特人到达南高卢的阿奎坦尼亚地区。416年，西罗马皇帝唆使自己的同盟者西哥特人进攻西班牙。汪达尔人在军事首领贡塔里克领导下，且战且退。经过 10 年的激烈战斗，至 425 年，汪达尔人、阿兰人被迫退到半岛南端的卡塔黑那和塞维利亚；苏维汇人则被压退到半岛的西北隅。正当汪达尔人处于困境之中，贡塔里克死去，他的兄弟盖塞利克继任汪达尔人的军事首领。此人深谋远虑，意志坚强，可算是公元 5 世纪日耳曼人中最杰出的军事家和政治家。他受任于败军之际，深知要摆脱困境，只有改变战略。于是，他决意去攻打罗马的北非行省。

429 年 5 月，盖塞利克从塔里法城出发，渡过直布罗陀海峡，在仗达附近登陆。盖塞利克所率领的部众共 8 万人（阿兰人在长期战斗中已与汪达尔人混合）。他们一踏上北非的土地，便和当地的阿哥尼斯特运动汇合起来，参加这一运动的奴隶、隶农纷纷加入他们的队伍。北非总督卜尼法斯率军镇压，被打败后退守希坡城。盖塞利克包围了这座城市，围攻 10 个月，因缺乏攻城器械，未能攻克，这是汪达尔人在北非所遇到的唯一抵抗。盖塞利克撤围后，攻掠其他地区，屡败罗马军队，终于攻占希坡城。两年后，罗马的北非行省，除迦太基等城市外，其余的地区都被汪达尔人占领。西罗马皇帝瓦连提尼安努斯三世只得求和。435 年，双方在希坡城签订协议。根据协议，汪达尔人成为帝国的同盟者，只纳少量的贡赋。盖塞利克利用同帝国议和的机会，获得喘息时间，在自己的内部和占领区进行整顿。

经过 4 年多的整顿，盖塞利克便撕毁协议，发动进攻，于 439 年占领北非的首府迦太基城。迦太基的陷落，标志着罗马帝国在北非 600 年统治的结束。盖塞利克以迦太基为首都建立汪达尔人王国。并建立了一支强大的海军。455 年，盖塞利克又渡海北上，攻陷罗马，洗劫 14 日，使罗马遭受严重的损失。

# 法兰克人的迁徙

法兰克人祖居莱茵河下游，分为滨海法兰克人和滨河法兰克人两支。3 世纪起，法兰克人经常侵入高卢，掠夺财富和土地。至 4 世纪末，滨海法兰克人作为罗马的同盟者在埃斯考河和马斯河下游一带住了下来；滨河法兰克人则定居在莱茵河和马斯河之间。

5 世纪初，高卢地区的巴高达运动余焰重燃。法兰克人获巴高达运动的支援，于 420 年向南推进。这一年，被认为是法兰克人大迁徙的开端。但是，他们的迁徙，并不是舍弃原有的故土，而是以它为根基，采用蚕食的方法扩大地盘，这是和其他日耳曼部落进行长途跋涉的迁徙所不同的。

在法兰克人向北高卢进犯时，勃艮第人占据了高卢的东南隅。勃艮第人原住在波恩荷尔姆岛，后来迁至奥得河口一带，4世纪时继续南下，跨过莱茵河进入高卢。436年他们在军事首领贡德里斯率领下迁徙到罗纳河流域定居。

451年春，匈奴国王阿提拉率军攻打高卢，西罗马军事统帅阿提乌斯联合西哥特人、勃艮第人、法兰克人，于6月20日在卡塔龙尼安平原的特洛伊城附近与匈奴人会战。两军伤亡惨重，不分胜负。战后，阿提拉退出高卢，阿提乌斯也回意大利去了。滨海法兰克人的军事首领墨洛温趁机向南侵占罗马的土地，把疆域从埃斯考河推进到松姆河流域。不久，贡德里斯以里昂为首都建立勃艮第王国。这个王国建立后，切断了意大利和北高卢的交通。从此，西罗马帝国政府和北高卢的联系中断了。

由于法兰克人、勃艮第人等相继入侵，罗马高卢领土到5世纪中叶就四分五裂了。整个西南部的阿奎坦尼亚地区和南部的普罗旺斯属于西哥特王国；东南部的罗纳河与索恩河流域是勃艮第王国的疆土；西部的阿尔摩利克半岛，被从不列颠渡海而来的不列颠人占据。只有高卢的中部地区，即从卢瓦尔河到松姆河和马斯考河上游地带，仍属西罗马帝国。但由于勃艮第王国的隔阻，实际上成为一个独立的政治实体。从464年起，它由罗马化的高卢贵族西阿格留斯治理，史称"西阿格留斯王国"。它的领地的东北部正同法兰克人的领土接壤。

476年，西罗马帝国灭亡了，残留在高卢的"西阿格留斯王国"四面楚歌。这时，住在都尔奈地区墨洛温的孙子克洛维的势力逐渐强大起来。481年他继任军事首领后，便联合滨河法兰克人及其他法兰克人部落合兵进攻"西阿格留斯王国"。486年，双方在苏瓦松附近进行决战，西阿格留斯兵败被杀，西罗马帝国残存的军事力量被彻底消灭了。当年，克洛维便以苏瓦松为首都，建立法兰克王国。不久，克洛维将首都从苏瓦松迁到巴黎。

496年，克洛维皈依基督教，取得罗马主教和高卢地区基督教会的支持，从而使他很快地赶走南高卢的西哥特人（507年）而占据高卢全境。克洛维的继承者继续扩张，到6世纪中叶，法兰克王国便据有与现在法国大致相同的疆域，成为当时西欧最强大的国家。

# 盎格鲁—撒克逊人的迁徙

　　盎格鲁人祖居日德兰半岛南部，半岛北部为朱提人，撒克逊人则住在易北河和威悉河下游一带；盎格鲁人和撒克逊人关系密切，他们的语言和风俗很难区分，历史上通称盎格鲁—撒克逊人。他们与法兰克人毗邻，由于法兰克人势力强大，无法向高卢发展，因此在 5 世纪中期，当匈奴人进犯北欧时，他们便渡海徙入不列颠。

　　不列颠或称大不列颠岛最早住着克尔特人的原始部落。公元 1 世纪中叶，被罗马征服，设置行省，派总督治理。不列颠被分成军事区（西北部山区）和行政区（东南部平原区）两大部分。实际上罗马人只控制着行政区，西部的威尔士和北部的苏格兰仍在克尔特族的不列颠人的手中，他们经常联合起来掀起反抗罗马占领军的斗争。

　　从 4 世纪至 5 世纪起，罗马帝国在奴隶、隶农起义和日耳曼人入侵的联合打击下，日渐衰落，帝国政府逐渐放弃对边远行省不列颠的控制；从 407 年起开始撤退戍军，至 442 年全部退走。罗马对不列颠长达 400 年的统治结束了，克尔特人获得了政治上的独立。但是，克尔特人虽摆脱异族的压迫，建立一些小的公国，它们为了争夺地盘，彼此混战不已，削弱了自身的防御能力。这就为盎格鲁人、撒克逊人、朱提人乘虚而入提供了有利条件。

　　盎格鲁—撒克逊人是日耳曼人中罗马化程度最低的原始部落。从 3 世纪起，盎格鲁—撒克逊人就划着小船横渡北海，对不列颠沿岸地区进行骚扰，从事海盗劫掠活动。考古学家曾发现这种小船，长约 75 英尺，宽 10 英尺，满载时吃水两英尺，通常使用 36 名划手，行驶轻便快速。为了阻止这些海盗，罗马人沿东南海岸，从梭伦特到屋西建立要塞和瞭望台，配备军队专门对付他们，从而这一地区被称为"撒克逊海岸"。4 世纪时，为了加强防守，罗马皇帝设置海疆防卫长官，授权他统一指挥驻守要塞和瞭望台的军队。这一措施曾使罗马获得短暂的安宁。但不久之后，随着罗马军团的全部撤退，克尔特人内部纷争，盎格鲁—撒克逊人和朱提人便大举入侵不列颠。有关这些日耳曼人入侵不列颠的详情，所知甚少，根据为数不多的记载，只能描绘出一个粗略的轮廓来。

　　朱提人最早来到不列颠。据说肯特地区一个克尔特人的部落首领屋提吉伦为了抵御皮克特人和斯克特人海盗式的袭击，邀请朱提人以同盟者的身份入境。朱提人的军事首领海恩吉斯和豪沙两兄弟率亲兵于449年从泰晤士河上岸，进入肯特。他们为屋提吉伦服务达6年之久，后因薪饷问题，同屋提吉伦发生争吵，最后以武力驱逐他们的主人，占领肯特地区。

朱提人进入肯特的同时，撒克逊人从北海的东南岸起程，乘船到达沃什湾进入英格兰，然后溯乌斯河向南进发，在剑桥附近上岸，再沿罗马人修筑的伊克尼尔克大道进入泰晤士河流域。盎格鲁人则横渡北海，取道恒比尔河口进入英格兰的中部。克尔特人对入侵者进行了顽强的抵抗。从被征服地区的人口大量减少，城市破败，耕地荒芜，罗马人的遗物几乎全遭毁坏来看，克尔特人和盎格鲁人、撒克逊人进行过激烈而残酷的战斗。这和其他日耳曼部落进入罗马帝国时，受到当地居民的欢迎和支持，是大相径庭的。

克尔特人的顽强抵抗，使征服过程拖延相当长的时期。500年左右，入侵活动曾一度停顿。当时有一位名叫阿鲁狄尔的武士领导克尔特人坚壁清野，打了一连串胜仗，其中最著名的是巴顿山之战。阿鲁狄尔获胜，遏止盎格鲁人、撒克逊人前进达数十年之久。

约在巴顿山之战前后，克尔特人中的一支不列颠人为躲避入侵者的蹂躏屠杀，横渡英吉利海峡，迁徙到高卢西北部的阿尔摩利克半岛，这个半岛因此而得名布列塔尼（或称小不列颠）。

550年以后，入侵者又重新向前推进。南部的撒克逊人打败克尔特人的抵抗，把疆土扩张到布里斯托尔湾。613年，盎格鲁人在今日诺丁汉郡的切斯特获胜，把占领区推进到爱尔兰海岸。这时，不列颠岛的大部才被盎格鲁人、撒克逊人占领。从此，他们便在这个岛上定居下来。

# 东哥特人、伦巴德人的迁徙

上文说过，东哥特人原住在黑海北岸地区。374年匈奴人进兵欧洲，东哥特人的首领亥尔曼率领军队进行抵抗，失败后自杀身亡。其子呼纳蒙特所率的一支东哥特人，遂于375年投降，归顺了匈奴。此后，东哥特人长期活动在达基亚和潘诺尼亚一带。451年，他们曾随同阿提拉征战高卢。匈奴帝国解体后，东哥特人获得了独立。后经东罗马皇帝马尔契安同意，定居于潘诺尼亚。不久，他们发动对巴尔干半岛地区的掠夺，470年攻占辛吉敦（今贝尔格莱德）和内索斯。次年，特奥多里克被推举为东哥特人的军事首领。

488年，特奥多里克率领东哥特人进入意大利。他以东罗马军队长官的身份获得罗马贵族的大力支持，经过 4 年多的战争，打败奥多亚克，占据拉温那，并以此为首都，建立东哥特王国。东哥特王国存在了约半个世纪，至 555 年被东罗马帝国皇帝查士丁尼所灭。但为时不长，意大利北部和中部地区又被新来的日耳曼部落伦巴德人占领了。

3 世纪伦巴德人住在易北河下游，后又南移，在匈奴人入侵时曾归顺匈奴。后经查士丁尼同意到诺里克和潘诺尼亚定居。553 年，他们曾协助东罗马军队攻打东哥特人。568 年 4 月，伦巴德人在军事首领阿尔波音率领下向意大利移动，其目的是占领土地，长期定居。当时，意大利正处在长期兵燹之后，人烟稀少，少数东罗马驻军无力抵抗，因此，伦巴德人迅速占领了北意大利的波河平原，建立伦巴第王国。572 年定都帕维亚。

伦巴德人进入意大利，是日耳曼部落大迁徙的最后一幕。此后，他们都在已经占据的领土上定居下来，逐步过渡到封建社会。

日耳曼部落大迁徙，在历史上意义重大，影响深远。自 3 世纪以来，罗马奴隶制社会陷入危机，奴隶、隶农和贫民的起义连绵不绝，遍及帝国各地。这些起义，沉重地打击了日益衰落的罗马帝国，动摇了它的统治基础。与此同时，日耳曼人大举迁入罗马境内，屡败罗马军队，到处摧毁罗马的地方政权，直至攻陷罗马城，并在帝国领土上建立起一系列蛮族王国。所以，西罗马帝国是在人民起义和日耳曼人入侵的联合力量打击下灭亡的。

日耳曼人征服西罗马后，夺取了罗马人大量土地，一部分分给日耳曼人各公社，大部分则被以国王为首的军事贵族占为己有，于是这些首领和亲兵贵族都成为大土地所有者。他们把土地分给原来田庄上的奴隶、隶农耕种，从中收取一定数量的地租，从中萌发了封建制的因素。随着社会的发展，日耳曼人公社也发生分化，自由农民纷纷破产，他们和先前的奴隶、隶农逐渐融合在一起，构成了新的农奴阶级。这样，在奴隶制瓦解的基础上，由于罗马因素和日耳曼因素相互影响和激荡，使西欧逐渐产生了新的封建制度。

# 丝绸之路

莫任南

在公元前 2 世纪至公元 3 世纪的几百年间，东方的汉朝和西方的罗马是当时世界上的两个文明古国。汉朝为了同西方建立经济文化联系，取得异域珍奇物品，不少探险家冒着流沙、风暴、冰雪袭击的危险，探寻通往西方各地的商道；罗马、波斯、中亚等西方商旅，为获得中国丝绸、黄金和其他珍贵物品，也不时跋山涉水，越葱岭而来。在中西双方努力下，横贯欧、亚的商业大道得以开辟出来。这条商道以贩运丝绸享有盛誉，19 世纪欧洲学者称之为"丝绸之路"。这名词现已为全世界人民普遍接受。

## 丝绸之路的开辟

中西双方经济文化交流，开始时间很早。据考古发掘，当公元前 1000年代中期，黑海、中亚、西伯利亚、蒙古和长城内外草原一带各游牧民族使用的武器、马具和装饰品，都具有斯基泰艺术风格。这说明在春秋战国时期，中国与欧、亚广大草原地带就有了联系。公元前 4 世纪，马其顿王亚历山大东侵，于锡尔河上游筑亚历山大里亚·厄什哈特城（今列宁纳巴德），深入到邻近中国的地区。当时双方虽未能建立直接联系，但欧洲已听到中国的事情了。希腊人克泰夏斯曾提到"赛里斯"（Seres），意为"丝国"①，那是希腊对中国的称呼。可见在公元前 4 世纪时，中国即以产丝绸而闻名于欧洲。又古代印度称中国产的丝绸为"支那帕塔"，其中"支那"一词在孔雀王朝考底利耶的《政事论》中已经出现，这表明公元前 4 世纪我国与印度已

---

① 希腊人称蚕为"塞儿"（Ser）。"塞儿"二字速读与蚕字读音相似。希腊文"塞儿"或即来自中国。赛里斯国名，原亦来自"塞儿"，其末尾之斯字是希腊人、拉丁人的语尾音。

有联系。中国与西方各国的贸易联系虽早已存在，但史书中有记载的大规模的交往却始于张骞通西域。

公元前 2 世纪后期，汉武帝派张骞出使西域，有政治上的目的，也有经济上的需求。当时生活于大漠南北的匈奴奴隶主贵族经常侵扰汉边郡地区，掠夺奴隶和物质财富，是中原汉族的一个严重威胁。西汉初年，汉高祖刘邦也曾兴兵征伐匈奴，但在平城遭到大败，以后只好忍让，结和亲，"岁奉匈奴絮、缯、酒、食物各有数"。（《汉书·匈奴传》）汉经过 70 年的休养生息，到武帝时强大起来，不但全国统一，中央政权巩固，社会经济也得到恢复和发展。这时汉统治者决心发动反击匈奴的大战，以解决长期来的边境威胁。为达此目的，必须去联络备受匈奴压榨的西方部落、国家，一道进击匈奴。同时，汉也希望打通一条通往西域的商道，发展经济文化联系。在这种历史背景下，张骞于公元前 138 年第一次奉命西使，具体任务是去联络被匈奴赶出敦煌、祁连一带，迁到阿姆河流域的大月氏。他率领百余人，从长安出发，不久便在途中为匈奴俘去，囚禁十余年，后趁机逃脱，历尽千辛万苦，经大宛（今费尔干纳）、康居（锡尔河流域及其以北地区），抵大月氏。此时大月氏已臣服大夏（即巴克特里亚），安居下来，不愿再和汉去打匈奴。张骞联络失败了，但他耳闻目睹西域各国许多情况，回来报告给汉武帝，却进一步引起汉王朝对西域的注意。公元前 119 年，汉武帝再派张骞西去联络伊犁河流域的乌孙。他带 300 人抵达乌孙，展开积极活动，推进了汉和乌孙的联盟。同时，又派副使分赴大宛、康居、大月氏、大夏、安息（帕提亚）、身毒（天竺）各国活动。张骞及其副使在西方各地搜集到的有关风俗、物产、语言、人口、历史、地理各方面的资料，大大地打开了汉对西方的眼界，后为司马迁写进《史记·大宛列传》，这是中国史书对中亚、西亚各地有正确、详尽记载的开始。

自张骞"凿空"后，中西交通大开。从中国西去求"奇物"的使者、商人"相望于道"。"一岁中，使多者十余，少者五六辈"；"一辈，大者数百，少者百余人"。（《史记·大宛列传》）他们带去"牛羊以万数，赍金币帛直数千巨万"。（《史记·大宛列传》）东汉时，西域都护班超想进一步直接同大秦（罗马）建立联系，于公元 97 年派甘英出使西去。甘英逾葱岭经中亚木鹿（今马里）、和椟（今达姆甘）、阿蛮（今哈马丹），抵达波斯湾，准备下海绕阿拉伯半岛，经红海去大秦，遭到安息人阻梗，"穷临西海而还"。（《后汉书·西域传》）甘英虽未能抵达罗马，但比之张骞西行更远，经历了许多西汉使者所未到过的地区。他不仅得到大量前所不知的西域各地的社会风俗、地理历史情况，还招致不少西方国家与汉建立和平友好关系。

与此同时，西方各国也渴望越葱岭，东来贸易。大夏当攸提德穆斯（前230—前190年）统治时，为取得中国黄金、白银及镍，曾力图打通去塔里木盆地的商道，但未能成功。半个世纪过去后，张骞打开通往西域的道路，大夏、安息、条支、身毒、康居诸国使者商人遂纷纷东来。东汉时交往又进一步发展，史称"条支、安息诸国，至于海滨，四万里外，皆重译贡献"。（《后汉书·西域传》）来得最远的要算"远国蒙奇、兜勒"。蒙奇是欧洲的马其顿，兜勒是欧洲的色雷斯。① 公元2世纪中期希腊学者托勒密著《地理学》，援引推罗人马利努斯记载，称马其顿商人梅斯"尝遣经理至赛里斯"，贩运丝缯。这位马其顿经理人自幼发拉底河口，经美索不达米亚、米底、安息、木鹿、巴克特里亚，过石塔到赛里斯国都赛拉（Sera，即洛阳）。考其时为公元1世纪末或2世纪初。托勒密这一记载，与《后汉书·和帝纪》所记公元100年"西域蒙奇、兜勒二国遣使内附"一事相符合，可证其为事实。马其顿和色雷斯当时都属罗马帝国。其商旅东来是中国和欧洲直接交通的开始。

公元1、2世纪是罗马帝国鼎盛时期。国内政局相对稳定，工商业发达，经济繁荣。许多商人不仅携带商货来往于地中海沿岸各地；为取得东方的香料、象牙、珍珠、宝石等奢侈品，还远去阿拉伯、印度等地，从事贩运。对于中国产的丝绸，他们更视为稀世珍宝，必欲取得。可是安息人横插在东去的"丝绸之路"上，为垄断丝缯贸易，谋取厚利，自然也要阻挠欧洲人去中国的。由于这一缘故，罗马就转向海上发展。公元166年，"大秦王安敦遣使自日南徼外献象牙、犀角、瑇瑁"（《后汉书·西域传》）来到中国。自此中西海道大通，中国与罗马的交往便愈益频繁了。这条把中国和欧洲联系起来的航路也就获得"海上丝绸之路"的称号。

两汉丝绸之路，据《汉书·西域传》《后汉书·西域传》和托勒密《地理学》的记载，其走向自东而西，大体如下：

从洛阳或长安出发，出河西走廊，经敦煌、玉门、阳关，分两道西去。

---

① 马其顿，古希腊文作 Μακεδονία，拉丁文作 Macedonia，二者均读为 маκedonia，蒙奇显然是此词词干之译音。色雷斯古希腊文作 θρακη（读如 Trake），拉丁文作 Thraca（读如 Traka），二者词干音读与兜勒亦近似。

南道沿罗布泊南，经鄯善（楼兰）、且末、精绝（今民丰）、扜弥（今策勒县境）、于阗（今和田）至莎车。北道经伊吾（今哈密）、车师前王庭（今吐鲁番境）、危须（今库尔勒）、尉犁、焉耆、龟兹（今库车）、姑墨（今阿克苏）、温宿（今乌什）、达疏勒（今喀什）。南道至莎车后再西行，越葱岭，过蒲犁（今塔什库尔干）、无雷，经"石塔"（大夏东界上）、大夏、木鹿、安息古都海克桐皮罗斯、米底爱克巴塔那到底格里斯河沿岸的塞琉西亚和泰西丰，自此过美索不达米亚，有多条道路通向叙利亚安条克、帕尔米拉等地，从这些地方再西可去罗马。北道自疏勒越特列克达旺山谷入大宛，过康居至里海顿河一带的奄蔡，再西可通达罗马。北道越葱岭至大宛后，还可过马拉坎达（今撒马尔罕），至木鹿与南道会合西去。

隋唐时期，"丝路"略有变化，分为三道。"北道从伊吾，经蒲类海铁勒部，突厥可汗庭，渡北流河水，至拂林国，达于西海。"（《隋书·裴矩传》）即由新疆哈密经天山北麓，至中亚细亚，再经里海北岸通达欧洲。中道、南道则大体上相当于汉代的北道、南道。汉唐是"丝绸之路"极盛时期。自后中西海道发达，逐渐取代了它在历史上的重要地位；但"丝路"贸易并未停止。明初西班牙使臣克拉维约一次就见到 800 匹骆驼，载运货物由中国来到撒马尔罕，可见其时陆路贸易还保持一定规模。

## 中西经济文化的交流

中国对西方贸易，输出的主要有丝绸、铁器、漆器、黄金、白银、毛皮、药材、软玉等。其中丝织品最受欢迎。罗马共和时代末年，贵族穿着丝绸，习为风尚。老普林尼说：赛里斯国"产丝，驰名宇内……织成锦绣文绮，贩运至罗马。富豪贵族之妇女，裁成衣服，光辉夺目"。在公元初的几个世纪中，罗马城内图斯库斯街有买卖中国丝绢的市场。其时丝极贵，价与同重量的黄金相等。及至 4 世纪，由海陆两道运来的丝绸日益增多，丝价有所下跌。一如马赛里那斯所说，丝绸之使用，"昔时吾国仅贵族始得衣之，而今则各级人民，无有等差，虽贱至走夫皂卒，莫不衣之矣"。丝绸之盛销罗马世界已为考古工作者所证实。汉丝织物在埃及的卡乌，罗马边城杜拉欧罗波、哈来比、帕尔米拉及黑海克里米亚半岛上的刻赤等地均有发现。又英国人斯坦因在甘肃古长城烽燧发现一件丝织品，头上有汉字和印度婆罗谜文，备记产地和一匹的大小重量，说明我国已有专供出口的丝织品的生产。

中国铁于公元 1 世纪以前即远销罗马。老普林尼指出，赛里斯的丝和铁是输入罗马的大宗。印度有一钢字，作"脂那甲"，义为"中国生"，这是我钢铁传入印度在文字上的反映。伊朗在安息王朝时，由中国输入钢铁。老普林尼说这种钢铁质地优良，胜过本地所产。安息骑兵刀剑用中国钢铁锻造，以犀利闻名于世。中国漆器的西去已为中亚费尔干纳、喀布尔等地出土物所证实。汉镍西传，史无所记，研究者发现大夏镍币成分与中国白铜合金几乎完全一致，而前此大夏无镍，从而认定大夏之镍系由汉运去。汉玉西销也为在坦叉始罗发现的中国翡翠所证实。由中国西运的药材有大黄和肉桂等。汉时罗马称大黄为 rha，罗马市上出售的中国大黄，叫作 rha ponticum，意为"黑海之 rha"。胡特生以为汉商过中亚去奄蔡，把大黄运至黑海东北地区，再由罗马商人贩去罗马市场销售。罗马商人不知大黄来自中国，误以为产于黑海东北地区，故称"黑海之 rha"。肉桂在波斯文献中，常称为"中国树皮"，这是肉桂西去的证明。瓦明顿认为最好的肉桂树皮，必定是从中国运去罗马的。中国商人也贩运毛皮。老普林尼指出自赛里斯运至罗马的商品中有珍贵的毛皮。可能中国商人在收购到中亚的雪豹皮、貂鼠皮和西伯利亚的黑貂鼠皮后，一部分运回中国，另一部分即转销罗马。中国对外贸易，除用物产交换外，还以黄金、白银购买。从丝绸之路西去的使者，常"赍金币帛直数千巨万"；从海道去的译使也"赍黄金、杂缯而往"。（《汉书·地理志》）

　　自西方输入我国的商品主要有善马、毛织品、毛皮、玻璃、珠宝、药物和各种珍禽异兽。大宛、大月氏、康居均产骏马。汉武帝从大宛取得"汗血马"，十分珍贵。大月氏、天竺、安息、大秦出产的毛织品质量极佳，负有盛名，销路甚广。班固写信给班超，就提到"窦侍中前寄人钱八十万，市得杂罽十余张"。（《太平御览》卷 816）奄蔡、严国、呼得国、坚昆国、丁令国均出产貂鼠皮，极为有名。这些珍贵毛皮经康居、大宛大量输入我国。汉代通都大邑有许多规模巨大的商店，一岁可买卖"狐貂裘千皮"（《史记·货殖列传》），足见毛皮输入之多。由于这一点，丝绸之路北道又有"毛皮路"之称。此外大秦的珊瑚、玻璃、水晶、琥珀，中亚的玛瑙、车渠、琅玕，天竺的玳瑁、大珠、金刚、苏合、郁金香、熏陆，条支的狮子、符拔、犀牛、孔雀、大雀，也都有名。商人使者将它们运至长安、洛阳，真是"殊方异物，四面而至"（《汉书·西域传》），盛极一时。

　　随着使者、商人、僧徒在"丝路"上往返奔波，我国生产技术和文化不断西去，予西方各国社会的发展以促进作用。自汉至唐我国西传的主要生产技术有育蚕、缫丝、织绸、铸铁炼钢、造纸和凿井等。

《史记·大宛列传》说："自大宛以西至安息国……其地皆无丝漆。"随着丝绸向西输出，我国养蚕织绸技术也跟着传去。关于蚕种输出的传说，玄奘《大唐西域记》有所记载。大约当公元5世纪时我国种桑、养蚕、缫丝织绸法便经和阗传到中亚、波斯一带，到6世纪更传到东罗马。普洛科庇阿斯曾记印度僧人将蚕卵和育蚕法传入东罗马的故事。古代西方用亚麻和羊毛织出的产品，都较粗糙厚重，不如我国丝绸细薄，因此常拆取中国丝织物的色丝，加染亚麻重新织造。《魏略·西戎传》说大秦"常利得中国丝，解以为胡绫"。织丝工艺的提花机，中国在"丝路"开始以前就完成了，所以能织出五色缤纷的花锦。西方各地有提花机，时间较中国为晚，研究者认为也是从中国传过去的。

《汉书·西域传》说"自宛以西至安息国……不知铸铁器，及汉使亡卒降，教铸作它兵器"。"它兵器"指弓矛之外的刀剑之类。我国铸铁早于欧洲1000多年。汉代钢铁质量在当时世界上是最好的，有人检验西汉时的铁兵器，说已达到现代优质钢的水平。我国将铸铁、炼钢技术传至中亚、波斯等地，这是对世界文化的又一贡献。

公元前101年汉武帝派李广利攻大宛，"宛王城中无井，皆汲城外流水"。（《史记·大宛列传》）汉兵围城，截断水源，宛人恐慌，提议谈判。李广利"闻宛城中新得秦人，知穿井"（《史记·大宛列传》），便接受和议。据此知秦人（汉人）曾把凿井术传给中亚。

纸是我国古代重要发明之一。1957年考古工作者在陕西坝桥西汉早期墓中发现含植物纤维的纸片，那是存世最古老的纸。纸发明后，即随使者、商人西去。斯坦因在长城烽燧中找到几封粟特文书信，用的纸是公元2世纪中叶的。这表明其时中亚商人已采用中国纸了。纸在萨珊王朝时传入波斯，到7世纪末传到印度。至于造纸法的西传则稍晚。据11世纪泰欧立巴记载，公元8世纪大食在中亚怛逻斯打败唐军，有被俘的中国士兵把造纸术传给阿拉伯人，后再传至欧洲。

我国文化艺术音乐也不断西去。西汉《九章算术》有些内容曾传至阿拉伯、欧洲各地。如"盈不足"在阿拉伯和欧洲早期数学著作中就被称为"中国算法"。中国医学对西方影响在10世纪医学家阿维森纳的《医典》中可明显看出。《医典》所记曼陀罗华，研究者认为即东汉华佗所用的麻沸散（一种麻醉剂）。《医典》详列48种脉法，其中有35种与晋王叔和的《脉经》相同；论诊脉的部位与方法也和《脉经》相似。显然阿维森纳脉法是从中国传过去的。斯坦因在楼兰曾发现一块中亚产的地毡残片，其"边缘部分的装饰风格，明明白白是希腊罗马式。此外还连有一匹有翼的马，这是中国汉代雕刻中所常见的"。可见汉代艺术对西方的影响。又中亚出土的粟特钱币，通常作圆形方孔，也明显是仿效汉钱形制。西汉时陈汤进攻逃窜到康居的北匈奴郅支单于，史称汉军攻城，"钲鼓声动地"。（《汉书·陈汤传》）钲鼓是我国古代行军时用的两种乐器。麦高文认为中亚自汉学会这种军乐，再传入西方。这是现代欧洲军乐队的起源。

除上述各方面外，我国经济作物梨、桃、杏、橘也传去中亚、波斯、印度、欧洲各地。印度梵文称梨为"至那罗阇弗呾逻"，义为"汉王子"；称桃为"至那你"，义为"汉持来"。见于《大唐西域记》卷四所载。这表明印度梨桃源出中国。桃和杏自中国西去欧洲，中经波斯、亚美尼亚等地，罗马称桃为"波斯梅"，称杏为"亚美尼亚梅"，这是由于误传中转站为源出地的缘故。桔在10世纪引入阿拉伯，再传去欧洲。

西方文明经"丝绸之路"东来，对我国也产生过重大影响。

中亚游牧民族发明的养马法和骑马作战术，随游牧部落的迁徙而传遍欧亚。蒙古约于公元前5世纪学会骑马作战技术，至前4世纪末又将它传入中原地带。《史记·赵世家》说赵武灵王模仿北方风习，"胡服骑射，以教百姓"。自此骑马作战术不断推广，至秦汉骑兵便发展起来。同骑马作战术一道传来的，还有马鞍、踏蹬和带钩等物件。为适应骑马作战的需要，穿着必须有一个变化。中亚游牧民族曾是裤和靴的发明者。我国古代中原人原着宽袍，穿屐履，赵武灵王改采"胡服"，当即指穿裤着靴一事。这种"胡服"自输入后，经过几百年便逐渐普及到士庶各阶层中去了。

西方桌椅家具也经中亚传入，逐渐改变我国古代席地而坐的习惯。东汉末，"灵帝好胡床"。（《太平御览》卷706）胡床就是现时的交椅，源出西域，故得名。斯坦因在新疆尼雅废址发现一古代木椅，腿作立狮形，扶手作希腊式的怪物，是公元二三世纪的物件。这是木椅自西方传入的物证。

自西域输入的作物，种类繁多。葡萄原产伊朗、中亚一带，张骞通西域，"汉使取其实来，于是天子始种苜蓿、葡萄肥饶地"。（《史记·大宛列传》）苜蓿和葡萄一道输入。此外，汉地生长的石榴、胡麻（芝麻）、胡豆（豌豆）、胡蒜、胡荽（香荽）、胡瓜（黄瓜）、胡桃（核桃）、胡萝卜、酒杯藤、红蓝花、棉花、茉莉等也都是从西域传过来的。

西方制作琉璃的技术亦曾介绍过来。北魏世祖时，有大月氏商人"自云能铸石为五色琉璃。于是采矿山中，于京师铸之。既成，光泽乃美于西方来者"（《魏书·西域传》）。我国在公元前 4 世纪时已能生产琉璃，这有不少出土的琉璃品可以说明。虽然如此，中亚琉璃工艺的输入对我国还是有促进作用的。

佛教于西汉末年从西方传入中国。公元前 2 年，"博士弟子景卢受大月氏王使伊存口受浮屠经"。（《魏略·西戎传》）这是正史首次记载佛经的传入。后东汉明帝又遣使于大月氏写佛经四十二章，并于洛阳立寺，翻译佛经。此后东来传教译经高僧甚多。如大月氏的支娄迦谶、支曜、支谦；安息的安世高、安玄；康居的康孟祥和天竺的竺佛朔等。我国高僧西入印度求经的也不少。东晋法显和唐玄奘是最有名的。佛经中的诗歌、传说、寓言、故事多为优美的文学作品；佛经中的哲学思想又十分丰富。佛教文化对汉魏以后我国诗歌、小说、音韵学、哲学的发展，都产生过深刻的影响。唐时由西方传入的宗教还有祆教、摩尼教、景教和伊斯兰教，对我国文化发展也起过一些作用。

同佛教一道，西方艺术不断输入我国。贵霜帝国时期，融合希腊、印度、中亚、伊朗各地艺术特点的健驮罗艺术逐渐东来。斯坦因在鄯善获得一希腊式的有翼天使壁画，是西方艺术东来留下的痕迹。敦煌千佛洞佛教画像明显带着健驮罗艺术风格。曲铁盘丝般的线条，立体感较强的高光凹凸法，浓重而严峻的色泽，都说明外来形式与风格的影响。至于佛像的雕塑，石窟的开凿，佛寺佛塔的建筑，更是在我国固有的传统建筑雕刻艺术基础上，吸收了西方外来成分的。如希腊"爱奥尼亚式"和"科林斯式"柱头可以在云冈石窟中找到其变体。

我国音乐、舞蹈、杂技也吸收不少西方外来成分。张骞入西域，"得摩诃兜勒一曲，李延年因胡曲更造新声二十八解，乘舆以为武乐，后汉以给边将"。（《晋书·乐志下》）摩诃兜勒一说为大月氏的胡乐，一说为印度大伎乐。我国自西域输入的乐器很多，如箜篌、纵笛是从西亚经中亚传来的；琵琶、筚篥、胡笳等西域伊朗系乐器，也于汉时传。西方乐器的输入极大地丰富了我国音乐舞蹈内容。这些乐器后又向东传入朝鲜和日本。我国杂技艺术深受西方影响。汉武帝时，安息以"犁靬眩人献于汉"。（《汉书·西域传》）眩人善幻术戏法，即吞刀、吐火、殖瓜、种树、屠人、剥马之术。公元 120 年又有掸国王雍由调献乐及大秦幻人。幻人"能变化吐火，自支解，易牛马头，又善跳丸，数乃至千"（《后汉书·西南夷传》）。我国杂技艺术家在自己固有的杂技基础上，消化、吸收这些西方技艺特长，逐渐形成群众喜爱、驰名世界的优美的杂技表演艺术。

丝绸之路使欧亚各地区间的联系密切起来。它促进各民族国家的相互影响和相互学习，对人类经济文化发展有巨大的贡献。

国际上对丝绸之路的研究热潮开始于19世纪中叶。那时西方资本主义列强为了加强殖民掠夺，占有新的原料产地和销售市场，鼓励探险家到地球上许多人迹罕至的地带，去搜集地理、历史、气象、人文、物产等资料，为殖民扩张充当先锋。在这种条件下，丝绸之路所通过的亚洲腹地就成为各国探险家的活动舞台。在接踵而来的探险家中，最著名的有俄国的普尔热瓦尔斯基、英国的斯坦因、德国的勒柯克、瑞典的斯文赫定、法国的伯希和和日本的大谷光瑞等。他们对中亚、新疆等地的考察报告，提供了大量有关历史、地理、民族、语言、艺术各方面的资料，于学术研究甚有贡献。然而他们在这些地区盗窃、破坏古文物活动，特别是对敦煌石窟秘宝的劫夺，引起我国各族人民的愤慨。1907年斯坦因来到敦煌，首先发现石窟密室藏有"敦煌文书"，当即盗取相当一部分运到伦敦。1908年伯希和接踵而来，用卑劣手段，盗取24大箱文书，偷偷地运去巴黎。在这许多新发现的材料基础上，各国学者进行归纳、整理，结合中西古文献记载，进行深入研究，写出不少有学术价值的著作，如亨利玉尔的《古代中国闻见录》、希尔特的《大秦国全录》、劳费尔的《中国伊朗编》、藤田丰八的《西域研究》等，就很有名。

我国学者自敦煌西域文物发现后也进行研究。罗振玉和王国维的《流沙坠简》就是最初的研究成果。后来的著名学者则有冯承钧、张星烺、黄文弼、向达等。冯承钧介绍西方汉学家的研究成果，译述最为丰富。他的《西域地名》是一部很有学术价值的工具书。黄文弼亲自参加西北科学考察团，写有《罗布淖尔考古记》等书。向达写的《唐代长安与西域文明》，对敦煌学的研究甚有贡献。建国以后，我国学者继续从事丝绸之路的考察和研究，取得不少成就，近年出版的常任侠的《丝绸之路与西域文化艺术》就是这种研究成果之一。

# 中国社会科学出版社"社科学术文库"
# 已出版书目

1. 冯昭奎:《21 世纪的日本:战略的贫困》,2013 年 8 月出版。
2. 张季风:《日本国土综合开发论》,2013 年 8 月出版。
3. 李新烽:《非凡洲游》,2013 年 9 月出版。
4. 李新烽:《非洲踏寻郑和路》,2013 年 9 月出版。
5. 韩延龙、常兆儒编:《革命根据地法制文献选编》,2013 年 10 月出版。
6. 田雪原:《大国之难:20 世纪中国人口问题宏观》,2013 年 11 月出版。
7. 中国社会科学院科研局编:《中国社会科学院学术大师治学录》,2013 年 12 月出版。
8. 李汉林:《中国单位社会:议论、思考与研究》,2014 年 1 月出版。
9. 李培林:《村落的终结:羊城村的故事》,2014 年 5 月出版。
10. 孙伟平:《伦理学之后》,2014 年 6 月出版。
11. 管彦波:《中国西南民族社会生活史》,2014 年 9 月出版。
12. 敏泽:《中国美学思想史》,2014 年 9 月出版。
13. 孙晶:《印度吠檀多不二论哲学》,2014 年 9 月出版。
14. 蒋寅主编:《王渔洋事迹征略》,2014 年 9 月出版。
15. 中国社会科学院财经战略研究院:《科学发展观:引领中国财政政策新思路》,2015 年 1 月出版。
16. 高文德主编:《中国民族史人物辞典》,2015 年 3 月出版。
17. 李细珠:《张之洞与清末新政研究》,2015 年 3 月出版。
18. 王家福主编、梁慧星副主编:《民法债权》,2015 年 3 月出版。
19. 管彦波:《云南稻作源流史》,2015 年 4 月出版。
20. 施治生、徐建新主编:《古代国家的等级制度》,2015 年 5 月出版。
21. 施治生、徐欣如主编:《古代王权与专制主义》,2015 年 5 月出版。

22. 何振一：《理论财政学》，2015 年 6 月出版。

23. 冯昭奎编著：《日本经济》，2015 年 9 月出版。

24. 王松霈主编：《走向 21 世纪的生态经济管理》，2015 年 10 月出版。

25. 孙伯君：《金代女真语》，2016 年 1 月出版。

26. 刘晓萌：《清代北京旗人社会》，2016 年 1 月出版。

27. 陈之骅、吴恩远、马龙闪主编：《苏联兴亡史纲》，2016 年 10 月出版。

28. 朱庭光主编、张椿年副主编：《外国历史大事集》，2017 年 3 月出版。